中国民法史

（修订版）

叶孝信 主编

复旦大学出版社

中国民法史(修订版)

主　编：叶孝信

副主编：姚荣涛　郭　建

撰稿人：叶孝信(绪论、全书统稿)

程天权(第一、第二、第四章之第四节)

姚荣涛(第三、第五、第六、第七章之第四节及第一章至第七章之第五节)

郭　建(第一章至第七章之第一、第二、第三节，协助全书统稿)

李益强(第一章至第七章之第六节，第八章)

修订版执笔人：郭　建　王志强

目 录

绪论 ·· 1
　第一节　中国民法史研究的对象和现状 ································· 1
　　一、中国民法史研究的对象和范围 ···································· 2
　　二、中国民法史研究的现状 ··· 6
　第二节　中国传统民法与礼 ·· 12
　　一、民事行为与礼的起源 ·· 12
　　二、礼的实质和发展演变 ·· 14
　　三、中国传统民法与礼 ··· 21
　　四、礼与宗族法 ·· 25
　第三节　中国传统民法的基本特点 ······································· 27
　　一、无独立的民法体系 ··· 27
　　二、漠视民事法律关系 ··· 28
　　三、家族本位 ··· 29
　　四、民事法律责任与刑事责任紧密联系 ······························ 30
　第四节　中国传统民法发展迟缓的主要原因 ··························· 32
　　一、专制政治对民法发展的制约 ······································· 32
　　二、长期的自然经济状态抑制民法的发展 ··························· 33
　　三、民事法律关系的发展受制于儒家"重义轻利"思想 ············ 34
　　四、"礼"的宗法原则影响民法的发展 ································· 35

第一章　先秦民法 ·· 37
　第一节　历史背景与法制概况 ··· 37
　　一、历史背景 ··· 37

  二、法制概况 ……………………………………………………… 40
  三、有关先秦民法的若干问题 …………………………………… 41

第二节 所有权 ……………………………………………………… 47
  一、私有财产的出现 ……………………………………………… 47
  二、动产私有权 …………………………………………………… 48
  三、井田制与三代时期土地占有形态 …………………………… 50
  四、土地私有化的进程 …………………………………………… 55
  五、矿产资源所有权 ……………………………………………… 58

第三节 债 …………………………………………………………… 59
  一、契约形式与成立要件 ………………………………………… 60
  二、主要契约种类 ………………………………………………… 63

第四节 婚姻与亲属 ………………………………………………… 69
  一、商周以前的婚姻形式 ………………………………………… 70
  二、婚姻目的和一夫一妻多妾制的确立 ………………………… 72
  三、周礼的婚姻成立条件 ………………………………………… 73
  四、婚姻的禁止 …………………………………………………… 74
  五、婚姻的终止 …………………………………………………… 76

第五节 继承 ………………………………………………………… 77
  一、兄终弟及与父死子继 ………………………………………… 78
  二、作为继承法的宗法 …………………………………………… 81

第六节 民事诉讼 …………………………………………………… 85
  一、司法审判组织 ………………………………………………… 85
  二、诉讼当事人及其代理 ………………………………………… 89
  三、诉讼程序 ……………………………………………………… 89

第二章 秦汉民法 ………………………………………………………… 95
第一节 历史背景和法制概况 …………………………………… 95
  一、历史背景 ……………………………………………………… 95
  二、法制概况 ……………………………………………………… 98

三、有关秦汉民法的若干问题 …………………………………… 100
第二节　所有权 …………………………………………………………… 104
　　一、土地私有权的确认与保护 …………………………………… 104
　　二、土地私有权的限制 …………………………………………… 108
　　三、国有土地及其占有形态 ……………………………………… 110
　　四、关于遗失物和埋藏物 ………………………………………… 114
　　五、矿产的所有权 ………………………………………………… 116
第三节　债 ………………………………………………………………… 117
　　一、契约的形式与成立要件 ……………………………………… 117
　　二、主要契约种类 ………………………………………………… 118
　　三、损害赔偿之债 ………………………………………………… 132
第四节　婚姻与亲属 ……………………………………………………… 134
　　一、秦代婚姻成立的条件 ………………………………………… 135
　　二、秦律有关夫妻地位的规定 …………………………………… 136
　　三、汉代婚姻制度的变化 ………………………………………… 137
　　四、家庭的纲常伦理关系 ………………………………………… 139
　　五、家庭成员的法律连带责任 …………………………………… 140
第五节　继承 ……………………………………………………………… 143
　　一、财产继承与身份继承的分离 ………………………………… 143
　　二、"生前继承"的一般化 ………………………………………… 144
　　三、为中央集权制服务的爵位继承制 …………………………… 148
第六节　民事诉讼 ………………………………………………………… 150
　　一、司法审判组织 ………………………………………………… 151
　　二、诉讼程序 ……………………………………………………… 154
　　三、裁判依据 ……………………………………………………… 156

第三章　三国两晋南北朝民法 ……………………………………………… 159
　第一节　历史背景与法制概况 …………………………………………… 159
　　一、历史背景 ……………………………………………………… 159

二、法制概况 ································· 161
　　三、有关三国两晋南北朝民法的若干问题 ··········· 162
第二节　所有权 ···································· 166
　　一、对土地私有权的限制 ························· 166
　　二、国有土地的占有形态 ························· 170
　　三、北朝"均田制" ······························ 173
　　四、关于遗失物、埋藏物以及无主物的归属 ········· 176
　　五、寺产的出现与保护 ··························· 177
第三节　债 ·· 179
　　一、契约形式与成立要件 ························· 179
　　二、主要契约种类 ······························· 181
第四节　婚姻与亲属 ································ 191
　　一、亲等关系的标尺——五服制度 ················· 191
　　二、门第婚的盛行 ······························· 194
　　三、聘财掩盖下的买卖婚姻 ······················· 196
　　四、一夫一妻多妾制的发展 ······················· 197
第五节　继承 ······································ 198
　　一、"生前继承"法律地位的变化 ·················· 198
　　二、妇女实际继承地位的提高 ····················· 199
第六节　民事诉讼 ·································· 203

第四章　隋唐民法 ································ 209
第一节　历史背景与法制概况 ························ 209
　　一、历史背景 ··································· 209
　　二、法制概况 ··································· 211
　　三、有关隋唐民法的若干问题 ····················· 213
第二节　所有权 ···································· 218
　　一、对土地私有权的限制 ························· 218
　　二、隋唐均田制下的土地占有关系 ················· 221

三、遗失物、埋藏物及无主物的归属 ······················· 225
　　　四、关于矿产、山林的所有权 ···························· 227
　第三节　债 229
　　　一、契约形式与成立要件 ································ 229
　　　二、主要契约种类 ······································ 231
　　　三、损害赔偿之债 ······································ 258
　第四节　婚姻与亲属 263
　　　一、婚书、私约和聘财 ·································· 263
　　　二、婚姻的限制——对违律为婚的处罚 ···················· 266
　　　三、婚姻的限制——对嫁娶违律的处理 ···················· 268
　　　四、婚姻的终止——离和断离 ···························· 269
　　　五、夫妻地位和以妻为妾 ································ 272
　第五节　继承 274
　　　一、继承份额上的平均主义 ······························ 274
　　　二、代位继承和越位继承 ································ 277
　　　三、女儿的继承权 ······································ 278
　第六节　民事诉讼 282
　　　一、司法审判组织 ······································ 282
　　　二、诉讼程序 ·· 285

第五章　两宋民法　290
　第一节　历史背景与法制概况　290
　　　一、历史背景 ·· 290
　　　二、法制概况 ·· 292
　　　三、有关两宋民法的若干问题 ···························· 293
　第二节　所有权　296
　　　一、对土地私有权的若干限制 ···························· 296
　　　二、国有土地的占有形态 ································ 299
　　　三、遗失物、埋藏物及无主物的归属 ······················ 299

四、族产的出现 ·············· 302
第三节　债 ·············· 306
　　一、契约形式与成立要件 ·············· 306
　　二、主要契约种类 ·············· 308
第四节　婚姻与亲属 ·············· 340
　　一、指腹婚和童养媳 ·············· 340
　　二、中表不婚 ·············· 344
　　三、族际通婚 ·············· 348
　　四、守贞和守节 ·············· 352
　　五、典雇妻妾 ·············· 361
第五节　继承 ·············· 365
　　一、拟制亲子的继承权 ·············· 365
　　二、赘婿的继承权 ·············· 371
　　三、妇女继承权 ·············· 374
　　四、死商遗产的继承 ·············· 385
　　五、遗嘱继承 ·············· 388
第六节　民事诉讼 ·············· 398
　　一、司法审判组织 ·············· 398
　　二、诉讼当事人及其代理 ·············· 401
　　三、告诉的受理与证据的审查 ·············· 404
　　四、调解与审判 ·············· 408

第六章　元代民法 ·············· 413
第一节　历史背景与法制概况 ·············· 413
　　一、历史背景 ·············· 413
　　二、法制概况 ·············· 414
　　三、有关元代民法的若干问题 ·············· 415
第二节　所有权 ·············· 419
　　一、对土地私有权干预的松弛 ·············· 419

二、国有土地的占有状况及私人占有权 ……………………… 419
　　三、遗失物、埋藏物及无主物的归属 ……………………… 421
第三节　债 ……………………………………………………… 423
　　一、主要契约种类 …………………………………………… 423
　　二、损害赔偿之债 …………………………………………… 434
第四节　婚姻与亲属 …………………………………………… 437
　　一、法定婚书制度 …………………………………………… 437
　　二、媒妁的管理和职业化 …………………………………… 441
　　三、赘婿类别和入赘限制 …………………………………… 443
　　四、收继婚的泛起 …………………………………………… 445
第五节　继承 …………………………………………………… 450
　　一、寡妇改嫁不准带产 ……………………………………… 450
　　二、守志寡妇财产处分权的扩大 …………………………… 452
　　三、绝户在室女继承权与招婿的关系 ……………………… 454
　　四、绝户出嫁女继承权与归宗年限女婿 …………………… 457
第六节　民事诉讼 ……………………………………………… 458
　　一、司法审判组织 …………………………………………… 458
　　二、诉讼程序 ………………………………………………… 462

第七章　明清民法 …………………………………………… 467
第一节　历史背景与法制概况 ………………………………… 467
　　一、历史背景 ………………………………………………… 467
　　二、法制概况 ………………………………………………… 469
　　三、与明清民法有关的若干问题 …………………………… 470
第二节　所有权 ………………………………………………… 474
　　一、国有土地的占有形态 …………………………………… 474
　　二、遗失物、埋藏物的归属 ………………………………… 477
　　三、对族产的保护 …………………………………………… 479
第三节　债 ……………………………………………………… 481

一、契约形式与成立要件 …………………………………………… 481
　　　二、主要契约种类 …………………………………………………… 483
　　　三、损害赔偿之债 …………………………………………………… 504
　第四节　婚姻与亲属 ……………………………………………………… 507
　　　一、家长的资格和权力 ……………………………………………… 507
　　　二、三父八母 ………………………………………………………… 510
　　　三、嫡庶诸子 ………………………………………………………… 513
　　　四、父母子女的法律关系 …………………………………………… 514
　第五节　继承 ……………………………………………………………… 517
　　　一、"兼祧"的出现 ………………………………………………… 517
　　　二、奸生子继承权的上升 …………………………………………… 521
　　　三、赘婿（养老女婿）继承权的巩固 ……………………………… 523
　第六节　民事诉讼 ………………………………………………………… 525
　　　一、司法审判组织 …………………………………………………… 525
　　　二、告诉及其代理 …………………………………………………… 529
　　　三、调解与审判 ……………………………………………………… 532
　　　四、裁判依据 ………………………………………………………… 535

第八章　民国民法 …………………………………………………………… 540
　第一节　历史背景与法制概况 …………………………………………… 540
　　　一、历史背景 ………………………………………………………… 540
　　　二、清末法制 ………………………………………………………… 540
　　　三、民初法制 ………………………………………………………… 542
　　　四、南京国民政府法制 ……………………………………………… 543
　第二节　民法典的编纂 …………………………………………………… 544
　　　一、《大清民律草案》 ……………………………………………… 544
　　　二、民初第二部民法典草案 ………………………………………… 546
　　　三、《中华民国民法》 ……………………………………………… 547
　第三节　中华民国民法的主要内容 ……………………………………… 552

一、总则 552
二、债 555
三、物权 567
四、亲属 576
五、继承 581

第四节　民事诉讼 583
一、民事诉讼法规沿革 583
二、司法审判组织的沿革 584
三、南京国民政府民事诉讼制度的主要特点 585
四、诉讼程序 586
五、强制执行法 591

本书征引和参考书目 593

原版后记 613

修订版后记 614

绪　论

作为当代汉语中的专有名词,"民法"一词,是指规定并调整平等主体的公民间、法人间及其他非法人组织之间的财产关系和人身关系的法律规范的总称。中国古代并不存在这样独立的、完整的"民法"体系,但是在中国古代的法律中确实包含有大量调整个人之间财产关系、人身关系的内容。有的中国法制史著作在述及这些民事法律制度时,或分述为"家族制度"、"婚姻制度"、"食货制度"①,或分划为"身份法史"、"财产法史"②。

本书所言的"民法史",就是指古代法律制度中这些在当代被归纳为民法部门法的法律内容在中国历史上发生、发展、演变的过程。

第一节　中国民法史研究的对象和现状

"民法"一词,首见于《古文尚书·汤诰》"咎单作明居"句的孔安国传:"咎单,臣名,主土地之官;作《明居民法》一篇,亡。"汉儒马融注:"咎单,汤司空。明居民之法也。"可见,《明居民法》应该是规定安置居民的法律,实际上和现代"民法"一词的意义并无相近之处。而且"民法"也并未就此成为一个固定的词语出现于后世的文献中。在近代法制意义上使用的汉字单词"民法",始于明治时代的日本人。1868 年,津田真道在《泰西国法论》中,译荷兰语"Burgerlyk Regt"为"民法"③。清末变法,日语汉字"民法"一词进入中国。中国在戊戌变

---

① 如陈顾远《中国法制史概要》"目录",台湾中正书局,1977 年。
② 如戴炎辉《中国法制史》"目录",台湾三民书局,1979 年。
③ 《中国大百科全书(法学)》"民法"条谓:"日本明治维新时代修订法律从法语译为日语'民法'。"上海辞书出版社《法学词典》"民法"条谓:"日本明治维新在修订法律时,采用汉语'民'、'法'两字翻译荷兰语 Burgerlyk Regt,为'民法'一词创用之始。"[日]穗积陈重《法窗夜话》(河出书房)第 107—108 页:"'民法'一语,自箕作麟祥博士以其翻译法语'droit civil'以(转下页)

法时开始引进这一日语汉字。1898年,康有为在《上清帝第六书》中建议引进西方及日本法律,包括"民法、民律、商法、市则、舶则、讼律、军律、国际公法"[①]。从其将"民法"和"民律"并称来看,可能尚未完全掌握民法的确切含义。光绪三十一年(1905年)三月,修订法律大臣沈家本、伍廷芳会奏请求设立法律学堂,已提到"各国民法"如何如何[②]。此时民法的性质和意义已为知识界了解,如1906年《时报》载文认为法律主要分"民法、刑法两项,其余皆从此而生"[③]。但清廷在立法时,则借鉴"民法"一词,结合"唐律"、"明律"、"清律"的传统,自创新名词"民律"。清末民初曾有两部民律草案。1929年上半年,南京国民政府制定公布《中华民国民法·总则》,同年10月10日施行,中国近代立法从此正式在法律意义上使用"民法"一词。

一、中国民法史研究的对象和范围

中国历史上曾经存在的民事法律制度,以及在这个制度下的现实民事法律关系,是中国民法史的研究对象。民事法律制度,指历代民事方面的制定法;现实民事法律关系,指被当时统治阶级法律意识所认可的民事案例、民事习惯等。其主要内容包括所有权、债、婚姻与亲属、继承、民事诉讼等方面。

民事方面的制定法,必然要涉及中国古代法律体系结构问题。对中国古代法律体系的结构,历来有"诸法合体"、"民刑不分"的评价,如光绪三十三年(1907年)五月,民政部奏文认为:"中国律例,民刑不分,……历代律文户婚诸条,实近民法。"[④]目前仍有很多的中国法制史著作坚持此说[⑤]。但如果综合观察古代中国法律体系,似可重新考虑这一定论。

西周周公制礼、吕侯制刑,"礼"与"刑"成为当时两大"部门法"。"刑"作为

(接上页)来,开始被普遍使用,所以我们原以为这是箕作博士始创的译语。但是当就此问题请教箕作博士时,博士解释说,这是采用了津田先生《泰西国法论》所载录之单词,不是自己的新发明。于是又去请教津田先生,先生回答说,这个单词是他作为荷兰语'Burgerlyk Regt'的译语而新创的。"

① 见《戊戌变法》第2册,神州国光社,1953年,第200页。
② 转引自李贵连《沈家本传》,法律出版社,2000年,第337页。
③ 《论改良法律所应注意之事》,见《东方杂志》第12期,第243页。
④ 《光绪朝东华录》三十三年五月辛丑。
⑤ 如高等学校法学试用教材《中国法制史》,群众出版社,1986年,第4页;张晋藩等《中国法制史》,中国人民大学出版社,1981年,第4页。

定罪量刑的法律形式,名称不断变化,但性质基本未变;"礼"作为行为规范,名称数千年一以贯之,其性质却颇有变异。作为行为规范的"礼",内容广泛,涵盖了包括民事方面在内的许多部门法。举例而言,"礼"有"父母存,不许友以死、不有私财"①的规定,以调整家庭财产关系;有"用器不中度,不粥于市……布帛精粗不中数,幅广狭不中量,不粥于市"②的规定,以调整买卖关系;有"取妻不取同姓,故买妾不知其姓则卜之"③的规定,以调整婚姻关系;等等。可以说,先秦时期调整民事关系的行为规范,主要收纳在"礼"之中④,所谓"分争辨讼,非礼不决,君臣上下,父子兄弟,非礼不定"⑤,权利义务、民事诉讼、人身关系,都由"礼"调整。

除了"礼"以外,还有一些以其他法律形式表现的民事规范。在商鞅"改法为律"之前,"法者所以兴功惧暴,律者所以定分止争"⑥,"法"是用以制裁犯罪行为的。如《法经》六篇,"皆罪名之制也"⑦,规定什么行为是犯罪和对犯罪者判处什么刑罚,即刑法。"律"则是规定权利义务以遏止争执的,属民法范畴。国君有时还以特别命令颁布民事法规,如越王勾践"命壮者无取老妇,令老者无取壮妻"⑧。

商鞅"改法为律",把原称"法"的"兴功惧暴"的法规也统称"律","律"从此成了中国古代成文法典的专用名称。秦汉以后,出现新的法律形式"令","令,教也,命也"⑨,是从正面规定应为不应为的。魏晋以后,"令"愈显独立,成为与"律"并行的法典。统治者新制定的民事法规多归于"令",如唐"户令"的"应分条","诸应分田宅及财物,兄弟均分……"⑩就是关于财产继承方面的法规。

就法律形式而言,以上所说的"礼"、"律"(商鞅变法以前"定分止争"之"律")、"令",都从正面规定应为不应为,与规定何为犯罪、如何处罚的刑法不

---

① 《礼记·曲礼上》。
② 《礼记·王制》。
③ 《礼记·曲礼上》。
④ 参见张国华等《中国法律思想史纲》(上),甘肃人民出版社,1984年,第159页。
⑤ 《礼记·曲礼上》。
⑥ 《管子》卷一七《七臣七主》。
⑦ 《晋书》卷三〇《刑法志》。
⑧ 《国语·越语》。
⑨ 《唐六典》卷六《刑部》。
⑩ 《宋刑统》卷一二《户婚律》"卑幼私用财"条所引唐《户令》。

同,一般不直接规定具体制裁措施(罚则)。就其内容而言,其相当一部分则清楚地显现了民事法规的性质。

对于违反"礼"、"令"民事法规的行为,由"刑"、"律"规定制裁措施。先秦"失礼则入刑,(刑、礼)相为表里者也"①。魏末晋初"军事、田农、酤酒,……不入律,悉以为令,违令有罪则入律"②。唐代有"律"、"令"、"格"、"式"四种法律形式,"律以正刑定罪,令以设范立制,格以禁违止邪,式以轨物程事"③,四者各司其事。"其有所违(令、格、式)、及人之为恶而入于罪戾者,一断以律"④。"律"以国家强制力保障其他三种法律形式的实施。如唐代"买奴婢、马牛驼骡驴等,依令并立市券",买卖奴婢以及马牛驼骡驴等牲畜,必须订立书面合同;违反这一令文规定的,则按唐律"诸买奴婢、马牛驼骡驴,已过价而不立市券,过三日,笞三十,卖者减一等"的规定处罚⑤。对律文中没有明确规定罪名刑罚的违"令"行为,唐律还规定"诸违'令'者,笞五十"⑥,"诸不应得为而为之者,笞四十(谓律、令无条,理不可为者)"⑦。这些立法原则实际上与现代社会相通,比如《中华人民共和国民法典》第110条规定自然人享有婚姻自主权,对于严重违反这一规定的行为的处罚,则由刑法规定,《中华人民共和国刑法》第257条规定"以暴力干涉他人婚姻自由的,处二年以下有期徒刑或者拘役。犯前款罪,致使被害人死亡的,处二年以上七年以下有期徒刑。"很难因为现行刑法中规定了妨害婚姻家庭罪名及有关罚则,就认为现行法律体系"民刑不分"、"诸法合体"。同样,也很难因为古代刑法("律")规定了"买卖不立市券罪"而认为那时的法律"民刑不分"、"诸法合体"。

但是,由于中国古代法制历来重视刑法、轻视民法,作为留传于世的法制史文献,"律"远多于"令",许多令文还是因被"律"引用而得以传世。所以研究中国民法史,既要明确研究对象是独立于刑法的民事法制,又必须引用历代正律(刑法),以弥补民事立法史料之不足。至近代,清末民初的两部民律草案,

---

① 《后汉书》卷四六《陈宠传》。
② 《晋书》卷三〇《刑法志》。
③ 《唐六典》卷六《刑部》。
④ 《新唐书》卷五六《刑法志》。
⑤ 《唐律疏议》卷二六《杂律》"买奴婢马牛不立券"条及疏。
⑥ 《唐律疏议》卷二六《杂律》"违令"条律文。
⑦ 《唐律疏议》卷二六《杂律》"不应得为"条及夹注。

虽然均未实施,但在此前颁行的《大清现行刑律》中有关婚姻、家庭、财产等项条文,民国初年政府曾予承认,除与民国国体有抵触者以及刑罚部分外,仍继续有效。1929年上半年至1930年底,南京国民政府先后制定公布的《中华民国民法》,则可称是中国近现代第一部民法典。

中国古代的法律条文,有的早已不合时宜,有的全无实施可能,却仍然被冠冕堂皇载录于法典,是谓"令之善者,虽寝亦书"[①]。在这种背景下,民事实案所反映的法律秩序,无疑更接近真实。所以研究中国古代民法史,不能只见法条不见实案。

民事案例,对民法史研究而言,可分为两大类。一是散见于史料中的历代法官处理民事案件的具体事例。中国古代轻视民事诉讼,在汗牛充栋的经、史、子、集文献中,这种案例的史料所占比例很小。但也正因如此,这些案例大多属于被认为是善于贯彻统治阶级治世方针、体现统治阶级根本利益的样板,因此对于后代的司法界具有指导意义。二是具有法律效力的判例及其总结汇编,云梦秦简中的"廷行事"即属此类,其后汉代有"决事比"[②]、"辞讼比"[③]、"决事都目"[④]、"法比都目"[⑤],晋代有"故事"[⑥],宋元有"例"、"断例",明清有"成案"。民国初期,大理院民事判例亦具法律效力。

民事习惯,是在社会生活中经过长期实践而形成的不成文的民事行为规范,它须符合统治阶级法律意识,不能违反社会公德,并为人们共同信守。由道德而习惯法,由习惯法而成文法,是法律产生的一般过程。

如上所述,中国古代虽然有包含民事法律内容的"礼"、"令"等形式的成文法,但相对于古代发达的刑事立法,民事成文法就显得非常苍白微弱。而且,由于长期处于锁闭的自然经济状态,加之君主专制主义统治的日益强化,民法的发达缺乏适宜的环境,统治者在法制上也更注目于直接影响政权稳定程度

---

① 〔明〕李东阳《进〈正德会典〉表》。
② 《汉书》卷二三《刑法志》:"孝武即位,……死罪决事比万三千四百七十二事",颜师古注:"比,以类相比况也。"
③ 《后汉书》卷四六《陈宠传》:"撰《辞讼比》七卷。"
④ 《玉海》卷六五引《东观记》:"建初中,……鲍昱为司徒,奏定《辞讼比》七卷,《决事都目》八卷,以齐同法令,息遏人讼也。"
⑤ 《晋书》卷三〇《刑法志》:"司徒鲍公撰嫁娶辞讼决为《法比都目》。"
⑥ 《后汉书》卷三三《郑弘传》:"弘前后所陈有补益王政者,皆著之南宫,以为故事。"

的刑法、行政法,对民事立法越来越趋向于采取放任态度。这种放任态度有两方面的表现:一是不积极进行民事立法;二是对业已成文的民事立法的整理保存缺乏兴趣,使得一些已上升为法律的行为规范,又以习惯的面貌流行于世,"礼"于是或抽象为"礼教",或蜕变为"礼俗"。

"礼教"是以孔子为代表的儒家学者根据"礼"总结抽象出来的道德标准,朱熹所说"及周之衰,贤圣之君不作,学校之政不修,教化陵夷,风俗颓败,时则有若孔子之圣,而不得君师之位以行其政教,于是独取先王之法,诵而传之以诏后世"[①],即反映了这一过程。

"礼俗"则是一种逆向发展形成的习惯法,即原已上升为法律(礼)的习惯,失去国家强制力保障,又回到了习惯法领域,只由道德力量("礼教")维持。所以,展示在近人面前的中国民事法制,就似乎"始终以习惯为主"了[②],对于这种表象,似应进一步探讨其原委。无论如何,研究中国民法史,必须注意民事习惯。

二、中国民法史研究的现状

中国法制史的研究历来重视刑法史而忽视民法史。这主要是因为古代立法高度重视刑法,刑法方面的历史经验教训经常得到及时的整理和总结,因此有较为完整的史料积累。而古代民法没有形成完整的体系及理论,史料零碎而难于检索,以至于中国法制史的研究著作通常都忽略了对于古代民法内容的介绍。如沈家本所著《历代刑法考》等中国法制史方面的系列名著,几乎没有涉及民事方面的立法。薛允升所著《唐明律合编》,对于唐、明两代在民事方面立法显而易见的差别也没有予以足够重视。

近代创立"中国法制史"学科名称的日本学者浅井虎夫所著第一本中国法制史已设有民法史专题。杨鸿烈所著《中国法律发达史》(商务印书馆,1936年),按照历史朝代分章,每章列"民法"专题,有"人之法"(下分行为能力、身份、婚姻、继承等目)、"物之法"(下分所有权、债、赁贷、买卖等目)标题。以后一些法制史著作往往有民法史内容,如林咏荣《中国法制史》(台北,1976年)、陈顾远《中国法制史概要》(台湾三民书局,1977年)、戴炎辉《中国法制史》(台

---

① 《四书章句集注·大学章句序》。
② 潘维和《中国民事法史》,台湾汉林出版社,1982年,第13页。

湾三民书局,1979年)等均有民法史方面的专题。中国大陆在1979年以后出现的为数众多的中国法制史专著及教材中,大多没有民法史的专门章节,较早将民法史作为法制史著作内容之一的有曾宪义主编的《新编中国法制史》(山东人民出版社,1987年)、叶孝信主编的《中国法制史》(全国高等教育自学考试教材,北京大学出版社,1989年,该书1996年新编本对民法史内容作了增补)、陈鹏生等《中国古代法律三百题》(上海古籍出版社,1991年)等。

由于民法学界注意力集中于现行民事立法、执法的各种急迫问题,对于民法史问题的研究并没有投入很多精力。但不少民法学专著在探讨民法问题时往往对中国传统民事法律加以简要回顾。如胡长清《中国民法总论》(商务印书馆1933年初版,现有中国政法大学出版社1997年重印本)即在"民法泛论"一章中回顾了民事立法的沿革。颇具影响的《中国民法学》系列著作(分别由法律出版社、中国人民公安大学出版社于1990—1992年间出版)中的《民法债权》等著作也对中国古代的有关立法、民间惯例进行了一些总结和回顾。王利明《民法·侵权行为法》(中国人民大学出版社,1993年)、梁慧星《民法总论》(法律出版社,1996年)等民法著作也有一些回顾中国民法史的内容。

由于史料及重视程度的原因,在很长一段时期中,民法史的研究主要在一些专题上取得了突出的成绩。如家庭亲族制度为中国古代法律重要基础,很早就成为法制史一个重要研究对象。20世纪二三十年代徐朝阳所著《中国亲族法溯源》(商务印书馆,1929年)、陈顾远所著《中国婚姻史》(商务印书馆,1936年),皆具有较大的影响。1957年完成、至作者去世后1990年才得以出版的陈鹏《中国婚姻史稿》(中华书局,1990年),篇幅达十三卷五十四万字之多,"书稿中搜集的史料较为全面系统,有学术价值……学术界像这样一本专门论述我国婚姻制度的著作尚不可多得"(该书序言)。近年来又有史凤仪《中国古代婚姻与家庭》(湖北人民出版社,1987年)、邓伟志《唐前婚姻》(上海文艺出版社,1988年)、王玉波《中国家长制家庭制度史》(天津社会科学出版社,1989年)、冯尔康《中国宗族社会》(浙江人民出版社,1994年)等著作问世。法学界在这一方面的研究成果有朱勇的《清代宗族法研究》(湖南教育出版社,1987年)等。

社会学界对于中国古代社会及家族制度的研究不少是涉及民事法律问题的。瞿同祖《中国法律与中国社会》(原书出版于1947年,现有中华书局1981

年版)一书从社会学角度研究中国古代法律,主要研究内容为"家族"、"婚姻"、"阶级",均与民法中的亲族法、婚姻法、身份法直接有关,具有重要研究价值。张仲礼的《中国绅士》(原书英文版出版于1953年,现有上海社会科学院出版社1991年中文译本),研究中国清代士大夫特权阶层。台湾学者毛汉光的《中国中古社会史论》(台湾联经出版事业公司,1988年)研究历史上的士族特权阶级,也具有身份法史研究的重要意义。褚赣生《奴婢史》(上海文艺出版社,1995年)、宋昌斌《中国古代户籍制度史稿》(三秦出版社,1991年)、李治安《中华文化通志·社会阶层制度志》(上海人民出版社,1998年)、张东刚等《中华文化通志·工商制度志》(上海人民出版社,1998年)等著作也都具有这一方面的研究意义。

史学界和经济史学界的研究成果也有不少涉及中国古代的民事法律问题,如宓公干的《典当论》(商务印书馆,1936年),研究的是当铺问题,但在很大程度上与民事法律中的质权制度有关。1949年后出现了不少这方面的研究成果,如傅衣凌《明清农村社会经济》(生活·读书·新知三联书店,1961年)、陈守实《中国土地关系史稿》(上海人民出版社,1982年)、赵俪生《中国土地制度史》(齐鲁书社,1984)、周远廉等《清代租佃制研究》(辽宁人民出版社,1986年)、叶显恩编《清代区域社会经济研究》(中华书局,1992年)、李文治《明清时代封建土地关系的松解》(中国社会科学出版社,1993年)、刘秋根《中国典当制度史》(上海古籍出版社,1995年)等。这些经济史著作对于研究古代不动产所有权及其交易、租佃、借贷等民事法律问题具有很大意义。杨国桢《明清土地契约文书研究》(人民出版社,1988年)则对于研究明清时期不动产交易的民间习惯具有重要意义。法学界在这一方面的研究成果有梁治平《清代习惯法:社会与国家》(中国政法大学出版社,1996年)等。

经过长期的学术积累,中国民法史的研究专著也逐渐出现。台湾学者潘维和所著《中国民事法史》(台湾汉林出版社,1982年),主要研究了清末及民国时期中国近代民事法律及现代民法典的立法过程。李志敏《中国古代民法》(法律出版社,1988年)一书探讨了中国古代民法的内容,集中论述婚姻家庭、物权、契约等问题,全书共约十七万字。张传玺主编的《中国历代契约会编考释》(北京大学出版社,1995年)具有重要的研究参考资料意义。

以复旦大学法律系叶孝信教授为首的本书主要作者于1986年申报国家

教委"七五"社会科学重点研究项目"中国民法史",经过"七五"期间的不懈努力,几经周折,终于在1992年得以完成《中国民法史》的撰著,并得到上海人民出版社的帮助,于1993年出版。本项目也于1993年年底结项。该书篇幅将近五十万字,出版后,得到了学术界的鼓励,1995年获全国高校首届人文社会科学研究一等奖。此后孔庆明等又以"中国民法史"为题申报了国家教委的"八五"科研项目,其成果由吉林人民出版社于1996年出版,书名也是《中国民法史》。另外,何勤华主编的《中华人民共和国民法史》(复旦大学出版社,1999年)也具有开创性的学术意义。

国外学术界较重视中国民法史研究的首推日本法制史界。已故的中国法制史专家仁井田陞的三大名著《唐令拾遗》(初版于1933年,现中译本已由长春出版社于1989年出版)、《唐宋法律文书の研究》(初版于1937年)、《中国身份法史》(初版名"支那身份法史",1942年出版,"二战"结束后改为现名),在收集、汇总、研究中国古代民事法规、民事契约、人身关系等方面都具有开创性意义。此外,还有相当多的专论收入了四卷本《中国法制史研究》(东京大学出版会,1960—1964年)的《土地法·取引法》、《奴隶农奴法·家族村落法》、《法と道德·法と惯习》卷。在其所著《中国法制史》(日文初版于1956年,中文版由上海古籍出版社2018年出版)中,有相当多的篇幅讨论中国古代的民法内容。另一中国法制史专家滋贺秀三的名著《中国家属法の原理》(初版于1950年,原书名《中国家族法论》,1967年再版时改现名,中文版由商务印书馆2013年出版),对于中国古代的家族法的研究极为深入。有关中国古代亲属制度的日文著作还有内田智雄的《中国农村分家制度》(岩波书店,1956年)、谷田孝之的《中国古代家属制度论考》(东海大学出版会,1989年)等。其他如加藤繁关于中国经济史的系列研究《中国经济史考证》(结集出版于1952—1953年,有中文译本,商务印书馆,1959年)、清水盛光《中国族产制度考》(日文初版于1949年,中译本由中华文化出版事业委员会1956年出版)、周藤吉之《中国土地制度史研究》(东京大学出版会,1954年)、西嶋定生《中国古代帝国的形成与军功二十等爵位制研究》(日文初版于1960年,中译本书名《二十等爵位制》,国际文化出版公司,1992年)、宫崎市定《亚细亚史论考》(朝日新闻社,1975年)、草野靖《中国近世寄生地主制——田面惯行》(汲古书院,1989年)等也具有重要的民法史研究学术价值。中国史专家池田温的著作也有相当多的内容涉及中国民法史。如《中国古代籍帐研究（概观·录文）》（日本东京大学出版会，1979年；有中文节译本，中华书局，1984年）、《中国古代租佃契》等论著。王亚新主编的《明清时期的民事审判与民间契约》（法律出版社，1998年）收录和翻译了日本学者有关的重要论文。

美国的中国学界也有不少对中国民法史具有浓厚兴趣的学者，也有一些重要的成果。如黄宗智《民事审判与民间调解：清代的表述与实践》（中国社会科学出版社，1998年）[①]。

进入新世纪以来，中国民法史的研究有了重大的进展，更多的专题研究成果得到展现。比如郭建的《中国财产法史稿》（中国政法大学出版社，2005年；2018年改版为《中国财产法史》，由复旦大学出版社出版）、《典权制度源流考》（作为《中国法制史考证续编》第四册，社会科学文献出版社，2009年），龙登高《地权市场与资源配置》（福建人民出版社，2012年），曹树基、刘诗古《传统中国地权结构及其演变》（修订版，上海交通大学出版社，2015年），何小平《清代习惯法：墓地所有权研究》（人民出版社，2012年）、《清代习惯法：租佃关系研究》（法律出版社，2016年），柳立言《宋代的家庭和法律》（上海古籍出版社，2008年），彭卫《汉代婚姻形态》（中国人民大学出版社，2010年），等等。

新世纪中国民法史研究较为集中于近代，比如眭鸿明《清末民初民商事习惯调查之研究》（法律出版社，2005年）、苗鸣宇《民事习惯与民法典的互动——近代民事习惯调查研究》（中国人民公安大学出版社，2008年）、邹亚莎《清末民国时期典权制度研究》（法律出版社，2013年）、何莉萍《民国时期永佃权研究》（商务印书馆，2015年）、李德英《国家法令与民间习惯：民国时期成都平原租佃制度新探》（中国社会科学出版社，2006年）、俞如先《清至民国闽西乡村民间借贷研究》（天津古籍出版社，2010年）等。

在中国民法史的资料挖掘及编辑工作方面也有了长足的进步，比如孙伟良《清代宁波契约文书辑校》（天津古籍出版社，2008年）、刘海岩《清代以来天津土地契证档案选编》（天津古籍出版社，2006年）、武航宇《西北汉简所见经济类文书辑解》（知识产权出版社，2018年）、张介人《清代浙东契约文书辑选》（浙

[①] 有关中国民法史的论著截至1998年，可以参考台湾学者邱澎生先生所编《中国民法史论著书目选编》，可见于 https://www.douban.com/group/topic/19352637/。

江大学出版社,2011年)、田涛《徽州民间私约研究及徽州民间习惯调查》(法律出版社,2014年)、黄源盛《晚清民国民法史料辑注》(全四册,梨斋社,2014年)、曹树基等《石仓契约》(全五辑,浙江大学出版社,2018年)、曹树基等《客家珍稀文书丛刊》(第1辑,广东人民出版社,2019年),等等。

有更多的学者对于中国民法史进行了更为深入的理论研究,比如李力等《身份与契约:中国传统民事法律形态》(中国人民大学出版社,2012年)、张生《中国近代民法法典化研究》(中国政法大学出版社,2004年)、邓建鹏《财产权利的贫困:中国传统民事法研究》(法律出版社,2006年)、武航宇《古中国与古罗马契约观念及实践的比较研究》(法律出版社,2015年)、周伯峰《民国初年"契约自由"概念的诞生》(北京大学出版社,2006年)、王帅一《明月清风:明清时代的人、契约与国家》(社会科学文献出版社,2018年),等等。

随着中外学术交流的加强,国外的学者在新世纪也出版了很多有关中国民法史专题性研究的著作。如美国学者赵冈、陈钟毅的系列著作《中国土地制度史》(中文译本由新星出版社2006年出版)、《中国经济制度史》(中文译本由新星出版社2006年出版)、《中国城市发展史》(中文译本由新星出版社2006年出版),对于中国民法史的研究有很大的帮助。曾小萍的《早期近代中国的契约与产权》(中文译本由浙江大学出版社2011年出版)、法国学者童丕的《敦煌的借贷:中国中古时代的物质生活与社会》(中文译本由中华书局2003年出版)、美国学者韩森的《传统中国日常生活中的协商》(中文译本由江苏人民出版社2009年出版)、日本学者斯波义信的《宋代江南经济史研究》(中文译本由江苏人民出版社2012年出版)、日本学者森田成满的《清代中国土地法研究》(中文译本由法律出版社2012年出版)、日本学者寺田浩明的《权利与冤抑》(中文译本由清华大学出版社2012年出版),等等。

虽然已经取得了相当多的研究成果,但是在中国法制史学科中,中国民法史的研究依然处于起步阶段,主要表现在资料的搜集整理尚不完整,历代制定法的材料尚未全部挖掘、利用,有些地方衙门的司法审判档案尚未完整清理、公布,对于古代的民事诉讼具体运作过程还缺乏足以进行定量分析的说明资料。尤其是缺乏各个时期、各个地区民事习惯完整的调查记录。法制史学界、民法学界对于这一研究的重视程度不够,投入的研究力量较小。虽然整个中国民法史的脉络已经有了一个基本框架,但在个案方面的、地区方面的、专题方面的微观研究仍然不多。近年来有很多的学位论文也以中国民法史为题目,但是重复性的研究较多,研究也不够深入。这些都需要研究者进一步努力。

另外,已有的中国民法史研究成果在法学领域受到重视的程度仍然不够,也很少能够在立法以及司法上得到运用。而且在高校法学院系的"中国法制史"课程教学中体现的比重也很小,影响到中国传统民事法律文化知识的普及程度较低,即使在历史学界的研究者也少有掌握其基本的体系与概念,更遑论广大的历史爱好者。这都需要法律史学界进一步的努力。

第二节 中国传统民法与礼

"礼"是极其重要的中国文化基本概念。作为一种最基本的规范体系,它曾经涵盖了古代的法制,自然也包括了中国古代的民法。因此在讨论中国民法的基本发展脉络时,首先要加以说明。

一、民事行为与礼的起源

告子曰"食、色,性也"[1],与其他动物一样,人类要生存和延续,离不开进食和繁殖,这是动物的本能。这两大本能具有独尊性、排他性。但人类又是社会动物,习于群居生活,"群而无分则争",社会要求人们的本能欲求有一个"度量分界","求而无度量分界,则不能不争,争则乱,乱则穷"[2],为了避免社会崩溃、同归于尽,逐渐产生了人类社会最早的行为规范——习惯。

"食"方面的习惯,是从每天重复着的分配和享用食物的行为中概括出来的饮食程式和先后次序。先民们"燔黍捭豚,污尊而抔饮,蒉桴而土鼓"[3],在石板上烧烤谷物、肉类,掘地为尊(容器),贮存"酒"水,双手掬而饮之,兴致所至,击壤为乐,久而久之,形成一定的饮食程式。饮食的次序,正如瞿同祖先生所说,"一切享受(欲望的满足)与社会地位成正比例也是天经地义"[4],它是由性

---

[1] 《孟子·告子上》。
[2] 《荀子·富国篇》。
[3] 《礼记·礼运》。
[4] 瞿同祖《中国法律与中国社会》,中华书局,1981年,第270页。

别和血缘上的尊卑长幼亲疏决定的。

古人认为"鬼犹求食"①,人死以后,灵魂离开肉体,在冥冥之中过着与人间同样的生活,仍然有饮食之需。人们还相信亡故的祖先能在冥冥之中保佑子孙,但这种保佑不是无条件的,它取决于人们对祖先的态度。为取得祖先的保佑和赐福,应向祖先贡献食物,这就是祭祀。祭祀时表示对祖先的敬意、祭祀后分享祖先用过的食品等,都必须有次序地进行,日常生活中业已形成的饮食程式、次序,"犹若可以致其敬于鬼神",被移用于祭祀,称为"礼",所谓"礼之初,始诸饮食"②;"礼,履也,所以事神致福也。"③"礼(禮)"字的结构,可以解释为把盛放在容器中的食物(豊)贡献给冥冥之中的祖先(示)。

饮食程式、次序通过祭祀而得到强化、明确化、规范化,成为最初的礼。礼有两方面的内容,"先王之立礼也,有'本'有'文'"④,"本"指礼的精神、原则和实质性的行为规范,在这里是人们的尊卑亲疏关系以及由此决定的享用食物的先后次序;"文"指仪式礼节,在这里是祭祀仪式。在举行祭祀仪式时,人们必须遵守行为秩序,违者将受到处罚。故礼在本质上是有一定强制力保证实施的行为规范。以后凡以强制力保证实施的、维持社会秩序的行为规范都被称作礼,"先王恶其乱也,故制'礼'、'义'以分之"⑤。"礼,履也","(履)"字本训践,转注为所以践之具也⑥,"礼"是被制定出来的源于社会实践、社会习惯的行为规范;"义,宜也,裁制事物使合于宜也"⑦,"禁民为非曰义"⑧,"义"在这里是保障"礼"得到实施的强制力量。

传说黄帝时代已经制礼,"黄帝作为君臣上下之义,父子兄弟之礼,夫妇妃匹之合"⑨。《左传》所说"先君周公制周礼"⑩,据说是周公在"殷礼"的基础上修定"周礼",而"殷礼"又是以"夏礼"为基础的,孔子所谓"殷因于夏礼,所损益,可

---

① 《左传·宣公四年》。
② 《左传·宣公四年》。
③ 《说文解字》。
④ 《礼记·礼器》。
⑤ 《荀子·礼论篇》。
⑥ 《说文通训定声》。
⑦ 《释名·释言语》。又,《尚书·康诰》有"义刑义杀"之说。
⑧ 《周易·系辞下》。
⑨ 《商君书·画策》。
⑩ 《左传·文公十八年》。

知也,周因于殷礼,所损益,可知也"①。据此,《荀子》所说的"先王制'礼'、'义'"之事,至少可以追溯到夏代。

要言之,"礼"是氏族首领、早期国家统治者以习惯为渊源制定的,先是以氏族首领威望为保证力,继而以国家强制力为后盾的行为规范,旨在用以明确所有社会成员的"分"——权利、义务。"礼"原为使本能欲求(食、色)有"度量分界"而制定,所以,中国历史上最早的"礼",是食物享用、男女婚配方面的"礼",用现代法律概念表述,那就是属于民法的范畴。它以强制制裁手段作为后盾,这种强制手段(如放逐)出现于"起于兵"的"刑"之前,严重违反"礼"、触犯部落习惯禁忌的行为,是最早的犯罪,蔡枢衡所说"最古老的罪名是有关性交的","后于奸淫而出现的罪名是盗窃"②,确有一定见地。

顺带说一下"礼不下庶人,刑不上大夫"的问题。这句话常被理解为"礼不适用于平民,刑不适用于贵族",其实这是由于句读不当而造成的误解。它的含意应该是:礼不要求平民遵守只适用于贵族的礼,只适用于平民的制裁措施也不能加之于贵族,都不能混淆③。

二、礼的实质和发展演变

如上所述,日常生活中形成的饮食程式和次序,是礼的源泉。饮食程式发展成礼的"文";而饮食的先后次序发展成礼的"本"。而这个先后次序原取决于性别和血缘上的尊卑长幼亲疏,"名位不同,礼亦异数"④,也就是说,礼的基础就是次序和等级。由血缘关系扩大到社会关系,社会地位也就有了贵贱贫富上下。总之,礼的内在精神就是区分人们的贵贱上下、尊卑长幼亲疏,并以此决定其权利、义务的差别,也就是宗法等级原则,所谓"上下有义,贵贱有分,长幼有等,贫富有度,凡此八者,礼之经也"⑤。

礼几经损益之后,成为"经国家、定社稷、序民人"⑥,即调整行政、经济、军

---

① 《论语·为政》。
② 蔡枢衡《中国刑法史》,广西人民出版社,1983年,第138页。
③ 参见叶孝信《试论孔子法律思想的核心》,载《孔子法律思想研究》,山东人民出版社,1986年。
④ 《左传·庄公十八年》所记臧宣叔语。
⑤ 《管子·五辅》。
⑥ 《左传·隐公十一年》。

事、教育、婚姻家庭、诉讼各方面关系①的综合大法。但不管如何变化,民事法规总是其重要内容。例如,作为周礼重要组成部分的"宗法",根据血缘关系规定人们的身份、财产关系,既是西周国家机关的组织法,也是当时的身份法、婚姻法、继承法。

春秋时期"礼崩乐坏",原先的人身关系、财产关系分崩离析。这种现象一方面使周天子丧失了控制全国的政治力量,另一方面也导致各诸侯国社会秩序趋于混乱,如齐国"国之诸市,屦贱踊贵"②,"郑国多盗,取人于萑苻之泽"③,晋国"民闻公命,如逃寇仇"④,皆其著例。诸侯国为了"救世"⑤,挽救社会危机,重建统治秩序,积极开展本国的立法活动。这些立法也自然包括民事立法活动,也就是孔子所说"天下无道,则礼、乐、征、伐自诸侯出"⑥。晋国范宣子在"夷之蒐"之后"制事典"、"由质要"、"本秩礼"⑦,就是制定"以富邦国、以任百官、以生万民"的行政法规、民事法规,财产交易让渡,都以契约账目为依据定夺,而人身关系仍然以礼调节。礼的作用于是发生了变化,这部综合大法的具体内容转向开始侧重于调整身份等级关系了。而许多民事立法也开始以"礼"以外的新的法律形式出现,或者说,是以其他法律形式重新强调礼所规定的一些民事行为规范,使其必依必从的属性更加明确。这样,礼在调整民事关系方面的作用开始与其他的法律形式悄悄并存。

郑国执政子产铸《刑书》,晋国大夫叔向攻击他,说《刑书》一铸,"民知争端矣,将弃礼而征于书,锥刀之末,将尽争之"⑧,百姓知道可以讼争财产权利了,就会弃置"礼"而根据《刑书》去竞逐蝇头小利(锥刀之末)。也就是说,《刑书》中已有关于调整财产关系的民事法规,而且这些规定更适应现实生活,所以人们喜欢依据《刑书》,而不是依据"礼"来维护自己的民事权益。

---

① 《礼记·曲礼上》:"道德仁义,非礼不成;教训正俗,非礼不备;分争辨讼,非礼不决;君臣上下、父子兄弟,非礼不定;宦学事师,非礼不亲;班朝治军、莅官行法,非礼威严不行;祷祠祭祀、供给鬼神,非礼不诚不庄。"
② 《左传·昭公三年》。
③ 《左传·昭公二十年》。
④ 《左传·昭公三年》。
⑤ 《左传·昭公六年》,子产致叔向信中所述铸刑书目的。
⑥ 《论语·季氏》。
⑦ 《左传·文公六年》。
⑧ 《左传·昭公六年》。

《管子·七臣七主》中的"律者,所以定分止争",从侧面说明齐国的民事法规曾被称为"律"。战国时期,魏国李悝制《法经》六篇,其《杂法》的"借假不廉、淫侈、逾制"①等,应该就是关于债、婚姻、身份等民事方面的法规设计。魏国当时存在其他的单行民事法规。如云梦秦简中有一条魏国的《户律》②,就是关于赘婿等的规定。楚国也有"使封君之子孙三世而收爵禄"③的继承法方面的立法。

《礼记·月令》记载"孟春之月,……禁止伐木,毋覆巢,毋杀孩虫,胎夭飞鸟,毋麛毋卵"④、"仲春之月,……毋焚山林"⑤,而秦国的《田律》也有"春二月,毋敢伐材木山林及壅隄水,不夏月,毋敢夜草为灰、取生荔、麛卵鷇"⑥,《周礼》有"听称责以傅别"⑦,皆是规定借贷纠纷以契约为凭。云梦秦简"法律答问"有"何谓'亡券而害'?亡校券右为害"⑧的司法解释,即债权人灭失"校券右"而造成的债权消灭称为"亡券而害"。之所以会提问什么叫"亡券而害",应该是当时的法律条文中有这一语句。由此推想,秦代法律中可能有"有券而利,亡券而害"之类关于契约效力的规定,但没有指明"亡券而害"的"券"是债权人所持的"校券右",还是债务人所持的"校券左",所以以司法解释作补充说明。

秦始皇统一全国后,收集六国的"礼"和"仪",进行改造、借鉴继承,"秦有天下,悉内六国礼、仪,采择其善,虽不合圣制,其尊君抑臣,朝廷济济,依古以来"⑨。但其注意力偏重于"尊君抑臣"的行政法和礼仪规范。汉初,叔孙通对汉高祖说:"五帝异乐,三王不同礼,礼者,因时世人情为之节文者也。故夏、殷、周之礼所因损益可知者,谓不相复也,臣愿颇采古'礼'与《秦仪》杂就之。"他建议修定礼仪,得到汉高祖同意。由此叔孙通主持修定《汉仪》。后来在长乐宫试用这一《汉仪》时,"御史执法举不如《仪》者辄引去,竟朝置酒,无敢谨哗

---

① 《晋书》卷三〇《刑法志》。《法经》原书早佚,其六篇的具体内容如何,久难考定,甚至真伪问题也有争议,详见杨宽《战国史》,上海人民出版社,1956年,第174页注1。
② 《睡虎地秦墓竹简》,文物出版社,1978年,第292页。
③ 《韩非子·和氏》。
④ 《礼记·月令·孟春之月》。
⑤ 《礼记·月令·仲春之月》。
⑥ 《睡虎地秦墓竹简》,第26页。
⑦ 《周礼·天官·小宰》。
⑧ 《睡虎地秦墓竹简》,第228页。
⑨ 《史记》卷二三《礼书》。

失'礼'者"①。可见,秦汉时期,"礼"与"仪"被视同一物。

礼在法律上的"仪"化,往往使官府处理民事纠纷缺乏明确的法律依据。这样,一方面形成了循吏偏倚调解、感化手段处理民事诉讼的情况。比如汉代韩延寿任左冯翊太守时:

> 行县至高陵,民有昆弟相与讼田自言,延寿大伤之,曰:"幸得备位,为郡表率,不能宣明教化,至令民有骨肉争讼,既伤风化,重使贤长吏、啬夫、三老、孝弟受其耻,咎在冯翊,当先退。"是日移病不听事,因入卧传舍,闭阁思过。一县莫知所为,令丞、啬夫、三老亦皆自系待罪。于是讼者宗族传相责让,此两昆弟深自悔,皆自髡肉袒谢,愿以田相移,终死不敢复争。②

循吏不惜以装病引退来促使民事案件的调解解决。另一方面也给酷吏提供了滥用刑罚手段处理民事案件的机会,如东汉樊晔任天水太守:

> 政严猛,好申韩法,善恶立断,人有犯其禁者,率不生出狱,吏人及羌胡畏之,道不拾遗。③

又如东汉时,沛国丞相王吉办案,"若有生子不养,即斩其父母,合土棘埋之,……其余惨毒刻刻,不可胜数"④。

樊晔以致死酷刑断善恶,王吉处死遗弃子女的夫妇。从根本上看,以上循吏酷吏的两种做法都不利于稳定统治秩序。于是"经义决狱"应运而出,在司法实践中重新出现了向"礼"寻问民事规范的倾向。"胶〔西〕相董仲舒老病致仕,朝廷每有政议,数遣廷尉张汤亲至陋巷问其得失,于是作《春秋决狱》二百三十二事,动以'经'对,言之详矣。"⑤汉代以经义决狱一时成为风尚,如吕步舒为长史,"持节使决淮南狱,于诸侯擅专断,不报,以《春秋》之义正之,天子皆以为是"⑥;廷尉属官兒宽"以古法义决疑狱"⑦,他的顶头上司张汤非常赞赏。统治者力图在古"礼"的背后重新树立起国家强制力。

---

① 《史记》卷九九《叔孙通列传》。
② 《汉书》卷七六《韩延寿传》。
③ 《后汉书》卷七七《酷吏传·樊晔》。
④ 《后汉书》卷七七《酷吏传·王吉》。
⑤ 《后汉书》卷四八《应劭传》。
⑥ 《史记》卷一二一《儒林列传》。
⑦ 《汉书》卷五八《兒宽传》。

还有一种介于调解与"经义决狱"之间的断案形式,就是地方官通过指导当事人学习古礼来解决民事纠纷,如东汉仇览任阳遂亭亭长时,

> 羊元凶恶不孝,其母诣览言元。览呼元,诮责元以子道,与一卷《孝经》,使诵读之。元深改悔,到母床下,谢罪曰:"元少孤,为母所骄。谚曰:'孤犊触乳,骄子骂母。'乞今自改。"母子更相向泣,于是元遂修孝道,后成佳士。①

羊元不孝,其母告到亭长仇览处,仇览一方面斥责羊元不守子道,一方面又发一本《孝经》给羊元,令其阅读自省,最终使羊元痛改前非,母子和好如初。

承汉代"经义决狱"之绪,魏晋时期,出现了"以礼入律"、把古"礼"法则贯彻于刑律的立法潮流。如古礼有所谓"三从"之法,即"妇人有三从之义,无专用之道,故未嫁从父,既嫁从夫,夫死从子"②。这原来是调节妇女婚前婚后丧服等级变化的原则,"从"的是父亲、丈夫、儿子的丧服,并不是"听从"的意思。曹魏时期活用这一原则,制定了"在室之女,从父母之诛,既醮之妇,从夫家之罚"③,明确规定,妇女未出嫁时,要受父母犯罪行为的连带处罚;但已经出嫁以后,就按照夫家的亲属来缘坐,只受夫家犯罪行为的连带处罚,不再受到自己的父母犯罪行为的连带处罚。晋代"峻礼教之防,准五服以制罪"④,严格执行古礼所规定的丧服制度,作为现实生活中的亲属等级制度,并按照丧服所确定的亲属等级来确定亲族相犯时的罪名与量刑。"以礼入律"的出现,也可从反面说明古礼在当时已经没有法律强制力了。

礼曾经是包括除刑法以外几乎所有部门法的法律,儒家经典常有"五礼"之说,如《尚书·舜典》有"修'五礼'"语,孔安国传认为此"五礼"是"吉、凶、军、宾、嘉之礼",即以《周礼·春官》所载大宗伯所执掌的五种礼对应。《尚书·皋陶谟》也有"天秩有礼,自我'五礼'有庸哉"语,孔安国传认为此"五礼"是"公、侯、伯、子、男,五等之礼"。后儒王肃说"五礼,谓王、公、卿、大夫、士",郑玄说"五礼,天子也、诸侯也、卿大夫也、士也、庶民也"⑤。其实,"五"是满掌之数,言

---

① 《后汉书》卷七六《循吏传·仇览》注引谢承《后汉书》。
② 《仪礼·丧服·子夏传》。
③ 《晋书》卷三〇《刑法志》。
④ 《晋书》卷三〇《刑法志》。
⑤ 《十三经注疏》,中华书局影印本,1980年,第139页。

其多,言其全,言其覆盖一切而已,本是虚指,至两汉魏晋,被附会凑成实数。值得注意的是,尽管诸说不一,但都已把调整财产关系"定分止争"之礼排除在外,侧重于礼仪程式和身份关系方面的规定。

"汉末剥乱,旧章乖弛,魏初则王粲、卫觊典定众仪",这些曹魏所编定的"仪",是与叔孙通《汉仪》同类的法律,属礼仪范畴,因此《宋书》将此事载于《礼志》之中①。至晋代荀顗受命修定"礼仪",其成果却被称为《晋礼》②或《五礼》③,具体内容即吉、凶、宾、军、嘉。总而言之,秦有《秦仪》④,汉有《汉仪》,曹魏有《魏仪》,而晋代相当于《秦仪》、《汉仪》、《魏仪》的法律却称为《晋礼》、《五礼》,礼典的内容从此基本上限定于五礼,礼、仪混一,不再有别,礼原有的民法色彩日趋淡薄。五礼中除了"嘉礼"定"宴飨冠婚之道",具有一定的民事法规性质以外,其余的四礼几乎没有什么民法内容。

晋以后历代"礼典"的结构基本与《晋礼》相同,不再如先秦古礼那样包罗万象,如隋初"高祖命牛弘、辛彦之等采梁及北齐《仪注》,以为《五礼》"⑤,唐代《贞观礼》也由《吉》、《宾》、《军》、《嘉》、《凶》、《国恤》组成⑥。

秦汉以降,尤其是魏晋以后,原由礼收纳的民事规范,有些转变为礼俗,不再具有法律强制力,如婚礼的"六礼",汉代已不尽遵用,其后历代大体如此⑦。由"六礼"演绎出的民间婚姻礼俗,千姿百态,其与"六礼"相悖者,皆不受制裁。有些民间礼俗则被其他法律形式如"令"所收容,以新的法律形式出现。如"礼"的"无子则为之置后"⑧、"同宗则可为之后"⑨的原则,被唐代"户令"概括提高为"无子者,听养同宗于昭穆相当者"⑩。有些则是因为律规定了对违反者的制裁,即"以礼入律",也仍保留了法的性质,如《礼记》所说"孝子之养老也,

---

① 《宋书》卷一四。
② 《晋书》卷三九《荀顗传》。
③ 《晋书》卷二〇《礼志上》:"太尉顗所撰《五礼》"。
④ 《史记》卷二二《礼书》。
⑤ 《隋书》卷六《礼仪一》。
⑥ 《旧唐书》卷二一《礼仪志一》。
⑦ 参见陈鹏《中国婚姻史稿》,中华书局,1990年,第186页以下"六礼与俗礼之沿革"。
⑧ 《礼记·杂记上》。
⑨ 《仪礼·丧服传》。
⑩ 《唐律疏议》卷一二《户婚律》"养子舍去"律疏所引《户令》。

乐其心,不违其志,乐其耳目,安其寝处,以其饮食忠养之"①,因而唐律规定"诸子孙违犯教令及供养有阙者,徒二年"②。所以仍保留法律的性质。在这种背景下,作为民事法律的礼,其权威性江河日下,尤其是以"五礼"作为礼典的基本内容以后,统治者需要以另一种法律形式替代礼的民事法规的作用,这种法律形式就是"令"。

如前所述,秦汉曹魏,一些民事法规体现于"令",但当时的"令"还只是单行法规,如汉代"令甲"、"令乙"之类,尚未形成"令典"(以"令"为名、与"律"并行的法典)。晋代"令"的数量相当多,据称当时律、令合计有六十篇二千九百二十六条,而晋律仅二十篇六百二十条③,以两数相减,晋代的"令"达四十篇二千三百零六条,在数量上远超过律。《大唐六典》有晋令四十篇篇名和序列④,其第一篇户令、第七篇服制令、第十篇佃令、第十七篇丧葬令等,应该都具有民事法规内容。但晋代视"令"为权宜措施,"权设其法,太平当除,故不入律,悉以为令"⑤。可能当时"令"的条文已分为两类,一为《大唐六典》列举的常设之令,一为"权设其法,太平当除"的权宜之令。后代继承这一立法体例,如北齐令就是这种格局,"北齐令赵郡王叡等撰《令》五十卷,取尚书二十八曹为其篇名,又撰《权令》二卷,两《令》并行"⑥。齐令以尚书二十八曹为篇名,其中自当有民事法规。所谓"权令",即齐律、齐令之外,"其不可为定法者,别制《权令》二卷,与之并行"⑦。隋代有隋令三十卷,其田、赋役、仓库、厩牧、关市、丧葬⑧诸卷,应该与民事法规相关。而据《大唐六典》,唐令有二十七个篇目,共一千五百四十六条。唐代民事法规多集中于户令、赋役令、仓库令、厩牧令、关市令、丧葬令、杂令等篇目中。

整齐完备的令典,加上"以礼入律"过程的完成,使古礼在形式上失去了法律的性质,各部礼经从此只是作为礼教原则、经典著作而存在。原由古礼所规

---

① 《礼记·内则》,《唐律疏议》卷一《名例律》疏所引用。
② 《唐律疏议》卷二四《斗讼》。
③ 《晋书》卷三〇《刑法志》。
④ 见《唐六典》卷六《刑部》夹注。
⑤ 《晋书》卷三〇《刑法志》。
⑥ 《唐六典》卷六《刑部》夹注:"《北齐令》五十卷";《隋书·刑法志》作四十卷;《旧唐书·经籍志》作八卷,《新唐书·艺文志》、《通典》作三十卷。
⑦ 《隋书》卷二五《刑法志》。
⑧ 《唐六典》卷六《刑部》注。

定的民事规范,除被其他法律部门重新强调者,大抵转变为礼俗(习惯),不再具有法律强制力。礼的发展演变过程,可以下图表示:

三、中国传统民法与礼

大体上讲,秦汉以后的"律"主要是刑法,"令"则包括民法、行政法等在内的其他部门法。以礼(礼教及礼俗)入律,一是把礼的精神原则贯彻到刑法中,以此决定罪与非罪、罪重与罪轻,以及如何量刑;二是修定制裁违礼行为的法条。以礼入令,主要是把原由礼规定的应为不应为内容,改由令重新加以明确为具体条款。

春秋战国以来,作为行为规范的礼,法律地位已大为削弱,但是其基本精神和许多规定,又为维持社会秩序所必需。所以律、令从一开始就面临着借鉴、吸收礼的课题,这也就是为什么以法家学说为指导思想的秦代法律中仍有许多原属礼的内容。汉宣帝所说"汉家自有制度,本以霸王道杂之,奈何纯任德教,用周政乎"①,是为否定太子起用儒生的建议而发的议论,但也从侧面说明汉代采用了一部分王道。"王道衰,礼义废"②,礼的精神原则和实践就是"王道"。但秦汉律令中所含的礼很单薄,尤其是它们的立法精神,与礼相去甚远。汉魏儒者以秦代废弃礼制而迅速覆亡为口实,从理论到实践,力图把礼全面贯彻到律令中去,开始了"以礼入律(令)"的进程。

法律一经制定,便有相对的稳定性。西汉贾谊以礼的精神原则更定法令,但遭人攻击为"年少初学,专欲擅权,纷乱诸事",未被当朝采用③。东汉陈宠"钩校律令条法,溢于《甫刑》者除之",以使律令"与礼相应",也未能施行④。

---

① 《汉书》卷九《元帝纪》。
② 《毛诗·周南·关雎》序。
③ 《汉书》卷四八《贾谊传》。
④ 《后汉书》卷四六《陈宠传》。

汉武帝"独尊儒术",但不能一举全面修改律令条文,于是另辟蹊径,出现了经义决狱,以礼的精神指导司法审判。另一方面,律学家开始注律,对律文作学理解释,而当时这种解释有法律效力,所以注律无异于采用迂回战术改造律条。但是律学家所作解释各不相同,东汉"律有三家,其说各异"①,影响了法理解释的权威性。曹魏初期,沿用秦汉旧律,叔孙宣、郭令卿、马融、郑玄等诸儒纷起注律,"十有余家,家数十万言,……言数益繁,览者益难",注家太多,使法理解释更难产生实际效用,"天子于是下诏,但用郑氏章句,不得杂用余家"②。选定其中郑玄一家,确认其具有法律效力,既使旧律获得了新内涵,又避免了因各家解释不一而造成的混乱。

其后,曹魏着手修定法律,"正杀继母,与亲母同,防继、假之隙也;除异子之科,使父子无异财也"③。就是说根据"继母如母"④的礼制原则,规定杀继母者与杀亲母同等处罚。根据"子妇无私货,无私畜、无私器,不敢私假、不敢私与"⑤的礼制原则,废除秦汉的父子分家法。另外又将儒家经典《周礼》中的"八辟"改称"八议",编入《魏律》⑥,开始系统地把礼贯彻到律文之中。

晋与南北朝各代在立法活动中,大多积极顺应以礼入律潮流,如晋代法律"崇嫁娶之要,一以下聘为正,不理私约;峻礼教之防,准五服以制罪"⑦。北魏法律规定"官当"、"留养"⑧制度,北齐律归纳"重罪十条"⑨,等等。

隋代"(裴)政与苏威等修定律令,(裴)政采魏晋刑典,下至齐、梁,沿革轻重,取其折衷"⑩,兼采北齐、北魏以来法律,继续着以礼入律的进程。至唐代,

---

① 《后汉书》卷四六《陈宠传》。
② 《晋书》卷三〇《刑法志》。
③ 《晋书》卷三〇《刑法志》。
④ 《仪礼·丧服·子夏传》。
⑤ 《礼记·内则》。
⑥ 《唐六典》卷六《刑部》注:"《周礼》以八辟丽邦法,附刑罚,即八议也。自魏、晋、宋、齐、梁、陈、后魏、北齐、后周及隋皆载于律。"
⑦ 《晋书》卷三〇《刑法志》。
⑧ 《魏书》卷一一一《刑罚志》:"(高祖)十二年诏:犯死罪,若父母、祖父母年老,更无成人子孙,又无期亲者,仰案后列奏以待报,著之令格。""《法例律》:五等列爵及在官品令从第五,以阶当刑二岁。""《法例律》:诸犯死罪,若祖父母、父母七十已上,无成人子孙,旁无期亲者,具状上请。"
⑨ 《隋书》卷二五《刑法志》。
⑩ 《隋书》卷六六《裴政传》。

律令体系完备发达,原属礼的许多具体行为规范,以不同的形式进入律令。其入律者,律文规定有明确的制裁措施;入令而未入律者,即所谓"令有禁制而律无罪名者",刑法也有制裁措施①。其后宋、元、明、清历代立法,体例规模虽有差异,但实质精神与唐律一脉相承。

在法理学上,礼俗属于习惯,礼教属于道德,两者都与礼密切相关②。除了历代制定的"礼典"以外,秦汉以后所说的礼,一般指以《周礼》、《礼记》、《仪礼》三部礼经("三礼")为代表的古礼。三礼的内容、结构、规模相对稳定,有些观念、行为规范不尽适应后世王朝统治的实际情况,从法律规范的结构要求来讲,有些礼也无法收入律令,即所谓"金科玉条,包罗难尽"③。但是,许多没有收入律令的礼(行为规范),转化为礼俗后还在有效地调节人们的社会生活,而且它不同于一般依靠社会舆论、内心信念、头面人物的威信维持的习惯,而仍然以法律强制力为后盾。唐律规定:"诸不应得为而为之者,笞四十,事理重者,杖八十",所谓"不应得为",就是"律令无条,理不可为者"④;"礼也者,理也"⑤;"礼也者,理之不可移者也"⑥。理就是礼,"理不可为者",也就是礼所不允许做的事。所以,礼俗具有习惯法的性质。"不应得为"的法律规定,成为中国古代法制的一个特点,它为司法上的擅断主义留下了一条绿色通道。

礼的宗法等级原则,经过历代儒者的抽象、阐释、改造,即成为礼教。它属于道德范畴,是中国古代社会占居统治地位的社会意识形态。礼教讲究等级名分,故又称"名教";礼教讲究三纲五常,有时又称"纲常名教"。礼崩乐坏的春秋时期礼教逐渐形成,礼教之"教",不是"宗教"之教,而是"教化"之"教",是"不教而杀谓之虐"⑦之教。

儒家代表人物都强调,教化的表现之一,是统治者、头面人物的以身作则。孔子说:"其身正,不令而行,其身不正,虽令不行。"⑧孟子说:"以德服人者,中

---

① 《唐律疏议》卷二七《杂律》"违令条"。
② 参见前文礼的发展演变图。
③ 《唐律疏议》卷二七《杂律》"不应得为条"。
④ 《唐律疏议》卷二七《杂律》"不应得为条"。
⑤ 《礼记·仲尼燕居》。
⑥ 《礼记·乐记》。
⑦ 《论语·尧曰》。
⑧ 《论语·子路》。

心悦而诚服也。"①"以德服人"的"德",包括德政和德教。德政含有法律手段,德教即礼教,能使"父子有亲,君臣有义,夫妇有别,长幼有叙,朋友有信"②。德教优于德政,"善政不如善教之德民也,善政,民畏之,善教,民爱之,善政得民财,善教得民心"③。对于维护社会秩序,教化的作用优于法律。

秦亡汉兴,统治集团总结经验教训,认识到"礼者禁于将然之前,法者禁于已然之后,……礼云礼云者,贵绝恶于未萌,而起教于微眇,使民日迁善远恶而不自知也"④。再一次阐释孔孟倡导的教化作用优于法律的观点。董仲舒在此基础上,借助于其"阳尊阴卑"、"天人感应"的哲学理论,提出"阳为德,阴为刑"⑤,"刑者德之辅,阴者阳之助"⑥,后人总结为"德主刑辅"说⑦。德主刑辅说强调礼教的作用,"教,政之本也,狱,政之末也"⑧。礼教是刑政的主导,狱讼是刑政的末流。这一思想成为礼教与法制关系方面的正统思想,既为其后的以礼入律奠定了理论基础,也使得并没有直接、具体收入律令条文的礼教原则,在其背后或隐或显地树起了国家强制力保障。

南宋"集诸儒之大成者"、作为宋明理学代表人物的朱熹,继续沿着德主刑辅说的轨迹,在礼教与法律的关系问题上,提出了"明刑弼教"⑨说。"昔者帝舜以百姓不亲,五品不逊,而使契为司徒之官教以人伦:父子有亲,君臣有义,夫妇有别,长幼有序,又虑其教之或不从也,则命皋陶作士,明刑以弼五教。"⑩"明刑弼教"的意思是:礼教任务是维护三纲五常,刑法是辅弼礼教完成这一任务的助手。强调充分发挥刑法的作用,以帮助礼教完成维护三纲五常的任务。比之于德主刑辅说,一方面使礼教的地位更崇高,礼教背后的国家强制力更明显;另一方面也使刑罚的适用更自由。统治者打着"明刑弼教"的旗号,便可以理直气壮地倚重重刑,以求实现其统治而垂之长久。

---

① 《孟子·公孙丑上》。
② 《孟子·滕文公上》。
③ 《孟子·尽心上》。
④ 《汉书》卷四八《贾谊传》。
⑤ 《汉书》卷五六《董仲舒》。
⑥ 《春秋繁露·天辨在人》。
⑦ 杨鸿烈《中国法律思想史》下册,商务印书馆,1937年,第12页。
⑧ 《春秋繁露·精华》。
⑨ "明刑弼教"语出《尚书·大禹谟》:"明于五刑,以弼五教。"
⑩ 《朱子大全·戊申延和奏札一》。

礼教的盛行，尤其是宋明理学占居统治地位以后，使一些实际上已被律令否定的"礼"，不但仍以礼俗形式通行于世，而且被大力提倡，甚至走向极端。如法律允许寡妇再婚①，但礼教推崇寡妇守节，禁遏再婚，认为"饿死事极小，失节事极大"②。法律允许兄弟分家③，实际上亲族累世同居，早已不适应小农经济的社会，但累世同居却一直被视为道德典范；在赡养侍奉直系尊亲属问题上，法律对"孝"的要求是对父母、祖父母不准"供养有阙"④，但礼教却更走极端地提倡"割股疗亲"之类不科学、不人道的孝亲方式；等等。所以有人批判宋明理学说："酷吏以法杀人，后儒以理杀人。"⑤但是因为立法重视刑法，轻视民法，民事法规相对较少，许多民事法律关系就只能由礼俗调整。而由于同样的原因，这类礼俗一般也都能在社会上被奉行。

四、礼与宗族法

由同一男性祖先所出之男性及其家属所构成的民间同姓亲族集团，称为宗族。宗族法俗称宗规、宗式、族规、庄规、祠规、家规、家法、家约、家劝、家礼、家训、户规，等等，它是宗族组织为了调整内部社会关系，维护内部秩序而制定的对族人有普遍约束力的行为规范，以宗族组织内部的强制力为保障。

成体系的宗族法规在汉魏时期已经成型。如田畴率族聚居，"乃为约束相杀伤、犯盗、诤讼之法，法重者至死，其次抵罪，二十余条，又制为婚姻嫁娶之礼"⑥。至北宋已经相当常见，如范仲淹置义田族产，欧阳修、苏洵修谱收族，一时为各地所效法。明清时期已普及各地城乡。清代"天下直省郡国，各得是数百族，落落参错县邑间"⑦。从各地图书馆所藏清代宗族谱，即可知当时宗族法之完善。余绪绵延至今，据有关单位近年调查，不少农村地区，尤其是边远山村，宗族势力抬头，活动频繁，包括建宗族、修祠堂、选族长、续宗谱、制定宗族法等。

宗族法的重要渊源之一是礼（礼教、礼俗）。初期的宗族法，一般以礼为准

---

① 参见《唐律疏议》卷一二《户婚律》"夫丧守志强嫁"条。
② 程颐《二程全书》卷二二下《遗书》。
③ 唐代《户令》有"应分条"。
④ 《唐律疏议》卷一《名例律》"十恶"条"不孝"款夹注。
⑤ 戴震《戴东原集》卷九。
⑥ 《三国志》卷一一《田畴传》。
⑦ 《皇朝经世文编》卷五八《庐江章氏义庄记》。

则,少有成文,内容不周备,重礼教而轻礼俗,即原则性规定较多而具体行为规范规定较少。以后不断补充修正,到明清尤其是清代,宗族法在内容和结构上都臻于成熟。在内容方面,其调整范围由小到大,由窄到宽,几乎涉及族内生活一切领域,包括婚姻、家庭、亲族、继承、所有权、债权、租赁、买卖等民事关系,其实质内容也都注意到尽量避免与国法发生法律冲突。在结构方面,借鉴了国家法律规范的立法技术,已具有假定、处理、制裁三个基本要素,如从清代江南宁国府太平县馆田李氏宗族的《李氏家法》、湖北麻城鲍氏宗族的《鲍氏户规》[①]可见一斑。

中国地域广袤,交通不发达,古代法制上一直存在着"天高皇帝远"的历史痼疾。历代王朝为了在宏观上控制社会、维持秩序,承认了与国法没有重大冲突的宗族法的效力,在民事法律关系方面尤为如此,使宗族法获得了"准国法"的地位。南宋关于立嗣的法律规定:

> 立继者,谓夫亡而妻在,其绝则其"立"也,当从其妻;命继者,谓夫妻俱亡,则其"命"也,当惟近亲尊长。[②]

明初的《大明令·户令》规定:

> 凡妇人夫亡,无子守志者,合承夫分,须凭族长择昭穆相当之人继嗣。如招养老女婿者,仍立同宗应继者一人承奉祭祀,家产均分,如未立继身死,从族长依例议立。

近亲尊长、族长(实为宗族法授权的宗族权力代表)在继承方面的权力,得到国家的承认。清代对宗族法的态度,虽然有反复,但总体上讲,除了判处死刑等重大问题外,国家一般都承认宗族法的效力[③]。

如前所述,在法理学上,礼俗属于习惯,许多礼俗还因为国法有"不应得为"的规定而带上了习惯法的性质,但是,所谓"理(礼)不可为"的"不应得为"行为,其范围没有在法律上明确界定,可操作性不强,或者说在操作时随意性太大。宗族法把很大一部分必须遵守的礼俗明确化、成文化。如古礼有规定:

---

① 原件分别藏安徽省图书馆、北京图书馆。参见朱勇《清代宗族法研究》,湖南教育出版社,1987年,"附件"全文收录。
② 《名公书判清明集》卷八《户婚门·立继》"命继与立继不同·再判"。
③ 参见朱勇《清代宗族法研究》第151页以下。

> 男不言内,女不言外,非祭非丧,不相授器……女子出门,必拥蔽其面,夜行以烛,无烛则止,道路,男子由右,女子由左。①

这类礼很难具体地收入国法,但宗族法却能将它收入,如环山余氏的宗族法规定:

> 男不言内,女不言外,礼也。凡男子言辩有议及闺内,妇人有出堂言及闱外之事,议罚。本族男妇接见,自有常礼,但居室密迩,而道路往来,仓卒相遇,任照旧规,各宜回避,毋许道问玩狎,违者重罚。②

宗族法有国家的承认,成为准国法,从而在一定程度上解决了上述问题。如果说,宋元以前礼俗有习惯与习惯法两个档次的话,那么,宋元以后,则已分为习惯、习惯法、准国法三个档次,礼的行为规范因为宗族法的出现而获得了更大的强制力保障。

第三节 中国传统民法的基本特点

作为研究中国法制发生、发展、演变及其规律的法律史学科的组成部分,有必要对中国传统民法进行一些概括性的评价与分析。

所谓某一法律体系的特点,应该是和其他法律体系相比较而言。在对其他法律传统所知不多、研究不够的情况下所总结的特点,往往不免失之偏颇。但作为专题性的法律史书籍,没有这样的总结也不太合适。为此这里只能勉为其难,以由古罗马私法发展而来的近代民法体系作为一个参考系,尽可能作出一个大致的总结,概括中国民法史的一些最基本的特点。

一、无独立的民法体系

中国传统民法,就成文法而言,指的是清末法制改革以前的中国民法。就法制实况而言,则要延续到民国时期,乃至更后。先秦时期的民法,被包含在国家综合大法——"礼"之中,秦汉以后,民法主要也被收在主要是行政法的综合性法典"令"之中。所以说,在成文法方面,传统民法从来没有一部独立专门

---

① 《礼记·内则》。
② 安徽黟县《环山余氏宗谱·家规》,转引自朱勇《清代宗族法研究》"附件"。

的民法典,不像刑法那样有独立专门的刑法典"律"。

历史上各个朝代的民事立法,大多采用了单行法规、朝廷单行法令的形式予以发布,历朝也几乎从无单独将民事方面的法规加以汇编、统一发布的事例。这样的立法模式,不仅导致"头痛医头,脚痛医脚"的临时将就、缺乏长远考虑的立法趋向,而且也使得民事法规很难形成稳定的、能够逐步生长的体系。各地基层司法审判机关能否及时掌握并非经常性发布的这类单行法规文本也很值得怀疑。缺乏持之以恒的民事法律规范,也会削弱对于民间民事行为的引导意义。

当然,在世界法制史范围内,一个古国的法律体系内出现单独的民法体系是极其罕见的现象,绝大多数文明古国的早期法典,从今天的眼光来看几乎都是"诸法合体,民刑不分"。即使在古代希腊、罗马,早期的成文法典也是如此,只是在古罗马共和国的后期,才由罗马的法学家们开始在学理上整理出"市民法"中的所谓"私法"的体系,并通过对法律的学理解释以及通过解答司法部门的咨询,影响到法律体系的发展走向①。

二、漠视民事法律关系

除了没有独立专门的民法典以外,有关的民事法规主要集中在身份、婚姻、继承等方面,与财产交易有关的民事法律关系则规定很少或几无规定,所谓"官有政法,民从私约"②。一些单行民事法规,大多在问题成堆以后再被动地制定颁布。在司法方面,官府对参与解决民事纠纷态度冷漠,中国的"非讼"、"无讼"的对象主要是民事诉讼而非刑事诉讼。对民事诉讼,百姓总是不得已而告之,官府则是不得已而理之③,宗族法能在民事法律关系方面发挥较大的作用,其原因也正在于此。司法官员审理民事案件,往往无须拘泥于法律条文有无规定,而可以基于"情理"这一模糊标准作出评判④。

---

① 参见[意]朱塞佩·格罗索《罗马法史》,黄凤译,中国政法大学出版社,1994年,第264页。
② 可见《吐鲁番出土文书》第六册,文物出版社1985年,第409、418页;《敦煌资料》第一辑,中华书局,1961年,第294、297、311、466页,等等。
③ 〔清〕黄六鸿《福惠全书》言:"民之有讼,出于不得已而告官;官之听讼,亦出于不得已而后准。皆非乐于有事者也。"
④ [日]滋贺秀三《清代诉讼制度之民事法源的概括性考察》,王亚新编译《明清时期的民事审判与民间契约》,法律出版社,1998年,第36页。

立法者对于民事法律关系,尤其是财产关系上的漠视,导致古代在民事方面的制定法往往和民间民事惯例脱节,两者之间的关系若即若离。在很多古代国家,民间的民事习惯曾经是国家制定法的重要来源。比如古罗马《十二表法》就是古罗马习惯法的记录①。最典型的莫过于欧洲中世纪时期日耳曼诸部族的习惯法,即所谓"民俗法",各王国最早的成文法几乎清一色是民俗习惯法的汇编②。即使是以后的王室法"普通法"(因其逾越各部族、通行于整个王国而得名),仍然具有大量协调各部族习惯法而形成的法律内容。如15世纪法国进行了各地习惯法的调查,16世纪巴黎最高法院编成《巴黎习惯法》,逐渐成为全国的普通法③。

但中国古代并没有这样的记录、总结习惯法的立法传统。春秋战国时期各国公布的成文法具有强烈的政治功效,后代的制定法吸收民间民事习惯相当迟钝。除了在家庭婚姻、继承方面外,法律和民间民事习惯有相当的差别。在长期经济生活中逐渐形成的民间民事习惯与朝廷民事立法的关系,往往是若即若离。甚至民间民事习惯往往会包含一些排斥或规避朝廷法律的内容。但民间民事习惯毕竟具有相当大的社会影响力,规范着民间的财产交易行为,并且往往在交易中有着对朝廷法律"阳奉阴违"的现象。比如宋代以后朝廷法律严禁债权人强夺债务人的田产房屋之类的不动产或以债务人不动产"准折"(抵销)原有债务。宋元明清时期民间的地契、房契一般都会写上"此系正买正卖,并无准折逼勒",尽管可能实际交易正是"准折逼勒"。

三、家族本位

传统民法的法律关系主体往往是家长(甚至是族长),如在借贷方面,民间习惯有"父债子还"的家属无限责任;买卖关系方面,有亲族先买权;家庭财产关系方面,家产所有权归属家长;婚姻关系方面,婚姻是"合二姓之好",本身就是两个家庭而不是两个个人之间的事,所以,婚姻当事人不是结婚的男女本人,而是双方家庭的法定代表——家长。所以婚姻"六礼",都是以家长名义进

---

① 参见[英]梅因《古代法》,沈景一译,商务印书馆,1959年,第11页。
② 参见[美]伯尔曼《法律与革命》,贺卫方等译,中国大百科出版社,1993年,第62页。
③ 参见[日]望月礼二郎《英美法》,郭建译,商务印书馆,2005年,第91页;[德]茨威格特、克茨《比较法总论》,潘汉典等译,法律出版社,2003年,第148—149页。

行,即使是新郎迎新娘("亲迎"),也是"受父命",是在为父亲做事。财产继承方面,继承得的不动产,继承人负有逐代递传的责任,不得"非理费用"。

由家族本位的放大,法律和民间习俗上都极为重视"名分大义",强调的是"定分",各按家族地位及社会等级应享受、应得的待遇,各就各位。实际的财产利益往往隐藏在名分请求之后。比如直接以遗产分配不均起诉或求助于宗族、乡党调解会背上"不孝"、"不义"的恶名,更不会被受理。但如果以"立嗣不当"或"有亏宗子"之类涉及名分大义的理由,官府就要受理诉讼,宗族、乡党也会出面调停。为一般的财产斤斤计较,是世人所不齿的,往往得不到同情和支持,但只要适当地用名分"包装"诉求,总能被接受,并获得支持。财产关系往往成为身份关系的附庸,单纯的财产关系往往都要结合一种拟制血缘身份的或拟制社会地位的关系才能得到某种程度的认可或保护。这不仅阻碍了民事法律的发展,而且还妨碍了对此进行研究分析的学问的产生,因为谈及财产关系就会被认为沾上了铜臭和市井俗气,不得登学术大雅之堂。

按照英国法律史学家梅因的观点,欧洲法律的进步可以归结为"从身份到契约"的法律进化过程[①]。但在世界其他地区文明古国中,很难说也存在同样的进化路径。中国古代民法这种家族本位的特色,使得家族可以成为政治以及社会危机中的"避风港"。而诸如"诸子均分"、宗族族产之类的规范,也可以给家族成员提供一定的经济上的保险作用。尤其是长久以来家长位居一种可以称之为既得利益的法律地位,形成了维护及支持中央集权大一统国家法制的社会力量。

四、民事法律责任与刑事责任紧密联系

在中国古代有限的民事立法中,有一些规定在律典的规范,只要违反就会承担法律责任,一般都要受到刑事处分。如唐律规定,"负债违契不偿"除"各令备偿"外,按债的数额多少分别处笞、杖刑[②];在"他人地内得宿藏物",应与地主均分,"隐而不送(还)者",按应该归还原主的数额,处以"坐赃论减三等"[③],等等。此外,对"同姓为婚"罪、"非法离婚"罪、"违法收养"罪等,均明确定有不同

---

① [英]梅因《古代法》,第97页。
② 《唐律疏议》卷二六《杂律》"负债违契不偿"条。
③ 《唐律疏议》卷二六《杂律》"得宿藏物隐而不送"条。

的刑责。至于上述"不应得为而为之"罪,更使几乎一切违法民事行为都附带承担刑事责任。民事审判也完全套用刑事审判方式,常常当堂刑责民案当事人。

不过值得注意的是,在很多文明古国的法律中,使用刑罚或暴力处置欠债不还的债务人是相当普遍的形象。比如公元前18世纪两河流域的古巴比伦王国的《汉谟拉比法典》规定债权人可以将不还债的债务人扣押在家里当人质,如果被扣押的债务人因不测事件死亡的,债务人家属也不能提起控诉[①]。同样,在中东地区的古代希伯来人的律法,根据《旧约全书·箴言》,"富户管辖穷人,欠债的是债主的仆人"。古罗马《十二表法》规定债务可以有三十天的法定宽限期,在宽限期满后,债权人可以拘捕没有清偿债务的债务人。在债务人不能清偿债务、也没有人为债务人担保的情况下,债权人可以将债务人用不超过十五磅的铁链或皮带将他关押在自己家中。在关押的六十天中,债权人可以用铁链将债务人牵到集市,高声宣布债务人所欠的债务额。如果在第三次集市(当时罗马每九天有一个市集)后仍然没有人愿意替债务人还债或者担保的,债权人就可以将债务人卖到罗马境外为奴隶,或者可以直接将债务人杀死泄愤。如债权人有数人,"债务人得被砍切成块"[②]。欧洲中世纪时期各国,欠债不还的就被宣告为破产,要被褫夺所有的公共权力,也没有出任任何公职的资格,都要被关进专门的负债人监狱关押。中世纪的基督教会强调破产者是不能被宽恕的,欠债不还是一项极其严重的罪孽。在黑死病流行的时候,神父在为临终者做忏悔时可以赦免所有的罪恶,唯独不得赦免临终者欠债不还的罪孽。这其实是比受刑罚更重的处罚,死者被认为不能得到安息,灵魂没有办法在炼狱里得到解脱。而且欧洲城市在很长时间里都设置有专门的负债人监狱,集中关押不能清偿的债务人。被宣告破产的人也会失去市民权,不再能从事商业活动,所有的财产活动都要在监护下进行。必须要得到债权人谅解、通过法院宣告"复权"才能够恢复民事权利。这种处罚和挨一顿板子相比,其痛苦更具有长期性、精神迫害的特点。直到近代欧洲进入资本主义社会的阶段,才开始在法律上明确民、刑分立的原则,民事行为不再直接受刑罚处罚。

[①] 林榕年等《外国法律制度史》,中国人民公安大学出版社,1992年,第16页;由嵘等《外国法制史参考资料汇编》,北京大学出版社,2004年,第27页。
[②] 由嵘等《外国法制史参考资料汇编》,第128页。

第四节　中国传统民法发展
迟缓的主要原因

法律属于社会上层建筑，自然要受到社会经济基础的制约，同时也受属于上层建筑的政治体制、意识形态诸方面的交叉影响。在此姑且择其大要，略述几端。

一、专制政治对民法发展的制约

如前所述，专制国家所关注的重点，在于政权的稳定以及与之相关的国家经济收益，所以与刑法、行政法相比，民法就得不到应有的重视，国家也更习惯于以刑法、行政法手段调整民事法律关系。在"家天下"的政治体制下，统治者无视人民的个人权利义务问题，也使民法的发展步履艰难。如在古代法制中，从来没有合同的订立程序，合同的内容、签署方式，合同的保存等方面的具体法律制度。朝廷既没有兴趣、也没有能力试图建立起一套完整的财产确认、财产交易的法律体系。在大多数历史时期，只有当社会经济的发展引起社会人身关系、财产关系重大变化，使得朝廷原有的财政来源逐渐枯竭，必须改革税收体系的时候，朝廷才会被动地开始改革。这种现象在历史上反复出现，可以视之为一种规律性。如春秋时期各诸侯国几乎都先后进行了承认土地私有的改革，那就是出于各诸侯国的财政危机，先后通过承认土地私有来换取土地税收入。再如几乎相同的历史背景，唐代因为均田制的瓦解，使得朝廷难以继续维持"租庸调"的财税体制，不得已承认私人可以占有耕地而无须国家分配，但需要向国家申报耕地及住房之类的财产，确定地税、户税。国家得到了充足的财政收入，私人实现了私有财产的"合法状态"。

在古罗马法形成的时代，财产权利的确认常常始于授予某项诉权（或抗辩权），可以向法院起诉请求保护（或对抗他人的起诉），从而请求公共强制力的发动，来维护自己财产的状态[①]。而在中国古代，财产"权利"往往并不被法律正面确认，朝廷常常会在立法上采取就某项民事行为设定义务、从而默认其私

---

① 参见《法学总论——法学阶梯》，张企泰译，商务印书馆，1987年，第9—10页英译者注；[意]彭梵得《罗马法教科书》，黄风译，中国政法大学出版社，1992年，第85—86页。

有的土地处在一种"合法状态"的方式。又如唐宋以后允许"户绝"之家立"嗣子"继承财产,但"嗣子"的本意只是要其承担一项延续死者血脉后代、祭祀祖先的义务,并非授予其财产继承权。

私有财产是被默认,而不是通过授予诉权,使之能明确得到公共强制力保护。这一特点鲜明地显示出司法强制力尽量用于维护统治及社会安定,而尽可能不涉及民间"细事"的立法宗旨。但造成的后果则是私有财产这种"合法状态"实际上往往是空泛的,得不到明确保护的,所以并非严格意义上的、近代意义上的民事权利。

在专制政治体制建立之前的综合大法"礼"中所包含的民法,远比后世法律中的所包含的民法多。与政治清明时刑法相对文明化相应,民事立法也相对发达,而在专制政治体制行将灭亡的前夜,制定独立专门的民法典的任务也就被提上了议事日程。

二、长期的自然经济状态抑制民法的发展

中国社会主体长期停滞在自给自足的自然经济状态,农业生产主要用于满足从业者(包括地主和农民)的自我消费,能够提供市场的只是部分"余粮",交换获取有限的商品。而由于物流条件的限制(比如淮河以北的地区缺乏远程常年通航河流,分布广泛的山区通行困难),使得运输成本很高[①],从而阻碍大宗日用品投入长途贩运。至少秦汉时已有"百里不贩樵(木柴),千里不贩籴(粮食)"的商业谚语[②],表明高昂的陆路运输费用是阻碍日用生活必需品成为长途贩运商品的重要因素。难以促进分工的发展与交换规模的扩大,制约商品经济在社会生活各方面的渗透过程。

在高昂物流成本制约下,中国古代的商品经济的发展主要依赖于满足奢侈品消费带来的动力,在深度和广度上都较为有限,难以扩散到社会的方方面面。奢侈品的消费需求主要来自集中居住于京城及若干大城市的王公贵族、

---

① [英]亚当·斯密《国民财富的性质和原因的研究》一书已指出:"水运开拓了比陆运所开拓的广大得多的市场,所以从来各种产业的分工改良,自然而然地都开始于沿海沿河一带。"据其估算,陆运比海运的成本至少要高五十倍。见该书郭大力中译本,商务印书馆,1972年,上册,第17页。
② 《史记》卷一二九《货殖列传》。

官僚富商,形成京师及大城市商业的畸形繁荣,并导致商业及商人集团对于朝廷政治的依附性。凡此种种都阻碍了商业的规模。据外国观察家估计,直至20世纪初,仍然仅有百分之三十左右的农产品出售于百里半径内的集市,投入跨省贸易的数额则不到百分之十①。

历代统治者"以农立国"的基本国策,把商业看成不增加财富的"末业",从而产生根深蒂固的"重农抑商"政策。在这种体制下,人们普遍鄙视从商,知识分子宁可一贫如洗也保持"傲骨"而不下海从商,从商者获利后也多将资金用于购买土地,改行成为地主。这样一种经济状态,必然导致商业法律关系的简单化,与此相关的民事立法也就不可能发达。随着商品经济的缓慢发展,民事法律关系得到相应的发展,并或迟或早地反映到立法中。如宋代,商品经济的相对繁荣,使司法官得以援用的民事法规也相对较为充分。

三、民事法律关系的发展受制于儒家"重义轻利"思想

孔子说:"君子喻于义,小人喻于利。"②作为孔门"言语"科的佼佼者端木赐(子贡),颇得孔子青睐,被鉴定为"达,于从政乎何有"③,端木赐通达事理,如果让他从政,一定胜任愉快,不成问题。不料端木赐善于经商致富,孔子对此甚为不满,说"赐不受命而货殖焉"④,批评端木赐不安本分。孟子见梁惠王,开宗明义就说:"王何必曰利,亦有仁义而已矣。"⑤

孔孟之道既然如此对待"利",这就成为中国知识分子鄙视从商谋利的思想根源。后儒依旧继承这一义利观念,如汉朝大儒董仲舒的名言"正其谊(义)不谋其利,明其道不计其功"⑥,为后代儒者所津津乐道。宋代以后流行的理学甚至还将人们追求物质利益的欲望视为最大的罪恶,"人之一心,天理存则人欲亡,人欲胜则天理灭,未有天理人欲夹杂者"⑦。

---

① 参见[美]珀金斯《中国农业的发展(1368—1968)》,宋海文等译,上海译文出版社,1984年,第150页。
② 《论语·里仁》。
③ 《论语·雍也》。
④ 《论语·先进》。
⑤ 《孟子·梁惠王上》。
⑥ 《汉书》卷五六《董仲舒传》。
⑦ 朱熹《朱子语类》卷一三。

儒家的"重义轻利"并非意味着全然排斥功利,实际上正好相反,儒家之所以能够成为正统官方哲学,很大程度上是因为汉代以后的儒学实际上吸收了原来法家的绝对忠孝观念,从而成为一种极其讲究功利和实用的学说。法家的《韩非子·忠孝》认定:"臣事君,子事父,妻事夫。三者顺则天下治,三者逆则天下乱,此天下之常道也。"先秦儒家仅认定"孝"的绝对性,但对于"臣事君",则认为具有相对性,典型的如孟子所言:"君之视臣如手足,则臣视君如腹心;君之视臣如犬马,则臣视君如国人;君之视臣如土芥,则臣视君如寇仇。"①另外孔子、孟子、荀子也都没有强调妻子应绝对服从丈夫的言论。但是以董仲舒为代表的汉儒吸收了韩非所言的这三项"天下之常道",改造为著名的"君为臣纲,父为子纲,夫为妻纲"这三纲②。由此,汉代以后作为国家正统意识形态的儒学,其理论前提实际上是将君主与家长的利益设定为一种不容置疑的既得利益。将君主和家长得到臣民或子孙供养之事确定为不容怀疑的"天经地义",君主和家长的既得功利是不言而喻的,只是处于其之下的人们不得追求功利。

这种对于"为人上者"功利的肯定,才使得儒家会成为汉以后各皇朝所尊奉的官方哲学,并成为历代法制的指导原则。儒家强调的是统治者及其代言人士大夫不应"曰利",追求功利之事是可做而不可言的,不能也不用在公开场合提倡功利,不给一般臣民造成君臣孜孜求利的印象。一般大众对于物质利益的追求欲望应该被压抑,以防止发生争端和冲突。换句话说,就是社会成员对物质利益的追求不应用"游戏规则"规范,而是应该设法压制参加这种"游戏"的欲望。

尽管儒家的这一理想从未完全实现,但由于信奉这一理论的士大夫阶层几乎垄断了立法和司法的权力,从而隔断了民间社会生活中形成的财产关系"游戏规则"上升为国家法律的途径,民事习惯也难以成为法官执法时必须严格遵守的裁判依据,财产权利也难以成为法律重点保护的对象。

四、"礼"的宗法原则影响民法的发展

礼的内在精神就是区分人们的贵贱上下、尊卑长幼亲疏,也就是宗法等级

---

① 《孟子·离娄下》。
② 董仲舒《春秋繁露·基义》,班固《白虎通·三纲六纪》。

原则。这一原则造就了民法上的家族本位主义,家长的权力竞合了其他家庭成员的个人权益,个人本位缺乏成长发展的土壤。礼所倡导的"男女有别"原则,也造成了民事法律关系中男女在权利义务方面的严重不平等。宗法原则更决定了传统民法中有关所有权、债、亲族、婚姻、继承以及诉讼等方面法规的基本内容,如诉讼法方面,有子孙不得告家长的规定,儿子不可能因为父亲违反"诸子均分"原则而提起诉讼。再如,婚姻法方面的"居丧不得嫁娶"、"居丧夫妻不得同居",也是"礼"在法律中的表现。清末法制改革时的"礼法之争",反映了"礼"对民事法律关系的影响之深。

礼的等级制原则,与近代民法强调的平等主体原则自然有着很大的冲突。中国传统民法在发展过程中则一直受到身份制、等级制原则的强烈约束,形成鲜明的自身特色。

第一章　先秦民法

先秦,是秦以前时代的统称。先秦民法是中国民法的开始阶段,奠定了中国传统民法的基础。由于先秦时期遗留的这方面史料比较零碎,很难按照一个个朝代分别叙述,所以只能由这一章概括出它的大致情况。为了叙述上的方便,战国时期秦国的民法归并到下一章,本章只叙述其部分内容。

第一节　历史背景与法制概况

一、历史背景

至少在一百万年前,在当代中国疆域内,就有人类活动。在距今六七千年黄河流域的仰韶文化与长江下游的河姆渡文化的遗址中,有大量粟、稻积存的现象,可见原始农业已成为当时部落社会最主要的经济部门。在古老的神话传说中,有很多农业神祇及文化英雄,如制耒耜锄耨的神农氏,治水有功、兴建水利的大禹,播百谷、创农耕的后稷等等,但却找不到牧神、工匠神、商业神的踪迹。这也从另一方面说明,中华民族很早便形成了单一的、以粮食生产为主的经济格局。

一般认为大约在四千年前,中国进入阶级社会,出现了国家机器。传说尧、舜、禹时代,统治者互为"禅让"。而夏禹的儿子启废除了禅让制,确立了王位世袭制,史称夏朝(约公元前21世纪至公元前16世纪),统治中心约位于今河南中北部、山西南部一带。约公元前16世纪,原居黄河下游的东夷部落的商族首领成汤,起兵讨伐夏朝暴君桀,获胜后建立了以黄河中下游地区为统治中心的商朝(约公元前16世纪至公元前11世纪)。

商族也是一个以农业为主的部落,同时也开展商业贸易活动。传说商族首领相土制造了马车,用于运输。相土的曾孙王亥曾赶牛群去易水流域交易,被有易氏部落杀死。一般认为商业、商人的"商"字就源于商族。商朝的社会经济有了很大的发展,农具中除木、骨、石、蚌器外,还出现了少量青铜工具。手工业中青铜铸造业最为发达,各种青铜器十分精美,表现了高超的技艺。从考古发掘及甲骨卜辞中可以看到,当时已经通用以海贝为货币,将贝壳串成八至十个为一"朋",进行交易。商人在文化上注重敬拜鬼神,向鬼神祈祷的文辞被刻画在甲骨片上,后人称之为"卜辞"或甲骨文,保留了重要的历史资料。

商朝末年政治混乱,暴君纣王倒行逆施,引起各族反抗,来自黄河中游的周族联合其他部落一起推翻商朝,建立起周朝的统治。周朝前期建都镐京(今陕西西安),史称西周(约公元前11世纪—公元前771年)。西周建立了一套较前代更为完整的政治制度,周王在血缘上、政治上、军事上都居于中心地位。经济上西周也有了很大的发展,农业生产中已逐渐扩大应用青铜农具。青铜器的铸造技艺在商朝基础上进一步发展,青铜器上的铭文(史称"金文")保存了周朝政治经济的珍贵历史记载。

公元前771年,周幽王被联合起来的反叛贵族及西北犬戎部落杀死,其子平王将国都迁至雒邑(今河南洛阳),史称东周。东周王室衰微,无法统率尾大不掉的诸侯国。公元前771年至公元前403年,史称春秋时期,各诸侯国互相攻伐,鲁国编年史《春秋》所记载的二百四十二年中,列国间军事行动就有四百八十三次。齐、晋、秦、楚、吴、越等国先后称霸,挟天子以令诸侯;各诸侯国内部也发生各种争斗。《史记》载春秋时一百七十多个国家中,弑君三十六,亡国五十二,诸侯奔走不得保其社稷者不可胜数。

至公元前403年,赵、韩、魏"三家分晋",各自称王,标志着进入了战国时代,出现了群王割据的局面。经过战争,又形成了齐、楚、燕、赵、韩、魏、秦七国争雄的局面,展开了兼天下、一宇内的纵横捭阖的斗争,最终由秦统一了六国,建立了中国历史上第一个统一的中央集权国家。

春秋战国时期,中国社会经济有了空前的发展。春秋时,炼铁技术开始被掌握,铁器逐步运用于农业生产,极大地提高了农业生产力。此外,使用牛耕的技术也逐渐推广。铁器与牛耕这一农业技术的革命,推动了开垦荒地、兴办水利的高潮,农业出现了空前的大发展。表现的特征之一是小农经济开始形成:"五亩之宅,树之以桑,五十者可以衣帛矣。鸡豚狗彘之畜无失其时,七十者可以食肉矣。百亩之田,勿夺其时,数口之家,可以无饥矣。"①"故家五亩宅,百亩田,务其业,而勿夺其时,所以富之也。"②

手工业和商业的水平也在农业发展的基础上大大提高。手工业工匠具有自由身份,在市场上出卖商品,"舆人成舆,则欲人之富贵;匠人成棺,则欲人之夭死也"③。手工业的发展,使商业也逐步走向兴盛,"万乘之国必有万金之贾,千乘之国必有千金之贾"④。商业以转运贸易为主,"往来贩贱卖贵",或"时贱而买,……时贵而卖"⑤。

农工商业的发展,形成了商品货币经济的高潮。记载春秋时期历史的《左传》一书提及货财的有八十多处,绝大多数是实物;而战国时纵横家言论汇编《战国策》中提及货财的五十多处,有四十一条是以"金"来表示的⑥。西周时货币主要是贝壳,春秋时随着经济的发展,各地先后出现了模仿生产工具的金属铸币,如模仿铲土工具的布币,模仿刀具的刀币,模仿纺轮的圜币。此时商品货币经济开始影响到每个家庭。战国人李悝曾说:

> 今一夫挟五口,治田百亩,岁收亩一石半,为粟百五十石,除什一之税十五石,余百三十五石。食,人月一石半,五人终岁为粟九十石,余有四十五石。石三十,为钱千三百五十,除社闾尝新春秋之祠用钱三百,余千五十。衣,人率用钱三百,五人终岁用千五百,不足四百五十。不幸疾病死丧之费及上赋敛,又未与此。此农夫所以常困,有不劝耕之心,而令籴至于甚贵者也。⑦

可见,普通的自耕农家庭确实已受到市场经济的一定影响。但是一户农民一年一百五十石的产粮,农户五口人本身的口粮就占去了九十石,占到了将近三分之二,余粮至多只能养活两个半非农人口。而余粮能够投入市场交换所得的货币,甚至还不足以购买全家人的衣服,必须要依靠"男耕女织"、刻意节俭

---

① 《孟子·梁惠王上》。
② 《荀子·大略》。
③ 《韩非子·备内》。
④ 《管子·轻重甲》。
⑤ 《赵国策·赵策三》。
⑥ 参见李剑农《先秦两汉经济史稿》第六章,生活·读书·新知三联书店,1957年。
⑦ 《汉书》卷二四上《食货志》上。

来解决穿衣以及应付疾病丧葬之类的问题,总体而言,仍然处在自给自足的自然经济状态。

二、法制概况

中国国家与法的产生是一个相当长的历史阶段,绝非传说中的夏朝一蹴而就。随着私有财产与阶级的出现,原始的血缘纽带被打上阶级的烙印而更为牢固,形成统治者家国不分、亲贵合一的特点。以祖先崇拜为中心的原始习惯"礼",也逐渐变质而具有阶级性。对于战争中俘虏的惩戒逐渐演变为原始的刑罚,频繁的战争也使军法成为原始法律的重要组成部分。在这些过程中,氏族首领的权力得到强化和神化。这些因素在中国国家与法的形成过程中交互作用,决定了中国古代法律以君主意旨为转移,强调礼及伦理道德的指导作用,维护宗法伦常,偏重刑法,行政司法不分等等主要特点。

传说夏禹已创立后人称之为"禹刑"的法律。商汤则创立世称"汤刑"的法律。历史上有"刑名从商"①的说法,一般认为商朝已初步具有较为完整的法律,并且确定了"五刑"刑罚体系,即墨(割破罪犯额、颊涂以墨汁)、劓(割鼻)、刖(砍脚)、宫(毁坏生殖器官)、大辟(砍头)。

西周时法律主要基于"周礼"而形成完整体系。历史上有"周公制礼"的说法,可能在西周初年周公摄政时曾对周族的习惯进行过较大的总结与调整。其主要原则是"亲亲尊尊",强调父家长的权威,强调等级制度。礼中有些礼仪仅适用于贵族,但礼的主要原则也适用于平民。"出礼则入刑。"西周的刑是西周的刑法,流传至今有西周中期周穆王命吕侯所作的"吕刑"。西周的刑罚在五刑之外又有鞭、扑、流、赎,合称"九刑"。主要处罚的罪名有"不孝不友"、"贼"(破坏法纪)、"藏"(掩匿贼人)、"奸"(偷盗宝器)、"盗"(侵犯他人财产),等等。西周时期定罪量刑主要依靠贵族在具体案件发生后,依刑法原则而作出的裁决,所谓"临事制刑,不预设法"②。

春秋时期"礼崩乐坏",旧有制度在迅速变化的社会形势下已无法维持。为了取信于民,获得支持,公元前536年,郑国执政大夫子产"作刑书"③,把成

---

① 《荀子·正名》。
② 《左传·昭公六年》。
③ 《左传·昭公六年》。

文法规铸在鼎上,向社会各阶层公布了法律。一般认为这是中国历史上首次公布成文法。公元前513年,晋国也"铸刑鼎"①。各诸侯国纷纷公布成文法,并成为一股潮流。原来表示法律的"刑"字,逐渐被具有"平之如水"含意的"法"字所代替。到了战国初年,魏国李悝(公元前445—公元前395)撰写《法经》,作为制订成文法典的蓝本。《法经》共分为六篇:"盗"主要规定惩罚侵犯财产的犯罪行为,"贼"主要规定惩罚侵犯人身及犯上作乱的犯罪行为,李悝以为"王者之政莫急于盗贼",故以此两篇为首②。以下"囚"是关于囚禁审判制度;"捕"是关于逮捕制度;"杂"是盗贼以外其他犯罪的处罚方法;"具"是规定整个法典定罪量刑的基本原则与制度,大致相当于现代的刑法总则。

据说李悝的《法经》以后被商鞅带至秦国,作为秦国立法的指导,施行变法改革时改称秦律,进一步强调了法律规范适用的普遍性与必用性,以后成为历代正式法典的称呼。其他各国也先后制定有各种法典法规,总的特点都是偏重于惩治犯罪的刑法。刑罚制度复杂,除了原有的五刑、九刑之外,还普遍适用劳役刑,强迫罪犯为国家服苦役,甚至沦为国家的奴隶。主要罪名有犯上、盗贼、不孝等等。在法家思想的影响下,法律倾向于轻罪重刑,广泛实行连坐,一人犯罪,株连家族、邻居、同事。

三、有关先秦民法的若干问题
(一) 民事行为的规范

恩格斯曾指出:"在社会发展某个很早的阶段,产生了这样的一种需要,把每天重复着的生产、分配和交换产品的行为,用一个共同规则概括起来,设法使个人服从生产和交换的一般条件。这个规则首先表现为习惯,后来便成了法律。"③中国远古社会以农业为主体的经济格局,决定了中国古代的民事财产"共同规则"并不是建立在商品货币经济基础上,而是建筑在自给自足的自然经济基础之上。"每天重复着"的人们的经济行为主要是生产和分配,交换相对而言不占主要地位,故而形成的"共同规则"主要是使"个人服从"生产和分配的一般条件。这种先为习惯、后成法律的"共同规则",在中国古代的夏、商、

---

① 《左传·昭公二十九年》。
② 《晋书》卷三〇《刑法志》。
③ 《马克思恩格斯选集》第2卷,人民出版社,1972年,第538—539页。

周时代,就是三代之"礼",这应是三代时最主要的民事行为的规范。

由于史料的缺乏,对于三代之礼已很难复原其本来面目。生活在春秋末年的孔子(公元前551—公元前479年)已说:"夏礼,吾能言之,杞不足征也;殷礼,吾能言之,宋不足征也;文献不足故也。足,则吾能言之矣。"①去古未远而又"信而好古"的孔子已很难对夏商的制度礼仪加以追溯,现代只能以经孔子总结并经儒家改造的"周礼"去推测夏、商之礼。有很多方面只能付之阙如。

春秋战国时期成文法迅速发展,但由于立法者主观意识上是以惩治"盗贼"作为立法要务,法律主要局限于刑法部门。民事方面的立法可能也有不少,但始终没有占主要地位。民事行为在很大程度上仍受"礼"的影响,同时民间自发产生的各种习惯也成为民事行为的规范之一,然而这种民间习惯对于立法并未产生重要的影响,只是自发地调节、规范社会上人们的民事行为,因而带有很强的地方性。在列国纷争的情况下,除了部分商业习惯外,各国之间的民事习惯可能有较大的差别。

(二) 社会分层

1. 三代时期的社会分层。

原始社会的瓦解、阶级的分化是一个漫长的历史过程。距今四千多年齐家文化遗址的墓葬中,已经出现了残酷的以人殉葬的现象,有的墓葬殉葬者多达十数人,其中有的被捆住手脚,有的被砍头,有的与狗、兽埋于一处,可见这些殉葬者并非出于自愿,其身份不是奴隶就是俘虏。说明当时社会已经出现了阶级分化。至夏商时进入阶级社会,社会底层为奴隶,被视同牛马,商朝贵族普遍以奴隶作为牺牲,用以祭鬼、殉葬。殷墟现存的甲骨文中有关以人做祭品的记载很多,明确记载有人数的就有一千九百九十二条,用奴隶一万三千零五十二人,未记明人数的也有一千一百四十五条,最多的一次就以五百人祭祀。殷商时期的墓葬中也普遍以人为牺牲,最多的达四百多人②。这些奴隶的来源可能主要是战争中的俘虏,当时奴隶尚不被认为是一种能产生财富的主要资源,因而大量被杀戮。

夏商时社会的主体仍应是平民,在平民之上的是贵族,其总代表是国王。

---

① 《论语·八佾》。
② 参见郭沫若《中国史稿》,人民出版社,1976年,第177—183页。

其具体详细层次尚不清楚。西周社会分层由礼制确定。据儒家经典《礼记·王制》的说法,西周贵族依其与周王室的血缘、亲属关系以及政治关系而分为五等爵位:公、侯、伯、子、男。凡有爵位的贵族一般都分封为一方的封主,泛称诸侯。各诸侯国内部也仿照周王朝制度,国君之下,分为卿、大夫、上士、中士、下士五个等级。士不是贵族,是上层自由民,具有参与政治的权利。

西周的平民泛称"民"或"庶人"。其主体为农民,称"农夫",或带有贬义的称呼"小人"、"野人"。当时的农民可能还不是独立的小农,绝大多数还是已成为国家、贵族统治下的村社共同体的成员,束缚于国有土地之上。周王在分封诸侯时也将该地的农民一同封给诸侯,赏赐时也往往将农民随财富一起赐给诸侯。如《大盂鼎》铭文:"锡(赐)汝邦司四伯,人鬲自驭至于庶人,六百又五十又九夫"①。农民对封主提供贡赋,并为贵族服役。平民中居于国都的称"国人",具有参与政治的一定权利。

西周奴隶总称为"臣(男奴隶)"和"妾(女奴隶)",处于社会最底层,但又名目繁多。如"天有十日,人有十等,下所以事上,上所以共(供)神也。故王臣公,公臣大夫,大夫臣士,士臣皂,皂臣舆,舆臣隶,隶臣僚,僚臣仆,仆臣台。马有圉,牛有牧,以待百事"②。皂、舆、隶、僚、仆、台都是奴隶的等级。狭义上臣专指农业奴隶,此外还有鬲、百工、陪台、胥靡等等。奴隶往往有家庭,如《令簋》:"姜商(赏)令贝十朋,臣十家,鬲百人。"③然而总的来说,西周奴隶是其主人间民事关系的客体,被当作财产赏赐、抵押、买卖。周王的法令也常有"马牛其风,臣妾逋逃,勿敢越逐","窃马牛,诱臣妾,汝则有常刑"④等内容,禁止越界追捕奴隶,及诱拐他人奴隶。传说周文王有"有亡荒阅"的法令,所以能"得天下也"⑤。

2. 春秋战国时期的社会分层。

春秋战国时社会发生大变动,所谓"高岸为谷,深谷为陵"⑥。西周时僵硬的等级分层被打破。天子权威扫地,春秋时各诸侯纷纷自称公侯,到了战国时,又纷纷称王。各国内部的卿大夫在春秋时曾活跃一时,至战国这一阶层逐

---

① 《两周金文辞大系图录考释》,科学出版社,1958年,图录第13页,考释第32页。
② 《左传·昭公七年》。
③ 《两周金文辞大系图录考释》,图录第20页,考释第39页;图录第22页,考释第3页。
④ 《尚书·费誓》。
⑤ 《左传·昭公七年》。
⑥ 《左传·昭公二十三年》。

渐分化,很多国家不再有原有意义上的卿大夫这一阶层,而士成为政治舞台最活跃的角色。随着生产力的进步及商品货币经济的发展,原始共同体彻底瓦解。一家一户的个体农民成为平民的主体,同时逐渐摆脱了对于贵族封主的人身依附关系,直接受制于国家法律之下。平民中分化出了专职手工业者与商人阶层。据说齐国管仲(约公元前685—公元前645)在执政时曾立法将平民划分为士、农、工、商四个等级,"士之子常为士","农之子常为农","工之子常为工","商之子常为商"①。这正好从反面说明平民的自由流动已到了相当频繁的程度。

春秋战国时期,处于社会底层的奴隶也有了解脱奴隶身份的可能性。公元前550年,晋国贵族范氏要杀死政敌栾氏手下一个大力士督戎,与自己的奴隶斐豹约定,如斐豹杀死督戎,就焚烧其"丹书"(奴隶证书)②。公元前493年,晋国赵鞅在作战誓师中宣布:如立有战功,"庶人工商遂(可以出仕担任官职),人臣隶圉免"③。然而另一方面,随着列国战争规模的扩大和更趋残酷,大批俘虏沦为战胜国的奴隶,"系缧而归,丈夫以为仆、圉、胥靡,妇人以为舂、酋"④。商品货币经济的发展,也有很多平民因无法清偿债务而沦为奴隶。但这时的奴隶已成为主人增值的财富,不再被随意残杀或用作祭品、殉葬品,并可以财赎身。如"鲁国之法,鲁人为人臣妾于诸侯,有能赎之者,取其金于府"⑤。

战国时期各国逐渐形成了新的、不同于周代的社会等级制度。旧有的以血缘关系为主的僵硬的等级制度被可以流动的、以功绩才智为主的等级制度所逐渐代替。如秦国商鞅变法,建立了二十等军功爵制。吴起在楚国变法,"废公族疏远者,以抚养战斗之士"⑥。平民有可能通过出仕、军功而上升为贵族。社会上的主要分层为国王、贵族官僚、平民及仍处社会底层的奴隶。

(三) 民事主体资格

就先秦时期及整个古代而言,并没有明确的"民事主体资格"的概念,但在实际生活中确实有与之相当的制度。

---

① 《管子·小匡》。
② 《左传·襄公二十三年》。
③ 《左传·哀公二年》。
④ 《墨子·天志下》。
⑤ 《吕氏春秋·察微》。
⑥ 《史记》卷六五《孙子吴起列传》。

夏商周时期具有完全独立的民事权利能力的,只能是士以上的各级贵族。平民受贵族的控制,也受原始共同体的约束,被束缚于土地之上,没有自由迁徙、自由处分其财产的权利。约公元前13世纪,商王盘庚率部族迁居殷地,特意公布法令,劝告平民迁殷是"永建乃家",同时又威胁如不服从,"我乃劓殄灭之,无遗育,无俾易种于兹新邑"①。社会最底层的奴隶,有的有自己的家庭,因而可能也有一定的民事行为主体的权利,但是总的来说是民事行为的客体。

除了社会等级方面的限制外,西周时还强调父家长在民事关系中的特殊地位。按周代之礼,父母在,子女"无私货、私畜、私器、私财"②,子女不能有自己的财产,连婚姻也完全操于父母之手,即使结婚以后,仍处于被监护的地位。

春秋战国时期经过社会的大变动,一般平民家庭都已成为独立的经济实体,从而平民都具有完全独立的民事权利能力。奴隶一般也具有处理其家庭事务的部分的民事权利能力。

关于人的行为能力的判定,夏商二代史料阙乏,难以叙述。西周礼制规定男子二十岁"冠而列丈夫"③,行冠礼是作为男子成年的标志,因此也可能视为具有了完全的民事行为能力。

战国时期各国普遍推行征兵与徭役制度,男子开始服徭役的年龄可以看作是被认定为具有了民事行为能力。但各国制度不一,究竟至什么年龄"始傅",还搞不清楚,可能在十六七岁至二十岁之间。

(四)民事行为的一般原则

夏商周时期民事行为的一般原则是由各代之礼确定的。礼本身起源于生活资料的分配方法,"礼者,养也"④;"夫礼之初,始诸饮食"⑤。强调按社会等级享受生活资料的权利,"君子既得其等,又好其别"⑥,强调生活资料的"有别"。在衣食住行、生婚丧祭各方面都要按社会等级而区别对待。因此,在民事行为中,双方往往并不是平等的主体。礼即强调双方享有不平等的权利义务。所以当时的民事行为的概念与现代民法的概念大不相同。只有地位相等

---

① 《尚书·盘庚中》。
② 《礼记·曲礼》。
③ 《春秋穀梁传·文公十二年》。
④ 《荀子·礼论》。
⑤ 《礼记·礼运》。
⑥ 《荀子·礼论》。

的人才能平等地形成民事法律关系,诸侯之间可以结盟,贵族之间可以进行买卖、借贷之类的交易,或达成协议。

春秋初年,郑桓公与商人一起开发郑国,与商人盟誓:"尔无我叛,我无强贾,毋或匄夺。尔有利市宝贿,我勿与知。"①作为国君与商人盟誓,在当时是相当惊世骇俗的事件,被长期传诵。春秋战国时期"礼崩乐坏",下一等级的人僭用上一等级生活待遇的现象层出不穷,孔子对此深恶痛绝。鲁国季氏按其大夫身份只能用"四佾"乐舞,却僭用了天子才能享用的"八佾",孔子说:"是可忍也,孰不可忍也。"②随着社会等级逐渐被打破,交换逐渐发达,民事关系双方的权利义务也逐渐趋于平等。如上举晋国范氏使奴隶斐豹杀死督戎,与斐豹盟誓:"而(你)杀之,所不请于君焚丹书者,有如日。"③这在过去简直是不能想象的事情。这一趋势反映在人们的伦理观念上,"信"的观念大大突出了。无论儒、道、墨、法,都强调"信"的重要性。社会等级不再是民事行为主要考虑的问题。

(五) 关于物

物是民事法律关系中双方权利义务所指向的目标。中国古代没有"物"这样一个统称,但对于民事行为的目标仍有一些分类,有与之类似的概念。先秦时还没有明确的动产、不动产概念。一般财产统称"货财",或货、财,泛指马牛、货币、珍宝、器物之类的动产。不动产没有统称,具体称之为田、土、宅、宫室。

按周礼的规定,财货可分为可有物和不可有物。出于宗教、政治的原因,三代时期有很多"禁物",不准一般庶人占有,占有者有罪。如宗庙之器、祭祀时所用的牺牲,只能由宗子保存,并主持用于祭祀,一般贵族不得占有。又如古代华夏族以玉为贵,圭、璧、璋等玉器是名等贵族的身份象征,禁止一般庶民占有。周族很早就有"匹夫无罪,怀璧其罪"的谚语④。其他贵族享用的"尊物"也不准庶人占有。此外,周代一切耕地原则上不准买卖,所谓"田里不鬻"⑤。不合格的产品,如器物、布帛,庶人捕获的幼兽、小鱼以及砍伐的幼树等,不得在市场上流通。兵器也不准买卖。

---

① 《左传·昭公十六年》。
② 《论语·八佾》。
③ 《左传·襄公二十三年》。
④ 《左传·桓公十年》。
⑤ 《礼记·王制》。

第二节 所 有 权

现代汉语中"所有权"一词系近代从日语移植而来,古代一般笼统用"有"字来表示"所有"这一概念。当然这并不等于说中国古代没有所有权概念,至少到西周时已出现了占有、使用、收益、处分财产的有关法律。

一、私有财产的出现

马克思曾指出:"私有财产的真正基础,即占有,是一个事实,是不可解释的事实,而不是权利。只是由于社会赋予实际占有以法律的规定,实际占有才具有合法的性质,才具有私有财产的性质。"① 法律意义上的私有权与私人开始占有某项财产并不是一回事,法律意义上的私有权概念要晚于私人占有财产现象的发生。而在法律上明确的私有权概念形成以前,所有权概念也不会发展为一种清晰、明确的法律概念。只有当私人占有财产成为社会普遍现象,为社会普遍承认,并普遍要求对这种占有加以保护之后,才会产生法律意义上的私有权概念,进而产生完整的所有权制度。

从考古发掘中可以看到,约在距今六千多年前,我国已出现了私有制。距今六千多年的大汶口文化遗址的墓葬中,有单人墓、家庭合葬墓(二次葬),出现了丰富的随葬品。从简单的工具如石刀、石铲、石镰、石矛等发展到各种生活用品,如宝石、玉石、陶器制品。在距今五千年的文化遗址中,普遍出现以猪头或猪下颚骨为陪葬的现象。如西北齐家文化遗址中,有的墓葬竟埋有六十八块猪下颚骨,大汶口文化在这一时期的遗址中有三分之一的墓葬有猪头或猪下颚骨,少的一二件,多的十几件。可见私人占有的财产已从生产工具、生活用品扩大到了牲畜②。晚期的大汶口文化遗址墓葬中贫富差别更为明显,有一个成年女性的墓葬,陪葬物品有一百八十多件,包括象牙梳、指环、玉臂环等精致的工艺品,而有的墓葬则根本没有任何陪葬品③。可见随着社会生产力的发展,私有财产以及随之而来的两极分化、贫富差别已普遍存在。

---

① 《马克思恩格斯全集》第 1 卷,第 382 页。
② 王仁湘《新石器时代葬猪的宗教意义》,《文物》1981 年第 2 期。
③ 《大汶口:新石器时代墓葬发掘报告》,文物出版社,1974 年,第 113 页。

关于私有财产对人类社会的影响,儒家经典《礼记·礼运》有精彩的描述:

> 大道之行也,天下为公,选贤与能,讲信修睦,故人不独亲其亲,不独子其子,使老有所终,壮有所用,幼有所长,矜寡孤独废疾者,皆有所养。男有分,女有归。货恶其弃于地也,不必藏于己;力恶其不出于身也,不必为己。是故谋闭而不兴,盗窃乱贼而不作,故外户而不闭,是谓大同。今大道既隐,天下为家,各亲其亲,各子其子。货力为己,大人世及以为礼,城郭沟池以为固,礼义以为纪,以正君臣,以笃父子,以睦兄弟,以和夫妇,以设制度,以立田里。以贤勇知,以功为己。故谋用是作,而兵由此起。禹、汤、文、武、成王、周公,由此其选也。此六君子者,未有不谨于礼者也。以著其义,以考其信。著有过,刑仁讲让,示民有常。如有不由此者,在埶者去,众以为殃。是谓小康。

天下各为其家、货力为己的私有制出现后,礼制、法律都由此发生。

二、动产私有权

马克思曾指出:"无论在古代或现代民族中,真正的私有制只是随着动产的出现才出现的。"[①]从考古发掘材料及古文献记载的古人追溯前代的神话传说来看,中国古代私有财产也是由动产发展而来的,从个人随身工具发展到生活用品,再发展到畜群、武器,进而扩大到住房、果树、菜园,最终扩展到耕地。

在夏商周三代时期,动产所有权在很大程度上是指贵族的所有权制度,庶人私有的动产很有限,仅限于生活必需品及工具而已。如《诗·周颂·臣工》中:"命我众人,庤乃钱镈,奄观铚艾。"钱、镈、铚都是农业生产工具。农民的收获物在向贵族封主缴纳贡赋后也归庶人私有。如周代民歌《诗·魏风·硕鼠》中有"硕鼠硕鼠,无食我黍,……无食我麦,……无食我苗"。《诗·小雅·黄鸟》:"黄鸟黄鸟,无集于谷,无啄我粟,……无集于桑,无啄我粱,……无集于栩,无啄我黍。"而贵族所有财产也按其等级有严格的限制,诸如饰品、衣服、旗帜、车马,都是等级身份的标志,各不得僭用。

从三代礼制来看,其财产所有权的取得主要有以下几个途径。

[①] 《马克思恩格斯选集》第1卷,第68—69页。

(一) 国王、诸侯的封赐

古代视玉器、青铜(金)为神灵之物,贵族以此显示身份,因此这一类特有物一般应由君主封赐。如商王武乙因为周族首领季历来朝,"武乙赐地三十里,玉十瑴,马八匹"①。直至西周中期,国王的赏赐仍以动产为主。据郭沫若《西周金文辞大系》所收西周武王至共王时期(据范文澜《中国通史》西周纪年表,约公元前1066—公元前910年)的八十三个青铜器铭文统计,记载周王封赐的铭文四十五铭,有土田封赐的仅四例。绝大多数是赐予动产,尤其是表示贵族身份的尊物,如朝觐用的服饰、礼服、玉圭、玉璋、车马、旗帜等等。其次又有武器和奴隶,如《小盂鼎》中周王一次赐盂弓一张,矢百束及甲胄干戈②,《宜侯矢簋》中周成王赐宜侯"彤弓一,彤矢百,旅弓十,旅矢千"③,前引《大盂鼎》赐给盂的奴隶总计超过一千人,《令簋》令得赏赐的"人鬲"百人,《麦尊》中麦受赏赐"臣二百",等等④。

(二) 先占

私有权发生于占有,先占是取得所有权最古老的方式之一。然而随着私有制的确立,对他人财物的先占就要受法律的约束。传说周文王能得到各部族的拥戴,就因为他与各部族首领达成"有亡荒阅"的协议⑤,彼此对离主逃亡的奴隶不得占为己有,失主有追索权。西周初年,鲁国国君伯禽与来犯的淮夷、徐戎在费地作战,发布《费誓》,其中有"马牛其风,臣妾逋逃,勿敢越逐,祗复之,我商赉尔。乃越逐、不复,汝则有常刑"⑥。规定走失马牛,逃走奴隶,失主不得自行越界追索,获得者也不得因先占而为己有,应主动归还失主,由国家斟酌奖赏。否则都要受罚。这些法令的发布也从反面证明在这之前,各部落之间对遗失物是适用先占原则的,周代随着私有制的发展和国家机器的强化,先占原则逐渐受到了限制。

西周时对于战利品的分配原则是,战俘及重要战利品都归国有。如《小盂鼎》记载盂出征鬼方,得胜回朝,在太庙向国王报告战果,第一战役擒敌酋三

---

① 《太平御览》卷八三引《竹书纪年》。
② 《两周金文辞大系图录考释》,图录第19页,考释第35页。
③ 郭沫若《矢簋铭考辞》,载《考古学报》1956年第1期。
④ 《两周金文辞大系图录考释》,图录第20页,考释第40页。
⑤ 《左传·昭公七年》。
⑥ 《尚书·费誓》。

人,俘虏一万三千零八十一人,车十辆,牛三百五十五头,羊二十八只,马若干匹;第二战役,擒敌酋一人,俘马一百零四匹,车百余辆,等等①。其他青铜器铭文中也有"献禽"、"告禽"的战果汇报。小的战利品往往归先占者所有,青铜器中往往有"俘金"、"有得"而作宝器的惯用语。

关于无主物的归属,三代一般按先占原则处理。在大规模田猎活动中,庶人所得的大野兽只能交给封主,充作祭品;小猎物才归庶人私有,所谓"大兽公之,小兽私之"②。《诗经·豳风·七月》:"一之日于貉,取彼狐狸,为公子裘。二之日其同,载缵武功,言私其豵,献豜于公。"一岁的猪称豵,三岁的猪称豜,可见大猎物归贵族封主。

对于无人认领的遗失物,也是大的归公,小的按先占原则归拾得人。据《周礼·秋官·朝士》:"凡得货贿、人民、六畜者,委于朝,告于士,大而公之,小者庶民私之。"凡拾得遗失物或收得他人走失的奴隶、家畜,应上缴司寇属下的秋官朝士处,公告十日,十日后无人认领,由朝士负责处理,遗失物大的归公,小的归拾得人。另外,据《礼记·月令·仲冬之月》:"是月也,农有不收藏聚积者,马牛畜兽有放佚者,取之不诘。"每年十一月,未收藏入库的粮食、放牧中走失的马牛都被认定为他人委弃物,任何人可按先占原则归为私有。

关于山林、川泽的自然孳息物,西周时对先占原则有很多限制。据《礼记·月令》,当时在时间上规定,只有每年十月才能入山林砍伐木材,以及设置陷阱、捕捉小兽。川泽中出产的皮、角、珠、贝,都属于珍贵之物,也必须上交国家,庶人只能将一般水产品鱼虾之类归为己有。

随着社会的进步,商品货币经济逐渐发展,买卖、继承、赠予等逐步成为取得财产所有权的主要方式。尤其是春秋战国时期,各种宝器逐渐失去神秘色彩,贵族的尊物也进入流通领域。

三、井田制与三代时期土地占有形态

土地是中国古代最主要的生产资料,作为民事财产关系中最重要的不动产,土地所有关系对于民事财产关系的发展具有决定性的意义。

---

① 《两周金文辞大系图录考释》,图录第19页,考释第35页。
② 《周礼·夏官·大司马》。

传说夏商周三代实行"井田制"。按战国时人孟子的说法，井田制是"方里而井，井九百亩，其中为公田，八家皆私百亩，同养公田"①。即边长为一里的正方形耕地为一井，划成井字形，共九百亩农田。井字型中间的一块土地为公田，周围八块为私田，每户一块百亩。八户各自耕种自己的百亩私田外，还要同耕中间的那块公田。私田的收入归各户，而公田的收入归领主。另据约成书于战国末年齐国的《考工记》(汉人补入《周礼》为第六篇，称"冬官")，说法更为详细："九夫为井"，一百亩为一夫，环以二尺宽的沟；四井为邑，四邑为丘；方十里为成，方百里为同，各环以深沟。《周礼·地官·小司徒》说法类似。约成书于秦汉间的《春秋榖梁传》："古者三百步为里，名曰井。井田者，九百亩，公田居一。"东汉人班固著《汉书·食货志》追述三代田制："亩百为夫，夫三为屋，屋三为井。井方一里，是为九夫，八家共之。各受私田百亩，公田十亩，是为八百八十亩，余二十亩以为庐舍，出入相友，守望相助，疾病相救。"又按土地质量而分别给予休耕地，农民年满二十岁受田，六十岁归田，土地不得买卖。并规定每三年一换土，三年一易居，"肥饶不得独乐，硗瘠不得独苦"。

以上儒家书籍中所述说的井田制，很可能只是后人对于三代土地制度的总称，其细节可能也掺入了不少后儒的想象与猜测。然而可以肯定的是，夏商周时期还不存在严格意义上的土地私有制，在这一千多年的时间，应该是氏族村社土地公有、集体耕作逐步向土地私有制转化的一个漫长的历史演进过程。土地的私有权逐步受到法律的保护，但值得注意的是，中国古代土地私有权从未达到马克思所说的"抛弃了共同体的一切外观并消除了国家对财产发展的任何影响的纯粹私有制"②那种水平，尤其是在向土地私有制的过渡时期，更不能忽视原始共同体纽带的影响。

马克思、恩格斯指出："所有制的最初形式无论是在古代世界或中世纪都是部落所有制，……在古代民族中，由于一个城市里同时居住着几个部落，因此部落所有制就具有国家所有制的形式，而个人所有权则局限于简单的占有。但是这种占有也和一般部落所有制一样，仅仅涉及到地产。"③马克思、恩格斯在这里所依据的虽然主要是欧洲历史，但应该也同样能够适合于中国古代的

---

① 《孟子·滕文公上》。
② 《马克思恩格斯选集》第1卷，第69页。
③ 《马克思恩格斯选集》第1卷，第68页。

情况。如前所述,中国国家与法形成过程中的一个主要特点是原始血缘纽带并未解体,相反是以氏族部落血缘关系打上阶级烙印而演变为国家机构。在这种情况下,原属部落公有的、古代农业社会最重要的生产资料——耕地,也就很自然地演变为国家所有了。

三代时期这种土地国有制也有一个漫长的演变过程。夏商时只是处在这种国有制的初期,夏王朝与商王朝对于所控制的地区的土地并没有处分权,表示臣服的各个部落仍对其土地有完全的控制权。传说大禹治水,"尽力乎沟洫",开垦荒地,"身执耒臿,以为民先"[1]。然而他也仅对夏后氏部落的土地有使用、收益、处分的权利。史载夏王朝一度内乱,夏王族后代少康逃到有虞氏部落,有虞氏部落首领分给他"一成之田"(方十里为成),"一旅之众"(五百人)[2]。可见夏朝时各部落对其土地仍有充分的处分权。

商朝推翻夏朝,对于臣服的部落的控制有所加强,"昔有成汤,自彼氐羌,莫敢不来享,莫敢不来王"[3]。商朝卜辞中有"己巳王卜贞,□岁商受年,王占曰:吉。东土受年,南土受年,西土受年,北土受年"[4],"乙巳卜㱿贞,王大令众人曰:'劦田,其受年'"[5]等有关农耕的内容。卜辞中也可看到,国王属下有耤臣、小耤臣之类的管理农业的官。可能商王已把商族部落的土地中的很大一部分逐渐变为自己私有,具有占有、使用、收益、处分的全部权利。对于商族之外臣服部落土地的分配、转移可能也有了一定的控制权力,如商王武乙曾赐周族首领季历(周文王之父)土地三十里。

周族是一个高度重视农业的部族,现存一些周代君主的诰中,几乎都有涉及农业的内容,而以游猎、经商、酗酒为大戒。因之对于土地的占有欲望较强,对各臣服部落土地的控制远过于夏商。周人诗歌中有"溥天之下,莫非王土;率土之滨,莫非王臣"[6]的说法,周王得以在名义上对臣服部落的一切土地拥有所有权。

西周实行分封制,周王将各地分封给亲属、功臣,为一方诸侯,诸侯率自己

---

[1] 《韩非子·五蠹》。
[2] 《史记》卷二《夏本纪》。
[3] 《诗经·商颂·殷武》。
[4] 《殷契粹编》(《考古学专刊》甲种第十二号),科学出版社,1965年,第907页。
[5] 《殷契粹编》,第868页。
[6] 《诗经·小雅·北山》。

私属前往接收。周王有时还派出贵族官员为之丈量划界,如周宣王时,"王命申伯,式是南邦,因是谢人,以作尔庸。王命召伯,彻申伯土田,王命傅御,迁其私人"①。封申伯于南邦(今河南南阳)修建谢邑,命召伯前去划界,命傅御前去帮助迁徙申伯私属。又如《宜侯夨簋》铭文记载,周王将原封在西部的虞侯迁封东部的宜国,改称宜侯,"锡土,厥川三百……,厥邑卅又五,……锡在宜王人□又七生(姓);锡奠七伯,厥卢□又五十夫;锡宜庶人六百又六[十]夫"②。封给宜侯的这一地区内有山川、村落、土著的部落贵族(在宜王人),及当地土著的庶人。国王有赋予占有、处分土地的广泛的权利。另外,周王室也常对臣下"赐田",如《敔簋》铭,记载周王因敔作战有功,而赐给敔"于敆五十田,于早五十田"③。《不嬰簋》铭,记载周王赐不嬰"臣五家,田十田"④。

分封实际上只是一种部落殖民的方式,所封的土地实际上并不能完全占有、使用,很多封地还是荒蛮之地,要靠受封者自己拓殖。如韩侯受封于韩(今河北固安),"奄受北国,因以其伯",实际上当地"川泽讦讦,鲂鱮甫甫,麀鹿噳噳,有熊有罴,有猫有虎"⑤。而赐田与分封不同,似乎确实是一种耕地所有权的转移,那么这种用以赏赐的耕地,当为周王室直接控制的土地。通过分封赏赐,周朝实现了"天子有田以处其子孙,诸侯有国以处其子孙,大夫有采以处其子孙,是谓制度"⑥。

西周通过分封及部分赏赐,建立了马克思所称的"具有国家所有制形式"的部落所有制。周王作为国家的代表,理论上为全部土地的主人,各级诸侯贵族经封赐所得土地,全为"王土",不得私自转让、买卖,因此称为"田里不鬻"⑦。实际上在这些土地上耕种的农民们处在部落共同体之内,原始共同体的一些习惯,如平均分配耕地(当然不可能如后儒所言一夫百亩那样规整)、换土易居、共同耕种、个人不得处分土地等习惯仍长期存在。受封的贵族封主保留有对受封土地一定的收益权,如由原始共同体贡纳一定的产品;或共同体为之耕

---

① 《诗经·大雅·崧高》。
② 郭沫若《〈夨簋〉铭考释》,《考古学报》1956年第1期。
③ 《殷周金文集成释文》第三册,香港中文大学出版社,2001年,第483页。
④ 《殷周金文集成释文》第三册,第464页。
⑤ 《诗经·大雅·韩奕》。
⑥ 《礼记·礼运》。
⑦ 《礼记·王制》。

种指定的"公田",公田收益全部归封主;或按一定比例将村社总收获物的一部分缴给封主,等等。这可能就是孟子所言"夏后氏五十而贡,殷人七十而助,周人百亩而彻"①之说的来历。除了收益权利之外,上层封主还可将土地处分,转封给另一封主。另外,诸侯及封主当然也有直接控制的土地,由其私属附庸、奴隶为之耕种,这些土地也是属于封土的一部分,虽说理论上也属于"王土",但实际上应该是诸侯的私产。

西周中期以后,随着农业生产力的提高以及周王室的衰微,诸侯对于封国内土地的处分权利越来越大。长期占有与收益的事实,使"王土"的观念愈加淡薄。诸侯之间交易田产、封地的事例逐渐增多。如周懿王时(约公元前890年前后)的《卯簋》铭,记载诸侯荣伯将丰京附近的"四田"赏赐给部下卯②。又如周共王三至九年(约公元前919—公元前913年)的"卫氏三器"铭文,显示了当时贵族领主之间土地交易的情况。《卫盉》记载一位低级贵族出身的诸侯——矩国国君矩伯,为了取得朝觐用的礼器,用"十三田"向为周王室管理裘皮的"司裘"卫交换瑾璋、赤琥、鹿皮披肩、蔽膝之类的玉器朝服。这项交易经向伯邑父等大臣报告,大臣遂派出三有司:司徒、司马、司空参加交付田地的仪式。《五祀卫鼎》铭记载了裘卫以自己的"五田"交换邦君厉的位于昭太室东北有两条河流的"四田",这项交易也是在井伯、伯邑父等执政大臣监督下进行的,并经过官方参与勘界、交付仪式。这两项交易说明,贵族、诸侯对于其直接控制的土地确实有处分权,但要受到周王室的监督。不过也可能因为这些土地邻近镐京,土地交易才受到王室重视,边远诸侯国内及诸侯之间的土地交易未必一一由王室派员监督。事实上《九年卫鼎》铭所记载的土地交易就没有周王室派员参加,这是矩伯因担任周王室接待眉敖使者的卿,急需好车,就用"林眘里"换了裘卫的一辆好车。林眘里是一块山林地,照理山林是王室私产,无论贵族还是庶民都仅有使用权,然而这项交易并没有经过执政大臣的批准和监督。这三项交易恐怕都是诸侯贵族用私属耕种的、直接控制的土地进行的③。这些交易说明,诸侯封主已对土地具有了相当自由的处分权,而原来以国有制形式出现的部落所有制已处于消亡前夕了。

---

① 《孟子·滕文公上》。
② 《殷周金文集成释文》第三册,第462页。
③ 许倬云《西周史》,生活·读书·新知三联书店,1995年,第302—305页。

四、土地私有化的进程

西周末期,随着王室衰微,诸侯已视封国为自己私产,西周最后一位国王周幽王时,贵族凡伯曾作歌谣指责幽王乱政:"人有土田,女反有之;人有人民,女复夺之;此宜无罪,女反收之;彼宜有罪,女复悦之。"① 指责周幽王言而无信,企图收回封赐的田土、庶人,将复夺土田与滥行赏罚相提并论,足见诸侯早已将封国土地视为己有了。

公元前 770 年,周王室被迫东迁雒邑,放弃了经营四百多年的周族发祥地。周平王因秦襄公护送有功,封他为诸侯,并将岐山以西的土地封给他,宣布只要秦国能攻逐入侵的西戎,"即有其地",并与襄公盟誓②。虽然这主要是为了诱秦西击西戎,但毕竟是首次正式承认了诸侯对于封国土地的所有权。其他诸侯自然纷纷援例,据封国为己有。如郑国武公以护送周平王迁雒的第一功臣自居,大肆扩张疆界。继位的郑庄公在公元前 720 年命祭仲率军夺取属于周王室的温地之麦,又取成周之禾③。公元前 715 年,郑国与鲁国开始谈判一项土地交易,以郑国的祊田交换鲁王的许田。祊田原是专门用以助天子祭泰山的"汤沐邑",许田是鲁国国君朝觐周天子的休息地,这两块地与周王室密切相关,但鲁、郑两国竟不通知周王室,双方直接进行交易④。说明诸侯土地所有权已完全确立。

春秋初年,号称"封略之内,何非君土,食土之毛,谁非君臣"⑤。从西周初年的"王土",发展到了国君、封君的"君土",这是一个巨大的转变。土地私有权不断向深度与广度发展的势头方兴未艾。到了春秋中期,各诸侯国的土地已大量被卿大夫以至卿大夫的家臣们私人占有,国君对之正如周王对国君私有封地一样无可奈何。卿大夫原有自己的采邑,此外也从国君处得到赏赐,如春秋初年,晋公子夷吾赐给臣属"汾阳之田百万"、"负蔡之田七十万"⑥;又如公元前 659 年,鲁僖公赐给对莒国作战有功的季友以汶阳之田、费地⑦。

---

① 《诗经·大雅·瞻卬》。
② 《史记》卷五《秦本纪》。
③ 《左传·隐公三年》。
④ 《左传·隐公八年》。
⑤ 《左传·昭公七年》。
⑥ 《国语·晋语二》。
⑦ 《左传·僖公元年》。

春秋时期生产工具的革命,促进了开垦荒地的高潮。卿大夫以私属开垦荒地,据为私田,甚至以武力争夺,土田纷争层出不穷。公元前580年,晋国郤至竟与周简王争夺一块叫鄐田的土地,周简王只得派出使节向晋国国君交涉,郤至才答应鄐田归周①。足见在法律上、惯例上卿大夫的采邑及其开垦占有的土地已完全私有。郑国大夫子驷当政,清查卿大夫贵族所占土地,并令开洫沟为界。司氏、堵氏、侯氏、子师氏四家贵族为保私田,在公元前563年举兵作乱,杀死子驷。子产继而执政(公元前543—公元前522年),仍清查田产,设立田界。开始贵族不满,编歌谣发泄:"取我衣冠而褚之,取我田畴而伍之,孰杀子产,吾其与之。"不久他们发现子产确立田界,是承认并保护贵族的土地私有权,遂表示赞成。子产与子张不和,子张被贵族驱逐,子产遂将子张的田暂归政府保管,待子张返国即还之。贵族们由此觉得土地私有权利可得到法律保护,在子产执政三年后又编歌谣颂扬他:"我有子弟,子产诲之;我有田畴,子产殖之。子产而死,谁其嗣之?"②

春秋时卿大夫贵族获得土地私有权的同时,士及普通平民、国人对于原来占有的名义上属国有、实际属于村社公有的耕地也逐渐获得了使用、收益、处分的权利。原有的共同耕种、换土易居等习惯随着一家一户小农经济的发展,已逐渐过时而被抛弃了。从现有史料中可以发现很多对土地占有者规定赋税义务的法令,这说明统治者实际上承认土地私有,土地占有者只要能够缴纳赋税,其占有的土地就可以作为合法的私田。公元前685年左右,管仲相齐,据说实行"相地而衰征",按土地的质量等级向土地占有者征收赋税③。这可以视为承认农民私有土地的开端。公元前645年,晋国国君晋惠公在与秦国的战争中被俘,在被释放回国前,晋惠公先派郤乞归国笼络国人,宣布"作辕田",据说意为"赏众以田,易其疆畔",即将国内的土地全部赏给实际占有者,设立田界;同时又"作州兵",根据占有土地的多少负担军需兵器,"国人大悦"④。公元前594年,鲁国"初税亩",按土地占有面积征税⑤。公元前548年,楚国"书土

---

① 《左传·成公十一年》。
② 《左传·襄公三十年》。
③ 《左传·庄公九年》。
④ 《左传·僖公十五年》。
⑤ 《左传·宣公十五年》。

田,量入修赋",实行土地登记,按收获量收赋税①。公元前538年,郑国"作丘赋",也按土地面积征赋税②。公元前408年,秦国"初租禾"③。这些法令都可看作是国家以设定赋税义务的方式而承认土地私有。

除了已占有的土地外,春秋时私人还可通过开垦土地或通过军功而获得私有土地。如公元前495年,晋大夫赵鞅誓师时说:"克敌者,上大夫受县,下大夫受郡,士田十万。"④到了战国时期,以军功获得土地,成为取得土地私有权的主要方式之一。各国变法的主要内容,就是以土地赏给"耕战之士",所谓"意民之情,其所欲者田宅也"⑤。卫嗣君拜薄疑为上卿,"乃进田万顷"⑥。吴起任魏国西河守,欲拔除边境上一个秦国的亭(具有瞭望塔楼的军事据点),将一根辕木放在北门外,"而令之曰:有能徙此南门之外者,赐之上田上宅"。有人如令执行,立刻如令赏赐之。又在西门外放一块大石头,同样募人搬至东门外,也赏之上田上宅。最后集合民众,宣布要攻取秦亭,"有能先登者,仕之国大夫,赐之上田上宅"。于是全军一鼓作气,攻下了秦国的据点⑦。秦国商鞅变法时规定,能在战场上取对方一个甲士首级的,晋爵一级,赐田一顷,宅地九亩⑧。除了军功之外,只要对国家有贡献,都可得到土地。春秋末年赵简子(鞅)就曾赐给名医扁鹊"田四万亩"⑨。赵国赵烈侯还曾赐给两位歌者"人万亩"⑩。

至战国时期,土地私有权已经开始得到法律确认,如秦国商鞅变法"除井田,民得卖买"⑪。其他各国允许土地买卖的法律虽在史籍中未见正面记载,但从土地买卖的活动看,以买卖取得私有土地正日益成为最主要的方式。战国

---

① 《左传·襄公二十五年》。
② 《左传·昭公四年》。
③ 《史记》卷一五《六国年表》。
④ 《左传·哀公二年》。
⑤ 《商君书·徕民》。
⑥ 《韩非子·外储说右上》。
⑦ 《韩非子·内储说上》。
⑧ 《商君书·境内》。
⑨ 《史记》卷一〇五《扁鹊列传》。
⑩ 《史记》卷四三《赵世家》。
⑪ 《汉书》卷二四《食货志》。

著名纵横家苏秦说:"且使我有雒阳负郭田二顷,吾岂能佩六国相印乎?"①赵国将军赵括,"王所赐金帛,归藏于家,而日视便利田宅可买者买之"②。韩非在著作中提到,王登为中牟令,提拔两位"文学高行"之士为中大夫,予之田宅,"中牟之人弃其田耘,卖宅圃而随文学者,邑之半"③。可见在主要的诸侯国里,土地已可自由买卖,土地私有已经深入人心,得了法律的确认与保护。

五、矿产资源所有权

基于悠久的土地山林公有惯例,当山海中蕴藏的矿产为人类认识并利用后,矿产资源也就很自然被认为公有。国家出现后,公有的概念逐渐让位于国有,从"溥天之下,莫非王土"概念出发,"王"对于地下的矿产资源当然也拥有名义上的所有权。

夏、商时期对于矿产的管理还无法搞清。《周礼·地官·卝人》:"卝人,掌金、玉、锡、石之地,而为之厉禁以守之。若以时取之,则物其地图而授之。"郑玄注:"物地,占其形色,知咸淡也。授之,教取者之处。"贾公彦疏:"取此四者虽无四时之文,当取之日应亦有时。……当时有人采者,尝知咸淡,即知有金玉。"按此说法,西周时对于矿产资源已设专门官员管理,在一定时间内允许民间开采。

春秋战国时社会生产力迅猛发展,铁制工具已广泛使用,商品经济的发展使金属货币使用量大增,促进了矿业的大发展。同时,人口增加也要求食盐生产发展,矿业资源由此得到了高度重视。据说春秋时齐国管仲执政,由国家专"渔盐之利",齐国因之大富。于是逐渐有人提倡国家对于矿产资源应拥有绝对的、排他性的所有权。这种理论最为典型的是《管子》一书提出的"官山海"。

《管子》一书一般认为是战国时期著作,其中的《海王》篇,强调君主应占有"山海之利"。《管子》强调君主对于山野的所有权:"凡为人君而不能谨守其山泽草莱,不可以立为天下王。"④国家对于山野加以封禁,就可切实占有矿产资源。"山上有赭者,其下有铁;上有铅者,其下有银;上有丹沙者,其下有金;上

---

① 《史记》卷六九《苏秦列传》。
② 《史记》卷八一《廉颇蔺相如列传》。
③ 《韩非子·外储说左上》。
④ 《管子·轻重甲》。

有慈石者,其下有铜;此山之见荣者也。苟山之见荣者,谨封而为禁。"凡有矿苗露头的山岭必须封禁,"有动封山者,罪死而不赦。有犯令者,左足入,左足断;右足入,右足断。然则其与犯之远矣。此天财地利之所在也"①。

占有矿山及矿产资源的"天财地利",是为了得到收益。《管子》建议对盐、铁这两项矿产资源由国家垄断经营、开采、运输、销售全由国家统制,禁止私人插手。国家可以从中获取垄断超额利润,"不赋而国富"②。

春秋战国时各国并未普遍如《管子》一书所建议的那样实行严厉的矿产国有。当时铸币几乎都是民间私人发行的,可见国家对铜矿的所有权徒具虚名。《史记·货殖列传》所记战国时的富商大贾,一半以上为经营盐铁起家,所谓"官山海"看来并未实行。史籍记载中仅见楚国实行金矿国有,严禁私人采金。《韩非子·内储说上》:"荆南之地,丽水之中生金,人多窃采金。采金之禁,得而辄辜磔于市甚众。"被处死者的尸体以至于"壅离其水",然而"人窃金不止"。从先秦矿产资源的管理管制的概况来看,已奠定了中国后世矿产资源所有权方面的一个特点,即国家始终在名义上拥有对全部矿产的所有权,但并不一定实行严格的控制,所谓"不与民争利",而有条件地允许民间私人开发。一旦国家财政紧急,即可援用"官山海"的理论,对矿产实行垄断专卖。

第三节 债

债的概念在很久以前就产生了。古代"责"字是"债"字的本字,《说文解字》:"责,求也。"表明一方对另一方享有特定的权利,可以要求另一方做出一定的行为或不做一定的行为,而另一方相应负有特定的义务。"责"字要求的含义,在某种程度上准确地表达了现代民法中债权关系的特点。从要求对方做出一定行为的本意引申,"责"字又具有要求、督促、谴责、处罚等含义。随着社会经济的发展,债的概念深入人心,于是人们又创造出带人字部首的"债",专用以表示财产方面特定的权利义务关系。

《管子·轻重乙》称:"君直币之轻重,以决其数,使无券契之责,则积藏困

---

① 《管子·地数》。
② 《管子·地数》。

窬之粟,皆归于君矣!"这里提到"券契之责",说明当时的债主要是契约关系之债,双方因契约而发生的权利义务关系。《周礼·秋官·朝士》:"凡有责者,有判书以治,则听。"凡债务纠纷涉讼的,要有契约书面证明的才予受理。《周礼·天官·小宰》说"听称责以傅别",傅别也是契约的一种。可见,先秦时期债主要是因契约关系而发生的契约之债,而契约又以买卖、借贷契约为主。对于他人财产、人身的损害,都视为犯罪行为,要处以刑罚,而不认为是损害赔偿之债。这一特点,对于后世民事法律关系的发展有重大影响。

一、契约形式与成立要件

早在文字创造之前,就已经有了契约行为。在世界各个古代文明中,一般在契约关系开始形成时期,主要是凭双方当事人及在场者的记忆,而不是以文字记录契约的内容。在古代,人们为了保证对于契约内容的记忆,往往要举行一定的仪式,由当事人双方做出一定的动作,讲一定的语言,并由在场者证明。这种仪式契约往往还需要一些提醒双方记忆契约内容的信物。中国古代是否有过仪式契约的阶段,没有直接的记载,但从某些史籍记载中间接透露了这一信息。

"契"、"约"二字自古即指发生一定权利义务关系的协议。"契"字本意为刻划,故从刀;"约"字本意为缠束、缠绕,这两字本身就反映了远古时代"刻木为信"、"结绳记事"的遗风。远古时代的刻有刻痕的竹木片"契"和打了绳结的绳索"约",很可能只是用以提醒双方当事人曾达成某项协议的一种信物,在文字使用普及以前,刻划在竹木片上的记号与绳索上的绳结就足以提醒双方对于契约内容的回忆。而且当时契约的内容也比较简单,人口流动也比较少见,刻木结绳足以提醒人们记住契约内容。

当人们经济交易活动逐渐频繁时,简单的刻划、结绳已不能满足需要,于是双方各执一片刻有记号的竹木片的"券"就出现了。《说文解字》:"券,契也,从刀,劵声。券别之以刀,以刀判契其旁,故曰契券。"可见券是从契发展而来的,由双方在竹木片侧面刻出记号,再一剖为二,双方各持一片。券的使用逐渐普及,从而后世"券"、"契"成为一切契约的总称。

开始时券与契一样也只是一种提醒记忆的信物,只是券以双方各持、合券履约的形式,更容易提醒双方当事人对于契约内容的记忆。直到文字使用逐渐普及，契约内容也随着社会经济生活的复杂化而趋于复杂后，人们才开始在券契上写上文字。为了表示与一般券契的区别，以后统称这种写上文字的券契为"书契"、"券书"、"判书"等等，进而从仪式契约形式演进为书面文字契约。根据儒家经典的记载，这一演变过程至西周时已经开始，西周书面契约主要有"傅别"、"质剂"两种。

傅别，见于《周礼·天官·小宰》："听称责以傅别。"郑玄注：傅别之意为"傅著约束于文书"，把双方协议内容用文字记载于竹木简上，然后"别为两，两家各得一也"。书写的格式是"为大手书于一札，中字别之"，就是在竹木简的一面写上文字，然后从字行的中间将竹木简剖开，双方各执一片，要"合券"才能读通。这是专门用于借贷的契约。

质剂，见于《周官·地宫·质人》："凡卖儥者质剂焉，大市以质，小市以剂。"郑玄注称，质剂与傅别不同，"谓两书一札，同而别之。长曰质，短曰剂"。即在竹木简的两面写上相同的契约内容文字，在竹木简的侧面刻上记号，然后一剖为二，各执其一。长的为"质"，用于奴隶、田土、马牛交易；短的为"剂"，用于珍奇异物交易。

春秋战国时，写有文字的券契当更为普及，但考虑到当时整个社会的经济、文化发展水平，可能民间仍有采用只作信物、不以文字记载内容的券契来成立契约的。分成两片，双方各执一片的券更为流行，以至于诸子百家的思想家们，常常以"合券"、"左券"、"右券"为喻，说明其理论。

分成两片的券契双方各执哪一片？现有史籍记载中往往并不一致。从有的记载看来，是由权利人收藏左面一侧，称"左券"、"左契"。如《老子》中有"是以圣人执左契而不责于人"，《商君书·定分》中有"即以左券予吏之问法令者"，《史记·田敬仲完世家》中有"公常执左券以责于秦韩"，等等。然而也有的史籍记载则是由权利人收藏右侧，"执右券"。如《战国策·韩策三》有"操右契而为公责德于秦魏之主"，宋人鲍彪注："左券，待合而已；右券可以责取。"《史记·平原君列传》有"且虞卿操其两权，事成，操右券以责；事不成，以虚名德君"，等等。

至战国时，商品经济开始渗透到社会的方方面面，所谓"天下以市道交"[①]。

---

① 《史记》卷八一《廉颇蔺相如列传》。

券契习惯也被君主专制下的官僚制度所吸收,法令、政令文书也采用类似于"合券"的办法来核查真伪。尤其是军事制度上,各国广泛以"虎符"作为调动军队的信物。虎符分为左右两片,一片归国王收藏,一片归驻军首领收藏,只有左右合符无误,才能调动军队。公元前257年,魏国信陵君"窃符救赵"的故事便是极为著名的虎符发兵的例证。1970年代发现的秦国"杜虎符"上的铭文记载:"兵甲之符,右才(在)君,左才(在)杜。凡兴士披甲,用兵五十人以上,必会君符。"[1]可见右侧虎符是国王所持。看来很可能在民间实际生活中,至少在战国晚期,民间惯例是由权利人收藏右券,义务人收藏左券。权利人出示右券与义务人左券合对无误,义务人就必须履行其义务。

先秦契约的具体格式已难以考证。从商周时期的青铜器铭文、儒家经典及史书记载中可以找到若干有关契约的记载。考古发掘及传世的商周青铜器大多为礼器,青铜器上的铭文不大可能是契约的原本,它大抵是有关家族大事的记录,对契约至多只记载其要点而已。春秋战国时的契约原件尚未发现。

就契约成立的形式要件而言,先秦时成立契约仍受仪式契约习惯的影响,双方应说一些固定的套语,做出一定的动作,并应有见证人在场。这些套语、动作现已难予考证,并且可能各国之间的习惯不尽相同。按《周礼》的说法及据商周青铜器铭文,商周时契约可分为要式、非要式两种。凡土地、臣妾、马牛、命器、宝货的交易都有严格的程序规定,往往要有官员主持,权利转让人还要宣誓。《周礼》记载朝廷有"司盟"和"司约"官员,负责收藏诸侯与民间的盟约及约剂。《周礼·秋官·司盟》:"凡民之有约剂者,其贰在司盟,有狱讼者,则使之盟诅。"约剂当为质剂的一种,也是一种书面契约,郑玄注:"剂,谓券书也。"约剂要提供一件副本存放在司盟处,在发生诉讼时以之为证据。《周礼·秋官·司约》:"掌邦国及万民之约剂,……凡大约剂书于宗彝,小约剂书于丹图。"郑玄注:"大约剂,邦国约也;……小约剂,万民约也。"这种郑重其事的仪式可能只是诸侯贵族之间的协议或要式契约。据说发生狱讼时,"若有讼者,则珥而辟藏,其不信者服墨刑"。用墨刑处罚违约者。一般民间交易自然不可能如此复杂庄重,但盟誓作为契约的担保条件则可能是比较普遍的。

---

[1] 《西安市郊发现秦国杜虎符》,《文物》1979年第9期。杜虎符真伪现存争议,但右侧虎符由朝廷掌握应该是战国时期虎符的惯例。

二、主要契约种类

(一) 互易契约

在社会商品货币经济尚不发达的情况下,以物易物是最常见的交换形式,也可能是出现最早的一种契约形式。古诗中有"氓之蚩蚩,抱布贸丝"①。古籍中常有"日中为市"的说法,孟子说:"古之为市也,以其所有,易其所无者。"②易即是交换之意,双方各通有无,交换财物,转换财产的所有权。

互易契约的标的除了动产之外,有时也有不动产的交换。西周共王中期青铜器《五祀卫鼎》铭文,记载了裘卫与邦君厉的土地互易契约的立约过程,可作为这一时期互易契约的参考材料。铭文记载了成立契约的时间:"正月初吉庚戌";并记载了要约的过程:裘卫将邦君厉带到执政大臣井伯、伯邑父等人面前,提出他需要邦君厉在昭王太室东北有两条河的四田,他愿意以自己的五田与之交换,"余舍汝田五田"。官员们再次询问邦君厉是否愿意交换,邦君厉表示愿意,"厉乃许"。这件交易完成前,官方又使邦君厉宣誓,"使厉誓"③。

到春秋时,这种互易土地的活动更为频繁,如公元前715年郑国以祊田交换鲁国的许田,公元前712年周桓王以苏氏十二邑交换郑国四邑,等等④。这类"易田"契约的成立过程应该与《五祀卫鼎》铭文所记载的过程大致差不多。

(二) 买卖契约

商品货币经济发展后,出现了使用货币、说明价格的买卖契约。与互易契约不同,买卖契约是一方以货币买物。买卖契约的一种变形,是双方在契约上先用货币数量标明标的物的价格,再折算实物交付对方。这两种买卖契约在中国古代都很流行。先秦时称买卖活动为"贾",而"贾"字又表示价格,转用为"价"字;"贾"字还可以表示商人,可见标明价格是我国古代买卖契约的一个主要标志,商人、商业也主要是从买卖活动发展起来的。买卖契约遂成为中国古代最主要的契约种类。

在现存史料中,西周最著名的买卖活动当属周孝王时(公元前884—公元前870)的《曶鼎》铭文记载的一件动产买卖。铭文主要记载一个叫曶的贵族,

---

① 《诗经·卫风·氓》。
② 《孟子·公孙丑下》。
③ 铭文及释读引自马承源《商周青铜器铭文选·五祀卫鼎》,文物出版社,1988年,第79页。
④ 《左传》隐公八年、隐公十一年。

购买一个叫限的贵族的五名奴隶,因为限事后悔约,因而引起了诉讼。铭文中有曶对于立契过程的回顾,"我既买汝五夫,效父,用匹马束丝"(效父可能是这件交易的见证人),以后又改用"䘔"(金属货币),用"百䘔"交付,成为一件买卖契约。而限在达成契约后,先是反悔退回"匹马束丝",而要"孚";当曶交付了"䘔百孚"后,限再次反悔,派人"退金"。限两次悔约,曶为此提起诉讼。最后曶胜诉,限被责令交付五名奴隶。可见买卖契约一经成立就有法律效力,一方悔约,法律便强制他履行义务[①]。

如上所述,西周时买卖契约总称为券契,而书面券契则称之为"质剂","大市以质","小市以剂"。大市指臣妾、马牛、田土买卖,小市指珍奇异物买卖。可能都只是贵族、诸侯之间的买卖契约,民间可能只是采用普通的、没有文字记载、仅作为信物或提示物的券契。

不动产买卖的出现当晚于动产买卖,这类买卖契约带有更多的交换契约的痕迹。如西周共王时期(约公元前921—公元前910年)的《格伯簋》铭文,记载有格伯以良马四匹折价,购买倗生三十田的一次买卖活动。"惟正月初吉癸巳,王在成周,格白(伯)受良马乘于倗生,厥贾(价)卅田,则析。"良马乘指四匹良马(古时以四马为一乘),特意指明是作为"厥贾"折抵土地价格,而非单纯的交换。最后双方又"析",即将券契一剖为二各执一片。铭文还记载了双方勘查土地四至的经过,以及在正式交付前,倗生还曾发誓守约[②]。同一时期的《裘卫盉》铭文更为详细地记载了买卖契约的议价要约及承诺、达成协议的过程。矩伯向裘卫购买玉璋,价值货贝八十朋,矩伯折价为十田交付。矩伯又要购买虎皮、鹿皮披肩等"命服",价值货贝二十朋,仍折价为三田交付。这件交易中的十三田是作为购买标的——礼器命服价格一百朋的折价物出现的,因此并不是简单的交换契约,而是买卖契约中折价交付的一种形式[③]。

买卖契约成立的要件是双方合意。春秋时郑国子产曾追述郑国先君桓公与商人盟誓的故事:"昔我先君桓公与商人皆出自周,……世有盟誓以相信也。曰:尔无我叛,我无强贾,毋或匄夺;尔有利市宝贿,我勿与知。恃此质誓,故

---

① 铭文及释读引自郭沫若《奴隶制时代》,人民出版社,1954年,第211页。
② 《殷周金文集成释文》第三册,第375—376页。
③ 《殷周金文集成释文》第五册,第378页。

能相保,以至于今。"①诸侯国君也不能违背对方意志而强买商人货物。但这是否是各国普遍的法律还有疑问。在商周严格的社会等级制度下,允许诸侯贵族对平民商人"强贾"是可能的,春秋时郑国为在大国争霸中保住社稷,郑桓公才主动与商人盟誓,保证不强贾以换取商人对郑国国君的支持。进入战国时代,社会等级壁垒被打破后,禁止强贾才有可能成为普遍的规范。

买卖议价是成立买卖契约的最主要的内容之一。先秦时代进行买卖活动必须在固定的场所——市中进行。市也称"市井",有的说法是:"立市必四方,若造井之制,故曰市井。"②也有说法是:"古者相聚汲水,有物便卖,因成市,故云市井。"③市有固定开放交易时间,"日中为市,致天下之民,聚天下之货"④。市有管理官员及机构,西周时称"司市",春秋战国时有"市师"、"市长"、"市令"、"市正",等等。这些官员的重要职责是"市平",也就是评议市中的物价。《周礼·地官·贾师》称市中有管理物价的"贾师","掌其次之货贿之治,辨其物而均平之,展其成而奠其贾,然后令市。凡天患,禁贵俵者,使有恒贾"。议价必须在"恒贾(价)"的范围之内。但至春秋战国时,交易主要靠双方自由议价,贱贵随供求关系涨落。如"夫良商不与人争买卖之贾,而谨司时。时贱而买,虽贵已贱矣;时贵而卖,虽贱已贵矣"⑤。

(三) 借贷契约

借贷契约也是最古老的契约种类之一。根据《周礼》的说法,西周时已有多种借贷契约关系,民间借贷一般称"称责";官府出借财物、不计利息的借贷称"取予",而计利息的称"贷";借人债后再转借的称"属责",等等。

"称责",是附利息的借贷,契约形式为书面契约"傅别"。《周礼·地官·小宰》"听称责以傅别",郑玄注:"称责谓贷子,傅别谓券书也。听讼责者以券书决之。"唐人贾公彦疏:"称责谓举责生子,彼此俱为称意,故为称责,于官于民俱是称也。争此责者则以傅别券书决之。"据此,则"称责"为有利借贷的通称,傅别是这种"称责"借贷行为的专门契约形式。关于称责的利息率是多少,

---

① 《左传·昭公十六年》。
② 《管子·小匡》注。
③ 《史记》卷八六《刺客列传·聂政》张守节《正义》。
④ 《易·系辞下》。
⑤ 《战国策·赵策三》。

没有记载。

"取予",是官府出借财物、不计利息的借贷契约。《周礼·地官·小宰》:"听取予以书契。"郑玄注:"书契,符书也",但未注取予。唐人贾公彦疏:"听取予以书契者,此谓于官直贷不出子者,故云取予。"据此,"取予"为官府以官府的钱财进行不计利息的放贷,需要成立书面契约。

"贷",按照《周礼·地官·司徒·泉府》的说法,是民间向官府借贷的计息债务,"凡民之贷者,与其有司辨而授之,以国服为之息"。郑玄注:"贷者,谓从官借本贾也,故有息,使民弗利。以其所贾之国所出为息也,假令其国出丝絮,则以丝絮偿;其国出絺葛,则以絺葛偿。……以其于国服事之税为息也,于国事受园廛之田而贷万泉者,则期出息五百。"贾公彦疏:"贷者,即今举物生利……与其有司辨而授之者,谓别其所授之物以与之。"据此,朝廷中专门有积蓄各种物资并放贷于民的机构——泉府。其借贷关系的特点是,官府出贷经营资本给私人"贾",私人"贾"以经商所到之处以特产作为利息偿还官府,利率为年利百分之五。另据贾公彦疏,在国中利率为"二十而一"(百分之五),而近郊为"十一"(百分之十),远郊为"二十而三"(百分之十五)。

"属责",按照《周礼·秋官·朝士》的说法:"凡属责者,以其地傅而听其辞。"郑玄注:"属责,转责使人归之,而本主死亡,归受之数相抵冒者也。以其地之人相比近,能为证者来,乃受其辞,为治之。"贾公彦疏:"谓有人取他责乃别转与人,使子本依契而还本主;'本主死亡'者,转责者或死或亡也。受责之人见转责者死亡,则诈言所受时少,是'归受之数相抵冒也'。"据此,当时的借贷契约关系已相当复杂,有借债后转借生利的契约行为,或者也有欠他人债而令欠己债者代为偿还的契约行为,类似于"三角债"的债务关系。这种复杂借贷契约行为称"属责"。当中间债权人死亡或失踪时,债务人短少债额,发生纠纷,称为"抵冒",官府受理时要召集知情的地邻为证。

以上《周礼》所言的这些西周时期由朝廷主导的借贷契约种类,究竟在多大程度上确实是西周时期的实际情况?根据现有的史料还很难判断。很有可能只是《周礼》成书的时代的一些借贷契约习惯,再加上编写者的一些想象。

在其他的古籍记载中,春秋战国时"称责"往往是借贷行为的通称。有时也写作"称贷",或简称"贷"。如《孟子·滕文公上》说农民"将终岁勤动,不得以养其父母,又称贷而益之"。传说齐国田氏为收买民心,"以私量贷,而以公量收之"①。借出的时候使用自己容积较大的量具,收债的时候使用通用的容积较小的量具,用以收买人心。

春秋战国时,借贷契约关系随社会商品经济的发展而发展,开始形成高利贷行业。有关高利贷业的最著名的故事,莫过于"冯谖收债"。战国时四大公子之一的齐国孟尝君,在自己的封地薛地放债,使门客冯谖前往收债,"于是约车治装,载券契而行"。到了薛地,冯谖"使吏召诸民当偿者,悉来合券。券遍合,起矫命,以责赐诸民,因烧其券,民称万岁"②。冯谖"矫命",烧毁所有经过"合券"证明债务关系无误的券契,从而免除薛地债务人的全部债务,薛人从此死心塌地拥护孟尝君,冯谖买得人心而回。这个故事反过来说明,当时法律严格保护债务契约,债权人有无限追索权。战国时西周国君周赧王,据说曾因借债不能偿还,只得躲在宫内高台上不敢外出,号为"逃债台"③。

春秋战国时是否有法定的限制利率?目前还无法搞清。儒家一贯以西周作为理想社会,上引的《周礼》称西周时期官府放贷利率为年利百分之五至百分之十五,那么这可以作为该书编者心目中的理想利率水平,作者所处时代的官府放贷或民间借贷利率肯定应该远远高于这个范围。战国时高利贷已有"倍贷"之说,就是指借一还二、当年翻倍的意思。《管子·治国》称:

> 凡农者月不足而岁有余者也,而上征暴急无时,则民倍贷以给上之征矣。耕耨者有时而泽不必足,则民倍贷以取庸矣。秋籴以五,春粜以束,是又倍贷也。故以上之征,而倍取于民者四。关市之租,府库之征,粟什一,厮舆之事:此四时亦当一倍贷也。

在横征暴敛、天灾人祸情况下,高利贷者往往索取"倍贷"的利息。可见"倍贷"是一种受到舆论谴责的、不正常的高利贷。

先秦债务担保除了广泛使用"盟誓"的方式外,民间可能是以提供人质为主。春秋战国时各国之间的结盟、订约,一般习惯以国君之子为人质当作盟约的担保。民间借贷可能也采取这一方式。当不能清偿债务时,只得出卖家属,沦为债务奴隶。韩非曾说:"今家人之治产也,……相怜以衣食,相惠以佚乐,

---

① 《史记》卷四六《齐世家》。
② 《战国策·齐策四》。
③ 《汉书》卷一四《诸侯王表》服虔注。

天饥岁荒,嫁妻卖子者,必是家也。"①当农民在"倍贷"之息下无法清偿债务时,"嫁妻卖子"也是可能的。

(四) 雇佣契约

雇佣契约关系当属商品货币经济发展之后的产物。春秋战国时期雇佣关系相当普遍,一般称之为"庸"。佣工称"庸客"、"庸夫"、"庸保";雇佣关系称"取庸"、"买庸"、"卖庸",从这些名词来看,雇佣关系已经是一种契约关系,庸客对雇主没有人身依附关系,其身份是自由人。公元前284年齐国发生内乱,齐湣王被杀,王子法章"变姓名,为莒太史庸夫"②。雇主也不一定就是大富翁,如上节所提:"耕耨者有时而泽不必足,则民倍贷以取庸矣。"③农夫为抗旱需要借"倍贷"的高利贷来雇工车水。可见当时的雇佣契约关系已是一种主要的契约种类了。

战国时秦国曾立法禁止雇佣农民劳作。商鞅至秦,向秦孝公上言耕战之利,所撰《垦令》,建议"无得取庸,则大夫家长不建缮,爱子不惰食,惰民不窳,而庸民无所于食,是必农"④。以禁止雇工耕种来迫使有地者自耕。这个建议后来可能被定为秦国的法律。成书于战国末的《吕氏春秋》有"农不上闻,不敢私籍于庸,为害于时也"⑤的议论,看来仍强调禁止农业雇工。而山东各国农业雇工是相当普遍的。《韩非子·外储说右下》记齐桓公(公元前685—公元前643年)微服视察民间,偶入庐舍,见一老人独自料理生活,"问其故,对曰:'臣有子三人,家贫,无以妻之,佣未及反。'"同书《五蠹》篇也提到"泽居苦水者,买庸而决窦",水乡居民为了克服水患,需要雇佣雇工来挖渠排水。

战国时雇佣契约具体内容已难以考证,但从史料记载看,关于报酬、待遇、工作质量等都有明确的规定。如《韩非子·外储说左上》:

> 夫卖庸而播耕者,主人费家而美食,调布而求易钱者,非爱庸客也,曰:如是耕者且深,耨者熟耘也。庸客致力而疾耘耕者,尽巧而正畦陌畛时者,非爱主人也,曰:如是羹且美,钱布且易云也。

---

① 《韩非子·六反》。
② 《战国策·齐策六》。
③ 《管子·治国》。
④ 《商君书·垦令》。
⑤ 《吕氏春秋·上农》。

主人家对于受雇来帮助自己耕种的雇工,要准备比自己平时更好的饮食,兑换市面流行的货币,这不是因为爱雇工,只是因为这样雇工才愿意努力工作,耕地更深,耘田更细致。而雇工努力工作迅速耕耘,想方设法使作物整齐划一,也不是因为爱主人,只不过是因为这样才能得到美食以及市面通行的货币。可见,雇佣双方的关系已经完全市场化,没有任何人身依附的关系。工作质量、劳动报酬、待遇等都已经由契约约定。

(五) 合伙契约

合伙契约也是商品货币经济发展到一定阶段的产物。《周礼·秋官·朝士》:"凡民同货财者,令以国法行之,犯令者刑罚之。"郑司农注:"同货财者,谓合钱共贾者也。以国法行之,司市为节,以遣之。"据此,"同货财"当为有关合伙的法律规定。并且,合伙契约要受官府的制约。但郑玄注云:"同货财者,富人蓄积者,多时收敛之,乏时以国服之法出之,虽有腾跃,其赢不得过此。以利出者与取者,过此则罚之。若今时加贵取息坐赃。"贾公彦疏:"同货财者,谓财主出债与生利还生,期同有货财。今以国法,即以国服为之息利。"即将"同货财"解释为民间借贷生利行为,要以"国服",即国中二十而一、近郊什一、远郊二十而三的税率为民间借贷利率标准。从"同货财"字面上来看,似乎以郑司农注为妥。这一制度可能不是西周的实际情况,只能作为合伙契约早期形态的参考材料。

春秋战国时有关合伙最著名的故事莫过于"管鲍之交"了。《史记·管晏列传》载,管仲(?—公元前645)自述:"吾始困时,尝与鲍叔贾,分财利多自与,鲍叔不以我为贪,知我贫也。"可见当时民间惯例,合伙经商利润分配有一定比例,超过者为"贪"。这里只因鲍叔牙深知管仲为人,才没让他难堪,若一般商人,可能就要终止合伙关系了。

第四节 婚姻与亲属

婚姻作为一定社会制度所确认的男女两性建立夫妇关系的结合形式,应该在人类的史前时代已经逐渐形成。我国商周时期已经逐步形成一套较为定型的习俗和繁复的礼制。

中国古人已经认识到婚姻制度的形成有一个漫长的演进过程。如《管子》一书所说:"古者未有君臣上下之别,未有夫妇妃匹之合,兽居群处,以力相征。"①又如《商君书》所说:"天地设而民生之,当此时也,民知其母而不知其父。"②时至商周情况就不同了。《诗·国风·蝃蝀》就有"乃如之人也,怀昏姻也",《小雅·我行其野》也有"昏姻之故,言就尔居",都是描述男女嫁娶的婚姻关系的。唐人孔颖达曾解释说"婿以昏时而来,妻则因之而去",男方黄昏时来迎接,女子因此随之而去,所以叫"婚姻"。东汉郑玄也说:"娶妻之礼以昏为期,因名焉。"③婚姻须经一定仪式的男女结合,才为人们所接纳,社会所允许,这样婚姻作为一种制度的特征便鲜明起来。同时,因婚姻而有父母子女关系,同时也有了亲戚关系,所以古文中婚姻又可以是亲戚的意思,如《尔雅·释亲》说:"妇之父母,婿之父母相谓婚姻。"

婚姻是家庭的基础,亲属是家庭的内容,婚姻成立条件、禁忌限制、成立依据等等制度都是民法的基本内容。它关系到家庭成员的等级地位、相互关系,更关系到宗祧与财产的继承与分割,既反映纲常伦理关系,又涉及许多具体法律规定,以及在民事、刑事中的法律连带责任等。它直接或曲折地反映了社会经济、政治的面貌。因此,它必然是民法的重要组成部分和重要研究对象,它的沿革演变又细致地反映出社会关系的演变和发展。

一、商周以前的婚姻形式

原始人类处于乱婚之中,经过漫长岁月进入群婚时代,仍然是依照自然法则,谈不上什么婚姻形式。随着人类的进步,逐步走出野蛮时代,私有观念和私有制的产生,才逐渐有了人类社会意义上的婚姻。最初的婚姻形式并非单一的,在中国商周以前就存在过掠夺婚、自由婚、买卖婚、交换婚、服役婚和聘娶婚等多种形态的婚姻。

关于掠夺婚的记载。《说文》有"礼,娶妇以昏时,故曰婚";《礼记·曾子问》有"孔子曰:嫁女之家三夜不息烛,思相离也,娶妇之家三日不举乐,思嗣亲也";《周易》有"匪寇婚媾"。这些典籍使人了解到,在中国原始社会末期,常在黄昏天黑之时,男家突现,形同匪寇,女家虽有预防,终被预谋已久的男家抢

---

① 《管子·君臣下》。
② 《商君书·开塞》。
③ 参见《礼记·昏义》疏。

走,做了新娘。而女方家庭陷入巨大悲痛,以至于连续三个晚上要点灯、三天不能演奏音乐来思念,直到三天后男方带着新娘回到女方家庭来感恩和谢罪。这种掠夺婚有着惊险而悲剧性的开头,而最后又有喜剧性的结果。

关于自由婚的记载。《周礼·媒氏》:"仲春之月,令会男女,是时也,奔者不禁。""奔"本是指未经父母同意,未行一定的仪式的苟合,但出于促使男女顺应自然,适时结合,也有网开一面之意。事实上,男女爱慕、自由结合的事例很多,如孔子父母就是"野合"①的自由婚。

关于买卖婚的记载。《礼记·曲礼》有"非受币不交不亲","女子许嫁,缨"。以财物"等价"地买下女子,并戴上"缨"以示买定。这里"币"并不是象征的,而是实质性的财产,来买下女子,其目的明确是为了交亲。

关于交换婚的记载。《尔雅·释亲》说:"妻之父为外舅,妻之母为外姑,……妇称夫之父曰舅,称夫之母曰姑。"这当为交换婚中自己的姊妹因交换而入于妻的母家,称其夫的父母为舅姑,而就自己来说,就有外舅、外姑之称。这是两家互以其异性家属交换婚配的情况。

关于服役婚的记载。《史记·滑稽列传》载,春秋时"淳于髡为齐之赘婿"。贾谊解释秦国法律规定"民有二男以上不分异者,倍其赋",故"家富子壮则出分,家贫子壮则出赘"②。这里赘婿是上女家门成亲,虽不直接说明以服役取代娶妻的代价,但因其家贫穷,无地位,实际上就是在女家服役劳作。

此外,因选、因罚、因赠予和赐予、兄弟亡故收其寡妻为己妻等等,都曾是婚姻形式,但一直未成为主流形式。

及至西周,种种婚姻形式或因其凶险,或因其野蛮非礼,终被聘娶婚所融汇。本节所述周礼的婚姻成立的条件,则是聘娶婚的典型特征。纳采、纳吉、问名、请期、亲迎,都以信守季节的候鸟大雁作为象征性聘财,以示信用;而纳征则是最重要的实质条件,以帛匹、俪皮、玄纁等作为一定价值的交换物,以补偿女家嫁女的"损失"。而媒妁中介其间,撮合是其一,讨价还价是其二,信用担保是其三,显而易见,讨价还价是最为重要的。

西周时期既对现存婚俗进行筛汰,又将其中的聘娶婚用礼制加以规范定

---

① 《史记》卷四七《孔子世家》。
② 《史记》卷八四《贾谊列传》。

型,这样逐步形成的婚姻规范奠定了中国传统婚姻制度。这种婚姻制度与后世婚姻制度不尽相同,突出的特点是它是以西周确立的"礼"来调整。婚礼的诸种要求都是以习俗舆论与官府倡导,以所谓王化、教化来实现的,一般地说还不具备刑罚处置的强制力。但并不等于没有其他形式的强制力,如宗法制度即是依礼而行,具有相当的强制力的。

二、婚姻目的和一夫一妻多妾制的确立

婚姻是人们有意识、有目的的行为。在先秦,婚姻的目的明白无误地把继承先人宗绪放在最为重要的地位。《礼记·昏义》说:"昏礼者,将合二姓之好,上以事宗庙,而下以继后世也。"这种观念首先是古人敬鬼神、事先人的观念的反映。婚姻可以蕃延后代,将祭祀祖先这一重大伟业继续下去,而且更为重要的是可以把祖宗的种种权利和财产继承下来。这无疑是出于非常现实、非常重要的政治、经济的原因。

因此也就导出与夫妇相关的一系列问题。《礼记·昏义》强调婚礼为"礼之本",其要旨在于"成男女之别,而立夫妇之义也。男女有别,而后夫妇有义,……而后父子有亲……而后君臣有正"。夫妇之间,夫为妻之君,妻有从夫之义。所以在一开始夫妇就处于不平等状态。但是因为前述要保证后嗣的需要,所以一夫可以拥有多个配偶,为了区别嫡庶,这些配偶有了妻妾之分。何谓妻?所谓妻者即正室,古人说"妻者,齐也,与夫齐体"[①],表示与夫为互敌而相偶的意思。《仪礼·丧服·子夏传》说:"夫妻一体也,……夫妻牉合也。"《礼记·郊特牲》有"一之与齐,终身不改"。

为人之妻必须经过繁复的婚姻仪式,"聘则为妻",而妾则不必经婚姻仪式,所谓"奔则为妾",通常是陪嫁随嫁,或买来的,也有家长变临时占有为永久占有而赐予的名义。所以说"妾者,接也,以时接见也"[②]。就人数而言,是一夫一妇或数妇不定。《周礼》描述为"古者,天子后立六宫,三夫人,九嫔,二十七世妇,八十一御妻,以听天下之内治"[③]。根据礼制,天子娶后,同姓三国之女随嫁,国三人,连后及侄娣共十二女;诸侯娶一国,则二国往媵之,以侄娣从,共一

---

① 《白虎通·嫁娶》。
② 《释名·释亲属》。
③ 《礼记·昏义》。

娶九女而不再娶；卿大夫不能外其国而娶，只有妻之侄姊随嫁，即名媵。这种媵制著于春秋，具有姊妹同时共嫁的性质。士有一妻二妾，一妻一妾。一般庶人缺乏财力，唯有一妻，所谓"匹夫匹妇"。

在西周宗法制度下，嫡长子拥有继承宗祧的特权，同时享有财产的均分继承权。为了确定明白无疑的嫡长子，首先在众多配偶中以婚礼嫁娶的女子为正妻，而其他均为妾，不管名义上是什么称呼，如大妻小妻、夫人、六宫。家族制源于宗法制度，而宗法最忌嫡庶无别，因为这会紊乱宗族。要使嫡庶有别，首先在于重妻妾的名分。由严格的宗法制度而终于确立了中国传统婚姻制度的最基本特点即一夫一妻多妾制，从先秦开始一直未改变过。

妻妾地位的截然不同表现在各个方面。从数量上看，妻只有一个，也只能是一个，而妾的数量就不一定，可以没有，也可以多到成群。从理论上讲，特别是妻相对于妾的地位来说是与夫平等相"齐"的，而妾是贱人。从关系的确立看，妻是经过一定的繁复的婚姻仪式娶来的，而妾则没有、也无须任何规定仪式。从宗法关系讲，妻所生嫡长子才能承嗣继宗祧。从家属亲党关系说，妻与夫的亲属是有亲戚关系的，而妾与夫的亲属无任何关系。从法律上讲，法律只保护妻的地位不被动摇。

三、周礼的婚姻成立条件

周礼所规定的婚姻成立要件，可以说是把先代婚姻成立条件加以归纳成为礼制，又成为后世婚仪的先河。

首先，周礼非常重视婚礼，认为"昏礼者，礼之本也"[①]，"古之为政，……大昏为大，大昏至矣，大昏既至，冕而亲迎"[②]。

婚姻成立条件之一是必须从父母之命。这里一般不必考虑男女双方的意向如何，婚姻的主旨在于"合二姓之好，上以事宗庙而下以继后世"[③]，因而父母的意志是处主导地位的。甚至在履行婚姻仪式之时，妇女如未在男方家庙中行叩拜男家先人的"庙见"仪式，就不能算成婚，倘若此时死亡，还须归葬女家。

---

① 《礼记·昏义》。
② 《礼记·哀公问》。
③ 《礼记·昏义》。

婚姻成立条件之二是必有媒妁之言。《诗·豳风·伐柯》云："取妻如何，匪媒不得。"因为"男女非有行媒，不相知名，非受币不交不亲，以厚其别也"[①]。至于女子就更不能自媒了，否则将被视作丑而不信的事。

婚姻成立条件之三是必须成六礼。所谓六礼，即纳采、问名、纳吉、纳征、请期、亲迎。据孔颖达疏，纳采即采择之礼，男方向女方求婚的礼物，一般用雁作为采礼，这是因为雁随天候而南来北往，信时不失其节，雁又是随阳之鸟。问名是男方具书，遣人到女方，问女子名。女方复书，具告女子的出生年月及其生母姓氏。纳采和问名可以派一人为使，同时完成二项任务。纳吉是指男家占卜得吉兆，备礼通知女家。纳征即纳聘财，纳吉之后，择日具书，遣人送聘礼于女家，征是成的意思，纳了聘财意即婚成。为此春秋时又称纳币。当时习俗，庶人以缁帛五两，乡大夫以玄纁，玄三纁二另加俪皮，诸侯更加大璋，天子更加谷圭。请期即男家使人与女家商定娶嫁之期，以表示男家不敢自专的谦敬之意。每当纳吉、纳征、请期，必有一使者。除了纳征因有礼币相赠之外，其余仪式都要执一只雁随行，以示如雁行一般言而有信。亲迎是最后的重要仪式，"父亲醮子而命之迎，男先于女也。子承命以迎。主人筵几于庙，而拜迎于门外。婿执雁入，揖让升堂，再拜奠雁，盖亲受之于父母也。降出，御妇车，而婿授绥，御轮三周。先俟于门外。妇至，婿揖妇以入，共牢而食，合卺而酳，所以合体，同尊卑，以亲之也。"简单说就是，男家父亲亲自把酒命子迎新妇，男子执雁到女家家庙拜祭女方祖先，接着由御者驾车往男家，男子则先行回家，候于门外。等车到了，与新妇行礼，才进新房饮交杯酒，同一食器饮食。这样夫妇一体，才算成了婚。这种六礼极其繁琐，用费、排场很大，除了天子、诸侯及富有的贵族有条件、有必要恪守之外，一般人户都是虚应故事或加以简化，但"六礼"的名称与基本程序还是遵守不改。后世将纳吉并入纳征，问名并入纳采，仍叫"六礼"。这里最为重要的是纳征一节，即以财币礼聘。

四、婚姻的禁止

周在部落时代早已采取族外婚制。根据《礼记·大传》记载"系之以姓而

---

① 《礼记·曲礼》。

弗别,缀之以食而弗殊,虽百世而昏姻不通者,周道然也"①,如果没有分清姓别,是永远不得通婚的。因为姓氏原是同一血统的标志,它是人类进步的一种表现。既有同一姓氏内部的紧密联结关系,又有人类远别禽兽,使血缘保持区别的优势。所以古人就说姓是"崇恩爱,厚亲亲,远禽兽,别婚姻"②的工具。因此在西周,婚姻的禁止最主要是表现在近亲属结婚。

《礼记·曲礼》即说"同姓不婚","取妻不取同姓,故买妾不知其姓则卜之"。可能是大量的同姓成婚后的弱化、畸残夭折现象不断出现,而不同血族的后代强壮,杂交优势明显,所以《左传》、《国语》等古籍中载有"同姓不婚,惧不殖也"的说法。

王国维《殷周制度论》认为:"同姓不婚之制自周始,女子称姓亦自周人始矣。"这也是传统的说法,如《魏书·高祖纪》即认为在殷商之前是不讲究同姓不婚的,"夏殷不嫌一姓之婚,周世始绝同姓之娶"。正因为西周同姓不娶,所以《礼记·昏义》在为婚姻下定义时说:"昏礼者,将合二姓之好。"

同姓不婚的理由是伦理和遗传关系,政治原因也不可忽视。在伦理上,"同姓不得相娶,重人伦"③。在遗传上,"同姓不婚,恶不殖也"④;"男女同姓,其生不蕃"⑤;"内官不及同姓,其生不殖。"⑥而在政治上,同姓不婚原则也具有加强与异姓贵族间的联系,维护宗族内的伦常关系,使宗法等级不致被破坏的政治意义。因此在《礼记·郊特牲》中概括为"取于异姓,所以附远厚别也",附远厚别,争取他姓部落的联盟与支持,显然是出于政治上的需要。

"同姓不婚"固然是西周时婚姻限制,但也并非十分严格,特别是受到三个方面的冲击之后。其一,除了周天子王化所及之区外,在西北、东南边陲仍有不少土著部落区域并不认真依此礼制,而是沿袭本民族、部落的习俗,仍实行同姓通婚。其二,西周晚年,礼崩乐坏,春秋期间对于西周礼制的冲击不仅在政令方面,而且也波及婚俗,史书中不时可见同姓为婚的事例。其三,则是最

---

① 《礼记·昏义》。
② 《礼记·郊特牲》。
③ 《白虎通·姓名》。
④ 《国语·晋语》。
⑤ 《左传·僖公二十三年》。
⑥ 《左传·昭公元年》。

重要、最实际的原因,到了春秋战国时期,以姓为氏,姓氏相混,功臣赐姓、义子袭姓、避乱改姓、其他部落改从汉姓,以及人口增多,血缘关系变得错综复杂。同姓实际上不再是同一血统的标志。"同姓不婚"的约束依然存在,但人们更重视同姓是否同宗的问题,对于同姓同宗仍然十分在意。战国以后,"同姓不婚"仍然是历代法律的明文规定,也是一种古老的习俗。

五、婚姻的终止

婚姻终止最显见的是一方死亡。先秦礼制的一般倾向是男不再娶,女不再嫁。如《公羊传·庄公九年》有"诸侯不再娶"。《白虎通·嫁娶》也说"人君无再娶之义"。《礼记·郊特牲》说:"一与之齐,终身不改,故夫死不嫁。"但事实上这并没有多少约束力,因为"人君"虽不再娶,后宫并不空虚,可以"继室"来替补"配妻",如"惠公元妃孟子卒,继室以声子,生隐公"[①]。再如"齐侯使晏婴请继室于晋"[②]。再娶是屡见不鲜的,甚至习以为常。而夫死改嫁,甚或丈夫久出不归,妻子改嫁,这种事例也不少。《礼记·檀弓》有注说孔子的儿子伯鱼死后,其妻虽已生育子思,仍然改嫁于卫。《左传·僖公二十三年》记载重耳奔他国,临行对他妻子季隗说等他二十五年,倘若届时不归,听其改嫁。

婚姻终止表现于礼,主要是所谓"七出"。《大戴礼记·本命》有:"妇有七去:不顺父母,去;无子,去;淫,去;妒,去;有恶疾,去;多言,去;窃盗,去。不顺父母,为其逆德也;无子,为其绝世也;淫,为其乱族也;妒,为其乱家也;有恶疾,为其不可与共粢盛也;口多言,为其离亲也;盗窃,为其反义也。"这里"七去"即后世广泛使用的"七出"概念。为妻的只要有"七出"中任何一条,丈夫便有了充足理由可以赶走妻子。终止婚姻关系,礼法上称"出妻"或"休妻"。

西周时期何种情况称无子,什么疾病称恶疾现都难以考证,但其严重的后果是十分清楚的。七出休妻是丈夫一方的特权,妻子无权申辩,更不可能"以其人之道还治其人之身"而"出夫"。丈夫的特权说到底是礼的要求,因为婚姻目的本身,无非是为了祭祀祖先,传宗接代,扩大家族势力,维护男尊女卑。家族利益是至上的,而夫妻双方的意志、情感、性爱是无足轻重的。在休妻中,丈

[①]《左传·隐公元年》。
[②]《左传·昭公三年》。

夫的利益也置于家族关系之后,如《礼记·昏义》规定"妇顺者,顺于舅姑,和于室人,而后当于夫"。妻子以服从丈夫的父母、家族为先决,丈夫排在第三位。依礼,"子甚宜其妻,父母不说,出;子不宜其妻,父母曰是善事我,子行夫妇之礼焉,没身不衰"①。这里,丈夫爱的,父母不喜欢,要休掉;丈夫不爱的,父母却认为满意,夫妻关系就得终生维持下去。

"七出"的理由不近人情,残酷而专横。只是也出于礼的原因,对"七出"稍稍作了限制,即所谓"三不去"。《大戴礼记·本命》说:"妇有三不去:有所取,无所归,不去;与更三年丧,不去;前贫贱,后富贵,不去。"妇女被丈夫所弃,依礼该归宗回娘家,但因娘家已无可依靠,不得归宗,这样就不应弃去;妇人在公婆死后,依礼为他们服过三年丧的,不应弃去;丈夫原先贫贱,娶妻之后或因妇人的原因(嫁妆丰厚、娘家财势、妻子内助治家有方等)而富贵起来,依礼妻对夫有恩义,不应弃去。这里"不去",不是对妇女的恩典,仍是维护礼的要求。

第五节 继 承

把自己拥有的身份、财产传递给有一定血缘婚姻关系的人,这是随着私有财产出现而产生的人类社会的共同现象。在中国古代父家长社会中,这主要表现为由上而下的男系纵向传递,即父亲向男性子嗣传递。从子嗣方面来说,则是后辈得到了前辈的身份、财产。因为"自下受上称承"②,承者,"下载上也"③,所以这一社会现象被称为"承"、"承继"、"继承"。凡非由上而下的传递,就不能称"承"、"承继"、"继承"。如唐代丧葬令"诸身丧户绝者,所有……资产,……无女均入以次近亲"④中的"入",唐代敕文"死商钱物等,其死商有父母……见相随者便任收管财物"⑤中的"收管"等。近代民法中的"succession(继承)",包含由上而下和非由上而下的财产传递,如我国现行《继承法》所规定的继承人包

---

① 《礼记·内则》。
② 虞注《易·归妹》"女承筐无实",转引自《大汉和辞典》。
③ 《康熙字典》引《增韵》。
④ 《宋刑统》卷一二《炉婚律》"户绝资产"门所引唐令。
⑤ 《宋刑统》卷一二《户婚律》"死商钱物"门所引唐大和五年二月十三日敕节文。

括配偶、子女、父母、兄弟姐妹等，不同于中国古代的"承"、"承继"、"继承"。

另外，中国古代家庭中的财产承继是身份承继（主要是宗祧承继即祭祀义务的承继）的附庸，家产作为祭祀义务的内在附属物而存在。"承继"是子嗣对父祖辈权利义务的概括性承受，这更不是可以用近代民法中的"succession（继承）"一词所能表述的。换言之，古代汉语中的"承"、"承继"、"继承"，与近代民法中的"succession（继承）"并不对应。

清末仿照日本搞近代立法时，遇到了对"succession"一词的翻译问题。《大清民律草案·继承编》卷首的按语说："日本谓'继承'曰'相续'，夫'相续'者，即相为继续之意也。此等字句若缀诸文字之内，其意固自可通，然以此作为名词，实未得取义之正，查中国于嗣续宗祧等项，多用'继承'字，故此编改曰'继承'，而关于继承之法曰'继承法'。"无论是否已"得取义之正"，以"继承"对应"succession"却就此成为定局。但是我们应该明白，现代汉语中的"继承"（succession）与古代汉语中的"继承（承继）"是两个不同的概念。这样，才不至于对中国古代特有的"生前继承"、"越位继承"现象大惑不解。时至今日，以"继承"对应"succession"已为社会、立法所接受，所以，为了行文的方便，在以下论述中，一般还是让"继承"一词一身而二任，既用于对应古代汉语中的"继承（承继）"、"收管"，又用于对应近代民法中的"succession"。

如上所述，中国古代家庭中的财产承继是身份承继的附庸，家产是作为祭祀义务的内在附属物存在的，身份承继的外壳常常掩蔽了财产承继，这一点在先秦尤为突出。所以，既要阐述古代财产继承法，便不能规避其身份继承法。

一、兄终弟及与父死子继

一般认为，殷商前期实行的是"兄终弟及"，后期实行的是"父死子继"。前者（兄终弟及）大概源于原始社会"普那路亚"婚制，"普那路亚"婚制下财产兄弟共有，作为兄弟集团代表人的"兄"死亡后，其"弟"顶替亡兄的地位，是自然而然的事。不过，此时财产所有权并未转移，仍属该兄弟集团所有。当父辈兄弟集团的成员全部死亡，子辈兄弟集团顶替父辈兄弟集团的社会地位，同样是自然而然的事，但财产所有权转移到了子辈兄弟集团，也就是发生了继承，不过这是集团继承。至于此时子辈兄弟集团的代表人选，则不必是最后死亡的

"父亲"的亲子。事实上在普那路亚婚制下,人们也无法确认子辈集团中谁是自己的亲子。兄弟集团人数再多,也总是有限的,当父辈兄弟集团成员全部死亡时,只能由子辈兄弟集团继承,所以兄终弟及制本身就包含了父死子继因素。殷商社会中弟承兄、兄子承弟(即叔父)的现象,以及下述的"一生一及"现象,都可看作是这种兄终弟及的延续。

父死子继则与一夫一妻制有关。恩格斯说:"随着财富的增加,它便一方面使丈夫在家庭中占据了比妻子更重要的地位,另一方面,又产生了利用这个增强了的地位来改变传统的继承制度,使之有利于子女的意图。"[①]如果"传统的继承制度"指的是兄终弟及制,"有利于子女"的继承制度自然就是纯粹、直接的父死子继制。当兄弟集团代表人"兄"的个人权力强大到可以指定继承人,财产形同其个人所有,婚姻制度的变化又使其能确认自己的亲子时,父死子继就要更替兄终弟及了。当然,两者的交替是一个很长的过程,并非一朝一夕之事。

传说中的夏禹传位于启,象征直接的父死子继已经出现,而周公摄政之所以会引起麻烦,却又与兄终弟及观念不无关系。据《逸周书》记载,当时"叔旦泣涕于常,悲不能对。王□□传于后,……乃今我兄弟相后,我筮龟其何所即,今用建庶建"[②]。其中阙字,朱右曾补为"欲旦"或"庶建"[③],孙诒让补为"命旦"[④]。朱右曾释为"不传子而传弟,故曰庶建"[⑤]。兄武王有意传位于弟周公旦,只是因为周公无意受位,才有"命诏周公旦立后嗣,属小子诵文及宝典"[⑥],委托周公摄政之事。周公摄政在形式上与兄终弟及十分相似,而管叔在兄弟排行上又居于周公之上,于是管叔不满,飞短流长,正如清代学者江声所说:"管叔生当武王周公之间,习闻商王之旧法兄弟相及,谓武王崩,嗣王次当及己,今己为监于殷,而公参摄,疑公蓄异志,而踊遗己,故有是流言尔。"[⑦]郭沫若

---

① 恩格斯《家庭私有制和国家的起源》,《马克思恩格斯选集》第 4 卷,人民出版社,1975 年,第 50 页。
② 《逸周书·度邑》。
③ 朱右曾《逸周书校释》卷五。
④ 孙诒让《周书斠补》卷二。
⑤ 朱右曾《逸周书校释》卷五。
⑥ 《逸周书·武儆解》。
⑦ 江声《尚书集注音疏》。

甚至把周公摄政看成是事实上的兄终弟及,他说:"(当时)父子相承的制度,还未确立。传说上文王废伯邑考而立武王,这还保存着传贤之意志。武王死后,周公依兄终弟及的制度,事实上还做过几年的皇帝。"① 其后周公还政于成王,在继承法史上,大有功于强化父死子继制,但很难说就此便确立了父死子继的制度②。

西周春秋时期,兄终弟及现象仍屡见不鲜。如"(鲁)庄公病将死,以病召季子,季子至而授之以国政。曰:寡人即不起此病,吾将焉致乎鲁国。季子曰,般也存,君何忧焉。公曰:庸得若是乎。(叔)牙谓我曰,鲁一生一及,君已知之矣"③。"一生一及"者,"父死子继曰生,兄死弟继曰及"④。在当时,"父死子继,兄终弟及"仍是"天下之通义"⑤。根据"大子死,有母弟则立之,无则立长"之说⑥,可以明白所谓"一生一及","一及"是主要的,是前提,"一生"是次要的,是补充。但从总的趋势看,兄终弟及制的地位是每下愈况,在西周时,它多以和平手段实现,到春秋战国时代,则越来越趋向以武力来维持(参见下表)⑦。

《史记》所载"兄终弟及"传递方式一览表

		周	吴	齐	鲁	曹	陈	宋	杞	卫	晋	楚	郑	蔡	小计	合计	比率%
西周	让位	2	/	1	3	1	2	1	/	/	2	3	/	/	15	25	60%
西周	强夺	/	1	1	2	2	1	/	1	1	1	/	/	/	10		40%
春秋	让位	1	2	/	1	2	2	1	3	1	/	/	2	1	16	70	23%
春秋	强夺	5	1	9	3	2	2	7	2	6	6	5	4	2	54		77%
战国	让位	1	/	/	/	/	/	/	/	/	2	/	/	/	3	14	21%
战国	强夺	2	/	/	/	/	2	/	/	2	/	2	3	/	11		79%

---

① 郭沫若《中国古代社会研究》,人民文学出版社,1954年,第113页。
② 王国维《观堂集林》卷一三《殷周制度论》。
③ 《公羊传·庄公三十二年》。
④ 何休注。
⑤ 《史记》卷三八《宋微子世家》。
⑥ 《左传·襄公三十一年》:"穆权不欲,曰……"。
⑦ 参见[日]江头广《姓考——周代之家族制度》,风间书房,1980年,第267页。

二、作为继承法的宗法

进入战国后,父死子继制终于取代了兄终弟及制,宗法的父死子继、嫡庶有别原则得以确立,为维持兄终弟及而引起的内乱也趋于消失。

宗法的内涵丰富,就继承关系而言,宗法是一个继承法,其基本原则是嫡长继承的父死子继。如前所述,父死子继现象至迟在禹启交替之时已出现,也就是说,宗法原则的形成源远流长。就文献资料而言,它出现于西周;就父死子继的实际实施来看,则只能说它确立于战国了。

仅就民法而言,宗法组织是一个父系大家族,它割分为许多支"宗",所有的"宗"都由其嫡长子继承。这些"宗"的地位有尊卑,即所谓大宗小宗之别。宗法组织中有两个视角、两种意义上的大宗小宗。从第一视角看,有一个"百世不迁"的大宗、四种"五世则迁"[①]的小宗(继高小宗、继曾小宗、继祖小宗、继祢小宗,参见宗法图系一)。大宗统率四小宗,每一小宗都可以有若干个同类项。从第二视角看,则是"别子为祖,继别为宗,继祢者为小宗"[②]那样的大小宗体系。"别子"即非嫡长子,他不能继承其父之宗,只能另起炉灶,自为一"宗"之始祖。"继别为宗"就是"别子之世长子为其族人为宗"[③]、"别子之世適也,族人尊之,谓之大宗,是宗子也"[④],别子的嫡长子(即前一意义上的"四小宗")是大宗。"继祢者为小宗"就是"别子庶子之长子,为其昆弟为宗也"[⑤],别子的庶子的嫡长子,被其昆弟奉为"宗",相对于上述"别子之世適",就是小宗,所以说"父之適也,兄弟尊之,谓之小宗"[⑥]。前一意义上的"四小宗",每一宗都有自己统率的"小宗"(昆弟、族人),成为相对的大宗。由"别子为祖,继别为宗,继祢者为小宗"而形成的大小宗,相互之间有统属关系。别子(始祖)的嫡长子之宗,相对于别子(始祖)的别子之宗,是大宗;相对于其父辈的嫡长子之宗,又是小宗(参见宗法图系二)。

如前所述,兄终弟及制以普那路亚婚制的财产兄弟共有制为基础,但普那路亚婚制消亡后,兄终弟及现象反过来又使财产兄弟共有制延续一个很长的

---

① 《礼记·大传》。
② 《礼记·丧服小记》。
③ 《礼记·丧服小记》郑玄注。
④ 《礼记·大传》郑玄注。
⑤ 《礼记·丧服小记》郑玄注。
⑥ 《礼记·大传》郑玄注。

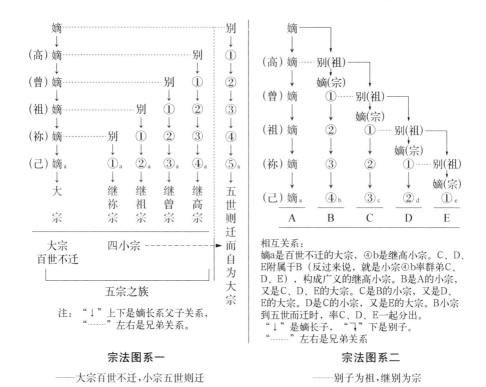

宗法图系一
——大宗百世不迁,小宗五世则迁

宗法图系二
——别子为祖,继别为宗

时期。"一生一及"中的一生(父死子继),就财产而言,也应是由儿子们共同继承父亲财产。宗法社会中的所谓"小宗能率群弟,通有无,所以纪理族人"[①],"异居而同财,有余则归之宗,不足则资之宗"[②]的现象,可以说正是普那路亚婚制留在宗法上的胎记。

但是古典宗法的父死子继,已不是"一生一及"中的"一生"了。宗法下嫡长子身份的特殊性,必然要求反映到财产继承关系上,使得上述"一生"式继承(即子辈兄弟集团共同继承父辈兄弟集团财产的方式)产生危机,"溥天之下,莫非王土,率土之滨,莫非王臣"之说,使这种继承观念失去了最后的立足之地。在这个意义上可以说,按照宗法,除了周天子大宗以外,其余各"宗"内部没有法律意义上的财产继承。但宗法的封邦建国、分封诸子,实际上是大宗小宗共享天下,本身又带有"一生"的烙印。

---

① 《白虎通·宗族》。
② 《仪礼·丧服》。

如果说"莫非王土"象征了财产权,那么"莫非王臣"体现了统治权(身份)。统治权、天子(大宗)身份是不可分的,从而是必须坚持的;财产的享有是可分的,从而是可以妥协的。但前者的坚持中也有变通,这就是别子享有了小宗、封爵的待遇。后者的妥协使别子得到封土封食,当然,它并非"一生"式继承的简单复写,名义上仍然是"溥天之下,莫非王土",大宗对封土封食保留了予夺大权。宗法正是在这种坚持与妥协中逐渐完善的。简言之,在宗法下,大宗身份是不可分割的,它只能归嫡长子继承,财产的享有是可分的,别子在得到封爵的同时也可得到相应的封土,两者的授受是一致的。在这个意义上,我们说先秦的财产"继承"与身份继承相一致。但严密地说,因为"溥天之下,莫非王土",天下一切财产皆属天子大宗所有,天子的继承人在继承王位的同时继承了天下一切财产。其他小宗中的财产传承都不是法律意义上所有权的继承。所以,从继承法角度观察宗法,它主要是身份继承法。

上述宗法继承模式,是以被继承人有嫡子为前提的。如果嫡子先于被继承人死亡,或者没有嫡子,则另外规定有替代嫡子的适当人选。在前一种情况下,"嫡子有孙而死,质家亲亲先立弟,文家尊尊先立孙"①。"质家"当指殷代,"文家"当指周代,所以也有说"周道,太子死立适孙;殷道,太子死立其弟"②的。子承其父称为"为父后",孙承其祖称为"为祖后",泛称"为人后"。这里的"后"并非泛指后代,而是特指血统继承人。从"为祖后"的说法看,孙子是直接继承祖父,即所谓"承重孙",与现代继承法中的代位继承不完全对应。如果该嫡孙又先于其祖死亡,那么按照嫡嫡相传原则,"適孙死,有適曾孙,向下皆然"③,不过这种情况比较罕见,一旦发生时,容易受到来自嫡子之弟方面的干扰。后一种情况即没有可以充任继承人的嫡子嫡孙时,则由庶子(别子)庶孙继承,即所谓"庶子为后者"、"庶孙为后者"④。除了嫡子早殇当由庶子继承以外,嫡子有严重疾病或受到重大刑事处罚时,也可以立庶子为后。如卫襄公之子孟絷患废疾,其弟元被立⑤,如齐国"刖鲍牵而逐高无咎"后,便把鲍牵的弟弟鲍国立为继承人⑥。

---

① 《公羊传·隐公元年》何休注。
② 《史记》卷五八《梁孝王世家》。
③ 《周礼·司服》贾公彦疏。
④ 《礼记·丧服小记》"庶子不为长子斩"之孔颖达疏。
⑤ 《左传·昭公七年》。
⑥ 《左传·成公十七年》。

如前所述,宗法的父死子继到战国时期才得到确立,但是也正在此时,社会上出现了周天子控制不了的私有土地、私有财产。"遗产制度以私有制为前提"①,小宗的财产传承开始具有继承的性质。此时确立的父死子继制,在财产方面,就由古典宗法的嫡长继承,转变为诸子有份的继承,开始出现与身份继承异步的财产继承。换言之,别子虽然不能与嫡子分享"后"的身份,却可以与嫡子一样继承财产,也就是"诸子有份"。宗法的嫡长子继承,开始时有"兄终弟及"的干扰,后来又有"诸子有份"的觊觎,在此意义上可以说,纯粹的古典宗法的嫡长子继承遗产,只是一种理想、一种观念,在先秦并没有被严格地实施过。但是,宗法的各项观念及原则,如一切财产属家长所有的观念、父死子继的原则以及下述的"继统",等等,对后世财产继承法有着巨大的影响。

从另外一个角度,先秦的继承还可以分为继嗣与继统两类。继嗣就是继承祖先的血统,如上所述,"后"是血统继承人,继嗣也就是"为人后"。继嗣必须在被继承人(父祖)死后才能成立,所以在被继承人生存之时,血统继承人只是"将"要成为"人后",如长子称"将所传重者"②,嫡孙称"将上为祖后"③。在被继承人死后,继承了血统的"后",同时继承得宗子地位(包括身份、财产与宗务管理权)。但是继承宗子地位,却并不一定在被继承人死后。被继承人年老体衰时,可以把宗子的地位传给继承人,这就是所谓"继统"。所以同是宗子,有"孤"与"非孤"之别,前者指被继承人已死亡,后者则是被继承人尚生存。"非孤"者因为尚未"继嗣",即还没有取得"后"的地位,所以在丧服制中的地位低于"孤"者④。生前就把宗子地位下传者,称为"老",如"范武子将老"⑤、"晋祁奚请老"⑥,等等。简言之,继嗣是死后继承,继承客体是抽象的血统;继统是生前继承,继承客体是具体的财产与宗务管理权。现代继承法的一个基本原则是"继承在被继承人死亡之时开始",在继承的开始时间上,继嗣与此相吻。但是在生前就实施的继统,就不能简单地用哪一个现代继承法则去贴标签了。

---

① 《列宁全集》第1卷,人民出版社,1985年,第20页。
② 《仪礼·丧服》斩衰章"父为长子"之疏。
③ 《仪礼·丧服》不杖期章"適孙"之注。
④ 《仪礼·丧服》"宗子孤为殇"之注。
⑤ 《左传·宣公十七年》。
⑥ 《左传·襄公三年》。

第六节 民 事 诉 讼

先秦的司法审判制度,在西周时已经初具规模,这在《周礼》和近年发现的西周金文中得到了证实。尽管《周礼》的解释和成书年代还存在一些疑问,但印证以大量的金文资料,可以发现《周礼》中的司法制度大体上是有历史依据的。因此,将包括《周礼》在内的先秦古籍与金文资料相结合,予以考察,就能力求去伪存真,探究西周司法审判制度的基本结构及其运行机制。

一、司法审判组织

西周时期已有专门的司法审判机关。司寇是中央司法审判机关的最高长官,负责处理一切民刑案件。周厉王时的《扬簋》铭文称司寇负责"讯讼"[①]。讼,指民事纠纷。《周礼·大司徒》郑玄注:"争罪曰狱,争财曰讼。"《周礼·秋官·大司寇》也记载:"大司寇卿一人,掌建邦之三典,以佐王刑邦国,诘四方。"《周礼·秋官·小司寇》:"小司寇中大夫二人,以五刑听万民之狱讼。"可见,司寇主刑,又理民事争讼。

然而,西周的司法组织尚处于早期发展阶段,并不至于如《周礼》所记载的分大小两系统六十官那样完善。司寇有大小之分并形成制度,应该是在春秋时期,随着社会的发展和司法制度的健全,在司寇组织日趋严密的背景下完成的。在史籍中,直至《左传》成公十五年(公元前 576 年)才有向为人担任大司寇,鳞朱担任少司寇的记载。在西周时期,司寇这一专门司法审判机关的组织较为简单,其司法审判权受到了宗法制下的行政权的极大干预。

西周的司法审判权依附于行政权。尽管司寇在《周礼》中被定为六官之一的秋官,但实际上它的地位远不能同被称为"三有司"的司徒、司马、司空相比。"三有司"的任何一职都可以同时兼任司寇。《扬簋》就是司空兼任司寇主讯讼的例子。铭文说,周王让内史先册命扬担任司空之职,同时又兼任司寇负责刑民案件的审理。《庚季鼎》中被任命为司寇的俗父[②],据《师晨鼎》的记载,可以

---

① 《殷周金文集成释文》第三册,第 415 页。
② 参见《殷周金文集成释文》第二册,第 357 页。

推知也是以司马或大宰身份兼任的行政长官①。同时,根据《周礼·地官·大司徒》:"凡万民之不服教而有狱讼者,与有地治者听而断之;其附于刑者,归于士。"则作为行政长官的大司徒也有权审理刑民事狱讼。而属于地官的乡师"各掌其所治乡之教而听其治。以国比之法以时稽其夫家众寡,辨其老幼贵贱废疾马牛之物,辨其可任者与其施舍者,掌其戒令纠禁,听其狱讼"。可见乡师也参与审判。此外,《周礼》中大司徒的属官媒氏、遂师等职官也参与狱讼。由此可见,司徒系统的行政官员也具有司法审判权。乡师的职掌和属于《周礼》秋官司寇系统的乡士的职掌,"掌国中,各掌其乡之民数而纠戒之",显然相重复。这种现象同样存在于属于地官的遂师、遂大夫和属于秋官的遂士之间。这种职掌重复的现象可能是氏族部落组织向国家组织转化过程中,司法审判权刚与行政权开始分离的痕迹。这种分化的不彻底性,还表现在行政长官对其管辖范围内的诉讼拥有司法审判权,如《曶鼎》中审理曶和限奴隶买卖交易争纷案的邢叔,就是这一案件发生地处理政务的高级行政长官。而《曶鼎》所载另一件寇攘刑事案中,由于被告匡季为东宫官员,这一案件便交给东宫处理了②。

西周的司法审判权既然受到行政权的极大干预,周王作为整个封建宗法制国家机器的运作者,拥有最高司法审判权。周王可以指派贵族官员主持司法审判。《鬲攸从鼎》、《六年召伯虎簋》和《亻朕匜》等都有这样的记载③。周王的最高司法审判权在民事诉讼中还特别表现为,有关土地的诉讼必须向周王提出,再由周王或周王指派的贵族官员代其行使司法审判权。金文中有关土地的案例都证实了这一点。这是由于土地是国家的命脉,而全国土地所有权名义上属于周王一人的缘故。

西周时期的巡行审判,似已形成制度,对处理地方民事案件起了良好作用。所谓巡行审判,就是诸侯巡行乡邑,就地断决庶民百姓间的争讼。《史记·燕召公世家》:"召公之治西方,甚得兆民和。召公巡行乡邑,有棠树,决狱政事其下,自侯伯至庶人各得其所,无失职者。召公卒,而民人思召公之政,怀棠树不敢伐,哥咏之,作《甘棠》之诗。"召公奭在其封地召经常巡行乡邑,在一

---

① 参见《殷周金文集成释文》第二册,第 383 页。
② 《殷周金文集成释文》第二册,第 412—414 页。
③ 分别参见《殷周金文集成释文》第二册,第 384 页;第三册,第 414 页;第六册,第 169—170 页。

株甘棠树下就地主持审判,解决了不少民间纠纷。《诗经》中的《甘棠》和《行露》两首反映的也是召公巡行审判的情形。巡行审判的管辖范围主要是民事案件,为民间诉讼提供了便利条件,在一定程度上维护了民众权益,因而得到了人们的赞扬。

西周民事审判一般采取独任制,但同时也出现了合议制和陪审制的雏形。首先,就合议制而言,《五祀卫鼎》的铭文里出现了邢伯、伯邑父、定伯、琼伯、伯俗父五个审判官[1],同样是记录土地诉讼的《永盂》铭文里也出现了邢伯、荣伯、尹氏、师俗父、遣仲五个审判官,加上益公共六人[2]。这些人并不见附有任何官名,只不过是临时受周王委派负责审判的官员而已。从《五祀卫鼎》的铭文来看,五个审判官作出的裁决是经过他们合议的。在受理原告卫的起诉后,"邢伯、伯邑父、老伯、琼伯、伯俗父乃讲,使厉誓"[3]。讲,《说文》释"和解也"。段玉裁注:"不合者,调龢之;纠纷者,解释之。"这里,"讲"的字义与《周礼·乡士》的"群士司刑皆在。各丽其法,以议狱讼"中的"议"相近。五人经过讨论案件,作出裁决,并以此为基本内容通知厉,让他立下履行裁决的誓约。在《永盂》铭文中,也同样是由邢伯、荣伯、尹氏、师俗父、遣仲,大概还有益公六人一起合议,并把作出的结论报告周王[4]。

至于在什么情况下对民事审判采取独任制或合议制,从《五祀卫鼎》、《永盂》所载案件与其他金文所载案件来看,大概取决于该民事案件的重要程度如何。这两个案件都是有关土地的诉讼,双方当事人的身份地位又很高。在《五祀卫鼎》中,原告卫和被告厉都是周共王的高级贵族,地位相等。这两段铭文都是周共王时所作,可见合议制在此之前便已开始形成。

关于陪审,《周礼·秋官·小司寇》记载有"三刺"制度:"一刺曰讯群臣,再刺曰讯群吏,三刺曰讯万民。"也就是说,刑民诉讼在判决之前要征询官吏和庶

---

[1] 对《五祀卫鼎》铭文的性质与释义,学术界存在不同看法。如周瑗先生认为它是田地交易的契约,唐兰先生认为它是土地出租契约。这里据日本学者伊藤道治的意见,认为它实际上是一个关于土地纠纷的判例。参见周瑗《矩伯、裘卫两家族的消长与周礼的崩坏》,《文物》1976年第6期;唐兰《陕西省岐山县董家村新出西周重要铜器铭辞的译文和注释》,《文物》1976年第5期;唐兰《用青铜器铭文来研究西周史》,《文物》1976年第6期;伊藤道治《裘卫诸器考》,《东洋史研究》1979年37卷1号。
[2] 参见《殷周金文集成释文》第六册,第187页。
[3] 《殷周金文集成释文》第二册,第401—402页。
[4] 参见《殷周金文集成释文》第六册,第187页。

民的意见。从金文来看,"讯万民"还没见到相关的资料,但征询官吏的意见则见于《曶匜》和《六年召伯虎簋》。在《曶匜》铭文中,伯扬父作出判决后,"厥以告吏邦、吏曶(曶)于会,牧牛辞誓成"①。也就是说,这一判决必须向中央官吏征询意见之后,才能生效。而在《六年召伯虎簋》的铭文中,陪审制度被称为"讯有司"。在这一案例中,审判官召伯虎向有关官吏征询过两次意见,最后按他们的意见进行了判决②。但是,从上述金文所载的案例分析,这种陪审和现代意义的陪审制度不同,陪审官并不直接参加案件的审理过程,而且这些官吏的身份是特定的。在《六年召伯虎簋》的案例中,所谓"有司"无疑是有关部门的官吏。而在《曶匜》的案例中,审判官伯扬父并不是随意找些官吏来征求意见,而是等到"会"的时候告诉中央官吏邦和曶。另一方面,这两个案件的审判官召伯虎和伯扬父的身份都不能确定。由于西周时期行政权对司法审判权的严重干预,这不能不使人联想到,西周的这种陪审很可能是行政官吏在审理案件之后,向司寇系统的司法官征询意见,而后作出判决。《周礼·秋官·乡士》:"听其狱讼,察其辞,辨其狱讼,异其死刑之罪而要之。旬而职听于朝,司寇听之。断其狱,弊其讼于朝。群士司刑皆在,各丽其法,以议狱讼。狱讼成,士师受中。"乡士所作的案件处理意见,必须在朝会时征询司寇系统的司法官,经过群士发表各自的司法见解之后,才能作出判决。尽管这里是指乡士这一司法官作出的判决,但同时为陪审制度提供了线索。《曶匜》铭文中审判官伯扬父与中央官吏共同商讨确认裁决是在"会"中进行的,这种"会",显然与"旬而职听于朝"有相吻合之处。并且,《曶匜》和《六年召伯虎簋》的案例与金文其他案例有所不同。其他案例基本上是单纯的契约纠纷,审判官只要依据契约作出判决,重新订立契约并保证其履行即可,不涉及专门的法律问题,审判的焦点在于查清事实,并调和诉讼当事人之间的矛盾。但在《曶匜》中,当事人牧牛不守前誓而作了虚假陈述,犯了诬告罪,这一因违约而引起的争讼案件也带上了刑事色彩,牵涉到了实体法律。而《五年召伯虎簋》铭文中侵占"仕庸土田"的案例中③,由于缺乏契约而带来了案件的复杂性,审判官无契约为据,只能转而求助于实体法。因而,这两个案例的审判官在拟定处理意见之后,很可

---

① 《殷周金文集成释文》第六册,第169—170页。
② 参见《殷周金文集成释文》第三册,第414页。
③ 《殷周金文集成释文》第三册,第413页。

能是向司法官征询法律意见,取得一致,再作出判决。所以,将西周的陪审制度解释为行政官吏在审理案件之后,向司法官征询专业见解作出判决,既可消除金文中陪审官身份的特定性和《周礼》"三刺"中陪审官的广泛性之间的矛盾,也有相应史籍为印证。更重要的是,它符合西周行政权严重干预司法审判权的史实,可以说明在这一情形下司寇作为专门司法审判机关发挥作用的方式。

二、诉讼当事人及其代理

西周的民事诉讼,对诉讼当事人的诉讼能力并没有限制。妇女和男子一样,也是诉讼主体,享有诉讼权利,可以出庭争讼。这可以在《诗经》的《行露》一诗中得到印证。这首诗实际上是一个女子作为婚姻案件的被告在法庭上的抗辩词。诗的第一段是她陈述自己没有按时出庭的理由:"厌浥行露。岂不夙夜,谓行多露。"即露水多而道路难行,并非没有日夜兼程赶来出庭。可见,原被告双方都可出庭争讼,不存在诉讼资格的限制。

然而,西周的民事诉讼已建立了代理制度,法律允许贵族官僚的当事人不直接出庭受审,而由其下属或亲属代理。代理的原因在于身份问题。《周礼·秋官·小司寇》:"凡命夫命妇不躬坐狱讼。"郑玄注"命夫",指"其男子之为大夫者";"命妇",指"其妇人之为大夫之妻者";而"不躬坐狱讼",意为"不身坐者,必使其属若子弟也"。如此,则大夫以上的各级贵族及其妻子参与诉讼,可以委派下属或亲属代为出庭。这一制度在《曶鼎》所载的民事案例中得到了证实:原告留是朝中要员,根据《曶壶》的铭文,他受王命担任成周八师的冢司徒(特命的司徒);被告限则是王室工作人员。诉讼当事人双方都是贵族官僚,他们在审理全过程中从未出现,而是各自指派其部属豐和啚代理出庭[①]。

三、诉讼程序

在宗法制度下,民事诉讼有等级名分上的限制。首先,禁止子告父,"父子将狱,是无上下也"[②]。其次,下级控告上级也受到当时社会道德的指责。在《儝匜》铭文中,虽然司法官伯扬父受理了原告牧牛对其上级领主儝的控告,但

---

① 《殷周金文集成释文》第五册,第466页。
② 《国语·周语》。

却申斥牧牛"敢以乃师讼"。

司法机关受理民事诉讼案件的前提是当事人缴纳一定数量的诉讼费。《周礼·秋官·大司寇》规定:"以两造禁民讼,入束矢于朝,然后听之。"据《国语·齐语》韦昭注的解释:"讼者坐成,以束矢入于朝,乃听其讼。两人讼,一人入矢,一人不入则曲,曲则服,入两矢乃治之。矢取往而不反也。"民事诉讼当事人必须交纳一束矢(一百支箭),作为诉讼保证金,才能使诉讼得到受理。保证金双方都必须缴纳,任何一方不"入束矢"就是理亏,要判为败诉。箭既射出,有去无回,束矢并不返还给当事人,即将束矢作为诉讼费。根据郑玄的说法,其含义是:"取其直也,《诗》曰其直如矢。"① 即以入束矢表示自己理直、正当。但在金文中并未见箭被当作货币以充诉讼费用的实例。在《六年召伯虎簋》的判例中,"公厥禀贝"是诉讼过程的必经程序②。"禀",训为纳。"贝",货币的一种,称为贝币。这里,作为诉讼费用的是贝。此外,铜也可以作诉讼费用,《𪓐簋》:"王曰:𪓐,令女司成周里人眔者(诸)侯、大亚,啻(讯)讼罚,取遗五锊。"③《扬簋》:"王若曰:扬,作司空……及司寇,……讯讼,取遗五锊。"④ "遗"、"遗",均为货币;"锊",货币铜的计量单位。"讯讼",审理民事案件以辨曲直。这两例都是在审理案件时要收取当事人铜五锊作为诉讼费用。

民事诉讼的当事人双方或其代理人都必须到庭对质,这在《曶鼎》和《诗·周南·行露》的案例中得到了确证。从这些案例看,司法官首先让原告陈述事由,被告进行抗辩。在这个过程中,要求司法官兼"听狱之两辞","察辞于差"⑤,分析双方供辞的矛盾,确定证据,作出公正判决。

先秦的诉讼带有严格的形式主义色彩,盟誓在其中起了重要作用。《周礼·秋官·司盟》:"(司盟)掌盟载之法。……盟万民之犯命者,诅其不信者,亦如之。凡民之有约剂者,其贰在司盟。有狱讼者,则使之盟诅。"司盟,在金文中作"司誓",《牧簋》和《洹子孟姜壶》中都有所见⑥,是司寇属官。《周礼》这里关于宣誓的基本精神在金文中得到了印证。宣誓是古代法制形成时期中的

---

① 《周礼·秋官·大司寇》郑注。
② 《殷周金文集成释文》第三册,第414页。
③ 《殷周金文集成释文》第三册,第341页。
④ 《殷周金文集成释文》第三册,第415页。
⑤ 《尚书·吕刑》。
⑥ 参见《殷周金文集成释文》第三册,第483页;第五册,第467页。

重要特性。古代社会普遍存在着敬畏上天的社会心理,对天发誓可以证实宣誓者的诚意,表明其言辞的真实性和诺言的不可反悔,否则将受到天的惩罚。所以,宣誓在西周的法律生活中得到了广泛运用,誓言从而具备了法律上的效力,是保证当事人依法享有权利、承担义务、维护法律尊严的重要手段。

在民事诉讼过程中,盟誓又是获得证据、确定证据的主要方式。西周民事诉讼的证据主要是以下两种。

第一,供辞。上引《周礼·司盟》"有狱讼者,则使之盟诅",从郑玄直到孙诒让,注家都认为这一规定具有下述含义:当事人在进行诉讼时首先必须宣誓,以保证证辞的真实性和严肃性,而后才开始进入审理判决。从《曶鼎》第二段铭文看,不仅当事人,而且中介人也要履行宣誓手段,才可取其旁证。由于履行了宣誓仪式,证辞具备了法律约束力,因而不许任意更改证辞。《易·革·九三》:"革言三就,有孚。""革",改;"孚",罚。如果三次改变供辞,就要受到惩罚。所以,在《傲匜》的案例中,审判官伯扬父指斥牧牛"上郍(代)先誓",违背誓言而作了不实陈述,犯了诬告罪,按法律应受"便千,䵼䵼"的处罚①,即鞭打一千,并处以䵼䵼之刑。

第二,契券。有关问题在本章第三节已有所论述。契约在西周民事诉讼中的地位甚为重要,它首先是以书证的形式被视为主要证据。金文案例一般以首先说明契约的内容作为审理的主要内容,如《曶鼎》铭文首先记下了曶与䊷、效父之间的买卖契约,由此说明纠纷的起因与事实,以利判明违约的责任。

契约之所以成为诉讼的重心,还在于它的私法性质使之成为民事审判的主要法源。契约一旦达成,即具备法律上的效力,任何一方无权违反。如果发生纠纷,法律将以契约为依据作出裁决。这就是《周礼》"凡以财狱讼者,正之以傅别约剂"的含义。在西周,契约可说具有与法律相同的意义。契约由司寇系统的司盟、司约掌管保存,也说明了这一点。契约的这种私法性质由于宣誓的仪式而被强化了,分析金文资料,可以发现西周契约的成立,一般经过宣誓的程序②。宣誓以信守诺言和法律为誓词。因而,契约不仅使当事人受到文书

---

① 《殷周金文集成释文》第六册,第169—170页。
② 如《九年卫鼎》、《五祀卫鼎》、《格伯簋》、《禹从盨》、《裘卫盉》和《散氏盘》等,分别参见《殷周金文集成释文》第二册,第399—400页;第二册,第401—402页;第三册,第375—376页;第三册,第527页;第五册,第378页;第六册,第134—135页。

的约束,而且受到在神祇或官方面前立下的誓言的约束。如果违反契约,自然要承担契约中规定的或审判官拟定的惩罚。

所以,涉及契约的民事审判过程,实际上是诉讼当事人双方在审判官的主持下确认或变更契约,以保证契约得以履行的过程。这里,审判官充当了官方调解人的角色,诉讼当事人双方在审判官主持下进行协商,决定是否变更契约的内容。一般情况下,这种违约纠纷是有可能以调解了结的。如在《曶鼎》的案例中,原契约载明原告曶用一匹马一束丝购买被告限的五个奴隶,在被告毁约而发生诉讼之后,被告方收回了解除契约的意见。被告的代理人䵼和中介人效父"乃许黶(原告代理人)曰:于王参门□□木木,用徵征赎兹五夫,用百寽。非出五夫徵圆訒。乃䵼又訒罙蠹金"①,也就是提出把匹马束丝改为铜一百寽作为购买五个奴隶代价的新契约,并且加了誓词说,如果再违反这个契约,即向曶交付罚金。这一变更契约的建议得到了原告方的认可,于是在审判官训诫限之后,执行了对五个奴隶的交接。在《五祀卫鼎》中,原来的契约是卫和厉之间分割五田,审判结束后,在执行过程中改为分割四田,也反映了契约的变更。当然,这种变更必须取得另一方当事人的同意,否则,审判官便确认原契约的法律效力而强制当事人执行②。这不仅意味着履行契约所规定的债的内容,而且意味着执行契约所规定的违约责任。西周法律对违约行为并没有给以何种处罚的规定,而是按照契约规定的违约责任来处理。例如,在《散氏盘》记载的土地转让契约中,转让方矢让其田官鲜和武父等人立下誓约:如果违反了契约,就受"寽千罚千"③,即罚金一千寽并鞭打一千的处罚。所以,西周民事诉讼实践中对违约方的处罚,与其说审判官是依据法律,不如说是执行契约所约定的诉讼当事人的意志。在这里,私法自治的色彩相当浓厚。

由于这些判决实际上是发生纠纷之后在审判官主持下重新订立的契约,所以一般增加了有关违约责任的内容,并经过了宣誓的仪式,由此强化契约的权威性和严肃性,保证契约得以执行。在《鬲攸从鼎》所载的土地租赁纠纷案

---

① 《殷周金文集成释文》第二册,第412—414页。
② 参见《殷周金文集成释文》第二册,第401—402页。
③ 《殷周金文集成释文》第六册,第134—135页。

中,被告攸卫牧在法庭上宣誓:"我弗具付䚄从其且(租),谢分田邑,则放。"①即我如果再不付给全部租金,那就收回我所承租的田地,或者愿受流放刑罚的惩处。一旦攸卫牧再次不履行契约,这种誓言即成为审判官对他实行处罚的依据。同样的情形在《五祀卫鼎》、《曶鼎》、《傂匜》这些涉及契约的案例中都可见到。所以,如果属于田土争讼,在审判结束后,还必须履行一种签订土地契约的必经程序:"一名典",即将田土数量、四至一一登录于典册,由官府和土地所有人保存,以确认契约的法律效力。而且在诉讼结束后,胜诉方为了加强契约的权威性,常常铸为宝器,镌刻契约内容和诉讼经过,这与《周礼·秋官·司约》所载"凡大约剂书于宗彝"的说法是相通的。

至于不涉及契约的其他民事纠纷,审判官只能依照法律或习惯作出判决。当然,这里也经过了调解程序。在《曶鼎》铭首所载的案例中,原告曶指控匡季非法占有他的禾十秭,审判官试图通过匡季向曶叩头陪情了结此案,匡季也主动提出愿以五田四夫作代价赔偿损失,但因曶坚持返还原物:"必唯朕禾是偿",审判官不得不依照法律或习惯作出判决:"偿曶禾十秭,遗十秭,为二十秭。如来岁弗偿,则付四十秭。"②责令被告赔偿十秭,加上孳息一倍,如果第二年尚未偿清债务,则赔偿原物的四倍。在缺乏契约的情况下,法律与习惯成为审判的依据,这是显而易见的。

然而,法律乃至习惯的执行,相对契约而言,国家的干预性大大加强了,更容易受政治、经济等社会因素的影响。在西周,这一因素主要表现为宗法制度。例如,《五年召伯虎簋》铭文记载被告琱生以重金行贿于宗族的大宗宗君、宗妇,请他们出面给其儿子审判官召伯虎施加影响。结果,召伯虎不得不在父母压力下对琱生表示:"余既讯㦯我考我母命,余弗敢乱(乱),余或至我考我母命。"③遵从父母的主张,把已经征询过有关官吏意见并已作出判决的案子,再次征询有关官吏意见。可见由于宗君、宗妇的特殊地位,有关官吏都表示尊重他们的意志。于是,召伯虎改变原判,承认被告侵占的"仆庸土田"的合法性,法律在宗法制度下被扭曲了。

---

① 《殷周金文集成释文》第二册,第384页。
② 《殷周金文集成释文》第二册,第412—414页。
③ 《殷周金文集成释文》第三册,第413页。

民事诉讼也允许上诉。在《五年召伯虎簋》和《六年召伯虎簋》铭文中,虽然召伯虎于周王五年正月己丑日"讯有司"后已判决被告有罪,但在周王六年四月甲子日重新开庭审判。这次审判是因为被告"用狱㓦为伯"[①],提出了上诉,所以实际上是一次复审。不过,民事诉讼中的上诉复审仅限于没有缔结契约的案件,当事人才可以对判决的内容和程序提出不同意见。至于对有关契约的案件,其判决实际上是审判官基于当事人双方的合意确认或变更的契约,所以不存在上诉问题。契约在西周民事活动中起到如此重要的作用,这就难怪乎胜诉方往往将契约这种在一定意义上不亚于法律的文书铭之鼎彝,作为家族荣誉的象征,传之后人,希冀"子子孙孙永宝用之"了。

---

① 《殷周金文集成释文》第三册,第413、414页。

第二章 秦汉民法

本章主要论述公元前3世纪末至公元3世纪初中国民事法律的发展概况。为了行文方便,部分有关史料溯及战国末期的秦国。由于本章时间跨度较大,而目前所能见到的有关资料相对较少,因而只能叙述这一时期民事法律的大概轮廓,进一步的深入研究还有待于考古、文献史料的继续发掘整理。

第一节 历史背景和法制概况

一、历史背景

公元前221年秦统一中国,建立了君主专制中央集权的政治制度。秦始皇在其统治全中国的短短十二年中,大大改变了中国的面貌,为以后历史发展划定了框架。然而他急于求成,四面出击,各方面推行极端高压政策,促使社会矛盾激化。终于在秦始皇死后的第一年(公元前209年),爆发了陈胜、吴广领导的中国历史上首次全国性的农民大起义。公元前206年,秦朝灭亡。经过数年残酷激烈的混战,以沛县小吏为核心的刘邦集团终于在公元前202年打败了项羽,取得对全国的统治权,建立了汉王朝的统治。

西汉(前206—8)建立之初,吸取秦二世而亡的教训,实行"无为而治"、"轻徭薄赋"的政策,社会逐步安定,经济逐步恢复。政治制度全盘沿袭秦朝,史称"汉承秦制"。至汉武帝刘彻统治期间(前140—前87),汉朝国力鼎盛,实行一系列政治、财政改革措施,并"罢黜百家,表章六经"[①],以经过改造的儒家学说作为官方哲学,大大加强了专制中央集权。

西汉王朝始终未能解决的一个社会问题是土地兼并问题。到了西汉末

---

① 《汉书》卷六《武帝纪赞》。

年,豪强地主势力大为膨胀,农民流离失所,社会动荡。外戚王莽趁机篡夺皇位,建立"新"朝(9—24),下令施行内容广泛而又鲁莽混乱的改革,长期积累的社会矛盾由此爆发,各地农民揭竿而起。西汉官吏及地方豪强也纷纷起兵,最后南阳豪族刘秀乱中夺权,于公元25年重建汉朝,又历经十一年战争,基本统一全国,定都洛阳,史称东汉(25—220)。

东汉初年仍沿袭西汉政治制度,但统治阶级内部外戚与宦官的斗争、宦官与"清流"士大夫集团的斗争绵延不绝,阶级矛盾也日益尖锐。公元184年,爆发了黄巾大起义,基本上摧毁了东汉王朝的统治。

从秦统一至东汉灭亡的四个多世纪中,中国社会经济有了很大的发展。最重要的经济领域——农业,发展最为迅速,最明显的特征是牛耕与铁制农具迅速向全国各地推广。汉代人认为:"农,天下之大业也;铁器,民之大用也。"①铁制农具也不断改良,耕作技术开始向精耕细作方向发展。生产工具与生产技术的提高,促进了粮食产量的提高,战国至汉初时"百亩之收不过百石"②,而东汉时很多地方已是"亩收三斛"③。保证中国的人口在公元2年便已达到了五千九百多万④。

秦汉时规模最大的手工业是冶铁业。由于人口剧增、荒地大量开垦,刺激了冶铁业迅猛发展。西汉时,铁制工具、铁制兵器全面取代了原来的铜器。冶铁技术也发展很快。炼钢术也逐渐推广。纺织业中以丝织业技术发展最为突出,绢、罗、锦、绣、纱等多种丝织业开始对外输出。手工业中漆器制造业也很突出,漆器广泛用作食具、屏风、家具等。西汉《盐铁论·散不足》篇说:"一杯桊用百人之力,一屏风就万人之功。"可见当时漆器业分工之细。

继战国以来商品货币经济的高潮,秦汉时期商业发展也很突出。"海内为一,开关梁,弛山泽之禁,是以富商大贾周流天下,交易之物莫不通,得其所欲。"⑤大城市为商业中心,长安、洛阳、邯郸、平阳、临淄、宛等城市商业繁盛。城市中设有专门交易的区域——市,市内又分为若干肆,经营各种商业。商

---

① 《盐铁论·水旱》。
② 《汉书》卷二四上《食货志》上。
③ 《后汉书》卷七九《仲长统传》。
④ 《汉书》卷二八《地理志》。
⑤ 《史记》卷一二九《货殖列传》。

人中以工商合一的盐铁商最为富有,"冶铸鬻盐,财或累万金"①。司马迁在《史记·货殖列传》中提到的著名商人,近一半是以盐铁业起家的。其他还有贩运商、囤积商、高利贷商(子钱家)、行纪商,等等。"夫用贫求富,农不如工,工不如商,刺绣文不如倚市门","以末(工商业)致财,用本(农业)守之"等等观念极为流行②。

秦汉时期的货币制度被后人称之为"金钱本位制"③。黄金、铜钱同为法定货币,黄金主要作为价值尺度、支付及宝藏手段,铜钱主要起流通作用。秦统一全国,统一货币制度,"币为二等:黄金以镒为名,上币;铜钱质如周钱,文曰半两,重如其文。而珠玉龟贝银锡之属为器饰宝藏,不为币"。④ 秦以一镒(据孟康注,一镒为二十两)为"一金",又以秦国外圆孔方的"半两钱"为法定币种。但《金布律》规定,原六国货币仍可流通使用,政府征税时每一千钱为单位密封于竹编的容器"畚"⑤。并禁止民间私人铸钱。汉朝改黄金以斤(十六两)为单位,称"一金",一般万钱抵一金。汉武帝时严禁私人铸钱,由中央政府铸造发行"五铢钱",以后长期沿用此制。

秦汉时繁盛的商业,很大程度是集中于奢侈品行业,日用品商业则建筑在自耕农经济较为稳定的基础上。而秦汉时最大的社会问题是豪强、官僚地主不断进行土地兼并,农民不断失去土地而沦为豪强官僚的奴婢或具有严重人身依附关系的徒附、宾客之类的依附农民。豪强地主"连栋数百,膏田满野,奴婢千群,徒附万计"⑥,自产各种日用品,"有求必给"⑦,自给自足。农村市场逐渐萎缩,自然经济比重上升,工商业发展逐渐停顿。

秦汉时期社会政治经济的演变,对于中国民法的发展具有决定性的意义。大一统局面的形成,使中国各地的民事规范趋于统一。继春秋战国以来商品货币经济的高涨,秦汉发达的社会经济促进了民事法规的发展与成熟。可以说中国传统民法就在这一时期得以定型。

---

① 《汉书》卷二四下《食货志》下。
② 《史记》卷一二九《货殖列传》。
③ 参见彭信威《中国货币史》之第一、二章。
④ 《汉书》卷二四下《食货志》下。
⑤ 《睡虎地秦墓竹简》,第55页。
⑥ 《后汉书》卷四九《仲长统传》。
⑦ 《后汉书》卷三二《樊宏传》。

二、法制概况

秦国自商鞅变法后就一直主要以法家理论为政治法律的指导思想。法家强调以法治国,所谓"言不中法者,不听也;行不中法者,不高也;事不中法者,不为也"①。以至于把法律视为万能,"不游意于法之外,不为惠于法之内,动无非法"②。法家强调法律普遍适用,"法不阿贵,绳不挠曲","刑过不避大臣,赏善不遗匹夫"③。特别是主张"禁奸止过,莫若重刑","行刑,重其轻者,轻者不生,则重者无以至矣"④。秦统一全国后,仍按这些原则施政,导致社会矛盾激化。西汉王朝在建立之初吸取秦朝覆亡的历史教训,改以"黄老之学"为指导思想,提倡清静无为,约法省刑。然而"无为"仍以严格守法为基础。西汉武帝时开始中央层面的博士系统"独尊儒术",儒学逐渐成为政治指导原则,秦以来法律作为对社会行为最高评判标准的权威地位从而开始丧失。儒家"德阳刑阴"、"亲亲尊尊"等思想逐渐通过部分法令的修订及"经义决狱"活动融入法律,儒法合流,奠定了后世法制指导思想的基础。

秦统一全国后废除各国原有法律,将秦的法律推行到全国。秦律是商鞅以李悝的《法经》为蓝本而制订的,以后不断补充,"治道运行,诸产得宜,皆有法式"⑤,社会生活各方面都有明确具体而又严厉的法律,后人称之为"秦法繁于秋荼,而网密于凝脂"⑥。西汉建国后,萧何曾对秦律加以修整,号称"九章律"。以后两汉各朝均有增删,法律陈陈相因。

秦汉时期主要法律形式为律、令。律是经过一定立法程序制定的规范性文件,比较稳定。律分为几十篇至上百篇,东汉末应劭清理汉律,仍有二百五十篇。汉律各篇都规定某一方面的社会政治、经济行为的规范,名目繁多,除了刑事性质的盗、贼、囚、捕、杂、具等外,还有田律、徭律、关市律、金布律、朝律、越宫律、上计律等规范社会经济及政府机构的规则。律的各篇之间似乎并无明晰的逻辑联系。令是皇帝发布的单项法令,或由皇帝亲自发布诏书,或由大臣提出立法建议,经过有关部门起草条文,再经皇帝批准"诏曰可"后施行。

---

① 《商君书·君臣》。
② 《韩非子·有度》。
③ 《韩非子·有度》。
④ 《商君书·说民》。
⑤ 《史记》卷六《秦始皇本纪》记泰山刻石。
⑥ 《盐铁论·刑德》。

令涉及面极广,往往一事一令。令的效力高于律,当发布诏令的皇帝死后,被认为应当继续有效的令就编入律的相应篇目。所谓"前主所是著为律,后主所是疏为令"①。令还汇编成集,称令甲、令乙等等。

秦汉时期在司法审判中广泛使用的还有最高司法官廷尉及高级法官汇编发布的判例,秦朝称之为"廷行事",汉称之为"决事比",简称"比"。如大儒董仲舒就曾编过《春秋决事比》二百三十二事。东汉时鲍昱编撰的《嫁娶辞讼决事比》多达九百零六卷。

另外,秦汉时法律形式还有程、课、式、科、故事等等。经学家、律学家对于法律的解说称为"章句",对于司法也有指导作用。

秦汉法律承袭《法经》"王者之政莫急于盗贼"②的原则,仍以刑法为主体,重点惩处盗贼行为,尤其着重处罚对政权的反抗、对皇帝权威的冒犯行为,普遍适用死刑。如谋反、大逆、不忠、不道、不敬、诽谤、诬罔、矫诏等都处以死刑,对盗贼给予帮助"通行饮食"或"首匿"者也处死刑。

秦汉法律对于定罪量刑已具有很多通则性的规定。对于违法者的处刑有年龄、身体条件的限制,如秦律规定男子身高六尺五寸以上、女子身高六尺二寸以上方可处刑③。汉代规定八岁以下、八十岁以上的老幼及残疾人可以减刑或免刑。对于违法者的主观方面原因已初步划分了故意与过失,西汉时"经义决狱"进一步强调"论心定罪"④,强调以违法者是否有犯意作为构成犯罪的要素。秦汉律都规定诬告反坐,而犯罪自首可以减免处罚。西汉在儒家思想影响下,规定官员犯罪不可直接依法处理,必须上报皇帝裁断,称之为"上请",上请的范围逐渐扩大。秦代法律根据法家理论,主张家庭成员之间一般也仍有彼此揭发罪行的义务,而西汉时在儒家思想影响下,于汉宣帝地节四年(前66)颁行法令,正式允许"亲亲得相首匿"。

秦汉时最重要的法制改革,是在汉文帝时期施行的。尤其是汉文帝十三年(前167)下令废除远古以来残害人体的肉刑,改为责打罪犯身体的笞刑。并改革了刑罚体系,劳役刑罪犯不再终身服役,经过一段时期的苦役后,可以回

---

① 《汉书》卷六〇《杜周传》。
② 《晋书·刑法志》。
③ 《睡虎地秦墓竹简》,第218、222页。
④ 《盐铁论·刑德》。

归社会。景帝时(前156—前141)进一步减少了笞刑数目,规定了刑具规格、行刑制度。西汉对于刑罚制度的这次改革,使中国法律开始走出原始阶段,对于后世法律发展有重大影响。

三、有关秦汉民法的若干问题

(一) 秦汉时期民事行为的规范

秦汉时总的来说,仍受战国时期法家政治的影响,法律在民间仍有很高威信,政府文告、民间文书常有"如律令"的惯用语。密如凝脂的法网覆盖整个社会,法律应为各项民事行为的主要行为规范。然而由于秦汉法律佚失已久,目前所能见的条文,基本上出于各种文献资料及考古发掘的秦汉简牍。而这些仅为庞大的秦汉法律体系之一斑,难窥全豹。法律无规定的当以民间惯例为民事行为规范。这一时期儒家礼教的影响可能尚不占主要地位。

(二) 秦汉时期的社会分层

秦汉社会继春秋战国的社会大变动之后,在法律上而言,社会上分为皇帝、有爵位者、庶人、奴婢几个层次。皇帝至高无上,汉时皇帝之下尚有王,汉高祖刘邦集群臣斩白马以誓:"非刘氏王者天下共击之"①,王只能是皇帝的子孙。帝王之下,按商鞅在秦国变法时确立的二十等爵位制划分等级。相当于过去的诸侯为彻侯(后为避汉武帝讳,改称列侯)、关内侯;相当于过去卿者为大庶长、驷车庶长、大上造(亦称大良造)、少上造、右更、中更、左更、右庶长、左庶长;相当于过去大夫者为五大夫、公乘、公大夫、官大夫、大夫;相当于过去的士者为不更、簪袅、上造、公士。列侯有封地,享用该地租税收入,但无统治该地的权力。东汉将列侯又分成食县、食乡、食亭数个等级。关内侯以下没有封地,仅有相应的行政上、生活待遇上的若干特权。如第四等级不更有不预更卒(力役)特权,第八等级公乘有乘用公家车辆的特权,等等。但是除了侯爵以外的爵位一律采用减等继承原则,几代后就降为平民。

秦汉时期平民也可通过军功或经"试为吏"逐步获得官职或爵位。在设立严密的等级特权的同时,又具有一定的社会流动性。故秦汉时有"王侯将相,

---

① 《史记》卷九《吕后本纪》。

宁有种乎"①之说。《汉书》列传中以试吏入官的人物就有二十九人②。

战国时平民男子一般称士伍,秦始皇统一全国后下令"更名民曰黔首"③。汉代无爵位的平民仍称士伍、公卒。平民中地位较低的称"庶人",奴婢被主人解放后属于庶人阶层。平民的主体是自耕农。雇农,称之为"庸客"、"庸保",社会身份仍为平民。乡里中贫穷的农民称为"闾左"(因聚居于闾门之左而得名。一说取左为卑下之意),有财力者称"闾右",征发兵役先从闾右开始④。然而到了东汉,大量农民失去土地,依附于地主豪强,称"宾客"、"佃客"、"徒附",等等,对于主人有人身依附关系,不得离开土地,为主人服各种杂役,以至于作为主人私兵出征作战,丧失了自由身份。

平民中地位较为特殊的是商人。秦汉时在官府指定的"市"内营业的商人被编为"市籍",征发重大劳役、远征作战时,首先征发有市籍者、曾有市籍者、父母及祖父母有市籍者。西汉并规定有市籍者不得穿丝绸衣服,不准坐车,不准携带武器,子孙不得为官,不准购买耕地,等等,有各种歧视性限制。

平民中另一类受歧视者为"赘婿",一般认为是就婚于女家的男子,也与有市籍者一样,作为"七科谪"之一,首先征发服役。

秦汉时奴隶仍是一个为数众多的社会阶层,处于社会最底层。秦时男奴称"臣",女奴称"妾",官府奴隶称"隶臣妾"。西汉分别改称奴、婢、官奴婢。民间泛称为"僮"或"家僮"、"僮客"、"苍头"、"庐儿",等等,名目繁多。奴隶在法律上被视为一种财产,可以买卖、转让。

奴隶来源很多,首先仍是战争中的俘虏。秦律中有"寇降,以为隶臣"⑤的条文。汉奴婢别称"臧获",《汉书·司马迁传》注晋灼曰:"臧获,败敌所被虏获为奴隶者。"

其次,秦及西汉初年官府奴隶的主要来源是罪犯以及被连坐处罚的罪犯亲属。湖北张家山汉墓出土竹简中高后二年(前186)的汉代法律中有专门的《收律》,规定凡是被判处"鬼薪"刑罚以上的罪犯,其妻子、子女都要被"收",成

---

① 《史记》卷四八《陈涉世家》。
② 《文献通考》卷三五《选举考》。
③ 《史记》卷六《秦始皇本纪》。
④ 《史记》卷四八《陈涉世家》"发闾左"索隐。
⑤ 《睡虎地秦墓竹简》,第146页。

为"收人",而"收人"都被补充为"隶臣妾"①,这应该是从秦代沿袭的制度。秦及西汉初年官府勤杂工役都由隶臣妾担任。隶臣妾为官府从事各类勤杂服役,各有严格的工作定额。有爵位者自愿向朝廷归还两级爵位,可以赎免亲生父母为隶臣妾者一人;或者使用自己私家奴隶换取沦为官府奴隶的亲属,每两名青壮年可以赎免一名隶臣,一名青壮年可以赎免一名老、小(身高五尺以下)隶臣或一名隶妾②。自汉文帝公元前179年下诏废除"收孥"后,隶臣妾改称官奴婢,其来源也大大减少。

奴隶的后代称"奴产子",仍为奴隶。秦代法律规定只要父母双方有一方是奴隶,后代即认定为奴隶。"女子为隶臣妻,有子焉。今隶臣死,女子北(别)其子,以为非隶臣子也。……当完为隶妾。"③可见,父为奴隶,母为平民,产子仍为奴隶,如有隐瞒,母亲也被判为奴隶。母亲为奴隶,产子必然亦为奴隶。

另外,因债务沦为奴隶也是奴隶的主要来源之一(详见第三节)。政府在特定的情况下如战乱、灾荒时发布法令,允许因饥卖身者复为平民,如汉高祖五年(前202)诏:"民以饥饿自卖为人奴婢者,皆免为庶人。"④东汉光武帝建武七年至十四年(31—38)四次下诏,令战乱中被掠卖为奴者"一切免为庶民"⑤。然而平时政府法律并不能禁止债务奴隶。

奴隶在法律上虽视同财产,但秦汉时法律禁止主人私自处死奴隶或对奴隶私加肉刑。秦代法律规定擅杀、刑、髡奴隶为"家罪"、"非公室告"行为(即不受纠举揭发),但规定杀奴必须谒告县官。秦末田儋起兵反秦,先缚其奴"欲谒杀奴",趁机杀死县官⑥。云梦秦简中有"黥妾",主人谒告官府请对其妾施黥刑⑦。两汉立法趋向于禁止主人虐待奴婢。西汉末年王莽的儿子王获擅杀奴婢,王莽逼令王获自杀,以邀买人心⑧。东汉初年,光武帝以"天地之性,人为贵",在建武十一年(35)下诏"其杀奴婢,不得减罪","敢灸灼奴婢,论如律,免所

---

① 《张家山汉墓出土竹简》,文物出版社,2001年,第191页。
② 《睡虎地秦墓竹简》,第53、93页。
③ 《睡虎地秦墓竹简》,第225页。
④ 《汉书》卷一下《高帝纪》下。
⑤ 《后汉书》卷一下《光武帝纪》下。
⑥ 《史记》卷九四《田儋列传》。
⑦ 《睡虎地秦墓竹简》,第260页。
⑧ 《汉书》卷九九上《王莽传》上。

灸灼者为庶民"①。

秦汉各个社会等级的民事权利能力并不平等。如占有土地的权利依社会等级、爵位而加限制（详见下节），商人不准购买土地。汉田令有"商者不农"的规定②，并"禁民二业"，东汉明帝永平年间(58—75)再次下令严格"禁民二业"。其立法原意可能在于"崇本抑末"，防止商人经营农业，然而在执行中被误解为一人不得兼营两种职业，"郡国以官禁二业，至有田者不得渔捕"。宗室刘般上书："今滨江湖郡，率少蚕桑，民资渔采以助口实。且以冬春闲月，不妨农事。夫渔猎之利，为田除害，有助谷食，无关二业也。"得到汉明帝同意，使这一法律解释得以通行③。

(三) 关于人的行为能力

关于人的行为能力，秦汉法律似乎没有统一的概括性规定。西汉初政论家贾谊曾说秦："家富子壮则出分，家贫子壮则出赘。"④壮为三十岁，即男子三十岁必须独立门户，但具有民事行为能力当在这之前。西汉以男子二十三岁开始服役，可能即被视作具有完全的民事行为能力，可以独自承担民事财产责任。

(四) 关于物

古代民事关系中权利义务所指向的对象，主要是财产。秦汉时法律对于财产的分类比先秦更为明确。一般财产统称为货财，土地房屋之类不动产称"田宅"，法律上有特别规定。动产中以奴隶为特别财产种类，司马迁在《史记·货殖列传》中将"僮手指千"作为等同于侯爵的"素封"有产者的标志之一。历史记载中往往将拥有成千上万奴婢者作为豪富的象征。如秦吕不韦"家僮万人"⑤；西汉张安世"家僮七百人，皆有手技作事"⑥；卓王孙"家僮八百人"⑦；东汉时窦氏"奴婢以千数"⑧；糜竺"祖世货殖，僮客万人，赀产巨亿"⑨。

在考古发掘中也可以看到，秦汉时民间广泛将田宅、奴婢作为财富的象

---

① 《后汉书》卷一下《光武帝纪》下。
② 《后汉书》卷一〇六《文苑·黄香传》。
③ 《后汉书》卷三九《刘般传》。
④ 《汉书》卷四八《贾谊传》。
⑤ 《史记》卷八五《吕不韦列传》。
⑥ 《汉书》卷五九《张安世传》。
⑦ 《史记》卷一一七《司马相如列传》。
⑧ 《后汉书》卷二三《窦融传》。
⑨ 《三国志》卷三八《蜀志·糜竺传》。

征。如汉初的墓葬中有以"薄土"(用绛红色绢帛包的长方形土块)或"陶田"、陶屋陪葬的实例。当土地买卖频繁后,汉人盛行模仿土地买卖契约的砖、石、玉、铅"买地契"作为陪葬明器。东汉时进一步渗入宗教色彩,为墓主向山神土地购买墓地;写有"界至九天上、九地下,用钱九万九千九百",并且声明土地中埋藏的死鬼"男作奴、女作婢"之类的文字①。这一习俗直至南北朝时依然存在。汉代墓葬也有以砖、陶、木俑陪葬的习俗,大多作为死者的仆役供死者驱使。

秦汉时仍有很多禁物,严禁私人拥有。如西汉景帝中元二年(前148),宋子侯许九"坐寄使匈奴,买塞外禁物,免"②。又如供皇帝御用的尚方所产器物,即使贵族也不得拥有,西汉功臣周亚夫之子盗买尚方生产的五百副甲盾用作冥器,被人告发,以致家破人亡③。

第二节 所 有 权

秦汉时与近代"所有权"一词相当的词为"名",如"名田宅、臣妾、衣服"等等,即以自己的名字申报占有而使用,公开表明对某项财产具有完全合法的权利的意思。不是"名正言顺"地拥有某项财产则称之为"占",秦及西汉时一般作贬义词使用,东汉以后"占"逐渐具有一定的合法性。魏晋时"占"一词已与原来的"名"意思相同,"名"逐渐不再使用。在一切财产中,最重要的是对土地的所有权。

一、土地私有权的确认与保护

公元前350年秦国商鞅变法,正式宣布"废井田,民得卖买",并规定土地所有者"为田开阡陌"④,作为土地私有权的标志。1981年四川青川出土的"秦更修田律木牍",是有关开阡陌封疆的宝贵资料。这一田律是秦武王二年(前309)颁行的,规定私有土地四至上要设立"封"为标志,封是一个底宽四尺、上

---

① 参见吴天颖《汉代买地券考》,《考古学报》1982年第1期。
② 《汉书》卷一六《高惠高后孝文功臣表》。
③ 《史记》卷五七《绛侯世家》。
④ 《史记》卷五《秦本纪》。

宽二尺、高四尺的方台形土堆。封与封之间要用高一尺、宽二尺的矮土墙"埒"加以联结,作为田界。每年秋八月,要"修封埒,正疆畔"。此外每亩要修两条小径"畛",每一顷(一百亩)要修出南北方向的"阡"道与东西方向的"陌"道,各宽三步(约合今4米左右)作为公共交通,设定了私有土地上的公共通行权。土地所有者对于阡陌有整修义务,每年八月要除去杂草,九月平整道路,十月修桥及水渠,平时阡陌"有陷败不可行,辄为之"①。秦律规定私自移动封埒阡陌位置为"盗徙封"之罪,处以"赎耐"的刑罚②。

秦始皇统一全国后,于公元前216年,下令"使黔首自实田"③,向国家申报自己所有的土地,国家承认其所有权,但同时必须负担田租税。秦之田律也推行到全国各地,土地私有权从此得到法律的确认。

秦汉土地所有权的取得,仍可分为原始取得与继受取得两种。原始取得的方式之一,由国家给有军功爵者授田。战国时秦国法律规定,凡士伍在战争中"能得甲首(对方一个甲士的首级)一者,赏爵一级,益田一顷,益宅九亩"④。云梦秦简中的"军爵律"中对于授爵与赏赐有严格的规定:有军功应授爵和赏赐者,如未拜受爵而本人已死,其后嗣又犯有被判耐、迁徙以上刑罚的罪名;或本人犯有判耐、迁徙以上刑罚的罪名,军爵与赏赐都予以撤销。如已经拜爵、尚未受赏赐而死,或犯有耐、迁徙以下罪者,仍给赏赐⑤。可见首先重视的是爵位,有爵即有赐。西汉初年仍沿此制,汉高祖称帝当年下诏:"民前或相聚保山泽,不书名数。今天下已定,令各归其县,复故爵田宅",承认原爵位田宅的所有权。"诸侯子及从军归者,甚多高爵,吾数诏吏先与田宅,及所当求于吏者……且法以有功劳行田宅……其令诸吏善遇高爵,称吾意。且廉问,有不如吾诏者,以重论之。"⑥命令各级地方官员应对爵位者有求必应,速与田宅,以安抚旧贵族及归乡军人。

另一种方式是国家授田给无地农民。秦国在商鞅变法后,为招徕三晋及关东人民来秦国开垦土地,以国有荒地分配给移民,称为"受田"。受田额原则

---

① 见《文物》1982年第1期,第22页,于豪亮释文。
② 《睡虎地秦墓竹简》,第178页。
③ 《通典》卷八。
④ 《商君书·境内》。
⑤ 《睡虎地秦墓竹简》,第92页。
⑥ 《汉书》卷一下《高帝纪》下。

上一夫一顷,受田者可在"三世"(九十年)之内免除兵役,十年内免收田税,鼓励移民安心全力垦荒①。云梦秦简中的田律规定,凡受田者"以其受田之数,无垦不垦,顷入刍三石、稾二石"②。

从张家山汉墓出土的高后二年(前186)户律来看,至少到西汉初年,仍然保留按照爵位等级授予田宅、国家授田给无地农民的完整制度:

> 关内侯九十五顷,大庶长九十顷,驷车庶长八十八顷,大上造八十六顷,少上造八十四顷,右更八十二顷,中更八十顷,左更七十八顷,右庶长七十六顷,左庶长七十四顷,五大夫廿五顷,公乘廿顷,公大夫九顷,官大夫七顷,大夫五顷,不更四顷,簪袅三顷,上造二顷,公士一顷半顷,公卒、士五(伍)、庶人各一顷,司寇、隐官各五十亩。不幸死者,令其后先择田,乃行其余。它子男欲为户,以为其□田予之。其已前为户而毋田宅,田宅不盈,得以盈。宅不比,不得。

> 宅之大方卅步。彻侯受百五宅,关内侯九十五宅,大庶长九十宅,驷车庶长八十八宅,大上造八十六宅,少上造八十四宅,右更八十二宅,中更八十宅,左更七十八宅,右庶长七十六宅,左庶长七十四宅,五大夫廿五宅,公乘廿宅,公大夫九宅,官大夫七宅,大夫五宅,不更四宅,簪袅三宅,上造二宅,公士一宅半宅,公卒、士伍、庶人一宅,司寇、隐官半宅。欲为户者,许之。③

可见,直到西汉初年,平民以及庶人,曾被处刑后释放的罪犯司寇、隐官,仍然可以被授予耕地与宅地。户律还规定,每年八月间进行户口申报。在立户前没有得到过田宅或得到的田宅不足额的,可以请求补足,但是宅地只能补授接邻的。各地如果有立户后受田宅不足额的情况,各地官府汇总上报朝廷。在官府有新土地(没收罪犯的土地)时,按照爵位及先后次序授予。所授予的土地应该是可以耕作的,否则受田者有权拒绝。受田后发现无法耕种的,允许退换。所受田宅允许买卖,但是将从政府获得的"受田"转让他人或者出卖后,就不得再次申请。除非是官员或者是为皇帝服役的人员,其余人等买宅地必须

---

① 《商君书·徕民》。
② 《睡虎地秦墓竹简》,第28页。
③ 《张家山汉墓竹简》,第176页。

是与原宅接壤的。

受田宅者承担向政府交纳田租和藁税的义务。根据《史记》《汉书》等史籍的记载,秦的田租按照收获量征收十分之一,而汉代减轻为三十分之一。汉代的藁税与秦代完全一致,也是每顷三石为标准。在当地政府刍藁(马料)已经够用的情况下,也允许受田者以铜钱缴纳,每顷五十五钱。只有相当于原来卿一级以上贵族(即左庶长以上的各级爵位)可以免除田租和藁税[①]。

这种由政府向私人授予土地的制度不应该仅从其字面上的意义去理解。当兼并战争战火渐渐平息、人口逐渐恢复增长时,政府是否拥有足够的土地(包括荒地资源)能够按照这项制度来授予土地?这相当值得怀疑。但仔细分析一下,就可以知道,实际上这也可以是一种包容性很强的制度。它建立在政府拥有相当的荒地资源基础上,同时也是一种包容、承认民间私人已经拥有的私有土地,并且将这些私有土地纳入国家税收体制的制度。每户人家在立户时应"名田宅",即申报已拥有的土地,如果按照其社会地位已经足额,就不发生土地的授予,而是承认所拥有的土地为合法的私有土地,并按照申报的土地面积征税。因此,户律明确规定:没有向政府申报户口而拥有田宅或者是将自己的名字附在他人户名后申报的,以及为他人附带申报户口的,都要处以"戍边二岁"的处罚,田宅则予以没收[②]。

力图以国家授予的形式来包容土地私有的现状,而不是明确在法律上确认土地私有权利,这种情况的产生显然与"溥天之下,莫非王土,率土之滨,莫非王臣"的悠久传统以及君主专制中央集权国家政权的强大有关。这对后世也造成深远的影响。

直到东汉仍有类似法令。如东汉明帝永平九年(66)"诏郡国以公田赐贫人,各有差"。永平十三年(70)修整汴渠工程竣工,又下诏将渠下田赐与平民[③]。东汉章帝建初元年(76),令将皇家上林苑"赋与贫人"。元和元年(84)又命"郡国募人无田欲徙它界就肥饶者,恣听之。到在所,赐给公田,为雇耕佣,赁种饷,贳与田器,勿收租五岁,除算(免除人头税)三年。其后欲还本乡者,勿禁"[④]。

[①] 以上见《张家山汉墓竹简》,第165—167、175—177页。
[②] 《张家山汉墓竹简》,第177页。
[③] 《后汉书》卷二《明帝纪》。
[④] 《后汉书》卷三《章帝纪》。

秦汉时土地所有权继受取得的主要方式是买卖，土地所有权呈流转的趋势。司马迁在《史记·货殖列传》引民谚："居之一岁，种之以谷；十岁，树之以木；百岁，来之以德。""富无经业，则货无常主，能者辐凑，不肖者瓦解。"形象地说明土地及财富的易手已是常事。即使贵至帝王，为获取土地有时也要经过买卖。汉武帝建元三年（前138）时，为自己出游方便，派吾丘寿王等人征购鄠、杜（约今陕西西安东南）之地，"举籍阿城以南，盩厔以东，宜春以西，提封顷亩，及其贾直，欲除以为上林苑，属之南山"。并诏中尉、左右内史表属县草田，"欲以偿鄠、杜之民"。东方朔上书劝谏"三不可"，汉武帝仍起上林苑①。东汉灵帝刘宏（168—189）身为天子，还派人回河间老家，"买田宅，起第观"②。帝王也要买卖土地，可见土地私有权已深入人心，不得无故剥夺。

二、土地私有权的限制

秦汉时对私有土地有明确的限额。西汉武帝时派出刺史巡行监察地方，监察任务为"六条"。第一条就是"强宗豪右，<u>田宅逾制</u>，以强凌弱，以众暴寡"③。这里所称"田宅之制"应该就是二十等军功爵制所规定的各爵位及平民的授田数额，也是田宅的等级限制之制。

从这个角度来看，就容易理解，为什么从汉惠帝元年（前194）开始，西汉朝廷就经常性地普遍"赐民爵一级"④，实际上就是在放松法律所规定的私有土地限额。另外汉文帝接受贾谊"募天下入粟县官，得以拜爵，得以赎罪"的建议，于公元前168年下达《卖爵令》，上造（第二级爵）价六百石，以上递增至五大夫（第九级爵）价四千石，大庶长（第十八级爵）价一万二千石。五大夫以上可免家中一丁徭役⑤。贾谊的建议出发点在于"重农抑商"，增加国家的财政储备。从此爵位实际上与军功无关，也不再赐以土地，成为一种免役特权以及可以合法拥有更多私人土地的特权。

---

① 《汉书》卷六五《东方朔传》。
② 《后汉书》卷七八《宦者·张让传》。
③ 《汉书》卷一九上《百官公卿表》上师古注。
④ 仅就《汉书》本纪部分统计，普赐民爵一级的诏令就有四十七次之多，也就是说基本上平均每五年，平民就可以获得一级爵位。
⑤ 《汉书》卷二四下《食货志》下。

汉武帝因为卜式以财输官,"赐爵左庶长(十等爵),田十顷"①。居延汉简中的户籍清册中,有公乘(第八等爵)礼忠,家产宅一区值万钱,有田五顷值五万钱,均未"逾制"②。然而在土地可以买卖情况下,田宅之制已很难维持。汉武帝时董仲舒上言,认为秦商鞅变法后,"改帝王之制,除井田,民得卖买,富者田连仟伯(阡陌),贫者亡立锥之地。又颛(专)川泽之利,管山林之饶,荒淫越制,逾侈以相高。邑有人君之尊,里有公侯之富,小民安得不困!"可见,"制"是存在的,但实际上并不起作用。董仲舒以为虽然"井田制"难以恢复,但可以"限民名田,以澹不足,塞并兼之路"③,明确提出限制土地私有权的立法建议。

西汉初年对于"田宅逾制"的处理办法是采取行政打击手段。凡皇帝陵墓建成,即迁徙各地富豪至陵区居住,"以强京师,衰弱诸侯,又使中家以下得均贫富"④。富豪在原籍的土地无法带走,皆成公田。前述汉武帝派出刺史到各地清查"田宅逾制"的"豪强"。公元前114年又发布《告缗令》,鼓励告发富豪偷漏"缗钱"(资产税),结果"中家以上大氐皆遇告",政府"得民财物以亿计,奴婢以千万数,田大县数百顷,小县百余顷,宅亦如之。于是商贾中家以上大氐破"⑤。另外,对商人"名田"加以禁止,对贵族"名田"也加以限制。汉田律规定:"诸侯在国,名田他县,罚金二两。"⑥

西汉末年,土地兼并愈演愈烈,原来的军爵制度早已名存实亡。为缓和社会矛盾,汉哀帝即位当年(前7),发布限田限奴婢令:"诸王、列侯得名田国中,列侯在长安及公主名田县、道,关内侯、吏、民名田,皆无得过三十顷。诸侯王奴婢二百人,列侯、公主百人,关内侯、吏、民三十人。年六十以上,十岁以下,不在数中。贾人皆不得名田、为吏,犯者以律论。诸名田、畜奴婢过品,皆没入县官。"⑦这一法令对违限的制裁仅是没收,并无威慑力,尤其是遭到外戚、权臣一致反对,而且汉哀帝自己不久就一次赐给宠臣董贤土地二千顷。这一法令就此不了了之。

---

① 《汉书》卷二四下《食货志》下。
② 《居延汉简甲乙编》三七·三五简文。
③ 《汉书》卷二四上《食货志》上。
④ 《汉书》卷七〇《陈汤传》。
⑤ 《汉书》卷二四下《食货志》下。
⑥ 《汉书》卷一一《哀帝纪》如淳注。
⑦ 《汉书》卷一一《哀帝纪》。

秦汉时对土地私有权最后一次徒劳的限制，是王莽篡汉后发布的《王田令》。王莽附会儒家井田制，在始建国元年(9)下令："更天下田曰王田，奴婢曰私属，皆不得买卖"，剥夺一切私人对土地的处分权。土地统一重新分配，以一丁百亩为原则，"其男口不盈八而田过一井(九百亩)者，分余田予九族、邻里、乡党"。没有土地的贫民，可以按此制受田。"敢有非井田圣制，无法惑众者，投诸四裔。"①这一法令发布后，犯令受刑者"诸侯卿大夫至于庶人，抵罪者不可胜数"②。引起社会动荡。王莽只得在三年后宣布"王田及奴婢许私买卖"③。这一制度就此废除。

秦汉时期对于土地私有权的限制，表明"溥天之下，莫非王土"的传统观念仍有一定影响。然而土地私有已成定局，企图以一纸法令废除或限制土地私有权只能是幻想。王莽覆灭后，继起的东汉政权本质上就是一个世族豪强政权，号称"中兴明君"的汉光武帝刘秀，平定全国后不久曾下令"度田"(土地清查)，但遭到世族豪强的拼死抵制，光武帝处死十几名"度田不实"的郡守，仍不能使法令贯彻，不得不宽免犯法的地主豪强。可见土地私有权已发展到了"无法无天"的地步。

三、国有土地及其占有形态

秦汉时国有土地的范围仍相当广泛。首先，沿袭三代以来的习惯，一切荒地、山野、河湖水面等未开垦农耕的土地，在法律上都视为国有土地。私人只有在一定时期内可以利用山林，可将自然孳息物收归己有。云梦秦简中的秦"田律"规定，春天二月不准进山林砍伐树木，不得堵塞水道。在夏季以前不准烧草木灰，不准采摘刚发芽的植物，不准捕捉幼兽幼鸟、采集鸟蛋，不准在水中布毒捕杀鱼鳖，不准在山林中设置捕兽的陷阱网索。只有丧葬急需才可在春夏季节入山砍伐林木④。

秦汉时还专门在国有山林中划出供皇室贵族游猎的禁苑。禁苑规模很大，京师及地方都有。禁苑内豢养禽兽，四周筑有围墙或篱笆。西汉时长安附

---

① 《汉书》卷九九中《王莽传》中。
② 《汉书》卷九九中《王莽传》中。
③ 《汉书》卷二四上《食货志》上。
④ 《睡虎地秦墓竹简》，第26页。

近的上林苑,周围三百里,东汉时又在洛阳附近建上林苑。秦律《徭律》规定,地方县政府应维修当地的禁苑及饲养官牛马的苑囿,征发当地民众建造堑壕、围墙、藩篱,完工后应由负责管理苑囿的官吏验收。不满两年就有损坏的或被人破坏的,要立刻修补。如苑囿邻近农田,动物、牛马可能出来破坏庄稼,县啬夫(官名)应令邻近田主按土地多少为比例出人力修补苑囿的围墙①。幼兽繁殖时,百姓不准带狗在附近狩猎。百姓的狗如进入禁苑追捕动物,管理官员应立即杀死②。私自擅入禁苑构成严重犯罪,如汉武帝元封元年(前110),山都侯王当"坐阑入甘泉、上林,免"。元鼎四年(前113),安丘侯张拾"坐入上林谋盗鹿,又搏捔,完为城旦"③。身为列侯尚且免爵受刑,普通百姓擅入禁苑自然处罚更重。

秦汉时山林禁苑的收入属于皇室贵族所有,"山川园池市井租税之入,自天子以至于封君汤沐邑,皆各为私奉养焉,不领于天下之经费"④。秦汉中央九卿之一的少府是替皇室掌管山林园池收入的管家,"少府,秦官,掌山海池泽之税,以给供养"。颜师古注:"大司农供军国之用,少府以养天子也。"⑤"山海,天地之臧,宜属少府,陛下弗私,以属大农佐赋。"⑥可见山林苑囿被认为是帝王的"私产"。汉高祖刘邦称帝后,对父亲说:"始大人常以臣无赖,不能治产业,不如仲力。今某之业,所就孰与仲多?"⑦相国萧何向刘邦建议将上林苑中的空地出租给私人,"令民得入田",刘邦大怒:"相国多受贾人财物,乃为请吾苑!"将萧何逮捕入狱⑧。

另一种国有土地是已开垦拓殖的"公田"。其来源除了国家组织的垦荒外,最主要的来源是罪犯被没收的田产。如西汉武帝时因"告缗令"没入官的罪犯田产以一县百顷估计,政府因此得到的公田就有十几万顷之多。公田除用以赏赐军功外,秦朝时由于各地官府都有很多隶臣妾,可能役使隶臣妾在公

---

① 《睡虎地秦墓竹简》,第77页。
② 《睡虎地秦墓竹简》,第26页。
③ 《汉书》卷一六《高惠高后文功臣表》。
④ 《史记》卷三〇《平准书》。
⑤ 《汉书》卷一九《百官公卿表》。
⑥ 《汉书》卷二四下《食货志》下。
⑦ 《史记》卷八《高祖本纪》。
⑧ 《史记》卷五三《萧相国世家》。

田耕作,为地方政府提供粮食及农副产品。对于从事农耕的隶臣,二月至九月农忙时,每月给食二石半,农闲时恢复为二石①。

汉代公田的用途除了以上两种外,还有一种是将公田或国有荒地出租给农民耕种。汉高祖二年(前205)下令:"故秦苑囿园池,令民得田之。"据颜师古注:"田谓耕作也。"②田即佃,佃是耕种的意思,《广韵》:"佃,作田也";《集韵》:"佃,治土也。"由此延伸为租田耕种。这以后成为汉朝惯例。汉武帝时在各地设立农官,"往往即郡县比没入田田之"③,即将没收来的罪犯的田产出租给农民耕种。两汉朝廷还经常将山林荒地、皇室苑囿出租给农民,称之为"假田"。假,有租赁、借用的意思,《孟子·尽心上》:"久假不归。"《后汉书·和帝纪》永元五年注:"假,犹租赁。"两汉时每遇灾荒饥馑,往往宣布"假田"。如西汉宣帝地节元年(前69)"诏假郡国贫民田",三年(前67)又"诏池籞未御幸者,假与贫民。流民还归者,假公田,贷种食,且勿算事(免除赋役)"④。西汉元帝初元元年(前48)三月诏"以三辅、太常、郡国公田及苑可省者,振(赈)业贫民,贷不满千钱者赋贷种食",四月又诏"江海陂湖园池属少府者以假贫民,勿租赋"。第二年诏以"水衡禁囿、宜春下苑、少府佽飞外池、严籞池田,假与贫民"。永光元年(前43)大赦令中又有"无田者皆假之,贷种食如贫民"⑤。东汉和帝永元五年(93)诏:"自京师离宫、果园、上林、广成囿,悉以假贫民,恣得采捕,不收其税。"⑥东汉安帝永初元年(107),"以广成游猎地及被灾郡国公田假与贫民"。永初三年(109)"诏以鸿池假与贫民"⑦。可见两汉的"假田"是将土地出租给无地农民,有时还贷给农民种籽或口粮,免除若干年赋役。国家向农民收取的地租称"假税",这种假税比之对一般私有土地征收的"三十税一"的田租税要重。西汉宣帝时(前73—前49)对全国私田收取的租税、口赋有四十余万万钱,而从出假的公田上收取的"假税"达八十三万万钱,可见当时公田出租规模相当大⑧。

---

① 《睡虎地秦墓竹简》,第43页。
② 《汉书》卷一上《高帝纪》上。
③ 《汉书》卷二四下《食货志》下。
④ 《汉书》卷八《宣帝纪》。
⑤ 《汉书》卷九《元帝纪》。
⑥ 《后汉书》卷四《和帝纪》。
⑦ 《后汉书》卷五《安帝纪》。
⑧ 参见《中国史研究》1981年第2期所刊黄今言《汉代田税征课中若干问题的考察》一文。

限于史料,目前对于汉代公田出假制度的细节尚不完全明了,只知公田出假的管理机关为各地农官,禁苑园囿出假公田由主管禁苑的官员苑令管理。就理论上而言,假田的处分权掌握在国家手中,但从允许农民在公田上长期居住而言,可能承认农民对公田的长期占有使用的权利,这种权利很可能是允许继承的。事实上,很多公田出假后政府又下令将这些公田"赋与"贫民,即承认农民的所有权。如东汉安帝永初三年(109),"诏上林、广成苑可垦辟者,赋与贫民"①。上林、广成苑自西汉来已多次出假,这次即以诏令形式正式承认农民对原公田的所有权。

两汉这一制度的实质在于分期分批将国有土地转化为农民的小土地私有制,以保证国家主要统治对象——自耕农不至流离失所,影响政治稳定。然而实际情况是,很多权贵官僚通过各种手段"转假"公田,即承租公田后再转租给贫民,收取高额地租,"公家有郭假之名,而利归权家"②。

西汉时另一种公田占有形态,是汉武帝时开始的边疆屯田。为巩固边防,汉武帝时由政府组织在边境地区进行大规模垦荒,征发庶人戍卒及减刑的罪犯,等等,采用军事编制,设都尉、侯官、障尉、候长、燧长等军官管理,屯垦者称"屯卒",属于国家雇工,衣食口粮由国家发放,一般每月口粮二至三石,月俸六百钱,垦荒定额二十亩,生产工具、耕畜、种子由国家发放。收获的谷物全部上缴公仓,调运前线作战军队,或作为屯卒口粮。屯田规模很大,东起朔方(今内蒙古杭锦旗北),西至令居(今甘肃永登西北),绵延近万里的边防线上曾有六十万屯卒。开始时屯卒对于屯田并无任何权利,但逐渐也和内地一样,军官、部分屯卒逐渐将公田占为私有,买卖、租佃行为也经常发生。

东汉末年军阀连年混战,原全国经济中心的中原地区"人众之损,万有一存"③,以致"千里无鸡鸣"④。曹操集团也曾组织屯田。按秦汉惯例,一切无主土地均被认定为国有,"今承大乱之后,民人分散,土业无主,皆为公田"⑤。曹操接受枣祗建议,在各地设立典农中郎将、典农都尉,将流民编为"屯田客",无

---

① 《后汉书》卷五《安帝纪》。
② 《盐铁论·园池》。
③ 《后汉书》卷一九《郡国志》。
④ 《乐府诗集》卷二七曹操《蒿里行》。
⑤ 《三国志》卷一五《魏志·司马朗传》。

种子耕畜者由官府提供。屯田客具有国家农奴性质,不得自由迁徙,人身束缚于土地,往往随土地被赏赐于官僚贵族,曹魏时"给公卿已下租牛、客户,数各有差"①。屯田客使用官牛的要缴占收获量百分之六十的地租,不使用官牛的也要"五五分租"。当时已有人指出这一租率是"于官便,于客不便"②。屯田的处分权属于政府,私人不得买卖、转让。然而曹魏建国后,屯田大多已被官僚贵族豪强所占有,屯田客也成为其"徒附"。至公元264年,准备篡权的司马氏集团宣布废除屯田制,屯田大多转为豪强私有,小部分由屯田客私有。

四、关于遗失物和埋藏物

秦汉时有关遗失物、埋藏物归属的法律条文,已经佚失,据现有史料无法复原,只能从史籍的若干记载中加以推证。

《周礼·秋官·朝士》谓:"凡得获货贿、人民、六畜者,委于朝,告于士,旬而举之,大者公之,小者庶民私之。"汉儒注:"俘而取之曰获,委于朝十日,待来识之者。人民谓刑人、奴隶逃亡者。"郑司农注:"若今时得遗物及放失六畜,持诣乡亭、县廷,大者公之,大物没入公家也;小者私之,小物自畀也。"郑玄注:"谓人民之小者,未龀七岁以下。"据汉儒的论注,可知汉代对于遗失物归属的规定与西周相似,凡获得遗失物者应送至当地政府机构,经过十天公告,失主未前来领取的,大的遗失物归公,小的遗失物归拾得人所有。只是大小之标准究竟如何,不得而知,仅可知道走失的小奴隶可归拾得人。龀,即龀字,指儿童换牙,汉代一般以男孩七岁、女孩八岁为龀。据此推测,小的牲畜可能也可归拾得人所有。

拾得人经一定期限公告后可将拾得的遗失物中的"小物"私有的制度,在一定程度上反映了远古以先占确定所有权归属的遗风。然而汉代在儒家礼教的影响下,一些地方官员竭力推行"教化",而"教化"卓有成效的标志之一,就是当地能做到"道不拾遗"。拾得人占有遗失物要被道德谴责,一些地方官还自订"条教",劝诱百姓"道不拾遗"。这一倾向虽没有直接影响到法律修改对于遗失物归属的规定,但对于执法具有一定的影响。如西汉著名循吏黄霸担任丞相后,在召见各郡上计吏时规定:"有耕者让畔,男女异路,道不拾遗,及举

---

① 《晋书》卷九三《外戚传·王恂》。
② 《三国志》卷一六《魏志·任峻传》裴注引《魏武故事》。

孝子、弟弟、贞妇者为一辈,先上殿,举而不知其人数者次之,不为条教者在后叩头谢。"打算以此在全国推广教化"条教"。京兆尹张敞为之上奏汉宣帝:"汉家承敝通变,造起律令,所以劝善禁奸,条贯详备,不可复加。"建议汉宣帝下诏,令各郡"毋得擅为条教"。得到汉宣帝的赞同①。可见这些"条教"为地方"土政策",虽然并不具有法律强制力,但比之一般的道德规范的强制力更为显著。汉代执法中对于遗失物不得占为己有这一原则的强调,对于后世立法产生了很大的影响。

关于埋藏物,汉代法律规定埋藏物如系无主荒地,即归发现人所有。但如在他人土地内发现埋藏物,其归属问题据现有史料,较难判断出当时法律的具体规定究竟如何。东汉永平十一年(68),庐江郡皖国(今安徽潜山)有两个小男孩陈爵、陈挺在湖中钓鱼,发现一个古代铜器,里面装有小金块。他们的父亲陈国及邻居们闻讯赶去,共捞得十几斤重的黄金。陈国曾任小吏,就向官府报告了此事,庐江太守派吏取金,作为"祥瑞",派专人护送上京。第二年陈国上书汉明帝,"贤(陈国字君贤)等得金湖水中,郡牧献,讫今不得直。"抱怨官府未给金价。汉明帝下诏切责庐江太守。太守辩解:"贤等所采金自官湖水,非贤等私渎,故不与直。"汉明帝再下诏书,令庐江太守"视时金价,畀贤等金直"②。由此可见,当时法律似乎规定即使是他人所发现,埋藏物仍归土地所有人所有。庐江太守认为这批黄金出自官湖,所有权属官府,发现人无权占有。虽然秦汉时规定一切荒地水面皆属国有,但只要政府未加圈禁、利用,仍作为无主地处理。汉明帝诏令太守给金价,即认定所谓官湖为无主地,埋藏物应归发现人所有。

无主荒地埋藏物归发现人所有的类似例子还可举出很多。如著名的孝子郭巨埋儿得宝故事:郭巨为奉养母亲,不惜将亲生儿子活埋,"乃于野凿地,欲埋儿,得石盖,下有金一釜,中有丹书,曰:'孝子郭巨,黄金一釜,以用赐汝。'于是名振天下"③。野地得金全属发现人所有。这一故事虽具有神话性质,但反映了当时人们对于野地埋藏物归属的普遍看法。

土地、房屋的所有人在自己土地房屋中发现埋藏物,则拥有完全的所有

---

① 《汉书》卷八九《循吏传·黄霸》。
② 《论衡·验符》。
③ 《搜神记》卷一一。

权。传说东汉时上党人鲍瑗,听从卜者之言,悬鞭于树,三年后,"浚井,得钱数十万,铜铁杂器复可二十万余,于是家业用展,病者亦愈"①。魏郡张奋,家本巨富,忽衰败财散,遂卖宅与程应。程应迁入此宅居住,举家病疾,不得已又转卖邺人何文,何文买宅驱鬼,"按次掘之,得金银各三百斤,钱千余万,……由此大富"②。这些虽属神话,但反映了当时人们对埋藏物归属的法律意识。上节所引东汉买地券中有"伏尸男作奴、女作婢"之类的惯语,也反映了这种民间普遍具有的观念。

五、矿产的所有权

秦在战国时期及统一后是否按《管子》及《商君书》提出的"官山海"、"壹山泽"理论,实行严格的矿产国有法律、禁止私人开采的制度,史籍上没有明确的资料可以证明。虽然董仲舒曾说秦"田租口赋,盐铁之利,二十倍于古"③,但恐怕只是"借秦喻汉",不一定是史实。秦国是铁矿资源比较丰富的地区,《山海经》记载的十五座铁矿山,在秦国境内的就有六座。从有关记载来看,秦可能按古代惯例,设定一切荒山野岭皆属国有,但并不禁止私人对矿产的开采。国家也设置铁官进行开采冶炼,如西汉史学家司马迁追忆其祖先为"秦主铁官"④。云梦秦简中有当时对铁官进行考核的法律,规定如铁官连续两年考评为下等,啬夫、佐要罚赀一甲,赀一盾;连续三年下等,罚啬夫赀二甲,撤职不得起用。每年生产的产品如有丢失,主管的曹长也要罚赀一盾⑤。

秦代百姓也有采矿权,如赵国富豪卓氏、山东的程郑被迁徙至巴蜀,魏国的孔氏被迁徙至南阳,都仍然经营矿冶业,成为当地的豪富。如卓氏"即铁山鼓铸,运筹策,倾滇蜀之民,富至僮千人,田池射猎之乐,拟于人君"。又如巴寡妇清以开采丹矿而致富之例⑥,说明当时矿产国有只是理论上而言,实际上并不禁止民间私人开采。

西汉初年,仍沿袭秦制。如吴王刘濞在其封国内的豫章开采铜矿,铸造钱

---

① 《搜神记》卷三。
② 《搜神记》卷一八。
③ 《汉书》卷二四上《食货志》上。
④ 《史记》卷一三〇《太史公自序》。
⑤ 《睡虎地秦墓竹简》,第138页。
⑥ 均见《史记》卷一二九《货殖列传》。

币,又在沿海地区开设盐区,煮海水为盐,吴国富饶一时①。汉文帝赐佞幸邓通巴蜀铜铁山,邓通以每年一千匹绢帛的代价出租给卓王孙,卓王孙开采冶炼,铸造钱币,富埒王侯②。

至汉武帝时,对外连年用兵,对内大兴土木,财政吃紧,即按《管子》的理论,对盐、铁资源正式实行国有化。汉武帝元狩四年(前119)开始设置盐铁官,第二年正式在全国的二十八个郡设盐官,在四十个郡设铁官,严格禁止一切私人开采铁矿及制贩食盐,有私人敢犯禁者,"钛左趾,没入其器物",即在犯人左腿上套一个六斤重的械具,并没收其生产工具及产品③。铁器、食盐全部由政府组织生产,设立官府作坊,征发徭役或使用罪犯为劳动力。铁器、食盐的运输、销售也全部由政府包办,从而正式实现了国家对于铁矿、盐产的占有、使用、收益、处分的完全的所有权。虽然几经反复,但整个两汉时期,盐铁始终由国家严密控制,私人不得开采。

第三节　债

一、契约的形式与成立要件

秦汉时有文字的券契已成为契约的主要形式。口头契约仅使用于一些小额的交易。契约的材料仍为竹木简。东汉人郑玄注《周礼·地官·质人》:"大市人民马牛之属,用长券;小市兵器珍异之物,用短券。"《周礼·秋官·士师》郑司农注:"若今时市买为券书以别之,各得其一,讼则案券以正之。"买卖、交易、借贷等契约都采用这种形式,由双方各执一片。从出土的汉简中可以看到,当时买卖布袍、皮袄也要立券。

秦汉时法律已明确规定,契约成立的实质要件是双方合意。秦汉法律中特设"强质"、"恐猲"、"强买"等罪名,用以处罚以单方意志强加于人的行为。云梦秦简中有"百姓有责(债),勿敢擅强质",禁止强行向债务人索取人质,违者要处"赀二甲"的财产刑④。而经双方同意的为"和受质",和与强对称,明显

---

① 《汉书》卷二四上《食货志》上。
② 《史记》卷一一七《司马相如列传》。
③ 《汉书》卷二四下《食货志》下。
④ 《睡虎地秦墓竹简》,第214页。

已具备"不和,谓之强"的概念①。西汉初年,萧何封功臣第一,为相国,位极人臣,唯恐汉高祖刘邦猜忌。有人劝萧何:"君胡不多买田地,贱贳贷以自污?"萧何依计而行。刘邦平定了英布叛乱后回关中,就有"民道遮行上书,言相国贱强买民田宅数千万"②。《汉书·王子侯表》载,西汉武帝元狩三年(前120),平城侯刘礼"坐恐猲取鸡,以令买偿,免"。颜师古注:"恐猲取人鸡,依令买鸡以偿,坐此免侯。"

就契约成立的形式要件而言,古代成立契约往往要经过某种特定的仪式,做某些规定的动作,以加深双方当事人及在场者的印象,保存当事人及见证人对契约内容的长久记忆。秦汉"去古未远",在券书中仍有这种仪式的痕迹。当时这种仪式可能是双方及见证人一起喝"成交酒",因此在契约中常记载"沽酒二升"或"沽酒各半",表示成交酒仪式的费用由双方平摊。出土的汉代券书普遍写有这一惯语③。直到南北朝时的契约文书中仍时有这一惯语,如吐鲁番出土的高昌章和十一年(541)买田契中仍写有"沽各半"④。

在仪式契约习惯的影响下,见证人在场是成立契约的重要条件。秦汉契约上都注明证人在场,如"时见"、"时知券约"或"在旁知券",等等。类似的文字也是秦汉时契约的惯用语。见证人也要参加饮酒仪式,因此有时写作"沽旁二斗"⑤。

秦汉时契约的签署方式与契约材料有关。郑玄注《周礼·地官·司市》"质剂":"谓两书一札而别之也,若今下手书。"唐人贾公彦疏:"云两书一札,同而别之,云刻其侧,若今画指也。"(画指是隋唐时广泛使用的公私文书的签署方式,详见下章)由此看来,秦汉时的"下手书",是在竹木简的两侧由义务人亲手刻出记号,再从中一剖为二,双方各持带有记号的一片。

二、主要契约种类

(一) 买卖契约

买卖契约是秦汉时最主要的契约种类。随着继受方式成为取得财产所

---

① 《晋书》卷三〇《刑法志》引张斐注律表。
② 《史记》卷五三《萧相国世家》。
③ 见《考古学报》1982年第2期所刊吴天颖《汉代买地券考》一文。
④ 《吐鲁番出土文书》第6册,第71页。
⑤ 见《考古学报》1982年第2期所刊吴天颖《汉代买地券考》一文。

有权的主要方式,买卖契约便是买方所有权的凭证,以至于被仿造为明器葬入坟墓。

秦汉时法律对于买卖行为的规定极为严格,虽然目前尚未见具体法律条文,但从有关史实看,对于违反法律规定的买卖行为,都认定为犯罪行为,以刑罚处罚。如西汉建元六年(前135)乐平嗣侯卫侈"坐买田宅不法,有请赇吏,死"①。身为列侯买卖田宅违法尚须下狱,可见立法之严。

买卖违法的行为之一是盗卖他人所有的财物。土地自由买卖成为惯例后,产生了盗卖他人田宅的犯罪行为。西汉元狩五年(前118),名将李广的从弟李蔡身为丞相,得到汉武帝赏赐的一块冢地,共二十亩,位于汉景帝阳陵地区。李蔡"盗取三顷,颇卖得四十万";又盗取景帝陵墓神道外一亩空地,为自己建造坟墓。被人告发,"当下狱,自杀"②。盗卖行为构成对他人土地所有权的严重侵犯,因而按盗窃犯进行处罚,身为丞相仍不免下狱。虽然本案有侵犯皇室园陵的因素,但盗卖为罪这一点是不容置疑的。

另一种买卖违法的行为是强买强卖,如上举西汉初萧何强买民田宅的例子。又如淮南王刘安的王后、太子"侵夺民田宅,妄致系人"。衡山王刘赐"又数侵夺人田,坏人冢以为田,有司请逮治衡山王"③。西汉时魏其侯窦婴与丞相武安侯田蚡原有矛盾,田蚡要买窦婴"城南田",窦婴大怒:"老仆虽弃,将军虽贵,宁可以势夺乎!"田蚡因此与窦婴结仇④。可见当时豪强地主强买强夺土地是土地兼并的主要形式。至东汉时更肆无忌惮。东汉章帝建初八年(83),外戚窦宪倚仗宫掖声势,竟敢以"贱值"强夺章帝之妹沁水公主的园田,公主不敢与之争。汉章帝发觉后大怒:"贵主尚见枉夺,何况小人哉!国家弃宪,如孤雏腐鼠耳!"窦宪这才请罪,其妹窦皇后也为之赔礼道歉,归还公主园田⑤。可见法律虽然加以严禁,但并不能阻止豪强权贵的土地兼并活动。

西汉时法律还特设"阑出边关财物"的罪名,严格禁止偷越边关外出卖财物,特别是出卖铁器、兵器,"吏民不得持兵器出关"⑥。汉武帝元狩二年(前

---

① 《汉书》卷一六《高惠高后文功臣表》。
② 《汉书》卷五四《李广传》。
③ 《史记》卷一一八《淮南衡山列传》。
④ 《史记》卷一〇七《魏其武安侯列传》。
⑤ 《后汉书》卷二三《窦融传附窦宪》。
⑥ 《史记》卷一二〇《汲郑列传》集解。

121),匈奴浑邪王降汉,至长安朝见。长安商人与浑邪王随行人员贸易,触犯"阑出边关财物"罪,"坐当死者五百余人"。循吏汲黯向汉武帝劝谏,才没有全部处死①。财物不准私自向境外卖出,同样也不准私自买进。西汉宣帝五凤四年(前 54),湘成侯、九真太守监益昌,"盗使人出买犀、奴婢,臧百万以上",被判为"不道"重罪,处以死刑②。

秦汉买卖契约的主要内容与现代买卖契约并无不同,同样包括标的、价金、担保三项主要内容。就土地买卖而言,一般在契约中写明标的的位置、四至、面积。东汉建初六年(81)买地玉券:

> 武孟子男靡婴,买马熙宜、朱大弟少卿家冢田,南广九十四步,西长六十八步,北广六十五步,东长七十九步,为田廿三亩奇百六十四步,直钱十万二千。东陈田比介,北、西、南朱少比介。时知券约:赵满,何非。沽酒二斗。③

由于现在所能见到的汉代地契均为明器,往往掺入有不少迷信的内容,所以只能作为当时真实地契的摹制品进行考察。如现藏于日本中村书道博物馆的西汉建元元年(前 140)买地铅券:

> 建元元年夏五月朔廿二日乙巳,武阳太守大邑荣阳邑朱忠,有田在黑石滩,田二百町,卖与本邑王兴圭为有。……东比王忠交,西比朱文忠,北比王之祥,南比大道。亦后各无言其田。王兴圭业田内有男死者为奴,有女死者为姒(婢)。④

东汉光和元年(178)买地铅券:

> 四比之内,根生伏财物一钱以上,皆属仲成(买主)。田中有伏尸,既□男当作奴,女当作婢,皆当为仲成给使。……他如天帝律令。⑤

这些文句强调墓主对于墓地的所有权,包括对"伏尸"及埋藏物的所有权,免遭

---

① 《史记》卷一二〇《汲郑列传》。
② 《汉书》卷一七《景武昭宣元成功臣表》。
③ 转引自吴天颖《汉代买地券考》,《考古学报》1982 年第 2 期。
④ 转引自[日]仁井田陞《中国法制史研究·取引法》第一章。
⑤ 转引自[日]仁井田陞《中国法制史研究·取引法》第一章。

其他鬼魂的侵扰。真实的土地买卖契约不当有类似的内容,但其余实质性的内容,当是当时土地买卖契约的惯例。

关于价金的规定,也是买卖契约的主要内容。秦汉法律规定买卖应以"平贾"为议价基础。秦汉时市场受官府严密管理,市场的管理机构市司每月公布各种物品的"平贾",又称"正贾",或"月平"。市司还可为买卖双方评定物价。云梦秦简中的秦"封诊式"中有"告臣"一条,内容是某里士伍甲因为自己的奴隶丙"桥(骄)悍,不田作,不听甲令",所以将丙绑缚后送到官府,要求将丙卖给官府,"斩以为城旦"(斩去左足前脚掌后服筑城苦役)。在查明丙确实是甲的奴隶,并且未被甲解除过奴隶身份,又经检验丙"不病",身体健康,于是官府"令少内某、佐某以市正贾贾丙",买下了这名奴隶①。交易若不按平贾进行,属于违法犯罪行为。如汉武帝太始四年(前93),梁期侯任当千"坐卖马一匹,价钱十五万,过平臧五百以上,免"②。卖马超出平价不过三百分之一,竟被免去列侯爵位。居延汉简中也有一个案例:按规定"以十月平贾计案成田卒受官袍衣物",即以平价向戍卒卖衣物,然而发放官员"贪利,贵贾,贳予贫困民,吏不禁止"。被揭发后官吏受到惩处③。

就价金的种类而言,秦汉时广泛以钱币交易,已发现的汉代契约大多是以钱币作价。价金的交付有两种情况,一种是在立契的同时交付。汉代买地券中普遍有"即日毕"的惯语,证明当时确实有很多买卖行为是当场交割完毕的。另一种则是在立契后约定的期限内交付价金,称之为"赊贳"、"贳买",这在秦汉时也是极为普遍的惯例。

"赊"与"贳"同义,《说文解字》:"赊,贳买也。"郑玄注《周礼·地官·司市》:"民无货,则赊贳而予之",即在未全部交付价金以前转移买卖标的的占有。前述萧何"贱贳贷以自污",就是不付现钱,以赊买方式夺取民田宅。西汉酷吏宁成,犯罪下狱,后越狱逃回老家,宣称:"仕不至二千石,贾不至千万,安可比人乎?"于是"贳贷买陂田千余顷,假贫民,役使数千家。数年,会赦。致产数千金"④。赊买土地上千顷,然后出租给几千户贫民耕种,被赦免罪行时,已

---

① 《睡虎地秦墓竹简》,第259页。
② 《汉书》卷一七《景武昭宣元功臣表》。
③ 《居延汉简》甲2编,下编第4页。
④ 《史记》卷一二二《酷吏列传·宁成》。

经成为身价"数千金"的富豪。汉武帝元狩二年(前121),匈奴浑邪王来降,汉政府发车二万乘前往迎接,为此"从民贳马",赊买民间马匹。老百姓不愿意,纷纷藏匿马匹。汉武帝迁怒于长安县令,欲加死罪,被汲黯劝阻①。

在民间交易中,赊买也极普遍。如居延汉简有一件西汉神爵二年(前60)卖布袍券:

广汉县卄郑里男子节宽竟,卖布袍一,陵胡隧长张仲孙。所贾钱千三百,约至正月□□,任者□□□□□□(正面)

正月,责付□□十,时在旁:候史长子仲,戍卒杜忠知券。□沽旁二斗。(背面)②

契约立券交易在十月廿六日,约至来年正月交付价金。然后在次年的正月付清了价金,在券的背面作了记录,同样有见证人见证。

另一件居延汉简是建始二年(前31)卖衣券:

七月十日,鄣卒张中功,贳卖皂布章单衣一领,直三百五十二,埭史张君长。所钱约至十二月尽毕已。旁人临桐史解子房知券□□。③

可见汉代民间贳买相当慎重,在价金全部交付时有时也要举行"沽酒"仪式。

就目前所能看到的秦汉时买卖契约而言,附有担保条款的比较少。一般仅写明"后各无言",表示保证不悔约而已,而并不明确订立悔约罚的具体办法。卖方向买方保证所转让的财产不致被第三者追夺的担保内容,目前仅见藏于日本中村书道博物馆的东汉光和七年(184)樊利家买地铅券,这件买地券中有"若一旦田为吏民秦胡所名有,谓子(卖方)自当解之"④。明确规定如有第三者对该项地产所有权提出异议时,由卖方负责了结。

赊买契约的担保条款比较特殊,一般规定买方在约定期限内未能支付全部价金的,作为逾期罚的办法就是按照价金从原约定时间起加计利息。如居延汉简中的一件西汉元平元年(前74)赊卖橐络券:

---

① 《史记》卷一二〇《汲郑列传》。
② 《疏勒河流域出土汉简》,第43页。
③ 《疏勒河流域出土汉简》,第78页。
④ 转引自[日]仁井田陞《中国法制史研究·取引法》第一章。

　　　　禽寇卒冯时,卖橐络六枚杨卿所,约至八月十日与时小麦七石六斗。
　　过月十五日,以日斗计。盖卿任。①

可见是以逾期每日起息一斗作为逾期罚。

　　秦汉时买卖契约成立时的见证人是最重要的契约第三人。从历史记载来看,牲畜买卖时,引见居间的中介人"驵侩"相当活跃。《史记·货殖列传》中称"节驵会"也可比千乘之家。据裴骃《集解》：节,"节物贵贱也",即参与议价;驵会,"马侩也。"《说文解字》："侩,合市也。"驵侩即牲畜买卖的居间商,看来在牲畜买卖中起重要作用。而在其他买卖契约成立时是否也有居间商参与,尚没有确凿的史料。

(二) 借贷契约

　　秦汉时借贷活动在社会经济中占有重要地位,出现了专门从事高利贷业的商人集团,称之为"子钱家"。西汉景帝三年(前154)发生吴楚七国之乱,汉政府组织大军征讨,居住于长安的列侯、封君从军出征,纷纷向子钱家借钱治办行装。而长安子钱家错误估计形势,以为关东七国势力强大,战争不易速见成败,而列侯、封君的封地都在关东,战争长期拖延,封地经济会遭到破坏,列侯、封君将无钱可还债。于是子钱家们一致拒绝放贷。只有一个名叫无盐氏的子钱家放贷千金,"其息什之",据《史记索隐》"谓出一得十倍"。结果七国之乱只用了三个月就得以平息,"一岁之中,则无盐氏之息什倍,用此富埒关中"②。这个故事足可见当时子钱家势力之大。

　　秦汉法律规定的借贷限制利率(利率最高限额)是多少？这个问题尚缺乏明确史料加以考证。至少在汉武帝时,法律对于利率就有明确规定。汉武帝元鼎元年(前116),河间献王子旁光侯刘殷,"坐贷子钱不占租,取息过律,会赦,免"。放贷不纳赀贷税(汉景帝末年、约公元前142年前后开征的一种商税,针对子钱家所获利息征收百分之六赀贷税),同时收取利息超过了法律规定,虽然适逢大赦被免除刑罚,但仍要免除爵位③。刘殷的罪名是"取息过律",律是秦汉时最为稳定的法律形式,可见当时法律早已有严格、明确的利率

---

① 见《文物》1978年第1期。
② 《史记》卷一二九《货殖列传》。
③ 《汉书》卷一五上《王子侯表》上。

及利息总额限制。西汉成帝建始二年(前31),梁敬王子陵乡侯刘䜣也因"使人伤家丞,又贷谷息过律,免"①。但是当时法律所规定的限制利率究竟是多少,史无明文。

王莽篡汉,曾在长安、洛阳、邯郸、临淄、宛、成都等大城市设"五均赊贷",在各都的"市"管理机构中特设钱府丞,收取工商税,并以工商税收入仿照子钱家放贷给百姓:"民欲祭祀、丧纪而无用者,钱府以所入工商之贡但赊之,祭祀无过旬日,丧纪无过三月。民或乏绝,欲贷以治产业者,均受之;除其费,计所得受息,毋过岁什一。"②即规定官营高利贷业的利率为年利百分之十。"又令市官收贱卖贵,赊贷予民,收息百月三。"如淳注:"出百钱与民用者,月收其息三钱也。"③由管理市场的机构组织放贷,短期借贷行为,月利百分之三,合年利百分之三十六;长期借贷(治产业的经营资本)年利百分之十。

秦汉时民间借贷契约一般通行的利率是多少,也由于史料缺乏,只能推定求之。上述无盐氏"什倍"之息恐怕只是特殊情况下的利率。汉初晁错评论当时社会情形称:"今农夫五口之家,其服役者不下二人,其能耕者不过百亩,百亩之收不过百石。……勤苦如此,尚复被水旱之灾,急政暴虐,赋敛不时,朝令而暮改。当具有者半贾而卖,亡者取倍称之息。于是有卖田宅、鬻子孙以偿责(债)者矣。而商贾大者积贮倍息,小者坐列贩卖,操其奇赢,日游都市,乘上之急,所卖必倍。"④这里所提到的"倍称之息"、"倍息",据《汉书》如淳注:"取一偿二为倍称",即年利率为百分之百,债务每过一年即翻一番。这一"倍息"是否就是当时民间普遍通行的借贷利率?据现有史料似难定论。晁错所言是在灾荒、急政情况下的借贷利率,具有子钱家之类放债人"乘人之危"的因素。正常时期的利率当不至如此。

司马迁在《史记》中,以"什二",即百分之二十的利润作为一般工商业的年得利率。《史记·苏秦列传》提到:"周人之俗,治产业,力工商,逐什二以为务。"在《贷殖列传》中,司马迁又指出:"庶民农工商贾,率亦岁万息二千。"认为与千户封君收入比例相当(封地内每户向封主纳户赋年二百文)。司马迁在列

---

① 《汉书》卷一五下《王子侯表》下。
② 《汉书》卷二四下《食货志》下。
③ 《汉书》卷九九中《王莽传》中。
④ 《汉书》卷二四上《食货志》上。

举了种种财富如"马蹄躈千,牛千足,羊彘千双,僮手指千,……子贷金钱千贯"等之后又指出:"佗杂业不中什二,则非吾财也。"《史记正义》曰:"言杂恶业而不在什分中得二分之利者,非世之美财也。"可见,"什二"之利作为工商业的普遍的平均利润率,应当是秦汉社会的通识。而如果子钱家的每笔放贷都以百分之百利率得利,势必要比一般工商业的平均利润率高出许多。秦汉处于古典商品货币经济的高峰时期,商业利润一定程度上应受平均利润率的影响,平时民间通行的利率大约应在百分之二三十左右,与官营借贷利率相差不多。

张家山汉墓出土的西汉初年的《算数书》有"息钱"的例题,提到"贷钱百,息月三"。该例题为:贷钱六十文,十六日后归还,应该还多少利息?解题方法是先算出每日的利息是多少,再乘以日数,为二十五分之二十四文(零点九六文)①。《九章算术》卷三《衰分》也有相似的例题,"贷人千钱,月息三十",题目是贷人七百五十钱,九日归还,算法完全同上例,得到的结果是应归还利息六又四分之三钱(六点七五文)。由此可推测,汉代民间通行的利率标准很可能就是月利百分之三,合年利百分之三十六,确实高于一般工商业的平均利润率。

有人统计居延汉简中有关借贷、债务契约文书,总共四十七例,其中赊买七例,欠付五例,赔偿一例,借贷三十四例。四十七例中三十五例为货币结算,能辨清数额的有二十二件,平均金额每例二千一百四十五点四钱,约与一头牛、一个小奴隶的价格相当。值得注意的是:除了一件以外,这些契约文书都没有写明利息,写明利息的一件即上节提到的西汉元平元年(前74)赊卖橐络券中的支付逾期罚,每日计息七十六分之一(本价七石六斗,逾期一日起息一斗),合月利百分之三十一,但这是罚金,与一般的债务利息应当有所区别②。

秦汉时借贷契约关系的担保,主要是采用质押方式。当时一般称之为"质"、"赘",在契约成立的同时就转移质押物的占有。《说文解字》:"质,以物相赘。""赘,以物质钱,从敖贝。敖者,犹放贝当复取之也。"可见质、赘都是将质押物转让给债权人占有,必须清偿全部债务后才可赎回。

当时债务人质押的财产可以是各种动产,但秦代法律已经严禁以人身为债务的担保。云梦秦简中的《法律答问》中有:"百姓有责(债),勿敢擅强质,擅

---

① 《张家山汉墓竹简》,第257页。
② 参见秦晖《汉代的古典借贷关系》,《中国经济史研究》1990年第3期。

强质及和受质者,皆赀二甲。廷行事强质人者论,鼠(予)者不论;和受质者,鼠(予)者□论。"①无论强索人质为债务担保,还是双方同意以人质为债务担保,同样作为犯罪,要处以"赀二甲"。根据成例,在强索人质情况下,把人质交给对方者不论罪;双方同意质押的,同样处罚。汉代法律应该继承了这一规定。但西汉民间仍盛行以债务人子女为债务质押。西汉初年,淮南王刘安曾上书:"间者数年岁比不登,民待卖爵赘子,以接衣食。"据《汉书》如淳注:"淮南俗,卖子与人作奴婢,名为赘子,三年不能赎,遂为奴婢。"②这里所称"卖",并非严格意义上的买卖,而是泛指人身、物产占有的转移。三年债务清偿期限内未能清偿债务者,原为质押的子女就沦为债权人的奴婢。

除了占有质押物外,秦汉时也已经出现对财产设定抵押权的债务担保方式。东汉时,"有乌程男子孙常与弟并分居,各得田十顷。并死,岁饥,常稍以米粟给并妻子,辄追计直作券,没取其田。并儿长大,讼常。掾史议,皆曰:孙并儿遭饥,赖常升合以长成人,而更争讼,非顺逊也"。当时任督邮的钟离意却说:"常身为父遗,当抚孤弱,是人道正义;而稍以升合,券取其田,怀挟奸路,贪利忘义。并妻子虽以田与常,困迫之至,非私家也。请夺常田,畀并妻子。"此案就此解决③。从这个案件中可以看到,孙常将救济孙并妻子儿女的粮食作价,立成契约,而以孙并的土地为抵押,孙并妻子儿女未能偿还债务,孙常即收取孙并的土地。而大多数司法官吏并不认为契约本身有什么问题,钟离意对契约的评论也只是从成立契约的动机出发,强调孙常的行为不符合道义,并没有从交易本身违法角度进行讨论。可见就这样设定田产为债务抵押是当时惯例,也是合法的。

秦汉法律规定以刑罚处罚欠债不还的债务人。如西汉文帝三年(前177)河阳侯陈信"坐不偿人责,过六月,免"④。可能当时法律规定欠债不还过六个月为重罪。汉景帝时,鲁王刘余欠人钱财,鲁国丞相田叔刚到任,就有百余人到相府告状,"讼王取其财物"。田叔下令将为首的二十人各笞五十,说鲁王是你们的封君,怎么会欠债不还呢?鲁王听说,惭愧不已,拿出王府钱财给田叔,

---

① 《睡虎地秦墓竹简》,第214页。
② 《汉书》卷六四上《严助传》注。
③ 《通典》卷一六八《刑典六·决断》。
④ 《汉书》卷一六《高惠高后文功臣表》。

请田叔代为偿债。田叔不同意,说:"王自夺之,使相偿之,是王为恶而相为善也。"鲁王无奈,只得自行赔偿①。东汉明帝永平年间,"诸侯负责,辄有削绌之罚"。东汉人王符以为,社会上之所以犯罪的人多,"皆起民不诚信而数相欺绐也。……非唯细民为然,自封君王侯贵戚豪富,尤多有之。假举骄奢,以作淫侈,高负千万,不肯偿责"。他建议对此要严厉处罚,"绝诈欺之端,必国家之法,防祸乱之原"②。这说明秦汉"国家之法"一直以违契不偿为罪,但对于有权势者赖债行为往往网开一面。

秦汉对于债务人无法按期清偿的处分惯例,除了"卖田宅、鬻子孙以偿责"③外,普遍采用以债务人劳务抵偿债务的做法。云梦秦简中的秦《司空律》对此有详细规定:凡积欠官府债务,"有责于公"(应该主要就是拖欠了赋税)者,以约定的日期传讯债务人,如表示无法清偿,当天即令债务人为官府服劳役抵偿债务。每劳作一天,抵偿八钱,如由官府提供饭食,每日劳务只作价六钱。饭食标准规定为男子每餐三分之一斗,女子每餐四分之一斗。债务人也可以出奴婢、牛马提供劳役,或者请他人代役,但必须年岁相当。债务人如果是手工业工匠、商贾,不准他人代役。劳役抵债人在每年播种、治苗农忙季节,可以回家二十天从事农耕④。这一法律在汉代可能仍然有效。东汉人王充曾提到:"贫人负官重责,贫无以偿,则身为官作,责乃毕竟。"⑤

汉代民间以劳务偿债最著名的例子,莫过于董永与织女的故事:董永是千乘(今山东高青)人,"父亡,无以葬,乃自卖为奴,以供丧事。主人知其贤,与钱一万,遣之"。这实际上是董永以自己人身为抵押,借钱一万。董永归家葬父,再守丧三年后欲回主人处"供其奴职",路遇天帝所遣织女"助君偿债"。主人要求"为我织缣(丝织品)百匹",织女"十日而毕",于是夫妻双双把家还⑥。汉代缣、绢价格一般是四五百钱一匹⑦,百匹当钱四五万,扣除原料的价格,加工的工钱至少也应该有两万以上。董永欠钱一万,只有"倍称之息"才会使债

---

① 《史记》卷一〇四《田叔列传》。
② 《潜夫论·断讼》。
③ 《汉书》卷二四上《食货志》上。
④ 《睡虎地秦墓竹简》,第 88 页。
⑤ 《论衡·量知》。
⑥ 《搜神记》卷一。
⑦ 参见彭信威《中国货币史》第一章第四节。

务总额上升到两万以上。可见这位号称"知贤"的主人还是收取"倍称之息"的。秦汉时习称劳役偿债者为奴婢,按秦律《司空律》,劳役偿债者完全视同官府的隶臣妾,不能担任刑徒城旦舂的监管人,而应与城旦舂同样劳作①。事实上,靠劳务清偿债务是很难的,董永若无织女之助,还清本利缣百匹的债务,按秦律一日劳役只值六钱计算,一辈子也还不清,确实只能沦为奴婢。

汉代法律规定,主人扣押已赎身的奴婢,仍当奴婢驱使,即以"略人"罪论处。西汉成帝鸿嘉三年(前18),蒲侯苏夷吾"坐婢自赎为民,后略以为婢,免"②。

(三) 雇佣契约

秦汉时雇佣契约关系也是社会生活中最常见的契约关系之一,仍称之为"佣赁"、"取客"。被雇者仍被称为"庸客"、"庸保"。庸保意为:"庸,卖功庸也;保,可安信也,皆赁作者也。"③雇工被认为是"可安信",可见当时契约关系是相当稳定的。

秦汉时期农业、手工业、商业都广泛存在雇佣契约关系。秦末农民起义的首领陈胜就"尝与人庸耕,辍耕之垄上,怅恨久之,曰:'苟富贵,无相忘。'庸者笑而应曰:'若为庸耕,何富贵也?'"④汉景帝后元三年(前141)下诏:"吏发民若取庸采黄金珠玉者,坐赃为盗。"⑤汉代大儒儿宽,师从博士孔安国学经,"时行赁作,带经而鉏(锄)"⑥。西汉文学家司马相如于临邛开酒舍,"自著犊鼻裈,与保庸杂作,涤器于市中"⑦。东汉时循吏第五访,"少孤贫,常庸耕以养兄嫂"⑧。梁鸿"为人赁舂,每归,妻为具食,不敢于鸿前仰视,举案齐眉"。房主惊异"彼庸,能使其妻敬之如此,非凡人也"⑨。从这些人的经历来看,曾为庸客并不失去人身自由,仍为平民,这种雇佣关系是比较单纯的契约关系,庸客对主人并无人身依附关系。西汉丞相周亚夫之子雇工造作,"取庸苦之,不予钱。

---

① 《睡虎地秦墓竹简》,第89页。
② 《汉书》卷一七《景武昭宣元成功臣表》。
③ 《汉书》卷一六《高惠高后文功臣表》师古注。
④ 《史记》卷四八《陈涉世家》。
⑤ 《汉书》卷五《景帝纪》。
⑥ 《汉书》卷五八《儿宽传》。
⑦ 《史记》卷一一七《司马相如列传》。
⑧ 《后汉书》卷七六《循吏传・第五访》。
⑨ 《后汉书》卷八三《逸民传・梁鸿》。

庸知其盗买县官器,怒而上变告子"。庸客告发周亚夫之子盗买上方禁物,牵连周亚夫,亚夫家破人亡①。秦汉庸客大多为破产的无地农民,很多没落公子王孙也为庸客,西汉初年功臣后代"多陷法禁,陨命亡国",汉宣帝时特"诏令有司求其子孙,咸出庸保之中"②。

秦汉时雇佣契约的一个特点是,雇佣的工资"庸直",以货币计算,按月为单位。汉代官府治河工程除征发人民徭役外,也采用雇工办法。西汉成帝河平元年(前28),王延世主持治理黄河,堵塞黄河决口成功,汉政府赏赐"治河卒非受平贾者,为著外徭三月",苏林注:"平贾,以钱取人作卒,顾其庸之平贾也。"如淳注:"律说:平贾一月,得钱二千。"③足见当时雇佣工资是以月计算,以货币计值,并且已有庸直的"平贾"。不过月工资二千钱的平贾比较高,私人雇佣可能比这一平贾要低。东汉人崔寔《政论》提到地主经营产业,"假令无奴,当复取客,客佣一月千"④。东汉著名孝子郭巨,"与母居客舍","夫妇佣赁"以供养老母,生了孩子,唯恐影响母亲的生活,打算活埋亲子⑤。两个佣客还供养不了一老一小,而西汉时一般认为一户中等农户可养活全家七口人⑥。

(四) 租佃契约

租佃,专指土地所有人将土地出租给承租人耕种以收取地租的耕地租赁行为。地租一般为实物,所以后世常称为"租谷"。租佃是一种契约关系,约在战国时期已经出现,秦汉时发展很快,但当时还不叫租佃,而称之为"假"、"田"。"佃"字在秦汉时作耕作解,如《史记·苏秦列传》:"民虽不佃作而足于枣栗矣!"《汉书·韩安国传》师古注:"佃,治田也。"以后逐渐由耕作转义为在他人土地上耕种。

秦汉时民间租佃契约所规定的地租已高达收获量的百分之五十,汉武帝时董仲舒上言:"至秦则不然,用商鞅之法,改帝王之制,除井田,民得卖买,富者田连仟佰(阡陌),贫者亡立锥之地……或耕豪民之田,见税什五。"据颜师古

---

① 《史记》卷五七《绛侯世家》。
② 《汉书》卷一六《高惠高后文功臣表》。
③ 《汉书》卷二九《沟洫志》。
④ 《群书治要》卷四五引《政论》佚文。
⑤ 《搜神记》卷一一。
⑥ 《汉书》卷七二《贡禹传》:"中农,食七人。"参见《吕氏春秋·上农》:"上田,夫食九人;下田,夫食五人;可以益,不可以损。一人治之,十人食之。"

注:"言下户贫人自无田而耕垦豪富家田,十分之中以五输本田主也。"①"税"字秦汉时与"租"字相通。《说文解字》:"税,租也。"国家出租公田给农民耕种也收取"假税",但假税地租率和法定限制地租率究竟为多少,尚无明确史料。

秦汉时租佃关系还不完全是单纯的契约关系,人身依附关系仍然很严重。如宁成以"贳贷"买来的千余顷陂田"假贫民,役使数千家",进行超经济剥削,几年后"致产数千金"②。农民身受"见税什五"的剥削,很难再应付政府繁重的赋役,只得依附于地主豪强,成为依附农民,逐渐失去自由身份,与地主的关系已不再是契约关系。这种农民在两汉时被称为"宾客"、"徒附"。东汉人仲长统称:"豪人之室,连栋数百,膏田满野,奴婢千群,徒附万计。"③东汉立国的一批"功臣",如邓晨、来歙、冯异、岑彭等,大多都是以其宾客组成军队起兵。汉光武帝刘秀与其兄刘縯也是以"宾客"起兵的。至东汉末年,曹操兴办"屯田",即仿照豪强惯例,以法律强制农民固定于屯田为"屯田客",不复有契约关系的影子。西晋实行"占田制",规定各级官员可以按品级"荫人以为衣食客及佃客",一品、二品为五十户,三品十户,四品七户,五品五户,六品三户,七品二户,八品、九品各一户④。完全成为一种人身依附关系。

(五) 租赁契约

租赁契约是指所有人将财物出租他人使用以收取租金的契约,也是古代主要的契约种类。秦汉时法律关于租赁契约的内容,就目前史料看来,主要是有关官府财物出借给私人使用的规定,云梦秦简中很多秦律条文都有这一方面的法律规定。

秦代官府出租财物的范围相当广泛,包括各种动产,如牛马、工具、车辆,甚至奴隶。如秦《仓律》规定:凡官府七岁以下"未使"的小隶妾,"百姓有欲假者,叚(假)之,令就衣食焉"⑤。未满七岁的小女奴,可以出租给个人,官府得以转移衣食负担。

秦律规定借用人必须在使用后交还原物。秦《金布律》规定,百姓借用官

---

① 《汉书》卷二四上《食货志》上。
② 《史记》卷一二二《酷吏列传·宁成》。
③ 《后汉书》卷四九《仲长统传》。
④ 《晋书》卷二六《食货志》。
⑤ 《睡虎地秦墓竹简》,第48页。

府器物未还者与欠官府债务者同样处理,必须追收。如当地官员疏于收债,而债务人、借用人死亡的,主管官吏负责赔偿①。秦《工律》规定:为地方政府服劳役时借用器物,借者死亡,应"令其徒、舍人任其叚(假)",即由同伴负责赔偿②。又规定百姓借用官府兵器、器物者,要登记兵器、器物的标记,归还时如标记磨损无法辨别,借用人必须赔偿。借用人死亡或犯罪后兵器、器物未能追还者,主管官吏代为赔偿③。借用官府器物而有毁损者要予以处罚。《司空律》规定官吏借用公车、公牛,如牛有瘦弱,车有损坏,借用人与主管人都有罪④。

(六) 合伙契约

合伙契约在秦汉时还不很普遍,考古发现较少。目前,从仅有的1973年河南偃师出土的东汉建初二年(77)《汉侍廷里父老僤买田约束石券》中可以看到当时民间合伙惯例的一些特点。

僤是团体的意思,当地左巨等二十五人,为了应付乡官"父老"的职务,决定组织"父老僤",故"共为约束石券"。二十五户"敛钱共有六万一千五百,买田八十二亩"。互相约定,二十五户中如有一户因为"有訾(赀)当给为里父老者,共以客田借与,得收田上毛物谷实自给",当上父老就可占有这块地,并获得全部收益,用以补贴担任父老的经济损失与公用开支。"即訾(赀)下、不中,还田转与当为父老者,传后子孙以为常"。如果因资产不够,不再担任父老一职,应将田转让给二十五户中另一担任父老的人,如此永久循环。如果僤中二十五户无一户担任父老,"共假赁田,它如约束",即将此田出租给他人耕种,所得的地租由二十五户平分。如二十五人中有人去世,"得传后代户者一人",即将父老僤的权利义务转给一位独立门户的子孙,保持父老僤二十五户总额⑤。

这件石券揭示了当时合伙契约关系的一些特点。如以"共为约束"一词表示多人出资、互约经营的行为,并在契约中明确规定了合伙财产的所有权,及其占有、收益的分配方法。还明确规定了合伙人死亡时合伙权利义务的继承方法。这就足以证明当时社会已有这种契约关系存在,并已形成了一些基本

---

① 《睡虎地秦墓竹简》,第60页。
② 《睡虎地秦墓竹简》,第70页。
③ 《睡虎地秦墓竹简》,第72页。
④ 《睡虎地秦墓竹简》,第81页。
⑤ 参见《文物》1982年第12期,第21页。

的习惯。

但是秦汉时合伙关系毕竟还处于原始阶段,如这件契约没有约定如何承担合伙的债务,也没有约定对于违约者的处罚方法。这件合伙契约内容也较简单,可能并非契约原本。石券略呈长方形,高1.54米,宽0.80米,厚0.12米,大概是一块作为这八十二亩"客田"的标志物而树在田头的石碑。

秦汉时期法律对于合伙契约关系是否有明确规定,据目前史料还难下断语。从这种行为在当时还处于原始发展阶段来看,可能当时还没有专门的法律条文。

三、损害赔偿之债

秦汉法律在法家思想指导下,认定一切损害他人人身与财产的行为都是犯罪,应受刑罚处罚。至于造成对方损害是否应当赔偿、如何赔偿,目前尚缺乏足够的史料。

云梦秦简中的《法律答问》中有这样一条规定:

> 小畜生入室,室人以投(殳)梃伐杀之,所杀直(值)二百五十钱,可(何)论?当赀二甲。①

小牲畜进入他人家中,家人用棍棒打死,须处财产刑"赀二甲"。

另一条:

> 甲小未盈六尺,有马一匹,自牧之。今马为人败,食人稼一石,问当论不当?不当论及赏(偿)稼。②

因为马受惊或被人弄断绊索,食他人庄稼,不算犯罪,也无须进行赔偿。因为"甲小未盈六尺",按秦律规定不受刑罚,而且既无故意也无过失,算不上犯罪,也无须赔偿。

湖北张家山汉墓出土的西汉初年的《贼律》有一条关于涉及损害赔偿的内容,更明确地体现有关侵害行为处理的一般原则:

> 船人渡人而流杀人,耐之;船啬夫、吏主者赎耐。其杀马牛及伤人,船

---

① 《睡虎地秦墓竹简》,第190页。
② 《睡虎地秦墓竹简》,第218页。

人赎耐,船啬夫、吏赎覍(迁)。其败亡粟米它物,出其半,以半负船人。舳舻负二,徒负一;其可纽系而亡之,尽负之,舳舻亦负二,徒负一,罚船啬夫、吏金各四两。流杀伤人,杀马牛,有(又)亡粟米它物者,不负。①

这是一条有关渡船发生事故时损害赔偿责任的专门条文。规定:当渡船发生事故,导致乘客死亡的,渡船主人要处以"耐刑"(剃光胡须鬓发),当地主管渡船事务的官吏处以"赎耐"(判处耐刑后出钱财抵当刑罚,按照当时的规定是出黄金十二两)。如果发生溺死马牛大牲畜,或者是发生伤人事故的,渡船主人处"赎耐",主管渡船事务的官吏处以"赎迁"(判处迁刑后出钱财抵当刑罚,按照当时规定是出黄金八两)。如果装运的诸如粮食之类的其他财物受损,渡船主人应该赔偿一半,其中舵手应承担赔偿十分之二,水手承担赔偿十分之一;如果装运的财物是可以用绳索捆扎安置,却因为渡船操作者没有进行妥善安置仍然灭失的,渡船主人就要负责全部的赔偿责任,其中舵手依然承担赔偿十分之二,水手承担赔偿十分之一;当地主管渡船事务的官吏各罚金四两。但是在同时发生人员或马牛侵害、又发生财产损失的情况下,船主人就必须被判处刑罚处罚,而无须承担损失财物的赔偿责任。

这一规定对于事故没有划分等级,也不论是否有抢救及补救措施,并没有从正面规定渡船主人应尽的责任,具有简单化的倾向。尤其是伤人、伤牲畜仅规定刑罚而没有赔偿规定,其他财物损失又只规定赔偿而没有刑罚的规定,可以简称之为"打了不赔,赔了不打"的原则,具有鲜明的"一刀切"式的立法特点。

不过在湖北张家山汉墓出土的西汉初年《田律》中,有一条规定具有"又打又赔"的内容。该条规定,发生牲畜啃食人庄稼的,牲畜主人要处罚金刑,马、牛、猪各一两黄金(四头小猪与十头羊相当于一头牛),同时还必须赔偿庄稼主人。如果是政府的牲畜侵害了私人庄稼的,主管的吏以及"徒"(服役的民众)要处罚金,并赔偿庄稼;如果没有钱财的,就要在官府做工抵偿。如果放牧官府牲畜的是在官府服役的罪犯"城旦舂、鬼薪白粲",就要处以笞打一百下的刑罚,由官府进行赔偿,以后禁止再担任放牧的劳役②。这应该是为了表示"重农"而采取的"又打又赔"特别措施。但是这一条规定与上述的一般性原则有

---

① 《张家山汉墓竹简》,第115页。
② 《张家山汉墓竹简》,第167页。

所抵触,因此在秦汉民间并不以此为然。司马迁在《史记·陈杞世家》中引用秦时民间谚语:"牵牛径人田,田主夺之牛。径则有罪矣,夺之牛,不亦甚乎?"牵牛踏坏他人庄稼,地主夺牛作为损害庄稼的赔偿就是太"甚",因为这一行为本身为罪,犯罪就要"论",要接受刑罚处罚,在民间概念上既然接受刑罚就不必赔偿,否则就是太过分了。

比较单纯的侵害财产行为,在秦汉时民间惯例上仍视为损害赔偿债务,要求侵害人予以赔偿。最著名的事例莫过于东汉初年梁鸿偿债的故事:梁鸿于上林苑放牧猪群,不慎失火,延烧别人的住宅。梁鸿主动访寻被烧人家,"问所去失,悉以豕偿之。其主尤以为少,鸿曰:'无它财,愿以身居作。'主人许之。因为执勤,不懈朝夕"①。可见按当时民间惯例,因侵权行为而产生之债与契约之债的处理办法一样,即以债务人的劳务抵偿债务,但损害赔偿如何计算赔偿额仍不得而知。

第四节 婚姻与亲属

西周奠定了中国古代婚姻制度,秦汉沿袭继承了它的基本方面,但也有许多发展变化。

西周时,社会上存在的各种婚姻习俗,经过漫长的年代,淘汰了相对落后野蛮的部分,在原有聘娶婚风俗基础上建立起中国古代的婚姻制度。它的各种规定无不与以血缘为基础的宗法等级制度有关。所谓合乎礼,即合乎宗法的要求。婚姻的目的、婚姻成立的条件以及婚姻禁止、终止等都与此丝丝合扣。说到底只是"上事宗庙,下继后世"的手段。因此,人们对婚姻的关注基本集中于宗族的纵向关系,而甚少考虑社会的横向关系。正因如此,有关婚姻的行为规范主要是以礼来调整,一般与官府、与法无干。

西周之后,诸侯争雄,天下处于礼崩乐坏的大动荡、大变革之中。战乱中的各国纷纷揭起变法大旗,寻求富国强兵之道,寻求加强政令、用法治国的手段。秦国以耕战为目的厉行法治,法律调整的社会关系涉及众多领域。从出土的秦律看,秦始皇刻石自夸秦朝"莫不皆有法式"是可信的,因而秦将婚姻关

---

① 《后汉书》卷八三《逸民传·梁鸿》。

系纳入法律范畴就不奇怪了。秦律结婚要"官",离异要"书",纷争要由律断,这些都超乎西周单一用礼调整的层面。汉承秦制,又"霸王道杂之",所以也不会完全回到周礼古制去,即使秦汉之后,一再出现过复古浪潮,但终究没有排斥过法的调整,而是有所发展。

一、秦代婚姻成立的条件

秦律规定婚姻成立须具备一定的条件,其中最主要的是必须经"官",即报告官府,经官府认可。秦代具有法律权威的官府文书有这样的规定:"女子甲为人妻,去亡,得及自出,小未盈六尺,当论不当?已官,当论;未官,不当论。"[①]十分明显,这里"小未盈六尺",指该女子年小,身高不到六秦尺,证之其他有关规定,乃是不能承担法律责任的少女,对于这种婚姻,本来就有"当论不当论"、承认不承认的疑问,但这还不是婚姻成立的必要条件。在这里,必要的基本条件是"官",得到官方认可的婚姻就是有效婚姻,如再私自背夫逃亡便构成犯罪,要追究法律责任。反之,"未官",就不是有效婚姻,不具备法律追究的条件。

秦时婚姻必须经官,这同当时严厉的户籍管理政策不无关系。秦律严禁脱户漏口,首先是便于根据户口征收赋税,调派徭役,这是国家机器借以运转的物质基础。同时也便于落实什伍连坐和举家连坐,严防农民造反和外敌入侵,以维系专制国家不使沦没。婚姻的存废同户的组成、丁口的变化有密切的关系,掌握婚姻情况对掌握户口不脱不漏有重要意义,所以当时婚姻必须经官。

此外,秦律规定,婚姻成立还须受一定的血缘、身体条件的限制。近亲血缘不能成婚,否则以奸论。"同母异父相与奸,何论?弃市。"[②]如上章所述,早在西周就有同姓不通婚的习惯。姓是母系氏族社会发展下来的一种血缘关系的标志。在当时人口稀少、人们活动范围相当狭窄的条件下,同姓意味着血缘关系比较接近,必然是"男女同姓,其生不蕃"[③]。同姓不婚,这是有利于人类本身繁衍的文明习惯。

在婚姻条件方面,有些在后世有限制,在秦律却不加限制,如秦律不禁止奴隶与平民结婚。"女子为隶臣妻,有子焉。今隶臣死,女子北其子,以为非隶

---

① 《睡虎地秦墓竹简》,第 222 页。
② 《睡虎地秦墓竹简》,第 225 页。
③ 《左传·僖公二十三年》。

臣子也。问：女子论何也？完之当也。"①这是一种男子为奴隶、女子为平民的婚姻。该女子所以论被处，是由于"北"（隐瞒）其子的出身成分，而不是她与隶臣的婚姻。再如："隶臣将城旦，亡之，完为城旦，收其外妻、子。"②监管处城旦刑的囚犯的奴隶，因所管囚犯逃亡而被处以"完为城旦"，并没收其在外面有自由人身份的妻、子为奴隶。这也说明了奴隶与平民的婚姻，法律是允许的。

秦人同外邦人结婚也是许可的。秦律规定，父是臣属于秦的少数民族，母是秦人，所生子女称为"夏子"③。就现有资料，未见对"夏子"有任何歧视性的规定。

二、秦律有关夫妻地位的规定

在中国古代，夫妻地位是男尊女卑，妇女处于从属的、被压迫、被奴役的地位。所以如此，归根结底，乃是经济的原因，即妇女没有独立的经济地位，因而在法律上，也必然是没有完整权利的人。秦律关于"赘婿"的规定恰是一个反证，说明即使是男子、丈夫，由于没有独立的经济地位，其受压迫的地位同妇女、妻子相仿。《汉书·贾谊传》说：秦人"家贫子壮则出赘"。在确立赘婿的法律地位时，秦律援用了魏《户律》和《奔命律》的有关条文，无一不反映对赘婿的歧视与压迫：

> 自今以来，假门逆旅，赘婿后父，勿令为户，勿予田宇。三世之后，欲仕仕之，仍署其籍曰：故某虑赘婿某叟之仍孙。④

赘婿既不能独立户口，又无承受田宅之权，即使三代之后的曾孙做了官，也要在其出身表上注明其曾祖是某间的赘婿。在被迫从军时，赘婿被驱赶着进行冒险犯难的攻城厮杀，以及平填池壕一类的苦役。"告将军：假门逆旅，赘婿后父，或率民不作，不治室屋，寡人弗欲。且杀之，不忍其宗族昆弟。今遣从军，将军勿恤视。烹牛食士，赐之叁饭而勿予殽。攻城用其不足，将军以堙壕。"⑤

在处理丈夫打伤妻子和妻子打伤丈夫时，秦律是一视同仁的。"妻悍，夫

---

① 《睡虎地秦墓竹简》，第 225 页。
② 《睡虎地秦墓竹简》，第 201 页。
③ 《睡虎地秦墓竹简》，第 227 页。
④ 《睡虎地秦墓竹简》，第 293 页。
⑤ 《睡虎地秦墓竹简》，第 294 页。

殴治之,决其耳,若折肢指、肤体,问夫何论? 当耐。"①丈夫因为妻子凶悍,将其殴打成伤,丈夫要处耐刑。如竟无故打伤,或许要处得更重些。另一方面,妻子撕裂了丈夫的耳朵,同样要处耐刑。"决裂男若女耳,皆当耐。"②

根据秦律,通奸、重婚都是有罪的。秦俗"夫为寄豭,杀之无罪","妻为逃嫁,子不得母"③。丈夫像公猪那样钻到别的窝里去与人通奸,杀了是无罪的;而妻背夫嫁人,其子就不认她为母了。云梦秦简中的"封诊式"中的一条进一步证明了这一点:"某里士伍甲诣男子乙、女子丙,告曰:'乙、丙相与奸,自昼见某所,捕校上来诣之。'"④因为法律认定通奸有罪,所以士伍甲要把他亲见通奸的一对男女捕来交给上司。对于重婚亦作有罪认定:

> 女子甲去夫亡,男子乙亦阑亡,相夫妻,甲弗告情,居二岁,生子,乃告情,乙即弗弃,而得,论何也? 当黥城旦舂。⑤

这里,男子乙有两罪,其一,无通行凭证逃亡,即所谓阑亡;其二,与有夫之妇成事实婚并生子,先不知情,继之知情而不肯离异。在这两罪中显然后罪为重,所以处了黥城旦。至于女子甲,则因其背夫与男子乙成事实婚,判处黥舂。

秦律承认夫妻的财产属于共同财产。夫妻平时共同使用家庭财产,一方如犯罪被囚,财产(包括奴隶)即归另一方所有。"妻有罪以收,妻媵臣妾、衣器当收,且畀夫? 畀夫。"⑥这条认定妻有罪被收为隶妾时,妻的奴婢、衣物不当充公,而应当给其夫。反之,"夫有罪,妻先告,不收。妻媵臣妾、衣器当收不当? 不当收"⑦。丈夫有罪,妻子告发,妻子的财物、奴婢并不因而充公。当然,如果妻不先告,则要连坐被收。

三、汉代婚姻制度的变化

汉承秦制为世所共识,汉时婚姻及亲属方面的法律大略同秦律婚姻家庭

---

① 《睡虎地秦墓竹简》,第185页。
② 《睡虎地秦墓竹简》,第185页。
③ 《史记》卷六《秦始皇本纪》。
④ 《睡虎地秦墓竹简》,第278页。
⑤ 《睡虎地秦墓竹简》,第223页。
⑥ 《睡虎地秦墓竹简》,第224页。
⑦ 《睡虎地秦墓竹简》,第224页。

关系。秦汉律中《户律》很多规定涉及婚姻家庭问题。章太炎所言"汉律之所包络,国典、官令无所不具,非独刑法而已也"①。"户律"之名迄于北周一直未变,直至北齐,但凡婚事皆附之,鲜明标为"婚户律"。隋《开皇律》以户在婚前,改为"户婚律"。

汉代在法定的婚姻年龄上比秦明确,规定了具体的年龄(秦律以身高六尺为标准,无年龄规定)。惠帝时"女子十五以上至三十不嫁,五算"②,十五岁成为女子成婚的上限,否则政府要征五倍之税。这显然是过早了,王吉曾上书说:"世俗嫁娶太早,未知为人父母之道而有子,是以教化不明而民多夭。"③

汉代婚约解除并无严格约束。有的因一方有恶疾,另一方嫌弃,便自动提出离异。如:

> (卫)青既尊贵,而平阳侯曹寿有恶疾,就国,长公主问:"列侯谁最贤者?"左右皆言大将军。主笑曰:"此出吾家,常骑从我,奈何?"左右曰:"于今尊贵无比。"于是长公主风白皇后,皇后言之上,乃诏青尚平阳主。④

这或许是长公主的特殊地位使之可以为所欲为,不过至少在当时与礼法不是冰炭不容。反之,有如朱买臣妻因嫌朱前程无望,坚决离异,便为人们所不齿。

但是对于一夫一妻的基本制度在汉代是加以维护的。如以妾为妻或以妻为妾都为法律所不容:孔乡侯傅晏"坐乱妻妾位,免"⑤。后世唐律在《户婚律》中有"以妻为妾"专条。

汉代法律规定,夫死未葬,妻子不许出嫁。寡妻自行改嫁也为法所不容。但是西汉时期董仲舒首倡以《春秋》经义决狱,因此实际施行中有许多折中。如:

> 甲夫乙将船,会海风盛,船没溺流死亡,不得葬。四月,甲母丙即嫁甲,欲皆何论?或曰:甲夫死未葬,法无许嫁,以私为人妻,当弃市。议曰:臣愚以为《春秋》之义,言夫人归于齐,言夫死无男,有更嫁之道也。

---

① 章太炎《检论·汉律考》。
② 《汉书》卷二《惠帝纪》。
③ 《汉书》卷七二《王吉传》。
④ 《汉书》卷五五《卫青传》。
⑤ 《汉书》卷一八《外戚恩泽侯表》。

> 妇人无专制擅恣之行,听从为顺,嫁之者归也。甲又尊者所嫁,无淫衍之心,非私为人妻也。明于决事,皆无罪名,不当坐。①

此例说明,甲的丈夫死于海难不得葬,其母作主嫁甲。据法当处弃市。但董仲舒据经义认为可以改嫁,并认为"嫁之者归也"是十分自然和有益的。另外从他所一贯主张的"原心"即注重主观要件来看,甲是由她母亲作主出嫁,本人无淫衍之心,不能以"私为人妻"定罪,所以结论是"不当坐"。

尤其是对于重婚罪作为重罪来处理。湖北张家山汉墓出土的西汉初年的《亡律》规定:

> 取(娶)人妻及亡人以为妻,及为亡人妻,取(娶)及所取(娶),为谋(媒)者,智(知)其请(情),皆黥以为城旦舂。其真罪重,以匿罪人律论。弗智(知)者不□。②

重婚或者是娶逃亡女子为妻,男女双方以及媒妁只要是知情的,全部都要处以"城旦舂"的重刑。如果其中有犯有其他罪行重于这个罪名的,其余的人按照藏匿罪人的罪名处罚(即比照所犯其他罪名处刑)。不知情者可以免罪。

四、家庭的纲常伦理关系

汉代从礼、法两翼发展的家庭纲常伦理,又逐步将礼法融为一体,由此奠定了中国传统社会的纲常伦理基础。"出于礼而入于刑","礼刑并用",礼法合治,反映在家庭的纲常伦理关系方面极为明显。汉儒董仲舒将法家著作《韩非子·忠孝》篇中所提倡的"臣事君,子事父,妻事夫,三者顺则天下治,三者逆则天下乱,此天下之常道也",结合儒家传统的人际关系的伦理道德原则,进一步概括提炼为三纲五常③,即君为臣纲,父为子纲,夫为妻纲,以及仁、义、礼、智、信。总之,在家庭伦理中无论从男女关系、从夫妻关系上看,妻都居从属地位,所谓三从即"未嫁从父,既嫁从夫,夫死从子"④。在父子关系上,规定"父为子纲",子处于绝对服从地位。这样以家庭为社会细胞,从这里开始建立尊卑秩

---
① 《太平御览》卷六四〇引。
② 《张家山汉墓竹简》,第155页。
③ 董仲舒《春秋繁露·基义》、《举贤良对策一》。
④ 《仪礼·丧服》。

序,推而广之至全社会,要求达到君为臣纲的根本目的,即所谓"移孝作忠",全社会都忠于专制君主。仁、义、礼、智、信,则具体教人以仁道待人,恪守义务,据礼守法,择善顺从,笃信不二。这样"人有父子兄弟之亲,出有君臣上下之谊,会聚相遇,则有耆老长幼之施,粲然有文以相接,欢然有恩以相爱"①,这样,专制君主、仁人君子不用再担心"野人"犯上、诸侯作乱而"长治久安"。

五、家庭成员的法律连带责任

家庭内的法律连带责任古已有之,至秦为最烈,物极必反,所以汉萧何定律曾"除参夷连坐之罪",但事实是没有也不可能除尽,后来的各种连坐、缘坐规定就是明证。

秦律关于家庭内的法律连带责任,主要表现在父母对子女的权利义务和家庭成员在诉讼中的地位的规定。根据秦律,父母有抚养子女的义务,"擅杀子,黥为城旦舂。其子新生而有怪物其身及不全而杀之,勿罪"②。可见,秦律不但禁止杀害长大的子女,而且禁止杀婴。但杀了先天畸形或发育不全的婴儿则不在禁列。这里或许是认为怪胎不祥,但更有难以抚养成活自立的缘故,因此存优汰劣,以法律形式明文确定下来,这在中国古代是罕见的。秦律又规定:"直以多子故,不欲其生,即弗举而杀之",应以杀子论③。秦自商鞅变法以来,始终厉行耕战政策,需要大量劳动力和战斗力,因而奖励多子,并从法律上加以保护,这是顺理成章的。"人奴擅杀子,城旦黥之,畀主。"④揭示了私家奴婢擅杀其子应处以城旦黥之刑,然后交还主人。不仅如此,奴婢笞打其子,子因此患病而死,也要追究刑事责任。擅自杀死、刑伤、髡剃法定继承人"后子",也要定罪⑤。秦人素有收养同姓后代为子的习惯,随便杀养子要处死刑弃市:"士伍甲毋子,其弟子以为后,与同居,而擅杀之,当弃市。"⑥这类规定,汉、晋均相因沿用:"小民困贫,多不养子,(贾)彪严为其制,与杀人同罪"⑦。

---

① 《汉书》卷五六《董仲舒传》。
② 《睡虎地秦墓竹简》,第181页。
③ 《睡虎地秦墓竹简》,第181页。
④ 《睡虎地秦墓竹简》,第183页。
⑤ 《睡虎地秦墓竹简》,第183页。
⑥ 《睡虎地秦墓竹简》,第182页。
⑦ 《后汉书》卷六七《党锢列传·贾彪》。

父母不得擅杀、刑子，但可以子不孝为由报官，请求官府处以死刑。云梦秦简"封诊式"有一份爱书"告子"说明，甲因其亲生子丙不孝，要求官府处死。官府立刻派令史已进行拘捕。令史已报告，他与牢隶臣某某一起前往，逮丙于某室①。秦律还明确规定，在这种情况下，不适用所谓"三环"即享有三次不同日期预审的原则，应立即拘捕，勿使逃走②。但是，子告父母，奴婢告主人擅杀、刑子及隶臣妾，官府不仅不予受理，其告发者还有罪责③。法律一方面禁止擅杀、刑子，另一方面又对此采取放纵的态度。这种看似自相矛盾的规定，正说明所谓禁止，必须无损于家长、贵族特权，这同后世皇朝很少两样。

人们在家庭中的身份对于诉讼具有重要的影响。首先是连带关系。秦律广泛实行连坐。商鞅变法时便"令民为什伍，而相牧司连坐"④。这还是邻里之间的连坐。至于一家之中，父子、夫妻连坐者更比比皆是。"盗及诸它罪，同居所当坐。"⑤"夫盗二百钱，妻所匿百一十，何以论妻？妻知夫盗，以百一十为盗；弗知，为守赃。"⑥"隶臣将城旦，亡之，完为城旦，收其外妻、子。子小未可别，令从母为收。"⑦真是一人犯法，全家收系，即使孩子很小不能分离，也要随母一起被"收"。根据成例，有罪应流放，已经判决，尚未执行而死去或逃亡，当去的家属仍应前往流放地点。至于"夷三族"，则更推及有关亲属。

其次是监督关系。秦律鼓励告奸，家属中有自首或先告发的称"先告"，对于先告者一般是不处罚，所谓"夫有罪，妻先告，不收"⑧，说明秦律中夫妻之间同样负刑事监督责任，这同后世法律一贯贯彻"亲亲相为隐"、"同居相为隐"的原则显然有别。《汉书·宣帝本纪》："诏曰：父子之亲，夫妇之道，天性也。虽有患祸，犹蒙死而存之。诚爱结于心，仁厚之至也，岂能违之哉。自今子首匿父母，妻匿夫，孙匿大父母皆勿坐。其父母匿子，夫匿妻，大父母匿孙，罪殊死，皆上请廷尉以闻。"唐、宋、明法律皆有类似规定。

---

① 《睡虎地秦墓竹简》，第263页。
② 《睡虎地秦墓竹简》，第195页。
③ 《睡虎地秦墓竹简》，第195页。
④ 《史记》卷六八《商君列传》。
⑤ 《睡虎地秦墓竹简》，第160页。
⑥ 《睡虎地秦墓竹简》，第157页。
⑦ 《睡虎地秦墓竹简》，第201页。
⑧ 《睡虎地秦墓竹简》，第224页。

其三,受理与不受理的关系。秦律在一般情况下,只要不危害专制政权以及侵损他人人身和财物的"贼"、"盗"罪,凡属家庭内部的窃盗以及私下加刑者,都被列入"非公室告",而非公室告是不受理的,而且有些情况下,告者有罪。"子盗父母,父母擅杀、刑、髡子及奴妾,不为'公室告'。"①类似的规定还有:"子告父母,臣妾告主,非公室告,勿听。"②"主擅杀、刑、髡其子、臣妾,是谓'非公室告',勿听。而行告,告者罪。告(者)罪已行,它人又袭其告之,亦不当听。""父子同居,杀伤父臣妾、畜产及盗之,父已死,或告,勿听,是谓'家罪'。"③

张家山汉墓出土的汉《告律》,仍然明确规定:"子告父母,妇告威公,奴婢告主、主父母妻子,勿听;而弃告者市。"④子女告发父母,媳妇告发公公,奴隶告发主人以及主人的亲属,都不得受理,而要将告发者处以死刑。相反,《贼律》的条文规定,如果是"父母告子不孝"的,官府不但要受理,而且可以直接按照父母的请求将被告处死刑。只是在被告发的子女犯有城旦舂、鬼薪白粲以上罪名的,或者已经是别人奴婢的,"父母告不孝,勿听"⑤。另外"年七十以上告子不孝,必三环之"。要经过三次不同日期的预审后,告发人仍然坚持告发的,才予以受理⑥。

从张家山汉墓出土的汉律来看,有专门的《收律》篇目,共有五条完整的律条。明确规定凡是被判处完城旦舂、鬼薪的罪犯,都必须要"收其妻子、子、财、田宅"。作为例外,如果子女已经成婚、自行立户,或者是子女本身已具有爵位的,或者是已满十七岁但出嫁后守寡或者是被"出"(离弃)的女儿,可以不被"收"。如果是因为故意伤害或出卖妻子而犯罪的,可以不"收其妻"。另外,如果妻子揭发丈夫罪行的,妻子也可以不收。奴隶犯罪,"毋收其妻子为奴婢者",因为奴隶的妻子、子女具有奴隶身份的是其主人的财产。罪犯的亲属被收后,被称为"收人",失去人身自由,成为官府的奴隶,在《金布律》中有条文规定:"诸收人,皆入以为隶臣妾。"⑦

一人犯罪,全家为奴,这种残酷的法律一直受到有识之士的批评。在汉惠

---

① 《睡虎地秦墓竹简》,第196页。
② 《睡虎地秦墓竹简》,第197页。
③ 《睡虎地秦墓竹简》,第197页。
④ 《张家山汉墓竹简》,第151页。
⑤ 《张家山汉墓竹简》,第151页。
⑥ 《张家山汉墓竹简》,第137页。
⑦ 《张家山汉墓竹简》,第156、191页。

帝时就曾经讨论废除这一法律。但一直到汉文帝前元元年(前179)十二月,即文帝即位后第三个月,发布"尽除收帑相坐律令"①的诏书,才废除了这一法律。以后汉文帝还曾宣布废除"夷三族"。

第五节 继 承

一、财产继承与身份继承的分离

在第一章的继承部分已提到,父死子继到战国时期才得到确立,但是也正在此时,社会上出现了周天子控制不了的私有土地、私有财产,小宗的财产传承开始具有继承的性质。此时确立的父死子继制,在财产方面,已具有"诸子有份"的因素,财产继承开始与身份继承分离。换言之,别子虽然不能与嫡子分享"后"的身份,却可以与嫡子一样继承财产。

秦国的《分异令》从法律上肯定和强化了"诸子有份",确认了财产继承与身份继承的分离。《分异令》是秦孝公三年(前359)商鞅第一次变法时颁布的,它规定:"民有二男以上,不分异者,倍其赋。"②以经济制裁为后盾,强迫百姓家族分异,使家产的传承与身份的传承脱节。

宗法的父死子继,财产与大宗地位一起由嫡长子继承,别子所得财产在法律上只有使用权而没有所有权,所谓"异居而同财"。而《分异令》的"分异",不论出分子的身份是嫡长子还是别子,嫡庶诸子在《分异令》前人人平等。假设某农民有三个成年儿子,根据《分异令》其中两个必须分异,又假设分异的是长子与次子,那么次子取得家产的法律依据,是与长子相同的,两人的财产法律地位也相同。《分异令》否定了宗法。宗法下各家的财产"有余则归之宗,不足则资之宗",小宗的财物有余要上交给大宗,不足时则可从大宗处得到资助,小宗没有独立的财产地位。经过战国时代的变迁,此时已是"假父耰鉏杖篲,耳虑有德色矣;母取瓢碗箕帚,虑立讯语"③,已经分异的儿子,借给父亲一些小农具,便自以为有恩泽于父而形于颜色,被母亲拿去一点日常用品,马上就要责怪抱怨。对父母尚且如此,更不必说兄弟之间了,换言之,继承了宗子身份的儿子和未继承

---

① 《汉书》卷一〇《文帝纪》。
② 《史记》卷六八《商君列传》。
③ 贾谊《新书·时变》。

宗子身份的儿子,他们对从父母处分得的家产,各自享有充分的所有权。

看来,《分异令》的原则在秦国以及秦代都是得到了实施的。从秦代生活过来的汉代人陆贾,晚年处分家产时就没有嫡子、别子框框的束缚。

> (陆贾)乃病免家居。以好畤田地善,可以家焉。有五男,乃出所使越得橐中装卖千金,分其子,子二百金,令为生产。陆生常安车驷马,从歌舞鼓琴瑟侍者十人,宝剑值百金,谓其子曰:"与汝约:过汝,汝给吾人马酒食,极欲,十日而更。所死家得宝剑车骑侍从者。一岁中往来过他客,率不过再三过,数见不鲜,无久恩公为也。"①

儿子们无论伯仲叔季,每人得到相同的一份家产(二百金),陆贾自己保留的那些"宝剑车骑侍从",由最后照顾并送终的儿子继承,也与嫡别身份无关。

陆贾"病免家居",当了普通老百姓,没有官爵方面的身份可传承。但即使有官爵身份可传承,不继承这个身份的儿子,当时也已可以继承财产了。如宪王刘舜死后,诸子"共分财物"的故事:

> 初,宪王有不爱姬生长男棁,棁以母无宠故,亦不得幸于王。王后修生太子勃。……及王薨,……宪王雅不以棁为子数,不分与财物。郎或说太子、王后,令分棁财,皆不听。太子代立,又不收恤棁,棁怨王后及太子。②

刘棁虽然是长男,但他是其父宪王刘舜的姬所生,属庶子,刘舜不喜欢他,素来不把他计算在诸子的人数之中,从而使他后来不能与其他诸子一样参与分割遗产。这个故事中,儿子的身份有太子与诸子之别,诸子也参与分割了遗产,这是很清楚的。某郎劝说太子王后让刘棁参与分割遗产,刘棁因不能继承遗产而"怨王后及太子",说明当时存在着诸子(别子)有权参与继承遗产的规定或习惯,也就是财产继承已与身份继承分离了。

二、"生前继承"的一般化

如前所述,宗法下的继承原就可分为"继嗣"与"继统"两大类③,继嗣必须

---

① 《史记》卷九七《陆贾列传》。
② 《汉书》卷五三《景十三王传·常山宪王刘舜》。
③ 参见第一章第五节之二。

在被继承人死后成立,继统则也可以在被继承人生前实施。继统的客体是具体的宗子职权,财产权是其重要组成部分,但它仍与身份继承紧密结合着,不是单纯的财产继承,而且,它也只通行于上层(诸侯以上)社会,大夫以下继统必须与继嗣同时成立。

秦国《分异令》把生前继承原则推及下层社会,而且是单纯的财产继承。在传统礼制下,一般家庭"子妇无私货,无私畜,无私器,不敢私假,不敢私与"①,理论上不存在生前继承问题。秦国实施耕战政策,迫切需要增殖人户,于是有改革旧传统的《分异令》,使得在一定条件下,即使父母尚存,儿子也可依法从父母处取得一份家产,单纯的财产生前继承在下层社会就此出现。

从《分异令》的制裁手段来看,制定这条规定似乎是出于经济原因,即为了增加纳税单位——户。其着眼点是行政法(户籍法)上的"分户",客观上同时也促成了民法(家属法)上的"分家",而且是父子之间的分家。贾谊所说"秦人有子,家富子壮则出分"②,是《分异令》引起的客观效果。"出分"既有"出而分之"的意思,又有提取份额的意思。原先按照礼制,"父母存,……不有私财"③,儿子只有在其父母(至少其父)死亡后才能取得家产所有权,此时儿子却因《分异令》而可以在父母生存期间出分、享有"私财"了。出分子在行政法(户籍法、税法)上的完全独立,是他在民法上也具有独立地位的标志。而且他从父亲家产中提取的份额,应抵冲或影响他期待中的继承份额,所以"出分"实际上是继承期待权的提前实现,不能与现代民法中的"生前赠与"相提并论。

顺带说一句,上述的分家,其物质前提是要有一定的家产,即"家富"。贫家既要避免"倍赋",又乏家产可分以助其成年儿子建立新户,便另辟蹊径——"出赘",这就是所谓"秦人有子,……家贫子壮则出赘"④。出赘避免了"倍赋",却没有增加户数,苦心制定的《分异法》被规避了,这也许是立法对赘婿进行种种限制的原因之一。

张家山汉墓出土的高后二年(前186)《户律》中没有发现硬性分户的规定,

---

① 《礼记·内则》。
② 贾谊《新书·时变》。
③ 《礼记·曲礼上》。
④ 贾谊《新书·时变》。

但是由于《户律》规定政府授予耕地、宅地是以户为单位进行，新立户后没有耕地、宅地的，或者是耕地、宅地没有达到其社会等级应有额度的，可以向政府申请，因此分户对于百姓来说有现实好处。根据《户律》规定，每年的八月间进行户口以及分户的登记。申请授予耕地或宅地的，在官府因没收罪犯财产等情况下获得可供授予的土地时，按申请先后授予（有爵位者按爵位高低有优先权）①。

对于分户的例外规定是：

> 寡夫、寡妇毋子及同居，若有子，子年未盈十四，及寡子年未盈十八，及夫妻皆（癃）病，及老年七十以上，毋异其子。今毋它子，欲令归户入养，许之。

丧偶的寡妇、鳏夫没有其他儿子同居的，儿子年未满十四岁的、独子未满十八岁的，或者夫妻都是残疾人或年纪已超过七十的，不能进行分异。而且在父母年老无人照顾情况下，允许已经分异的儿子"归户"来进行抚养。

分户时允许父母将"奴婢、马牛羊、它财物"分给出分的儿子，但应该进行申报"定籍"。如果祖父母到已独立分户的孙子家居住，但孙子不够孝敬，"养之不善"，祖父母可以请求官府将孙子驱逐分居，"令大父母居其室，食其田，使其奴婢"，但是不得处分孙子的财产。如果孙子分居期间死亡的，由其母亲（即祖父母的儿媳）来顶替户名，不得驱逐祖父母，也不能够招入赘的丈夫，处分儿子的财产②。

关于《分异令》，沈家本评论说："二男分异，将使人人有自立之才，力庶不惰而后不贫，此实强民之本计。今时泰西父子异居，实具此意。勿谓彼法之异于中国也，特中国此时不能行也。"③沈氏将近代西方父子异居与秦国《分异令》类比，难免有些牵强，但他既认识到这是秦国富国强兵政策的组成部分，又指出这条措施之不能久行，确是独具慧眼。因为秦国《分异令》与传统礼制明显有悖，扰乱了尊尊亲亲的秩序，冲击了家长的权威。"君君臣臣父父子子"的纲常是一个整体，家长权威被冲击，必将影响政治制度的巩固。同时那种一刀切

---

① 《张家山汉墓竹简》，第176页。
② 《张家山汉墓竹简》，第179页。
③ 《沈寄簃先生遗书》甲编《历代刑法考·律令二》。

的规定,也难以适应经济实力各异的农户的要求。所以,汉代对于生前分异的态度就与秦不同。

《晋书·刑法志》所收载的《魏律序略》说:魏律"改汉旧律……除异子之科"①,也就是说秦国《分异令》一直保留到了东汉末年。但是正如以上所分析的,《分异令》不符合当时的国情,不能久行,所以,汉承秦制,这个"异子之科"也只是聊备一格而已。在实践中,父子异居已经开始被否定了。"河内殷虚,更属于晋。康叔之风既歇,而纣之化犹存,故俗刚强,多豪杰侵夺,薄恩礼,好生分。……颍川韩都,土有申子、韩非刻害余烈,高仕宦,好文法,民以贪遴争讼生分为失。"②所谓"生分",就是"父母在而昆弟不同财产"③,顾名思义,"生"即"父母在","分"即"分异"、"出分"。生分与贪遴争讼一样,被视为"失",是一种"薄恩礼"的行为。地方官黄霸因致力于改变这种习惯,因而"天子以(黄)霸治行终长者,下诏称扬"④,受到皇帝表彰。当时还有"举秀才不知书,察孝廉父别居"之谚⑤,讽刺所谓孝子廉吏的"父别居"行为。这种备受指摘的生分、别居,无疑是指由子辈发动的违背父辈意愿的分异,否则就不能成为讽刺孝廉的根据。这是问题的一方面。

另一方面,"子妇无私货,无私畜,无私器,不敢私假,不敢私与"的精髓在于"家事统于尊也"⑥,家长作为家产的所有人,享有充分的处分权。在否定秦国的《分异令》时,不能否定这种处分权,事实上也否定不了。先秦继统的原因主要是被继承人年老体弱,这种情况同样也存在于一般家庭之中,当被继承人倦于主持家政时,他就可以行使处分权,使儿子提前实现继承权。所以,汉代的"父别居"虽然被蔑视,陆贾作为父亲在生前就把家产分给儿子的做法,却受到后人称颂:"陆贾……古之贤达也,所以预为定分。"⑦在自己生前就让儿子继承家产,被视为一种通达明智的做法。曹魏"除异子之科"后,父子分异仍普遍存在,刘宋"士大夫以下,父母在而兄弟异计,十家而七矣;庶人父子殊产,亦八

---

① 《晋书》卷三〇。
② 《汉书》卷二八下《地理志》下。
③ 《汉书》卷二八下《地理志》下颜师古注。
④ 《汉书》卷八九《循吏传·黄霸》。
⑤ 《抱朴子外篇·审举》。
⑥ 《礼记·内则》郑玄注。
⑦ 参见《旧唐书》卷九六《姚崇传》。

家而五矣"①。

自从商鞅颁布《分异令》,在父母生存时就继承家产逐渐成为普遍现象。汉代以后将分异与否的决定权交给家长,唐代更有法律明文规定,将在后面论及。

三、为中央集权制服务的爵位继承制

如前所述,在阶级社会中,一定的身份总与一定的财产地位相联系,汉代的爵位自不能例外,所以爵位有时也被称为爵禄。继承爵位,也就是继承了与此相关的财产权。

宗法的继承原则是嫡嫡相承。"周道,大子死立適孙。"②"適孙死,有適曾孙,向下皆然。"③如果没有可以充任继承人的嫡子嫡孙,则由庶子(别子)庶孙继承,即所谓"庶子为后是也"、"庶孙为后是也"④。

但是西汉的爵位继承法与此不同,爵位的继承仅仅限于亲子,孙子、侄子都不能继承,其他族人或异姓更不用说。

西汉无子仍然可以继承爵位的做法仅仅局限于因公死亡(主要是作战死亡)场合。据湖北张家山汉墓出土的汉《置后律》,如果是因公死亡的(包括在受伤后二十日内死亡的),号为"死事者",可以得到特殊的继承待遇:有爵位的,由儿子来继承其爵位;如果是没有爵位的,以他的"后"赐予公士爵位。没有儿子的,由女儿继承其爵位;没有女儿的,由父亲继承爵位;没有父亲的,由母亲继承爵位;没有母亲的,由兄弟继承爵位;没有兄弟的,由姐妹继承;没有姐妹的,由妻子继承爵位。在没有父母、妻子、同产(兄弟姐妹)的情况下,应由祖父来指定其"后"⑤。

另外,值得注意的是西汉法律规定实行卿以下的"降等继承制"。根据《置后律》的明确规定:彻侯嫡长子可以继承彻侯爵位,关内侯嫡长子可以继承关内侯爵位,但是"卿"(即大庶长、驷车庶长、大上造、少上造、右更、中更、左更、右庶长、左庶长这九等爵位)的嫡长子只能继承"公乘"爵位(相当于大夫级别

---

① 《宋书》卷八二《周朗传》所载周朗上书。
② 《史记》卷五八《梁孝王世家》。
③ 《周礼·司服》贾公彦疏。
④ 《礼记·丧服小记》"庶子不为长子斩"之孔颖达疏。
⑤ 《张家山汉墓竹简》,第183页。

的第八等爵位),以下则逐级降二等继承:五大夫嫡长子为公大夫,公乘嫡长子为官大夫,公大夫嫡长子为大夫,官大夫嫡长子为不更,大夫嫡长子为簪袅,不更嫡长子为上造,簪袅嫡长子为公士①。换言之,即使是"卿"这一级别爵位获得者也只不过经过五代的继承就降为平民。这一军功爵位减等继承制度很可能从商鞅变法时就开始建立,而被汉代所沿袭。

如果不是亲子而继承了爵位,一旦发现就要取消资格,如以下二例:

> (荒侯市人)子他广代侯,六岁,侯家舍人得罪他广,怨之,乃上书曰:"荒侯市人病不能为人,令其夫人与其弟乱而生他广,他广实非荒侯子,不当代后。"诏下吏。孝景中六年,他广夺侯为庶人,国除。②

樊哙庶子荒侯市人没有生育能力,继承其爵位的他广,是其妻私通其弟所生,被告发后,就被剥夺了爵位,削为庶人。

> 甘露二年(前52),(充国)薨,谥曰壮侯。传子至孙钦,钦尚敬武公主,主亡子,主教钦良人习诈有身,名它人子。钦薨,子岑嗣侯,习为太夫人。岑父母求钱财亡已,怨恨相告,岑坐非子,免,国除。③

赵钦的嫔妃习伪装怀孕,以别人的儿子冒充亲生子,取名岑。赵岑继承爵位以后,其亲生父母因为经济要求得不到满足而告发了真情,于是赵岑被免除爵位。

赵岑与始封侯赵充国毫无血缘关系,免除其爵位似乎名正言顺。樊他广虽然不是樊市人的亲子,在血缘上却是始封侯樊哙的亲孙子、樊市人的亲侄子,但也被剥夺了爵位。诸如此类因为"非子"(不是被继承人的儿子)而被夺爵的案例,在《史记》、《汉书》中屡见不鲜④。

这种"非子"被夺爵除国的做法,虽然很可能承袭自秦,不是西汉的首创,但由于它有利于巩固中央集权,所以执行得比较认真,不像"异子之科"那样有名无实。当然,不管它创于何时,都不可能适用于皇位的继承,因为从理论上讲,大宗不可绝后,皇室是天下最大的大宗,自然不能无后;从事实上看,如果

---

① 《张家山汉墓竹简》,第182页。
② 《史记》卷九五《樊哙列传》。
③ 《汉书》卷六九《赵充国传》。
④ 见《史记》卷一八《高祖功臣表》,《汉书》卷一六《高祖功臣表》、卷一五《武帝王子侯表》、卷一七《武帝功臣表》等。

皇帝没有亲子也要"除国",那就等于改朝换代了,没有哪一个臣子敢提出这样的法案,也没有哪一个皇帝会愚蠢到批准这样的法案。当然,它也不适用于一般的财产继承。

这个夺爵法既与宗法的嫡嫡相承原则逆背,又与当时社会上业已通行的诸子有分的财产继承原则格格不入,但巩固中央集权却又势在必行,为解决这个矛盾,西汉统治者终于提出了一个两全的办法,这就是有名的《推恩令》,汉武帝元朔二年(前127)诏令:

> 梁王、城阳王亲慈同生,愿以邑分弟,其许之。诸侯王请与子弟邑者,朕将亲览,使有列位焉。①

《推恩令》扩大了爵位继承人的范围,缩短了与宗法原则的距离,迎合了在继承方面诸子有分的社会心态,有利于统治集团内部的团结,同时又达到了削弱诸侯王、巩固中央集权的目的。但是《推恩令》似乎是临时性措施,所以到平帝元始元年(1),又下令:

> 诸侯王、公、列侯、关内侯,亡子而有孙若子同产子者,皆得以为嗣。②

所谓"子同产子",就是收养兄弟(同产)之子为养子,基本恢复了宗法的身份继承原则。

第六节 民 事 诉 讼

秦汉时期建立了中央集权的君主专制制度,国家对社会各方面的控制大为加强。表现在民事诉讼中,一方面,由于秦汉推崇法律而法制大备,"治道运行,诸产得宜,皆有法式"③,因而民事诉讼法律制度随之发展到了一个新的高度,更为健全、完备;另一方面,私法自治原则在民事诉讼中的影响被削弱了,国家、社会通过法律、道德所进行的干预则随之加强。

---

① 《汉书》卷六《武帝纪》。另《汉书》卷六四上《主父偃传》:"偃说上曰:'……今诸侯子弟或十数,而嫡嗣代立,余虽骨肉,无尺地之封,则仁孝之道不宣。愿陛下令诸侯得推恩分子弟,以地侯之。……'于是上从其计。"
② 《汉书》卷一二《平帝纪》。
③ 《史记》卷六《秦始皇本纪》。

一、司法审判组织

秦汉的中央最高司法审判官是廷尉(汉一度改称大理),属九卿之一,负责审理皇帝交办的案件和地方不能审理的重大案件,以及审核平决各地的疑难案件。此外,又设御史司监察,监督司法审判,并可受皇帝指派审理专案。另一方面,中央行政机关仍参预司法审判事务而相制衡。在西汉,丞相是最高行政长官,同时具有"使狱无冤刑,邑无盗贼"①的司法审判职责。到了东汉,外朝有公府掾辞曹掌天下狱讼;内朝有三公曹尚书主断狱,二千石尚书负责京师地区的刑民案件。他们议法断罪,取代了丞相的司法审判职能。

在中国古代,地方的司法审判职能一般由各级行政机关行使,司法审级也随行政建制而定。秦代司法审级即随中央集权的行政建制为朝廷、郡、县三级制。地方行政长官郡守、县令(秦简中又称大啬夫)兼掌辖内的行政与司法,他们的佐官郡丞、县丞协助处理司法事务。县之下设乡。啬夫作为乡的主要行政官吏,负责民事案件的审理。汉代的地方审级随地方政府建制的变化由朝廷、郡国、县三级制转为东汉末年的朝廷、州、郡、县四级制。州刺史、郡太守、国相和县令长拥有相应的司法审判权。并且,郡的佐官郡丞和从事民事审判的属吏辞曹、决曹,县的佐官县丞和从事民事审判的属吏辞曹、狱掾史,都可以直接负责民事审判。乡啬夫作为县的派出属吏,代表县负责审判乡内的民事纠纷案件。《汉书·百官公卿表》:"啬夫职听讼,收赋税。"虞预《会稽典录》:"郑宏为灵文乡啬夫,民有弟用兄钱者,未还之,嫂诈诉之宏。"《后汉书·第五伦传》:"(伦)为乡啬夫,平徭赋,理怨结,得人欢心。"可见,乡啬夫对本乡的民事案件可以自行处断。

秦汉去古未远,中央集权制度刚刚确立,上下级之间并无严格的从属、管辖关系。因此,地方各级行政机关享有相当程度的独立审判权,除死刑案件和不能解决的疑难案件外,对其辖内的其他案件均可自行判决。上一级审判机关仅负责上诉和监督,并对下一级审判机关呈送的疑难案件提出处理意见。故司法审级的意义与后代不同,不在于依特定的事件(案件的类别)或案件的大小来区分管辖范围,而是偏重于上级对下级的指导与监督。

这种各级审判机关的相对独立性突出表现在汉代的"请谳"和"论报"制度。《汉书·刑法志》:"县道官狱疑者,各谳所属二千石官,二千石官以其罪名

---

① 《汉书》卷八九《循吏传·黄霸》。

当报之。所不能决者,皆移廷尉,廷尉亦当报之。廷尉所不能决,谨具为奏,傅所当比律令以闻。"颜师古注:"当,谓处断也";"报",即下文的论报制度;"谳",王先谦补注:"平议其罪而上之。"请谳,指下级审判机关对其受理的案件,在法律适用上有疑问而不能决断的,必须提出处理意见,请示上级审判机关。上级审判机关能自己处理的,处断后报下;不能处理的,再请示更上级机关。案件受理机关即使请谳不当,但因未造成危害,所以不受审判官吏责任制度的处罚。《汉书·景帝纪》:"官有上下,狱疑者谳有司。有司所不能决,移廷尉。有令谳而后不当,谳者不为失。"颜师古注:"假令谳讫,其理不当,所谳之人,不为罪失。"在请谳这一司法程序中,上级审判机关并没有取代案件受理机关的审判职能,而是"以其罪名当报之",对案件定性论报。

所谓论报,即某司法审判机关对具有管辖权的案件受理机关所呈送的疑难案件或移请调查的案件,提出处理意见,再回报原审机关参照作出判决并执行。《汉书·张汤传》:"传爰书,讯鞫论报",颜师古注:"论报,谓上论之而获报也。"实际上,论报不限于上级审判机关将对疑难案件的定性意见批转给原审机关,也不能取代审判。居延出土的《建武三年候粟君所责寇恩事》简文所载的财物诉讼案,可以印证。该案被告寇恩所在的居延县,收到案件的受理机关居延都尉府所转原告甲渠候粟君的起诉状,进行了调查,认为原告控告不实,并且故入人罪,刻害于人,触犯刑律,所以提出了"须以政不直者法亟极(报)"的处理意见,提请原审机关考虑[①]。可见,民事诉讼的程序相当严格,该案原审机关的审判权在此受到了尊重。

法律既然不因郡、县职权的不同而对其受理的民事案件划分管辖范围,原告尽可自行选择向哪一级起诉。汉代地旷人稀,郡县辖地颇广,当事人大多选择近处的治所起诉,以免浪费钱财时日。基于同一缘故,汉代地域管辖采取原告地原则。如果原、被告两造不属同一辖区,原告可向自己住地的官府起诉。居延汉简有不少简文证明了这一点(均见《居延汉简甲乙编》):

建昭元年九月丙申朔乙卯觚得(下缺)
居延都尉府令居延验问收责(下缺)(简 72.10)官移甲渠候官验问收

---

① 参见《文物》1978 年第 1 期。一般均以为此案的受理机关是居延县廷。但从居延汉简来看,汉代民事诉讼的地域管辖采取原告地原则,详见下文所引简文及评述。

责(简 193.30)

这两支简文都是官府收到辖内原告起诉后,委托被告所在地的官府调查(验问)催收债务的文书。被告所在地官府根据这一请求司法协助的调查书和原告的起诉书,调查治下被告的债务,然后回报爰书给原审机关。

  阳朔元年五月丁未朔丙辰殄北守候塞尉广,移甲渠候官书,曰:第二十五隧(下缺)责殄北右隧长王子恩官袍一领,直千五百饼,庭隧卒赵回责殄北备寇(下缺)(简 157.5A)

  尉史宣博(简 157.5B)

这支简可能是殄北候官受甲渠候官的委托,调查了治下的人对甲渠候官治下的人欠债情况后,所写的回信①。具体的诉讼过程,还可详见于上引《建武三年候粟君所责寇恩事》所载诉讼案件。

  汉代的民事审判一般采取审判官独任制,但又有连署制度以互相制约。《后汉书·百官志》:郡守、丞、县令、丞下都必须"署诸曹掾史"。其例可证于《建武三年候粟君所责寇恩事》所载司法文书中:在居延令、守丞胜就这一财物诉讼案提出处理意见之后,可以见到"掾党、令守史赏"的连署,以示负责。另一方面,汉代仍有合议制度。本章第三节论述债时提到,东汉会稽北部督邮钟离意在孙并之子讼其伯父孙常侵吞其田一案中,力排众议,主张应夺回其田归孙并妻、子,而"众议为允"。可见,汉代的合议制度与西周及现代都不同,合议者并不直接参与审理过程,而是司法官员对复杂疑难的案件在内部进行讨论的制度。

  中央集权的君主专制制度要求防止官吏坏法擅权,秦汉于是开始建立了审判官吏责任制度。由于中国传统社会民刑合一,民事诉讼和刑事诉讼并无严格区分,这种审判官吏责任的规定也适用于民事审判。

  秦律对"治狱不直"、"纵囚"、"失刑"等审判官吏弄虚作假、出入人罪或过失造成错判、误判的情况作了明确规定。睡虎地秦简中《法律答问》称:

  论狱〔何谓〕不直?可〔何〕谓纵囚?罪当重而端轻之,当轻而端重之,

---

① [日]大庭脩《秦汉法制史研究》的"爰书考"对汉简中的债务的调查催收有较详细的分析,但所持官方不介入普通百姓间的债务纠纷的观点似可商榷。

是谓不直。当论而端弗论,及伤其狱,端令不致,论出之,是谓纵囚。①

可见,所谓"治狱不直",是指审判官吏明知所审案犯罪行轻重,而故意重罪轻判或轻罪重判。所谓"纵囚",则是对应该论罪的案犯有意不予论罪,或者在案情上做手脚,使之不构成犯罪行为。《法律答问》又云:

> 士五甲盗,以得时直臧,臧直过六百六十,吏弗直,其狱鞫乃直臧,臧直百一十,以论耐,问甲及吏可论?甲当黥为城旦,吏为失刑罪;或端为,为不直。②

审讯盗窃犯甲的官吏,在捕获甲时未对其盗窃财物作出估价,到审讯时才补估,因而导致估价误差,影响了对甲的量刑幅度。在这种情况下,如果审判官吏无意致误,是犯了"失刑罪";如果故意作弊,则须处"不直"罪。对这些违法失职的审判官吏的惩处,《法律答问》称:"廷行事,吏为诅伪,赀盾以上,行其论。有废之。"③按照惯例,凡官吏弄虚作假,其罪应罚一盾以上者,除依法执行外,并撤职永不录用。这主要是针对治狱"不直"和"纵囚"的审判官吏而言。汉承秦制,法律中也有"出罪为故纵,入罪为故不直"的规定。这一制度对司法官员起到了约束作用,对于加强法制有一定意义,是中国古代司法审判制度的一个进步。

二、诉讼程序

司法审判机关受理了原告的诉辞,民事诉讼程序即已开始。从秦汉简文的有关记载分析,原告向官府提出的诉辞,必须说明原告、被告双方的姓名、地址、身份,何时何地发生了何种纠纷。官府根据所控决定是否受理。一旦立案,主管诉讼的官吏即就原告诉辞所列事项,向被告和其他相关人核验查证。这一程序可由司法审判官直接负责,也可委托诉讼当事人所在地的基层官吏查明案情,写成书面材料上报。

审讯开始之前,法官应履行的司法程序,即向诉讼当事人和证人"辨告"法律。《汉书·高帝纪》"吏以文法教训辨告,勿笞辱",颜师古注:"辨告者,分别

---

① 《睡虎地秦墓竹简》,第191页。
② 《睡虎地秦墓竹简》,第166页。
③ 《睡虎地秦墓竹简》,第176页。

义理以晓喻之。"审判官先对诉讼当事人和证人讲解有关的法律规定,晓以利害,再将这一过程记录在法律文书(爰书)上,以示此次验问符合法律规定和爰书程式的要求。这种文辞在居延汉简中甚为常见:

先以证不言请出入　　　　　　　　　EST 38.27
(上缺)初里曹定国二人,先以证财物不以实律辨证所言也,
如爰书　　　　　　　　　　　　　　EJT21.239
先以证不请律辨告,乃验问　　　　　EPT 52.417
谨先以不当得告诬人律辨告　　　　　EJT 21.59

《建武三年候粟君责寇恩事》简文更有详明例证:

都乡啬夫宫以廷所移甲渠候书召恩诣乡,先以"证财物故不以实,臧五百以上;辞已定,满三日而不更言请者,以辞所出入罪反罪"之律辨告,乃爰书验问。

从上述简文分析,需要辨告的律文包括以下内容:首先,与案件实质有关的律条。如前引"证财物故不以实,臧五百以上",即是汉律关于财物诉讼及审讯条款的省文。其目的在于警告当事人和证人,如果陈述不实,故意夸大、缩小或隐瞒财物的数量,价值超过五百钱的,法官将按其欺诈情节给予处罚。其次,纯粹的司法程序性条款,在任何案件中都可适用。如前引"不言请出入"即是"辞已定,满三日而不更言请者,以所辞出入"的省文,意为证辞已定,三天之内又不向官吏说明真实情况加以更正的,按其与事实差异的程度治罪。这一律条在《史记·张汤传》集解所引张晏注中可得印证:"爰书自证,不如此言,反受其罪。讯考三日复问之,知与前辞同否。"可见,司法官员必须在初审后的第三天履行复讯程序。法律允许诉讼当事人和证人于三日内纠正不实供辞而不予追究,但在复讯之后,则必须对其言辞承担法律责任。诉讼当事人和证人违反上述两方面的法律规定,则以"不当得告(告不得当)诬人律"定为诬告罪,依所诬罪名、程度"反罪"其本人。这样规定诉讼当事人和证人所作证辞的法律责任,旨在确保证辞的准确性和可靠性,以树立官府的权威与审判的庄严。因而在诉讼中具有特别重要的意义。同西周诉讼中的宣誓制度相比较,它更注重通过国家法律来强化证据的证明力与拘束力,而不是凭借神明的力量与个人的

誓言,显示了秦汉时期法律技术的进步以及国家对司法审判干预程度的加深。

通过辨告这一司法程序,法官即可进行验问口供。验问口供必须先录县里、年岁、姓氏,即《急就篇》所称"籍受证验记问年"。主吏按名籍簿册校验相关人身份等项真伪,与口供、证状一致无误,才可写定法律文书。颜师古注"籍受证验记问年"云:"幼少老耄,科罪不同,故问年也。"王应麟补注:"郑司农云:'若今时律令未年满八岁、八十以上,非手杀人,他皆不坐'。"所以爰书一般都记有年龄,以备判刑时参考。

司法官吏考实写定证辞之后,在爰书的最后一般附有"皆证也,如爰书"、"登所言也,如爰书"等辞,表明供者承认爰书与所言一致,愿意为所述事实负法律责任。另一方面,诉讼当事人如认为对方或证人提供的证辞不实,可以向司法机关提出异议,请求复查①。

除人证外,契约、婚书等书证在民事诉讼中的作用甚为重要。汉律:"辞讼有券书为治之";《周礼·秋官·士师》"凡以财狱讼者,正之以傅别约剂",郑玄注:"傅别,中别手书也;约剂,各所持券也。""若今时市买为券书以别之,各得其一,讼则案券以正之。"规定必须按照契约、婚书等书证处断案件。

法官取证结束,即须写出调查报告,作出判决,然后告知诉讼当事人。诉讼当事人如果不服,自己或家人可以乞鞫申诉,请求复审。《史记·夏侯婴列传》集解:"邓展曰:律有故乞鞫。"索隐引《晋令》:"狱结竟,呼囚鞫语罪状,囚若称枉欲乞鞫者,许之也。"申诉有一定的期限:"徒论决满三月不得乞鞫。"②另一方面,上级审判机关也可通过录囚监督下级机关,直接讯问囚人,点查有无冤抑,以平反其罪。郡国于秋冬遣无害吏录囚,平其罪法。《汉书·隽不疑传》:隽不疑为青州刺史,"每行县录囚徒"。师古注:"省录之,知其情状有冤滞与不也。"廷尉则遣廷尉平,会同郡国录鞫狱,甚至皇帝有时也亲自录京狱囚。汉代的录囚为后代所沿习,改称"虑囚"。

三、裁判依据

秦汉时期,国家与社会对个人的干预既然加强,私法自治原则在法律与道

---

① 例见《建武三年候粟君所责寇恩事》。
② 《周礼·秋官·朝士》郑注。

德的冲击下,自不能像西周那样在审判中起主要作用。秦代以法治国,繁多的律令成为主要的法律渊源。而自汉代以降,随着儒家思想逐渐成为中国文化的主流,伦常礼教开始显现出它在中国法制史上所不可取代与低估的功用,逐渐成为法官裁判的主要依据。

儒家法律思想的一个重要方面,是通过推行仁政,以德化人,以礼定分止争,从而使民众知耻而自我节制,堵塞产生纠纷的根源,实现社会的和谐与稳定。所以,汉代一些儒士出身的循吏,在推行国家法令的同时,开始注意以礼乐教化来劝民息讼。

东汉刘矩"稍迁雍丘令,以礼让化之,其无孝义者,皆感悟自革。民有争讼,矩常引之于前,提耳训告,以为忿恚可忍,县官不可入,使归更寻思。讼者感之,辄各罢去。其有路得遗者,皆推寻其主"①。更有以自身涵养功夫感化百姓息讼的。如东汉吴祐为胶东相,"民有争诉者,辄闭阁自责,然后断其讼,以道譬之。或身到闾里,重相和解。自是之后,争隙省息,吏人怀而不欺"②。

这些循吏将争讼归结为教化不行,所以常常认为自己未尽职责而引咎,甚至要解印去官,上书请罪。如西汉韩延寿为冯翊太守:

> 行县至高陵,民有昆弟相与讼田自言,延寿大伤之曰:"幸得备位,为郡表率,不能宣明教化,至令民有骨肉争讼,既伤风化,重使贤长吏、啬夫、三老、孝弟受其耻,咎在冯翊,当先退。"是日移病不听事,因入卧传舍,闭阁思过。一县莫知所为,令丞、啬夫、三老亦皆自系待罪。于是讼者宗族传相责让,此两昆弟深自悔,皆自髡肉袒谢,愿以田相移,终死不敢复争。延寿大喜,开阁延见,内酒肉与相对饮食,厉勉以意,……郡中歙然,莫不传相敕励,不敢犯。……二十四县莫复以辞讼自言者,推其至诚,吏民不忍欺绐。③

这种例子在汉代循吏事迹中颇为多见。可见,循吏在民事诉讼中多重调解息讼,以求不但解决当事人之间的纠纷,还可以提高整个社会的道德水准,实现少讼、息讼甚至无讼的目标。

---

① 《后汉书》卷七六《循吏列传·刘矩》。
② 《后汉书》卷六四《吴祐传》。
③ 《汉书》卷七六《韩延寿传》。

然而，将提起诉讼视为错误行为这一事实，表明汉代的循吏已开始将礼教置于法律之上。在他们的观念中，审判所要解决的并不是诉讼当事人所争执的诉讼标的及其代表的法律权利、义务，而是诉讼当事人道德品质的问题。正因如此，儒家思想所讲究的情理，在循吏的审讯和裁判的过程中，往往起到了比法律更为重要的作用。本书第五章第五节论述继承问题时引用《折狱龟鉴》中的"何武夺财"便是一个典型的案例。此案不拘泥于法律条文和证据，纯凭法官个人的心智，依据情理对法律和事实作出自由判断，获得了众人的称赞。相反，只知执行朝廷法令的官吏，则被儒士讥为不识大体的俗吏。儒士出身的官吏，常常"引经决狱"，将儒家经典赋予比法律条文更高的效力，直接用于指导司法审判。这种通过司法审判建立儒家文化秩序的努力，对社会产生了深远的影响，也加快了中国法律儒家化的进程。

然而客观地分析，儒家思想在汉代的效用主要局限在人伦日用方面，对国家政治法律制度的影响则不如法家那么深刻。"汉承秦制"是一个公认的事实。为后人称颂的那些推行教化的循吏，毕竟只是汉代官吏中的极少数而已，远不及酷吏和俗吏那样人多势众。汉代循吏在司法审判中建立儒家文化秩序的努力更多的是出于自作主张，而非朝廷的方针①。汉代官吏的本职仍是依法行事。"太守汉吏，奉三尺律令以从事。"②因此，汉代官吏必须通晓法令才能任职③。这一点在居延汉简中已得到证明。汉代文吏所学实以法令为主，边塞的官吏档案记录注明了他们颇知律令④。居延汉简大量残缺不全的案例，都反映了法官依照严格的法定程序，并引用相应的实体法律处理法律事务的特色。"如律令"一词，也成为汉代公文往来的惯用语，不难看出，尽管"引经决狱"、劝和息讼等推行儒家思想的方法已成为汉代的一种时尚，但在司法审判中法令仍然是主要的裁判依据。

---

① 参见余英时《士与中国文化》"汉代循吏与文化传播"。
② 《汉书》卷八三《朱博传》，又同卷《薛宣传》："吏道以法令为师，可问而知。及能与不能，自有资材，何可学也。"
③ 参见严耕望《中国地方行政制度史》上篇卷上，第333页。
④ 参见劳干《居延汉简考证》，载台湾《中研院历史语言所集刊》第30本。

第三章　三国两晋南北朝民法

公元 2 世纪末至公元 6 世纪末,是秦统一以后中国历史上持续时间最长的分裂时期,因此本章很难面面俱到地描述这一时期民法的细节,而只能根据现有史料尽可能全面反映其概况,勾勒其主要发展线索。部分内容在下一章隋唐民法中加以追述。

第一节　历史背景与法制概况

一、历史背景

东汉末年,地方豪强与官僚士大夫逐渐成为左右政治局势的强大势力,他们先是以武力镇压了黄巾农民大起义,继而彼此争战,中国再次陷入分裂局面,社会经济受到极大的破坏。到公元 3 世纪初,形成了曹魏(220—265)、蜀汉(221—263)、东吴(222—280)三国鼎立的局面。其中的曹魏占据黄河流域,为当时中国的经济中心,经济恢复较快,实力较强。以后司马氏废曹魏,建立晋朝,并先后吞并蜀汉、东吴,全国暂时统一,史称西晋(263—316)。

经过东汉末年的战乱,地方豪强、官僚士大夫、军阀势力融合为士族集团。西晋又大搞分封制,对皇室子孙封邦建国,各种离心倾向明显加剧,皇室统治者又昏庸腐朽,导致"八王之乱",皇族之间爆发长达十六年的残酷内战。东汉以来逐步内迁的匈奴、羯、鲜卑、氐、羌等少数民族与汉族流民纷纷起兵,西晋皇朝覆灭,北方陷入史称"十六国"的割据战乱局面。仅氐族前秦(351—394)短暂统一北方,然而前秦贸然出动百万大军攻击东晋,在公元 383 年的淝水之战中惨败,前秦迅速瓦解,北方再度陷入战乱。

西晋灭亡后,西晋皇室的一支在江南重建晋朝,史称东晋(317—420)。东晋皇朝靠江南及南迁的士族拥戴,偏安一隅。大批北方百姓南迁,对于南方的开发与经济发展具有决定性意义。东晋及以后相继占据南方的刘宋(420—479)、萧齐(479—502)、萧梁(502—557)、南陈(557—589)四个朝代相继局促江南,与北方少数民族政权对峙,史称南朝。

鲜卑族拓跋部建立的魏朝(史称北魏,386—534)在民族融合基础上逐步统一北方,并实行汉化,实行均田制,使社会得到稳定,经济逐渐恢复。北魏末年又发生动乱,北方分裂为北齐(550—577)、北周(557—581)两个对峙政权。最后北周外戚杨坚在北方士族支持下夺取北周政权,建隋朝灭南陈,中国重归统一。

三国两晋南北朝时期,由于战乱频繁,北方经济遭到严重破坏,人口大减,土地荒芜,经济长期陷入衰败局面。直到北魏统一北方,经济才逐步恢复发展。农业技术再次恢复粗放耕作,粮食产量逐步提高,人口也恢复增长。人力的缺乏促使水力机械推广到黄河流域各地,水碓、水力碾硙等粮食加工业随之兴起。北魏末年贾思勰著《齐民要术》,全面总结了秦汉以来的农业经验。南方则在这一时期内得到了较为迅速的开发,北方中原人民的大批南迁,带来了先进的农业工具和成熟的耕作技术,与南方传统水田耕作经验结合,促进了江南地区的经济发展。原先很多地方还是"火耕水耨"①,而至南朝初年,仅三吴地区的粮食产量就足供几个郡的需要,"一岁或稔,则数郡忘饥"②。

由于社会经济的破坏,以及大批农民沦为士族豪强的依附人口,农村市场萎缩。士族豪强则役使奴婢、佃客为之生产各种生活用品,自给自足,自然经济比重有所上升。商业主要限于为官僚贵族提供奢侈品的行业,手工业工匠大多失去自由身份,不再是自由的商品生产者。商品货币经济衰退,政府征收赋税、皇室赏赐臣下都以实物为主,市场交易也曾一度倒退到以物易物。然而另一方面,大批内迁的游牧民族定居中原,农牧业之间的交换仍是必需的。南方处在开发阶段,商品经济也较为活跃,南方纵横交错的河道为发展商业提供了便利的交通条件。因此,各地商品货币经济在南北朝对峙成为定局后又逐渐恢复发展。

由于自然经济比重上升,三国两晋南北朝时期货币形态为"钱帛本位制"。

---

① 《汉书》卷六《武帝纪》。
② 《宋书》卷五四《孔季恭传》史臣语。

绢帛成为主要计值、支付手段，阔二尺二寸、长四丈为一匹，以匹为单位。但主要流通手段仍为铜钱。币制极为复杂，两晋连续一百五十多年未铸造发行铜钱，而以后各朝各代纷纷铸钱，南梁还曾在历史上首次大规模铸造铁钱。北朝直到公元5世纪末才开始铸造铜钱。金银作为宝藏及外贸中国际货币作用显著，一般以两为单位，民间也有流通，尤其是西北地区[①]。

二、法制概况

三国两晋南北朝虽史称"乱世"，但在中国法制史上却具有重要意义。这一时期法制承前启后，继汉开唐，是重要的发展时期。

首先，就立法而言，这一时期立法频繁，形成了每一新王朝建立即制订新法典颁行天下的惯例。因而在法典发展上随着南北对峙，出现了南北两系。北朝律先后有北魏律、北齐律、北周律；南朝则先沿用晋律，后有南梁律、南陈律。北朝律在汉律基础上进一步发展，吸取律学研究成果，贯彻儒家礼教精神，水平较高。尤其是北齐河清三年（564）颁行的《北齐律》，被誉为"法令明审，科条简要"[②]。全律分为十二篇：名例、禁卫、婚户、擅兴、违制、诈伪、斗讼、贼盗、捕断、毁损、厩牧、杂律；共九百四十九条。《北齐律》直接影响隋《开皇律》的制订。而且这一时期的法典编纂水平、立法技巧都有很大提高，尤其表现在自曹魏起各朝律都将规定全律纲要的篇目置于律首，指导全律，《北齐律》称之为"名例"，为后世法律沿用。

在法律形式上，这一时期也有很大变化，新出现了诸如科、故事、章程、格、式等法律形式。尤其是出现了"律"、"令"两大并行法典的体制。"律"被固定为法典的首要形式，其主要特点为明确规定使用刑罚处罚违法犯罪行为；"令"不再是单行法规，而且一般不再直接规定刑罚处罚办法，逐渐形成为规定国家政治及社会生活各方面典章制度的法典。

其次，就法律的内容而言，这一时期的法律发展以"礼法结合，以礼入律"为最主要的特点。曹魏律将儒家经典《周礼》中的"八辟"吸收入律，改称"八议"，即议亲、议故、议贤、议能、议功、议贵、议勤、议宾，这八种人虽犯死罪也可

---

① 参见彭信威《中国货币史》第三章。
② 《隋书》卷二五《刑法志》。

通过一定程序享受减免刑罚的特权。晋律规定"准五服以制罪",以儒家经典《礼记·丧服》中的丧服制度作为法定亲属等级的标准。北魏律和南陈律根据儒家"亲亲尊尊"的原则,允许官吏犯罪可以以其官品抵当徒刑,南陈律正式称之为"官当"。《北齐律》为突出法律重点打击目标,将严重危害朝廷统治及礼教的十类行为特别列出,称"重罪十条",犯者不得赦免,权贵也不得享有减免刑罚的优遇。北周甚至以儒家经典《周礼》及《尚书·大诰》为蓝本制律,称《大律》,虽然搞得礼律凌乱,实无可取,但总的来说也可反映礼法合流的趋势,对后代法律有重大影响。

另外,这一时期刑罚制度的变化也很引人注目。虽然在战乱频繁时滥杀滥刑,酷闻昭著,但仅就法定刑罚而言,这一时期延续着逐渐简化、减轻的趋势。汉文帝废肉刑之后,魏晋时虽有多次恢复肉刑的议论,但终究由于种种原因没有恢复为法定刑。残酷的族诛刑逐渐被缘坐(只诛杀犯有死罪者的男性家属,女性没为官婢)代替,适用范围也缩小到以反对皇室、图谋不轨的谋反、大逆之类的政治性重罪。并出现了徒刑、流刑,逐步向隋唐五刑过渡。

三国两晋南北朝时期法制方面的这些发展,对于后世法制产生了极为深远的影响。在法律形式、法典编制体例等方面都直接影响隋唐法律制度。尤其是礼法结合的法律内容,诸如八议、五服、官当、重罪十条(隋律改称十恶)等都一直沿用到中国古代社会的终结。

三、有关三国两晋南北朝民法的若干问题
(一)三国两晋南北朝时期民事行为规范

崇尚法治的风气从西汉末年起逐渐消退,法律在民间的影响逐渐下降,而经儒家理论改造的西周时期的"礼"成为"礼教"、"名教",在民间的影响力逐渐增强。东汉末年流行品评人物的"清议"风气。清议的出发点全以名教为标准,强调"德行",以至曹操统一北方后专门发布"惟才是举"教令,力图扭转单纯的"德行"评价的风气。然而曹丕立"九品中正制",中正用以分别士大夫为九品的依据主要还是"德行"。这种风气之下,至少在官僚、贵族、士族等社会精英层次,民事行为的规范主要是根据礼教原则而定,尤其是在婚姻继承、家庭等方面更是以礼教为准。

从东汉起，统治者即以推行"教化"为政治头等大事。《史记·循吏列传》中歌颂的主要是能严于守法、克己奉公的官员，而东汉人班固在《汉书·循吏传》中则全以能推行"教化"的官员为"循吏"。三国两晋南北朝时期此风更盛。礼教随之在民间逐渐普及，并影响到民间的民事行为，渐渐成为民间最主要的民事行为规范之一。

律、令从三国时分开，律更具有刑事法典性质，因此三国两晋南北朝时期民事法律规范的形式主要应是令。可惜的是，这一时期的令条文绝大部分都已散佚，很难再复其原貌。此外，科、式、故事等法律形式也有不少民事法规的内容。皇帝发布的制书、诏书作为补充正式律令的单行法规，也包含民事方面的内容。

民间惯例一直是中国古代民法的最主要的规范之一。三国两晋南北朝时期，国家处于分裂状态，各地民间惯例可能会有较大的差别。尤其是北方大批少数民族内迁，带来不少本族的习惯，与汉族民间习惯融合，在民事行为方面形成富于特色的习惯风俗。南方在中原人民南迁的影响下，也形成具有地方特色的习惯风俗。南、北方之间在这一方面可能有较大的差异。

（二）社会分层

三国两晋南北朝时期社会变动较大，各朝代、各政权法制有所不同，划分的社会阶层也有所不同。但就其主要层次而言，仍可分为皇帝、贵族官僚为首的统治阶级与农民、奴隶为主的被统治阶级两大层次。其特点是：在统治阶级中士族阶层地位尤其突出，把持政治、经济、文化诸方面特权。而在被统治阶级中，失去自由身份的依附农民大大增加，虽比社会底层的奴婢略好一点，但在法律上仍被认定为贱民。

士族是一个统称，史籍中也往往称之为"世族"、"势族"、"门阀"、"望族"、"豪姓"、"大姓"、"高门"，等等。与之相对，不具备士族特权的阶层则称之为"寒族"、"寒门"、"寒士"、"庶族"，等等。在统治阶级内部截然划分出这两个阶层，虽往往不是严格的法律划分，但在当时却几乎具有与法律同等的效力。《宋书·恩倖传》："魏晋以来，以贵役贱，士庶之科，较然有别。"《南史·王球传》："士庶区别，国之章也。"北朝在北魏孝文帝时，更是明下诏书，规定鲜卑贵族与汉族士族的族姓等级，使这种区分法律化。

士族阶层在经济上通常都是大地主。早在东吴时，江南大族已是"僮仆成军,闭门为市。牛羊掩原隰,田池布千里"①。除了广占土地外,士族通常还役使大量依附农民。十六国时,北方大族地主筑坞堡自卫,坞堡内依附人口多则四五千家,少则千家五百家。在文化思想上,士族都以"名教"、儒学的卫道士面目出现,并因"家学渊源",掌握儒家经典的教授权与解释权,从而在社会上充当行为标准的制定者,评判褒贬人物是其专利。曹魏"九品中正制"到晋朝就完全被士族把持,所谓"上品无寒门,下品无势族"。当社会发生动乱时,士族即以依附农民组成私家军队,据地自保。当然,士族最突出的特征是享有把持政治权力的特权。整个三国两晋南北朝时期,政权基本把持于士族之手,据统计,两晋南北朝时期史籍所载的四千一百三十七位司徒至太守的文官中,士族占百分之六十五以上②。而且在朝廷决策部门所占比例高达百分之七十以上。在东晋中期、北魏末期,士族在官职中所占比例甚至接近百分之八十③。南方的侨姓王、谢、袁、萧,吴姓朱、张、顾、陆,北方郡姓王、崔、卢、韦、柳,北姓(原鲜卑部落首领改汉姓)元、长孙、宇文、于、窦等等,都长期把持政权,累世高官,虽政权更迭而很少改变④。

与士族相对的庶族,在政治上参政较困难,只能充任低级官吏。尤其是平民身份的"寒素",很难在政治上有所表现。虽然有时寒素凭借军权登上皇位,但仍要寻找士族的支持。这种僵硬的门第等级及士族阶层种种特权,是造成这一时期分裂局面的根本原因之一。

农民作为被统治阶级的主体,其社会地位比之秦汉有所下降。东汉以来农民依附于地主豪强的"徒附"、"宾客"大大增多,名目各异,诸如"义徒"、"门徒"、"私附"、"徒附"、"门附"、"门生"、"佃客"、"衣食客"、"苞荫户"、"堡户",等等。这些农民不登记于国家正式户籍,而是作为主人的依附人口,为主人耕种土地,"其佃谷皆与大家量分"⑤,向主人缴纳田租。他们不服国家的徭役,但必须为主人服各种劳役。北魏初年实行"宗主督护制",以豪强为宗主,五十、三

---

① 《抱朴子·吴失篇》。
② 参见毛汉光《两晋南北朝主要文官士族成分的统计与比较》,载台湾《历史语言研究所集刊》第36本下册。
③ 参见毛汉光《中国中古社会史论稿》,载台湾《历史语言研究所集刊》第47册。
④ 参见《新唐书》卷一九九《儒学传中·柳冲》。
⑤ 《隋书》卷二四《食货志》。

十家为一户，"谓之荫附，荫附者皆无官役，豪强征敛，倍于公赋矣"①。依附农民失去人身自由，可以被主人转让，政府也常以之赐贵族官僚。西晋曾试图对官僚贵族的荫附人口加以法律限制，但实际上并无效力。

三国两晋南北朝的依附人口，除了在农业方面外，手工业工匠也大多被压抑为失去自由的依附人口，称之为"百工"。百工身份世袭，"习其父兄所业，不听私立学校，违者师身死，主人门诛"②。百工作为贱民也不得与平民通婚。除了百工伎巧户外，北魏政府还控制有"隶户"、"杂户"，常常几十户、几百户成批地被赏赐给官僚贵族。

三国两晋南北朝众多的依附户虽名目各异，但其总的特点是失去个人自由身份，不得自由迁徙改业，不得与百姓通婚，不得读书，不得出仕。他们比之奴婢地位略高，自立门户，有自己一份微薄的家庭经济，在缴纳贡物及服役之外，可以经营自己的家庭生计。

这一时期自耕农民也处于国家更严密的控制之下，身受沉重的赋役剥削，各种赋税主要演变趋势都是加强以人身为对象，甚至田租税也按人丁征发。农民人身受到限制，男耕女织家庭经济形态更为固定，政府的赋税也以男出粟谷、女出绢帛为主。

社会最底层的奴婢阶层在这一时期人数也有扩大的趋势。奴婢的主要来源是战争中掳掠的人口，北魏时称之为"生口"，每一次战争后，北魏政权都赏赐臣下大批"生口"。另一个来源是罪犯的家属。东晋南朝也同样以奴婢与田宅并列为财富象征，其奴婢来源也是战俘及掳掠来的南方少数民族、北方流民。晋令中有规定："奴婢亡，加铜青若墨黥，黥两眼；再亡，黥两颊上；三亡，横黥目下。"③奴婢被广泛使用于农副业生产，"耕则问田奴，织则问织婢"④。北魏法律严禁出卖子孙亲属为奴，"掠人、掠卖人、和卖人为奴婢者死"⑤。但社会上仍广泛存在抑良为奴的现象。

---

① 《通典》卷三《食货·乡党》。
② 皆见《魏书》卷四《世祖纪》。
③ 《太平御览》卷六四八引《晋令》。
④ 《魏书》卷六五《邢峦传》邢峦上书引俗谚，又见《三国志·蜀志·杨戏传》注引杨颙语，《宋书》卷七七《沈庆之传》引沈庆之语"耕当问奴，织当访婢"。
⑤ 《魏书》卷一一一《刑罚志》。

(三) 人的行为能力

虽然中国古代法律中一直没有人的行为能力这一概念，但各代都有法律规定"成丁"的年龄，成丁即须承担为国家缴纳租税赋调，并服徭役的义务，可见成丁在一定程度上是法律认定一个人可以拥有一定经济能力、可以处理自己事务，并可独立承担义务的年龄。当然，后代为了表示"德政"，往往提高成丁年龄，与民法中的行为能力概念并不完全相同。

三国两晋南北朝时期，成丁年龄较之秦汉大大降低。西晋以十六岁为成丁，负担徭役。东晋沿之。南朝刘宋则以十七岁为成丁。南齐、梁、陈沿之。北魏则以十五岁为授与均田的年龄，并必须负担租调，视十五岁已具有独立经济能力，为历史上成丁年龄最低的一个朝代。北周、北齐改为男子十八岁成丁服役，同时授田年龄也提高到十八岁，可视为是以十八岁为具备民事行为能力。

第二节 所有权

一、对土地私有权的限制

东汉末年大土地私有制恶性膨胀，终于导致社会矛盾激化，爆发农民大起义。继起的三国时期，各国为解决兵食来源纷纷仿照士族豪强办法，强迫流亡农民耕种公田，称之为"屯田客"。这样的做法虽可收效于战时，但因为剥削率太高，屯田客没有生产积极性，他们对于土地仅有占有、使用权利，实质上是国家的农奴。屯田也逐渐被豪强、军官私吞。另外，东汉末社会受到极大破坏，人口锐减，土地荒芜，西晋时全国人口仅一千万多一点，大量荒地按传统都归国有。世族豪强土地兼并活动也并未停止，与皇权争夺土地与劳动力。在这种历史背景下，儒家传统的"制民之产"、汉儒"限民名田"的理论又逐渐流行起来。晋初，太中大夫恬和上书，建议仿照西汉末年限田法令，"制奴婢限数，及禁百姓卖田宅"，部分大臣同意，草拟条制。但此议遭到了士族豪强代表李重的反对，认为"王者之法不得制人之私也。人之田宅既无定限，则奴婢不宜偏制其数，惧徒为之法，实碎而难检"①。在主张限田限奴婢与反对限田限奴婢的斗争中，西晋皇朝采取了折中的做法。

---

① 《晋书》卷四六《李重传》。

公元 289 年,西晋灭吴,统一全国,当年颁行了"占田制"。对于普通百姓男子占田限额规定为七十亩:"男子一人占田七十亩,女子三十亩。其外丁男课田五十亩,丁女二十亩,次丁男半之,女则不课。男女年十六已上至六十为正丁,十五已下至十三、六十一已上至六十五为次丁。"①在这以前(公元 264 年)西晋已正式废除了屯田制,屯田客被编入州县百姓户籍。至此又将此制推行到全国。占田课田制的实质是允许农民将原屯田土地占为己有,占有的最高限额为一丁七十亩,而其中五十亩课田,负担向国家缴纳田租税。实际上这里所谓"五十亩"只是一个假设的数目,与实际占田数额无关。

西晋对于贵族官僚的占田限额是:

> 国王公侯,京城得有一宅之处。近郊田,大国田十五顷,次国十顷,小国七顷。……其官品第一至于第九,各以贵贱占田。品第一者占田五十顷,第二品四十五顷,第三品四十顷,第四品三十五顷,第五品三十顷,第六品二十五顷,第七品二十顷,第八品十五顷,第九品十顷。②

与西汉末年的"限田限奴婢"法相比,限额放宽至五十顷(原最高为三十顷),而层次分明,似乎很是整齐。为了对世族豪强表示让步,没有规定奴婢限额,仅限制荫附驱使的佃客数额。更值得注意的是,西晋这一占田制根本没有规定"逾限"的处罚方法,而西汉末年限田令规定三年内必须自行改正,"犯者尽没官",因此西汉限田限奴婢令下达后,一时"田宅奴婢贾为减贱",而西晋这一占田制发布后,社会却毫无反应,可见这一法令很大程度上只是一纸空文,是用以安抚主张限田限奴婢的庶族地主的政治手段而已。

晋皇室南迁后,大土地私有制愈演愈烈,土地兼并并不因占田制而收敛。尤其是原来视为国有的山林川泽都被豪强"占固",变为其私产。晋人王胡之《与庾安西笺》中说:"此间万顷江湖,挠之不浊,澄之不清,而百姓投一纶、下一筌者,皆夺其鱼器,不输十匹则不得放。"③东晋咸康二年(336)曾颁行"壬辰之科",禁止占固山泽,但无实效。至南朝刘宋大明年间(457—465)经羊希建议,又一次宣布严禁封山占水:

---

① 《晋书》卷二六《食货志》。
② 《晋书》卷二六《食货志》。
③ 《全晋文》卷二〇。

> 今更刊革，立制五条。凡是山泽，先常炀憢炉（xì lù，烧荒）、种养竹木杂果为林苅（rèng，草密），及陂湖江海鱼梁鳅（qiǔ，泥鳅）鲚（jì，鲫鱼）场，常加功修作者，听不追夺。官品第一、第二，听占山三顷；第三、第四品，二顷五十亩；第五、第六品，二顷；第七、第八品，一顷五十亩；第九品及百姓，一顷。皆依定格，条上赀簿。若先已占山，不得更占；先占阙少，依限占足。若非前条旧业，一不得禁。有犯者，水土一尺以上，并计赃，依常盗律论。停除咸康二年壬辰之科。①

这个新的占山法令首先明确已被占去的山林水面不再追夺，只是强调今后不得再超额占山封水，允许占足限额，但必须登记在册。而且规定的刑罚也轻于东晋的"壬辰之科"。壬辰之科规定："占山护泽，强盗律论，赃一丈以上皆弃市。"羊希立法建议的理由是："壬辰之制，其禁严刻，事既难遵，理与时弛。而占山封水，渐染复滋，更相因仍，便成先业，一朝顿去，易致嗟怨。"②这种以妥协精神制订的法令自然不会有什么实际效果。东晋末年，京口士族刁逵"有田万顷，奴婢数千人"③。江南大姓谢氏的谢灵运，"因父祖之资，生业甚厚。奴僮既众，义故门生数百，凿山浚湖，功役无已。寻山陟岭，必造幽峻，岩障千重，莫不备尽"。自作《山居赋》，并企图请会稽回踵湖为田，又求始宁岯崲湖为田④。南齐竟陵王萧子良，"封山泽数百里，禁民樵采"⑤。可见东晋、刘宋禁止占山之科与西晋占田制一样，并不能限制大土地私有权的发展。

北方各朝在土地私有权问题上也曾多次立法加以限制，其中最著名的是北魏孝文帝太和九年（485）开始实行的"均田制"。均田制实际上是将国有土地平均授与农民，但在其立法理论及颁行诏书上，则是以限制与调整土地私有权的面貌出现的。北魏贵胄子弟出身的官僚李安世在《请求均田疏》中说：

> 量地画野，经国大式；邑地相参，致治之本。井税之兴，其来日久；田莱之数，制之以限。盖欲使土不旷功，民罔游力。雄擅之家，不独膏腴之美；单陋之夫，亦有顷亩之分。所以恤彼贫微，抑兹贪欲，同富约之不均，

---

① 《宋书》卷五四《羊玄保传附羊希》。
② 《宋书》卷五四《羊玄保传附羊希》。
③ 《晋书》卷六九《刁协传附刁逵》。
④ 《宋书》卷六七《谢灵运传》。
⑤ 《梁书》卷五二《止足传·顾宪之》。

一齐民于编户。……今虽桑井难复,宜更均量,……细民获资生之利,豪右靡余地之盈。①

北魏孝文帝接受李安世的建议,在均田诏书中也说:"富强者并兼山泽,贫弱者望绝一廛,致令地有遗利,民无余财,或争亩畔以亡身,或因饥馑以弃业。……今遣使者,循行州郡,与牧守均给天下之田。"②可见均田令在立法企图上有限制土地私有权、立定限额的含意,甚至好像是将"天下之田"全收归国有进行给授。然而实际条文中并没有将田土重新分配的具体办法,也没有土地私有的明确限额。只是以奴婢与良民同额受露田、丁牛一头可受田三十亩、每户限四牛的方式来表示限制富豪之家的土地。

当然,以一纸诏书法令即可将天下土地重新分配只是空想,而且北魏政权也绝不会干有王莽前车之鉴的蠢事,所以法令以"均给"而不是"均分"为名,所给予者不过是北魏政权掌握的公田,以及按悠久的传统被认定为属于国有的荒地而已。均田令实施过程中,社会稳定,绝没有闹出王莽时的乱子,仅北边六镇地区曾因"细民"只得"瘠土荒畴",主将参僚"专擅腴美",而重新搞过一次③。这也从反面证明均田制并没有直接触及官僚贵族、士族豪强的既得利益(北魏均田制详细内容在下一部分加以论述)。

北魏以名义上平均、实际上只是企图对大土地私有制略加限制,对于北朝以至以后的隋唐都有一定启示作用。北齐河清三年(564)令:

> 奴婢受田者,亲王止三百人;嗣王止二百人;第二品嗣王已下及庶姓王,止一百五十人;正三品已上及皇宗,止一百人;七品已上,限止八十人;八品已下至庶人,止六十人。……奴婢依良人(受田)。……丁牛一头,受田六十亩,限止四牛。④

仿照西晋办法按官品等级限制奴婢数额,同时也就限制了官僚贵族受公田的份额。

北周的均田制比较简单,从现有史料中看不到限制土地私有权的内容。

---

① 《魏书》卷五三《李孝伯传附李安世》。
② 《魏书》卷七上《高祖纪》上。
③ 《魏书》卷四一《源贺传附源怀》。
④ 《隋书》卷二四《食货志》。

二、国有土地的占有形态

三国两晋南北朝时期战乱频繁，人口大耗，土地荒芜，按"溥天之下，莫非王土"的传统，大量土地变为国有土地。三国初，司马朗曾建议恢复井田制："往者以民各有累世之业，难中夺之，是以至今。今承大乱之后，民人分散，土业无主，皆为公田，宜及此时复之。"①这一建议不免迂腐，但确实可见当时"公田"范围很广。

这一时期这种公田的占有方式有多种，以下分述当时法律所规定的几种占有方式。

（一）官吏的菜田、职分公田

随着社会商品货币经济的衰退，这一时期官吏的俸禄主要以实物支付，甚而更进一步以公田拨给官吏，以公田的收益作为官俸禄的一部分。

西晋初期就有给官员"厨田"、"园"的记载。如晋初名臣卫瓘官至太保，"给厨田十顷、园五十亩"②。陈骞任大司马，"厨田十顷，厨园五十亩，厨士十人"③。至晋惠帝元康元年（291）定令，给官员"菜田"。诸公及开府位从公，品秩第一，"给菜田十顷，田驺（zōu，原意为骑士，田驺当为管理耕种菜田者）十人"。特进，品秩第二，"给菜田八顷，田驺八人"。光禄大夫、三品将军、尚书令、太子少傅等秩中二千石，"给菜田六顷，田驺六人"。菜田只是官员职务官俸的一部分，应该按照官员任期转换收益人，晋令曾规定："立夏后不及田者，食奉一年。"④然而这些菜田究竟要不要还官，是否即成官员私产，史无明文。从西晋士族豪强夺地成习的历史背景来看，菜田给予官员后即成官员私产了。

以公田收益作为俸禄一部分的办法，在东晋南朝时期也时有采用。北魏在施行均田制时，也曾规定官吏受田方法：

> 诸宰民之官，各随地给公田，刺史十五顷，太守十顷，治中、别驾各八顷，县令、郡丞六顷。更代相付，卖者坐如律。⑤

其特点是明确规定官员只有使用收益权，不得处分。任满即须将田交付下一

---

① 《三国志》卷一五《魏志·司马朗传》。
② 《晋书》卷三六《卫瓘传》。
③ 《晋书》卷三五《陈骞传》。
④ 《晋书》卷二四《职官志》。
⑤ 《魏书》卷一一〇《食货志》。

任官员。

北魏除了地方官可受公田外,各级官员,无论大小,都可得一顷"职分公田"。《通典·田制下》记载:"魏令:职分公田,不问贵贱,一人一顷,以供刍秣。"这也是作为一种俸禄补贴,官员仅有收益权,不得处分。但到东魏后,"始以永赐,得听卖买"。职分公田一经授出即转化为官员私产,可以处分买卖。

北齐进一步扩大官员受公田的范围。北齐河清三年令:"京城四面,诸坊之外三十里内为公田。受公田者,三县代迁户(鲜卑贵族)执事官一品已下,逮于羽林、武贲,各有差。其外畿郡,华人官第一品已下,羽林贲郎已上,各有差。"①将京城周围地区专门划为官员受公田地区,其数量按官品而有不同,但不知其具体的受田面积。

(二) 传统的假田与赐田

两晋南北朝时仍沿秦汉旧例,国家经常以公田、国有荒地"假"或"赋"、"赐"于贫民。十六国时前赵刘曜统治初期(约公元 320 年前后),"省鄷水囿以与贫户"②。前燕慕容皝统治初期(约公元 337 年前后),曾打算仿照曹魏屯田制,"以牧牛给贫家,田于苑中,公收其八,二分入私。有牛而无地者,亦田苑中,公收其七,三分入私"。后经封裕劝谏,慕容皝改诏:"苑囿悉可罢之,以给百姓无田业者。贫者全无资产,不能自存,各赐牧牛一头。若私有余力,乐取官牛垦官田者,其依魏晋旧法。"③鼓励百姓占有公田,进行耕种,并以鲜卑族的牧牛为耕牛,赐予百姓。

东晋、南朝时仍经常有假田、赐田之举。东晋孝武帝太元年间(376—396)曾将淝水之战中的俘虏"以襄阳、淮南饶沃地,各立一县以居之"④。东晋安帝时(397—418)还曾"罢临沂、湖熟皇后泽脂田四十顷,以赐贫人,弛湖池之禁"⑤。南朝刘宋经常移民于空荒地,以尽地利。元嘉二十六年(449)由于京口(今江苏镇江)经战乱人口流徙,"募诸州乐移者数千家,给以田宅,并蠲复"。两年后又徙彭城流民于瓜步、淮西流民于姑熟,也有一万多户。元嘉二十九年

---

① 《隋书》卷二四《食货志》。
② 《晋书》卷一〇三《刘曜载记》。
③ 《晋书》卷一〇九《慕容皝载记》。
④ 《晋书》卷九《孝武帝纪》。
⑤ 《晋书》卷一〇《安帝纪》。

(452)春,宋文帝下诏:"今农事行兴,务尽地利,若须田种,随宜给之。"①宋文帝子刘劭杀文帝自立,也曾命令:"田苑山泽,有可弛者,假与贫民。"②宋孝武帝孝建二年(455)也曾下诏:"诸苑禁制绵远,有妨肆业,可详所开弛,假与贫民。"

南朝时中原人民仍有陆续南迁的,为此南朝各代沿袭刘宋旧例,以公田、苑囿给予流民。南梁天监年间(502—519)曾诏:"其无田业者,所在量宜赋给。"流移他乡者回乡,"本乡无复居宅者,村司、三老及余亲属,即为诣县,告请村内官地官宅,令相容受"③。一直至南陈末年,仍规定南来流民,经州县甄别,"良田废村,随便安处",或者"赋给田宅"④。

北方少数民族建立的各个政权,在立朝之初都曾将大量的土地划为供皇帝狩猎的苑囿或供本部族放牧的牧地。一方面当时北方屡经战乱,地广人稀,苑囿牧地方圆往往达成百上千里。这些政权逐渐稳固,并逐步接受中原汉族文化的影响开始注重农耕后,就仿照前代,逐步开放禁苑山泽。北魏太武帝时(424—451)曾因上谷地区"民上书,言苑囿过度,民无田业,乞减太半,以赐贫人",太武帝在经过古弼劝谏后,同意将苑囿开放赐与贫民⑤。北魏太和年间(477—499)也曾"罢山北苑,以其地赐平民",并"弛山泽之禁"⑥。

与两汉时的假田、赐田一样,两晋南北朝时期这种赐田、假田的具体制度史无明文。就其特点来看,这一时期赐田明显多于假田,贫民可以获得所赐公田的所有权。也与两汉时的假田、赐田一样,主要弊病仍在于官僚豪强抢先取得出假或赐予的公田,然后转假贫民。南梁武帝大同七年(541)诏:

> 凡是田桑废宅没入者,公刱之外,悉以分给贫民,皆使量其所能,以受田分。如闻顷者,豪家富室,多占取公田,贵价僦(jiū,出租)税,以与贫民,伤时害政,为蠹已甚。自今公田悉不得假与豪家,已假者特听不追。其若富室给贫民种粮共营作者,不在禁例。⑦

---

① 《宋书》卷五《文帝纪》。
② 《宋书》卷九九《二凶传·刘劭》。
③ 《梁书》卷二《武帝纪》中。
④ 《陈书》卷五《宣帝纪》。
⑤ 《魏书》卷二八《古弼传》。
⑥ 《魏书》卷六《显祖纪》、卷七《高祖纪》。
⑦ 《梁书》卷三《武帝纪》下。

又如北齐时"河渚山泽,有可耕垦肥饶之处,悉是豪势,或借或请,编户之人不得一垄"①。

为了纠正权贵富豪侵吞公田,同时又要使农民能够有一块土地耕种,为国家负担租调力役,迫切需要将历来这种出假公田的惯例加以变革,使国家能够长期稳定地施行此制以获取租调,并缓和社会矛盾。为此要改变公田经出假就承认永久占有的惯例,加强对于已出假的公田的控制。从北魏开始的均田制较好地解决了这个问题。

三、北朝"均田制"

北魏基本统一北方后,相当重视农业,除了上述曾有几次将苑囿赐与贫民外,还曾实行"计口授田"。如北魏初年定都平城(今山西大同),公元398年,"诏给内徙新民耕牛,计口受田"②。公元413年,北魏又徙二万余户至大宁(今河北涿鹿),"给农器,计口受田"③。从史料分析,计口受田的"新民"大多是战争中被俘的各族人民,他们并没有土地的所有权,只是在国有土地上为政府耕作的农奴。计口授田的标准可能是"一夫制治田四十亩,中男二十亩。无令人有余力,地有遗利"④。由于授田的农民没有生产热情,不愿尽力垦荒,北魏政府虽曾多次下令劝课农桑,仍不能使农业有较大的发展。

为了尽快促进垦荒,从而使政府得到更多的租调收入,同时也为了抑制地主豪强势力的扩充,防止国有荒地逐步沦入豪强之手。北魏在吸取了历代的公田假民的经验,并也有可能受到鲜卑族原有的村社土地共有习惯的影响,从"计口授田"进一步发展为"均田制"。北魏孝文帝太和九年(485)十月正式下诏:"均给天下之田,还受以生死为断,劝课农桑,兴富民之本。"⑤其主要内容是:

> 诸男夫十五以上,受露田四十亩,妇人二十亩,奴婢依良。丁牛一头,受田三十亩,限四牛。所受之田率倍之,三易之田再倍之,以供耕作及还受之盈缩。诸民年及课则受田,老免及身没则还田。奴婢、牛随有无以还

---

① 《通典》卷二《田制》下。
② 《魏书》卷二《太祖本纪》。
③ 《魏书》卷三《太宗本纪》。
④ 《魏书》卷七《高祖纪》,参见韩国磐《北朝隋唐的均田制度》第二章第二节。
⑤ 《魏书》卷七《高祖纪》。

受。诸桑田不在还受之限,但通入倍田分。……诸初受田者,男夫一人给田二十亩,课莳余,种桑五十树,枣五株,榆三根。非桑之土,夫给一亩,依法课莳榆枣。奴各依良。……诸应还之田,不得种桑榆枣果,种者以违令论,地入还分。诸桑田皆为世业,终身不还,恒从见口。有盈者无受无还,不足者受种如法。盈者得卖其盈,不足者得买所不足。不得卖其分,亦不得买过所足。……诸还受民田,恒以正月。……诸民有新居者,三口给地一亩,以为居室,奴婢五口给一亩。男女十五以上,因其地分,口课种菜五分亩之一。……诸远流配谪、无子孙及户绝者,墟宅桑榆,尽为公田,以供授受。授受之次,给其所亲;未受之间,亦借其所亲。①

以上可见,北魏均田比之前代假田,制度要严密得多,其主要特点是,按农民家庭人口分配给予公田、国有荒地,其中的大部分,农民仅有一定期限的占有权;小部分允许农民永久占有,但没有完全的处分权(不得卖其分,亦不得买过所足)。这样就保证国家能够长时间地控制、保有一定数量的公田,从而控制足够数量的农民为国家提供租调。同时,又在一定程度上满足农民对土地的要求,可以促进垦荒、促进农业的恢复与发展。

由于当时北方农耕技术又倒退到休耕轮作,一方面很多地方仍然地广人稀,因此北魏均田令规定的个人占有土地的限额较高,一人可受露田四十亩,"倍田"四十亩,其倍田部分中包括可永久占有的"桑田"二十亩,总共为八十亩。再加上妇女的露田二十亩、倍田二十亩,一夫一妇可占有一百二十亩。并且又规定:"诸土广民稀之处,随力所及,官借民种莳","乐迁者听逐空荒,不限异州他郡"。允许在这些地区,超过限额占有国有荒地,与原"假田"相当。

在土地上栽种树木作为表明土地私有权的一个方式,可能是中原地区旧有的民间习俗。先秦时"五亩之宅,树之以桑"②;古人常有在宅地栽桑的习俗,故而"桑梓"为故乡、故居的代称。推之更远,封邦建国的"封"字本身即意为堆土植树以明土地疆界,金文"封"字作 丰、𡉚,为植树动作象形③。南北朝时"襄阳土俗,邻居种桑树于界上为志"④。"桑田皆为世业","世业"一词在当时

---

① 《魏书》卷一一〇《食货志》。
② 《孟子·梁惠王上》。
③ 参见李剑农《先秦两汉经济史稿》第三章。
④ 《南齐书》卷五五《孝义传·韩系伯》。

也很普遍,指"累世之业"①,"世业旧田"②,即世代继承、使用的产业。北魏以桑田世业为允许农民永久占有的土地,也指民间旧有的私有土地,如原私有的土地已超过均田制的限额,则"有盈者无受无还",不再授田。

北魏均田法令规定允许农民限期占有的"露田",占有期限为男女十五岁起至"身没"或"老免",北魏法律规定的年老免役的年龄史无明文。均田令谓:"诸有举户老小癃残无授田者,年十一已上及癃者,各授以半夫田。年逾七十者,不还所受。"即"老"应不到七十岁。授半夫田的"小"比应授田年龄小四岁,可能"老"也应比所定"七十"小四岁,参考北齐均田令"六十六已上为老,十五已下为小"③。大约北魏也是以六十六岁为老。至老应还田,农民可占有露田的时间当为五十一年。

北魏均田制所定桑田、露田限额可因所在地区的公田数量、人口土地比例而灵活调整。如规定:"诸地狭之处,有进丁受田而不乐迁者,则以其家桑田为正田分;又不足,不给倍田;又不足,家内人别减分。"露田是授田的主体,故称"正田",地狭人多可以少分,而地广人稀又允许尽力开荒占有。在土地的分配上,为防止零畸,规定"诸一人之分,正从正,倍从倍,不得隔越他畔"。原则上一人一段,不能分割。然而在以后多次退田又授出后,难免形成零畸现象。

北魏开创的均田制对北朝隋唐产生了深远的影响。北齐于河清三年(564)颁布均田令,与北魏相比,其特点是:受田年龄从十五岁提高到十八岁。授田的种类也加以简化:

> 一夫受露田八十亩,妇四十亩。奴婢依良人,……丁牛一头,受田六十亩,限止四牛。又每丁给永业二十亩为桑田,……不在还受之限。非此田者,悉入还受之分。土不宜桑者给麻田,如桑田法。④

将北魏"倍田"并入露田。世业田(唐时史家为避唐太宗讳,改称永业)的私有性质更明显,无论种桑与否,都给二十亩为永业。而北魏时规定不宜种桑地区改授麻田,与露田同样还受。另外,授受的时间也改为十月,以利于过冬"宿

---

① 《三国志》卷一五《魏志·司马朗传》。
② 《南齐书》卷五五《孝义传·吴达之》。
③ 《隋书》卷二四《食货志》。
④ 《隋书》卷二四《食货志》。

麦"的种植。

与北齐对峙的西魏政权也颁行均田,但内容较为简略,"凡人口十已上,宅五亩;口九已上,宅四亩;口五已下,宅三亩。有室者,田百四十亩,丁者田百亩"①。看来丁女不能独自受田。也不知桑田、露田的比例份额,就受田总额来看,一夫一妇受田一百四十亩,与北齐相当,而比北魏夫妇总额多二十亩。

北齐均田制对于受田者的控制较为松弛,受田者有一定的处分权。除桑田允许买卖外,"露田虽复不听卖买,卖买亦无重责。贫户因王课不济,率多货卖田业,至春困急,轻致藏走。亦有懒惰之人,虽存田地,不肯肆力,在外浮游。三正(指邻长、闾正、党族之类的乡官)卖其口田,以供租课"。连露田买卖也习以为常②。另外北齐令也允许有条件的以"帖"、"卖"转移土地(详见下节)。

北朝均田制的实际施行情况,可从敦煌、吐鲁番出土文书中窥见一斑。敦煌出土的考证为西魏大统十三年(547)籍帐中,可以看到有"受田口"、"应受田"、"未足"、"已受"、"未受"栏目,详细记载各户人口、应受田人口、应受田的总数、尚缺田亩数等资料。据统计,现存七户计帐中,麻田一般都受足,但正田(露田)往往未受足,无一户受足总额。由此可见,虽然授受的数额不一定如令文所定,但基本制度是严格贯彻到各地乡村的③。

北魏、北齐、北周实行的均田制,一定程度上承认农民有获得土地的权利,保护农民的小块土地占有权。虽然这种占有不像秦汉时那样是完全的所有权,但农民毕竟可以有长期占有、使用、收益的权利,并且也有一定程度的处分权。在与豪强士族大土地私有制妥协的前提下,通过均田制,国家在一定程度上扶植、保护了自耕农经济,有利于社会经济的恢复与发展。更主要的是,使国家获得比较稳定的租调来源,增加财政收入,稳定统治秩序,北方的经济得以逐步恢复。

四、关于遗失物、埋藏物以及无主物的归属

晋律关于遗失物的法条已亡佚,但从张斐注律表"若得遗物强取强乞之类,无还赃法随例界之文"④这句话中推断,得遗物、强取、强乞虽然在法条中没

---

① 《隋书》卷二四《食货志》。
② 《通典》卷二《田制》下。
③ 参见韩国磐《北朝隋唐的均田制度》第三章第三节。
④ 《晋书》卷三〇《刑法志》。

有规定要还赃,但按照律首《法例》篇的规定也应还赃。可见,晋律规定遗失物应归还原主,但不知在找不到原主的情况下应如何处理。然而有一点可以肯定,拾得遗失物者如不将遗失物送官就构成犯罪。南齐时,功臣王敬则为吴兴太守,"有十数岁小儿于路取遗物,杀之以徇",将小儿处死刑并于当路示众,"自此道不拾遗,郡无劫盗"①。王敬则此举固然残酷,但可看出至少当时法律对于拾得遗失物不交官是认定为犯罪行为的,比之秦汉时的法律有所变化。

关于埋藏物所有权的归属,可能仍沿秦汉旧例,归不动产所有人所有。晋时隗炤,临终嘱咐妻子,"慎莫卖宅"。妻子后因贫穷,"欲卖宅者数矣。忆夫言,辄止"。最后依夫嘱咐,请龚使者筮卦,龚使者告诉她:"贤夫自有金,乃知亡后当暂穷,故藏金以待太平。所以不告儿妇者,恐金尽而困无已也。……(故藏)金五百斤,盛以青甖,覆以铜柈,埋在堂屋东头。"②这虽然是一个神话故事,但由此可以看出埋藏物的所有权随不动产的转移而转移,因此隗炤要妻子坚持不卖屋宅。

河流淤涨出的土地的所有权归属,这一时期很可能是归河岸所有者所有。晋代郭璞避乱居江南暨阳,家族墓地选在河边,"去水不盈百步,时人以为近水"。郭璞回答:"将当为陆。"以后"沙涨,去墓数十里皆为桑田"③。这些"桑田"的所有权当属郭璞家族。因在礼教的影响下,当时人普遍以祖坟周围不见其他杂人耕作为孝行。如南朝刘宋时孝子郭原平,家贫,父母"墓前有数十亩田不属原平,每至农月,耕者恒裸袒,原平不欲使人慢其坟墓,乃赊质家赀,贵买此田。三农之月,辄束带垂泣,躬自耕垦"④。普通农人尚且如此,号为名士的郭氏自然不会听任他人占有这些淤涨地。可见淤涨地的所有权在法律上和习惯上都自然归属原河岸土地的所有人。

五、寺产的出现与保护

佛教约在西汉末年传入中国,东汉末三国时开始在中原地区普及,至两晋南北朝时大盛。东晋末年,仅京城建康就有五百多所寺院,江南各地的寺僧

---

① 《南齐书》卷二六《王敬则传》。
② 《搜神记》卷三。
③ 《世说新语》卷五。
④ 《宋书》卷九一《孝义传·郭世道附子原平》。

"一县数千,猥成屯落"①。南梁武帝时建康僧尼多达十多万,"天下户口,几亡其半"②。而北朝佛教更盛,北魏末年全国佛寺达三万多所,僧尼徒众二百多万,洛阳一地就有一千三百多所寺院。北方分裂为北齐、北周后,北齐寺院有四万多所,北周也有一万所左右。

佛教的迅速发展自有其深刻的社会、政治、文化背景,然而寺院经济寺产的膨胀,也是一个重要原因。原先靠化缘乞食为生的僧侣,在寺院经济的支持下,得以成为一方地主富豪,并役使徒众,成为社会经济的一个组成部分。北魏初年,昙摩蜜多在敦煌立精舍,"植棕千株,开园百亩"③。北魏极盛时,寺院广占山林田园,有数十丈高的浮图(塔)、高数十尺的铜佛,有富丽堂皇的殿堂,北齐时"凡厥良沃,悉为僧有,倾竭府藏,充佛福田"④。南朝寺院也是"资产丰沃"⑤,江陵长沙寺僧以黄金数千两铸为金龙,埋于土中,历相传付⑥。

寺产的所有权主体是寺院,既非国家、政府,也非个人,是中国民法史上第一种以社团为主体的财产所有权。在理论上寺院财产不属于任何一个僧侣所有,也与过去社会上早已存在的合伙共有制不同,是一种与近代"法人"类似的所有权主体。

寺产的来源大多是信徒的捐献,尤其是帝王的赏赐。规模最大的寺院都是由皇帝敕建、征发民力修建的,并往往同时赐与各种财物。如梁武帝建大爱敬寺,又强买王氏田八十余顷施舍给该寺⑦。梁武帝还曾三次舍身同泰寺,群臣每次以钱一亿赎帝。北魏除了种种赏赐外,孝文帝承明元年(476)在僧官沙门统昙曜的鼓动下,建立了"僧祇户"、"佛图户"制度,对于寺产的扩充有重要意义⑧。

僧祇,是梵语sāmghika的音译,原意为"大众",佛教原有《僧祇律》。昙曜上奏:"平齐户及诸民,有能岁输谷六十斛入僧曹者,即为僧祇户,粟为僧祇粟,

---

① 《弘明集》卷一二引桓玄《与僚属沙汰僧众教》。
② 《南史》卷七〇《郭祖深传》。
③ 《高僧传》卷三。
④ 《广弘明集》卷七。
⑤ 《南史》卷七〇《郭祖深传》。
⑥ 《南齐书》卷三八《萧颖胄传》。
⑦ 《梁书》卷七《王皇后传》。
⑧ 据[日]镰田茂雄《简明中国佛教史》,上海译文出版社,1986年,第136页。

至于俭岁,赈给饥民。又请民犯重罪及官奴以为佛图户,以供诸寺扫洒,岁兼营田输粟。"得到允许,从此"僧祇户、粟及寺户遍于州镇矣"①。僧祇粟原只是为备荒暂贮于寺而已,但实际上由僧曹控制,所谓赈荒,主要是放贷取息,成为寺院高利贷业的本钱来源之一。佛图户则完全成为寺院的奴婢,而奴婢是当时社会一种主要动产。僧祇户除负担向寺院缴纳六十斛僧祇粟的义务之外,实际上也沦为寺院的依附人口,如凉州军户赵苟子等二百户被定为僧祇户后,负担两寺僧祇粟,寺僧曹"肆意任情,奏求逼召,致使吁嗟之怨,盈于行道,弃子伤生、自溢溺死五十余人"。最后因尚书令高肇奏请,才"听苟子等还乡"②。

除了僧祇粟、佛图户外,当时权贵豪富之家在战乱之时,往往把财产寄存于寺院。如北魏太武帝至长安寺,发现寺中有兵器,经搜检,"阅其财产,大得酿酒具及州郡牧守富人所寄藏物,盖以万计"③。这种寄存的财产也往往被僧曹用以经营取利。

南朝虽没有僧祇户、佛图户制度,但政府也往往将部分百姓的租调转输寺院。另有寺院的依附人口,称之为"白徒"、"养女",这些人"不书名籍",不入政府户籍,"常居邸肆,恒处田园",为寺院服役④。

第三节 债

一、契约形式与成立要件

自东汉蔡伦发明造纸术后,纸张的使用逐渐普及。三国两晋南北朝时期,民间的契约逐渐使用纸张书写,原来的竹木券契被淘汰。至南北朝末期,民间契约已主要采用纸张书写。北齐颜之推在《颜氏家训·勉学》中引"邺下谚云:博士买驴,书券三纸,未有驴字"。可见民间已普遍使用纸张书写契约了。在吐鲁番出土的北朝文书中也有不少纸写的契约。不过传统的竹木简契券形式在纸张契约中仍有所体现,如在契约中仍写作"券破之后",至北朝末年才写作

---

① 见《魏书》卷一一四《释老志》,但志所载年岁有误。
② 《魏书》卷一一四《释老志》。
③ 《魏书》卷一一四《释老志》。
④ 《广弘明集》卷二七。

"券成之后"。

随着破券习惯的改变,出现了单本契形式,这种契约仅一份,由权利人收执。如吐鲁番出土的北凉承平八年(450)买婢券末写有"券唯一支,在绍远(买主)边"①。纸写的券契仍称为"支",也是竹木简契的时代的遗风。

古老的"沽酒"仪式到南北朝仍时有所见。吐鲁番出土北凉时期一件借贷契约中有"沽各半"文句②,直到高昌章和十一年(541)买田券中还有"沽各半"的文句③。虽然可能并不一定真的举行仪式,但书写契约的习惯上仍常保留这一用语。

三国两晋南北朝时期契约成立要件当与秦汉时相差不多,西晋律学家张斐注律,提出二十个"律义之较名",即法律专门用语,其中就有"不和,谓之强"④。和与强对称,是指行为双方合意。民间成立契约,也往往写作"二主先和后券",作为契约的惯用语⑤,说明双方是合意成立契约。

与秦汉时期相比,这一时期契约的内容趋于复杂,尤其是担保条款大量增多。最常见的为悔约罚,各类契约几乎都有悔约罚的内容,通常写作"券成之后,各不得返悔,悔者一罚二入不悔者"⑥的惯语。此外,在买卖契约中常有追夺担保条款,借贷契约中常有逾期违约担保条款(均详见下段)。这些担保条款都以惯语形式书写,说明这些内容很早已成为民间的惯例了。

这一时期契约的附署人仍为倩书(代书)人及时见人,一般很少有其他第三人附署。而双方签署的方式一般是"各自署名为信"。此外,也出现了在契约文书自己名字下"画指"方式,如北魏正始四年(507)买地砖券即有"画指为信"(画指详见下章第三节)⑦。

具有一式多份的复本契约为便于核对真伪,往往契纸押缝写上"合同大吉"、"合同"或画上几道线段作为原件凭证,这应该也由原先竹木简"下手书"的惯例演变而来。魏晋时法律规定官文书文案有副本的,要在纸缝上署记,称

---

① 《吐鲁番出土文书》第一册,文物出版社,1981年,第187页。
② 《吐鲁番出土文书》第一册,第189页。
③ 《吐鲁番出土文书》第六册,文物出版社,1985年,第71页。
④ 《晋书》卷三〇《刑法志》。
⑤ 《吐鲁番出土文书》第一册,第191、187页。
⑥ 参见《吐鲁番出土文书》第一册,第191页;第三册,第243页等。
⑦ 《陶斋藏石记》卷六。

之为"款缝"①，这种制度可能是受民间契约文书惯例影响而形成的。

二、主要契约种类

(一) 买卖契约

从现存史料来看，这一时期与买卖契约行为间接有关的法律内容，南方、北方各有不同。

据《隋书·食货志》记载：

> 晋自过江，凡货卖奴婢、马牛、田宅有文券，率钱一万，输估四百入官，卖者三百，买者一百。无文券者，随物所堪，亦百分收四，名为散估。历宋、齐、梁、陈，如此以为常。以此人竞商贩，不为田业，故使均输，欲为惩励。虽以此为辞，其实利在侵削。

这种税率为百分之四的"估税"，性质为交易税之一种，是东晋南朝特有的制度。从这一记载中间接可以得知，东晋南朝以买卖奴婢、马牛、田宅为要式行为，必须订立书面契约。其他不订立书面契约的买卖行为也要交税。税钱由卖方负担四分之三，买方负担四分之一。这成为以后"契税"的滥觞。缴纳估税应该是当时买卖契约的成立程序要件之一。

北朝虽然没有类似交易税的明确记载，但从某些史料分析，买卖契约也有一定的法定程序。北魏均田令："诸远流配谪、无子孙及户绝者，墟宅、桑榆尽为公田，以供授受。授受之次，给其所亲；未给之间，亦借其所亲。"②说明亲族有优先受田权及优先占有权。由此可推知，在实际生活中，也很可能有亲族的先买权，反映了当时世族豪门统治下宗族权力的加强。这对后世的"先问亲邻"制度的形成也有一定的影响。

从出土的古代文书看来，这一时期民间买卖契约的惯例与秦汉时相比，其主要的特点是担保条款较多。较为典型的如吐鲁番出土的北凉承平八年（450，但此件契上写明为己丑年，则应为公元449年）翟绍远买婢券：

> 承平八年岁次己丑九月廿二日，翟绍远从石阿奴买婢壹人，字绍女，

---

① 《九朝律考》卷二《魏律考》。
② 《魏书》卷一一〇《食货志》。

> 年廿五,交与丘慈绵(锦,当为纺织品)三张半。贾(价)则毕,人即付。若后有何(呵)盗忉(认)名,仰本主了,不了,部(倍)还本贾。二主先和后券,券成之后,各不得返(反)悔,悔者罚丘慈锦七张,入不悔者。民有私要,要行二主,各自署名为信。券唯一支,在绍远边。倩书道护。①

本件契约规定了卖方担保买方占有的条款,若有第三者出面声称对此婢拥有所有权,要由卖方负责处理。如不能解决,要加倍返还卖价。又规定有具体的悔约罚方法,"罚丘慈锦七张"。

在这一时期的买卖契约中一般都有这两项担保条款。如北魏太和元年(477)郭孟绍给买地砖券也有:"地卅五亩,……要无寒(呵)盗,□若有人庶(诉)忍(认),仰倍还本物。……券破之后,各不得变悔。"②又如北魏正始四年(507)张神洛买墓田砖券:"其地保无寒盗,若有人识者,抑(仰)成亩数,出兜(卖主路阿兜)好□□。官有政,民私用。立券文后,各不得变悔,若先悔者,出北绢五匹。"③太和元年券出土于陕西长武,正始四年券出土于河北涿州,可见整个北方的买卖契约惯例大致相同。

目前能见到的这一时期南方的买卖契约文书较少,传世的几件砖石买地券,全都是"冥契",向所谓"天公地母"买地,"上至天下至地"等等没有任何真实土地买卖的成分。历史记载中也没有南朝关于买卖方面的法律条文。只能从仅有的几件史料中间接推断。

晋律中有"评价贵"的罪名。南朝刘宋和南齐都沿用晋律,也有此项罪名。刘宋何承天因为"卖苓四百七十束与官属求贵价",被人纠劾,"坐白衣领职"④。南齐时毛惠素为少府卿,为皇宫买御画用铜官碧青一千二百斤,报价用钱六十五万,后被人告发虚报,"武帝怒,敕尚书评价贵二十八万余",毛惠素最后被处死⑤。从以上这两个案例来看,两晋以及南朝法律对于买卖价格的规定较严格。评定价格负有法律责任,而评定价格的主要机构是市司。南梁武帝在钟山造大爱敬寺,附近有江南最显赫的士族王骞家良田八十多顷,梁武帝派人宣

---

① 《吐鲁番出土文书》第一册,第187页。
② 见《文物》1983年第8期。
③ 《陶斋藏石记》卷六。
④ 《宋书》卷六四《何承天传》。
⑤ 《南史》卷一六《毛惠素传》。

布要买这块田地,施舍给大爱敬寺。王骞回答:"此田不卖,若是敕取,所不敢言。"梁武帝大怒,"遂付市评田价,以直逼还之"①。即使是皇帝强买,还要经市司评价。可能东晋南朝对于买卖契约的定价规定比较细致。

就礼教伦理标准而言,要求"市无二价"。如南齐时崔慰祖"卖宅四十五万,买者云:'宁有减不?'答曰:'诚惭韩伯休,何容二价。'买者又曰:'君但责四十六万,一万见与。'慰祖曰:'是即同君欺人,岂是我心乎?'"②讨价还价被认为是不符合诚实君子应有的品行。这一时期"市无异价"与"道不拾遗"并列为一地教化大行、民风淳厚的标志之一③。

另外值得一提的是,北朝推行均田制,对于私人耕地买卖进行了法律限制。北魏均田制禁止民间买卖露田,也禁止在限额之外买卖桑田。北齐均田制也禁止买卖露田。但是根据《通典·食货·田制下》所载《关东风俗传》对于北齐均田制的批评里提到的,"其时强弱相凌,恃势侵夺,富有连畛亘陌,贫无立锥之地"。之所以会有这样的情况发生,《关东风俗传》作者认为除了朝廷不切实落实土地的授受、滥赐田土等弊病外,在立法上也有很大漏洞,允许土地的有条件转让:

> 帖、卖者:帖荒田七年,熟田五年,钱还地还,依令听许;露田虽复不听卖买,卖买亦无重责。贫户因王课不济,率多货卖田业,至春困急,轻致藏走。亦有懒惰之人,虽存田地,不肯肆力,在外浮游。三正卖其口田,以供租课。比来频有还人之格,欲以招慰逃散。假使暂还,即卖所得之地,地尽还走,虽有还名,终不肯住,正由县听其卖、帖田园故也。

"帖"的交易实质是土地出让方向受让方转让一定年限的土地全部占有、使用、收益权利,仅保留以原价赎回土地的权利。按照"钱还地还"的条件,如果出让方没有能力还钱,受让方自然就能够一直保留土地的全部占有、使用、收益的权利。这种法律允许的特殊的不动产交易契约行为对于后世"典"、"活卖"有直接影响。

(二) 借贷契约

三国两晋南北朝时期,民间借贷活动相当活跃,在一般的经济活动、灾荒

---

① 《梁书》卷七《太宗王皇后传附王骞》。
② 《南齐书》卷五二《文学传·崔慰祖》。
③ 如《陈书》卷一六《蔡景历传》。

等情况下人们需要借贷钱物,而且随着儒家礼教在民间影响的逐渐加强,养生送死的风气大盛,贫家也不惜借贷钱物以厚葬亲人。这一时期正史的《孝义传》中,就有很多孝子卖身借债、为父母营葬的事迹。马克思在《资本论》中指出:"流通在社会再生产中的作用越是不重要,高利贷就越是发达。"① 这一论断也适用于中国古代社会。这一时期社会货币商品经济的比重有所下降,高利贷业却随之兴起。民间出现了"举贷"这一专指附带利息的借贷行为的词汇。从吐鲁番出土的北朝时期的契约文书来看,一般规定利息的借贷契约,都写作"举"。如一件北凉时期的举锦契(此件载明年份为义熙五年,义熙为东晋年号,北凉初年从东晋记年,义熙五年为公元 409 年。此契又记作甲午岁,则当为公元 454 年,姑且存疑):

> 义熙五年甲午岁四月四日,道人弘度从翟绍远举西向白地锦半张,长四尺,广四尺,要到十月卅日还偿锦半张,即交与锦生布八纵一匹。若过其(期)不偿,一月生布壹丈。民有私要,要行二主。各自署名为信。沽各半。倩书道护。
>
> 若弘度身无,仰申智偿。时见。②

此件契约中的"锦生布"即为利息,六个月的利息为"布八纵一匹"。另外又规定逾期罚加计利息"一月生布壹丈",即再过六个月,利息总额达二匹。

南方也将计算利息的借贷称之为"举",如《梁书·王志传》:"京师有寡妇,无子,姑亡,举债以敛葬。既葬,而无以还之。(王)志愍其义,以俸钱偿焉。"

这一时期经营高利贷业的主要机构是佛教寺院,而秦汉时放债为业的"子钱家"却不见于史籍记载。佛教与禁止放债取利的基督教、伊斯兰教不同,佛经中就有不少借贷取利的故事。如《梵冈经菩萨戒本疏第二》"第三出贷者",《僧祇律》"塔、僧二物出息互贷,分别疏记"。《十诵经》有"塔物出息取利"。《善生经》有"病人贷三宝物(佛、法、僧),十倍还之"。佛教教义并不反对佛寺经营商业及借贷,同时佛寺往往积蓄有很多信徒施舍的各种财物,又有很多人为求安全可靠而将财产寄存于佛寺。佛寺既有教义允许,又有现成财物,更为民间广泛信任,因之放债取利是顺理成章之事。有时甚至受政府委托而成为

---

① 《资本论》第三卷,第 793 页。
② 《吐鲁番出土文书》第一册,第 189 页。

社会赈灾机构,如上节提到的北魏时的"僧祇粟"制度。僧祇粟原先只是用以救荒济灾的储备粮,所谓"僧祇之粟,本期济施,俭年出贷,丰则收入。山林僧尼,随以给施,民有窭弊,亦即赈之"。除部分用以供僧侣消费外,主要用来救灾,可是实际上,"主司冒利,规取赢息,及其征责,不计水旱。或偿利过本,或翻改券契,侵蠹贫下,莫知纪极"①。备荒粮变成了寺院高利贷业的本钱。

这一时期法定限制利率是多少,史无明文,但有一点可以肯定,至少从北魏时起,法律已禁止"收利过本",即累计利息至总额与原本相等,应停止计息,对于超过原本的利息,债权人即丧失请求权,官府不为之征理。同时法律已禁止以利为本的复利计息。如北魏宣武帝永平四年(511)下诏,对僧祇粟的管理加以整顿:"诸有僧祇谷之处,州别列其元数,出入赢息,赈给多少,并贷偿岁月,见在未收,上台录记。若收利过本,及翻改初券,依律免之,勿复征责。……征债之科,一准旧格。"②可见,北魏的律、科、格,对于利率及征债程序都有明确规定,禁止收利过本,以及改动原契约、将利息滚入原本的行为。

当时民间通行的利率可能普遍达到"倍称之息"的水平。从上件举锦契来看,虽不知当时锦与布的比价关系,但仅从数量而言,半张锦比之一匹布,至少也应是"倍称之息",况且只是半年利,若加上逾期罚计息,还不止于倍称。北魏时寺院僧祇粟放贷"偿利过本"、"翻改券契",也采用年利超过百分之一百及复利的计息方法。从吐鲁番出土的北朝借贷契约文书中,普遍采用月利百分之十的计息方法,年利当为百分之百以上。北齐卢叔武"在乡时,有粟千石,每至春夏,乡人无食者令自载取,至秋,任其偿,都不计校。然而岁岁常得倍余"③。卢叔武虽不计息催债,然而乡人感其恩德,自愿多偿,所依据的当为那时民间一般的借贷利率。自春至秋,仅及三季,所还已倍,可见年利率百分之百的"倍称之息"已成为民间惯例,比秦汉时的民间利率大有上升。

这一时期债务的担保方式也有了很大的发展。以债务人亲属为人质担保债务的古老惯例依然很流行。这种人质与一般以财物质押债务一样,称之为"质",而东晋南朝往往又称之为"贴"。"贴"字原意据《说文解字》"以物为质也",与质同义。如南朝刘宋时,"有尹嘉者,家贫,母熊自以身贴钱,为嘉偿

---

① 《魏书》卷一一四《释老志》。
② 《魏书》卷一一四《释老志》。
③ 《北齐书》卷四二《卢叔武传》。

责"。尹嘉被指控为不孝,要处死刑。法官何承天以熊氏口供"自求质钱,为子还责",建议免除尹嘉死刑①。可见贴与质区别不大。刘宋明帝起造湘宫寺,极尽奢华,虞愿称:"陛下起此寺,皆是百姓卖儿贴妇钱,佛若有知,当悲哭哀愍。"②南齐山阴县有指定为政府采集水产品的"滂民",朝廷征敛无度,滂民只得"摧臂斮手,苟自残落,贩佣贴子,权赴急难"③。南齐会稽孝子公孙僧远,母亲去世,"无以葬,身贩贴与邻里,供敛送之费"。以后"兄姊未婚嫁,乃自卖为之成礼"④。秦汉时淮南有"赘子"风俗,东晋南朝的"贴子"、"质子"或许与此习俗有一定的联系。

  以人质为债务担保的方式,由于债务往往难以清偿,人质遂沦为债权人的奴婢,因此也泛称"鬻"、"卖",从以上数例已可看到,贴质与贩卖常常并称。鬻妻卖子是史籍中常见的记载,如北魏初年征敛苛重,薛虎子上书,指出民间"或有货易田宅,质妻卖子,呻吟道路,不可忍闻"⑤。又如北魏末年,北方"民户丧亡,六畜无遗,斗粟乃至数缣,民皆卖鬻儿女"⑥。南齐刚建国时,战乱频仍,"浙东五郡,丁税一千,乃有质卖妻儿,以充此限"⑦。这种被卖者有自赎恢复自由身份的可能。南朝刘宋孝子郭原平,父亡,"自卖十夫"(十夫应该是指砌造坟墓的工匠),营丧服满后,"诣所买主,执役无懈,与诸奴分务,每让逸取劳。主人不忍使,每遣之,原平服勤,未曾暂替"。郭原平刻苦学习筑坟技术,得以获得较多的工钱,"所余私夫,佣赁养母,有余,聚以自赎"⑧。南齐孝子吴达之,"嫂亡,无以葬,自卖为十夫客,以营家槚。从祖弟敬伯夫妻荒年被略卖江北,达之有田十亩,货以赎之"⑨。

  秦汉时法律禁止以人质钱,三国两晋南北朝时期法律是否有这方面的明确规定,史无明文。从见诸史籍的众多事例来看,当时这项禁令很有可能已经废弛。很多官僚也取人质放债。南齐虞愿"为晋平太守,在郡不治生产。前政

---

① 《宋书》卷六四《何承天传》。
② 《南齐书》卷五三《良政传·虞愿》。
③ 《南齐书》卷四一《周颙传》。
④ 《南齐书》卷五五《孝义传·公孙僧远》。
⑤ 《魏书》卷四四《薛野䐗传附子虎子》。
⑥ 《魏书》卷五七《崔挺传附子孝暐》。
⑦ 《南齐书》卷二六《王敬则传》。
⑧ 《宋书》卷九一《孝义传·郭原平》。
⑨ 《南齐书》卷五五《孝义传·吴达之》。

与民交关,质录其儿妇,愿遣人于道夺取将还"①。交关为交易之意,前任太守放债取人儿妇为质,假若此举违法,虞愿自然可以弹劾前任,而采用半道劫夺的办法,很可能就是因为当时法律已经不再明文禁止以人质债。

这一时期相当流行双方在契约中约定"违期罚息",来作为按时履约的担保。比如上文所引北凉举锦契"若要过期不偿,一月生布壹尺"。北魏《张丘建算经》卷上例题:"今有甲贷乙绢三匹,约限至不还,匹日息三尺。"一匹四十尺,违限罚息竟高达日息百分之七点五(合月息百分之二百二十五)。该例题设定条件是"过限七日",结果是应罚息二匹又加上三百钱。同书卷下的例题,是双方约定每过限一日,"息绢日多一尺"。过限一百日后,"息绢"为一百二十六匹一丈。虽然这是为了演示数学算法,但至少可以说明当时民间广泛采用"日绢一尺"之类的"违期罚息"担保方式。

以财物质押为债务担保的方式在这一时期大为流行,逐渐成为当时最主要的债务担保方式,尤其是出现了专门经营收取质押品放债的行业。当时寺院广泛设立"质库",经营收质放债。如南梁时僧旻"因舍什物嚫施,拟立大堂,虑未周用,付库生长,传付后僧"②。库中财物"生长"唯一办法就是放债取息,故称之为"长生库"。南齐功臣褚渊死时"家无余财,负债至数十万"。其弟褚澄"以钱万一千就招提寺赎太祖(南齐高帝萧道成)所赐渊白貂坐褥,坏作裘及缨,又赎渊介帻、犀导及渊常所乘黄牛"③。南梁甄彬"尝以一束苎,就州长沙寺库质钱,后赎苎还,于苎束中得五两金,以手巾裹之。彬得,送还寺库,道人惊云:'近有人以此金质钱。'"④

除了寺院收质放债外,民间尤其是贵族官僚也经营此业。用以质押的财物范围也很广泛,动产中常常以奴隶质押。南齐陆鲜放债,扬州主簿顾测"以两奴就鲜质钱,鲜死,子晫诬为卖券"。顾测写信给陆鲜的哥哥、御史中丞陆澄,陆澄偏袒侄儿。顾测指责陆澄:"此趋贩所不为,况搢绅领袖,儒宗胜达乎?"陆澄因之怀恨在心,从此压抑顾测,不得晋升⑤。南梁刘寅以一名奴隶"贴

---

① 《南齐书》卷五三《良政传·虞愿》。
② 《续高僧传》卷五《梁僧旻传》。
③ 《南齐书》卷二三《褚渊传附弟澄》。
④ 《南史》卷七〇《甄法崇传附孙彬》。
⑤ 《南齐书》卷三九《陆澄传》。

钱七千,共众作田"。后又以钱七千赎之①。刘宋时郭原平为买父母墓前数十亩土地"贩质家赀"②。南梁庾诜,"邻人有被诬为盗者,被治劾",庾诜"乃以书质钱二万,令门生诈为其亲,代之酬备(赔),邻人获免"③。

质押放债普遍流行之后,契约形式也简化为"质帖",凭帖还钱取质。南齐尚书右仆射萧坦之被杀,从兄萧翼宗也受牵连,"遣收之,检家,赤贫,唯有质钱帖子数百",得免一死④。

值得注意的是,当时不动产也往往作为债务质押品。习惯上只要是转移了作为债务担保的财产,无论动产、不动产,都可以叫作"质"。如上文提到的刘宋时郭原平为买父母墓前数十亩土地"贩质家赀","家赀"作为泛指,也可以指田产房屋⑤。又如南陈末年术士韦鼎预测南陈将亡,"尽质货田宅,寓居僧寺"⑥。而上文提到的北齐法律允许的土地"帖"的交易,"帖"与"贴"同音,而"贴"在当时也与"质"同义,所以这种交易行为也可视为以不动产质押担保行为,并以一定年限内的土地收益充作债务的利息。

除了在契约成立时即刻转移质押品外,这一时期也发展了就债务人某项财产(一般为不动产)设定抵押权的担保方式。南梁临川王萧宏,"都下有数十邸,出悬钱立券,每以田宅邸店悬上文券,期讫,便驱券主,夺其宅。都下东土百姓,失业非一"⑦。"悬"在这里是预约之意,即指定债务人的某项不动产,至债务到期未能偿还,所预约指定的不动产即转移于债权人。这种"悬券"的债务担保方式在北朝称之为"注",北齐太监陈德信弄权,"诸商胡负官责息者,宦者陈德信纵其妄注淮南富家,令州县征责"⑧。指定淮南富家产业为债务抵押,不能清偿即由地方官府出面征收。

由担保人代为清偿,担保人负担连带责任的债务担保方式,这一时期也已出现。如上述北凉举锦契中,"若弘度身无,仰申智偿"。申智虽没有保人之

---

① 《文选》卷四〇《奏弹刘整》。
② 《宋书》卷九一《孝义传·郭原平》。
③ 《梁书》卷五一《处士传·庾诜》。
④ 《南齐书》卷四二《萧坦之传》。
⑤ 《宋书》卷九一《孝义传·郭原平》。
⑥ 《隋书》卷七八《艺术传·韦鼎传》。
⑦ 《南史》卷五一《梁临川王宏传》。
⑧ 《北齐书》卷四二《卢潜传》。

名,但实际上起到了债务担保人的作用。

对于欠债不还,当时可能已有了催债及惩罚债务人的法律规定,如前引北魏永平四年诏:"征债之科,一准旧格。"欠官债者,官府自然严加征催,北齐酷吏宋游道为尚书左丞,"劾太师咸阳王坦、太保孙腾、司徒高隆之、司空侯景、录尚书事元弼、尚书令司马子如,官赍金银,催征酬价"①。弹劾一大批欠官债不还的高官,并依法催征。对于私债,官府也往往依债权人委托而代为征讨。南朝刘宋时,顾觊之的第三个儿子顾绰"私财甚丰,乡里士庶多负其责(债),觊之每禁之不能止"。后顾觊之出任吴郡太守,"诱绰曰:'我常不许汝出责,定思贫薄亦不可居。民间与汝交关有几许不尽,及我在郡,为汝督之,将来岂可得。凡诸券书皆何在?'绰大喜,悉出诸文券一大厨与觊之,觊之悉焚烧,宣语远近:'负三郎责,皆不须还,凡券书悉烧之矣。'绰懊叹弥日"②。北齐苏琼为南清河太守,"道人道研为济州沙门统(北朝所设僧官),资产巨富,在郡多有出息,常得郡县为征"。苏琼每次见道研来访,"度知其意,每见则谈问玄理,应对肃敬,研虽为债数来,无由启口。其弟子问其故,研曰:'每见府君,径将我入青云间,何由得论地上事。'"③顾觊之、苏琼都是循吏,若是贪官,征债自然苛求无已。

和秦汉时期一样,如债权人券契亡失,债务即视同消灭,如上述顾觊之焚券。北魏崔光韶在弟弟死后,"悉焚其契。河间邢子才曾贷钱数万,后送还之。光韶曰:'此亡弟相贷,仆不知也。'竟不纳"④。北齐兰陵王高长恭,"有千金责券,临死日,尽燔之"⑤。

除了债权人取消债务外,有时政府也发布法令宣布免除一切公私债务。秦汉时政府偶有免放公债之举。如西汉武帝元朔元年(前128)诏:"诸逋贷及辞讼,在孝景后三年以前,皆勿听治。"据颜师古注:"逋,亡也。久负官物亡匿不还者,皆谓之逋。"⑥孝景后三年是公元前141年,欠负官物十三年的案件不再受理,等于是放免了债务。"辞讼"当然也应包括私人之间的债务纠纷,已达十三年的诉讼不再审理,债权人无法通过法律追索债务。此后,汉昭帝始元四

---

① 《北齐书》卷四七《酷吏传·宋游道》。
② 《宋书》卷八一《顾觊之传》。
③ 《北齐书》卷四六《循吏传·苏琼》。
④ 《魏书》卷六六《崔亮传附从父弟光韶》。
⑤ 《北齐书》卷一一《兰陵王长恭传》。
⑥ 《汉书》卷六《武帝纪》。

年(前83)也曾有诏:"辞讼在后二年前,皆勿听治。"①孟康注后二年为武帝后二年,当为公元前87年,也只是宣布不再替债权人追债。

明确宣布取消公私债务的法令,就目前史料来看,当始于北魏。北魏孝庄帝永安二年(529)诏:"诸有公私债负,一钱以上、巨万以还,悉皆禁断,不得征责。"②仅从字面上理解此诏,则不仅禁止官府为债权人征债,也禁止债权人私自向债务人索债,从而明确取消一切债务。这一法令的实施情况无从得知。当时北魏内有尔朱荣作乱要挟帝室,外有南梁陈庆之军的进攻,政局混乱,北魏已处于覆灭前夕,因此这一诏令恐怕只是救急之策,并未真正实行。但此诏开了后世以法令取消公私债务的先例,在民法史上具有一定意义。

(三) 雇佣契约

三国两晋南北朝时期雇佣契约关系在民间很为常见,称之为"雇"、"庸"、"佣力"等等。以劳役抵偿债务也称"佣力"、"佣赁"。如南朝刘宋孝子郭世道,"家贫无产业,佣力以养继母。妇生一男,夫妻共议曰:'勤身供养,力犹不足,若养此儿,则所费者大。'乃垂泣瘗之。母亡,负土成坟。亲戚咸共赙助,微有所受,葬毕,佣赁倍还先直"③。孝子吴逵,因遭饥荒时疫,家中父母及亲属共十三口同时遇难,吴逵"昼则庸赁,夜则伐木烧砖",为死者做棺营坟,出葬时,邻里帮助,"一无所受,皆佣力报答焉"④。

与秦汉时一样,雇佣劳动者一般极为贫困,社会地位也较低下。对雇主的财产如有损害要负赔偿责任。西晋王育,"少孤贫,为人佣牧羊,每过小学,必歔欷流涕。时有暇,即折蒲学书,忘而失羊,为羊主所责,育将鬻己以偿之"。幸得义士相助,得免为奴婢⑤。

这一时期雇佣契约行为中比较特殊的是"佣书",即受雇为人抄写文书。而当时贫寒读书人中很多人是以"佣书"为业的。如南梁沈崇傃,年幼丧父,"及长,佣书以养母"⑥。北魏崔亮自小与叔父同居,"家贫,佣书自业"⑦。佣书

---

① 《汉书》卷七《昭帝纪》。
② 《魏书》卷一〇《孝庄纪》。
③ 《宋书》卷九一《孝义传·郭世道》。
④ 《宋书》卷九一《孝义传·吴逵》。
⑤ 《晋书》卷八九《忠义传·王育》。
⑥ 《梁书》卷四七《孝行传·沈崇傃》。
⑦ 《魏书》卷六六《崔亮传》。

的收入比之一般农牧业、工商业的雇佣收入要高。北魏刘芳"昼则佣书以自资给,夜则读诵终夕不寝"。因为刘芳书法精美,"常为诸僧佣写经论,笔迹称善,卷直以一缣,岁中能入百余匹。如此数十年,赖以颇振"①。可见当时佣书为计件报酬,按抄写卷数确定佣资。书法好的还能发点小财。

第四节 婚姻与亲属

一、亲等关系的标尺——五服制度

按照古代礼制,亲属中有人死亡,与死者亲疏关系不同的亲属,应穿着五种不同制式的丧服,表示程度不同的悲伤哀悼之意,这就是"五服"制度。反过来,穿着何种制式的丧服就表示他与死者有何种亲属关系,再进一步,即使没有死人,只要说出某甲应该为某乙穿着何种丧服,也就可以明了甲乙之间的亲属关系了。

用五服表示亲属关系的等级,比用具体的亲属称呼更概括、更简洁。中国古代法律对亲属之间发生的犯罪,根据被害人与加害人之间的亲疏关系决定刑罚轻重,因为五服可以概括、简洁地表示出亲疏关系,可以把它作为决定加害人刑罚轻重的参照系数,这就是始于晋代的"准五服以制罪"。为了能方便地使用五服这个参照系数,后世制作了"服制图"编入正律。"服制图"按"本宗九族"、"夫族"、"外亲族"、"妻亲"等亲类制作,收入了绝大多数的亲属。

中国古代的亲属,从己身往上数四个世代、往下数四个世代,即从高祖至玄孙的九个世代,称"本宗九族",在这个范围内的直系和旁系亲属,应互相为对方穿着丧服,称为"有服亲"。丧服起源于亲属死亡后因悲痛所致而不修边幅,不修边幅的程度和持续时间与悲痛程度有关,悲痛程度又与亲疏关系有关,五服制度中的丧服制式,根据这个逻辑的逆顺序决定,与死者关系越近越亲,悲伤的程度越深,丧服的衣料越粗劣,制作越粗放,穿着的时间也越长;与死者关系越远越疏,丧服的衣料越精细,制作越讲究,穿着的时间也越短。五服制式、穿着对象(参见"本宗九族五服正服图表")和穿着时间具体如下。

---

① 《魏书》卷五五《刘芳传》。

本宗九族五服正服图表

凡姑、姊妹、女及孙女，在室或已嫁被出而归，服并与男同。出嫁而无夫与子者，为兄弟姊妹及侄，皆不杖期				高祖父母 即太太公、太太婆 齐衰三月				凡嫡孙父卒，为祖父母承重，服斩衰三年。若为曾高祖父母承重，服亦同。祖在，为祖母，止服杖期
			族曾祖姑 谓曾祖之姊妹，即太姑婆 在室缌麻 出嫁无服	曾祖父母 即太公太婆 齐衰三月	族曾祖父母 即太伯公太伯婆太叔公太叔婆 缌麻			
		族祖姑 谓祖之同堂姊妹即公之伯叔姊妹 在室缌麻 出嫁无服	祖姑 谓祖之亲姊妹即姑婆 在室小功 出嫁缌麻	祖父母 即公婆 齐衰不杖期	伯叔祖父母 谓祖之亲兄弟及妻，即伯公伯婆、叔公叔婆 小功	堂伯叔祖父母 谓祖之伯叔兄弟及妻即公之伯叔兄弟 缌麻		
	族姑 谓父之再从姊妹，即父同曾祖姊妹 在室缌麻 出嫁无服	堂姑 谓父之伯叔姊妹 在室小功 出嫁缌麻	姑 谓父之亲姊妹 在室期年 出嫁大功	父母 斩衰三年	伯叔父母 谓父之亲兄弟及妻，即伯伯姆姆、叔叔婶婶 期年	堂伯叔父母 谓父之伯叔兄弟及妻 小功	族伯叔父母 谓父之再从兄弟及妻即父同曾祖兄弟 缌麻	
族姊妹 谓三从姊妹，即同高祖姊妹 在室缌麻 出嫁无服	再从姊妹 谓父之伯叔兄弟之女，即同曾祖姊妹 在室小功 出嫁缌麻	堂姊妹 谓同祖姊妹 在室大功 出嫁小功	姊妹 谓己之亲姊妹 在室期年 出嫁大功	己身	兄弟 谓己之亲兄弟 期年 大功 兄弟妻 小功	堂兄弟 谓同祖兄弟 小功 堂兄弟妻 缌麻	再从兄弟 谓父伯叔兄弟之子 缌麻 再从兄弟妻 无服	族兄弟 谓三从兄弟，即同高祖兄弟 缌麻 族兄弟妻 无服
	再从侄女 谓再从兄弟之女 在室缌麻 出嫁无服	堂侄女 谓同祖伯叔兄弟之女 在室小功 出嫁缌麻	侄女 谓兄弟之女 在室期年 出嫁大功	长子 期年 长子妇 期年 众子 期年 众子妇 大功	侄 谓兄弟之子 期年 侄妇 大功	堂侄 谓同祖伯叔兄弟之子 小功 堂侄妇 缌麻	再从侄 谓父伯叔兄弟之子，即同曾祖兄弟之子 缌麻 再从侄妇 无服	
凡五世祖族属，在缌麻绝服之外，皆为祖免亲。遇丧葬则服素服，尺布缠头		堂侄孙女 谓同堂伯叔兄弟之孙女 在室缌麻 出嫁无服	侄孙女 谓兄弟之孙女 在室小功 出嫁缌麻	嫡孙 期年 嫡孙妇 小功 众孙 大功 众孙妇 缌麻	侄孙 谓兄弟之孙 小功 侄孙妇 缌麻	堂侄孙 谓同堂伯叔兄弟之孙 缌麻 堂侄孙妇 无服		凡男为人后者，为本生亲属降服，皆降一等。唯本生父母降服不杖期，父母报服同
			侄曾孙女 谓兄弟之曾孙女 在室缌麻 出嫁无服	曾孙 谓孙之子 缌麻 曾孙妇 无服	曾侄孙 谓兄弟之曾孙 缌麻 曾侄孙妇 无服			
				玄孙 谓曾孙之子 缌麻 玄孙妇 无服				

（一）"斩衰"服。用极粗的生麻布制作，不缝衣边；妻子、儿子、在室女、儿媳穿着；穿着三年（实际历代为二十七个月，晋为二十五个月）。

（二）"齐衰"服。用较粗生麻布制作，缝衣边；丈夫、已嫁女、兄弟、孙子、侄子女等穿着，穿着时间又分为五种：(1)"齐衰三年"（实际为二十七月）；(2)"齐衰杖期"，"杖"为手杖，称"哭杖"，表示悲痛得步履艰难而须持杖行走，"期"即一年，斩衰、齐衰三年一般也持杖；(3)"齐衰不杖期"，即不持杖的"期"（一年）；(4)"齐衰五月"；(5)"齐衰三月"。

（三）"大功"服①。用粗熟麻布制作；堂兄弟、已嫁姊妹、已嫁侄女等穿着；穿着九个月。

（四）"小功"服②。用较粗熟麻布制作；曾孙、侄孙、伯叔（丈夫的兄弟）等穿着；穿着时间五个月。

（五）"缌麻"服。用细熟麻布制作；玄孙、侄曾孙、女婿、中表兄弟等穿着；穿着时间三个月。

以上五等亲属称"五服亲"、"有服亲"、"服亲"等。"五服亲"以外的亲属称为"袒免亲"或"无服亲"。袒免亲无丧服，无丧期，仅遇丧时袒露左臂（袒）、去冠挽发（免）以表示悲痛。袒免亲最初仅是"本宗九族"之外一等的亲属，后来逐渐扩大，凡"同宗"皆为"无服亲"。

五服亲对亲等关系的划分，不仅根据血缘、婚姻关系，更重要的是根据宗法伦理原则，即"亲亲、尊尊、长长"和"男女有别"，如尊卑不同服，夫妻不同服，嫡庶不同服，在室出嫁、血亲姻亲不同服，等等。

前述自晋代以来"准五服以制罪"实际上只是"准"大功、小功、缌麻、袒免，在斩衰、齐衰二等亲上，根据"孝道"原则有些灵活变化，如父、母、祖父母、曾祖父母、高祖父母服制不同，在"制罪"时则视同一等，即子孙为父、母、祖父母等所穿丧服不同，但侵犯父、母、祖父母时所受刑罚相同。《唐律》的"诸称'期亲'及称'祖父母'者，曾、高同；称'孙'者，曾、玄同"③，就是为此而作的特别规定。

---

① "大功"是"大功布衰裳"的简称，"大"即"粗"，"功"指纺织技术，大功布即粗织熟麻布。
② "小功"是"小功布衰裳"的简称，"小"即"细"。参见前注。
③ 《唐律疏议》卷六《名例律》"称期亲祖父母"条。

二、门第婚的盛行

门第婚指刻意讲究门当户对的婚姻。在阶级社会中,门第婚是普遍现象,古代中国也不能免。门第婚的目的,是利用联姻缔结政治经济联盟。但是门第婚发展到极端,成了为门第婚而门第婚的,当以魏晋南北朝时期为甚。

曹魏推行"九品官人法",初意虽在不计门第选举人才,最后却造成了"上品无寒门,下品无士族"的特权政治结构,豪门即权贵,权贵即豪门。家族门第不仅有豪门、寒门之分,豪门、寒门中又有高下等第之分,社会上门第意识极其强烈,上等门第把婚姻门当户对看作保持门第的手段,不屑于俯就低门第。

东晋士族王坦之在大司马桓温手下做长吏时,桓温想娶王坦之的女儿为儿媳妇,王坦之有意允诺,其父王述大怒,说:"汝竟痴邪?讵可畏(桓)温面而以女妻兵也。"①不愿把孙女嫁给武人,桓温最终没有如愿。

东晋初年,吴郡大姓陆氏、丞相参军陆玩自视甚高,"时王导初至江左,思结人情,请婚于(陆)玩。(陆)玩对曰:'培塿无松柏,薰莸不同器。玩虽不才,义不能为乱伦之始。'"②骠骑大将军王导,也是当时的豪门大姓,向陆玩家求婚,陆玩却回答说:小土丘上不长松柏,香草(薰)与臭草(莸)不能并存于一处。我虽然不长进,但绝不做乱伦的带头人。拒绝了王导的请求。

刘宋时,"吏部尚书褚彦回欲与(太子舍人王秀之)结婚,秀之不肯,以此频为两府外兵参军"③。权贵褚彦回想与旧族王秀之联姻,因遭拒绝而频频给王秀之穿小鞋,最终仍不能遂意。

南梁大将军侯景请梁武帝作媒,欲娶士族王姓、谢姓之女,梁武帝劝他说:"王、谢门高非偶,可于朱、张以下访之。"④皇帝也见难于为庶族权贵向士族求婚。

北魏大姓崔巨伦的姐姐是独眼,"内外亲类莫有求者,其家议欲下嫁之",此事被崔的姑妈知道,说:"吾兄盛德,不幸早世,岂令此女屈事卑族!"于是把独眼侄女娶为自己的儿媳⑤。为了使母家的婚姻能保持门当户对,不惜让自己

---

① 《晋书》卷七五《王述传》。
② 《晋书》卷七七《陆玩传》。
③ 《南史》卷二四《王秀之传》。
④ 《南史》卷八〇《侯景传》。
⑤ 《魏书》卷五六《崔巨伦传》。

的儿子娶一个残疾人,但社会舆论却赞其为义举。

士族中有与下等门第通婚的,每每遭到排抑。北魏太和二年(478)孝文帝下诏曰:

> 皇族贵戚及士民之家,不惟氏(士)族,下与非类婚偶。先帝亲发明诏,为之科禁,而百姓习常,仍不肃改。朕今宪章旧典,祗案先制,著之律令,永为定准。犯者以违制论。①

立法禁止贵戚、士族"与非类婚偶",以法律保障门第婚的森严。

南齐东海士族王源嫁女与庶族满璋,中丞沈约便上奏弹劾:"王满连姻,实骇物听,……蔑祖辱亲,于事为甚,……宜置以明科,黜之流伍,使已污之族永愧于昔辰,方媾之党革心于来日。臣等参议,请以见事免源所居官,禁锢终身,辄下禁止视事如故。"②理直气壮地建议把士庶通婚的王源"禁锢终身",永不准做官。

当时下等门第则把与上等门第联姻看作提高门第的途径,极力高攀。上引桓温、侯景故事即属此例。

南朝宋齐以后,天子均出自寒微,"诸尚公主者,并用世胄,不必皆有才能"③,皇室嫁女也要攀援门第。秉政权臣中多有寒士,也以与旧族通婚为荣。南齐骁骑将军胡谐之出身庶族,"上方欲奖以贵族盛姻,以谐之家人语傒音不正,乃遣宫内四五人,往谐之家教子女语"④。齐高帝为让胡家与士族通婚,专门派了四五个宫人到胡家做语言家庭教师,帮助胡家人纠正方言口音。从这个事例可以看到,皇帝让庶族与士族通婚是一种"奖励",庶族与士族通婚,还要在语音上学会士族间通行的"正音",虽然胡家后来没有学好"正音",但也从侧面反映了庶族欲与士族通婚的急切向往。甚至受赐一个被籍没的士族妇女为妻,也被视作荣耀之事。贫寒出身的北齐相府主簿孙搴,因办事得力,"大见赏重,赐妻韦氏,既士人子女,又兼色貌,时人荣之"⑤。更有人因得赐士族罪妇而出弃元配的。"(右卫将军郭

---

① 《魏书》卷七上《高祖纪》上。
② 《文选》卷四〇《弹事·奏弹王源》。
③ 《宋书》卷五二《褚叔度传》。
④ 《南史》卷四七《胡谐之传》。
⑤ 《北齐书》卷二四《孙搴传》。

琼)以死罪没官,(北齐)高祖以(郭琼儿媳卢氏)赐元康为妻,元康乃弃故妇李氏。"①因为卢氏是士族之女。此事虽遭物议,但攀援门第的社会心理由此可见一斑。

三、聘财掩盖下的买卖婚姻

从掠夺婚发展到聘娶婚,其间经历了劳役婚、买卖婚等阶段,与以前相比,聘娶婚无疑是婚姻史上的一大进步。但在聘娶婚的典型程序"六礼"中,一个不可少的环节是"纳征"。"纳征,纳聘财也"②,没有相当数额的聘财,娶不到新妇,所以聘娶婚实质上还是买卖婚。晋律明确婚姻成立的要件:"崇嫁娶之要,一以下娉为正,不理私约。"③更突出了聘财在嫁娶中的重要性。

晋室渡江之后,社会风尚日益奢靡,聘财也越被看重。一些博学知名而贫困者,也往往因穷而不得娶妻。如:

> (颜)延之少孤贫,居负郭,室巷甚陋。好读书,无所不览,文章之美,冠绝当时。饮酒不护细行,年三十,犹未婚。④

> (刘)勰早孤,笃志好学,家贫不婚娶,依沙门僧祐,与之居处,积十余年。⑤

另外,南北朝盛行门第婚,旧族中落,仍自矜门第,不屑与庶族联婚,而寒门新贵则极力攀援门第,竞相以重金求娶旧族之女,以得为荣。如:

> 宋元嘉十四年(437),广陵盛道儿亡,托孤女于妇弟申翼之,服阕,翼之以其女嫁北乡严齐息,寒门也,丰其礼赂。⑥

清代学者赵翼说:"魏齐之世,婚嫁多以财币相尚,盖其始高门与卑族为婚,利其所有,财贿纷遗,其后遂成风俗。凡婚嫁无不以财币为事,争多竞少,恬不为怪也。"⑦指出了南北朝重聘财的由来和对后世的影响。

---

① 《北齐书》卷二四《陈元康传》。
② 《礼记·昏义》疏。
③ 《晋书》卷三〇《刑法志》。
④ 《宋书》卷七三《颜延之传》。
⑤ 《梁书》卷五〇《文学传下·刘勰》。
⑥ 《搜神后记》。
⑦ 《廿二史劄记》卷一五《财婚》。

《颜氏家训·治家篇》说:"近世嫁娶遂有卖女纳财,买妇输绢,比量父祖,计较锱铢,责多还少,市井无异。"把婚姻完全当作买卖,聘娶婚就是聘财掩盖下的买卖婚。历代统治者也看到了这种买卖婚的弊端,虽迭有限制聘财数额之禁,但终不能改其实质。

四、一夫一妻多妾制的发展

至魏晋时,一夫一妻多妾制早已成为惯例。西晋为表示遵循古礼,附会《周礼》说法,在法律中规定娶妾数额应按官品地位决定。

> 晋令:诸王置妾八人,郡君、侯妾六人。官品令:第一、第二品有四妾,第三、第四品有三妾,第五、第六有二妾,第七、第八有一妾。①

这一规定在两晋都通行有效。

北魏入主中原后,废除西晋依官品娶妾制度,而官僚贵族之家沿鲜卑旧俗,"专以妇持门户,争讼曲直,造请逢迎,车乘填街衢,绮罗满府寺,代子求官,为夫诉屈"②。以"悍妻妒妇"为能,"举朝略是无妾,天下殆皆一妻"。东魏时皇族拓跋孝友为此上书,要求恢复西晋制度,"请以王公第一品娶八,通妻以备九女;称事二品备七;三品、四品备五,五品;六品则一妻二妾"③。这一建议虽未获通过,但反映出西晋娶妾制度的影响犹在。

娶妾是延续家族香火的需要,同时又是经济能力和社会地位的象征。西晋所定按官品等级确定娶妾数额的原则被后世法律继承。唐令规定:"五品以上有媵,庶人以上有妾。""凡亲王孺人二人,视正五品,媵十人,视正六品;……四品媵四人,视正八品;五品媵三人,视从八品;降此外皆为妾。"④直到明代,法律仍规定:"亲王妾媵止于十人,世子、郡王妾额四人,长子及将军妾额三人,各中尉妾额二人。"除以上皇族外,官员亦按品确定妾额。至于庶民,则"年四十以上无子,许娶妾一人,违者笞四十"⑤。

---

① 《魏书》卷一八《太武五王传》引晋令。
② 《颜世家训·治家》。
③ 《魏书》卷一八《太武五王传·拓跋孝友》。
④ 《旧唐书》卷四二《职官志》。
⑤ 《明代律例汇编·户律·婚姻》。

第五节 继 承

一、"生前继承"法律地位的变化

汉承秦制,有类似"民有二男以上,不分异者,倍其赋"的法规,即所谓"异子之科"。当时法律上虽然承认生前继承,但在社会舆论方面,却相当蔑视父子异财的行为。曹魏王朝建立以后,起用"敦崇教化"的刘劭①等人承担立法工作,"更依古义"编纂新律,着意依据古礼更张除布,"改汉旧律不行于魏者皆除之,……除异子之科,使父子无异财也"②。

"父子无异财"走向极端,就是所谓"兄弟同居"、"累世同居",长期以来受到社会舆论的推崇。如汉代韩元长兄弟同居、樊重三世共财、蔡邕与叔从兄弟三世不分财,乡党高其义③。进入魏晋南北朝后,舆论不改,杨播"一家之内,男女百口,缌服同爨,庭无间言","当世莫逮"④;李几"七世共居同财,家有二十二房,一百九十八口","乡里嗟美,标其门闾"⑤;董阳"三世同居,外无异门,内无异烟。诏榜门曰:'笃行董氏之闾'"⑥;封延伯"寓居东海,三世同财"⑦。"义兴陈玄子四世同居,一百七口;武陵邵荣兴、文献叔并八世同居;东海徐生之、武陵范安祖、李圣伯、范道根,并五世同居;零陵谭弘宝、衡阳何弘、华阳阳黑头,疎从四世同居;诏俱表门闾","又蜀郡王续祖、华阳郝道福并累世同爨,(南齐)建武三年(496),明帝诏表门"⑧。其中有些还因此享受免税优遇。

有人把在外做官所得俸禄也归并到"兄弟共财"中,更是逆"生前继承"而行之的"孝义"行为了,如"(殷)不佞兄不疑、不占、不齐并早亡,事第二寡嫂张氏甚谨,所得禄奉,不入私室"⑨;韦孝宽兄弟共财,"早丧父母,事兄嫂甚谨,所

---

① 《三国志》卷二一《魏志·刘劭传》。
② 《晋书》卷三〇《刑法志·魏律序略》。
③ 赵翼《陔余丛考》卷三九"累世同居"。
④ 《魏书》卷五八《杨播传附杨逸》。
⑤ 《魏书》卷八七《节义传·李几》。
⑥ 《南史》卷七三《孝义传上·董阳》。
⑦ 《南史》卷七三《孝义传上·封延伯》。
⑧ 《南史》卷七三《孝义传上·陈玄子等》。
⑨ 《南史》卷七四《孝义传下·殷不佞》。

得俸禄,不入私房"①;蔡廓"奉兄轨如父,家事小大,皆谘而后行,公禄赏赐,一皆入轨"②。

但是,曹魏只是废除了"异子之科",并没有明文禁止"父子异财",生前继承行为仍然只能靠社会舆论来遏制,不能视为违法行为。尤其是西晋末年天下大乱,世族南迁,人口流离颠沛之际,"危亡不相知,饥寒不相恤",无暇顾及"孝义"虚誉,生前继承现象在南朝大行。江南之俗"各别资财,同居异爨,一门数灶"③。"士大夫以下,父母在而兄弟异计,十家而七矣;庶人父子殊产,亦八家而五矣。"④当时"兄弟同居"、"累世同居"者之所以被大事褒扬,也从反面说明当时之罕有其事。这显然与统治者敦崇教化政策相违背,于是有人痛心疾首,惊呼"教之不敦,一至于是",提出"宜明其禁,以革其风",建议明文规定禁止生前继承,并用经济手段保障其实施:"先有善于家者,即务其赏,自今不改,则没其财。"⑤但是,这个一刀切的建议忽略了父母的家财处分权,也有违礼之嫌,缺乏可操作性,立法者难以采纳。

礼制要求"父母在,不有私财",不准生前继承;秦国颁《分异令》,全盘否定"父母在,不有私财"礼制;汉"异子之科"接秦之绪,法律上仍然承认生前继承,但"父母在,不有私财"的观念悄然复兴,社会舆论强烈谴责生前继承;曹魏敦崇教化,废除"异子之科",但亦未明文禁止"父子异财",使生前继承在法律上处于放任状态,故难以充分实现"使父子无异财"的立法意图。东晋以降,社会离乱,生前继承又风行于世,统治者欲禁不能。如何在法律上妥善处理生前继承,这个任务最终落到了唐代立法者肩上。

二、妇女实际继承地位的提高

南北朝战事不断,征发频仍,著名的《木兰诗》所描述的"昨夜见军帖,可汗大点兵,军书十二卷,卷卷有爷名,……将军百战死,壮士十年归",绝不只是北朝独有的现象。男子前方转战沙场,女子后方维持家计,随着妇女在生产中作

---

① 《北史》卷六四《韦孝宽传》。
② 《宋书》卷五七《蔡廓传》。
③ 《魏书》卷七一《裴植传》。
④ 《宋书》卷八二《周朗传》。
⑤ 《宋书》卷八二《周朗传》。

用的增强,她们在家庭中的经济地位、继承地位也相应提高。

本来,继承家业、祭祀祖先都是儿子的权利(同时也是义务),女儿除了出嫁时得到妆奁以外,与继承家业、祭祀祖先无关,即所谓"男承家产,女承衣箱"。东晋规定"无子而养人子,以续亡者后,于事役复除无回避者,听之,不得过一人"①。没有儿子的人,在不影响徭役的前提下,可以(不是必须)收养一个"人子"作为宗祧继承人("后"),没有提到"同宗昭穆相当"之类的限制。那么,对一个无子有女的人来说,与其让一个没有血缘关系的人做嗣子,还不如让亲生女来承担祭祀重任;反过来,女子也可以因为没有兄弟而产生充当本家祭祀人的意愿。如屠氏孤女的故事:

> 诸暨东洿里屠氏女,……父母俱卒,……家产日益,乡里多欲娶之,女以无兄弟,誓守坟墓不嫁。②

她因为没有兄弟而决定"誓守坟墓"祭祀祖先,也不必担心祖先不接受她的祭祀。另外,在人们要娶屠氏女的动机中,夹带着觊觎其家产的成分,可见父母俱亡的独女,可以继承家业,结婚以后也可以将家产带往夫家。屠氏女的故事收于唐初人所撰《南史·孝义传》,她的行为是受到肯定性评价的。

屠氏女是不嫁而"誓守坟墓",但不出嫁不等于不能结婚,如果她召婿入赘,所生后代随母姓,继承家业、祭祀祖先就更名正言顺了。唐代《丧葬令》"户绝"条的"诸身丧户绝者,所有……资财,……将营葬事及量营功德之外,余财并与女"③的规定,可能就是源于以上现实情况。

姊妹也有比较明确的继承权。东晋谢混家的遗产继承故事就是一例。谢琰有子谢肇、谢峻、谢混三人,女二人。谢琰及谢肇、谢峻均死于东晋隆安四年(400),两姊妹为归宗女。谢肇有遗孀,谢峻有嗣子谢弘微(见左图)。

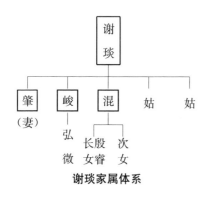

谢琰家属体系

---

① 《通典》卷六九《养兄弟子为后后自生子议》。
② 《南史》卷七三《孝义传上·诸暨屠氏女》。
③ 《宋刑统》卷一二《户婚》"户绝资产"条引。

义熙初,(弘微)袭(谢)峻爵建昌县侯。弘微家本贫俭,而所继丰泰,唯受书数千卷,国吏数人而已,遗财禄秩,一不关豫。(谢)混闻而惊叹,谓国郎中令漆凯之曰:"建昌国禄,本应与北舍共之,国侯既不措意,今可依常分送。"弘微重违混言,乃小有所受。……义熙八年(412),(谢)混以刘毅党见诛,妻晋陵公主改适琅邪王练,公主虽执意不行,而诏其与谢氏离绝,公主以混家事委之弘微。混仍世宰辅,一门两封,田业十余处,僮仆千人,唯有二女,年数岁。弘微经纪生业,事若在公,一钱尺帛出入,皆有文簿。……(刘宋)高祖受命,晋陵公主降为东乡君,以混得罪前代,东乡君节义可嘉,听还谢氏。……(元嘉)九年(432),东乡君薨,资财巨万,园宅十余所,又会稽、吴兴、琅邪诸处,太傅、司空琰时事业,奴僮犹有数百人。公私咸谓室内资财,宜归二女,田宅僮仆,应属弘微。弘微一无所取,自以私禄营葬。混女夫殷睿素好樗蒲,闻弘微不取财物,乃滥夺其妻妹及伯母、两姑之分,以还戏责,内人皆化弘微之让,一无所争。①

在这个继承事例中,"两姑之分"被侵夺,换言之,两姑(谢混姊妹)是有"分"即有继承权的。问题是此例的被继承人究竟是谁。如果被继承人是谢混,就可说明当时归宗姊妹在一定条件(譬如被继承人没有子嗣)下是继承人。要了解谢混是不是被继承人,关键是谢肇兄弟是否已经分家。东乡君是谢琰的第三房儿媳,义熙八年,"诏其与谢氏离绝",如果当时谢氏兄弟还没有分家,在东乡君之上还有守寡的长房媳妇(即以上引文中之伯母),且不论其已"与谢氏离绝",单以房序言,东乡君也无资格以谢家事委托他人管理。谢肇、谢混皆无子嗣,谢峻有嗣子谢弘微,弘微成了谢家唯一的成年男性,以承继关系言,如果当时还没有分家,他管理家事是名分所在,不须由谁委托。即使需要委托,也应由守志伯母而不是离绝叔母提出。如果还未分家,元嘉九年长房媳妇还活着,不会因幼房媳妇东乡君死亡便引起家产分割问题。看来,谢氏兄弟当时已经分家。也正因为如此,东乡君是以"混家事"而不是"谢家事"委托弘微。谢弘微"经纪生业",之所以"事若在公,一钱尺帛出入,皆有文簿",是为避贪污谢混家产之嫌;他能"以私禄营葬",说明所记之账,只是谢混一房的经济收支账,谢弘微有自己一房的家产。因为谢氏兄弟已经分家,所以,元嘉九年的继

---

① 《宋书》卷五八《谢弘微传》。

承事件,被继承人是谢混(东乡君),继承人是兄长、归宗姊妹和女儿,两兄长均已死亡,分别由寡妻与嗣子代位(见下图),长女已婚,由其夫婿张罗。实际的继承情况是,长兄(由遗孀即"伯母"代位)、归宗姊妹(即两姑)、幼女的应得份额被大大地侵犯,次兄(由弘微代位)放弃继承权,大部分遗产被长女婿占有,用来偿还赌债。从谢弘微放弃继承权也可推知已经分家,否则"一无所取"就意味着一无所有,他将无以为生。

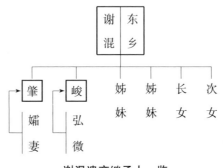

谢混遗产继承人一览

简而言之,谢混遗产继承的实例说明,南北朝时期,归宗(遑论在室)姊妹是无后兄弟的遗产继承人之一。姊妹的继承人地位当时是否已被规定进法律,尚不得而知,但至迟在唐代法律中已有明确规定。

关于寡妇,也有事例反映其享有继承权。如:

> 吴兴乘公济妻姚氏,生二男,而公济及兄公愿、乾伯并卒,各有一子,姚养育之,卖田宅为娶妇,自与二男寄止邻家。明帝诏为其二子婚,表闾复徭役。①

乘公愿、乘乾伯、乘公济兄弟三人,乘公愿、乘乾伯两对夫妇都已死亡,各留下一个儿子,弟弟乘公济也已死亡,留下遗孀姚氏和两个儿子。寡妇姚氏有权买卖田宅,处分家产,说明她实际上继承了亡夫的遗产。乘氏兄弟生前应该已经分家,否则姚氏卖田宅为伯子娶妇也算不上什么"孝义"之举。

魏晋南北朝时期,战争离乱,灾荒疫病,造成了许多孤儿寡母家庭,在这种家庭中,寡妇继承亡夫遗产,意味着承担起操持家计的重担,这对一个孤立无

---

① 《南史》卷七三《孝义传上·吴兴乘公济妻姚》。

援的寡妇来说,并不是一件轻松之事。反过来可以说,寡妇是靠了她在孤儿寡母家庭中所肩负的重大责任,才取得了财产继承权的。

魏晋南北朝时期,尤其是在南朝,妇女实际继承地位得到提高,对江南地区的继承习惯有很大影响。南宋时期的继承立法中,妇女的地位比较突出,可能与此有关。

第六节 民 事 诉 讼

三国两晋南北朝时期,是中国法制承上启下的重要发展时期。司法审判制度也有重大的发展和变化,鲜明地反映出在士族政治下法律儒家化的特点。

这一时期中央司法审判机关的设置颇为混乱。廷尉逐渐成为专掌司法、奉行成事的事务机关;而尚书则为承宣制断、详覆驳议的政务机关,参与讯狱,对廷尉起着节制作用。但尚书三公郎、二千石郎、比部郎及都官郎诸刑官的职掌甚杂,常至混淆。而丞相府司直、三公府长史等也参预审判。这种以混乱的官制相制衡以防止皇权旁落的局面,直至隋朝重新建立中央集权的专制制度后,才得以解决,简化为刑部、大理寺。至于御史台的职掌,仍袭汉制而没有多大变化。

地方审级仍随行政建制设县、郡、州三级。州一般不为民事诉讼的第一审级。各审级均由行政长官兼理狱讼,但其司法佐吏也可自行审理民事案件。

当事人如对审判不服,可逐级上诉,直至中央。"挝登闻鼓"的直诉制度已经建立,百姓有冤屈可击鼓向皇帝直诉。《南史·蔡廓传附蔡撙》载蔡撙为临海太守处理的一个案件:

> 百姓杨元孙以婢采兰贴与同里黄权,约生子,酬乳哺直。权死后,元孙就权妻吴赎婢母子五人,吴背约不还。元孙诉,撙判还本主。吴能为巫,出入撙内,以金钏赂撙妾,遂改判与吴。元孙挝登闻鼓讼之,为有司劾。

杨元孙将一个婢女"贴"给黄权,约好为黄权生育哺乳子女,作为杨元孙所欠黄权债务的担保方式。后来杨元孙有能力清偿债务时,黄权已经去世,杨元孙向黄权的妻子吴氏清偿债务,要求归还原来"贴"的婢女以及所生育的四个子女(按照秦汉法律传统,奴婢的子女作为财产的孳息,应归原主)。吴氏不愿归还。杨元孙起诉，蔡撙先是判决吴氏败诉，应该归还婢女及子女。吴氏是当地的女巫，得以出入衙门，接近蔡撙的女眷，向蔡撙宠信的妾行贿，蔡撙因此改判杨元孙败诉。杨元孙到京师"挝登闻鼓"，向朝廷直诉。蔡撙被弹劾。可见直诉制度的确立有利于平反冤抑，加强对司法审判官员的监督，是对司法审级制度的补充。

两汉之后，中国进入士族社会的鼎盛时期，以家族为本位的伦常礼教成为士族用以维系自己社会地位的重要手段，从而被整个社会奉行为基本价值准则。另一方面，在士族大姓控制下的宗族则成为政府不可轻视的社会势力。因此，一旦宗族内部发生民事纷争，大多先由族内德高望重者调处解决。这实际已成为中国传统社会解决民间讼争的一种重要途径。《北史·孝行传》记徐孝肃宗族数十家，"宗党间每有争讼，皆至孝肃所平论，短者无不引咎而退"。这些深受儒家思想影响的士族也常常主动出面谕以大义，甚至自己出资调停息讼。《隋书·李士谦传》记李氏宗党豪盛，"有兄弟分财不均，至相阋讼，士谦闻而出财，补其少者，令与多者相埒。兄弟愧惧，互相推让，卒为善士"。以此求得敦厚风俗，加强宗族内部团结，光耀宗族声望。

这一时期，人们即使已向官府提起民事诉讼，礼教仍是贯穿于诉讼全过程的指导原则。时人议法多并称礼律："异姓相养，礼律所不许"①；"仁义之不笃，故以礼律检之"②；"又能消息情理，斟酌礼律，无不曲尽人心，而远明大教，使获罪者如归"③。要求推理求情，依礼律为断。所以，司法审判官员在收受民事诉讼后，大多先以礼调解息讼，以成风化。

比如苏琼为南清河太守时就注重以礼教调停争讼：

> 有百姓乙普明，兄弟争田，积年不断，各相援据，乃至百人。琼召普明兄弟，对众人谕之曰："天下难得者兄弟，易求者田地。假令得地失兄弟心，如何？"因而下泪，诸证人莫不洒泣。普明兄弟叩头，乞外更思，分异十年，遂还同住。④

---

① 《晋书》卷八四《殷仲堪传》。
② 《晋书》卷九二《文苑传·李充》。
③ 《北史》卷六三《苏绰传》。
④ 《北史》卷八六《循吏传·苏琼》。

拘泥于法律的要求去推究证据的真伪,难度既大,很可能又是久滞不决。而且,即使能如实判决,也不一定能达到敦厚礼俗的目的。因此,不如撇开双方当事人争执的焦点,直究根本,对当事人讼争这一事实作出道德上的评判与教育,从而使矛盾得以彻底解决。

又如张长年为汝南太守处理兄弟争讼案件:

> 有郡民刘崇之兄弟分析,家贫惟有一牛,争之不决,讼于郡庭。长年见之,悽然曰:"汝曹当以一牛,故致此竞,脱有二牛,各应得一,岂有讼理。"即以家牛一头赐之。于是郡境之中各相诫约,咸敦敬让。①

法官拿自己的牛赠送给为分家时为仅有的耕牛发生纠纷的两兄弟,不仅是为了简单地解决案件,也是为了借此宣传礼教,推行教化。

如果当事人不顾理谕,争讼不休,势必受到社会舆论的指责,为亲党所不容。《三国志·魏志·杜畿传》载杜畿为河东太守时的事迹:

> 民尝辞讼,有相告者,(杜)畿亲见为陈大义,遣令归谛思之,若意有所不尽,更来诣府。乡邑父老自相责怒曰:"有君如此,奈何不从其教?"自是少有辞讼。

然而,如果民事行为严重触犯了纲常名教,那就不属调解息讼所能解决的问题,而是出礼则入刑,必须予以刑事责罚:

> 时有尹嘉者,家贫,母熊自以身贴钱,为嘉偿责。(嘉)坐不孝当死。②

由此可见,当时司法审判的重心,已经从秦汉时期通过"证不言情"等诉讼程序上严格的法律要求,来确定当事人双方争端所指的事实本身,转移至确定当事人的行为是否触犯纲常名教。所以,审判必须先从情理处着眼,礼律并重,这个原则已被当时社会所认可与推崇。

这一时期,司法实践上对士族在道德上的要求,比一般平民要高得多:

> 梁御史中丞任昉,弹中军参军刘整,因兄寅第二庶息师利,往整田上,经十二日,整便责寡嫂范米六斗哺食,米未展送,忽至户前,攘拳大骂,突

---

① 《魏书》卷八八《良吏传·张恂》。
② 《宋书》卷六四《何承天传》。

进屋中,屏风上取车帷准米去。

请求罢免刘整官职,收治其罪。同样是向嫂索债而悖于情义,仅仅因为身份的差异,普通百姓只不过受到法官的训诫而已:

> 南齐竟陵王子良为会稽太守,时有山阴人孔平诣子良,讼嫂市米负钱不还。子良叹曰:"昔高文通与寡嫂讼田,义异于此。"乃赐米钱以偿平。

其原因在于,"责士之法,不以责民,是亦所以为矜谨也"①。当时风尚认为士族是社会楷模,自当谨于礼教,故对士族亏损名教的民事行为,即使没有当事人提起诉讼,司法机关也有权主动提起公诉,追究其责任。并且,除了刑事制裁与民事责罚之外,士族还可因道德上的过错受到清议禁锢,断送政治前途,为士人所不齿。如:

> 梁州刺史杨欣有姊丧,未经旬,车骑长史韩预强聘其女为妻。(张)辅为中正,贬预以清风俗,论者称之。②

又如:

> (刘隗为丞相司直)丞相行参军宋挺,本扬州刺史刘陶门人,陶亡后,挺娶陶爱妾以为小妻。……隗劾奏曰:"挺蔑其死主而专其室,悖于三之义,伤人伦之序,当投之四裔以御魑魅。请除挺名,禁锢终身。"奏可。③

这种由司法机关主动提起弹劾的案件,大多针对士族亏损名教的行为,所以,弹劾的依据主要是礼义而不是法律。

再如:

> (卞壸为御史中丞)时淮南小中正王式继母,前夫终,更适式父。式父终,丧服讫,议还前夫家。前夫家亦有继子,奉养至终,遂合葬于前夫。式自云:"父临终,母求去,父许诺。"于是制出母齐衰期。……壸奏曰:"……式为国士,闺门之内犯礼违义,开辟未有,于父则无追亡之善,于母则无孝敬之道,存则去留自由,亡则合葬路人,可谓生事不以礼,死葬不以礼者

---

① 上引两例均见《折狱龟鉴》卷八"萧子良赐钱"所附任昉事。
② 《晋书》卷六〇《张辅传》。
③ 《晋书》卷六九《刘隗传》。

也。亏损世教,不可以居人伦诠正之任。"诏付乡邑清议,废弃终身。①

南朝尤其注重清议禁锢,以加强对士族道德品行的要求。到了南陈,清议禁锢在法律上已有明确规定:"其制唯重清议禁锢之科。若缙绅之族,犯亏名教,不孝及内乱者,发诏弃之,终身不齿。"②这样,婚姻、继承等民事方面的私行为,由于事关传统中国用以维系社会的纲常名教,往往转化为公行为。当事人一旦触犯礼教的要求,就要受到严厉惩处,并为整个社会所鄙弃。

至于民间一般债务纠纷,官府大多不加干涉,私法自治的特点仍很明显。债权人可以自行向债务人索取债务,甚至不经官府强行拘押债务人,直至债务得以清偿。如南朝宋武帝刘裕年轻时,"尝负刁逵社钱三万,经时无以还,被逵执。(王)谧密以己钱代偿,由是得释"③。再如:"(萧)惠开府录事参军刘希微负蜀人责将百万,为责主所制,未得俱还。惠开与希微共事不厚,而厩中凡有马六十匹,悉以乞希微偿责。"④可见,这一时期私有权极受尊重,其地位远远凌驾于人身权之上。

债务人违契不偿,债权人也可向官府提出诉讼,请求依契判还。如本节所引蔡撙判杨元孙诉黄权妻吴氏背约不还例,官府判决的依据仍是契约这一双方当事人合意的法律文书。如果没有契约,由于缺乏证据与判决依据,官府可以不予受理。如刘宋时顾觊之设法骗得儿子顾绰放债的"券书",全部烧毁。顾绰尽管"懊叹弥日",但因券书被毁,也只能无可奈何。

另一方面,官府所介入的一般是当事人违契不偿的案件。如果债务人承认债务,仅因缺乏清偿能力而不能及时偿还,官府基于道义上的考虑,大多不愿行使代为追索的法律职责,以免名声有碍。而且常以各种手段规避、拖延债权人催讨债务的请求。如上文所引北齐时苏琼为南清河太守,不为僧侣道研讨债一事。

实际上,儒家思想在中国社会占据主导地位后,情理就已高于法令而具备了自然法的衡平功效。这里,争讼的事实如何已然不是断案的关键。如北魏

---

① 《晋书》卷七〇《卞壸传》。
② 《隋书》卷二五《刑法志》。
③ 《南史》卷一《宋武帝纪》上。
④ 《南史》卷一八《萧惠开传》。

时寇儁为司空府主簿：

> 永安初，华州人史底与司徒杨椿讼田。长史以椿势贵，皆言椿直，欲以田给椿。儁曰："史底穷人，杨公横夺其地，若欲损不足以给有余，见使雷同，未敢闻命。"遂以地还史底。①

此案诉至司空府，显然已经地方逐级审结，至少缺乏有利于史底的确证，所以寇儁也只能以"史底穷人"，不能"损不足以给有余"这种矜恤贫穷的情理观推出"杨公横夺其地"的结论，力主将田地判与史底。

所谓"情理"，开始被认为是法律的精神与根本所在："原夫礼律之兴，盖本自然，求之情理，非从天堕，非从地出。"②由此在司法审判中得到了强力推行。魏卫瓘为廷尉，"明法理，每至听讼，小大以情"③。又如晋夏方为高山令，"百姓有罪应加捶挞者，方向之涕泣而不加罪，大小莫敢犯焉"④。这样纯粹以道德感化处理违法行为，充分体现了这一时期法制人治化的特点。

然而，推崇情理的另一面则是对实证形态法律的轻视。"今在职众人，官无大小，悉不知法令。……作官长不知法，为下吏所欺而不知"⑤，"或有不开律令之篇而窃大理之位"⑥。因而加剧了这一时期"以情坏法"的状况。"盖自惠帝继业，政出群下，每有疑狱，各立私情，执法者藉口权宜，意为出入，律令已等具文。"⑦在当时士族社会的背景下，由此影响对于民事审判公正性的程度如何，不难想见。如余姚县"大姓虞氏千余家，请谒如市，前后令长莫能绝"⑧，充分说明了这一时期的民事诉讼更多的是在非法制的形态下进行的。这种局面直至隋唐时期重新建立起统一的中央集权制度，在新的法制秩序下才得以改善。

---

① 《北史》卷二七《寇儁传》。
② 《宋书》卷五五《傅隆传》。
③ 《晋书》卷三六《卫瓘传》。
④ 《晋书》卷八八《孝友传·夏方》。
⑤ 葛洪《抱朴子》卷一五《审举》。
⑥ 葛洪《抱朴子》卷三四《吴失》。
⑦ 程树德《九朝律考·晋律考序》。
⑧ 《梁书》卷五三《良吏传·沈瑀》。

第四章 隋唐民法

隋唐民法在中国民法史研究中具有重要意义。这一方面是由于隋唐的法律制度达到了一个很高的水平,其基本内容为后世各代所继承。另一方面,保留至今的唐代法律比较完整,又有较多的出土文物、文书资料可供参照。因此,本章将使用较多的篇幅论述隋唐民法各方面的内容及其影响。后代在某些方面基本沿袭了隋唐民法内容的,将予省略。为了行文方便,唐末时新出现的法律法令部分移至下章一并论述。

第一节 历史背景与法制概况

一、历史背景

南北朝后期,经过长期分裂战乱后出现了统一的趋势。公元581年,北周贵族、外戚杨坚称帝,建立隋朝,公元589年灭南陈,中国重归统一。隋朝统一全国后,国力强盛,经济繁荣。然而隋炀帝对外发动战争,对内横征暴敛,滥施酷刑,导致民怨沸腾,爆发了农民大起义。隋朝旧臣也纷纷起兵反隋。北方著名陇西世族李渊父子从关中起兵,逐渐剪灭群雄,重新统一全国,建立了唐朝。唐初君臣励精图治,吸取隋代历史教训,注意缓和阶级矛盾,促进和加速了社会经济的恢复发展。政治清明,社会稳定,史称"贞观之治"。至唐开元、天宝年间(713—755),号为"盛世"。但安史之乱后,各种积弊迅速显露,藩镇割据,宦官专权,唐末黄巢农民大起义后,唐朝名存实亡。

隋唐沿袭北朝传统,相继实行均田制,维持相当数量受国家控制的自耕农,保证了社会稳定。隋代虽然只存在了二十多年,但其制度总结和发展了南北朝以来的历史经验。唐代继起,基本采用隋代制度。在长期分裂后,唐代加强了中央集权,采取三省六部制,将传统的丞相权力一分为三,中书省决策,门下省复核,尚书省执行,保证君权不致旁落,并避免政治决策犯过大的错误。地方上采取了地方官任官回避本籍,轮换任官、不得自辟僚属等制度。隋代开始的科举选官制度,对于扩大统治基础,维护中央集权制具有重要意义。

隋唐时期社会经济有了很大的发展。农业经过长期战乱后恢复发展,中原地区在战乱中荒芜的土地复为良田,江南及北部边疆掀起垦荒热潮。史载隋炀帝大业五年(609),全国垦田总数达五千五百多万顷,为中国历史上最高纪录。虽然统计可能有夸大之处,但垦田之多无可置疑①。唐代垦田数也相当可观,人口也随之增长,至唐天宝十四载(755)人口达五千二百多万,接近西汉极盛时的人口数,而且尚有隐漏②。隋唐时对北方水利工程进行改造扩建,同时在南方兴起兴建水利工程的高潮,唐代水利工程总数比之以往历代多两倍余③。虽然在农业工具上进步不大,但垦田、水利的发展,仍使隋唐农业达到了很高的水平。隋文帝时期及唐贞观、开元时期,都有公私仓库满盈、斗粟数钱的记载。

农业的繁荣促进了手工业的发展。唐代沿河地带出现了很多碾硙(水力磨坊),用以加工粮食。纺织业中,江南取代河东成为全国丝织业中心。新兴的制瓷业,手工作坊规模很大,出现了不少制瓷中心。造船、制铁业也都有很大进步。

隋唐统一全国,农业、手工业繁荣,商品货币经济得以恢复发展。唐初自然经济仍占一定比重,实行"租庸调"赋役制度,一户之中男子为国家提供粮食、力役,妇女为国家提供绢帛。商业交易严格限制于"市"内进行。唐中期后传统市制被打破,各地普遍出现州县治所之外的"草市"。"凡江淮草市,尽近水际,富室大户,多居其间。"④隋代开凿了沟通黄河流域与长江流域的大运河,大大加强了南方与北方之间的经济联系,促进了商业的繁荣发展。盛唐时"东至宋汴,西至岐州,夹路列店肆待客,酒馔丰溢。每店皆有驴赁客乘,倏忽数十里,谓之驿驴。……远适数千里,不持寸刃"⑤。商业分工专门化,有经营仓储批发的邸店,经营金融放贷的柜坊、质库,并出现了号称"飞钱"、"便换"的汇兑

---

① 《通典》卷二《食货二·田制下》。
② 《通典》卷七《食货七·历代盛衰户口》。
③ [美]珀金斯《中国农业的发展(1368—1968年)》,第452页。
④ 《全唐文》卷七五一杜牧《上李太尉论江贼书》。
⑤ 《通典》卷七《食货七·历代盛衰户口》。

方式。商品货币经济的发展影响了赋役制度的改革。公元 780 年，唐朝实行"两税法"，废除原有的租庸调制，从制度上取消近千年的力役制度，赋税向资产税、货币税方向发展，对于社会经济的发展具有重要意义。

隋唐时期的货币制度仍沿袭南北朝的"钱帛并行本位制"，以绢帛与铜钱为主要货币。绢帛为主要价值尺度，唐律中有关财产价值计算一律以绢帛为准。绢帛也是主要支付手段，俸禄、赋税（唐初）等等都使用绢帛。同时绢帛又是主要的流通手段，唐开元二十二年（734）敕规定，凡交易价值一贯以上必须钱、绢兼用；田产、房屋、大牲畜交易必须用绢。元和六年（811）敕再次强调交易额在十贯以上必须兼用绢帛[①]。铜钱以贯（一千文）为单位，禁止私铸，禁止古旧钱流通。政府铸造发行"开元通宝"钱，直径八分，十文重为一两，币制长期稳定。唐中期以后商品货币经济迅猛发展，出现了"钱荒"现象。为了方便流通，长庆元年（821）敕正式承认民间久有的"短陌"交易惯例（不足一千文仍以一贯流通），规定短陌为八十文，即允许以九百二十文为一贯流通[②]。

二、法制概况

隋唐法律在中国法制史上占有非常重要的地位。隋文帝开皇三年（583）颁行《开皇律》十二篇五百条。虽然隋朝脱胎于北周，但在立法上却以《北齐律》为蓝本，篇目一同于《北齐律》（仅"贼盗律"改为"盗贼律"），条文则精简至五百条。《开皇律》全面总结了秦汉以来的法制经验，确立了"十恶"罪名、五刑体制，在中国法制史上具有承前启后的重要地位。

经过隋末农民大起义的唐初统治者，在立法过程中强调传统"德主刑辅"的法制指导思想，突出"德礼"的作用，贯彻宽简、划一、稳定的立法原则。经过唐高祖、唐太宗两次修律后，唐高宗永徽元年（650）颁布了《永徽律》，接着又在永徽四年（653）颁布了对《永徽律》逐条进行注释解说的《律疏》，并规定《律疏》与律条有同等效力。两者合编颁行，后世称之为《唐律疏议》[③]，是保存至今最

[①] 《旧唐书》卷四八《食货志》。
[②] 参见彭信威《中国货币史》第四章。
[③] "疏"当时是指对于儒家经典以及汉儒注释的进一步解释，比如《十三经注疏》。因《永徽律》原来就已含有"注"，因此要对"注"再加解释，按当时习惯就称之为"疏"。《律疏》的结构是，在每一律条的每一独立句子后，以"疏议曰"开头对此句进行解释，虽然原意为《疏》是这样认为的"，但后人却直接以"疏议"为书名了。

早、最完整的古代法典。

唐律共有名例、卫禁、职制、户婚、厩库、擅兴、贼盗、斗讼、诈伪、杂律、捕亡、断狱十二篇，号称五百条（实际五百零二条）。名例律相当于现代刑法典的总则，集中规定了全律定罪量刑的基本原则、通例。以下十一篇分别规定社会各方面主要的行为规范。唐律被后人称为"一准乎礼"[①]，这部法典全面贯彻礼教的核心"纲常"，沿用隋《开皇律》的"十恶"规定，即谋反、谋大逆、谋叛、恶逆、不道、大不敬、不孝、不睦、不义、内乱；凡犯这十种严重触犯"纲常"的罪名，为常赦所不原，而且不能适用种种优惠减免刑罚的规定。礼教的"亲亲尊尊"的原则在这部法典中也得到充分的体现，唐律严格按照行为人及其侵犯对象的社会地位与血缘关系定罪量刑，对于官僚贵族有八议、上请、减、官当等种种减免刑罚的规定，而凡下犯上、卑犯尊、贱犯良则一律加重处罚。很多律条直接来自儒家经典，律疏对于律条的解释也主要以儒家经典的理论、原则为根据。因此唐律标志着"礼法合一"、"以礼入律"过程的最终完成。

除了"一准乎礼"的基本精神之外，唐律有关定罪量刑的通例对于后代的影响也极为显著。诸如老幼病残减免刑罚，官吏犯罪划分公罪、私罪，共犯一般以造意犯为首犯、随从减等处刑，同居有罪相为隐，自首可以在一定程度上减免刑罚，二罪以上俱发从重论，等等，基本上为后世法律沿用。隋《开皇律》设立五刑二十等刑罚体系，唐律略加调整，确立了以后通行一千多年的笞、杖、徒、流、死五刑体系。唐律的立法技术堪称完善，律条简要，但能概括当时社会生活的各个方面，概念明确，逻辑严谨，对后世法律发展有重大影响，宋代即沿用《唐律疏议》为"律"。以后辽、金、元时期，《唐律疏议》也仍然是立法的楷模和司法的主要参考，至明律又以其为编制的蓝本。唐律还对东亚邻近诸国法律发生深远影响，日本、高丽都曾引入唐律而建立起本国的法律体系。

隋唐时的法律体系还包括令、格、式，而以律的地位为最高、最稳定。《唐律疏议·名例律疏》谓："律令义疏，不可破律从令。"令是关于国家政治及社会生活各方面的制度。唐代曾多次编令，已知《永徽令》有二十七篇三十卷，即官品、三师三公台省职员、寺监职员、卫府职员、东宫王府职员、州县镇戍岳渎关津职员、内外命妇职员、祠、户、选举、考课、宫卫、军防、衣服、仪制、卤簿、公式、

[①]《四库全书总目》卷八二《史部·政书类》。

田、赋役、仓库、厩牧、关市、医疾、狱官、营缮、丧葬、杂,总计1 546条①。格是单行法规,由皇帝发布的制敕经整编而成,未经编为格的制敕只对特定的人、事有效,只有整编为格后,才具有普遍、永久的效力。《唐律·断狱律》专有"辄引制敕断罪"条:"诸制敕断罪,临时处分,不为永格者,不得引为后比。若辄引致罪有出入者,以故失论。"唐初多有编格之举,但中期后,皇帝发布的制敕往往直接就具有永久、普遍的效力,号为"格后敕",不须再经编格程序,成为效力最高的单行法规。式,是政府机构的办事细则。律、令、格、式构成唐代完整的法律体系。

三、有关隋唐民法的若干问题
(一) 隋唐时期民事行为规范

隋唐时期指导民间民事行为的规范仍沿袭前代传统,可分为法律、民间惯例、礼教等。

隋唐时的律号称"刑律",大致相当于现代的刑法典,唐律除了《名例律》外,几乎每一条都规定了刑罚。有关民事行为的若干条文,也主要是从惩治违法角度加以考虑。全律与民事行为关系较多的条文,主要见于《户婚律》、《厩库律》、《诈伪律》、《杂律》等篇目。另一重要法律形式——令,以不规定刑罚为特色,其中的户、田、关市、厩牧、杂令等篇目,有很多民事法规条文,可惜唐令已大部亡佚,至今仍无法窥其全貌,只能从各类史籍中钩沉若干。唐律、令均制定于唐前期,唐中期后,社会经济经过一百多年的发展,律、令中的很多条文已不切合社会实际需要,因此较为灵活的格、敕在很多方面代替了律、令的作用,其中有不少是民事方面的单行法令。

民间习惯、惯例对于隋唐时期人们的民事活动具有极为重要的意义,但其中只有很少一部分上升为法律规范,绝大多数情况下仍属民间自生自灭的习惯。习惯与惯例有很强的地方性。随着社会经济的发展,唐代出现了不少有关民事关系文书的"样文",以供人们照搬使用。从敦煌、吐鲁番出土的唐代样文来看,样文是对长期以来民间惯例的记录与总结,对于民事习惯的统一具有

---

① 《大唐六典》卷六。唐令佚失已久,日本学者仁井田陞《唐令拾遗》,从各种史籍中钩沉出唐令715条,可作参考。中文译本有王占通译,长春出版社1989年出版。

很大意义。

唐代对儒家经典进行了大规模的整理汇编工作,统一了各家对于儒经的解说,编成了大部头的官修儒家经典,如《十三经注疏》等,并勒石保存,成为范本供各地拓摹。唐政府还曾编纂礼书,如《大唐开元礼》,等等。经典与礼书的统一与宣传,大大加强了对民间民事行为的指导与影响。另一方面,隋唐两代通过科举选官制度向社会下层部分开放跻身统治阶层的道路,科举考试全以儒家礼教为基本内容,从而使礼教对于社会下层民间民事行为的指导作用得到了空前的加强。而唐律又是"一准乎礼"的法律,通过司法审判,其礼教内容也广泛渗入社会各阶层,从而影响到全体社会成员的民事行为。

(二) 社会分层

隋唐时沿袭南北朝以来的惯例,法律严密划分社会等级,形成了一个金字塔式的巨大的社会结构,顶尖仍为皇帝。按唐律,皇帝之下的臣民划为官、民两大部分,官(包括贵族)按官品品级高下划分等级,依次分别享有一定特权。民又分为良、贱两大类,其法律地位也相应不同。

各级官僚贵族的特权,主要表现在犯罪时分别享有不同程度减免刑罚的权利,如八议、官当、上请、减、赎,等等,他们的家属也可在一定范围内享有特权。对于官员贵族的侵犯行为,凡以下犯上的,一律加重处罚。同时,官僚贵族的衣、食、住、行、婚、丧、祭等生活方面,都依官品不同而各有其规格,不得僭越,尤其不允许平民僭越,如隋时规定平民只能穿用白色服装,唐代规定平民只能穿用黄、白两色,质地限于绢、绝、布;青、绿、朱、紫色则只供品官分别穿用,庶民以之做内衣亦属不可。

魏晋以来在政治上享有参政特权,在社会上有很大影响的士族门阀势力,至隋唐时逐步消退。绵延数百年之久的旧士族集团在隋末农民起义后逐渐退出政治舞台,政治影响大为下降。唐初功臣多出身"寒素",但不久便形成了新的士族。隋唐时开始实行科举选官,虽然科举出身者仍大多为士族,但至少使南北朝以来僵化的政治格局得以松动。至唐末农民大起义后,士族势力一蹶不振,不再是左右政治和社会的强大势力[①]。

平民在唐代法律上称为"凡人"、"良色",俗称"百姓"、"白丁",不使用"民"

---

① 参见毛汉光《中国中古社会史略论稿》,载台湾《历史语言研究所集刊》1976年第3期。

字,以避唐太宗李世民之讳。其主体仍然是农民。隋唐实行均田制,理论上农民都可从国家"受田"。农民的主体当为自耕农,对于任何个人没有人身依附关系,但对国家负有缴纳租、调,点为府兵时必须承担兵役的义务。平时成年男子每年应为国家服役二十日,国家不征发力役时,则缴纳代役的"庸",每日三尺绢,一年合一匹半。此外还要负担地方政府征发的杂徭,为封主贵族服"色役"。在推行科举选官制后,平民中的某些人就有可能上升到官僚贵族阶层。平民有自己的财产与家庭,在"狭乡"的农民可以"乐迁"到"宽乡"耕作,具有一定的迁徙自由。

平民中的商人仍属于受歧视的社会集团,隋唐时法律仍对商人规定种种限制,如商人不得骑马,不得坐轿,虽富有但出葬时不得排列仪仗,等等,尤其是"工商之家不得预于士",商人没有参政权[①]。但商人可以和农民一样受田,实际上默认商人有占有土地的权利。比之秦汉时,贱商的法律已大大放松。

唐代的贱民在法律上分为两大类。一类是隶属于官府的官户、杂户、工乐户、太常音声人,一类是隶属于私人的部曲。一般以部曲为这类贱民的总称。"部曲"一词原意为军队编制的一种,指将领左右的亲兵,三国两晋南北朝时一般指士族豪强的私人武装、私兵,唐代部曲则专指无独立户籍的私人佣仆。《唐律疏议·名例律》疏:"部曲,谓私家所有";《斗讼律》疏:"部曲,奴婢,是为家仆";《贼盗律》疏:"部曲不同资财。"部曲是一种对其主人有人身依附关系的贱民,比之奴婢稍高一层。官户、杂户、工乐户、太常音声人都是隶属于官府的依附人口,其来源大多为前代因犯罪而被株连的罪户,分属各个不同的官府机构。一般来说,官户隶属于中央朝廷的司农寺;太常音声人(原属太常寺,隋末唐初改隶州县)、杂户隶属于州县政府,自成专门的户籍;工乐户分属于中央朝廷的少府与太常寺。其中,杂户、太常音声人地位稍高,"受田、进丁、老免与百姓同"[②]。唐官奴婢"一免为蕃户(即官户),再免为杂户,三免为良民"[③]。部曲阶层可以有自己的家庭,有一定的财产,但附属于主人,部曲娶良人为妻,是为"部曲妻",亦成贱民。唐《贼盗律》规定:"若部曲、奴婢犯反逆者,止坐其身。"不缘坐其家属,因为这些贱民的家属也属主人所有,缘坐为官奴婢则对其主人

---

① 《旧唐书》卷四三《职官志》。
② 《唐律疏议》卷一七《贼盗律》疏。
③ 《旧唐书》卷四三《职官志》。

构成损害。杂户、太常音声人犯反逆则有缘坐,而工乐户、官户也不缘坐家属。

处于社会最底层的一类贱民为奴婢,属于官府为官奴婢,属于私人为私奴婢。官奴婢来源大多是犯"三谋"之罪而被缘坐入官的罪犯家属及其后代。私奴婢则主要来自买卖、奴婢的后代。"奴婢贱人,律比畜产"①,在法律上视同财产。如《贼盗律》规定,略夺他人奴婢以强盗罪论处,和诱他人奴婢按窃盗罪论处。而略、和诱部曲则按略卖良人罪减一等处刑。主人擅自杀死无罪奴婢,徒一年;有罪而杀,杖一百。而奴婢对主人及其家属有詈骂、殴打、谋杀行为即处死刑。

良贱之间的互相侵犯,同罪不同罚。奴婢殴、杀凡人,一般比同罪凡人加重二等处刑;部曲加重一等处刑。奴婢侵犯部曲,比凡人相犯加重一等。反之,凡人侵犯奴婢,比之凡人相犯减刑二等;侵犯部曲,减刑一等;部曲侵犯奴婢也减刑一等。在婚姻方面也有很多特别的规定。《唐律疏议·户婚律》"养杂户男为子孙"条律疏引唐《户令》:"杂户、官户皆当色为婚。"据其他律疏参考,部曲、工乐户、奴婢也都须"当色为婚"②。只有太常音声人"婚同百姓"。部曲、奴婢世代都为贱民。

随着社会的进步,唐代法律对于部曲、奴婢之类贱民身份的解除也有明确规定。唐《户令》规定,因反逆罪缘坐的罪犯家属,年七十以上及废疾都可免为良人,"任所居乐处,而编附之"③。以后又规定官户、官奴婢有废疾及年近七十者,都可援引上条令文解除贱民身份④。部曲、私奴婢均可由主人解除身份。《唐律疏议·户婚律》"放部曲为良"条律疏引户令:

> 放奴婢为良及部曲、客女(《唐律疏议·户婚律》疏:"客女,谓部曲之女,或有于他处转得,或放婢为之。")者,并听之。皆由家长给手书,长子以下连署,仍经本属申牒除附。

该律条并规定已放贱为良而又压为贱者,要处徒刑。

除了主人"放"外,部曲、奴婢也可"自赎免贱"。上条律疏自设问答引《户

---

① 《唐律疏议》卷六《名例律》疏。
② 《唐令拾遗》,第168页。
③ 《大唐六典》卷六"都官郎中员外郎"条引。
④ 《唐会要》卷八六《奴婢》。

令》:"自赎免贱,本主不留为部曲者,任其所乐。"

敦煌出土的唐代文书中有"放良书样文":

> 奴某甲、婢某甲、男女几人。吾闻从良放人,福山峭峻;压良为贱,地狱深怨。奴某等身为贱隶,久服勤劳,旦起肃恭,夜无安处。吾亦长兴叹息,克念在心,飨告先灵,放从良族。枯鳞见海,必遂腾波;卧柳逢春,超然再起。任从所适,更不该论。后辈子孙,亦无阑忳。官有正法,人从私断。若违此书,任呈官府。
>
> 　年月日郎父　兄弟　子孙　亲保　亲见　村邻　长老　官人　官人。①

从这一样文中可见,当时放贱为良的动机在一定程度上是祈求福报,并且确实由主人子孙连署,并有亲保、亲见(当为知见人)及邻人、长老、官人为之佐证。放良行为受法律保护:"任呈官府。"

隋唐时放良的民间惯例,奴婢放为良民后,由主人赐以主人姓氏。如隋朝开皇年间(581—600),"京兆韦衮有奴曰桃符",为韦衮服役勤谨,韦衮"乃放从良。桃符家有黄犊,宰而献之,因问衮乞姓"。韦衮于是赐桃符韦姓。桃符"叩头曰:'不敢与郎君同姓。'"②放奴从良赐主姓,是为了防止奴婢后代与主人后代通婚。据说宋太祖赵匡胤曾就此询问过大理寺卿雷德骧:

> (宋太祖赵匡胤问)"律:奴从良赐主姓如何?或以为文误是否?"(雷德骧)对曰:"不然,盖虑后世或通婚姻故也。"太祖拱手庄色曰:"是也。"③

这里提到的律不知为何律,《唐律疏议》、《宋刑统》中均无此条,姑录以存考。

(三) 人的行为能力

隋唐时法律仍没有表示行为能力的专门词语,但已有关于行为能力的概念。隋《开皇新令》规定:"男女三岁已下为黄,十岁已下为小,十七已下为中,十八已上为丁。"④丁男受田八十亩,丁女四十亩。十八岁受田即法律认定十八岁已具备独立经营农桑的能力。唐代有所变化,规定二十一岁成丁,十六为

---

① 《敦煌资料》第一辑,中华书局,1961年,第449页。
② 《朝野佥载》卷三。
③ 范镇《东斋记事·辑遗》。
④ 《隋书》卷二四《食货志》。

中,但"中男年十八以上者"也可按丁男同额受田,同样认定十八岁有独立经营农桑的能力。

另外,《唐律·户婚律》"嫁娶违律"条:"其男女被逼,若男年十八以下及在室之女,亦主婚独坐。"很明显,唐律视十八岁以下者没有独立意志,没有行为能力,被逼违律成婚,可以不负责任,而由主婚者负责。可见唐律已将十八岁作为具备完全民事行为能力的年龄。

(四)关于物

作为民事行为指向的对象,唐律明确认定只要经过人力加工之物就属于私人财产,受法律保护。《唐律疏议·贼盗律》:"诸山野之物,已加功力刈伐积聚而辄取者,各以盗论。"律疏解释:"'山野之物',谓草、木、药、石之类,有人已加功力,或刈伐,或积聚,而辄取者,'各以盗论',谓各准积聚之处时价计赃,依盗法科罪。"可见唐律对于自然之物与财产之物已有明确区别。

唐律以资财为财产的总称,泛指庄宅、奴婢、畜产之类的不动产与动产。具体分析,唐律对动产、不动产已有所区别,并作一定的解释。如《唐律疏议·户婚律》律疏解释"盗耕种公私田"处罚何以比窃盗罪减轻时指出:"田地不可移徙,所以不同真盗。"并对"盗"行为的特点概括为:"阑圈之属,须绝离常处;器物之属,须移徙其地。"因此,"地既不离常处,理与财物有殊"。

唐律明文列举了禁止私人拥有的物品,即所谓"犯禁之物"。唐律允许私人拥有一般的弓、箭、刀、盾、短矛,但严禁私人拥有甲、弩、长矛、矟(shuò,即槊,长一丈八尺以上、适用于骑兵使用的长矛)、具装(全幅盔甲)、旌旗、幡帜等"禁兵器"。唐律同时严禁私人拥有"禁书",如天文书、图谶书、兵书、七曜历、太一雷公式(占卜书)或宝印、宝符之类被认为可能影响朝廷统治的物品。

第二节 所 有 权

一、对土地私有权的限制

隋唐两代的法律仍然沿袭中国传统,严格按社会等级限定私有土地面积。各级贵族、官僚的私有土地都有明确限额,平民则按均田制可得占有一份土地,超过限额即构成犯罪。法律有关规定极为详细,可谓面面俱到,但实效却很差。

隋代在北朝均田制基础上,不再采用限止奴婢、耕牛的办法来间接限制土地私有权,而是直接明确规定:"自诸王已下,至于都督,皆给永业田,各有差。多者至一百顷,少者至四十亩(按《通典·田制下》应为三十顷)。"①直接按等级限定土地面积。同时也废除北魏、北齐的"永赐田"及"受田"之类含糊不清的名称,官僚贵族所得土地即为"永业"(按秦汉以来传统当称"世业"田,唐代史家改为"永业",以避唐太宗之讳),明确了土地的私人所有权性质。

隋代官僚贵族的永业田,只限于有封爵者、有功勋者,一般官员没有。唐代法律对此进一步加以发展,有封爵及勋官、散官、职事官等各类官僚贵族都可按其品级获得永业田。《通典·田制下》记载:

> 其永业田,亲王百顷,职事官正一品六十顷,郡王及职事官从一品各五十顷,国公若职事官正二品各四十顷,郡公若职事官从二品各三十五顷,县公若职事官正三品各二十五顷,职事官从三品二十顷,侯若职事官正四品各十四顷,伯若职事官从四品各十顷,子若职事官正五品各八顷,男若职事官从五品各五顷,上柱国三十顷,柱国二十五顷,上护军二十顷,护军十五顷,上轻车都尉十顷,轻车都尉七顷,上骑都尉六顷,骑都尉四顷,骁骑尉、飞骑尉各八十亩,云骑尉、武骑尉各六十亩。其散官五品以上,同职事给。兼有官、爵及勋,俱应给者,唯从多,不并给。……诸永业田皆传子孙,不在收授之限。即子孙犯除名者,所承之地亦不追。所给五品以上永业田,皆不得狭乡受,任于宽乡隔越射无主荒地充(原注:即买、荫、赐田充者,虽狭乡亦听)。其六品以下永业,即听本乡取还公田充,愿于宽乡取者,亦听。

隋唐贵族官僚所获永业田,各有其限额,不得超过,违者即构成犯罪。唐律的《户婚律》专有"占田过限"条:"诸占田过限者,一亩笞十,十亩加一等;过杖六十,二十亩加一等,罪止徒一年。若于宽闲之处者,不坐。"律疏解释:"王者制法,农田百亩,其官人永业准品,及老、小、寡妻受田各有等级,非宽闲之乡不得限外更占。"根据唐田令:"受田悉足者为宽乡,不足者为狭乡。"所谓宽闲之处,是指按均田制受田皆足,"计口受足以外,仍有剩田,务从垦辟,庶尽地利,故所占虽多,律不与罪"。然而宽闲之处的荒地性质,均为国有荒地,所以

---

① 《隋书》卷二四《食货志》。

规定限外垦荒也要"申牒立案,不申请而占者,从'应言上不言上'之罪"。"应言上不言上"罪,按《职制律》处"杖六十"。由此可见唐律对于土地私有权的限制是极为明确的。

此外,唐代也规定官吏又可按品级占有"职分田",以其收益充作职务津贴:

> 诸京官文武职事职分田:一品一十二顷,二品十顷,三品九顷,四品七顷,五品六顷,六品四顷,七品三顷五十亩,八品二顷五十亩,九品二顷,并去京城百里内给。……诸州及都护府、亲王府官人职分田:二品一十二顷,三品一十顷,四品八顷,五品七顷,六品五顷,七品四顷,八品三顷,九品二顷五十亩。①

唐代各官府又都有"公廨田",以其收入作为行政办公费用来源之一。在京各衙门中以司农寺二十六顷为最多,内坊、左右内率府等二顷为最少。地方衙门从大都督府四十顷至下县四顷,各有等差。

职分田、公廨田这两类田地都出租给农民,官府收取地租,"其田亦借民佃植,至秋冬受数而已"②。耕种的农民称"佃民",按期缴纳地租。

职分田、公廨田仍属公田,更代时要交给继任官员,不得私有。"诸职分陆田限三月三十日、稻田限四月三十日,以前上者并入后人,以后上者入前人。其麦田以九月三十日为限。"③在限定期限以前到任,获得全年收益;限定期限以后到任,则收益归前任。

与北朝各代相比,隋唐时对于官员永业田的限制,虽然看来等级分明,制度严密,但实际上却赋予官员对所占永业田以更多的处分权。唐代又规定赐田或用皇帝赏赐的钱财买得的土地也不占永业田额。如唐人判辞中有《对多田制》,假设"丁多买田至四百顷,极膏腴上贾(价),他财物称是。御史纠之"。四百顷田地远远超过限额,但是丁声称买田财物是"天恩数加赏赐",于是判词有言:"况称恩命,岂等平人? 御史绳之,终难纠诘。"④无须追究"占田过限"之罪。

事实上,史籍记载隋唐时田连阡陌的大官僚地主比比皆是。如隋功臣杨

---

① 《通典》卷二《田制下》。
② 《通典》卷三五《职田公廨田》自注。
③ 《通典》卷三五《职田公廨田》。
④ 《全唐文》卷九八〇。

素,除了皇帝所赐的一百三十顷田外,"诸方都会处,邸店、水硙并利田宅以千百数"。其反响只不过是"时议以此鄙之",并未因而受法律处罚①。隋隐士王绩在与友人通信中称:"吾河渚间有先人故田十五六顷。"②这也超出了平民应有的限额。又如唐玄宗时官僚卢从愿,"盛殖产,占良田数百顷",政敌向唐玄宗密告,玄宗只是"薄之,目为'多田翁',后欲用为相屡矣,卒以是止"③。另一官僚李憕"丰于产业,伊川膏腴,水陆上田,修竹茂树,自城及阙口,别业相望,与吏部侍郎李彭年皆有'地癖'"④。这些"多田翁"、"地癖"占田并不受品级限制。平民中也有类似情况,如唐初王方翼"与佣保齐力勤作,苦心计,功不虚弃,数年辟田数十顷,修饰馆宇,列植竹木,遂为富室"⑤。

二、隋唐均田制下的土地占有关系

隋唐继承北朝传统,继续实行均田制。隋文帝代周建隋当年(581)就颁行《开皇新令》,其田制基本沿袭北齐,只是在园宅地的规定上对北周制度有所继承:"其园宅,率三口给一亩,奴婢则五口给一亩。"⑥隋代还曾多次"诏天下均田"。

唐代在基本平定全国后,于唐高祖武德七年(624)颁行均田令,据《唐六典·尚书户部》,其主要内容如下:

> 凡给田之制有差:丁男、中男以一顷(原注:中男年十八已上者,亦依丁男给);老男、笃疾、废疾以四十亩;寡妻妾以三十亩,若为户者则减丁之半。凡田分为二等,一曰永业,一曰口分。丁之田二为永业,八为口分。凡道士给田三十亩,女冠二十亩;僧尼亦如之。凡官户受田,减百姓口分之半。凡天下百姓给园宅地者,良口三人已下给一亩,三口加一亩;贱口五人给一亩,五口加一亩。……凡给口分田皆从便近;居城之人本县无田者,则隔县给授。凡应收授之田,皆起十月,毕十二月。凡授田先课后不课,先贫后富,先无后少。

---

① 《隋书》卷四八《杨素传》。
② 《全唐文》卷一三一《答冯子华处士书》。
③ 《新唐书》卷一二九《卢从愿传》。
④ 《旧唐书》卷一八七下《忠义传下·李憕》。
⑤ 《旧唐书》卷一八五上《良吏传上·王方翼》。
⑥ 《隋书》卷二四《食货志》。

此外,《通典·田制下》又有"诸以工商为业者,永业、口分田各减半给之,在狭乡者并不给"。

与北朝及隋均田制相比,唐均田制取消了一般妇女受田的权利,仅"寡妻妾"及妇女为户主情况下才可受田。受田总额也有所减少。唐初曾有"倍田"规定,后予以取消。另外,隋唐取消了奴婢、耕牛受田的规定,但唐代加了僧道及工商业者受田。

隋唐时均田制对民间原有的私有土地仍予默认,隋初,太常卿苏威以为"户口滋多,民田不赡",建议"减功臣之地以给民"。大司徒王谊反对:"百官者,历世勋贤,方蒙爵土。一旦削之,未见其可。如臣所虑,正恐朝臣功德不建,何患人(民)田有不足。"隋文帝表示同意①。唐高祖李渊起兵反隋之初,下诏"其隋代公卿已下,爰及民庶,身往江都,家口在此,不预义军者,所有田宅,并勿追收"②。公开宣言保护现有的土地关系,不予触动。唐高宗永徽二年(651),"苑内及诸曹司旧是百姓田宅者,并还本主"③。因此,唐代均田主要是以公田及国有荒地进行授受,并不触动原有的土地私有权。也正因此,隋唐两代在建国后不久就都遇到均田土地不够授受的现象。隋文帝开皇十二年(592),"发使四出,均天下之田",然而"狭乡每丁才二十亩,老小又少焉"。文帝令"尚书以其事策问四方贡士,竟无长算"④。皇帝、官僚、士大夫对此都束手无策。

与北朝相比,隋唐受田者对于所受土地的处分权大大加强了。永业田允许继承、转让。唐田令规定:庶人在身死家贫无以供葬或流移的情况下可以出卖永业田;官员所受永业田则可自由买卖。而且北朝法令曾严禁买卖的口分田至此也允许有条件地买卖处分,如庶民在"乐迁"(自愿由狭乡迁往宽乡),或者出卖口分田充作碾硙、住宅、邸店的都允许出卖。口分田也可以有条件地用以担保债务,在"远役"、"外任"情况下可以"贴赁及质"(详见下节)。口分田的"还田"条件也予以放宽,某些情况下可以永久占有。隋代郎茂建议"身死王事者,子不退田,品官年老不减地"⑤。为国事而死者,口分田也可由子孙继承。

---

① 《隋书》卷四〇《王谊传》。
② 《唐大诏令集》卷一一四。
③ 《册府元龟》卷一四《帝王部》。
④ 《隋书》卷二四《食货志》。
⑤ 《隋书》卷六六《郎茂传》。

唐代法令进一步放宽：

> 诸因王事没落外藩不还，有亲属同居，其身分之地（当包括永业、口分田），六年乃追。身还之日，随便先给。即身死王事者，其子孙虽未成丁，身分地勿追。其因战伤及笃疾、废疾者，亦不追减，听终其身也。①

除了"身死王事外"，因公失踪者的土地可由其亲属耕种收益六年，失踪者六年后回乡的，有优先受田权。因公残疾者，可终生占有口分田，无须在年满六十成为"老男"时退回一半（四十亩）口分田。

除了以上买卖、质押、贴赁、继承等项处分权利外，唐代还允许受田者将土地出租。唐律禁止出卖口分田，而不言及出租。在《杂律》的一条律疏中自设问答："私田宅，有人借得，亦令人佃作。"②出租佃作并不受法律禁止，唐代政令也无有关规定，可见出租权利也应是受田者的一项处分权。

总的来看，隋唐均田制已处于逐步松弛，以至废弃的过程中。一般认为隋统一江南后，并没有在江南切实推行均田③。唐代初期，曾力行均田，永徽年间（650—655）还曾"禁买卖世业、口分田。其后，豪富兼并，贫者失业，于是诏买者还地而罚之"④。唐玄宗开元七年（719）和开元二十五年（737），曾两次下诏再行均田。然而开元二十五年田令比之武德七年田令，受田对象扩大到工商户，对于买卖之类的处分权的限制也进一步放宽。买田者"不得过本制，虽居狭乡，亦听依宽制"⑤。隋唐初尚有许多"强项"的地方官员，敢于将豪强士族限外占田依法收归公有，进行均田授受，如隋代李圆通任京师留守，将佞臣宇文述侵占的土地判还民家⑥。唐代贾敦颐在永徽五年（654）为洛州刺"时豪富之室，皆籍外占田。敦颐都括获三千余顷，以给贫乏"⑦。但终究不能扭转土地兼并的趋势。

唐初因隋末战乱，人口大减，土地荒芜，国有荒地一时增加，所以能推行均

---

① 《通典》卷二《田制下》。
② 《唐律疏议·杂律》"得宿藏物隐而不送"条。
③ 参见韩国磐《北朝隋唐的均田制度》，上海人民出版社，1984年，第141页。
④ 《新唐书》卷五一《食货志》。
⑤ 《通典》卷二《田制下》。
⑥ 《隋书》卷六四《李圆通传》。
⑦ 《旧唐书》卷一八五《贾敦颐传》。

田。但几经授受,又加上官僚豪富的兼并,公田授多还少,可供继续授田的公田逐步减少。敦煌在唐代当属宽乡之地,但从出土的唐代户籍计帐来看,普遍受田不足。在五十二户户籍残卷中,永业田一般受足,而口分田受田严重不足(永业田五十一户受足,口分田仅一户受足),四十五户平均每丁受田三十四点九五亩弱,比狭乡更少①。

隋唐两代国有荒地也并非全部用以均田,还有大量国有荒地由政府组织士兵屯田,隋中央工部有屯田侍郎,唐有屯田郎中。直到唐天宝八载(749),全国屯田收粮尚有将近二百万石②。

隋唐时皇帝经常以公田赏赐臣下,赐田与永业田相比,处分权利更为自由,一经赏赐便为私产。唐高宗显庆元年(656),赏赐宰辅大臣于志宁、张行成、高季辅大量田地,于志宁上书谦让:"臣居关右,代袭箕裘,周魏以来,基址不坠。行成等新营庄宅,尚少田园,于臣有余,乞申私让。"③传为美谈。

除赏赐外,隋唐还允许权贵"请借"、"请射"国有荒地,再将借得的土地转手出租牟利。唐律的《杂律》律疏中有"官田宅,私家借得,令人佃食"的说明,可见这种转租行为是得到法律允许的。根据唐田令,借得的土地应在两年内开垦耕种(详见下节租佃契约部分),也可以请射国有山林荒地放牧。至唐天宝年间,已是"借荒者皆有熟田,因之侵夺;置牧者唯指山谷,不限多少"。为此唐玄宗在天宝十一载(752)特意下诏:"两京(长安、洛阳)去城五百里内,不合置牧地。"并禁止"诸射兼借公私荒废地,无马妄请牧田,并潜停客户,有官者私营农,如辄有违犯,无官者决杖四十,有官者录奏取处分"。并下令国有荒废地"明立簿帐,且官收租佃,不得辄给。官人亲识、工、商、富豪兼并之家,如有妄请受者,先决一顿,然后准法科罪。……有能纠告者,地入纠人"④。这项立法虽然严厉,但并不能扭转国有土地迅速转化为豪富私有的趋势。

至唐"安史之乱"(755—763)后,均田制已全面破坏,人口逃亡,唐人杜佑在《通典·田制》中自注说:"开元之季,天宝以来,法令弛宽,兼并之弊,有逾于汉成、哀之间。"政府已无公田授予农民,均田制抑制豪强兼并的微弱作用已完

---

① 参见韩国磐《北朝隋唐的均田制度》第四章第四节之二。
② 《通典》卷二《屯田》。
③ 《旧唐书》卷七八《于志宁传》。
④ 《册府元龟》卷四九五《邦计部·田制》。

全失效。唐建中元年(780),宣布实行"两税法",规定"其田亩之税,率以大历十四年(779)垦田之数为准"①,即至大历十四年私人以各种途径所占有的土地一律按面积征收地税。按照中国民法史上一贯以确定义务的方式来默认私有权的传统,上述规定实为变相承认一切现有土地占有关系均属合法,承认原先分配授予占有的公田为个人私产,默认了均田制的废除。

三、遗失物、埋藏物及无主物的归属

唐代法律对于宿藏物、阑遗物的归属有明确、具体的规定。

关于宿藏物。唐《杂令》规定,在他人地内发现宿藏物,"合与地主中分",发现人与土地所有人各得二分之一。如土地所有人在其土地中发现宿藏物,自然获得该宿藏物所有权。在国有土地"官地"内发现,"得宿藏物者听收",归发现人所有②。《唐律疏议·杂律》"得宿藏物隐而不送"条:"诸于他人地内得宿藏物隐而不送者,计合还主之分,坐赃论减三等。"在他人所有的土地内得宿藏物不送其地主则构成犯罪。律疏:"坐赃论减三等,罪止徒一年半。"这一律条后有律注:"若得古器形制异,而不送官者,罪亦如之。"按照唐令规定,发现古器、钟鼎之类,"形制异于常者",应该送官府,由官府收购,"送官酬直",个人不得私有。如据古器为己有者,也构成犯罪,依照古器价值,坐赃论减三等处刑。

唐律对于若干特殊情况下宿藏物的归属也有明确规定。上引《杂律》律条后的律疏又自设问答:"问曰:官田宅,私家借得,令人佃食;或私田宅,有人借得,亦令人佃作,人于中得宿藏,各合若为分财? 答曰:藏在地中,非可预见,其借得官田宅者,以见住、见佃人为主,若作人及耕犁人得者,合与佃住之主中分。其私田宅,各有本主,借者不施功力,而作人得者,合与本主中分。借得之人,既非本主,又不施功,不合得分。"可见,在出租的官地或出租的私地中发现宿藏物,唐律规定其归属各不相同。出租的官田、官宅中发现宿藏物的,承租人与发现人各得二分之一。而出租的私田、私宅中发现宿藏物的,由出租人(原业主)与发现人各得二分一,承租人、承借人无权分得。

关于阑遗物。秦汉以后法律限制遗失物按先占原则占为己有,唐代法律

---

① 《唐会要》卷八三《租税》上。
② 《唐令拾遗》,第791页。

继承这一传统。立法强调阑遗物必须交还原主,拾得人负有送官义务,而无获得其一部分为己有的权利。唐《捕亡令》规定:

> 诸得阑遗物,皆送随近官司,在市得者送市司,其金吾各在两京巡察,得者送金吾卫。所得之物,皆悬于门外,有主识认者,检验记责保还之。虽未有案记,但证据灼然可验者,亦准此。其经三十日无主识认者,收掌,仍录物色目,榜村坊门,经一周年无人认者,没官录帐,申省处分。没入之后,物犹见在,主来识认,证据分明者,还之。①

据此,阑遗物必须送官,公示三十日后无失主认领,即由官府收藏。再公告满一周年,仍无人认领,作没官处理。原物尚存在,原主前来认领的仍归还原主。认领时必须检验财物标记,出示证据,并要有保人担保。

对于阑遗的牲畜,唐《厩牧令》又有特别的规定:

> 诸官私阑遗马、驼、骡、牛、驴、羊等,直有官印、更无私记者,送官牧。若无官印及虽有官印、复有私记者,经一年无主识认,即印入官,勿破本印,并送随近牧,别群牧放。若有失杂畜者,令赴牧识认,检实印作"还"字付主。其诸州镇等所得阑遗畜,亦仰当界内访主,若经二季无主识认者,并当处出卖。先卖充传驿,得价入官。后有主识认,勘当知实,还其本价。②

此条规定,在牧场、两京地区的阑遗畜公告一年后,无人认领则没官,但原主仍可随时认领。地方州县在当地公告半年后无人认领则出卖,原主仍可认领获得卖价。与拾得其他财物的拾得人一样,拾得阑遗畜人也没有任何权利。与秦汉时"大者归官,小者私之"的法律原则完全不同。

唐律又规定拾得人有送官义务,否则即构成犯罪。《杂律》的"得阑遗物不送官"条:"诸得阑遗物,满五日不送官者,各以亡失罪论;赃重者,坐赃论。私物,坐赃论减二等。"律疏:"得阑遗之物者,谓得宝、印、符、节及杂物之类,即须送官,满五日不送者,各得亡失之罪。……其物各还官、主。"亡失官物,为准盗论减三等。一般亡失私物是"偿而不坐",但是得阑遗物赃重者要坐赃论,私物

---

① 《唐令拾遗》,第 659 页。
② 《唐令拾遗》,第 638 页。

也要坐赃论减二等,比之上条得宿藏物隐而不送者加重一等,罪止徒二年。拾得人在五日内必须将阑遗物送官。

唐律此项立法的出发点很可能在于拾得人只付出"举手之劳"而"未加功力",与发现宿藏物有所不同。如"已加功力"就应得一份报酬。因此,处理宿藏物的原则与处理阑遗物的原则明显不同,而和挖掘宿藏物一样需要付出劳动的打捞漂流物的行为,唐代法律处理的原则也不同于阑遗物。唐《杂令》有:

> 诸公私竹木为暴水漂失,有能接得者,并积于岸上,明立标榜,于随近官司申牒。有主识认者,江河,五分赏二;余水,五分赏一。限三十日外,无主认者,入所得人。①

在江河捞取漂浮竹木,公告三十日,有主人来识认的,捞取人可得五分之二;非江河则可得五分之一。如公告期限后无人识认的,全归捞得人所有。这一立法明显与拾得阑遗物的规定不同,捞取人可获得报酬以至全部财物所有权,就是考虑到捞取人"已施功力"的缘故。

关于河流新淤涨土地,唐《田令》有关于河流改道淤涨土地归属问题的专门条文:

> 诸田为水侵射,不依旧流,新出之地,先给被侵之家。若别县界新出,依收授法。其两岸异管,从正流为断。若合隔越受田者,不取此令。②

此条首先规定新淤涨地应补给受水侵损之家。若新淤涨地在别县境内,即视为公田,由该县作均田收授之用。只有在州县改易,或城居之人、或五品官员以上的永业田等法律规定可以"隔越受田"的情况下,别县境内的新涨地可归被侵损者所有。县境以河流为界的,以中流划分县界。这些规定具体而细微,其立法原则看来是优先考虑土地受损一方的利益。

四、关于矿产、山林的所有权

隋唐时仍沿袭自古以来山林矿产属于国有的传统,但隋及唐初的立法原

---

① 《唐令拾遗》,第 785 页。
② 《唐令拾遗》,第 570 页。

则是"与众共之",强调山林矿产的公用性质,政府对于名义上属于国有的一切山林矿藏并不加以封禁、垄断,也立法禁止任何私人垄断。《唐律疏议·杂律》"占山野陂湖利"条:"诸占固山野陂湖之利者,杖六十。"律疏解释:"山泽陂湖,物产所植,所有利润,与众共之。其有占固者,杖六十。已施功取者,不追。"

除了山泽陂湖之外,矿产也"与众共之"。唐《杂令》谓:

> 凡州界内有出铜铁处,官未采者,听百姓私采。若铸得铜及白镴,官为市取。如欲折充课役,亦听之。其四边,无问公私,不得置铁冶及采矿。自余山川薮泽之利,公私共之。①

铜是铸钱原料,必须由政府收购,只是边疆地区不得置铜铁矿。

矿产并非国家垄断,但有异样财宝应报告官府。唐《杂令》有"凡知山泽有异宝、异木及金玉铜铁、彩色杂物处,堪供国用者,奏闻"②。

除了矿产外,隋文帝在开皇三年(583)下令:"通盐池、盐井,与百姓共之。远近大悦。"③宣布放弃西汉以来盐归官营专卖的法令。唐代沿袭这一法令,历来被认为"王者之利"的山海之产被放开,不再由国家垄断。

隋及唐初这种自然资源"与众共之"的立法原则,可能是因为当时政权比较稳定,通过均田制控制了较多的农民,获得比较稳定的租调收入。为了笼络兼营工商业的士族豪强势力,故解除垄断山海之利的禁令。但山林矿产属于国有的原则并未放弃,只是允许百姓利用而已。政府对之收税:"凡天下诸州出铜铁之所,听人私采,官收其税。"④

安史之乱后,传统的"与众共之"政策被部分放弃。公元756年,颜真卿在河北、第五琦在江南开始实行"榷盐"。新置"诸州榷盐铁使","尽榷天下盐"⑤。德宗时,户部侍郎韩洄建议"山泽之利,宜归王者"⑥。对各种矿产也应全由政府控制,但实际上也只不过是征矿税而已。终隋唐之世,山林矿产之类的自然资源名义上虽属国有,而实际上允许民间利用。

---

① 《大唐六典》卷三〇"士曹司士参军"注。
② 《大唐六典》卷三〇"士曹司士参军"注。
③ 《隋书》卷二四《食货志》。
④ 《大唐六典》卷二二。
⑤ 《新唐书》卷五四《食货志》。
⑥ 《新唐书》卷五四《食货志》。

第三节 债

一、契约形式与成立要件

隋唐时期书面契约材料已普遍采用纸张，随着经济生活的日趋复杂，订立契约成为人们日常的一种经济活动。与此适应，除了专门替人写契的书契人外，这一时期还出现了契约的"样文"。在敦煌、吐鲁番出土的唐代文书中就有不少这类契约样文，可能是当时供人们立契时仿照的。样文的出现，大大方便了人们立契，同时也使各地的契约习惯有了统一的可能。契约的形式因而相对固定、正规化，在中国民法史上有重要意义。

隋唐时期契约形式上的另一个重要变化，是单本契约逐渐增多。一般契约不再采用复本形式，而仅由权利人收藏单本契约。吐鲁番出土的唐龙朔三年（663）西州高昌县张海隆夏田券（租佃契约），券中特别注明，"契有两本，各捉一本"①。券纸背面左侧，有笔划的几道横线，是当时一式两份的契约，各自对折后，骑缝所记有"合同"记号。阿拉伯旅行家苏莱曼曾在《中国印度见闻录》（著于公元851年）中说，中国人在立借据时，"两张票据叠在一起，在连接处再写上几个字"，然后各持一份②。但是在敦煌、吐鲁番出土的大部分契约文书都没有合同记号，也未注明有复本，当都为单本契约。

隋唐时法律对于契约形式并没有明确规定。唐《杂令》规定，民间借贷出举，"任依私契，官不为理"③，确立了官府不主动干涉的放任原则。与此相应，隋唐的各种契约上，也往往有"官有政法，人从私契"的惯用语。这可能一方面意味着民间契约具有与官府法律相等的效力，另一方面也隐含有排斥政府、法律干涉的意思。当时的契约上还有"民有私约，要行二主（或约行二主）"的惯语，强调契约是私人行为，强调私约、私契与官法的平行，其效力并不能直接得到国家为代表的公共强制力的保护。这样，契约的种类、契约的形式、契约的内容等等都主要依据民间惯例，使得原本"先天不足"的法律在民间最主要的民事行为——契约行为方面显得苍白无力。

---

① 《吐鲁番出土文书》第五册，文物出版社，1983年，第117页。
② 苏莱曼《中国印度见闻录》，中华书局，1983年，第58页。
③ 《唐令拾遗》，第789页。

就契约成立的实质要件而言,这一时期的法律与民间惯例都强调成立契约要"和同",即双方合意。唐律《杂律》与唐《杂令》对于买卖、借贷都规定要"两情和同"①,推言之,当对其他契约也有效。而在隋唐的民间契约中也有"二主和同立券"或"两和立契"的惯用语,唐代的契约有的还有"两共对面平章(商议)"的惯语。

隋唐契约的主要内容除了标的、价金、期限等基本项目之外,突出的特点是附带有各种担保条款。最普遍的担保条款是悔约罚,仍沿袭北朝习惯,各种契约都有"券成之后,各不得返悔,悔者一罚二入不悔者"的惯语。有的契约在写明具体悔约罚内容后也仍写上这一惯语。如吐鲁番出土的高昌延寿十四年(637)康保谦买园券,先已写上"若有先悔者,罚银钱壹百文入不悔(者)",后又照旧写上"各不得返悔,悔者一罚二"②。

这一时期契约附署人根据契约种类而有所不同。最主要的附署人仍为"倩书人"、"知见人"(或时见,临坐)。买卖契约、借贷契约一般还有"保人"附署。知见人的重要地位,说明在民间习惯上,契约成立的仪式性质仍相当重要。

就唐初法律而言,法律规定对契约负有连带责任的契约附署人只有保人。倩书人、知见人仅有作证义务。唐中期以后,法律逐渐强调买卖、质典契约中"牙人"的连带责任。牙人,是唐时对于说合交易居间商的称呼。据说原称"互郎",取引人相互交易之意。后因唐人书写"互"的异体字"㸦"而与"牙"字相混,以讹传讹,遂称牙人、牙郎③。唐时市中设牙人,为交易者引见客户、议定价格、说合交易。唐时叛将安禄山,曾为"互市牙郎"④。随着契约关系日渐复杂,唐代法律逐渐强调牙人的连带责任。唐建中四年(784),施行"除陌法"(交易税),规定由市牙登记市中交易数额以计算税额⑤。元和四年(809)曾禁止商人使用"除陌钱"(不足一千文亦称贯在市面流通),规定牙人有检举义务⑥。长庆二年(822)敕,禁止以他人产业设立抵押"质举官钱",如有违犯,"即请散征

---

① 《唐令拾遗》,第791页。
② 《吐鲁番出土文书》第四册,文物出版社,1983年,第37页。
③ 《类说》卷五六。
④ 《旧唐书》卷二〇〇上《安禄山传》。
⑤ 《旧唐书》卷四九《食货志下》。
⑥ 《旧唐书》卷四九《食货志下》。

牙保代纳官钱"①。从此牙保连称,成为契约关系中负有连带责任的最重要的附署人。

契约的签署方式在这一时期变化较多,具有多种方式。一种是契中写明"各自署名为信",双方在契中提到自己姓名处亲笔书写;或者在契约后各自署名。这在僧侣等较有文化者之间比较通行。还有一种是在契末盖上私印。但最为常见的是"画指",由代书人书写契文,在契后一一开列双方当事人及见人、保人等的姓名,然后各人在自己名字下方,画上自己一节手指长度的线段,并在指尖、指节位置画上横线,一般男子画左手食指,女子画右手食指②。更普遍的是不画手指长度线段,而直接在姓名后点出指尖和两节指节位置。这类契约正文的结尾处一般都写有"画指为信"、"获指为信"。唐人贾公彦在《周礼·地官·司市》的疏中说,汉代下手书"若今画指也",可见画指是当时最流行的文书签署方式。敦煌、吐鲁番出土的唐代诉讼文书、牒辞等官私文书也以画指签署。

此外,唐代契约还有以捺指印签署的,敦煌出土一件唐末五代时的孙清便粟券,契末便粟人、保人都以拇指印签署③。另有几件藏文文书也按有指印。苏莱曼的《中国印度见闻录》中也提到:"在商业交易和债务上,中国人都讲公道",契约文书写成后"把中指和食指合拢在署名处按上手印"④。不过捺指印的实例实在太少,恐怕不是普遍现象,苏莱曼可能是把"画指"错看成是"捺指"。

二、主要契约种类

(一) 买卖契约

买卖是人们最普遍、最经常的民事行为。买卖契约也是隋唐最主要的契约种类。保留至今的唐代律令格式条文中,有关民事法律的条文大多为买卖方面的规定,而且这些条文一般是基于动产买卖而言的,内容较为具体、详细。

1. 动产买卖。

隋唐动产买卖仍以官方指定的、封闭式的"市"中交易形式为主。唐代法

---

① 《宋刑统》卷二六引唐敕。
② 参见[日]仁井田陞《中国法制史研究·取引法》第九章附"画指文书"。
③ 转引自[日]仁井田陞《中国法制史研究·取引法·土地法》,第717页。
④ 苏莱曼《中国印度见闻录》,第58页。

律规定：

> 诸非州县之所，不得置市。其市，当以午时击鼓二百下，而众大会。日入前七刻，击钲三百下，散。①

可见市只设于州、县治所及京城，并且四周有围墙，仅开放半天供人交易。市设市司为管理机构，每月按旬公布三次标准物价，称"旬估"。有关买卖的法律与市场管理法律有密切关系。

《唐律疏议·杂律》"器用绢布行滥短狭而卖"条规定，市中出卖的商品必须符合质量标准，"有行滥短狭而卖者，各杖六十。得利赃重者，计利准盗论。贩卖者亦如之"。律疏解释："行滥，谓器用之物不牢，不真；短狭，谓绢匹不充四十尺，布端不满五十尺，幅阔不充一尺八寸之属而卖。"市司、州县官知情而不纠正，"各与同罪"；不知情者减二等处刑。同律"市司评物价不平"条规定，市司评估物价不公平者"坐赃论"，如有意评估错误以谋私利，"准盗论"。市中所用度量衡具也必须符合标准，按唐《关市令》，每年市司应平校度量衡，私人度量衡具要经市司平校后加盖官印，才可使用。唐《杂律》"私作斛斗秤度不平"条规定，私制度量衡具在市中使用者"笞五十"，因此造成买卖价格增减的，计所增减价格"准盗论"。

关于买卖行为本身，唐《杂律》规定买卖双方必须"和同"，禁止"较固"（律注："较，谓专略其利；固，谓障固其市"，即欺行霸市之意）、"更出开闭，共限一价"（垄断价格、强买强卖）、"参市"（律注："谓人有所卖买，而傍高下其价，以相惑乱"，即诈欺起哄、高低物价）等等行为，违者"杖八十，已得赃重者，计利准盗论"。

关于买卖契约的形式，唐律也有明确规定，《唐律疏议·杂律》规定，凡买卖奴婢、牛、马、驼、骡、驴，必须于买卖行为后三天之内在市司监督下订立"市券"，违者买方"笞三十"，卖方"减一等"。又规定上述买卖中买方有三天的悔约期，"立券之后，有旧病者，三日内听悔"。并且规定此类买卖契约必须有保人附署，《唐律疏议·名例律》疏称："嫁娶有媒，卖买有保。"可见，《唐律疏议》是将奴婢、大牲畜的买卖契约作为"要式契约"。

在唐代民间买卖契约中，确实也有这一法律的反映。如吐鲁番出土的唐

---

① 《唐会要》卷八六。

咸亨四年(673)西州前庭府杜某买驼券,券末有"待保未集,且立私契;保人集,别(立)市契",说明双方买卖成交后,先立"私契"准备邀集保人再去市司转立市契。这件契约上还写明"叁日不食水草,得还本主"①。另一件吐鲁番出土的唐龙朔元年(661)高昌县左憧憙买奴券,也写有"叁日得悔"②。

从敦煌、吐鲁番出土的唐代文书来看,当时买草、买首饰等买卖行为也立书面契约,不过一般动产买卖契约并无保人附署,往往只是买卖双方及倩书人、时见人"画指为信"。

唐代法律对于奴婢买卖又有特别规定。唐末天复元年(901)改元赦文曰:

> 旧格:买卖奴婢,皆须两市署出公券,仍经本县长吏,引检正身,谓之"过贱"。及问父母见在处分,明立文券,并关牒太府寺。③

买卖奴婢必须要经过当地官府的见证,经引验正身,证明确实属于奴婢身份,称之为"过贱",还要询问家长是否知情这项买卖。这一"旧格"可能是唐中期制定的。

2. 不动产买卖。

唐代有关不动产买卖的法律条文主要是关于土地买卖的,然而房屋、邸店、碾硙之类不动产买卖也可以参照。其主要内容有如下几个方面。

首先,土地买卖行为必须符合法律规定。这一方面的法律最主要的就是《田令》。只有贵族、官僚所得赐田,五品以上官员的官勋田、永业田可以自由买卖。百姓的永业田只能在供丧葬费用或迁居的情况下才可出卖。口分田原则上不准出卖,《唐律·户婚律》"卖口分田"条:"诸卖口分田者,一亩笞十,二十亩加一等,罪止杖一百。地还本主,财没不追。"然而在唐《田令》规定的几项特殊情况下可以出卖,如家贫为供丧葬,出卖永业田仍不够费用而出卖口分田;出卖口分田充作住宅、碾硙、邸店;自愿迁徙"宽乡"等可以出卖口分田。对于买田的限制主要是不得超过本人应受土地的限额,所谓"诸买地者,不得过本制,虽居狭乡,亦听依宽制。其卖者不得更请"④。

---

① 《吐鲁番出土文书》第七册,文物出版社,1986年,第389页。
② 《吐鲁番出土文书》第七册,第410页。
③ 《唐大诏令集》卷五《帝王改元》下。
④ 《通典》卷二《食货二·田制下》。

土地买卖的合法性自然还包括不得盗卖国有或他人所有地。《唐律疏议·户婚律》"妄认公私田"条:"诸妄认公私田,若盗贸卖者,一亩以下笞五十,五亩加一等,过杖一百,十亩加一等,罪止徒二年。"据律疏,贸指贸易,即交换,卖为出卖。

出土的隋唐之际土地买卖契约文书中仍沿南北朝以来的惯例,载明卖方向买方作出占有担保的文句:"若后有人呵盗认名者,一仰本主了。"①然而随着"名"这一古老词语逐渐过时,至唐中期后,这种占有担保文句逐渐改为"若后有人称主,一仰本主另觅充替"②。

其次,土地买卖必须符合法定程序。唐初《田令》规定:"田无文牒,辄卖买者,财没不追,苗子及买地之财并入地主。"③土地买卖必须向政府提出申请,经政府批准发给文牒后才可进行。唐玄宗开元二十五年(737)《田令》重申此制:"凡卖买(田地)皆须经所部官司申牒,年终彼此除附。若无文牒辄卖买,财没不追,地还本主。"④这种向政府申请文牒的具体程序已不可考。吐鲁番出土的唐总章元年(668)西州高昌县左憧憙申请公验文书:

> 高昌县左憧憙辞:张渠蒲桃(葡萄)一所,旧主赵迴□。县司:憧憙先租佃上(件)桃(葡萄园之意),今……恐屯桃(葡萄)人并比邻不委,谨以辞陈。□□公验,谨辞。⑤

从这件文书看来,申请文牒公验要向县府提出。左憧憙是先租后买,提出申请文牒者应为买主。公验是《田令》所称文牒的一种。

第三,在唐德宗建中元年(780)实行"以亩定税"的"两税法",代替原来"以人丁为本"的租庸调制后,土地交易成立,必须向政府申报转移该项土地所负担的赋税。唐宣宗大中四年(850)制:

> 青苗两税,本系田土,地既属人,税合随去。从前敕令,累有申明,豪富之家,尚不恭守,皆是承其急切,私勒契书。自今已后,敕州县切加觉

---

① 《吐鲁番出土文书》第二册,第197页;第四册,第37页;第五册,第253页等。
② 见《敦煌资料》第1辑,第286、311页。
③ 《唐律疏议·户婚律》疏议引《田令》。
④ 《通典》第二《食货二·田制下》。
⑤ 《吐鲁番出土文书》第六册,第426页。

察,如有此比,须议痛惩。①

可见在此制之前,已有敕令规定了后世称之为"过割"的制度,买方应将有关买卖标的物承担的赋税登记到自己的名下。申报转移赋税者应为买方。大中六年(852),唐宣宗赐其小舅子郑光两处庄宅,特下敕免其两税及差科色役,但遭到中书门下的反对,中书门下奏称:"据地出税,天下皆同;随户杂徭,久已成例。"唐宣宗无奈,只得收回成命②。

对土地买卖后不转移赋税者如何"痛惩",史无明文。唐代民间土地买卖契约中也有类似的内容。如敦煌出土的唐天复九年(即公元909年,当时唐朝已被后梁取代,但是敦煌郡仍沿用唐朝年号)安力子卖地契中有"地内所著差税河作,随地祗当"③。

隋唐时期土地买卖契约的内容沿用秦汉以来惯例,变化不大,仍写明四至,常有"四在之内,长不还、短不与"的惯语④。政府法律对此并无规定。只有唐玄宗天宝五载(746)敕规定:"自今以后,应造籍帐及公私文书,所言田地四至者,改为路。"⑤然而从出土的唐代文书来看,玄宗以后这一敕令即失去实效。民间土地买卖契约照旧写"东至……西至……南至……北至"。此外,隋唐时的土地买卖契约往往有关于地役权的内容,如常有"车行水道依旧通"的惯语⑥。

树木往往固定于土地,自古有"人挪活,树挪死"的谚语,如土地房屋买卖中附有树木时,往往要在契约中特别说明。唐代有"树当随宅"的谚语,指一般情况下如契约中未特别指明的情况下,树木随房屋统计价格,不另计价格。唐初著名直臣王义方为侍御史,于长安买宅居住:

> 数日,忽对宾友指庭中桐树一双曰:"此无酬直。"宾友言:"树当随宅,别无酬例。"义方曰:"我只买宅耳,树何所载?"召宅主付之钱四千。⑦

---

① 《唐会要》卷八四《租税》下。
② 《唐会要》卷八四《租税》下。
③ 《敦煌资料》第一辑,第309页。
④ 可见《吐鲁番出土文书》第二册,第197页;第三册,第71、363页;第四册,第37页;第五册,第53页等。
⑤ 《册府元龟》卷四八六《邦计部·户籍》。
⑥ 可见《吐鲁番出土文书》第二册,第197页;第三册,第71、363页;第四册,第37页;第五册,第53页等。
⑦ 刘宗周《人谱类记》卷五。

王义方素以耿直著称,故另给原宅主树价,而宾友以长安民间惯例相劝,说明民间一般屋宅买卖,树木随宅出卖,并不另计价格。房屋如此,一般耕地也应如此。况且如上章所述,土地栽树原就是所有权的象征,土地所有权既已转让,树木自当随之转让。

唐代法律要求"买卖有保",土地买卖自不例外。值得注意的是,土地买卖中的保人往往是卖地人的亲属。如敦煌出土的唐大中六年(852)张月光易地券后"保人男坚坚,保人男手坚,保人弟张日兴、男儒奴、侄力力"[①]。易地人张月光还在契中保证"如身东西不在,一仰口承人知当"。以亲属担保的用意在于向买方作出保证:该地日后不致被卖方后代追夺。

(二) 借贷契约

随着社会商品货币经济的发展,至隋唐时期,民间借贷关系已相当复杂,出现了多种借贷关系。隋唐法律对此有一定程度的反映,针对各种不同的借贷契约关系而制订了相应的法律条文。

1. 借贷的分类及其法律后果。

唐律令中将借贷契约关系分为如下几类:钱币、粟麦之类一般附带计息的消费借贷,称之为"出举"、"举取",所形成的债务称"息债";不计利息的消费借贷称之为"贷"或"便取";非货币、粟麦之类的消费借贷,不计利息的使用借贷称之为"负债"、"欠负";债务人在成立借贷契约时向债权人指定自己某项财产为抵押的,称之为"指质";债务人在成立借贷契约同时向债权人提交质押品的,称之为"收质"、"质举"、"典质",等等。

这些名目虽然在唐中期以后逐渐有混用的迹象,尤其是"负债"一词逐渐有统称一切借贷契约之债的趋向,但是至少在唐初的律令中,其区别是相当严格的。同时,隋唐民间契约一般也很少混用举、便、欠负之类词句,凡计息的契约都作"举",不计息的作"便"或作"贷",很少使用"借"字为统称。

唐律有关借贷契约的法律条文,其内容局限于"负债",即使用借贷和不计息的消费借贷契约。《唐律·杂律》"负债违契不偿"条:"诸负债违契不偿,一匹以上、违二十日,笞二十,二十日加一等,罪止杖六十。三十匹加二等,百匹,又加三等。各令备偿。"律疏解释:"负债者,谓非出举之物,依令合理者;或欠

---

① 《敦煌资料》第一辑,第 286 页。

负公私财物,乃违约乖期不偿者。……三十匹加二等,谓负三十匹物,违二十日笞四十,百日不偿,合杖八十。百匹又加三等,谓负百匹之物,违契满二十日,杖七十,百日不偿,合徒一年。"可见,债务人违契不偿时,债权人可向官府起诉,以刑罚处罚,并强迫债务人偿还债务。

关于"出举"的法律,唐初主要是由唐《杂令》中的几条加以规范。

> 诸公私以财物出举者,任依私契,官不为理。每月取利不得过六分,积日虽多,不得过一倍。……又不得回利为本。①

明确规定计算利息的"出举"借贷债权不受法律保护,官府不受理计息债权的纠纷,债权人只能依靠自力救济实现债权。

2. 利息的限制。

上引唐《杂令》该条可见有明确规定:法定限制利率为月利百分之六(合年利百分之七十二),禁止复利计息,累计利息总额与原本相等、本利合计超过原本一倍时,停止计息。

另一条唐《杂令》规定:

> 诸以粟麦出举、还为粟麦者,任依私契,官不为理。仍以一年为断,不得因旧本更令生利,又不得回利为本。②

同样禁止复利,并规定粟麦类消费借贷只能年内计息,隔年停止计息。

这两条都规定"任依私契,官不为理",即债权人不得如"负债"一样向官府起诉债务人,也不能借助官府强制力强迫债务人履行债务,处罚债务人,而在"公私出举财物"条中又有:"若违法积利、契外掣夺及非出息之债者,官为理。"《杂令》中另有:"诸出举两情同和,私契取利过正条者,任人纠告。本及利物并入纠人。"③超过法定限制利率计息就要受罚。可见唐《杂令》有关出举的条文含有一定的保护债务人、压抑私人高利贷业的立法意图。

在唐中后期的敕格中,进一步降低了法定限制利率,并对违法取利的债权人加重惩罚。唐文宗开成二年(837)敕规定:

---

① 《唐令拾遗》,第789页。
② 《唐令拾遗》,第790页。
③ 《唐令拾遗》,第791页。

>（凡私人出举）不得五分以上生利……其利止于一倍，不得虚立倍契，及计会未足，抑令翻契，回利为本。如有违越，一任取钱人经府县陈论，追勘得实，其放钱人请决脊杖二十，枷项令众一月日。①

将法定限制利率降低至月利百分之五，合年利百分之六十，并以刑罚处罚违法取利者。另外，《宋刑统·杂律·受寄财物辄费用门》引唐户部格敕（据《册府元龟》卷一五九《帝王部·革弊》，为玄宗开元十六年诏）："天下私举质，宜四分收利，官本五分收利。"进一步将法定限制利率降至月利百分之四。

值得注意的是，唐代法律虽然对私营高利贷有一定的抑制，但同时却强调保护官营高利贷债权人的利益。唐初允许京师各府司置"公廨本钱"，挑选商人为"捉钱令史"，政府将公廨本钱放贷给商人经营，"人捉五十贯以下，四十贯以上，……每月纳息四千，一年凡输五万"②。放贷官本经营资本，利率竟达月利百分之十、年利百分之一百二十，超过秦汉的"倍称之息"。而汉王莽改制时设"钱府"放贷经营资本，年利只不过百分之十（参见本书第二章第三节）。而且唐朝在法律上还着重加以保护官府放贷的利息债权。上引唐《杂令》在规定了累计利息"不得过一倍"后又有："若官物及公廨，本利停讫，每计过五十日不送尽者，余本生利如初，不得更过一倍。"即官营高利贷债务人在累计利息与本相抵后，如五十日内不清偿，余本仍可计息；计息可过一倍。以后唐政府多次下令降低官营高利贷的利率，至唐武宗会昌元年（841）敕各州县置公廨本钱经营高利贷，"量县大小，各置本钱，逐月四分收利"③。

根据史料分析，唐代对于计息"不得过一倍"以及"官不为理"的法律原则并未贯彻始终，尤其是官府的放贷的高利贷债权，法律保护不遗余力。唐宪宗元和十四年（819）敕文："公廨及诸色本利钱，其主保逃亡者，并正举纳利十倍已上，摊征保人纳利五倍已上，及展转摊保者，本利并宜放免。"④可见债务人已缴纳相当于原本十倍的利息，保人缴纳相当于原本五倍的利息，债务依旧未解除，仍在征理追收。唐敬宗宝历元年（825）敕："应京城内有私债，经十年已上，

---

① 《宋刑统》卷二六《杂律·受寄财物辄费用门》引。
② 《唐会要》卷九一。
③ 《唐会要》卷九三，本段参见李剑农《魏晋南北朝隋唐经济史稿》第十章。
④ 《文苑英华》卷四四二。

曾出利过本两倍,本主及原保人死亡,并无家产者,宜令台府勿为征理。"①按照唐《杂令》,官府对于有息债务不应插手征理,而实际上却对违法取利过本两倍的债主还在帮助征理。唐文宗太和八年(834)德音:"在京诸司、诸使食利钱,其元举人已纳利计数五倍已上者,本利并放。其有人户逃、死,摊征保人,其保人纳利计两倍已上者,其本利亦并放免。"②这些法令虽然主要是从保护官营高利贷的角度出发,但可看到对于公私"出举"计息的法律条文早已失效,"任依私契,官不为理"的原则也早已放弃。唐懿宗咸通八年(867)德音:

> 举、便、欠负,未涉重条,如闻府县禁人,或缘私债及锢身监禁,遂无计营生。须有条流,俾其存济。自今日以前,应百姓举欠人债,如无物产抵当及身无职任请俸,所在州县及诸军司须宽与期限,切不得禁锢校科,令其失业。又辄不得许利上生利,及回利作本,重重征收。如有违越,勘会奏闻。③

可见无论出举、便取、欠负,官府都曾据债权人请求而"理索迫债",并且还应债权人请求而允许"利上生利,回利作本"。

隋唐民间借贷通行的利率也远比法定限制利率高。如吐鲁番出土的唐显庆五年(660)张利富举钱契:

> 显庆五年三月十八日,天山县南平乡人张利富,于高昌县崇化乡人左憧憙边举取银钱拾文。月别生利钱壹文。到左还须钱之日,张即须子本俱还。④

月利为百分之十,仍沿袭了北朝以来的惯例。

除钱币外,其他物品借贷月利率也往往在百分之十左右。如吐鲁番出土的唐龙朔元年(661)龙惠奴举练契:

> 安西乡人龙惠奴,于崇化乡人右(左之误)憕(当为憧)憙边举取练叁拾匹,月别生利练肆匹。其利若出月不还,月别罚练壹匹入左。如憧憙须练之日,并须依时酬还。⑤

---

① 《唐会要》卷八八。
② 《文苑英华》卷四四一。
③ 《唐大诏令集》卷八六《政事·恩宥六》。
④ 《吐鲁番出土文书》第六册,第404页。
⑤ 《吐鲁番出土文书》第六册,第408页。

本件契约约定的月利率为百分之十三,而且还规定了违约罚利。可见唐代民间一般的借贷利率已达秦汉时的"倍称之息"水平。虽然开元末年(740)唐官府公廨本钱利率已降到了月利百分之五、年利百分之六十①,而民间出举仍收"倍息"。如敦煌出土的唐建中三年(782)健儿马令痣举钱契:"于护国寺僧虔英边举钱壹阡文,其钱每月头分生利□佰文。"②

3. 债的担保。

唐代法律对于不计息借贷(便、借、贷)债务的担保方式规定了如下顺序:首先,"牵掣"债务人家资;其次,"家资尽者,役身折酬";第三,"如负债者逃,保人代偿"。

牵掣,指由债权人扣押不能清偿的债务人的财产。《唐律疏议·杂律》"负债强牵财物"条:"诸负债不告官司,而强牵财物过本契者,坐赃论。"律疏解释:"谓公私债负、违契不偿,应牵掣者,皆告官司听断。若不告官司而强牵掣财物,若奴婢、畜产,过本契者,坐赃论。"从这一律条立法原意看,只规定"负债"违契不偿时可行牵掣,不存在计息问题,所以超过"本契"就要受罚,"坐赃致罪",按《唐律疏议·杂律》:"一尺笞二十,一匹加一等;十匹徒一年;十匹加一等,罪止徒三年。"照此牵掣应受官府的控制,必须官府批准后才可牵掣。然而,唐《杂令》:"诸公私以财物出举者……家资尽者,役身折酬。"③可见"任依私契,官不为理"的"出举"也是以牵掣为主要担保方式,而且这种牵掣不必惊动官府,债权人可自行实施。只有当"契外掣夺"时,才"官为理"。在出土的唐代借贷契约文书中常见有"听掣家资财物,平为钱直"的惯语④。

就"牵掣"一词本意而言,主要是以债务人的动产为主。唐初律令列举牵掣对象,如奴婢、畜产,也是以动产为主。但出土的唐初借贷契约文书中,已有牵掣不动产的内容,如吐鲁番出土的唐乾封元年(666)郑海石举银钱契即有:

若郑延引不还左钱,任左(债权人左憧憙)牵掣郑家资杂物、口分田园,

---

① 《大唐六典》卷六《比部注》。
② 转引自[日]仁井田陞《中国法制史研究·土地法·取引法》第十章。
③ 《唐令拾遗》,第789页。
④ 可见《吐鲁番出土文书》第六册,第404、412、422页;第七册,第526、430页;《敦煌资料》第一辑,第466页等。

　　　　用充钱子本直。取所掣之物,壹不生庸,公私债负停征,此物不在停限。①

口分田按法律规定私人是没有处分权的,而且契中还特意明确,当政府发布德音,恩宥法令停征债负时,被牵掣的财物也不得归还。被牵掣的财物,债权人可任意利用,不发生借贷费用问题(壹不生庸)。看来当时民间的牵掣,往往是包括不动产在内的。唐代法律最终也承认可以用不动产抵债,如前引长庆二年(822)敕:"若是本分合得庄园,即任填还官债。"

"役身折酬",指债务人以劳役抵偿债务,是先秦以来的惯例。唐《杂令》规定:"役身折酬,役通取户内男口。"②劳役抵债计庸,按唐律规定,一日当绢三尺。役身折酬与良人质押虽有明确区别,但实际生活中当债务人不能清偿债务,长期役身即沦为债权人的奴隶,因而与卖子无异。当政府横征暴敛、赋役无度,"百姓受命而供之,沥膏血,鬻亲爱,旬输月送无休息"③。

"保人代偿",是另一种主要的借贷担保方式。虽然唐《杂令》规定"保人代偿"仅适用于"负债者逃"的情况,但实际上也普遍适用于出举、便取、质举等借贷行为,民间各种借贷契约上一般都有保人附署。从出土的唐代文书来看,值得注意的是,借贷契约中的保人往往是债务人的亲属子女。如吐鲁番出土的唐麟德二年(665)张海欢贷银钱契,附署的保人有"海欢妻郭如莲",并又写有"海欢母替男酬练"字样④。总章三年(670)张善憙举钱契,"保人男君洛、保人女如资"。而且,在几乎所有的唐代借贷契约文书中都有"如身东西不在,一仰妻儿及收后者偿"的惯语⑤。"身东西"为死亡的隐语。可见,债务不因债务人死亡而终结,"父债子还"已成为民间惯例。非亲属保人附署契约即承担无限连带责任,如前引元和十四年(819)敕文、太和八年(834)德音有"其有人户逃、死,摊征保人"、"摊征保人纳利五倍已上及展转摊保者,本利并宜放免"。

除了以上几种担保方式外,唐代不计息的消费借贷契约"便"或"贷",往往采用违限罚息的担保方式。如吐鲁番出土的唐麟德二年(665)张海欢、白怀洛贷银钱契:

---

① 《吐鲁番出土文书》第六册,第417页。
② 《唐令拾遗》,第789页。
③ 《旧唐书》卷一一八《杨炎传》。
④ 《吐鲁番出土文书》第六册,第414页。
⑤ 《吐鲁番出土文书》第六册,第430页;并可见于第七册,第453、526页;第八册,第287页等。

　　　　前庭府卫士张海欢于左憧憙边贷取银钱肆拾捌文,限至西州十日内还本钱使了。如违限不偿钱,月别拾钱后生利钱壹文入左。①

也有的只是写上"如违限不偿,月别依乡法生利"类似语句,为唐时便、贷契约文书的惯语②。

从上引咸通八年(867)的德音来看,当时民间还流行一种利上滚利的违限罚息方式,原以计息的借贷行为如债务人未能如期偿还,就要将原本息合计再生利息,"回利作本"。如敦煌出土的唐建中七年(786)苏门悌举钱契,"举钱壹拾伍仟文,其钱主□□□限八月内壹拾陆仟文。如违限不付,每月头分生利"③。本件契约成立于七月,一个月内生利一千文,即月利为百分之六点七,违限不付,即按"头分生利","头分"就是百分之十的意思,是当时惯语。计利的本钱当包括第一个月的一千文利钱在内,即按壹拾陆仟文计息。这在法律上是明文禁止的"回利为本",然而看来民间已久有此惯例。

隋唐时借贷契约签署方式的特点是,契末签署处仅写债主之姓,如"钱主某",债主并不画指,而债务人及保人、知见人则必须画指。可看出当时在借贷契约关系中,当事人双方已不是平等关系,债权人地位远远高于债务人,因而不屑与之并列。

由于民间债务纠纷层出不穷,而且债务无限拖延,致使官府无法应付债务诉讼。唐长庆四年(824)制:

　　　　契不分明,争端斯起,况年岁寝远,案验无由,莫能辩明,祇取烦弊。百姓所经台府州县论理远年债负,事在三十年以前,而主保经逃亡无证据,空有契书者,一切不须为理。④

即明确规定债务纠纷的诉讼时效为三十年,三十年之后债权人失去诉权。首次明确设立了民事诉讼时效制度,这在中国民法史上具有重大意义。

(三) 质押契约

提供质押物品的借贷行为"收质",民间也称质当、质典、倚质、典质,等等,

---

① 《吐鲁番出土文书》第六册,第414页。
② 《吐鲁番出土文书》第六册,第412、414页;《敦煌资料》第一册,第466、358页。
③ 《敦煌资料》第一辑,第466页。
④ 《唐令拾遗》,第789页。

名目繁多。债务人提供的质押品一般为动产,在契约成立时即转移质押品的占有。

唐《杂令》规定:"收质者,非对物主不得辄卖。若计利过本不赎,听告市司对卖,有剩还之。"①在债务人无法清偿债务、累计利息已超过原本时,债权人有权处分质押品,但在出卖时要当债务人的面,并在市司监督下进行。卖价抵充债务本利后的余额要当面交还债务人。

提供质押的财产包括奴婢、畜产,但禁止以良民为质押。《唐律疏议·杂律》"以良人为奴婢质债"条:"诸妄以良人为奴婢,用质债者,各减自相卖罪三等;知情而取者,又减一等。仍计庸以当债直。"律疏解释:"谓以凡人质债,从流上减三等;若以亲戚年幼妄质债者,各依本条,减卖罪三等。"《唐律疏议·贼盗律》规定,和同相卖良人,流二千里,减三等为徒二年;和卖子孙卑幼同斗杀罪减一等处理,和卖弟妹徒二年半,和卖子孙徒一年,减三等分别为徒一年、杖八十。然而民间仍有以子女质债的惯例。唐代文学家韩愈、柳宗元在袁州、柳州任刺史,都曾下令废除当地以子女质钱的"俗法",并用私俸赎回被没入的男女奴婢,传为美谈②。可见当时南方很多地方民间还流行类似秦汉"赘子"的旧俗。

唐代经营性收质放债的机构与南北朝时期类似,主要是"质库"。各地质库业相当发达,长安城里的质库集中于西市。唐建中三年(782)为平定李希烈叛乱,唐德宗下令强迫长安城中的商人出钱,京兆少尹韦祯带兵搜刮西市质库、僦柜(财物寄存铺),得钱二百万贯③。吐鲁番出土的唐代文书中有质库帖子多件,其中两件有唐代年号"广德"(763—764)、"咸通"(860—873)。帖子长约十八厘米,宽约十一厘米,似是用泥版印刷成四竖格,分别记有千字文序号的编号、质押品名称、贷出财物的数额(一般为钱币,在数额上并押印防止涂改)④。帖子未记载利息,可能是质库利息已是"乡法"惯例,人所共知。可见当时即使在边远地区质库也已相当兴盛。吐鲁番还出土不少财产清帐,常有勾划记号,可能是当时质库的帐簿残页。

---

① 《唐令拾遗》,第789页。
② 《旧唐书》卷一六〇《韩愈传》、《柳宗元传》。
③ 《旧唐书》卷一二《德宗纪》。
④ 转引自[日]仁井田陞《中国法制史研究·取引法》第十一章。

一般质库收质自然要计利息,而隋唐时又有"质举",就字面而言,这种质押方式强调在质押财产时的债务计息,质押财产的范围也比一般"收质"要大,包括了动产与不动产。唐《杂令》对于质举契约的成立程序有严格规定:

> 诸家长在(原注:在,谓三百里内非隔关者)而子孙弟侄等,不得辄以奴婢、六畜、田宅及余财物私自质举及卖田宅(原注:无质而举者亦准此)。其有质举、卖者,皆得本司文牒,然后听之。若不相本问,违而辄与及买者,物即追还主,钱没不追。①

可见质举应与买卖田产一样先经官府批准,但实际上很难做到。

(四)指质契约

就债务人的某项财产设定抵押权,成立契约时不立即转移占有,当债务人无法清偿债务时,债权人便取得该项财产的所有权。这种借贷抵押方式,在唐时称之为"指质"、"指当"等。而这种指质的财物一般又以不动产为主,如吐鲁番出土的唐乾封三年(668)张善憙指质举钱契中有"若延引不还左(债权人左憧熹)钱者,将中渠菜园半亩与作钱质(值)。要须得好菜处"②。此契标的为银钱二十文,月利银钱二文,指定将菜园作为抵押。

唐穆宗长庆二年(822)敕:

> 或有祖父分析多时,田园产业各别,疏远子弟,行义无良,妄举官钱,指为旧业。及征纳之际,无物可还,即通状请收,称未曾分析。诸司、诸使、诸军等不详事由,领人管领。或依投无处,转徙至多,事涉甚冤,恐须厘革。伏请应有此色,并牒府县推寻,若房分多时,妄有指注,即请散征牙保代纳官钱。其所举官钱、妄指庄园等人及保人,各决重杖二十。③

由于难以查对所指质的财产的所有权,造成官府放贷的本钱无法收回,也无法获得所指质抵押的财产。对此唐代法律只是简单地加重刑罚处罚,并责令地方官查证,并无进一步具体措施。

唐代民间指质,尤其是不动产指质,一般要求债务人将不动产的所有权证

---

① 《唐令拾遗》,第788页。
② 《吐鲁番出土文书》第六册,第422页。
③ 《宋刑统》卷二六《杂律受寄财物辄费用门》引。

书,如地契、析书(家产分割文书)等交给债权人。至期未能清偿则转移占有。唐代关于指质纠纷最著名的案例,就是"赵和籍产"。唐咸通初年(公元861年前后),江阴县令赵和以善于断狱而闻名。江对岸是楚州淮阴县,有两户人家分住东西两个邻近的村庄,都是富室。东邻为买数百亩肥田,一时缺少资金,就"以庄券质于西邻,贷得千缗",将自己田产的地契抵押给西邻,约定第二年"赍本利以赎"。次年,东邻新买的土地丰收,"获利甚博",于是"备钱取赎"。第一天先付清八百缗,因为两家彼此熟识,口头约定第二天付清全部本利赎回"庄券"。不料第二天西邻拒不认账,东邻告到官府,"以无保证,又无文籍",淮阴县令、楚州刺史都无法断决。东邻过江向江阴县起诉。按当时法律,唯有"持刃截江"的盗贼案,可以由案发地管辖。赵和向淮阴县送去公文,要求捕捉"寇江贼"同党西邻。淮阴县令照请捕送西邻至江阴,赵和要西邻自报财产来源,西邻供出"钱若干贯,东邻赎契者",赵和传唤东邻出庭对质,西邻"惭愧失色,祈死厅下"。于是赵和检付契书,将西邻"置之于法"[①]。

(五) 贴赁契约

贴赁,唐代法律中专指以转移不动产的占有作为债务担保,并以不动产的收益抵销债务的契约行为。其特点是在立契同时即转移不动产的占有。"贴"原意即为质押,但含义略微不同,一般来说,提供"质"的财物本身并不会自然升值,或创造出新的价值。而史籍中所记载的"贴"这种行为的对象,往往是专指具有创造新价值能力的人身,或者可以产生收益的财产。而"赁"据《说文解字》"赁,庸也",又转生租借、使用之意。可见"贴赁"一词本身即具有转移占有可带来收益的财产的含义。因此"贴"担保的债务本身往往并不计息,甚至可以约定由这些创造的新的价值或产生的收益来抵销债务原本。土地正是这样的财物,所转让的土地的收益可以抵销债务及其实际存在的利息。因此"贴赁"实际上是出让方(大多为无法清偿的债务人)得到一笔价金,将土地转移至受让方(大多为债权人)处,受让人获得在约定期限内占有、使用土地并获得全部收益的权利。在原来价金(有时叫"贴价")本息被抵销后,或至约定的期满后,土地应归还出让方。从现代民法的角度来观察,"贴赁"应归属为一种特殊的用益物权。

---

① 和凝《疑狱集》卷下。

按照唐开元二十五年(737)《田令》：

> 诸田不得贴赁及质，违者财没不追，地还本主。若从远役、外任，无人守业者，听贴赁及质。其官人永业田及赐田，欲卖及贴赁者，皆不在禁限。①

可见，唐代均田制只是有条件地允许以"贴赁"或"质"的形式转让土地。按照上节所引用的唐开元二十五年《田令》，在到边疆服役或到外地任官，家中又无人守业的情况下，允许"贴赁"和"质"；另外"其官人永业田及赐田，欲卖及贴赁者，皆不在禁限"。

贴赁原则上也要经过官府的批准，吐鲁番出土的唐永徽元年(650)云骑尉严慈仁请求出租常田的牒陈就是一件具有典型意义的材料：

> 常田四亩　　　　东渠
>
> 牒：慈仁家贫，先来乏短，一身独立，更无兄弟。惟租上件田，得子已(以)供喉命。今春三月，粮食交无，遂将此田租与安横延。立卷（券）六年，作练八匹。田既出贷，前人从索公文。既无力自耕，不可停田受饿。谨以牒陈，请裁。谨……
>
> 　　　　　　　　　　　　　　　　　永徽元年九月廿　日
> 　　　　　　　　　　　　　　　　　云骑尉　严慈仁②

牒陈所请求批准的交易实质，是严慈仁以自己的四亩常田(即口分田)以八匹练的代价贴赁给安横延六年，所谓的"出租人"是出于生活艰窘才不得已贴赁土地，完全没有一般意义上的地主出租土地、收取地租的主动地位。

在吐鲁番、敦煌出土的不少以租、夏为名的契约文书中，凡租田人一次性付清地租(绝大多数情况下都是以货币形式)，明确约定租期，所规定的违约罚是归出租人的，而且在契末签署处只有出租人(田主)画指而承租人(一般称钱主)不画指的，实际上就是贴赁，而并不是一般意义上的租赁③。如吐鲁番出土的唐总章三年(670)高昌左憧憙夏菜园契：

> 总章三年二月十三日，左憧憙于张善憙边夏取张渠菜园一所，在白赤

---

① 《通典》卷二《食货·田制下》。
② 见《吐鲁番出土文书》第六册，第223页。
③ 可见《吐鲁番出土文书》第五册，第78页；第六册，第253、421、428页；第七册，第370、406页等。

举北分墙。其园叁年中与夏价大麦拾陆斛,秋拾陆斛;更肆年,与银钱叁拾文。若到佃时不得者,壹罚贰入左。祖(租)殊(输)伯(佰)役,仰园主;渠破水滴,仰佃人当。为人无信,故立私契为验。

　　　　　　　　　　　钱主　左
　　　　　　　　　　　园主　张善憙(画指)
　　　　　　　　　　　保人　男　君洛
　　　　　　　　　　　保人　女　如资(画指)
　　　　　　　　　　　知见人　王父师
　　　　　　　　　　　知见人　曹感[①]

这件交易的实质是左憧憙以三十二斛大麦、三十文银钱的代价,获得张善憙一处菜园的种植四年的权利。出租人不仅不能约定地租的质量、交租的期限,还要保证在种植季节到来时必须交付菜园,承担土地赋税,在契约后除了本人外,出租人的儿女(君洛、如资)也要作为保人来签署,显然这是承租人契约地位远高于出租人的表现。

史籍记载中也有关于民间"贴赁"交易的记载。《旧唐书·李峤传》载,武则天长安末年(704年前后),武则天打算在长安白司马坂建造大佛像,国子祭酒同平章事李峤上疏劝阻,称:"天下编户贫弱者众,亦有佣力客作以济糇粮,亦有卖舍贴田以供王役。"《册府元龟》卷四九五载唐玄宗天宝十一载(752)的诏书指责"王公百官及富豪之家"兼并土地,"爰及口分、永业,违法卖买,或改藉书,或云典、贴,致令百姓无处安置"。

由于土地兼并越发激烈,至唐中叶朝廷已不得不承认贴赁的效力,以保证能够向土地实际收益人征收赋税。在安史之乱被平息的当年(宝应二年,公元763年)制敕宣布,客户若在当地居住一年以上,或"自贴、买得田地有农桑者",都可以在当地入籍[②]。这样就正式承认了民间贴赁行为的合法性,已因贴赁所占有的土地得到了官府法令的保护。

两税法改革后,赋税征课对象从人身转换为土地财产,如果针对丧失了土地使用收益的土地原所有权人来征税,显然会有巨大困难。因此,立法上逐渐

[①] 《吐鲁番出土文书》第六册,第428页。
[②] 《唐会要》卷八五《逃户》。

明确由贴赁得到土地的一方来承担土地的赋税。《旧唐书·宪宗纪》载元和八年(813)敕,规定贵族百官的田宅可以自由"贴、典、货卖",但必须随之转移赋税。唐敬宗宝历元年(825)敕文又规定所有获得贴赁田宅的一方都要承担按照资产征收的户税①。

敦煌出土的一件唐天复四年(904)的"租田"文契②也是一份贴赁契约:

> 天复四年岁次甲子捌月拾柒日立契。神沙乡百姓憎(僧)令狐法性,有口分地两畔捌亩,请在孟授阳员渠下界。为要物色用度,遂将前件地捌亩,遂共同乡邻近百姓贾员子商量,取员子上好生绢壹疋,长捌;综毯壹疋,长贰丈伍尺。其前件地,祖(租)与员子贰拾贰年佃种,从今乙丑年至后丙戌年末,却付本地主。其地内除地子一色,余有所著差税,一仰地主祇当。地子逐年于官,员子逞(呈)纳。渠河口作,两家各支半。从今已后,有恩赦行下,亦不在论说之限。更有亲姻及别称忍(认)主记者,一仰保人祇当,邻近觅上好地充替。一定已后,两共对面平章,更不休悔。如先悔者,罚□□纳入官。恐后无凭,立此凭检(验)。
>
> 地主　僧令狐法姓(性)
> 见人　吴贤信
> 见人　宋员住
> 见人　都司判官氾恒世
> 见人　行局判官阴再盈
> 见人　押衙张
> 　　　都虞候卢

本件契约号为租佃,但既没有地租的规定,也不见地主对于佃户的种种在地租质量等方面的规定,特别是契末承租人居然并不签署画指,显然所谓的承租人在这件契约中居于主动有利的地位。实际上,显然是令狐法性将自己的土地转移给贾员子耕种二十二年,其所从贾员子处得到的生绢、综毯,以这二十二年中该项土地的收益抵偿。而土地承担的"地子"(应指地税)也明文规定由贾员子承担。

---

① 《文苑英华》卷四二六、卷四二三《敕》。
② 伯希和汉文书3155号纸背,转引自《敦煌资料》第一辑,第126页。

（六）土地质典契约

唐朝法律有条件地允许土地的"贴赁"和"质"。《通典·食货·田制下》载唐开元二十五年（737）《田令》："诸田不得贴赁及质，违者财没不追，地还本主。若从远役、外任，无人守业者，听贴赁及质。"从民间实际民事交易的角度来看，出让的一方以"质"的形式来迅速获得所急需的现金，并规避官府禁止出卖口分田、永业田的法令，还可以避免债权人的高利盘剥（与一般财物的质押不同，土地的转让是伴随土地收益的转让，而土地的收益可以抵冲债务的利息），在若干年后能够以原价赎回原土地；接受的一方则可以远低于买价的价格获得田产，只要出让的一方无法归还原债务，按着"地还钱还"的规定就可以长期占有田产，并且还可以规避官府法律有关土地买卖及私有土地面积方面的限制。由于这些原因，土地的质押在民间相当普及，或许是当时最重要的土地转移方式。

吐鲁番出土的唐显庆四年（659）白僧定举麦契，应该是当时民间出质土地的契约：

> 显庆四年十二月廿一日，崇化乡人白僧定于武城乡王才欢边，举取小麦肆斛，将五年马堠口分部田壹亩、更六年胡麻井部田壹亩，准麦取田。到年年不得田耕作者，当还麦肆斛入王才（欢）。租殊（输）百役，一仰田主；渠破水滴，一仰佃人。两和立契，获指为信。
>
> 　　　　　　　　麦主　　王才欢
> 　　　　　　　　贷麦人　白僧定（画指）[①]
> 　　　　　　　　知见人　夏尾信
> 　　　　　　　　知见人　王士开（画指）
> 　　　　　　　　知见人　康海□　[②]

这件契约中虽称为"举取"（"举"是指计息的借贷），但最后的签署处则为"贷麦人"（唐代"贷"一般是指不计息的借贷），从契约中并未提到利息来看，可以说是"贷麦契"；而从"租输百役，一仰田主；渠破水滴，一仰佃人"的租佃契约的惯语来看，似乎又是租佃契约。因此，这一件契约实际上是出质契约。交易的实质是白僧定将自己的一亩口分田、一亩"部田"（永业田）转让给王才欢，代价是

[①] 画指是两晋南北朝隋唐时期的文书签署方式。见下文。
[②] 《吐鲁番出土文书》第七册，第370页。

王才欢交付的四斛小麦。转让的期限在契约中没有写清("到年年不得田耕作"一句应有讹误),但意思还是清楚的,将来白僧定只有在归还四斛小麦的情况下才可以收回这两亩地。

大约自唐代中期开始[①],民间逐渐习惯于以"典"作为动词表示财产交易,来表示一方向相对方提交某项财产,并由相对方控制以担保债权的意思,"典"成为与原来质、赘、贴之类专用词语意思相当的同义词。

在现有的唐以前的史籍,"典"字的用法主要是作为典章、经典的名词,如《诗·大雅·荡》:"虽无老成人,尚有典刑";《周颂·维清》:"维清缉熙,文王之典";《孟子·万章上》:"太甲颠覆汤之典刑";《尔雅》:"典,经也。"或者作为管理、控制的动词,如《管子·侈靡》:"法制度量,王者典器也。"《管子·任法》:"国更立法以典民则祥。"《史记·季布传论》:"季布以勇显于楚,身屡典军。"

"质"、"赘"、"贴"的原字义都是指提交财产的行为,是从财产的提交方而言的;而"典"的原字义是财产的占有、掌管、使用的行为,是从财产的接受方而言的,可以表明接受方对于财产的占有、掌管、使用是正当的。因此"典"字似乎更具有"权利"的意思在内,从而能够被社会接受,使用频率越来越高,逐渐取代了原来的"赘"字,成为最重要的财产交易用字。

唐中期民间使用"典"来代替"质",或者连称"典质"的情况已很普遍。从敦煌出土的唐代民间交易文书中有很多这样的写法,也有很多写成"点"、"指"等[②]。另外在盛唐以后的诗作中也可以发现很多以典代质的习惯用法。如杜甫的《曲江》诗句:"朝回日日典春衣,每日江头尽醉归"[③];白居易《杜陵叟》诗句:"典桑卖地纳官租,明年衣食将何如";王建《维扬冬末寄幕中二从事》诗有"典尽客衣三尺雪,炼精诗句一头霜";刘禹锡《武昌老人说笛歌》有"当时买材恣搜索,典却身上乌貂裘";孟郊的《雪》诗有"将暖此残疾,典卖争致杯"[④];等等。

就如上文所提到的,唐高宗以后"质"、"典"可以互换使用,土地的典质也往往连用。如唐初名臣魏征后代魏稠贫困不堪,将土地"质钱于人",后经白居

---

① 民间以"典"代"质"很有可能是为了避唐高宗李治的音讳。李治于649年登基,683年去世,以后武则天又长期执政至705年,夫妻两人的统治时间长达五十六年,民间不得使用与"治"同音的字,转而以其他字来表示"质"的交易,经历两代人数十年的演变,形成了新的用字习惯。
② 《敦煌资料》第一辑,第459页。
③ 见《杜工部草堂诗笺》卷一二。
④ 以上四首诗分别见《全唐诗》卷四二七、卷三○○、卷三五六、卷三七五。

易建议,唐德宗下诏"出内库钱二千缗赎赐魏稠,仍禁质卖"①。唐中期名臣卢群曾寓居郑州,"典质良田数顷",以后转任天成军节度使、郑滑观察使,重新回到郑州,"各与本地契书,分付所管令长,令召还本主,时论称美",将契约作废,土地归还给原主②。

不仅民间混用典质,即使是朝廷的立法也开始停"质"而用"典",专门用于土地房屋之类不动产的保留赎回权的转让。如同样为开元二十五年《田令》,又有一条称:"官人百姓,不得将奴婢田宅舍施、典、卖与寺观。违者价钱没官,田宅奴婢还主。"③唐玄宗天宝十一载(752)诏书:

> 如闻王公百官及富豪之家,比置庄田,恣行吞并,莫惧章程。……爰及口分、永业,违法卖买,或改籍书,或云典、贴,致令百姓无处安置,乃别停客户,使其佃食。既夺居人之业,实生浮惰之端。远近皆然,因循亦久。④

由这条法令可见在十五年前的开元二十五年发布的禁止土地"质"的令文实际上并没有起多大的作用,只不过加速了民间混用典、质的名词,以图规避法令的制约。

由于无法阻止民间以典质为名的土地交易,至唐中叶朝廷已不得不承认典质土地的合法性。尤其是自唐中期于780年推行"两税法"改革后,赋税主要依据土地、资产征收,如果接受典质土地的一方仍然仿照过去的土地租赁契约形式,占有土地的收益但却可以不承担赋税,显然是极不合理的,尤其是可能会导致官府的赋税落空。唐朝廷为此连下诏书,强调获得土地的一方必须承担赋税,并且不得以代纳赋税为理由刁难收赎的出典人。唐宪宗元和八年(813)敕进一步确认贴赁、典质的合法性,但同时也强调不得因此而失落官府的赋税:

> 应赐王公、公主、百官等庄宅、碾磑、店铺、车坊、园林等,一任贴、典、货卖,其所缘税役,便令府县收管。⑤

---

① 《资治通鉴》卷二三七元和四年(809)闰三月。
② 《旧唐书》卷一四〇《卢群传》。
③ 见《唐令拾遗补》,附载于《唐令拾遗》,第915页。此条《田令》引据《元典章》卷一九,日本《养老令·田令》26条。
④ 《册府元龟》卷四九五《邦计部·田制》。
⑤ 《旧唐书》卷一五《宪宗纪》。

唐穆宗长庆元年(821)赦文再次强调典权人必须承担户税原则,并强调出典一方的收赎权应受到司法保护:

> 应天下典人庄田园店,便合祗承户税。本主赎日,不得更引令式,云依私契征理,以组织贫人。①

户税是资产税,这条法令明确典权人获得典质田宅应计入其资产总额。按照通过确认义务承认权利的法律传统,这条法令可以说是明确了典权的法律地位。同时又因为唐朝的法令有计息债权"任从私契,官不为理"的原则,当出典人收赎田宅遭到典权人抵制时,地方官府往往会依据这条法令不予受理。因此这条赦令也明确了出典人收赎权。以后唐敬宗宝历元年(825)赦文又再次强调:"应天下典、贴得人庄田园店等,便合祗承户税。"②

唐末时期土地典质交易逐渐得到法律的确认和规范,并且其名称也逐渐固定为"典"。据《宋刑统·户婚律》"典卖指当论竞物业"门的"臣等参详"的说法,自唐元和六年(811)开始对典、卖行为进行规范:"自唐元和六年后来条理,典卖物业,敕文不一。"但从现存史料中还未能发现完整的关于土地典质的唐代法令。

(七) 租佃契约

隋唐时租佃契约一般在法律上称"租",在民间则称之为"夏"。出租人为"田主",承租人为"耕田人"或"佃人"。唐中期农民土地被贵族官僚豪富兼并,逃亡日盛。如前引唐玄宗天宝十一载诏:"致令百姓无处安置,乃别停客户,使其佃食。"逃亡农民在户籍上是"客户",承租地主庄田即称"庄客"或"佃客",逐渐成为佃农的通称。如《太平广记》卷一六五提到唐玄宗时富翁王叟"庄宅尤广,客二百余户"。《东轩笔录》载唐时李诚庄有"佃户百家"。庄客、佃户与地主之间的关系以契约关系为主,与秦汉以来的"宾客"、"徒附"有所不同。

现存唐初法律对于租佃契约关系没有明确的规定,可能也是采取"任依私契、官不为理"的原则。仅唐令佚文中有一条据考证为开元七年(719)《田令》的条文:

---

① 《文苑英华》卷四二七《赦》。"组织"是构陷、刁难之意。《李太白诗》卷一〇《叙旧赠江阳宰陆调》:"邂逅相组织,呵吓来煎熬。"
② 《文苑英华》卷四二六、卷四二三《赦》。

> 令其借而不耕,经二年者,任有力者借之。即不自加功转分与人者,其地即回借见佃之人。若佃人虽经熟讫,三年之外不能种耕,依式追收,改给也。①

允许租借国有荒地耕种,也允许转借于人,但必须在三年内耕种。

出土的隋唐时期契约文书,有不少是"租田券"、"夏田券"。但其中凡是租田人一次付清租金、约定租期还田时田主要付与租田人"租价",而且契末签署处租田人不画指、规定的违约罚是"入"租田人的,实际上是上文所言的"贴赁"契约的伪装。只有租田人答应按年付租金,立约时并不交给田主财物,并且对于年租的质量有明确要求,契末仅佃田人画指、种种担保是"入"田主的,才是真正的租佃契约。如高昌延昌三十六年(596)宋某夏田券,宋某夏孔进渠常田(孔进渠,地名;常田,为永业田一种)叁亩。"要逕(经)陆年",规定田租"亩与大麦陆斛、亩麻陆斛。若种粟,亩与粟柒斛"②。武周长安三年(703)严苟仁租葡萄园券,"契限五年收佃",田租为货币形式,"当年不论价值,至辰岁(第二年),与租价铜钱肆佰捌拾文;到巳岁,与租价铜钱陆佰肆拾文;至午岁,与租价铜钱捌佰文;至未岁,一依午岁价,与捌佰文"③。目前所见的吐鲁番、敦煌出土文书中大多数租佃契约为实物地租。

关于地租的质量,吐鲁番出土的租佃契约文书往往有"使净好,若不净好,听向风常取(由田主自行扬谷)"的惯语④。有的还规定收租时量具"依官斛中取"⑤。同时也写明双方的义务:"租输百役,仰田主了;渠破水滴,仰耕田人了。"这些看来都是直接沿袭了北朝的租佃契约习惯。有的契约上还特意写明在不可抗力情况下的处理方法,"风虫贼破,随大匕例"⑥。这里的"大匕例"较费解,可能是当地民间土语,指某种民间固有习惯。

隋唐时,租佃契约中的担保条款相差很大。有的租佃契约仅有悔约罚内容,但有的租佃契约则与借贷契约类似,订有具体的担保方式。如吐鲁番出土

---

① 《唐令拾遗》第571页《田令》,引据日本《令集解·田令》。
② 《吐鲁番出土文书》第二册,第326页。
③ 《吐鲁番出土文书》第七册,第279页。
④ 见《吐鲁番出土文书》第二册,第326页;第三册,第177页;第四册,第142页;第五册,第18、20、240页等。
⑤ 《吐鲁番出土文书》第二册,第177页。
⑥ 见《吐鲁番出土文书》第三册,第177页;第四册,第142页;第五册,第81页。

的唐贞观二十二年(648)索善奴夏田契：

> 贞观廿二年十月卅日,索善奴……夏孔进渠常田肆亩,要迳(经)……年别田壹亩。与夏价大麦五斛,与……到五月内,偿麦使毕;到十月内,偿□□毕。若不毕,壹月麦秋壹升(斛)上生麦秋壹□□。若延引不偿,得拽家资,平为麦秋直。若身□西无者,一仰妻儿及收后者偿了。取麦秋之日,依高昌旧故,平袁(圆)斛中取。使净好,若不好,听向风常取。田中租课仰田主,若有渠破水滴仰佃……获指为倍。①

本件契约一大半内容都是关于地租担保的条款,有地租计息、牵掣扣押、家属代偿、质量要求等,可谓苛刻至极。在吐鲁番出土的租佃契约类似于此的还有不少,当为民间惯例。

(八) 租赁契约

唐代法律关于租赁已有明确的定义。《唐律疏议》卷四《名例》律疏:"赁,谓碾硙、邸店、舟船之类,须计赁价为坐。"

租赁房屋的"赁舍券"是当时最常见的租赁契约之一。吐鲁番出土约为公元586年至公元588年间的尼高参赁舍券,较具特色：

> 卯岁五月十二日,女□□尼高参二人,从索寺主□□□赁,二人各赁舍壹坚(间),□□□赁价钱贰文,高□□赁价钱叁文。二人要迳(经)壹年。……不得病死,若有病死者,罚钱……与钱壹文。……二主和同立券,券成之后各不得返悔……要行二主,各自署名为信。②

这件契约文书缺字较多,但其基本内容还是清楚的,两个尼姑各租赁一间住房,为期一年。除了一般的赁价、期限等内容外,这件契约还规定"不得病死",这可能是出于迷信。而唐高宗末年(公元682年前后)的杜定欢赁舍券就没有此项内容。

照唐代法律,租借马牛之类的动产为"庸",而车辆为"赁"。吐鲁番出土的唐龙朔四年(664)运海等六人赁车牛契,规定的赁价"依乡价"。可见当时赁车牛在民间已很普遍。这类契约的特点是,一般记有车牛损害的赔偿方法,"一

---

① 《吐鲁番出土文书》第五册,第18页。
② 《吐鲁番出土文书》第三册,第199页。

仰(赁车牛人)知当"①。

吐鲁番出土的高昌延寿二年(625)田婆吉夏树券也较有特色,其中规定"不得斤斧上树"。果树可以租赁,承租人不得砍伐。夏树价为银钱捌文,若延期未付夏树价,"月拾钱上(偿)生钱壹文"。并且"若前却不上(偿),听抴家财,平为钱直"②。

(九) 雇佣契约

《唐律疏议·名例律》"计庸赁为赃"条律疏对"庸"作出的定义是:"庸,谓私役使所监临及借车马之属,计庸一日为绢三尺。"可见唐律是将人力、畜力的租借称之为"庸"。隋唐实行租庸调制,减轻农民为国家服力役的负担。隋文帝开皇三年(583)规定男子二十一岁成丁,"每岁二十日役"。以后在开皇十年(590)又定"输庸停防"之法③,男子年五十以上可以出绢代役。唐代沿袭之:"凡丁,岁役二旬,若不役,则收共其庸,每日三尺(绢)。"④说明隋唐时已普遍以"庸"解作代役、雇佣的价值。

隋唐民间普遍称雇佣契约为"雇"。一般农业雇工期为一年,契约上写作"用岁作"或"造作一年"。报酬称"雇价",以月计算。如吐鲁番出土的高昌延和十二年(613)雇工券,规定雇工无故"不作壹日",或"客儿身病"而抛工,"到头壹日还上壹日",至年底须补做。"亡失作具"要一赔十倍,犯人田禾、六畜,由雇工"承了"⑤。一般雇工称"作儿"。牧业雇工一般不到一年,雇价总算不分月计。如高昌午岁(约公元598年或公元610年)赵沙弥受雇放羊券,规定"羊朋(奔)大偿大,羊朋小偿小",羊只跑散要放羊儿全赔。羊只有骨折受伤"仰放羊儿(了)"。但"若羊迳(经)宿完(晚)具(俱)死,放羊儿悉不知",如羊进羊圈后隔夜死亡,牧羊人不负责任⑥。

敦煌发现的唐末五代之际农业雇佣契约,报酬除了雇资外,还包括了种种劳动待遇的约定、受雇人责任的约定。如后梁龙德四年(后梁于末帝龙德三年

---

① 《吐鲁番出土文书》第五册,第145页。
② 《吐鲁番出土文书》第五册,第132页。
③ 《隋书》卷二四《食货志》。
④ 《旧唐书》卷四八《食货志上》。
⑤ 《吐鲁番出土文书》第四册,第156页。
⑥ 《吐鲁番出土文书》第五册,第155页。

已亡,实应为后唐庄宗同光二年,即公元924年。敦煌因在边陲,故仍遵后梁年号),张厶甲(此当为虚拟名字,本件应为一件样文)雇工契:

> 龙德肆年甲申岁二月一日,敦煌郡乡百姓张厶甲,为家内阙少人力,遂雇同乡百姓阴厶甲,断作雇价,从正(当为二之误)月至九月末造作,逐月壹驮。见分付多少已讫,更残到秋物□之时。收领春衣一对,衱袖并裈,皮鞋一量(两,即双),余外欠阙,仰自枕排(花费?)。入作之后,比至月满,便须竞心,勿□二意,时向不离。城内城外一般获时造作,不得□抛涤工夫。忽忙时不就田畔蹭蹬闲行,左右直北。抛工一日,克物贰斗。应有沿身使用农具,兼及畜乘,非理失脱损伤者,陪(赔)在厶甲身上。忽若偷盗他人麦粟牛羊鞍马逃走,一仰厶甲亲眷□当。或若浇溉之时,不慎睡卧,水落在□处,官中责罚,仰自祇当。亦不得侵损他□田苗,针草须守本分。大例贼打输身却者,无亲表论说之分。两共对面平章为定,准法不许翻(反)悔;如先悔者,罚上羊壹口,充入不悔人。恐人无信,故立明文,用为后验。
>
> 　　　　　　　　　　　　甲厶人见(反书)　　雇身厶甲
> 　　　　　　　　　　　　甲厶人见　　　　　口丞人厶甲①

这一时期农村雇佣契约的雇资约定大多为实物,与这些雇佣契约文书所规定的雇工待遇相比,官府奴婢的待遇似乎还要略好一点。如据《唐六典·刑部·都官郎中》载官奴婢的待遇:"春衣每岁一给,冬衣二岁一给,其粮则季一给。丁奴春头巾一,布衫、裤各一,牛皮靴一量(两)并毡。官婢春给裙、衫各一,绢裈一,鞋二量;冬给襦、复裤各一,牛皮靴一量并毡。十岁已下男春给布衫一、鞋一量,女给布衫一、布裙一、鞋一量;冬,男女各给布襦一、鞋袜一量。官户长上者准此。"

更值得注意的是,上件契约中雇主还设置了种种免责与担保条款。规定了受雇人的劳动时间、质量、纪律,"抛工一日,克物贰斗"。对于工具、牲畜的损失责任也要求受雇人承担。雇主还要求受雇人的亲属承担对于受雇人不法侵害行为的担保,有偷盗、破坏水利设施等行为的,"一仰厶甲亲眷□当"。而

---

① 见《敦煌资料》第一辑,第333页。本件文书当事人都称厶甲,当为一件雇佣契约文书的样文。

雇主对受雇人的风险却不承担义务,所谓"大例贼打输身却者,无亲表论说之分"。"大例"应该就是当地惯例的意思。

隋唐时短期雇佣契约也很普遍。唐代在边疆地区每隔三十里设置烽候(烽火台)一座,以报边警,烽候的守望人征发烽候所在地区农民充役。按唐时法律规定,服役人应为中男(十八岁以上),上烽候为"烽子"。今吐鲁番地区唐时属西州,设置有烽候。出土的唐代文书中有很多雇人上烽契。上烽服役期为十五日,一般雇价为银钱八九文。契约载明如有风险由受雇人承担,"若烽上有逋留、官罪,一仰某某当,某某悉不知",为这类契约的惯语[①]。

(十) 寄存契约

隋唐寄存委托保管的行业相当活跃。当时最主要的商业是转运贸易,外地商人携货物来到某地需要有保存之处。专营这种保管寄存业务的行业称"邸舍",大多数商人既经营保管存放,同时又经营批发,故称"邸店"。《唐律疏议·名例律》疏:"邸店者,居物之处为邸,沽卖之所为店。"法律上邸店连称,与碾硙同为重要的不动产。另外,隋唐时质库业也很发达,收受他人的质押品,同时就负有保管义务。唐时又有"寄附铺"专门受寄他人财物,还有"柜坊"专为他人保管钱币。因此,寄存契约相当发达。

《唐律疏议·杂律》专设"受寄物辄费用"条,用以规定寄存契约方面双方的权利义务:"诸受寄财物而辄费用者,坐赃论减一等;诈言死失者,以诈欺取财论减一等。"律疏解释:坐赃论减一等,赃一尺笞五十,一匹加一等,五匹杖一百,五匹加一等。律疏又设问答:受寄的财物如"以理死者,不合备偿",自然死亡的,受寄人不承担赔偿责任;"非理死者",按《厩牧令》规定"合偿减价"(减价详见下节)。亡失其他财物,"各备偿"。关于寄存费用方面则无规定。

寄存物的孳息归属如何决定? 唐律规定原则上应归原主。《唐律疏议·名例律》"以赃入罪"条"正赃见在者,还官、主",律注:"转易得他物,及生产蕃息,皆为见在。"律疏进一步解释:"生产蕃息者,谓婢产子、马生驹之类。"凡知情得赃,"蕃息物并还前主"。受寄财物辄费用为"坐赃"之罪,因此正赃,包括原物及其孳息都应归还原主。但"以赃入罪"条的律疏又特别规定:"若是兴生(当为易之误)、出举而得利润,皆用后人之功,本无财主之力,既非孳生之物,

---

[①] 见《敦煌资料》第一辑,第 24、111、164、142 页等。

不同蓄息之限,所得利物,合入后人。"如此则受寄财物人如以财物出举、贸易后所生利润不算应还原主的正赃,不必归还。这一立法解释明显有利于质库、柜坊、邸店经营者。另外,牲畜之类赃物转易数人,若后人不知情占有并有蓄息,"不知情者,亦入后人"。婢女生子,仍作孳息归原主,"止是生产蓄息,依律随母还主"。

隋唐时有两个相当著名的寄存纠纷案例。隋大业年间(605—617),武阳县令张允济以政绩闻名。邻县元武县有人将母牛寄放岳家八九年,生了十几头小牛。分家时,岳家不愿还牛,诉讼几年不能断决。此人越界到武阳县起诉。张允济将他捆绑,用布衫包头,带到岳家所在村庄,声称越界追捕盗牛贼,集中全村耕牛,追问来历。岳家惟恐盗罪加身,赶紧声明:"此是女婿家牛也。"张允济拉掉那人头上布衫说:"此即女婿,可以牛归之。"岳家只得照数归还①。

盛唐时(约713—755)卫州新乡县县令裴子云也曾处理过一个类似案件。该县人王敬戍边,将六头母牛寄存于舅舅李珣家,五年后,产犊三十头。王敬回乡索牛,李珣称:已老死两头母牛,还剩四头老牛归还。王敬起诉。裴子云以盗牛罪传讯李珣,将王敬捆绑、布衫蒙头到庭对质,李珣称冤:"牛三十头,总是我外甥牸牛所生,实非盗得。"裴子云拉去王敬头上布衫:"即当还牛,更欲何语?"又说:"五年养牛辛苦,与牛五头,余并还敬。"②

这两位法官都用诈术破案,其依据即隋唐律所确定的孳息物同为"正赃"的原则。

三、损害赔偿之债

唐律继承传统法律精神,对于损害赔偿采取了严格限制的原则。全部唐律,涉及损害赔偿的寥寥无几。就这些条文分析,有如下特点。

(一) 有关侵损人身行为的赔偿

1. 关于保辜的规定。

《唐律疏议·斗讼律》:"诸保辜者,手足殴伤人限十日,以他物殴伤人者二

---

① 《旧唐书》卷一八五上《良吏传上·张允济》。
② 张鹜《朝野佥载》卷五。

十日,以刃及汤火伤人者三十日,折跌支体及破骨者五十日。限内死者,各依杀人论。其在限外及虽在限内以他故死者,各依本殴伤法。"该条虽仅就斗殴而言,但故杀伤、误杀伤、戏杀伤也都要比照斗殴杀伤加等或减等处罪,实际上也要适用保辜。

虽然单就保辜制度本身而言,并无关于加害人负责医治被害人的规定,但由于加害人的罪责是以一定期限后受害人伤势的结果来决定的,必然会迫使加害人尽可能去医治受害人。《唐律疏议·斗讼律》有关斗殴的规定:"诸斗殴折跌人支体及瞎其一目者,徒三年。辜内平复者,各减二等。"该条暗示加害人应设法促使被害人在辜内"平复"。在司法实践中,当时的法官也确实是这样理解的。

吐鲁番出土的《唐肃宗宝应元年六月高昌县勘问康失芬行车伤人事案卷残卷》就是一件典型的判例。处蜜部落百姓康失芬,受雇于行客靳嗔奴,驾牛车前往城中,至城南门口,因不熟悉牛性,驾驭不及,致使牛车快奔,碾伤了恰好在南门张游鹤店门口闲坐的一男一女两个八岁小孩,造成小孩腰骨骨折。按照唐《杂律》"无故于城内街巷走车马"条的规定,康失芬应比照斗殴杀人罪减一等处刑。康失芬在供词中承认碾伤人的事实,并请求"今情愿保辜,将医药看待,如不差身死,情求准法科断"。又有何伏昏等人为连保康失芬"在外看养"这两位受伤的小孩。法官据此判决释放康失芬,"勒保辜",但仍应"随牙(即衙门)"[①]。可见当时保辜制度确实也具有加害人对被害人进行赔偿的意义,或许在已亡佚的唐令中有这样的法律内容也未可知。

在唐宋之际,民间对于保辜也往往是作为赔偿来理解的。比如敦煌出土的一件寅年(834?)契约:

> 寅年八月十九日,杨谦让共李条顺相诤,遂打损,经(胫)节儿断,令杨谦让当家将息。至廿六日,条顺师兄及诸亲等迎将当家医理。从今已后,至病可日,所要药饵当直及将息物,亦自李家自出。待至能行日,筭(算)数计会。又万日中间,条顺不可及有东西营苟,破用合着多少物事,一一细筭(算),打牒共乡间老大计筭(算)收领,亦任一听。如不稳便,待至营事了日都筭(算),共人命同计会。官有政法,人从此契。故立

---

① 见《吐鲁番出土文书》第9册,第128页;《敦煌吐鲁番唐代法制文书考释》,第566—570页。

为验,用为后凭。

         僧师兄 惠常
         僧   孔惠素
         见人   薛卿子①

这是一件人身损害的"私了"契约,杨谦让在争吵时打伤了李条顺,李条顺先在杨家养伤,七天后被李家迎回自家养伤,约定医药费用及营养费用由李家自出,至伤愈日总计费用由杨家赔偿。如果李条顺在"万日"内发生意外死亡,丧葬等费用也要由乡里出面按照"大计"(当即吐鲁番、敦煌出土文书中经常提及的"大比例",有关意外事故处理的民间惯例)计算赔偿。按照法律,手足伤人保辜期限仅为十日,而民间习惯上加害人对于伤势负责的期限居然长达"万日"之多,似乎有误,或许是讹字,但至少足以说明民间对于保辜的理解。

  2."赎铜入被害人之家"的规定。

  按照《唐律疏议》,犯罪人因为主观上的过失而导致侵损人身的行为,可以适用"赎刑",由罪犯之家出铜来"赎"其罪过。而其中某些情况下,官府将"赎铜入被害人之家",因此具有一定的以"赎铜"作为赔偿的意义。

  唐《狱官令》规定:"诸伤损于人及诬告得罪,其人应合赎者,铜入被告及伤损之家。即两人相犯俱得罪及同居相犯者,铜并入官。"②凡加害人受刑罚处罚,被害人就得不到补偿;如果加害人因各种原因得以赎刑,被害人就有可能得到一定的财产补偿。可见唐代法律对于伤害、诬告罪实际上实行的仍然是传统的"刑而不偿"、"偿而不刑"的原则。

  《唐律疏议·斗讼律》有专条:"诸过失杀伤人者,各依其状,以赎论。"律注解释"过失":"谓耳目所不及,思虑所不到,共举重物力所不制,若乘高履危足跌,及因击禽兽以致杀伤之属,皆是。"而按照上引《狱官令》条,这种情况下的赎刑之铜应入被害人之家。但《唐律疏议·名例律》有"本条别有制依本条"之原则,所以是否全部的过失杀伤罪都以赎论,以及该项赎铜均入被害人之家,还是应该查看《唐律疏议》各篇的具体条文。

  《唐律疏议》中明确过失杀伤应赎且赎刑之铜应入被害人之家的,有以下

---

① 见[日]仁井田陞《唐宋法律文书の研究》,第480—481页。
② [日]仁井田陞《唐令拾遗》,第726页,引据《宋刑统·名例》、日本《养老狱令》等。

几条：

《贼盗律》"毒药药人及卖者"条，如果被害人"自食致死者，从过失杀人法"，律疏明确"征铜入死家"。

《斗讼律》"妻妾殴詈故夫之祖父母父母"条，凡妻妾"过失杀伤"故夫之祖父母父母，"依凡论"。律疏解释："谓杀者，依凡人法，赎铜一百二十斤；伤者，各依凡人伤法征赎，其铜入被伤杀之家。"

《斗讼律》"部曲奴婢詈旧主"条，"过失杀伤者，依凡论"。律疏："过失杀伤者，并准凡人收赎，铜入伤杀之家。"

《杂律》"城内街巷及人众中无故走车马"条，"若有公私要速而走者，不坐，以故杀伤人者，以过失论。其因惊骇，不可禁止，而杀伤人者，减过失二等"。所谓"公私要速"，据律疏解释："公谓公事要速及乘邮驿并奉敕使之辈，私谓吉、凶、疾病之类须求医药并急追人而走车马者。"律疏并称在这两种情况下，"听赎，其铜各入被伤杀家"。

《杂律》"在市及人众中故相惊动"条，"其误惊杀伤人者，从过失法"。在市场等人群拥挤场所因误惊而导致混乱中杀伤人，律疏说明："从过失法收赎，铜入被伤杀之家"。

《断狱律》"监临自以杖捶人"条，"诸监临之官因公事，自以杖捶人致死及恐迫人致死者，各从过失杀人法。……疏议曰：谓临统案验之官，情不挟私，因公事，前人合杖、笞，自以杖捶人致死；及恐迫人致死，谓因公事，欲求其情，或恐喝，或迫胁，前人怕惧而自致死者：各依过失杀人法，各征铜一百二十斤入死家"。

由于《唐律疏议》其他的条文中并不具有赎刑之铜入被害人之家的说法，可见上述《斗讼律》及《狱官令》的条文并非全部过失杀伤罪的通例。比如《斗讼律》中奴婢、部曲过失杀伤主人，子孙过失杀伤祖父母、父母，妻妾过失杀伤故夫，兄弟之间的过失杀伤等等都要实际处刑，不得以赎论。相反，主人过失杀伤奴婢、部曲，祖父母、父母过失杀伤子孙，故夫过失杀伤妻妾，旧舅姑过失杀伤旧妻妾，旧主过失杀伤奴婢、部曲等等，就是"各勿论"，既不刑，又不偿。又如上引《断狱律》律疏又有："若前人是卑贱，罪不至死者，各依本杀法征铜。"被打死的如果是奴婢、部曲之类的贱民，赎刑之铜就是入官而非入被害人之家了。

上述"赎铜入被害人之家"的几条具有一定的损害赔偿的意义。然而其数额与被伤杀的损害程度并没有直接的联系,严格意义上而言,依然只是顶替刑罚的方法,也没有附带民事诉讼请求赔偿的规定。

(二) 有关侵损财产行为的赔偿

《唐律疏议》中凡是涉及侵害他人财产的行为,如行为人在主观上有故意或过错的,即作为犯罪处罚。只有行为人在主观上没有任何过错的,才可能作为损害赔偿不判刑罚。

《唐律疏议·厩库律》"故杀官私马牛"条,故杀者要处刑罚,"其误杀伤者,不坐,但偿其减价"。律疏解释曰:"误杀伤者,谓目所不见,心所不意,或非系放畜产之所而误伤杀,或欲杀猛兽而杀伤畜产者,不坐,但偿其减价。"另有"诸畜产及噬犬有觚蹢啮人,而标帜羁绊不如法,若狂犬不杀者,笞四十"。按唐《杂令》规定:"畜产觚人者,截两角;蹢人者,绊之;啮人者,截两耳。"这称之为"标帜羁绊之法"。主人如没有依法对侵人的牲畜做出标帜羁绊,不杀狂犬,即为犯罪行为,由此对人造成伤害的也为"过失杀伤人罪"。只有在被伤杀之人是无故撩拨牲畜的情况下才"不坐";如果被伤杀之人是被雇来为牲畜治病的,才"依赎法",但没有明确规定"铜入被伤杀家"。

又如"官私畜产损食官私物"条,规定即使是过失造成畜产损食官私物的,仍只减二等处刑。律疏解释:"谓非故放,因亡逸而损食者,减罪二等",改处笞十,赃重者坐赃减二等。同时"各偿所损"。另条规定,如果畜产毁食官私财物而杀伤畜产的,"减故杀伤三等",仍要处杖八十。在畜产欲伤害人时杀伤畜产则"不坐、不偿",但事后再行杀伤,仍按故杀伤罪处罚。另外,"诸水火有所损败,故犯者,征偿;误失者,不偿",足见唐律损害赔偿重视"故意"的特点。

唐律对损害赔偿数额也严格限制于被损害人的直接损失。《唐律疏议·杂律》"坐赃致罪"条注:"谓非监临主司,而因事受财者。"律疏对"因事受财"举例解释:"假如被人侵损,备偿之外因而受财之类,两和取与,于法并违",因此"取者"、"与者"都要治罪,只是"与者"减"取者"五等。可见当受人侵损后接受私人赔偿超过官府认定的损失原价,即被认定为"坐赃"之罪。

唐律对于畜产杀伤,都规定"偿其减价"。如上条"故杀官私马牛"律疏解释:"减价,谓畜产直绢十匹,杀讫,唯直绢两匹,即减八匹价;或伤止直九匹,是减一匹价。杀减八匹偿八匹,伤减一匹偿一匹之类。"唐律对于减价计算规定极为具体、细致,如"官私畜产毁食官私之物"条,在各减故杀罪三等处刑外,又规定"偿所减价,畜主备所毁"。律疏对此举例解释道:"假有一牛,直上绢五匹,毁食人物,平直上绢两匹,其物主登时伤杀此牛,出卖直绢三匹,计减二匹,牛主偿所损食绢二匹,物主酬所减牛价绢亦二匹之类。"由此可见,唐律有关损害赔偿数额的计算是相当细致的,严格限制于被损害人的直接损失。

第四节 婚姻与亲属

隋唐时期婚姻制度主要反映在西周以降世代沿袭的礼和充分体现这种礼的精神的律中。隋《开皇律》十二篇,"户婚"居第四篇,其缘起可追溯到《北齐律》。北齐以前的诸律,如《晋律》、《梁律》、《北魏律》等,婚事都附于《户律》之中,并不专门标出。只是到了北齐,《北齐律》十二篇中"婚户"列为第三篇。《唐律疏议》解释为"北齐以婚事附之,名为《婚户律》,隋开皇以户在婚前,改为《户婚律》"。唐律沿袭,也是第四篇,名"户婚"。正因为唐律保存完整,又有律注、律疏、问答,便于准确理解其制度与意义,所以我们反过来把《通典》中"礼"、"嘉礼"关于婚姻制度的一些正面规定的内容(诸如"天子纳妃后"、"皇太子纳妃"、"公侯大夫士婚礼"等特殊阶级的礼制和"男女婚嫁年纪议"、"因丧不可嫁女娶妇议"、"外属无服尊卑不通婚议"等奏议虽由制、诏确认,但不贯通始终的礼制)作为参考。

隋唐时期在刑罚和德礼关系上贯彻"德主刑辅"的原则,唐律表现最为圆熟,所谓"德礼为政教之本,刑罚为政教之用"[①],被后人评为"一准乎礼"[②]。同样,在婚姻制度方面的规定也非常精当地体现了礼的精神,同时也更好地反映了当时的社会习俗。

一、婚书、私约和聘财

在唐代,婚姻成立仍须遵守"父母之命、媒妁之言",行"六礼"仪式,在法律上则以是否有报婚书、有私约以及受聘财作为衡量婚姻是否成立的要件。这三项都是"一诺无悔"的表示,被称作"许婚"制度。

---

① 《唐律疏议》卷一《名例律》疏。
② 《四库全书总目》卷八二《〈唐律疏议〉提要》。

所谓"报婚书",即书面的婚嫁协议。《唐律疏议·户婚律》律疏说:"谓男家致书礼请,女氏答书许讫。"若男方提议,女方许嫁,即表示"已报婚书"。其要点有三:(1)应该是书面文书,"请"与"许"都如此;(2)男家与女方均非男女婚嫁当事人,而是父母尊长,又都有媒妁奔走其间予以沟通;(3)无须报官。

日本学者仁井田陞收集了敦煌出土的两件唐代婚书样文[①]:

  通婚书 某顿首顿首。触叙既久,倾瞩良深(如未相识即云:久藉徽猷,未由展觐,倾慕之至,难以名言)。时候伏惟某位动止万福,愿馆舍清休(如前人无妻,即不用此语),即此某蒙稚免,展拜未由,但埤翘称重(原文如此,恐有误)。谨奉状。不宣。某郡姓名 顿首顿首。(别纸)某自第几男(或弟或侄某某),年已成立,未有婚媾。承贤第某女(或妹、侄女),令淑有闻,四德兼备,愿结高援。谨同媒人某氏某乙,敢以礼请月正。若不遗,伫听嘉命。某白。

  答婚书 某顿首顿首,久仰德风,意阙披展(如先相识即云:求展既久,倾慕良深),忽辱荣问,慰沃逾增。时候伏惟某动止万福。愿馆舍清休(前人无妻,不要此语),即此某蒙稚免。言叙未由,但增企除,谨奉状不宣。某郡姓名 顿首顿首。(别纸)某自第几女(或妹、侄、孙女)年尚初笄,未闲礼,则承贤第某男(或弟、侄、孙),未有伉俪,顾存姻好,愿托高援。请回媒人某氏,敢不敬从。某白。

从两件婚书样文看,无论"通婚书"还是"答婚书",都是二纸。"通婚书"一纸表示倾慕、祝福外,主题是告诉女家"谨奉状"呈上礼请状;另一纸则具体告知女家是"谁","有无结婚",想要同"谁"结婚,并告诉女家,"谁"为媒人代行礼请,并静候答复。"答婚书"一纸表示被礼请的光荣(忽辱荣问,慰沃逾增),主题是告诉男家"谨奉状"呈上答书;另一纸则具体告知男家,由媒氏回报同意(顾存姻好,愿结高援)某女"高攀"某男。无论"通婚书"还是"答婚书",末尾家长具名都是必需的。

所谓"有私约",即口头的婚嫁附带协议。根据《户婚律》注文:"约,谓

[①] 仁井田陞《中国身份法史》第五章第四节。

先知夫身老、幼、疾、残、养、庶之类。"这是指双方私下对男方的身体、年龄、身份等情况经过交底,使女方知情,并予默许。或许是碍于面子,双方在婚书中没有表现出来,而私下有约定,是口头的附带协议。上述这些情况律疏有详细解释:老幼,指男女年龄相差成倍;疾残,指肢体不全,与残疾、废疾、笃疾相通;养,指不是亲生;庶,指非嫡子的庶出、孽出(指妾子、婢子、奸生子)之类。

所谓"受聘财",即用财礼表示的婚嫁协议。根据《户婚律》可以归纳以下要点:(1)所谓"受聘财"是指女方收受了男方请求女方嫁女的聘礼财物;(2)聘财不限多少,钱财布帛均是;(3)受了聘财即表示许婚,不论有无许婚之书。律疏"婚礼先以娉财为信",所以在"报婚书"、"私约"、"受聘财"三者之中,以"受聘财"为婚姻成立的主要条件。

如有前约,而"辄悔",或"更许他人",或为婚违期,唐律规定是有处罚的。"诸许嫁女,已报婚书及有私约而辄悔者,杖六十",婚仍如约①。

女方"若更许他人者,杖一百;已成者,徒一年半,后娶者知情,减一等。女追归前夫,前夫不娶,还娉财,后夫婚如法"②。从刑罚看,"更许他人"要重于"辄悔",而更许他人又分"已成"和"未成"。已成婚,徒一年半;未成,杖一百。后娶者知情,徒一年,未娶者,减已成罪五等,杖六十。若前夫仍愿娶,女追还归前夫;若前夫不愿娶,则女家须归还聘财,而后夫可以与女成婚③。

至于男方悔婚,并不犯罪,自然也无处罚,只是女方可以不把聘财退还给男方而已。

为婚违期,依《户婚律》"违律为婚"条:"即应为婚,虽已纳娉,期要未至而强娶,及期要至而女家故违者,各杖一百。"律疏:"即应为婚,谓依律合为婚者。"杖后依然令其成婚,因为"依律不合从离",离异是不合法的。

唐代法律规定祖父母、父母以及期亲尊长有绝对的主婚权,并有法律连带责任,如《户婚律》的"嫁娶违律"条:"诸嫁娶违律,祖父母、父母主婚者,独坐主婚。……若期亲尊长主婚者,主婚为首,男女为从。"然而也有未征得尊长(祖父母、父母、伯叔父母、姑、兄姊)的同意,子女已经在外成立婚姻,造成既成事

---

① 《唐律疏议》卷一三《户婚律》"许嫁女辄悔"条。
② 《唐律疏议》卷一三《户婚律》"许嫁女辄悔"条。
③ 《唐律疏议》卷一三《户婚律》"许嫁女辄悔"条律疏。

实,法律还是予以承认的。如"诸卑幼在外,尊长后为定婚,而卑幼自娶妻,已成者婚如法;未成者从尊长。违者,杖一百"①。这里"已成"与"未成"是一条界线,"已成"者,承认其事实婚为合法;"未成"则仍须遵从尊长的意志。但更主要的一条界线是"在外"与"在内",倘是"在内",即在尊长身边而未由尊长主婚就绝对不允许。

二、婚姻的限制——对违律为婚的处罚

唐律对婚姻的限制的定义是"依律不合作婚"②称"违律为婚",依律故违者要受刑律处罚,主要有七种情况,其中有一些过去纯属"礼"的规定。

第一,同姓不得为婚。《户婚律》的"同姓为婚"条规定:"诸同姓为婚者,各徒二年。"其根据还是"姓者,一字之称"③,所谓"一字",即"一本",即同一本源、同一祖宗的意思。男女同姓,即男女同祖,是不利于生息繁殖的。同姓不婚这点在娶妻与买妾方面是同样要求的。但妻虽属同姓而异宗的,则不在禁列,据本条律疏解释,这是因为"祖宗迁易,年代寖远,流源析本,罕能推详"④。至于因受赐姓而改变了姓,有档案谱牒证明其原本同姓,还是不该"共为婚媾"。本条律疏甚至认为"其有声同字别,音响不殊"的也不宜为婚。在答问中说"同姓之人,即尝同祖,为妻为妾,乱法不殊","依准礼、令,得罪无别"。

第二,亲戚不得为婚。其一,是五服内亲不得为婚。本条疏议:"若同姓缌麻以上为婚者,各依《杂律》奸条科罪。"五服内亲是指缌麻以上的服内各等亲,为同宗亲。凡是服丧三月的缌麻亲以上,如高祖父母、曾伯叔祖父母、族伯叔父母、族兄弟及未嫁族姊妹等同宗亲或关系更近的亲属,如为婚,"以奸论",处徒刑三年。其二,外姻有服(如外祖父母、舅、甥、姨、妻之父母等)的尊卑之间不得通婚。若尊卑失序共为婚姻,各以奸论,并离之;若非尊卑为婚,不禁。至于外姻无服,只禁尊卑失序、人伦混乱的婚姻。其三,娶同母异父姊妹,亦各以奸论,并离之。其四,娶妻前夫之女,亦"以奸论,并离之"。若女非妻所生,则以凡奸论,处徒一年半。其五,不得娶曾为袒免亲之妻。所谓袒免亲是指缌麻

---

① 《唐律疏议》卷一四《户婚律》"卑幼在外"条。
② 《唐律疏议》卷一四《户婚律》"违律为婚"条律疏。
③ 《白虎通德论·号篇》。
④ 《唐律疏议》卷一四《户婚律》"同姓为婚"条律疏。

以外、无须服丧的亲属,但范围仅限于同六代以内。这显然已经超出了"亲戚不婚"的范围,可以视作是同姓不婚的再扩大①。

第三,良贱不得为婚。唐代严格禁止良贱之间嫁娶,《唐律疏议·户婚律》"奴娶良人为妻"条律疏:"人各有耦,色类须同,良贱既殊,何宜配合。"在唐代贱人有"官"、"私"两类,子孙相承,不容混淆,而良人可因其犯法,子孙更籍为贱人。同条规定:"诸与奴娶良人女为妻者,徒一年半;女家减一等。离之。其奴自娶者,亦如之。主知情者,杖一百;因而上籍为婢者,流三千里。即妄以奴婢为良人,而与良人为夫妻者,徒二年。"主人"与奴娶良人女为妻",其主人处徒一年半,"奴不合科",女家处徒一年,婚姻无效,即"离之"。奴"自娶"良人女为妻,主若不知情,则无罪;主若知情,杖一百(即减奴之处罚二等),"离之"。此后一条律文规定禁止官贱与良人为婚。"诸杂户不得与良人为婚,违者,杖一百。官户娶良人女者,亦如之。良人娶官户女者,加二等","各还正之"。杂户与官户都属官贱。"杂户"是因前代犯罪而没官,散配诸司驱使的官奴,附州县户贯。"官户",亦是前代以来配隶相生,也有当朝配没的官奴,但州县无贯,唯属本司。

第四,不得娶逃亡妇女。男子如知妇女因犯罪而逃亡仍要娶她,依准"知情藏匿罪人"罪论处。《唐律疏议·户婚律》规定:"诸娶逃亡妇女为妻妾,知情者与同罪,至死者减一等,离之。即无夫,会恩免罪者,不离。"可见只有一种情况例外,这就是逃亡女无夫,又遇赦而免罪。

第五,监临官不得与其部下百姓结婚。《唐律疏议·户婚律》规定:"诸监临之官娶所监临女为妾者,杖一百;若为亲属娶者,亦如之。其在官非监临者,减一等。女家不坐。即枉法娶人妻妾及女者,以奸论加二等;行求者,各减二等。各离之。"所谓监临官是指内外诸司长官统摄所部者,或者是诸司判断其事者。唐朝《户令》也有这样的规定:"诸州县官人在任之日,不得共部下百姓交婚,违者虽会赦仍离之。其州上佐以上及县令,于所统属官亦同。其定婚在前,任官居后,及三辅(京兆尹、左冯翊、右扶风)内官,门阀相当,情愿者,并不在禁限。"这里对特殊不禁的只有"定婚在前,任官居后"、"门阀相当"、"情愿"者。

---

① 以上五点均据《唐律疏议·户婚律》"同姓为婚"、"尝为袒免亲之妻"条及疏。

第六，不得妄冒为婚。《唐律疏议·户婚律》规定："诸为婚而女家妄冒者，徒一年。男家妄冒，加一等。未成者，依本约；已成者，离之。"所谓妄冒是指婚嫁人有顶替或与约定的条件不符，有意作伪。根据同条律疏，男女成婚必先有行媒妁，在"婚书"或"私约"中应将男女、嫡庶、长幼等反映出来，即所谓"理有契约"，所以男家或女家都不可妄冒。男家妄冒者要加女家妄冒罪一等处刑，即徒一年半。这是因为女家妄冒，男家还可将女子休弃，而男家妄冒，女子就失节了，所以科刑男比女重。妄冒分未成和已成。未成，依本约嫁娶；已成，婚姻无效，离之。

第七，不得恐喝娶、强娶。《唐律疏议·户婚律》规定："诸违律为婚，虽有媒娉，而恐喝娶者，加本罪一等；强娶者，又加一等。被强者，止依未成法。"根据律疏，以威胁手段，迫人屈从是"恐喝娶"，而以威力强使人出嫁是"强娶"。假如杂户与良人为婚，虽有媒聘而恐喝娶的，加本罪一等，处徒一年；如是强娶，则又加一等，徒一年半。被强者，止依违律为婚"未成"论处，即减"已成"五等，女家止笞五十。

以上七项婚姻的限制，在唐律均称"违律为婚"，违律为婚不仅要受到刑事的处罚，同时还附有民事判决。这就是宣布婚姻无效，强令离异；有些要在强令离异之外，强令改正原先的合法身份，这在前述良贱为婚中常见；离异之外，对于聘财，则以责任在何方来确定是否追还。如果女家妄冒、更许他人，聘财追归男家；如果男家辄悔，不追聘财。

三、婚姻的限制——对嫁娶违律的处理

唐律对婚姻的限制，除规定了许多"违律为婚"的情节外，还对许多因嫁娶时机不当或主婚人亲疏先后次序不当等认定为违律。这类限制称"嫁娶违律"，纯属礼教上的禁条。唐律"一准乎礼"在这里表现得十分充分。

首先是居父母、夫丧嫁娶有罪。《唐律疏议·户婚律》规定："诸居父母及夫丧而嫁娶者，徒三年；妾减三等。各离之。知而共为婚姻者，各减五等；不知者，不坐。若居期丧而嫁娶者，杖一百，卑幼减二等；妾不坐。"居丧期间，儿子娶妻，在室女出嫁，都是不孝的，而妻子再婚嫁人则是不义的，各徒三年。因为妾的地位要低得多，所以娶人做妾，或嫁人做妾，徒一年半。罪刑虽然不同，婚姻无效则是相同的。至于家长知情在丧期内故意令子女"为婚姻"，这样为人

娶妻比本人娶嫁各减五等处罚,杖一百,不知情者不坐,娶妾者杖七十,不知情者不坐。而在伯叔父母、姑兄弟、姊妹等有义务服一年丧的"期亲"丧期内娶妇、嫁夫,杖一百。丧亡之人如属卑幼期亲,杖八十。在期亲丧期内,娶妾、嫁作妾,均不予处刑。

其次是家长被囚禁时嫁娶有罪。《唐律疏议·户婚律》规定:"诸祖父母、父母被囚禁而嫁娶者,死罪,徒一年半;流罪,减一等;徒罪,杖一百。"祖父母、父母身陷囹圄,子孙嫁娶,为名教所不容。所以祖父母、父母犯死罪而子孙嫁娶者,徒一年半;犯流罪而子孙嫁娶者徒一年;犯徒罪而子孙嫁娶者杖一百。如果是娶妾或嫁作妾,分别减三等。嫁娶若是期亲尊长主婚,主婚为首,男女为从。这一点在由其他尊亲属主婚时,对于首从的区别是不同的,如果事由主婚,以主婚为首,事由男女,以男女为首。至于男女被逼,或男年十八岁以下及在室女嫁娶,一律只坐主婚。在本条中男女若直接受祖父母、父母之命,则法律不加男女之罪,这仍然无违孝道。本条各项有的应受处罚,但婚姻本身还是有效的。

在"嫁娶违律"中,主婚人与婚配人,甚至媒人的法律责任都有所不同。其基本依据之一是主婚者的亲疏与教令权的不同。祖父母、父母关系最亲,又有绝对的教令权,因此,子女不坐而独坐祖父母、父母。而期亲、余亲就要分首从。其基本依据之二是结婚者的年龄、意愿、女子是否在室等情况不同。由上可见年少、被逼、在室等可以被宽宥,而独坐主婚。其基本依据之三是媒人虽对婚姻结果有"成"和"未成"的区别,但都是有一定责任的,减首罪二等以从犯论处。

四、婚姻的终止——离和断离

唐代婚姻的终止,最基本的形式有两种,即离和断离。

离,可以分为"出"与"和离"两种。"出"有"七出",也称"七弃",是休妻的七种借口。唐代基本上全盘继承了礼的内容。唐儒贾公彦对《仪礼·丧服》"七出"所作疏文与唐令[①]相同。依令:"一无子,二淫泆,三不事舅姑,四口舌,五盗窃,六妒忌,七恶疾。"这七种罪名背后相应的七点理由是"绝世、乱类、悖

[①] 《唐律疏议》卷一四《户婚律》"妻无七出及义绝之状"条疏引。

德、离亲、反义、乱家、不可奉宗庙"。

"七出"无须官府判决,而且不仅丈夫有权休妻、弃妻,甚至公婆也可行使对儿子的教令权,迫使儿子休妻。"七出"完全是丈夫单方面的权力。反之,妻妾擅去则要受惩罚。《唐律疏议·户婚律》"犯义绝者离之"条律疏:"若有心乖唱和,意在分离,背夫擅行,有怀他志,妻妾合徒二年。因擅去而即改嫁者,徒三年。"对休妻的限制,一是无七出的理由,二是所谓"三不去"的规定,这方面唐律同礼也是完全一致的。唐律同条规定:"三不去者,谓一经持舅姑之丧,二娶时贱后贵,三有所受无所归。"①《公羊传·桓公二十七年》何休注:"三不去:尝更三年丧不去,不忘恩也;贱取贵不去,不背德也;有所受无所归不去,不穷穷也。"

和离,在唐代是男女双方自愿离婚,有协议离婚的意思。《唐律疏议·户婚律》"犯义绝者离之"条明载"若夫妻不相安谐而和离者,不坐"。实际社会生活中也多有记载。如敦煌出土的一些"放妻书"有这样的文字:"猫鼠同窠,安能见久,今对六亲,各自取意,更不许言夫说妻。""似猫鼠相憎,如狼狈一处,既以二心不同,难归一意,快会及诸亲,各还本道。""结为夫妇,不悦数年。"②一般和离的重要原因是"情不相得"、"不相安谐",往往经过一段时间难以相适。和离不属刑事范围,往往仅在双方家长见证下结束关系,习俗男方往往还有"三年衣粮"补偿。一件"放妻书样文"③证明了这点:

某乡百姓某专甲放妻书一道

盖须伉俪情深,夫妇义重,幽怀合卺之欢,叹同□牢之乐。夫妻相对,恰似鸳鸯双飞,并膝花颜,共坐两德之美,恩爱极重,二体一心,死同棺椁于坟下,三载结缘,则夫妇相和;三年有怨,则来作仇隙。今已不和,相是前世怨家,反目生嫌,作为后代憎嫉。缘业不通,见此分离,聚会二亲。夫与妻物色,具名书之。已归一别,相隔之后,更选重官双职之夫,弄影庭前,美逞琴瑟合韵之态。解缘舍结,更莫相谈,三年衣粮,便畜献柔仪。伏愿娘子千秋万岁。时次某年月日④

---

① 《唐律疏议》卷一四《户婚律》"妻无七出及义绝之状"条疏。
② 分别见沙知《敦煌契约文书辑校》,江苏古籍出版社,1998年,第470、475、479页。
③ [日]仁井田陞《中国身份法史》第五章第四节。
④ 《敦煌契约文书辑校》,第475页。

双方家长及期亲作出"手书",离婚即为有效。"缘业不遂,见此分离,聚会二亲,以俱一别。"①"请两家父母六亲眷属,故勒手书,千万永别。"②唐令也有"皆夫手书弃之,男及父母伯姨舅,并女父母伯姨舅,东邻西邻及见人皆署,若不解书,画指为记"③。法律允许和离,对于调适夫妻关系是有积极意义的。

　　断离也可分为两种,一是出于"义绝"的理由,一是"违律为婚"或"嫁娶违律"。义绝,指夫对妻或妻对夫的一定范围内亲属因犯有殴、杀、奸罪,经官府判定夫妻二姓之好其义已绝,强制离婚。《唐律疏议·户婚律》"犯义绝者离之"条疏议认为"夫妻义合,义绝则离"。如果"违而不离,合得一年徒罪"。同条将义绝的构成原因归纳为五方面:(1)夫殴打妻的祖父母、父母,杀妻的外祖父母、伯叔父母、兄、弟、姑、姊、妹;(2)夫妻双方的祖父母、父母、外祖父母、伯叔父母、兄弟、姑、姊、妹互相杀害;(3)妻打骂夫的祖父母、父母,杀伤夫的外祖父母、伯叔父母、兄、弟、姑、姊、妹;(4)妻与夫的缌麻以上亲属通奸,或夫与妻之母通奸;(5)妻欲害夫。有此五种情况之一(虽然有些并非发生于"夫妻间"),即使适逢大赦,夫妻之间仍为义绝;妻未过门,也同样适用。一旦官府断为义绝,夫妻必须离异,违而不离者(只坐不肯离异的一方),处徒一年。若夫妻"两不愿离,即以造意为首,随从者为从"④,"若未经官司处断,不合此科"⑤。

　　因"违律为婚"和"嫁娶违律"而"断离"的,除刑事处罚外还附有民事宣布婚姻无效或结束的"离之"。据《唐律疏议·户婚律》的规定,主要有以下诸种情况:(1)违约妄冒:男女任何一方没有按照所报婚书或私约,而妄冒已经造成成婚事实的,断离;(2)有妻更娶:不管女方是否知道男子已有妻子的事实,男子有妻而更娶女子为妻,这是违反一夫一妻制的,因此如已成婚,这一婚姻无效,应当断离;(3)居父母及夫丧:在父母或夫的丧期内,子女的婚嫁、寡妇的再嫁,都是违律的,所以即使结了婚,也要"离之";(4)人伦失序:与父母之姑、舅、两姨姊妹及姨、堂姨、母之姑、堂姑、己之堂姨及再从姨、堂外甥女、女婿姊妹等跨越辈分的结婚,均被认为紊乱尊卑,人伦失序,已婚者离之;(5)曾

---

① 《敦煌契约文书辑校》,第470、475页。
② 《敦煌契约文书辑校》,第479页。
③ 《唐令拾遗》,第163页。
④ 《唐律疏议》卷一四《户婚律》"犯义绝者离之"条疏。
⑤ 《唐律疏议》卷一四《户婚律》"犯义绝者离之"条疏。

为袒免亲之妻:娶了曾是袒免亲的妻子的人,断离;(6)强迫再嫁:若非祖父母、父母,不得迫使寡妇再嫁,嫁则断离;(7)娶逃亡妇女为妻妾:一般断离,但若妇女无夫,其罪又遇恩赦得免,则不离;(8)监临之官枉法娶人妻妾及女,或有人以妻妾及女行求,嫁与监临官司,断离;(9)两相和娶人妻妾及嫁之者,断离;(10)与奴娶良人女为妻,离之。

五、夫妻地位和以妻为妾

唐代婚姻制度因袭西周就已确立的一夫一妻制,所谓"一夫一妇,不刊之制"①。从理论上讲夫妻处于"敌体"的平等地位。《唐律疏议·户婚律》重复古礼所谓"妻者,齐也,与夫齐体"②的教义,认为"妻者,齐也,秦晋为匹"。又说:"依礼,日见于甲,月见于庚,象夫妇之义。一与之齐,中馈斯重。"根本原因是妻充当了传宗接代的神圣使命,户婚律"以妻为妾"条问答:"妻者,传家事,承祭祀,既具六礼,取则二仪。"这里曾经六礼的程序,以取则日月来象征夫妇之义。

在事实上,夫妻之间并不平等。首先,女子一经出嫁,便脱离了父宗,而加入夫宗。根据"三纲"、"三从",在家"父为子纲",而称子者男女同,女子未嫁自然以父为纲,在家从父,出嫁之后,"夫为妻纲"、"已嫁从夫"。所以,女子未嫁与已嫁只是从族权、父权的统治下转到夫权和大家族权的统治下而已。女子入了夫宗,自然"必敬必戒,无违夫子"③,同时她与夫宗的关系则依宗法、服制的亲疏尊卑而定。自西晋开始,法律就规定"准五服以制罪"④的原则,即以夫宗(即男子的父党宗族)为基础,按丧服的不同,作为定罪量刑的一个重要依据。女子出嫁,就与夫家发生亲属关系,对娘家的亲属关系反而疏远了。未嫁时对本宗的服制完全与男子相同,而一出嫁就降服一等,对父母由斩衰三年降为期服,对其他亲属也从原服降一等。妻在夫家,一般说来,对卑幼的丧服与其夫同服制,对尊长的丧服,除其本生父母外,从夫降一等至二等。其次,夫妻双方的法律地位并不平等。以夫妻间的斗殴为例,妻殴夫加重其刑,夫殴妻则

---

① 《唐律疏议》卷一三《户婚律》"有妻更娶妻"条问答。
② 《白虎通·嫁娶》。
③ 《孟子·滕文公下》。
④ 《晋书》卷三〇《刑法志》。

减轻其刑。"诸妻殴夫,徒一年。若殴伤重者,加凡斗伤三等(须夫告乃坐)。死者,斩。"①"诸殴伤妻者,减凡人二等,死者以凡人论。"②同样的斗伤,夫减凡人二等,妻则加凡人三等,上下异刑竟差五等。其他如夫过失杀伤妻妾不问罪,而妻须按律论处。又如在诉讼行为上,唐律规定,夫妻相为容隐,若妻告发夫,如同告发期亲尊长一样,"虽得实,徒二年……诬告重者,各加所诬罪一等"③。其三,如在"婚姻的终止"中已叙述的,夫可以种种借口"休妻",将妻赶出家门,不再承认夫妻关系,而妻绝无同样权力。

唐代一夫一妻制之外,存在着媵妾做补充的情况。媵妾的地位略高于婢女,但绝不等于妻。根据唐令,五品以上有媵,庶人以上有妾。媵也是妾,只不过因其夫的地位高些,她也以夫"贵"一些罢了。律疏:"妾通卖买,等数相悬。"④因其身份低下,只是供夫驱使和宣泄的工具,所谓"妾者,接也,以贱见接幸也"⑤。妾不是家属中的成员,而以妻为"女君"。至于婢,所谓"奴婢贱人,律比畜产",更说不上什么人格,正因为妻、妾、婢在家庭中的地位绝对悬殊,所以唐律禁止"以妻为妾,以婢为妾"。

《唐律疏议·户婚律》规定:"诸以妻为妾,以婢为妻者,徒二年。以妾及客女为妻,以婢为妾者,徒一年半。各还正之。"律疏曰:"妻者,齐也,秦晋为匹。妾通卖买,等数相悬。婢乃贱流,本非俦类。若以妻为妾,以婢为妻,违别议约,便亏夫妇之正道,黩人伦之彝则,颠倒冠履,紊乱礼经,犯此之人,即合二年徒罪。'以妾及客女为妻',客女,谓部曲之女,或有于他处转得,或放婢为之;以婢为妾者:皆徒一年半。'各还正之',并从本色。"简言之,只有妻是可以与夫相"匹敌"的,妾是买来的,婢是贱人,都不是同一等级的人。如以妻为妾,或以婢为妻,都是违背了婚约,亏负了夫妇关系的本义。这样就是亵渎了人伦,上下颠倒,必然造成礼经紊乱,因此必须处二年徒刑。以妾或以部曲之女为妻,以及以婢为妾的,都徒一年半,并且令她们恢复从前的身份。同条还规定:"若婢有子及经放为良者,听为妾。"据律疏及问答解释:婢女虽然将身份改为

---

① 《唐律疏议》卷二二《斗讼律》"妻殴夫"条。
② 《唐律疏议》卷二二《斗讼律》"殴伤妻者"条。
③ 《唐律疏议》卷二四《斗讼》"告期亲尊长"条。
④ 《唐律疏议》卷一三《户婚律》"以妻为妾"条疏。
⑤ 《释名·释亲属》。

良人，但仍不能让她承担继嫡传世的重任。法律既然同意收她为妾，即已明示不许升格为妻。若有违者，不再依据"以婢为妻"，而是依据"以妾为妻"的规定处罚。

由上可见，在唐代，以妾为妻或以婢为妻都是非法的。根本理由是，一则紊乱了上下不移的等级关系，二则破坏了宗法嫡庶秩序，妻始终表明了嫡传正传，而以妾为妻是以庶代嫡，这完全与礼相冲突。法律予以禁止，给予刑罪处罚，并要求予以改正是完全可以理解的。

第五节　继　　承

一、继承份额上的平均主义

宗法领主制下，小农的耕地是从领主处取得的份地，虽然不属耕者所有，但每家所耕亩数却基本相等。私有土地出现以后，民间便产生了土地继承问题。这种新出现的纯粹的财产（生产资料、不动产）继承的实施，有两种模式可供选择，即嫡长继承制与份地分配制。与宗法的嫡长继承制相比，份地分配制（即每个农户领耕亩数基本相等的份地）离庶民更近，他们在继承中倾向于选择这种耳濡目染的模式。如果这个说法能成立，那么也可以说，诸子均分制是与土地私有和买卖同时开始的。

诸子均分还有传统的平均主义思想作为它的思想支柱，所谓"有国有家者，不患寡而患不均"，不是从发展生产力方面着手，而只是着眼于分配方面，认为"均无贫，和无寡，安无倾"，试图用"均"的办法达到"无贫"[1]。

土地私有制在商鞅变法前早已萌芽，诸子均分现象必然也随之露尖。可以说，商鞅变法，废井田，开阡陌，使民得买卖土地，只是"把现状作为法律加以神圣化，并要把习惯和传统对现状造成的各种限制，用法律固定下来"[2]而已。秦国"民有二男以上不分异者倍其赋"的《分异令》，使"诸子有分"成为法律而神圣化。《分异令》的目标似乎是促使分户，它既未规定诸子均分，也未禁止诸子均分。所以，如果颁布《分异令》时，某农民有三个成年儿子，那么依法应分

---

[1]《论语·季氏》。
[2]《资本论》第3卷，《马克思恩格斯全集》第25卷，第893页。

异的两个儿子,所得家产完全可以同等。

汉代不强迫老百姓父子分异,法律上也允许父子分异。在上述背景下,父亲在把家产分给儿子们的时候,采取均分原则是很自然的。本书第二章所述著名的陆贾分家故事即属此例,相当平均。至于兄弟之间的分异,就更要贯彻均分原则了,东汉许武在被举为孝廉时,"以二弟晏、普未显,欲令成名,乃请之曰:'礼有分异之义,家有别居之道。'于是共割财产以为三分"①,每人得三分之一,他们以均分方式来实践"分异之礼"。兄弟平分家产甚至弄到锱铢必较的地步,如东汉"田真兄弟三人,家巨富而殊不睦。忽共议分财,金银珠物,各以斛量,田业生赀,平均如一,唯堂前一株紫荆树,花叶美茂,共议欲破为三,人各一分,待明就截之"②。简而言之,诸子均分与土地私有共生,其思想支柱是传统的平均主义,操作方式借鉴于份地分配模式,普及于《分异令》之后,稳定于汉代。

到唐代,诸子均分已完全法制化,现在能看到的规定了这一原则的最早的法令,也就是唐代《户令》中的《应分条》,为以下叙述方便,现在将《应分条》全文抄录如下:

> 诸应分田宅及财物,兄弟均分。(其父祖亡后,各自异居,又不同爨,经三载以上,逃亡经六载以上,若无父祖旧田宅、邸店、碾硙、部曲、奴婢见在可者,不得辄更论分。)妻家所得之财,不在分限。(妻虽亡没,所有资财及奴婢,妻家并不得追理。)兄弟亡者,子承父分。(继绝亦同。)兄弟俱亡,则诸子均分。(其父祖永业田及赐田亦均分,口分田即准丁中老小法。若田少者,亦依此法为分。)其未娶妻者,别与娉财。姑姊妹在室者,减男娉财之半。寡妻妾无男者,承夫分,若夫兄弟皆亡,同一子之分。(有男者不得别分,谓在夫家守志者;若改适,其见在部曲、奴婢、田宅不得费用,皆应分人均分。)③

令文"寡妻妾无男者承夫分"中的"妾"字,日本学者中田薰考证为衍字④,是有

---

① 《后汉书》卷七六《循吏传·许荆》。
② 《太平御览》卷四二一引《续齐谐记》。
③ 《唐令拾遗》,第155页。
④ 《唐令拾遗》,第246—247页。

道理的。《应分条》的均分原则必须遵守,"违此令文者,是为'不均平'",要加以惩罚,"不均平者,计所侵,坐赃论减三等"①。

《应分条》规定"应分田宅及财物,兄弟均分",说明诸子均分制度已完全确立。唐律"立嫡违法"条律疏曰"嫡妻之长子为嫡子"②,也就是说,嫡子只能有一人,"兄弟均分",即嫡庶兄弟均分。此外,唐代律令中需要区分妻妾嫡庶身份时,一般都予明确指出,如《斗讼律》规定:"诸殴伤妻者,减凡人二等,死者以凡人论。殴妾折伤以上,减妻二等。""妾殴夫之妾子,减凡人二等;殴妻之子,以凡人论。若妻之子殴伤父妾,加凡人一等。妾子殴伤父妾,又加二等。"③《应分条》关于诸子均分的规定没有指出嫡庶之别,表明这里的"诸子均分"就是嫡庶诸子均分。

《应分条》运用均分原则十分娴熟,总的原则是兄弟均分,兄弟中有死亡者,由死者之子代位继承(即"兄弟亡者,子承父分")。但若"兄弟俱亡",由于各人的子嗣人数不等,如仍"子承父分",各各代位继承,每一继承人实际所得数额可能悬殊,因此立法对均分原则加以变通,实施"兄弟俱亡,则诸子均分",即由下一代的堂兄弟们均分家产,"越位继承"现象由此产生。越位继承对活着的"诸子"是"均"的,但对"俱亡"的兄弟则不均,虽然顾此失彼,却更现实。

在分家以前结婚的兄弟,已提前支取过一笔结婚费用("娉财"),未婚兄弟则否。《应分条》注意到了这一差别,特意规定"其未娶妻者,别与娉财",分家时,未婚兄弟除了与已婚兄弟取得同样一份家产以外,还可以另外得到一份聘财,以消除上述差别。如果未婚兄弟不止一个,每个未婚兄弟的聘财份额也应是相同的。未婚姊妹可以得到一份妆奁,以体现与已婚姊妹(已取得过妆奁)有同等权利。如果未婚姊妹不止一个,每人的妆奁份额当然是等量的,因为都是聘财的二分之一。

嗣子(养子)与亲子享有同等权利。被继人如果在立嗣之后又生子,嗣子与亲子的继承份额也相等。当时规定:

> 若所养父母自生子及本生父母无子,欲还本生者,并听。即两家并皆

---

① 《唐律疏议·户婚律》"同居卑幼私辄用财"条。
② 《唐律疏议》卷一二《户婚律》。
③ 《唐律疏议》卷二二。

无子,去住亦任其情。若养处自生子,及虽无子不愿留养,欲遣还本生者,任其所养父母。①

从这条规定看,养父母自己有亲生子以后,只要双方自愿,养子仍可留在养父母家中,也就是说,以后要由哥哥(养子)与弟弟(亲子)共同继承遗产。根据《应分条》"继绝亦同"原则,养子与亲子的份额应该是均等的。敦煌出土的北宋乾德二年(964)的养子文书中有"所有[家]资地水活[业]什物等,便共氾三子息并及阿朵准亭愿寿,各取一分,不令偏并"②的字句。文中,氾三是养父,愿寿是养子,阿朵、准亭可能是女儿,这个文书说明当时养子也与亲生子均分家产。

诸子均分制是导致中国传统社会地权分散的原因之一,但对于家庭中没有独立生活能力的兄弟,却是取得生活资料的一种微薄的法律保障。从总体上说,秦汉以后,嫡长子在财产继承方面已没有什么特权。但由于祭祀权、爵禄等的身份继承仍以各种形式存在着,而且因为年龄的关系,长子在家庭经济生活中的作用一般要比诸弟重要,这样就使得长子在继承关系中比诸弟处在更有利的地位。唐代"食封人身没以后,所封物随其男数为分,承嫡者加与一分"的做法③,成为后世"长子份"的滥觞。

二、代位继承和越位继承

依古典宗法制,"嫡子有孙而死,……文家尊尊先立孙"④,即"周道,太子死,立適孙"⑤。这个孙子就是所谓"承重孙"。孙承其祖称为"为祖后"而不称"为父后",说明他是直接继承其祖,所以,虽然在形式上与现代继承法中的代位继承类似,但不能简单地将它们等同看待。西汉末年"亡子而有孙……得以为嗣"⑥的精神与此相通。

上述的"为后"、"为嗣"主要指身份继承。面对单纯财产继承的出现,唐代

---

① 《唐律疏议》卷一二《户婚律》"养子舍去"条律疏。
② 转引自[日]仁井田陞《唐宋法律文书の研究》,第532页。
③ 《大唐六典》卷三"凡食封皆传于子孙"条注。
④ 《春秋公羊传·隐公元年》何休注。
⑤ 《史记》卷五八《梁孝王世家》。
⑥ 《汉书》卷一二《平帝纪》。

《应分条》在孙辈与祖辈的继承关系上作出了相应的规定。一般情况下，父亲先于祖父死亡的，孙子可以依据"兄弟亡者，子承父分"的规定，继承其父的应继份额，这是典型的代位继承。

但是当出现父辈兄弟全部先于祖父死亡的特殊情况时，按照《应分条》"兄弟俱亡，则诸子均分"的规定，孙辈（即子辈兄弟）直接平均分割祖父的遗产，这显然与代位继承的性质不同。在这种继承中，作为孙子的堂兄弟们是越过父辈层位直接实现继承的，所以可将其称为"越位继承"。

Ⅰ 代位继承

祖	A （设有遗产90份）					
子	a		b		c	
孙	m	o	p	q	r	s
得份	30	15	15	10	10	10

Ⅱ 越位继承

祖	A （设有遗产90份）					
子	a		b		c	
孙	m	o	p	q	r	s
得份	15	15	15	15	15	15

越位继承与代位继承，各自的效果可以很不相同。试看上列二表所示，设 A（已亡，加方框表示，下同）有子三人 a、b、c；a 有子一人 m，b 有子二人 o、p，c 有子三人 q、r、s；又设 A 有遗产 90 份。如果 a、c 先于 A 死亡，就按"兄弟亡者，子承父分"实行代位继承（表Ⅰ），每个孙子可得遗产份数各不相同，m 得 30，o、p 各可期待得到 15，q、r、s 各可得 10。如果 a、b、c 三人均先于 A 死亡，则按"兄弟俱亡，则诸子均分"实行越位继承（表Ⅱ），每个孙子得到的份数都是 15。m 在表Ⅱ中得到的数额，只有表Ⅰ中的一半，而 q、r、s 却增加了百分之五十。份额的不同，是由承财时身份不同造成的。以 q 为例，在表Ⅰ中，他是以 c 的儿子的身份代位继承，所得份额受制于其父 c；在表Ⅱ中，他是以 A 的孙子的身份直接继承，所得份额与 c 的"应继份额"无关。

"越位继承"是中国古代继承法中的特有现象，它使孙子成为具有独立人格的继承人，换言之，在中国古代继承法的继承人范围中，包括了孙子。

三、女儿的继承权

女儿出嫁时可从父母处取得一份妆奁（嫁妆），这是父权社会"有利于子女"的继承法的表现之一。据《左传·哀公十一年》载："初，辕颇为司徒，赋封田以嫁公女。"杜注:"封内之田,悉赋税之。"即以赋税充妆奁之资可无疑矣。秦简有"妻媵臣妾衣物"①字句,所指即妆奁。汉律规定"弃妻畀所赍"②,就是离婚时要把女方从娘家带来的财物(妆奁)交还女方。著名的司马相如卓文君故事中,归宗寡妇卓文君私奔后,当起了酒店女掌柜,有损其父富翁卓王孙的面子,"卓王孙不得已,分予文君僮百人,钱百万,及其嫁时衣被财物"③。这个"嫁时衣被财物"就是卓文君第一次结婚时得到的妆奁,她守寡归宗时又把它带回娘家,私奔时未及带走。

《应分条》规定,分家时"其(男子)未娶妻者,别与娉财,姑姊妹在室者,减男娉财之半"。如果这个分家是在父母死亡后发生的,那么,尚未出嫁的女儿(在室女)分得妆奁份额,就是在与其他继承人一起分割父母遗产,其继承性状十分明显。《应分条》强调"在室"(未婚),就是排除了已出嫁的女儿(出嫁女),出嫁女不能回来参与分割。同是女儿为什么出嫁女不能参与分割遗产呢?原因在于她结婚时已取得妆奁,她的份额早已提取,换言之,她的继承权已提前实现了。在此意义上也可以说,妆奁的授受是一种生前继承。谚语"男承家产,女承衣箱"④,把儿子所得"家产"与女儿所得"衣箱"(即妆奁)相提并论,说明两者性质相同,都是对父母财产的继承。

实际上,女儿所继承的财产,在一定条件下不仅有"衣箱"(动产),还有"家产"(不动产),如汉代沛郡富家公案例:

> 沛郡有富家公,资二千余万,小妇子年裁数岁,顷失其母,又无亲近。其女不贤,公病困,思念恐其争财,儿必不全,因呼族人为遗令书:"悉以财属女,但遗一剑与儿,年十五以还付之。"⑤

从这个案例我们可以看到,第一,族人对该遗嘱有见证和舆论监督的作用,富公遗嘱将绝大部分家产由已婚女继承,族人并无异议,说明当时社会习惯,已取得妆奁的女儿,至少可以根据遗嘱再继承一份家产;第二,富公忧虑"其(女)争财,儿必不全"的背景是,根据当时的习惯(或法律),在没有儿子的人家(绝

---

① 《睡虎地秦墓竹简》第 224 页《法律答问》。
② 《礼记·杂记》郑注。
③ 《史记》卷一一七《司马相如列传》。
④ 《中国谚语资料》上册,上海文艺出版社,1962 年,第 223 页。
⑤ 《风俗通义校释》,第 421 页。

户),女儿就是全部家产的继承人。关于这第二点,还有一例可证:

> 陈留有富老,年九十无男,娶田家女为妻,一交即气绝,后生得男。其女曰:"我父死时年尊,何一夕便有子?"争财数年不决。丞相邴吉出,上殿决狱云:"老翁儿无影,亦复畏寒。"于时八月,取同岁小儿俱解衣裸之,老翁儿独呼寒;复令并行日中,无影。因以财与男。①

姑不论邴吉的亲子鉴定方法是否科学,如果最后鉴定出该男并非此老所出,家产自应由其女继承。简言之,女儿包括已取得妆奁的出嫁女,皆得继承绝户娘家的遗产。民间单纯财产继承中女儿享有继承权的现实,必然会影响身份继承中的财产继承。西汉已有王女参与继承王父遗业的记载:

> 及闻孝王死,窦太后泣极哀,不食,曰:"帝果杀吾子!"帝哀惧,不知所为。与长公主计之,乃分梁为五国,尽立孝王男五人为王,女五人皆令食汤沐邑。奏之太后,太后乃说,为帝壹餐。②

梁孝王的五个女儿没有像她们的兄弟一样继承得爵位,但都承得了一份实利。如果说此类事在汉代还属于特例,那么在唐代已制度化了:

> 食封人身没以后,所封物随其男数为分。……其应得分房无男,有女在室者,准当房分得数与半,女虽多,更不加;虽有男,其姑、姊、妹在室者,亦三分减男之二。③

以上引文中的"女"指死者(被继承人)的女儿,"姑、姊、妹"当指死者的姊妹和女儿。天宝六载(747)有一条敕令:

> 百官、百姓身亡殁后,称是别宅异居男女及妻妾等,府县多有前件诉讼。身在纵不同居,亦合收编本籍。既别居无籍,即明非子息。及加推案,皆有端由:或其母先因奸私,或素是出妻弃妾,苟祈侥倖,利彼资财,遂使真伪难分,官吏惑听。其百官、百姓身亡之后,称是在外别生男女及妻妾,先不入户籍者,一切禁断。辄经府县陈诉,不须为理,仍量事科决,

---

① 《风俗通义校释》,第420页。
② 《汉书》卷四七《梁孝王传》。
③ 《唐六典》卷三"凡食封皆传于子孙"条注。

勒还本居。①

这里,"别宅异居男女(儿子与女儿)",向官府陈诉的目的,是为"利彼资财",也就是在被继承人死亡以后,他们以继承人(儿女)的身份请求实现其继承权。官府判断其有无继承权的根据,并不在分辨其是男(儿子)是女(女儿),而在于辨别其是否"子息"(儿女),辨别其是否儿女的依据则是户籍。反言之,如果同居同籍的女儿提出这种陈诉,就能得到官府的保护。正因为如此,后来才会有"孤女有分,必随力厚嫁;合得田产,必依条分给。若吝于目前,必致嫁后有所陈诉"②之说。"有分"就是有名分,有权利,有继承权。孤女的继承份额,除了妆奁以外,似乎还有应该"依条分给"的"合得田产"。

正如上引汉代沛郡富家公、陈留富老两案例所显示的,对绝户财产女儿有继承权。唐代丧葬令户绝条对此有明确的规定:

> 诸身丧户绝者,所有部曲、客女、奴婢、宅店、资财,并令近亲(亲依本服,不以出降)转易货卖,将营葬事及量营功德之外,余财并与女(户虽同,资财先别者亦准此)。无女均入以次近亲。无亲戚者,官为检校。若亡人在日,自有遗嘱处分,证验分明者,不用此令。③

此令中的"女",仅指在室女,但开成元年(836)的一条敕令则进一步指明了出嫁女的继承权:

> 自今后如百姓及诸色人死绝无男,空有女已出嫁者,令文合得资产。④

此后历代法令,除了在份额比例上有些变化外,对绝户之女的继承人地位都确认无疑。

人们建立继承制度的一个主要意图,是为了他们子女的利益,即恩格斯所说的"有利于子女"⑤。私有制一旦确立,随之便是"天下为家,各亲其亲,各子其子,货力为己"⑥,"子"包括儿子与女儿。女儿与儿子一样,自始便有财产继

---

① 《宋刑统》卷一二《户婚》"卑幼私用财"条所引唐令。
② 〔宋〕袁采《袁氏世范》卷一。
③ 《宋刑统》卷一二《户婚律》"户绝资产"条所引。
④ 《宋刑统》卷一二《户婚律》"户绝资产"条所引。
⑤ 恩格斯《家庭私有制和国家的起源》,《马克思恩格斯选集》第 4 卷,第 50 页。
⑥ 《礼记·礼运》。

承权。传统观念认为只有儿子才能承传血统,从而导致了继承地位子优于女的不平等状况。爱新觉罗·溥杰先生认为:"封建的继承观念"是"重男轻女",有轻重之分,但并不意味着女儿没有继承权,所以如果断言"旧社会只有男子有继承权,妇女没有",就有失偏颇了①。

第六节　民　事　诉　讼

如前所述,三国两晋南北朝时期,中央对地方司法审判事务的控制削弱了,法律也为时人所轻,司法审判中人治化的色彩极为浓厚。但另一方面,法律的内容与体制则较前大为完善。因此,随着中央集权政治制度的重新建立,隋唐的司法审判制度也向前迈进了一大步,对后世产生了深远影响。

一、司法审判组织

中国古代中央司法审判组织至隋唐已定型,后世改动不多。大理寺为最高审判机关,负责审理中央百官及京师判处徒刑以上的案件。刑部是中央司法行政机关,居大理寺之上,复核大理寺流刑以下的案件及州县徒刑以上的案件。此外,御史台作为中央监察机关也有司法监督权,参与重要案件和疑案的审判,其属官监察御史可巡按州县民刑案件。

隋唐审级管辖制度由于中央控制的加强而具备了新的意义。地方审判机关不再如前代掌握生杀予夺大权,而是受上级审判机关的严格管理与监督。虽然地方各级审判机关仍同前代一样,可以受理辖区内的一切民刑案件,但在审判时则必须视案件的严重程度,或自行审结,或进行预审后移送有终审权的上级司法机构。比如,作为第一审级的县(附市、在京诸司),可以自行处断笞杖罪案件。但对徒以上案件,则只有初审权而无终审权。在初审提出判决意见后,必须将案件解审于上级,由第二审级的州、府(在京非京兆府辖者,送大理寺)复审。州、府再视案刑的轻重自行批结或再解审于中央,同时,州、府对其直辖的案件,也可批移其辖县审理。如在吐鲁番出土的《唐西州高昌县上安西都护府牒稿为录上讯问曹禄山诉李绍瑾两造辩辞事》文书中,原告曹禄山本

---

① 参见《人民日报》1985年1月15日第4版。

来向安西都护府提起诉讼,安西都护府却将此案移下高昌县审理①。由此可见,审判机关上下级间的从属关系加强了,这种审级管辖制度为后代所沿袭,直至清末法制改革。

至于地区管辖,法律明确规定采取案件发生地原则,"凡有犯罪者,皆从所发州县推而断之。在京诸司,则徒以上送大理"②。以便于调查取证,作出判决。但由于唐王朝幅员辽阔,原、被告双方居所地与案件发生地如果相距甚远,完全采取案件发生地原则,往往不利于讼案得到及时有效的审理解决。故法律允许对之灵活处置。唐《狱官令》:"诸辞诉皆从下始。先由本司、本贯;或路远而踬碍者,随近官司断决之。"此处的"本司"、"本贯"应指案件发生地,而非原告或被告的居所地,尤其不可能是原告居所地。否则,不但与律文内"随近官司断决之"相矛盾,也与前引"皆从所发州县推而断之"的律文相抵触。实例也证明了这一点,如前引《唐西州高昌县上安西都护府牒稿为录上讯问曹禄山诉李绍瑾两造辩辞事》文书中,原告曹禄山是胡商,家住京师长安;被告李绍瑾是汉人,也是长安人。然而,此案并非在长安提起,因为原告兄长曹炎延借给李绍瑾财物的地点是弓月城,预定偿还地点是龟兹,当时两地均属安西都护府管辖,原告向案件发生地的安西都护府提出起诉与法律的规定是一致的。

《唐律疏议·斗讼律》"越诉"条规定,越诉及官司受理者,各笞四十。然而,在司法实践中,法官对于无管辖权的诉讼,也可视情形予以受理。这种受理是基于当事人已经通过正常法律程序主张其合法权益而未被接受的情况,法官在正义与良知的要求下作出的。迫于法律禁止,法官不能对案件行使管辖权的,则只能假借司法协助的规定,以其他名义依律直牒追摄,取得对人的管辖权,从而获得证据,解决案件,如:

> 唐江阴令赵和,咸通初,以片言折狱著声。淮阴有二农夫,比庄通家。东邻尝以庄契质于西邻,后当取赎,先送八百千,自恃密熟,不取文证,再

---

① 黄惠贤《〈唐西州高昌县上安西都护府牒稿为录上讯问曹禄山诉李绍瑾两造辩辞事〉释》(载《敦煌吐鲁番文书初探》),此文以文书中"上件人辞称向西州长史(下缺)"为据,认为原告是向西州都督府提出起诉,论据似不足。且此文亦认为当时因吐蕃势力扩大,安西都护府移至西州,文书中的"安西"即西州高昌。而此案发生于弓月城,属安西都护府。故笔者以为此时高昌县当属安西都护府。原告是向安西都护府提出起诉。
② 《大唐六典》卷六。

赍余镪至,西邻遂不认。东邻诉于县,又诉于州,皆不获伸理,遂来诉于江阴。和曰:"县政甚卑,何以奉雪?"东邻泣曰:"至此不得理,则无处伸诉矣。"问:"尔果不妄否?"曰:"焉敢厚诬!"乃召捕贼之干者,赍牒淮阴,云有劫江贼,案劾已具,其同恶在某处,姓名、状貌悉以西邻指之,请桎付差去人。西邻自恃无迹,初不甚惧,至则械于廷,和厉声诘之,因泣诉其枉。和曰:"事迹甚明,尚敢抵讳!所劫之物,藏汝庄中,皆可推验,汝具籍资产以辨之。"囚不虞东邻之越诉,乃供:"析谷若干,庄客某人者;细绢若干,家机所出者;钱若干,东邻赎契者。"和复审问,乃谓之曰:"汝非劫江贼,何得隐讳东邻赎契钱八百千?"遂引其人,使之对证,于是惭惧服罪,桎回本县,检付契书,真之于法。①

淮阴属楚州而江阴属常州,赵和若依正常法律程序则不可能获得对案件的管辖权。但《唐律疏议·断狱律》"鞫狱官停囚待对牒至不遣"条规定:"诸鞫狱官,停囚待对问者,虽职不相管,皆听直牒追摄。"律疏:"鞫狱官,谓推鞫主司。停囚待对问,谓因徒侣见在他所,须追对问者,虽职不相管,皆听直牒。称直牒者,谓不缘所管上司,直牒所管追摄。"即,如果某一刑事案件的案犯牵连数地,主办官员可以直接发文给案犯所在当地司法机关,请求拘押遣送。赵和便是利用这一法律规定,获得对"西邻"的司法控制权,以刑事威慑迫其做出如实陈述,查明了案情。

同样的审理策略,可见于隋代的张允济决牛、宋代的侯临断财②、彭祥还赀等案件中③。这些案件多因缺乏证据而久诉不决,原告遂越诉于其他辖区的法官。法官假借刑事案件的名义,利用司法协助手段获得被告的口供,从而使案件得以解决。民事案件多为笞杖轻罪,一般采取法官独断制。法官必须对其判决负法律责任。《唐律疏议·断狱律》"官司出入人罪"条规定:

> 诸官司出入人罪者,若入全罪,以全罪论;从轻入重,以所剩论。刑名易者,从笞入杖,以徒入流,亦以所剩论;从笞、杖入徒、流,从徒、流入死罪,亦以全罪论。……即断罪失于入者,各减三等;失于出者,各减五等。

---

① 〔宋〕郑克《折狱龟鉴》卷七"赵和断钱"。
② 均见于《折狱龟鉴》卷七。
③ 〔宋〕桂万荣《棠阴比事》。

若来决放,及放而还获,若囚自死,各听减一等。

对法官的监督与制约还表现在回避(换推)制度的建立。唐《狱官令》:"凡鞫狱官,与被鞫人有亲属、仇嫌者,皆听更之。"注云:"亲谓五服内亲,及大功已上婚姻之家,并授业经师,为本部都督、刺史、县令,及府佐与府主,皆同换推。"①凡法官与当事人有上述关系的,都必须自动声请回避,以免徇私枉法。

二、诉讼程序

唐律"一准乎礼",基于传统儒家的"无讼观",法律严格限制民事诉讼的提起,从消极方面求得推行教化,敦厚民俗。所以,民事诉讼当事人存在身份和能力的资格限制:首先,子孙对祖父母、父母不得提起民事诉讼,违者绞②。"父母之恩,昊天罔极",告祖父母、父母则忘情弃礼,自属不孝大罪,为世所不容。其次,对八十岁以上、十岁以下及笃疾者,也不得提起民事诉讼③。基于恤刑原则,法律禁止对这些老、疾之人采取禁系、拷讯措施,对他们的一般违法犯罪行为也不予论处。唐代已经出现了为人代写诉状的情况。法律采取了严格的控制措施,防止他们扰乱是非,使矛盾复杂化:"诸为人作辞牒,加增其状,不如所告者,笞五十;若加增罪重,减诬告一等。"告诉所列事实都必须注明事发年月,指陈实事,不得称疑,以免紊烦官府④。

民事纠纷虽被视为细末小事,但一经审理,往往牵连甚广,旷时费日。为了避免民事诉讼耽误农时,影响生产,唐代开始明确了受理期限的规定,自十月一日至第二年三月三十日为农闲期,在此期间提起的田宅、婚姻、债负等民事诉讼始予检校(受理)。农忙期间,除非先有文案及交相侵夺者,不予受理。

另一方面,唐代司法官员也继承中国古代民事审判的传统,注重调解解决民事纠纷。如《新唐书·循吏传·韦景骏》载:

> (景骏)后为贵乡令,有母子相讼者,景骏曰:"令少不天,常自痛。尔

---

① 《大唐六典》卷六"刑部门"引。
② 《唐律疏议》卷二三《斗讼律》"告祖父母、父母"条。
③ 《唐律疏议》卷二四《斗讼律》"因不得告举他事"条。
④ 《唐律疏议》卷二四《斗讼律》"为人作辞牒加状"条、"告人罪须明注年月"条。

幸有亲,而忘孝邪? 教之不孚,令之罪也。"因呜咽流涕,付授《孝经》,使习大义。于是母子感悟,请自新,遂为孝子。

这种以情感调解息讼的方法于史传上常有所见,在一定程度上起到了依法判决所不能取代的积极效果。

州县司法官员在决定受理案件后,即可对案件的性质作出批示,传讯当事人。先由州县官司发出传票(唐代俗称帖子),由当事人所在坊正或里正奉帖追送其人到案,并申牒为记①。唐代羁押的方法是依据被告所犯轻重而定。民事诉讼多属笞杖罪,《唐律疏议·断狱律》规定,笞罪不禁,杖罪散禁。散禁,指羁押于狱中,虽剥夺其人身自由,但不带械具。而且,原告必须对其控告的事实承担相应的法律责任,被告应受羁押的,原告也受羁押,而且受羁押的方法与被告相同。原告只有在案件审理完结后,才能放免。如果原、被告之间是邻保关系,那么在民事诉讼中,原告只要保释(责保参对)即可。

司法官在审讯过程中,必须先以五听(辞听、色听、气听、耳听、目听)审察辞理,即通过观察当事人的言辞、表情等分析其心理状态,而后反复参验诸种证据,以判定案情。只有在察情审辞的各种方法已经用尽,仍然不能辨明案情的情况下,才可以拷囚。《唐律疏议·断狱律》规定:

> 诸应讯囚者,必先以情,审察辞理,反复参验,犹未能决,事须讯问者,立案同判,然后拷讯。违者,杖六十。
>
> 疏议曰:依《狱官令》:"察狱之官,先备五听,又验诸证信。事状疑似,犹不首实者,然后拷掠。"故拷囚之义,先察其情,审其辞理,反复案状,参验是非。"犹未能决",谓事不明辨,未能断决,事须讯问者,立案,取见在长官同判,然后拷讯。若充使推勘及无官同判者,得自别拷。若不以情审察及反复参验而辄拷者,合杖六十。②

可见,唐律认为审讯的目的在于发现真情,并不是为了迫使被告招认。被告的口供只有在缺乏确切、充分的证据,不能判定事实真相时才具有决定性意义。因

---

① 例见《麟德二年五月高昌县追讯畦海员赁牛事案卷断片》,刘俊文《敦煌吐鲁番唐代法制文书考释》,中华书局,1989年,第537—538页;《麟德二年十二月高昌县追讯樊董塠不还牛定相地子事案卷断片》,同上书,第541页。
② 《唐律疏议》卷二九《断狱律》"讯囚察辞理"条。

此,审判官必须依照法律规定的严格程序拷囚,不得擅自为之。"诸拷囚不得过三度,数总不得过二百,杖罪以下不得过所犯之数。拷满不承,取保放之。"①民事笞杖罪则拷讯不得过其所犯之数,如果被告坚决否认,拷限满而不承认的,那么基于原、被告双方在诉讼中的平等地位和原告对其控告所负有的法律责任,必须按被告的拷讯数反拷原告。如果原告被反拷而拷满,仍不承认是诬告的,也取保释放②。官府并不因其误拷而对原、被告负赔偿责任。此种拷讯,也可视为对原、被告不能敦守礼教而起讼争的一种惩责。在审讯过程中,应当制作笔录,这在唐代称为"讯牒"。这一审问笔录必须经当事人同意认可。唐《狱官令》:"问囚皆判官亲问,辞定,令自书款;若不解书,主典依口写讫,对判官读示。"

唐律中的证据制度比较合理,注重多方面搜集证据进行比较、分析,以众证定案,判定当事人陈述真伪,这在敦煌、吐鲁番出土的唐代法制史料中常有所见。如吐鲁番出土文书麟德二年(665)五月高昌县追讯畦海员赁牛事案卷断片载③,被告畦海员辩词之后,便注有"证见并检"字样,意即旁证人及亲见人都已查验过,所辩属实。唐代的证人负有作如实陈述的义务。《唐律疏议·诈伪律》"证不言情"条:

> 诸证不言情及译人诈伪,致罪有出入者,证人减二等,译人与同罪。疏议曰:证不言情,谓应议、请、减,七十以上、十五以下及废疾,并据众证定罪。证人不吐情实,遂令罪有增减;及传译蕃人之语,令其罪有出入者。……律称致罪有出入,即明据证及译以定刑名。若刑名未定而知证、译不实者,止当不应为法:证、译徒罪以上从重,杖罪以下从轻。

可见,证人或译人若因其虚假陈述致使案情有所出入者,必须承担相应的法律责任。经过反复审讯查证,司法官如认为案件事实已经调查清楚,即可作出判决。

民事案件判决的法律渊源,与刑事案件稍有不同,仍有一定私法自治的色

---

① 《唐律疏议》卷二九《断狱律》"拷囚不得过三度"条。
② 《唐律疏议》卷二九《断狱律》"拷囚限满不首"条。
③ 《麟德二年五月高昌县追讯畦海员赁牛事案卷断片》,《敦煌吐鲁番唐代法制文书考释》,第537—538页。

彩。对债务等涉及契约的民事纠纷，司法官一般依据契约作出判决。"诸负债违契不偿，一匹以上，违二十日，笞二十。……各令备偿。"①又："诸负债不告官司，而强牵财物，过本契者，坐赃论。"②从"违契不偿"、"过本契者坐赃论"可以看出契约在这类民事案件中的重要作用。

对于不涉及契约的民事纠纷，则依据法律来断案："诸断罪，皆须具引律令格式正文，违者笞三十。若数事共条，止引所犯罪者，听。"③但唐律并非采取绝对的罪刑法定主义。如果律无正条，可以比附援引最相类似的法律条文。"诸断罪而无正条，其应出罪者，则举重以明轻；其应入罪者，则举轻以明重。"④而且，即使律无正条而又不能比附的，如果被告的行为严重触犯了礼教道德，基于礼的要求必须给予惩处的，司法官可以援用唐律"不应得为"的规定进行处理："诸不应得为而为之者，笞四十；事理重者，杖八十。"⑤

尽管唐律的制订已经完成了中国法制史上礼法合流的过程，唐律本身也是"一准乎礼"的典范，但在司法实践中，情理仍时常取代法律而成为更高层次的法律渊源。《新唐书·魏征传》载："为侍中，尚书省滞讼不决者，诏征平治。征不素习法，但存大体，处事以情，人人悦服。"人治国家的基点是伦理道德而非法制，情理自然成为比法律更高的法律渊源，因而一旦人情、天理与法律发生冲突，法律常常被搁置一旁。

敦煌出土的《文明判集》中有一书判，很能说明这种法制观。书判虚设太监缪贤娶阿毛为妻，三年后生一男；过五年，邻居宋玉称此男是自己与阿毛私通所生，欲争此子。结果判文认为："阿毛宦者之妻，久积摽梅之叹。春情易感，水情难留，眷彼芳年，能无怨旷？……玉有悦毛之志，毛怀许玉之心，彼此既自相贪，偶合谁其限约。"而"贤既身为宦者，理绝阴阳。妻诞一男，明非己胤"，所以，"宋玉承奸是实，毛亦奸状分明，奸罪并从赦原，生子理须归父。儿还宋玉，妇付缪贤。毛、宋往来，即宜断绝"⑥。在此案中，毛、宋奸状分明，已经严重触犯了礼教道德与法律，但从情理上说，二人有可矜可怜之处，因而不但

---

① 《唐律疏议》卷二六《杂律》"负债违契不偿"条。
② 《唐律疏议》卷二六《杂律》"负债强牵财物"条。
③ 《唐律疏议》卷三〇《断狱律》"断罪不具引律令格式"条。
④ 《唐律疏议》卷六《名例律》"断罪无正条"条。
⑤ 《唐律疏议》卷二七《杂律》"不应得为"条。
⑥ P.3813《文明判集残卷》，《敦煌吐鲁番唐代法制文书考释》，第443页。

将小儿断归宋玉,并且对二人也不予治罪。

唐代判词多用四六骈体,"语必骈俪,言必四六"。这种文体的出现与唐代文学崇尚华丽的风气是紧密联系的。而且,唐代实行以判取士的制度,由主试者举事例为题,应试者模拟作判,其判词注重"文理优长",而以文为主,因此除了白居易与少数几人的判词能"不背人情,合于法意,援经引史,比喻甚明"以外,多数判词都是引经据典,堆砌词藻,对案情的具体分析和法律条文的运用反而不加重视,所以被后人诉为"但知堆垛故事,而于蔽罪议法处不能深切,殆是无一篇可读,一联可味"①。这也从一个侧面说明了儒家经典在司法审判实践中,常常发挥了比法律更为重要的作用。

判决之后,当事人如果不服,可以提起上诉。唐《狱官令》规定:

> 诸辞诉皆从下始。先由本司本贯,或路远而蹎碍者,随近官司断决之。即不伏,当请给不理状,至尚书省左右丞为申详之。又不伏,复给不理状,经三司陈诉,又不伏者,上表。受表者又不达,听挝登闻鼓。

原审机关必须发给当事人不理状,上诉人持此而上诉于上级机关。地方机关不理的,再发给不理状,依同一程序上诉于京师司法机关,由尚书省而至三司(中书省、门下省、御史台),再上表以至挝登闻鼓而直诉于皇帝。

此外,唐代沿袭了汉代的录囚制度,府牧、都督、州刺史每年一巡属县,观风俗,问百姓,虑囚徒。大理寺卿依《狱官令》的规定,更有复按稽查的职能:

> 若禁囚有推决未尽,留系未结者,五日一虑。若淹延久系,不被推诘,或其状可知,而推证未尽,或讼一人数事,及被讼人有数事,重事实而轻事未决者,咸虑而决之。

确保案件及时得以终结。又派遣复囚使分道巡复,按复囚徒所犯。这种巡视稽查,实际上是上级司法机关依其自身职权而主动进行的一种复审监督程序,对健全法制起到了一定积极作用。

中国古代民事审判制度发展到唐代已基本定型,大多数民事审判制度,原则上已经出现,并为后代所继承、发展。唐代的民事审判制度体现了"一准乎礼"的精神,是朝廷法制与纲常名教的水乳交融,对后世产生了深远影响。

---

① 〔宋〕洪迈《容斋续笔》卷一二"龙筋凤髓判"。

第五章 两宋民法

两宋时期中国处于分裂局面,本章主要论述赵宋政权控制地区民事法律概况。辽、西夏、金等少数民族政权控制地区的民事法律概况并入下章论述。为了与前一章内容衔接,本章酌情追溯唐末及五代十国时期的民法情况。两宋民法在隋唐民法基础上有很大发展,立法较为详备,变化也较多,其主要内容对于以后各代有很大影响。

第一节 历史背景与法制概况

一、历史背景

唐代之后,中国又一次陷入分裂割据局面。中原地区先后有后梁(907—923)、后唐(923—936)、后晋(936—946)、后汉(947—950)、后周(951—960)五个政权更迭,史称"五代"。在北方有少数民族契丹族政权建立的辽及北汉政权。南方又先后有九个政权割据一方,与北汉合称"十国"。公元960年,后周军事将领赵匡胤发动"陈桥兵变",夺取政权,建立宋朝。宋初逐一剪灭各个割据势力,至公元979年统一了除辽朝控制的北方地区以外的全部国土。

宋代大力加强了君主专制中央集权。军事上,将无常兵,军令权、指挥权、训练权各自分立。财政上,设各路转运使,税收权集中于朝廷。政治上,宰相权进一步被削弱,设枢密使专掌军事,三司使专掌财政,都直接听命于皇帝。官制上,官称仅表示俸禄级别,职称仅表示"文学之士"的荣誉,"差遣"才是实际职务,官无专任,都为临时"差遣";同时还放手招官,加强科举选官,从庶族地主中选拔官员。这样,导致汉以来士族专权、武将割据的因素都被消除,然而也造成了"冗官冗兵"的现象。

赵宋政权与契丹辽朝的矛盾始终存在,以后西北地区党项羌族西夏政权也与宋发生战争,宋朝疲于应付,边患严重。1127年,北方女真族建立的金朝在灭辽后大举南侵,攻破宋京开封,宋皇室一支南迁至临安(今杭州),从而形成了中国历史上又一次南北对峙的状况。史称南迁前的宋朝为北宋(960—1127),南迁后的宋朝为南宋(1127—1279)。南宋政权偏安江南,政治经济政策一如北宋之旧。至1279年,蒙古族建立的元朝政权最终消灭了南宋。

两宋时期社会经济蓬勃发展。农业上单产的提高是突出的特点,随着水利事业的发展,以及占城稻等优良品种的推广,加之精耕细作的农耕技术的提高,使单位面积粮食产量有了明显增长。南宋时有"苏(州)湖(州)熟,天下足"的谚语[①]。除了传统的纺织业、矿冶业之外,制瓷业、印刷业在两宋时发展极为迅速。印刷术发明于唐代,但印刷行业的迅猛发展是宋代突出的成就。除了雕版印刷外,北宋时还发明了活字印刷。

两宋社会经济发展的一个突出的特点,是商品货币经济的蓬勃发展。商业繁盛,比之前代上了一个新的台阶。远古以来严格的"市"制已被完全废除,城市中商业店铺普遍沿街而置,一些大城市中有晓市、夜市。北宋都城开封城中有店铺六千四百余家。同时,商品经济逐步渗入乡村,唐时的"草市"进一步普及于全国各地,县城之下有市镇,乡村有定期集市,北方称"集",南方称"墟"。商业的普遍发展,使政府税收中商税占有重要地位,北宋时每年商税收入达一千万贯左右。按税率推算,国内贸易总额达一亿六千万贯,全国人均商业贸易额两贯多,合米四至五石[②]。民间对外贸易也飞速发展,政府对此采取积极鼓励的方针,配备罗盘针、载重几百吨的中国帆船是西南太平洋、东印度洋海运、贸易的主角。

由于商品经济的发展,两宋的货币也发生了很大变化。基本货币种类为钱币,铸币材料除了铜之外,还普遍使用铁钱。铜铁钱都以贯(一千文)为单位,由于货币不足,民间普遍以"省陌"(不足一千文仍称贯)流通。法律规定可以七百七十文"省陌"作为一贯钱流通。由于通货不足,铁钱体大值小,尤其是宋代承五代十国割据之弊,货币分区流通,如四川等地为铁钱区,北宋政权为了防止铜钱流入北方少数民族政权控制地区,也规定边界地区流通铁钱,给商

---

① 〔宋〕高斯得《耻堂存稿》卷五《宁国府劝农文》。
② 参见束世澂《中国古代及中世纪史》,华东师范大学校内铅印教材,第五册,第15页。

业贸易带来不便。北宋初年,四川民间已自行发行兑换券性质的"交子"。1023年,北宋政府废除私交子,设置"交子务",发行"官交子",面额固定,三年为界,分界发行、回收,成为正式的纸币。1105年,北宋又将交子改称"钱引",在全国各铁钱区发行流通。至南宋时,政府发行的纸币——"会子"在全国流通,成为全国最主要的货币种类,与铜铁钱并行。民间商业贸易中也往往使用白银为货币。纸币的出现大大促进了商品经济的发展,然而两宋政府为了弥补财政收入,经常有意过量发行纸币,造成严重的通货膨胀,物价飞涨,对社会经济造成了巨大的破坏[①]。

二、法制概况

宋代法律基本继承唐代法律而又有很大发展。宋代开国不久便颁行了《宋刑统》作为正式法典。这部法律几乎全盘沿袭了《唐律疏议》的条文及其律疏,仅在编排上将律条按内容分为二百一十三门,便于查找。并将唐末及五代以来比较重要而仍通行有效的敕、令、格、式附于各门律条之后,另外有部分内容则为宋初新的立法,称"起请",也附于各门之后。

由于《宋刑统》的主体仍为《唐律疏议》原文,与宋代社会政治经济状况有所脱节,而宋统治者又不愿全面修订新法典,以免受"成法"约束,因而改用灵活多变的"敕"为主要法律形式。敕的地位越来越高,覆盖面越来越广。每隔二三十年对敕进行汇编整理,统一颁行,称"编敕",具有法典性质。至北宋中期,法律形式演变为"敕、令、格、式"。在司法实践中,"例"的作用也日益增强。所谓例有两种,一种是经一定编纂程序的判例,称"断例";另一种是中央机关对下级的指令,称"指挥"。为了使司法官员便于掌握,南宋时出现了将各种法律按"事类"汇编的"条法事类"。现存有《庆元条法事类》。

宋代法律在刑事法方面变化不大,基本沿袭《唐律疏议》的内容,其特点是大大加重对于"贼盗"行为的处罚。刑罚上虽仍沿用隋唐"五刑",但将笞杖刑改成"臀杖",部分罪名的徒流刑改成"脊杖"。部分严重犯罪除脊杖外又要"刺配",即在罪犯脸上刺字并在本地或远地配役。对于被认为"罪大恶极"的罪犯,又使用极其残酷的碎刀割肉使罪犯缓慢而痛苦死去的"凌迟"刑。

---

① 参见彭信威《中国货币史》第五章"两宋的货币"。

宋代法律在民事财产方面的条文较多,规定较为详尽,由于宋代以灵活多变的敕为主要法律形式,能够比较及时地对社会经济的发展、民间财产关系的实际变化作出反应,制定法律规范。然而另一方面,复杂多变的法律使司法者难以掌握,民间也无所适从。敕条往往有相互冲突抵牾之处,破坏了法律的统一与稳定。但总的来说,宋代的民事法律对于后世的影响很大,其基本制度均为元、明、清各代沿用,具有深远影响。

三、有关两宋民法的若干问题
(一) 两宋时期的民事行为规范

两宋时民间民事行为规范与前代相仿,仍为法律、礼教、民间习惯。法律方面,主要是各种敕、令,以及制诏、指挥、断例。《宋刑统》中的条文如未被敕、诏、指挥等取代,仍然有效。《宋刑统》是中国法制史上第一部印刷颁行的法典,其在社会上的普及程度,较前代法典为广,对民间的民事行为发生较大的影响。

儒家礼教在宋代经程、朱理学的大力推行,其规范性质进一步加强,尤其在婚姻、继承等方面,礼教原则被提到"天理"的高度,所谓"父子君臣,天下之定理,无所逃于天地之间"①。官员执法时也往往优先考虑礼教的要求。礼教的很多要求也与民间习惯逐渐合一,在婚姻、继承等方面更是这样。

两宋民间惯例仍是自生自灭,很少上升为国家法律,对于司法审判的影响也很有限。当然,民间习惯也受到法律的指导与影响,并特别受到儒家礼教的指导。

(二) 两宋社会分层

唐末五代社会发生了巨大变化。统治阶级中长期把持政治权力、在社会上与皇权相抗衡的世家大族势力最终消失。在被统治阶级中,依附农民的比重大大降低。农民无论是自耕农或佃农,在法律中都被视同平民,佃农不再是"贱民"。两宋在这一基础上形成了新的社会分层。

五代时期,旧有的士族势力急速削弱,官僚队伍中,士族所占的比重急剧降低,不到三分之一(隋唐时期一直占三分之二左右),而庶族出身的官僚却上

---

① 〔宋〕朱熹《二程语录》卷六。

升到将近一半①。两宋累世高官的世家大族已很少见,统治阶级中政治权力不再是某一集团的特权。皇族、外戚集团的政治势力也有所减弱,很少能左右政治局势。通过科举制度参与政治的庶族士大夫,是两宋统治阶级政治上的主要代表。北宋时文彦博曾对宋神宗说:"为与士大夫治天下,非与百姓治天下也!"②宋朝专制君主也以高官厚禄笼络士大夫,两宋官俸在历史上最高,其他各种待遇也最为优厚。

两宋按有无不动产为标准,将户口划分为主户与客户。主户与客户在法律上都属平民。主户承担赋役,分为五等,一般来说四等、五等户都是自耕农,二、三等户指占田一顷至三顷的人户,约为中小地主;一等户占田三顷以上乃至几十顷、几百顷,是大地主。客户主要指向地主租佃土地、缴纳田租的佃农,称"佃客"。两宋时主、客户占户口总数的比例为:主户约占百分之六十五,客户约占百分之三十五③。

隋唐时的"部曲"这一阶层在两宋法律中不再单独列出。法律规定的贱民仅指奴婢,其身份地位仍按唐律规定。比平民地位略低的是雇工"人力"、"女使"。人力指男仆,女使指女仆,与主人为雇佣关系,《梦粱录》有"顾觅人力"条,列举各种职司俱可顾觅④。南宋法律《庆元条法事类》规定:

> 诸人力奸主,品官之家绞;未成,配千里;强者斩,未成配广南。民庶之家,加凡人三等,配五百里,未成配邻州;强者绞,未成配三千里。即奸主之亲,品官之家,缌麻、小功加凡人一等,大功、期亲递加一等。已成,并配邻州。民庶之家,大功以上各减品官之家一等。⑤

但人力与他人犯奸与凡人同论,仅对其主人有侵犯时要加重处罚。

总之,两宋社会分层比之前代大为松动,层次简化,社会结构也不似前代僵化,尤其是法律认定的贱民阶层人数减少,具有一定的进步意义。对于社会经济发展也应有一定的促进作用。当然,两宋奴婢仍属于财物之一种,虽不像

---

① 毛汉光《五代之政治延续与政权转移》,见台湾《历史语言研究所集刊》1980 年第二册。
② 《文献通考》卷一二《职役考一》。
③ 参见[日]加藤繁《中国经济史考证》第二卷三八"宋代的主客户统计"。
④ 〔宋〕吴自牧《梦粱录》卷一九。
⑤ 《庆元条法事类》卷八〇《杂门·诸色犯奸》。

前代为富豪财富的主要标志物,但仍与牛马畜产同类,而且佃客、人力也往往受到田主的无情盘剥与人身控制(详见本章第三节之租佃契约、雇佣契约)。

(三) 人的行为能力

两宋以二十岁男子为"成丁"。"乾德元年(963),令诸州岁奏男夫二十为丁,六十为老,女口不预。"①由于两宋主要依据户等,而不是按人丁征发职役,因此成丁年龄完全可以看作法律认定男子成年的年龄,年满二十岁的男子应可作为民事行为的主体。女口虽不计入户籍,但据历代惯例,男子成丁年龄也可认为是女子的成年年龄。

另外,在两宋时,诉讼能力也有以年岁划分的。规定年满十八岁者,对于违法典卖田宅案件可独立起诉。南宋绍兴十三年(1143),"大理寺参详:户部所申,违法典卖田宅陈诉者,依敕自十八岁理,限十年。系谓典卖田宅之时年小,后来长大,方知当时违法之类。即合依自十八岁为理,限十年陈诉"②。

(四) 关于物

作为民事行为指向的标的,两宋法律对于物的区分、限制与隋唐时相差不大。随着社会经济的发展,各种财物的形式有了很大发展。比如宋代出现可以移动的田产:

> 两浙有葑田,盖湖上茭葑相缪结,积久,厚至尺余,润沃可殖蔬种稻,或割而卖与人。有任浙中官,方视事,民诉失蔬圃,读其状甚骇,乃葑园为人所窃,以小舟撑引而去。③

这种"葑田"应该是不动产,却又可移动,是一种特殊之物。

宋代对于民事行为涉及之物予以限制的主要是"墓田"。古代汉族重孝,因而坟地所在的墓田,具有重要意义,侵犯他人墓田一直为一项重罪。如西汉衡山王刘赐"数侵夺人田,坏人冢以为田,有司请逮治衡山王"④。唐律规定:"诸盗耕人墓田,杖一百;伤坟者,徒一年。"⑤但墓田是否能成为民事行为的标的,史无明载。至北宋哲宗元祐六年(1091)规定:"墓田及田内林木土石,不许

---

① 《文献通考》卷一一《户口考二》。
② 《宋会要辑稿·刑部三·田讼》。
③ 《宋朝事实类苑》卷六二《田》引杨文公《谈苑》。
④ 《史记》卷一一八《淮南衡山列传》。
⑤ 《唐律疏议》卷一三《户婚律》"盗耕人墓田"条。

典卖及非理毁伐,违者杖一百。不以荫论,仍改正。"①禁止典卖墓田。南宋绍兴十二年(1142)都省指挥又明确规定:"庶人墓田,依法置方一十八步。"敕令所看详:"四方各相去一十八步,即系东西南北共七十二步。"②墓田不得典卖,已置墓而禁步内已有他人屋宅田园,如他人不愿出卖,仍允许他人使用,但是禁止在禁步内再置坟墓。

第二节 所有权

一、对土地私有权的若干限制

北朝隋唐沿用近三百年的均田制,自唐中期废弛后,其影响仍长期存在。五代、两宋时"均田"仍时有提起,不过实际上只是均税而已。民间土地文书中,直至北宋初,仍常提到"口分"、"永业"。唐及五代、北宋都从未明确宣布法令废除均田制。北宋法典《宋刑统》仍全文保留了《唐律疏议》中有关均田制的条文及其律疏。虽然社会实际生活中已是"贫富无定势,田宅无定主,有钱则买,无钱则卖"③,但在中国古代,土地私有制从未达到如马克思所指出的"抛弃了共同体的一切外观并消除了国家对财产发展的任何影响的纯粹的私有制"④那样的水平,国家对于土地私有权很少以法律确认,而总是力图干预土地私有制,对土地私有权加以限制。这种干预和限制随着社会商品货币经济的发展而逐步松弛。而在两宋时,均田制中力图干预、限制土地私有权的立法原则仍经常有所表现。

北宋乾兴元年(1022)十一月,宋仁宗刚即位,即以"赋役未均,田制不立"为由,下诏"限田",并具体规定:

> 公卿以下,毋过三十顷。牙(衙)前将吏应复役者,毋过十五顷。止一州之内。过是(此)者,论如违制律,以田赏告者。

限定个人私有土地不得超过三十顷,其标准恰与一千多年前西汉限田令相同,并规定有明确的处罚方法。此外又规定:"禁近臣置别业京师,及寺观毋得市

---

① 《宋会要辑稿·食货六一·民田杂录》。
② 《名公书判清明集》卷九《户婚门·坟墓》。
③ 〔宋〕袁采《袁氏世范》卷三。
④ 《马克思恩格斯选集》第一卷,第68页。

田。"由于"限田一州,而卜葬者牵于阴阳之说,至不敢举事",于是又允许"听数外置墓田五顷"。这一诏书颁行后,遭到官僚士大夫的反对,"任事者终以限田不便,未几即废"①。

从宋仁宗诏"赋役未均"可以看出宋代限田是与赋役制度有关的。宋代官员都享有免役特权,而宋代差役是以户等摊派的,户等以资产(主要按田产)排定,所以当时有很多人为逃避赋役,伪立契约将土地"典卖"给官员之家。宋代政府为了保证财政收入,必须限制官员所有的田产,防止上述立伪契逃避赋役的弊病。北宋徽宗政和初年(约1111年)再次下诏限田:

> 一品百顷,以差降杀,至九品为十亩(当为顷之误)。限外之数,并同编户差科。②

限外田产与一般民田一样承担赋役。可见所谓"限田"主要是限制免役特权而已。

然而,"限田"名称尚存,自然也具有一定的"抑兼并"的含义。有时为了与官僚大地主争夺地租收入,朝廷也会以"限田"、"抑兼并"为借口,直接剥夺大地主土地私有权。如北宋末年,宦官杨戬擅权,接受胥吏杜公才的建议推行"公田法"。政和六年(1116)开始于汝州,以后扩展到京东、西,淮西、北诸路,其具体做法是:

> 公田之法:县取民间田契根磨,如田今属甲,则从甲而索乙契;乙契既在,又索丙契;展转推求,至无契可证,则量地所在,增立官租。一说谓按民契券而以乐尺打量,其赢则拘入官而创立租课。……所括凡得田三万四千三百余顷。③

1121年杨戬死后,另一太监李彦继续主持推行公田法:

> 凡民间美田,使他人投牒告陈,皆指为天荒,虽执印券皆不省。鲁山阖县尽括为公田,焚民故券,使田主输租。佃、本业诉者,辄加威刑,致死者千万。④

---

① 《宋史》卷一七三《食货志上一》。
② 《宋史》卷一七三《食货志上一》。
③ 《文献通考》卷七《田赋考七》。
④ 《宋史》卷四六八《宦者传·杨戬附李彦》。

这一极为粗暴的剥夺私有土地的法律一直施行了十年,直到北宋灭亡前夕的靖康元年(1126),宋钦宗将李彦"赐死"后才被废除。

南宋仍实行"限田",司法实践中也确实执行限田,如南宋判集《名公书判清明集》卷三《赋役门》专列有《限田》一类,有不少具体的案例。据此可知南宋专门有《限田条格》:

> 准法:品官限田,合照原立《限田条格》减半与免差役。其死亡之后,承荫人许用生前曾任官品格与减半置田。如子孙分析,不以户数多寡,通计不许过减半之数。

此处所言《限田条格》当为北宋政和初年的旧法。南宋"一品官许置田五十顷","九品当占限田五顷",恰为北宋政和旧制的半额。现已知南宋四品官限田额为三十五顷,六品官为二十五顷,七品官为二十顷,推算当时是以五顷为等差,即二品四十五顷,三品四十顷,五品三十顷,八品可能为十顷。这种免役特权可以继承,只是必须"减半"。一人任数官,"限田官品,当从一高"。父祖皆曾为官,"若曾、高与祖官品虽高,而子孙已众,以分法计之,所得不多;而其父之官虽卑于祖,所得之限差胜,则却应用父之限"。可见南宋限田之法确实比较具体,也确实曾实施过。

限田虽主要为限制免役特权,但南宋时也曾以限田额剥夺私人超过限额的田产。南宋理宗淳祐六年(1246),殿中侍御史谢方叔上言:"百姓膏腴皆归贵势之家,租米有及百万石者,……小民田日减而保役不休,大官田日增而保役不及,以此弱之肉,彊之食,兼并浸盛,民无以遂其生。"主张"非限民名田,有所不可"[①]。南宋末年贾似道独揽大权,有人建议"乞依祖宗限田议,自两浙、江东西官民户逾限之田,抽三分之一买充公田,得一千万亩之田,则岁有六七百万斛之入"[②]。以"限民名田"为口号,争夺地租收入。贾似道下令推行此法,仍号称"公田法"。凡限田额之外的田产,由政府征购,"浙西田亩有值千缗者,似道均以四十缗买之"[③]。公田法开始于1263年,至1268年停止,征购逾限之田三百五十万亩。此举大大激化了统治阶级内部矛盾,南宋不久灭亡,这批田产

---

① 《宋史》卷一七三《食货志上一》。
② 《宋史》卷一七三《食货志上一》。
③ 《宋史》卷四七四《奸臣传·贾似道》。

成为元朝的"官田"。

二、国有土地的占有形态

两宋法律沿袭历代旧规,确认无主荒地、荒滩以及户绝、犯罪没收的土地等皆为公田。但公田不再分配给农民,而是仿照当时地主租佃剥削方式,出租给农民耕种。"田之未垦者,募民垦之,岁登所取,其数如民间主、客之例。"①所谓"官田私田化,官租私租化"②。官田占全国耕田面积的比重很低。北宋元丰年间(1078—1085),"天下总四京一十八路,田四百六十一万六千五百五十六顷,内民田四百五十五万三千一百六十三顷六十一亩,官田六万三千三百九十三顷"③。官田仅占耕田面积的百分之一点三七。

两宋边境地区有少量屯田,由士兵耕种。又募农民于边疆地区耕种公田,号为"营田"。以后屯田、营田混淆,与佃户租种公田无异。官田的收益除充作政府财政收入外,两宋还沿用北朝隋唐旧法,以职分田形式让各级官员获得官田的收益。原来五代时职分田制度已被取消,北宋真宗咸平年间(998—1003)恢复职田:

> 以官庄及远年逃亡田充,悉免租税(指两税田赋),佃户以浮客充,所得课租均分,如乡原例。……其两京、大藩、府,四十顷;次藩镇三十五顷;防御、团练、州三十顷;中、上刺史州二十顷;下州及军、监十五顷;边远小州、上县十顷;中县八顷;下县七顷;转运使、副十顷。

其他官府机构也都"均给之"④。

北宋仁宗天圣年间(1023—1031)曾打算废除职田,但宋仁宗"阅具狱,见吏以贿败者多,恻然伤之,诏复给职田"⑤。从此职田历两宋不废。

三、遗失物、埋藏物及无主物的归属

宋代法律有关阑遗物、宿藏物的归属问题,完全沿袭唐律令中的有关条

---

① 《续资治通鉴长编》卷三七。
② 参见赵俪生《中国土地制度史》,齐鲁书社,1984年,第386页。
③ 《文献通考》卷四《田赋考四》。
④ 《宋史》卷一七二《职官志十二》。
⑤ 《文献通考》卷六五《职官考十九》。

文。只是对于添附物的归属有所变更。据《庆元条法事类·农桑门·农田水利》引宋《田令》：

> 诸田为水所冲，不循旧流而有新出之地者，以新出地给被冲之家。（可辨田主姓名者，自依退复田法。）虽在他县亦如之。两家以上被冲而地少，给不足者，随所冲顷亩多少均给。具（其）两岸异管，从中流为断。

原唐《田令》规定如新淤涨之地在外县境内，则作为公田"依收授法"，而宋代无均田收授之法，所以新淤涨地即使在外县仍应补偿被冲之家。并且在立法上又考虑到被冲地多、淤涨地少情况下的处理方法，比之唐律令更为细致。

关于逃户弃田，北朝隋唐时期是将弃田作为公田进行授受。均田制瓦解后，逃户弃田的归属问题因涉及政府的租课两税收入，成为民事立法的一个重要内容。唐末五代初期，往往沿袭隋唐有关逃田国有的法律，将逃户弃田作为官田，以士兵或拘收的"浮客"为政府耕种，称"屯田"、"营田"。然而逃弃田往往零碎分割，政府难以管理，耕作者也无生产积极性。后周世宗显德二年（955）诏令，确立了弃田按取得时效归属私人所有的立法原则：

> 应逃户庄田，并许人请射承佃，供纳税租。如三周年内本户来归者，其桑田不计荒熟，并交还一半。五周年内归业者，三分交还一分。如五周年外归业者，其庄田除本户坟茔外，不在交付之限。其近北地诸州，应有陷蕃人户，自蕃界来归业者：五周年内来者，三分交还二分；十周年内来者，交还一半；十五周年内来者，三分交还一分；十五周年外来者，不在交还之限。①

允许他人占有逃户弃田，三年内可取得二分之一所有权，占有五年即可获得全部所有权。北方缘边地区取得时效为十五年。

宋代继承了后周的这一法律原则，但取得时效有所更改。宋太宗太平兴国七年（982），由于蝗旱灾害相继，流民甚众，下诏：

> 宜令本府，设法招诱，并令复业，只计每岁所垦田亩桑枣输税，至五年复旧，旧所逋欠，悉从除免。限诏到百日，许令归复，违者弃土，许他人承佃为永业，岁输税调，亦如复业之制。仍于要害处粉壁揭诏书而示之。②

---

① 《旧五代史》卷一一五《周书·世宗本纪》。
② 《宋会要辑稿·食货一·农田杂录》。

规定百日后他人即可占有，"承佃"在这里是指占有耕种，并非一般意义上的租佃。但这一法令没有明确规定占有者取得所有权的时效。淳化五年(994)又诏："凡州县旷土，许民请佃为永业，蠲三岁租。"至仁宗天圣初年(约1023年)又专门下诏规定有关逃户弃田的归属问题："民流积十年者，其田听人耕，三年而后收赋，减(两税)旧额之半。"不久又下诏："流民能自复者，赋亦如之(减两税半额)。"为了确定占有流民弃田的开始时间，又规定："流民限百日复业，蠲赋役，五年减旧赋十之八。期尽不至，听他人得耕。"[①]弃田满百日，他人即可占有，占有期为十年，其中前三年免田赋两税，三年后也仅收半额。十年后如何虽无明文，但十年后占有者应缴纳全额田赋，按惯例，法律即承认占有者的土地所有权。可见，北宋法律规定弃田的取得时效为十年。

这一法律在整个两宋都有效。南宋初年因江淮间人民流徙失业，绍兴三年(1133)立法：

> 户部言：人户抛弃田产，已诏三年外许人请射，十年内虽已请射及拨充职田者，并听理认归业。官司占田不还，许越诉。如孤幼儿女及亲属依例合得财产之人，委守令面问来历，取索契照，如无契照，句(拘)勒者保邻佐照证得实，即时给付。或伪冒指占者，论如律。如州县沮抑，及奉行不虔，隐匿晓示，委监司按治。从之。[②]

可见弃田取得时效仍为十年，耕种弃田三年应"请射"，缴纳两税并由官府确认其占有权利。十年内原主仍可复业，十年外即丧失所有权。绍兴九年(1139)再次立法：

> 宗正少卿方庭实言："中原士民奔逃南州，十有四年，出违十年之限，及流徙避远，卒未能归者，望诏有司别立限年。"户部议："自新复降赦日为始，再期五年，如期满无理认者，见佃人依旧承佃。中原士民流寓东南，往往有坟墓，或官拘籍，或民冒占，便行给还。"从之。

这一法令予以临时宽限五年，一般仍为十年。

南宋孝宗隆兴元年(1163)曾一度规定："凡百姓逃弃田宅，出二十年无人

---

① 以上均见《宋史》卷一七三《食货志上一》。
② 《文献通考》卷五《田赋考五》。

归认者,依户绝法。"这一诏令可能只适用于弃田长期荒废、无人请射的情况,如也同样适用于有射佃者的田土,则与北宋以来一贯的法律相抵触。六年后,南宋朝廷又下诏:"(弃田)召人请射,免税三年,三年之后为世业。……归业者别以荒田给之。"①则进一步缩短取得时效为三年。

当逃户在期限内复业时,按法律应当归还土地,然而"射佃"者已经对土地进行了投资,必然产生纠纷。为此,北宋神宗熙宁二年(1069)诏:

> 诸请、买荒废地土,已经开垦,并增修池塘、堤岸之类,却有诸般词讼,但合断归后人者,并官为检计用过功价,酬还前人。其增盖舍屋,栽种竹木之类,亦偿其直,愿折伐者听。②

这一诏令至南宋时仍然有效。

两宋关于逃户弃田的法令较多,前后抵牾冲突之处也不少,尤其是没有确认弃田占有者的所有权,因此在司法实践中漏洞较多。南宋人洪迈(1123—1202)在其著作《容斋随笔》中感叹后周显德二年诏令"其旨明白,人人可晓,非若今之令式文书,盈于几阁,为猾吏舞文之具。故有舍去物业三五十年,妄人诈称逃户子孙,以钱买吏而夺见佃者,为可叹也"③。

四、族产的出现

同宗同姓、聚族而居,是汉代以来政府褒奖的民间美俗,尤其在三国两晋南北朝隋唐时期,世家大族在政治上、社会上享有特权,宗族势力更是兴盛一时。然而当时并没有"族产",即以宗族团体为所有权主体的形式。当时的宗族是以某一大家族为中心,而有众多同宗家族及宾客相依附,贫穷族众可得到救济。救济族众是世所称誉的美德,如南朝刘宋江秉之,"所得禄秩,悉散之亲故"④。南梁徐勉"不营产业,家无蓄积,俸禄分赡亲族之穷乏者"⑤。萧际素得梁高祖"赐钱八万,际素一朝散之亲友"⑥。南陈姚察"穆于亲属,笃于旧故,所

---

① 以上见《宋史》卷一七三《食货志上一》。
② 《宋会要辑稿·食货一·检田杂录》。
③ 〔宋〕洪迈《容斋随笔·三笔》卷九"射佃逃田"条。
④ 《宋书》卷九二《良吏传·江秉之》。
⑤ 《梁书》卷二五《徐勉传》。
⑥ 《梁书》卷五二《止足传·萧际素》。

得禄赐,咸充周恤"①。相反,如不赈济亲族,就为清议所不容。如北齐封述"厚积财产,一无馈遗,虽至亲密友贫病困笃,亦绝于拯济,朝野物论甚鄙之"②。由此可见,当时宗族本身还没有自己的资产。随着社会商品经济的发展,租佃制成为主要的土地占有形态,至北宋时,开始出现了族产。

最早并有较大影响的族产"义庄"的规则,是北宋范仲淹(989—1052)创立的。范仲淹在建立"义庄"规则时给皇帝的上奏中称:

> 臣仲淹,奋身孤藐,遭世休明,深念保族之难,欲为传远之计,自庆历、皇祐(1041—1054)以来,节次于苏州吴、长两县置田亩,立义庄,赡同姓,创立规矩,刻之板榜,以贻后人。③

可见在这之前,尚无现成的义庄之类族产的规则。

义庄的财产主要是由宗族中的有力者捐献,如范仲淹为建立范氏义庄捐出田产近十顷。北宋朝廷也曾颁行法令,允许官员占有田产作为宗族祭祀、救济的财产。北宋元祐七年(1092)诏:

> 诸大中大夫观察使以上,每员许占永业田十五顷。余官及民庶,愿以田宅充奉祖宗飨祀之费者亦听。官给公据,改正税籍,不许子孙分割典卖,止供祭祀,有余,均赡本族。④

义庄田产可减免田赋,高级官员可以占有超过"限田"限额的田产捐出作为族产。至南宋,分割遗产时也往往有族产一份。《名公书判清明集》中有一份关于立继的判词,判决将遗产"作三分均分:将一分命江瑞以继(江)齐戴后,奉承祭祀,官司再为检校,置立簿历,择族长主其出入,官为稽考,候出幼日给,江渊不得干预;将一分附与诸女法,拨为义庄,以赡宗族之孤寡贫困者,仍择族长主其收支,官为考核;余一分没官"⑤。

义庄之类的族产是一种社团所有的产业,其所有权的主体不是捐献者个人或是数人之合伙,而是宗族社团。族产义庄可以以自己的名义取得、享有财

---

① 《陈书》卷二七《姚察传》。
② 《北齐书》卷四三《封述传》。
③ 《范文正公集·建立义庄规矩》。
④ 《宋会要辑稿·食货六一·民产杂录》。
⑤ 《名公书判清明集》卷八《户婚门·立继类》。

产,进行民事法律活动,如享有债权、进行收买等,与近代民法中的"法人"相似,具有独立的民事权利。

族产主要是不动产,其占有、使用形态各有不同。房屋"义宅舍屋"一般出让给贫穷族人居住,居住者负有修缮义务。《范氏义庄规矩》规定:"义宅有疏漏,惟听居者自修完。即拆移舍屋者禁之,违者掌管人申官理断。若义宅地内自添修者听之。""族人不得以义宅舍屋私相兑赁、质当。"义庄的耕地则出租于外族人佃种,《范氏义庄规矩》:"族人不得租佃义田(诈立名字同)。……今后探闻有违犯之人,罚全房月米半年。"

族产的收益主要用于救济族众。范氏义庄开始设立的目的就是"赡同姓"。其规矩:

一、逐房计口给米,每口一升,并支白米,如支糙米,即临时加折。

一、男女五岁以上入数。

一、女使(女仆)有儿女、在家及十五年、年五十岁以上听给米。

一、冬衣每口一匹,十岁以下、五岁以上各半匹。

一、每房许给奴婢米一口,即不支衣。

一、嫁女,支钱三十贯,再嫁二十贯。

一、娶妇,支钱二十贯,再娶不支。

一、逐房丧葬:尊长有丧,先支一十贯,至葬事又支一十五贯;次长五贯,葬事支十贯;卑幼十九岁以下丧葬,通支七贯;十五岁以下,支三贯;十岁以下支二贯;七岁以下及奴婢皆不支。

族产收益的另一重要用途是充作祭祀费用。前引元祐七年诏将祭祀作为族产首要开支。南宋理学家朱熹《文公家礼》强调:

初立祠堂,则计见田,每龛取其二十之一,以为祭田,亲尽则以为墓田。后凡正位、祔位皆放(仿)此。宗子主之,以供祭用。上世祔未置田,则合墓下子孙之田计数而割之,皆立约闻官,不得典卖。

族产的收益还用于族人的教育及资助参加科举考试。《范氏义庄规矩》:

一、诸位子弟得贡赴大比试者,每人支钱一十贯文,再贡者减半。并须实赴大比试乃给。即已给而无故不试者,追纳。

一、诸位子弟内选曾得解或预贡,有士行者二人充诸位教授,月给糙米五石。

这一收益用途在后来更被强调。南宋袁采在其《世范》中专有"置义庄不若置义学"一条:

> 置义庄以济贫族(原注:庄,田舍也,置造田业,收其租入以分给族人之贫者,谓之义庄),族久必众,不惟所得渐微,不肖子弟得之,不以济饥寒,或为一醉之适,或为一掷之娱,至有以其合得券历预质于人,而所得不及其半者,此为何益?

主张以义庄收益鼓励族人求学上进,要比以义庄收益注重族人救济为优。除了袁采所言防止族人吃大锅饭心理外,实际上更重要的是鼓励族人子弟读书参加科举考试,可以为宗族争取更大的社会地位以及更多的捐助来源,可视为宗族重要的教育投资。

族产的管理,一般设"掌管人"负责,掌管人由族长或族中尊长选择。《范氏义庄规矩》:"义庄事惟听掌管人依规处置,其族人虽是尊长,不得侵扰干预,违者许掌管人申官理断。即掌管人有欺弊者,听诸位具实状。"

族产的处分权平时由掌管人"依规处置",但有很多限制。如《范氏义庄规矩》:"义庄不得典买族人田土。""义庄费用虽阙,不得取有利债负。"并且严禁将族产典卖,这不仅是宗族本身的规矩,也是法律的规定,如上引元祐七年诏:"不许子孙分割典卖。"义庄族产可以典买入外姓外族田产,但也有严格限制,如《范氏义庄规矩》:"义庄遇有人赎田,其价钱不得支费,限当月内以原钱典买田土。辄将他用,勒掌管人偿纳。"专款专用,田土只进不出,成为所谓的"死手"产业。如掌管人得赎田钱不用于典买田土就要负赔偿责任。

族产出现后,受到北宋朝廷的大力支持。除了直接以法令确定族产的地位外,对于族产的规则也加以保护。北宋治平元年(1064),范仲淹之子范纯仁(1027—1101)上奏宋英宗,追诉其父建立义庄的原委,以及现在难以追究违反规则行为的问题:

> 今诸房子弟有不遵规矩之人,州县既无敕条,本家难为申理,五七年间(义庄)渐至废坏,遂使饥寒无依。伏望朝廷特降指挥下苏州,应系诸房

子弟有违犯规矩之人,许令官司受理。伏候敕旨。右奉圣旨:宜令苏州依所奏施行。①

从而使义庄的规则上升到法律的层面,族产得到官府的明确保护。

两宋时义庄之类的族产迅速普及。北宋吴奎(1011—1069)"少时甚贫,既通贵,买田为义庄,以赒族党朋友"②。南宋向子諲"置义庄,赡宗族贫者"③。南宋刘清之"尝序范仲淹《义庄规矩》,劝大家族众者随力行之。本之家法,参取先儒礼书,定为祭礼行之"④。一般义庄规则多采用范仲淹所立《义庄规矩》,"本朝文正范公,置义庄于姑苏,最为缙绅所矜式"⑤。南宋人文集中所见义庄之举,近一半明言"略用范文正公《义庄规矩》"⑥。

族产的出现对于宗族的结合、巩固具有重要的意义。族产成为宗族族权的物质基础,宗族与政府互为表里,成为朝廷统治的基层组织。北宋族产规则及法律对于族产的确认与保护,对于后世具有重大影响。范仲淹所设范氏义庄长期保存达九百多年,一直是族产的样板。

第三节 债

一、契约形式与成立要件

两宋时期契约形式已趋于统一,除了田宅、大牲畜、奴婢买卖及借贷、典质等较重要的民事契约行为外,很多契约形式都采用简便的口头契约。书面契约除了典卖、质押等仍采用复本"合同券"之外,大多数契约都采用单本契约,由权利人收执。立契的形式也有所变化,一般由契约中经济地位弱势的一方、承担义务人出面立契,如买卖契约的卖方、典卖契约的出典(业主)人、借贷契约的债务人、租佃契约的佃人(承租人),等等。隋唐时期尚存的"买契"、"出举契"、"出租契"等等由权利人一方立契的契约形式已很少见到。在各种卖契、

---

① 《范文正公集·范氏义庄规矩》。
② 《宋史》卷三一六《吴奎传》。
③ 《宋史》卷三七七《向子諲传》。
④ 《宋史》卷四三七《儒林传·刘清之》。
⑤ 〔宋〕胡寅《斐然集》卷二一《成都施氏义田记》。
⑥ 参见[日]仁井田陞《中国身份法史》第二章第四节。

举取契、承佃契等由义务人单方面所立的契约中,买主、债主、田主等权利人也都不再签名画押,显示出高人一头的姿态。

两宋时契约成立的要件与隋唐时基本相同。只是典、卖契约的程序有特定的严格法律规定,其他与隋唐时相比并无明显变化。契约内容上比较突出的一个特点,是各种契约担保条款更趋复杂。除了前代已有的悔约罚、占有担保等以外,唐末五代宋初的一段时期内,还出现了专门排斥政府恩赦效力的"恩赦担保",在敦煌出土的这一时期的契约文书中就有不少契约有此类内容。如天复四年(904)租田契:"有恩赦行下,亦不在论说之限。"天复九年(909)安力子卖地契:"或有恩赦流行,亦不在论理之限。"后周显德四年(957)卖地契:"中间或有恩赦流行,亦不在论理之限。"北宋淳化二年(991)卖身契:"或遇恩赦流行,亦不在再来论理之限。"酉年便豆契:"或有恩赦,不在免限。"无论借贷、买卖、典质、租佃契约中均有此惯语,而在土地、房屋买卖契约中最多①。

出现这种担保内容的原因比较复杂。唐末五代政治混乱,短命的朝廷为收买人心,经常发布一些免除民间公私债务的恩赦令。五代时最为频繁,据日人加藤繁的统计,五代自公元 920 年至公元 942 年短短二十二年间就有八次之多②。民间债权人为防止恩赦令下达后债务人不再清偿,故在立契时特地要求债务人作出上述保证。民间出卖土地、房屋总是因债务累积迫不得已之举,债务如被法令宣布免除,自然土地、房屋也有被收回的可能。因此,买主(往往实际上就是债权人)也要求卖方作出"恩赦担保",从而形成了立契的惯语。

两宋时对契约承担法律上连带责任的契约附署人主要是牙人和保人。牙人主要是买卖、典质契约的附署人。唐末五代时牙人的作用日益重要,市场设官牙行,并有专门接洽说合不动产买卖的"庄宅牙人"。牙人根据契约价额抽取牙钱,后唐天成四年(929),京城洛阳买卖庄宅,"其市牙人每贯收钱一百文,甚苦贫民"③。牙钱达契价 10%。宋代沿袭此制,仍设官牙行说合交易,并证明契约的合法性,收取"牙税",以后逐渐与契税合一,称牙契钱(详见下节)。保人则在借贷契约中承担连带清偿义务,"保人代偿"逐渐成为主要的债务担保方式。而在买卖契约中,保人的地位则有所下降,法律不再要求"买卖有保"

---

① 参见[日]仁井田陞《中国法制史研究·土地法、取引法》取引第三部第十章第七节。
② [日]加藤繁《中国经济史考证》第三卷五十二"中国史中公私债务的免除"。
③ 《册府元龟》卷五〇四《邦计部·关市》。

(详见下节)。

两宋民间契约的签署方式除了隋唐时已有的署名、画指、盖印之外,画押也逐渐开始流行。画押也称"画花押"、"花押",原是文人士大夫之间书信往来时代替落款的一种签署方式。隋唐流行行草书体,士大夫往往在落款时连姓带名用草书连笔写成一个花体字,故称"花押"。盛唐时名士韦陟,自署名字如云彩,号为"五朵云"。花押比盖印、署名简便,更富于个人色彩,他人难以摹仿,很快得以流行。至宋代,官府文书也"以押代名"①。这一风气影响到民间,立契也开始出现以花押签署的习惯。当然,大多数当事人并不会草书书法,只是模仿简笔花体字形,用最简单笔画在书契人书写的自己姓名后面画上如同王字、十字、五字、七字之类字形,表示签署。敦煌出土唐末五代宋初的一批消费借贷契约就有很多是以花押签署的(十四件中五件为画押,四件为画指,四件押印,一件指印)。其花押形式以在自己姓名后画上十字、七字形的笔迹为主②。虽然宋代民间已广泛以画押签署契约,政府法律对此并无统一规定。"遇笔则押,遇印则印,又何拘焉?"③只强调必须是当事人亲笔着押:"人之交易,不能亲书契字,而令人代书者,盖有之矣。至于着押,最关利害,岂容他人代书也哉!"④

传统的画指方式在北宋初年仍很流行,至北宋末年逐渐消失,仅在人口买卖时,仍要画指。"宋婢券不能书者画指节。"⑤捺指印则极为少见。自署其名也很少见,权利人已无须在契约上签署,而义务人往往为"小民",很少识字,只能画押,因此实际情况是能署名的不用署名,必须署名的往往不会署名。

二、主要契约种类

(一) 买卖契约

宋代法律关于买卖契约尤其是不动产买卖契约有详细规定,比之隋唐时要复杂得多。由于两宋典质盛行,法律往往将典质与买卖连同加以规定(详见

---

① 参见〔清〕赵翼《陔余丛考》卷三三《花押》。
② 参见《中国法制史研究·土地法、取引法》取引第三部第十章第五节。
③ 《名公书判清明集》卷九《户婚门·违法交易类》。
④ 《名公书判清明集》卷五《户婚门·争业类》。
⑤ 〔清〕梁清远《雕丘杂录》卷九。

下节),合称"典卖"。民间也往往将典质与一般的买卖混称。单称"卖"也往往可以表示在转移全部所有权后,出卖人仍保留有赎回的权利。如北宋太平兴国七年(982)吕住盈、阿鸾卖地契:"自卖余后,任有住盈、阿鸾二人能辩修(收)渎(赎)此地来,便容许。兄弟及别人修渎此地来者,便不容许修渎。"①典质、买卖混同,因而往往统称为"活卖"。真正的买卖不动产契约则逐渐称之为"永卖"、"绝卖"、"断卖"等等,以示区别。这在南宋时民间已成习惯,如现存南宋《名公书判清明集》中就有不少例证:"今游朝之契,系是永卖。"②"所有定僧父判官契内田,必有陈偓断卖骨契。"③"绝卖已及一年,初无词说。"④等等,不胜枚举。

对于盗卖田土行为,北宋时仍沿《唐律疏议》的规定加以处罚,南宋则进一步加重处罚:"在法:盗典卖田业者,杖一百,赃重者准盗论,牙保知情与同罪。"⑤另外随着土地交易日趋频繁,惩治重叠买卖、典质行为(将一份田产立契出卖出典于甲,后又立契出卖出典于乙)也成为法律重要内容。后周广顺二年(952)敕明确禁止重叠典、卖、倚当行为,"如违犯,应关连人并行科断,仍征还钱物。"⑥南宋法律规定:"诸以己田宅重叠典、卖者,杖一百,牙保知情与同罪。"⑦"在法:交易诸盗及重叠之类,钱主知情者,钱没官,自首及不知情者,理还。犯人偿不足,知情牙保均备(赔)。"⑧

《宋刑统》虽然仍保留《唐律疏议》中有关土地买卖必须报官批准取文牒的条文及律疏,但实际上并无此制。《宋刑统》对土地房屋不动产交易另外规定了严格的程序。

1. "先问亲邻"。

买卖土地时要约集地邻以证明土地所有权易手,这是起源很早的一种民间惯例,所谓"卖田问邻,成券会邻,古法也"⑨。北魏均田制规定亲族有优先取得远流、户绝者土地的权利(详见第三章第二节)。唐天宝十四载(755)制:"天

---

① 《敦煌资料》第一辑,第316页。
② 《名公书判清明集》卷四《户婚门·争业类》。
③ 《名公书判清明集》卷九《户婚门·取赎类》。
④ 《名公书判清明集》卷九《户婚门·违法交易类》。
⑤ 《名公书判清明集》卷五《户婚门·争业类》。
⑥ 《册府元龟》卷六一三《刑法部·定律令五》。
⑦ 《名公书判清明集》卷九《户婚门·违法交易类》。
⑧ 《名公书判清明集》卷五《户婚门·争业类》。
⑨ 《折狱龟鉴》卷六《核奸》。

下诸郡逃户,有田宅产业,妄被人破除,并缘欠负租庸,先已亲邻买卖,及其归复,无所依投。"①可见民间习惯亲邻有先买权。法律也承认这种权利。唐长庆元年(821)敕:"应诸道管内百姓,或因水旱兵荒,流离死绝,见在桑产,如无近亲承佃,委本道观察使于官健中取无庄田有人丁者,据多少给付,便与公验,任充永业。"②亲族仍为取得逃绝田产的第一顺序。

五代时为了解决当时众多的买卖田产纠纷,正式制订买卖田产必须先问亲邻的制度,后周广顺二年(952)敕:

> 请准格律指挥,如有典卖庄宅,准例房亲邻人合得承当,若是亲邻不要及著价不及,方得别处商量,和合交易。③

宋代这一制度多次变化。《宋刑统》规定:

> 应典卖、倚当物业,先问房亲;房亲不要,次问四邻;四邻不要,他人并得交易。房亲著价不尽,亦任就得价高处交易。④

以后又进一步详细规定了会问亲邻的顺序:

> 凡典卖物业,先问房亲;不买,次问四邻。其邻以东、南为上,西、北次之,上邻不买,递问次邻。四邻俱不售,乃外召钱主。……东西二邻则以南为上,南北二邻则以东为上。⑤

神宗熙宁、元丰间推行新法,废除问邻之制。哲宗"元祐更化"又复旧制,而"绍圣绍述"再加改动。绍圣元年(1094)以"遍问四邻,乃于贫而急售者有害"为理由,规定:

> 应问邻者,止问本宗有服亲,及墓田相去百户内与所断田宅接者,仍限日以节其迟。⑥

这一只问"有亲之邻"的制度一直沿用到南宋末年。南宋《庆元重修田令》:

---

① 《唐会要》卷八五《逃户》。
② 《唐会要》卷八五《逃户》。
③ 《册府元龟》卷六一三《刑法部·定律令五》。
④ 《宋刑统》卷一三《户婚律·典卖指当论竞物业门》。
⑤ 《宋会要辑稿·食货三七·市易》。
⑥ 《文献通考》卷五《田制考五》。

> 诸典卖田宅,四邻所至有本宗缌麻以上亲者,以帐取问,有别户田隔间者,并其间隔古来河沟及众户往来道路之类者,不为邻。

如有不问亲邻而出典出卖者,在三年内可有赎回的权利,"如有亲而无邻,与有邻而无亲,皆不在问限"①。

2."印契"和缴纳契税。

契税源于东晋南朝的"估税",北朝隋唐无此税,仅唐建中四年(783)曾开征"除陌税":"天下公私给与货易,率一贯旧算二十,益加算为五十。给与他物或两换者,约钱为率算之。"②即向交易双方抽取百分之五的交易税(原为百分之二)。后因朱泚兵变取消。

五代时开始规定买卖不动产契约要由当地官府加盖官印,审查是否违法交易,同时抽取税契钱。后唐天成四年(929),"京城人买卖庄宅,官中印契,每贯抽税契钱二十文"③。后周广顺二年(952)又规定：

> 印税之时,于税务内纳契日,一本务司点检,须有官牙人、邻人押署处,及委不是重叠倚当钱物,方得与印。④

北宋正式建立印契和税契制度。宋太祖开宝二年(969),"始收民印契钱,令民典卖田宅,输钱印契,税契限两月",违者按漏税法处理⑤。这种印契带有一定的公证性质,并由官牙人证明,由买主纳税,又称牙契钱。至北宋元丰年间(1078—1085)又规定:"民有交易则官为之据,因收其息。"⑥由官府为双方出具契约。随着印刷术的普及,北宋开始推行土地买卖契约必须使用官府统一印制的契纸,崇宁三年(1104)下敕：

> 诸县典卖牛畜契书,并税租钞旁等印卖田宅契书,并从官司印卖,除纸笔墨工费外,量收息钱,助赡学用。⑦

---

① 以上俱见《名公书判清明集》卷九《户婚门·取赎类》。
② 《旧唐书》卷四九《食货志下》。
③ 《册府元龟》卷五〇四《邦计部·关市》。
④ 《册府元龟》卷六一三《刑法部·定律令五》。
⑤ 《文献通考》卷一九《征榷考六》。
⑥ 《文献通考》卷一九《征榷考六》。
⑦ 《文献通考》卷一九《征榷考六》。

民间田宅及牛畜契约先要立草契,然后至官府买官契纸眷抄,再加盖官印,缴纳契纸钱、契税。不买官契,不纳契税,发现后按契税加倍处罚。南宋时官契纸的印卖制度更加严密。官契本的印制更为规范:

> 逐州通判用厚纸、立千字文为号印造,约度县分大小、用钱多寡,每月给付诸县,置柜封记,遇人户赴县卖(当为"买"之误)契,当官付给。①

乾道七年(1171)规定对匿契税者加重处罚:"许牙人并元出产人户陈首,将所典买物业一半给赏,一半没官。"②

两宋的印契和契税与东晋南朝的估税性质有所不同。估税只是单纯的交易税,对交易契约本身是否合法并无证明力。唐末五代后由于土地买卖频繁,伪冒争讼层出不穷,为此才出现了由官府审查交易行为并加盖官印证明的制度。契约经加盖官印后称"赤契"、"红契",是合法产权证书,没有"赤契"就容易丧失不动产的所有权。如上述杨戬的"公田法",就是没收无契的土地。南宋时,"奸民密知人有产无契,若有契未印,若界至不明,辄诈作逃绝乞佃"③。官府审理产权纠纷案件,也以赤契、印契为主要证据。

然而,印契制度毕竟来源于交易税,两宋有关立法的主要着眼点在于抽取契税。五代时印契要由买卖双方、牙保邻证等有关人员到场证明契约真实、合法,但两宋则仅规定买主在立约后两个月内至官府纳税加印而已。整个两宋印契制度发展主要目的是多收契税钱。北宋初可能沿袭五代时百分之二的税率。庆历四年(1044)"始有每贯收税钱四十文省之条"④。省是省陌钱的意思,实际为百分之三点六。嘉祐时增至百分之六。南宋又增至百分之十,还要增收百分之一的"勘合钱",百分之二点一的"头子钱"⑤。至南宋末期,"大率民间市田百千,则输于官者十千七百有奇,而请买契纸、贿赂胥吏之费不与"⑥。官府对于土地买卖的实际征税竟然达到了百分之十七以上!有的州县官员甚至将"人户物力大小给目子科配预借官契纸,候有交易,许将所给空纸,就官书填,

---

① 《宋会要·食货》三五之六。
② 《宋会要辑稿·食货七·钞旁定帖杂录》。
③ 〔宋〕陈襄《州县提纲》卷二《请佃勿遽给》。
④ 《文献通考》卷一九《征榷考六》。
⑤ 参见〔宋〕崔豹《吹剑录·四录》"牙契钱"条。
⑥ 《建炎以来朝野杂记》卷一五"田契钱"条。

名为预借牙契钱"①。把官契纸当作赋税平摊给所在居民,强征契税。

正因为如此,民间并不愿意缴纳契税,即使没有官印证明契约的合法性也在所不惜。使用白契仍极为普遍。两宋政府为了增加财政收入,一方面加重对匿税者的处罚,一方面又频频宣布凡有白契者只要自首就可免罚倍税,甚至允许免除一半契税。仅南宋高宗建炎元年(1127)至孝宗乾道八年(1172)的四十五年间,自首免倍罚的敕文就有十三道②。这些临时措施反而使民间更不愿意按时缴纳契税。

3. "过割"赋役。

两宋在唐代法律基础上进一步完善过割制度,强调田宅买卖要同时转移标的所负担的赋役。南宋法律规定:

> 人户典卖田宅,准条具帐开析顷亩、田色、间架、元(原)业税租、免役钱数,均平取推,收状入案,当日于簿内对注开收讫,方许印契。

强调必须在契约上写清标的的租税、役钱,并由官方在双方赋税簿账内改换登记后才能加盖官印,把过割当作印契的前提。如有违反者,田宅产业"给半还元业人,其价钱不追,余一半没官"③。

但两宋时豪绅地主千方百计"诡名"、"隐寄"偷逃赋税,"买地之人,每遇投税,挟会本乡保正,借令别人诈作卖地人名字,赴官对会推割,嘱托乡司承认些少税役,暗行印押契赤,批凿簿书"④。买卖不过割并无重罚,无法制约这种违法行为。

4. 原主"离业"。

两宋法律都强调在土地买卖订立契约后,必须转移土地的占有,卖方必须"离业"。北宋仁宗皇祐年间(1049—1053)专门制定"官庄客户逃移之法",其中规定:"凡典卖田宅,听其离业,毋就租以充客户。"并在南宋开禧元年(1205)再次强调这一法条⑤。

强调卖方离业,可以防止自耕农数量减少、佃户增多,有利于官府的赋税

---

① 《庆元条法事类》卷四八《赋役门·科敷》。
② 据《宋会要辑稿·食货七·钞旁定帖杂录》统计。
③ 《宋会要辑稿·食货六一·民产杂录》。
④ 《宋会要辑稿·食货六一·民产杂录》。
⑤ 《宋史》卷一七三《食货志上一》。

征收,也有助于减少土地纠纷争讼。南宋时这一法律始终被强调。"准法:应交易田宅并要离业,虽割零典卖,亦不得自佃赁。"①官府在处理田产诉讼时也强调:"田产典卖须凭印券交业,若券不印,未及交业,虽有输纳钞(缴纳田赋两税的证明),不足据凭。"②

两宋在不动产买卖契约方面规定的问邻、印契、过割、离业四个要素,对于后世民法中买卖契约制度的影响极大,成为后世不动产买卖契约制度的主要内容。

在动产买卖契约方面,两宋主要沿袭唐代法律的有关规定。北宋末年曾一度规定牛畜买卖契约也必须使用官契纸,缴纳契税。至南宋绍兴二十七年(1157),"诏人户买卖耕牛并免投纳契税"③。其他方面仍类似唐代规定。

(二) 典质契约

唐末已开始使用"质"或"典"定义一种不动产转让方式。五代时典与卖往往联称,成为一个固定的词组,有时是指典、卖两种契约行为,有时也指单纯的典质契约行为。质、典有时也使用于人身(自由人)的转移。唐末五代宋初,在民间习惯上与法律上,都逐渐将典质看作是一种附有赎回条件的特殊类型的买卖契约,至少在契约形式上不作为转移抵押品占有的借贷契约。法律上将土地房屋的典质与买卖作同样规定,诸如先问亲邻、印契税契、过割赋役、原主离业等都同样适用于典质与买卖。

五代时立法已经倾向于将出典与买卖相提并论,一起加以规范。这表明当时的立法者不再将土地典质看作是一种债权的担保方式,而是将其正式作为一种物权的转移方式,强调典权人应承担相当于所有权的权利与义务。如后周广顺二年(952)敕:

> 印税之时,于税务内纳契日,一本务司点检,须有官牙人、邻人押署处,及委不是重叠倚当钱物,方得与印。……请准格律指挥,如有典、卖庄宅,准例房亲、邻人合得承当,若是亲、邻不要及著价不及,方得别处商量,和合交易。④

---

① 《名公书判清明集》卷四《户婚门·争业上》。
② 〔宋〕陈襄《州县提纲》卷二《交易不凭钞》。
③ 《文献通考》卷一九《征榷考六》。
④ 《册府元龟》卷六一三《刑法部·定律令五》。

这一传统延续至宋朝,典、卖一直连称。

在民间,典与租赁或"质举"的形式也逐渐脱离,既然典已得到官府的认可,且已和买卖一样成为田地、房屋等产业的正式的转移方式,民间的契约也就直接以典或质为名了。这种契约较为典型的有敦煌出土的后周广顺三年(953)龙氏兄弟典地契:

> 广顺叁年,岁次癸丑,十月廿二日立契。莫高乡百姓龙章祐、弟祐定,伏缘家内窘阙,无物用度,今将父祖口分地两畦子,共贰亩中半,只(质)典已(与)莲畔人押衙罗思朝,断作地价,其日见过麦壹拾伍硕。字(自)今已后,物无利头、地无雇价。其地佃种限肆年内不喜(许)地主收俗(赎),若于年限满日,便仰地主还本麦者,便仰地主收地。两共对面平章为定,更不计喜(许)休悔,如若先悔者,罚青麦拾驮,充入不悔人。恐后无信,故勒次(此)契,用为后凭。
>
> 地主弟龙祐定(画押)
> 地主兄龙章祐(画押)
> 只典地人押衙罗思朝
> 知见父押衙罗安进(画押)
> 知见人法律福海知①

这件契约中"物无利头,地无雇价"一语,可称之为典契的实质性表述。其特点是典价不会生息,这是土地典质和一般财物"质举"的本质区别;而出典的土地也没有地租或雇工之类的问题,这是典质和一般意义上的出租及雇工契约的区别。可见到了这一时期,民间也已明确区分了出典与租赁及质举的不同之处。由于从表面上来看出典这种民事行为是一种无息的交易,勉强符合不保护有息债权的唐代法律原则;在均田制瓦解后,土地的交易也不必再遮遮掩掩。只是进一步对这种民事行为进行规范的法律还有待于宋朝。

《宋刑统·户婚律》中专设"典卖指当论竞物业"门,集中规范典质、买卖、指质、倚当这四种不动产交易。该门开头就说明了立法的缘由:

> 臣等参详:自唐元和六年后来条理,典卖物业,敕文不一。今酌详旧

---

① 《敦煌资料》第一辑,第 324—325 页。

条,逐件书一如后。

说明唐末五代时有关典质、买卖契约的各项法条前后不一,典质尚未完全定型。唐元和六年(811)才开始有关于典、卖的敕,可惜此敕现已亡佚,无法找到。《宋刑统》此门只引了一条唐《杂令》,唐末五代的许多敕条都没有提到,说明至北宋初年这些敕条都已失去效力。而且,实际上北宋初年关于典质的规定仍时有变化。

北宋立法上将典、卖连称,主要是由于对于土地房屋的典质交易规定了与土地房屋买卖完全相同的程序要求:同样需要先问亲邻、印契缴纳契税、过割赋税、原主离业这样四个程序。只是典质与买卖的主要区别在于,出典人在契约约定的期限期满后的一段时间内,可随时以原价赎回田宅。对此《宋刑统·户婚律》"典卖指当论竞物业"门引用北宋建隆三年(962)的敕,明确规定了出典人的收赎权:

> 今后应典及倚当庄宅、物业与人,限外虽经年深,元契见在,契头虽已亡没,其有亲的子孙及有分骨肉、证验显然者,不限年岁,并许收赎。如是典、当限外,经三十年后,并无文契,及虽执文契、难辩真虚者,不在论理收赎之限,见佃主一任典、卖。

这项规定,将出典人的收赎权时限设定为永久有效,只要契约文书尚存,即便双方当事人都已去世,但是只要有出典人的直系子孙或者是有继承权的亲属,无论年限多少都允许收赎。只有在文契已经灭失,或者文契真假难辨的情况下,收赎权在出典年限满期的三十年后丧失。这项法令以后长期有效。

宋代法律对于典质契约形式也有明确规定。要求典质契约必须是"合同契",即有骑缝记号的复本书面契约。北宋乾兴元年(1022)敕:"应典卖倚当庄宅田土,并立合同契四本,一付钱主,一付业主,一纳商税院,一留本县。"①以后因太麻烦而仍改为钱、业主各执一本。"人户出典田宅,依条有正契,有合同契,钱、业主各执其一,照证收赎。"②在民间典契采用合同契形式也已是惯例,"在法:典田宅者皆为合同契,钱、业主各取其一。此天下所通行,常人所共晓"③。

---

① 《宋会要辑稿·食货六一·民产杂录》。
② 《宋会要辑稿·食货六一·民产杂录》。
③ 《名公书判清明集》卷五《户婚门·争业类下》。

在典质契约成立后,钱主或称典主获得土地房屋的典权,可以行使占有、使用、收益的权利,但在契约规定的期限内没有处分权,仅在出典人(业主)欲出卖该项田宅时,典主拥有先买权。唐末五代时这种先买权尚未得到确认。北宋太宗雍熙四年(987)权判大理寺、殿中侍御史李范就《刑统》中先问亲邻的规定提出质疑:

> 今详敕文,止为业主初典卖与人之时立此条约,其有先已典与人为主,后业主就卖者,即未见敕条。窃以见典之人,已编于籍,至于差税,与主不殊,岂可货卖之时,不来询问?望今后应有已经正典物业,其业主欲卖者,先须问见典之人承当,即据余上所值钱数,别写绝产卖断文契一道,连粘元典并业主分文契批印收税,付见典人充为永业。更不须问亲邻。如见典人不要,或虽欲收买着价未至者,即须画时批退。①

李范建议典权人应该具有先买权,其顺序应该排在亲邻之前为第一顺位先买权人。他的建议得到批准,成为一项单行法规。

典权人行使先买权,收买已占有的土地房屋,如何缴纳契税?北宋天圣六年(1028)也予以明确规定:

> 应典田土,税印契后,若于元契上更添典钱数,或已典就卖者,依京商税院例,只据添典及贴买钱收税;粘元契,在贴典就买契前批印。②

这里的"贴"是指补足典价与卖价之间的差价,与汉唐时表示质押的"贴"不同。已典再添典价、已典再卖,其差价也要缴纳契税。先典后卖,称"断骨卖"或"卖骨"。

典权人在契约约定的典期期限已满后,并不能取得标的产业全部的处分权,因为法律规定契约约定期限届满后,出典人可保留永久有效的收赎权。可是当典权人也需要现金的情况下,也需要有一定的处分权。因此北宋建隆三年(962)又立敕条:"其田宅见主,只可转典,不可出卖。"③赋予典权人"转典"的处分权。当然,这就会发生出典人收赎时的麻烦,但是宋朝并没有进一步立法。

---

① 《宋会要辑稿·食货六一·民产杂录》。
② 《宋会要辑稿·食货六一·民产杂录》。
③ 《宋会要辑稿·食货六一·民产杂录》。

当典权人死后家无余人,"户绝"时,按宋代法律,全部财产包括有典权的财产都应没官。北宋大中祥符七年(1014),为防止户绝情况下的典权纠纷,宋真宗下诏:

> 诸州典买与人而户绝没官者,并纳官,检估诣寔(实),明立簿籍,许典限外半年,以本钱收赎。如经三十年无文契,及虽有文契难辨真伪者,不在收赎之限。①

根据这项立法,没有法定继承人而户绝后,要由官府进行财产查验和估价,遗产中的典业要公布,允许出典人在半年内以原来的典价收赎。如果典期限满后已经过三十年并且文契已经灭失,收赎权就视为消灭。

关于典权人在典得的土地上栽种树木的归属,宋代法律也有明确规定。北宋天圣八年(1030),因为坊州"民马固状:典得马延顺田,计钱六千。后添栽木三百,(添?)元契每根赎日理三十钱",特意立法:"自今后,如元典地栽木,年满收赎之时,两家商量,要即交还价直,不要取便斫伐,业(指树木)主不得占吝。"②典权人擅自进行的土地房屋改良,在出典人不愿另外出价收买改良物的情况下,收赎时有义务恢复土地房屋的原状。

关于典质契约价金的交付及取赎时价金的种类,宋代法律也有明确规定:"在法:交易钱止有一百二十日限。"③典质交易价金应在一百二十天内交付。南宋时由于纸币贬值,民间往往拒收纸币,也有歹徒出典时取现钱,取赎时用纸币。因此司法实践中,"独有民户典买田宅,解库收执物色,所在官司则与之参酌人情,使其初交易元是见钱者,以见钱赎;元是官会(纸币)者,以官会赎;元是钱、会中半者,以中半赎。自畿甸以至于远方,莫不守之,以为成说"④。可以说是把北齐"帖"的原则"钱还地还"发展为"原钱还原地"。

宋代法律沿袭《唐律疏议》中禁止买卖良民的有关条文,然而当时民间"鬻妻卖子"的现象并未禁绝。如敦煌文书中就有不少卖人契⑤。而且从唐末五代

---

① 《宋会要辑稿·食货一·农田杂录》。
② 《宋会要辑稿·食货六三·农田杂录》。
③ 《名公书判清明集》卷九《户婚门·取赎》。
④ 《名公书判清明集》卷九《户婚门·取赎》。
⑤ 如《敦煌资料》第一辑第 297 页"丙子年阿吴卖儿契";第 318 页"宋淳化二年(991)韩愿定卖妮子契"等。

起,又出现了人身典质的契约形式。如敦煌出土的乙未年赵僧子典儿契:

> 乙未年十一月三日立契,塑匠都料赵僧子,伏缘家中户内有地水出来,阙少手上工物,无地方觅。今有腹生男苟(苟?)子,只(质)典与亲家翁贤者李千定,断作典直价数,麦贰拾硕,粟贰拾硕。自典已后,人无雇价,物无利润。如或典人苟子身上病疾疮出病死者,一仰兄佛奴面上取于(还?)本物。若有畔(叛)上及城内偷劫高下之时,仰在苟子祇当。……限至陆年,其限满足,容许修(收)赎。若不满之时,不喜(许)修(收)赎。伏恐后时交加,故立此契,用为后凭。①

此契由典身人苟子、兄佛奴、取物人赵僧子及知见亲情四人画押签署。契约规定典身年限为六年,并且有与一般典地契类似的"人无雇价,物无利润"的惯语。还明确规定典身人的生命风险责任全归本人,同时还设定保人在典身人病死时返还原物。典身人的行为也由其本人负责。也有的典身契并不规定期限,只是规定:"自取物后,人无雇价,物无利头,便任索家(主人)驱驰。比至还得物日,不许左右。"②这种典身形式比之卖身为奴略为进步,而与两晋南北朝时"以身贴钱"或"质身"相比,也有所不同,恢复自由的可能性较大。两宋法律对于这种典身契似乎没有明确规定,可能仍为一种民间"私契",国家法律不予干涉,这种契约关系也得不到法律的保护。对于后世的人身"典雇"可能有直接影响。

(三)"指质"契约及其禁止

北宋初年的法典《宋刑统·户婚》"典卖指当论竞物业"门,首先引用了唐代有关出典、买卖、质举不动产交易必须要家长在场的《杂令》后,《宋刑统》的起草者以"臣等参详"名义制定了一条进一步加强家长参与交易的法条:

> 应典、卖物业或指名质举,须是家主尊长对钱主或钱主亲信人当面署押契帖。或妇女难于面对者,须隔帘幕亲闻商量,方成交易。如家主尊长在外,不计远近,并须依此。若隔在化外及阻隔兵戈,即须州县相度事理,给与凭由,方许商量交易。

---

① 《敦煌资料》第一辑,第329页。
② 《敦煌资料》第一辑,第331页。

仍然强调必须是在家长亲自在场的情况下订立契约，显然立法目的在于维护家长的财产权利，尤其是要防止不肖子孙在契约上写上"待父天年"之类在家长死后分得遗产、再实现土地房屋实际转移的条款内容，防止这种有违礼教的行为。立法没有考虑到"指名质举"交易本身的规范。

北宋朝廷以后的立法逐渐倾向于禁止以土地、房屋抵偿计息债务，以图抑制土地兼并。《续资治通鉴长编》卷八八载北宋大中祥符九年(1016)诏书："民负息钱者，无得逼取其庄土、牛畜以偿。"明确禁止债权人要求债务人以大牲畜、田宅来抵偿计息债务。

南宋的法律汇编《庆元条法事类·杂门》"出举债负"："诸以有利债负折当耕牛者，杖一百，牛还主。"南宋的《名公书判清明集》卷九《户婚门·违法交易》也引法律条文："在法：典卖田地以有利债负准折价钱者，业还主，钱不追。"同书卷四《户婚门·争业上》又有"准法：应交易田宅，过三年而论有利债负准折，官司并不得受理"。可见南宋已经将以田宅"指质"担保债务交易行为视为犯罪行为。这种民事行为不仅得不到法律的保护和承认，还有可能被起诉为违法行为。

在司法实践中，也确实有这样的案例。如北宋时侯可为华原县主簿，当地"富人有不占田籍而质人田券至万亩，岁责其租。(侯)可晨驰至富家，发楗出券归其主"①。"富人"放债，以"田券"为抵押，达万亩之多，以田主身份要求债务人交租。但当地的清官侯可则强迫债主归还债务人田契，这样的处置应该有法律的支持。

南宋人袁采在其著作《世范》卷三《治家》"兼并用术非悠久计"中写道：

> 兼并之家，见有产之家子弟昏愚不肖，及有缓急，多是将钱强以借与。或始借之时，设酒食以媚悦其意。或既借之后，历数年不索取，待其息多，又设酒食招诱，使之结转并息为本，别更生息。又诱、勒其将田产折还。法禁虽严，多是幸免。

可见，当时以田产直接折抵有息债务虽然一直是一件法律所严禁的犯罪行为，只是这种犯罪相当普遍，以至于法不责众，大多幸免。

---

① 《宋史》卷四五六《孝义传·侯可》。

(四)"倚当"契约及其禁止

随着"贴"字在唐末民间经济生活中使用频率的降低,很可能为避免和普通租赁行为的混淆,到五代时原来的"贴赁"逐渐改称"倚当"。"倚当"之"倚"字,据《说文解字·人部》:"倚,依也。"即可表示"依靠"、"凭借"的意思。"当"字在汉唐时期的法律用语中经常具有"抵销"、"顶替"的含义,比如北朝隋唐以来的法律均有"以官当徒"的规定,就是以官品抵销徒刑的意思。"倚当",即以某项财产的收益来抵销债务。"倚"所强调的是依据、凭借,如果是直接以该项财产本身来抵销债务,这就不叫"倚当",在中国古代法律里就称之为"折抵"或"准折"(即比照折合的意思)。

现在史籍中可以找到的最早的关于"倚当"的立法,是后周广顺二年(952)十二月开封府提出的立法建议:

> 又庄宅牙人,亦多与有物业人通情重叠,将产、宅立契典、当,或虚指别人产业,及浮造屋舍,伪称祖父所置。更有卑幼骨肉,不问家长,衷私典、卖,及将倚当取债,或是骨肉物业,自己不合有分,倚强凌弱,公行典、卖。牙人、钱主,通同蒙昧,致有争讼起。

针对这一情况,开封府拟定"指挥":

> 其有典质、倚当物业,仰官牙人、业主及四邻同署文契,委不是曾将物业。印税之时,于税务内纳契白一本,务司点校,须有官牙人、邻人押署处,及委不是重叠倚当,方得与印。如有故违,关连人押行科断,仍征还钱物。如业主别无抵当,仰同署契行保邻人,均分代纳。如是卑幼不问家长,便将物业典、卖、倚当,或虽是骨肉物业,自己不合有分,辄敢典、卖、倚当者,所犯人重行科断。其牙人、钱主,并当深罪。所有物业,请准格律指挥。①

从该条立法建议所提出的立法原因来看,在这之前,对于倚当行为并无明确的立法,由此也可推测倚当可能确实出现于唐末五代时期。这条建议得到批准,于是倚当的程序被规范,和典、卖一样必须要经过家长同意,先问亲邻,并到官

---

① 《五代会要》卷二六《市》。该条另见于《册府元龟》卷六一三《刑法部·定律令五》。此条中在"仰官牙人、业主及四邻同署文契"之下的"委不是曾将物业"七字与后文词意并不连贯,应为传抄时窜入的衍文。

府盖印。

北宋法典《宋刑统·户婚律》"典卖指当论竞物业"门所规定的成立倚当契约程序和出典、买卖并无不同。出面立契的必须是尊长,必须先问亲邻。尤其严禁重叠倚当:

> 应有将物业重叠倚当者,本主、牙人、邻人并契上署名人,各计所欺入己钱数,并准盗论。不分受钱者,减三等,仍征钱还被欺之人。如业主填纳罄尽不足者,勒同署契牙保、邻人等同共陪填,其物业归初倚当之主。

有人依据此条认为倚当和抵当相同,并不转移标的田宅的占有[①]。这很值得商榷。如上所述,"倚当"这一名称所包含的词义已具有由权利人占有、收益的含义。倚当的立法均与出典、出卖的法条相同,显然,这应该是一种在外表上看来相似的民事行为,所以宋朝的政府官员才会把这些行为合并加以规范。尤其是从必须过割赋税这一点来看,土地赋税是按照土地的占有、收益方来确定的,倚当和出典、买卖的情况类似,是一种土地的占有转移、收益转移的形式,因此,在当时的立法者来看,自然土地的赋税也应该转移。况且在以后各个朝代的法律中皆有严禁"重叠典卖"的规定[②],显然不能据此断定这些朝代的出典及买卖行为都是不转移占有的。

和买卖、出典田宅一样,倚当时还必须要转移标的田宅所负担的政府赋税。宋太宗太平兴国七年闰十二月(982)特意下诏:"民以田宅、物业倚当与人,多不割税,致多争讼起。今后应已收过及见倚当,并须随业割税。"[③]

倚当制度和典、卖也有所不同。如宋代的法律规定典、卖必须要"离业",即出典人、出卖人必须在成立契约的同时向交易的对方转移田宅的占有。而对于倚当并无这样的硬性规定。民间的实际情况可能有很多是将自己的土地出当给有钱财主,自己依然耕种,以租谷抵销当价。另外,凡典、卖土地田房必须缴纳契税,使用官府印制的契纸,加盖官府的官印成为"赤契"、"红契"。上述五代后周广顺二年的立法规定倚当必须和出典、买卖一样经过官府的印契

[①] 孔庆明等《中国民法史》,吉林人民出版社,1995年,第376页。
[②] 如《大明律·户律·田宅门》"典买田宅"条:"若将已典卖与人田宅,朦胧重复典卖者,以所得价钱计赃,准窃盗论,免刺。追价还主,田宅从原典买主为业。若重复典买之人及牙保知情者,与犯人同罪,追价入官。"
[③] 《宋会要辑稿·食货六一之五六·民产杂录》。

程序,但宋代有关倚当的立法并无此项规定。

由于倚当在实际上往往是一种债务的清偿方式,立契时双方所议定的当价实际上只是债务人所不能偿还的债务数额,与田宅的价值并无直接的联系。由于倚当的这一特性,获得田宅一方"当主"往往不愿意按约定期限归还田宅,以收益尚未达到原当价、没有积满利息为借口,要求出当人再支付一定的价钱来"收赎"田宅,形成大量纠纷。

《宋会要辑稿·食货三七之一二·市易》载有北宋天圣六年(1028)八月间对于这一问题的讨论:

> 审刑院、大理寺言:枢密副使姜遵言:前知永兴军,切见陕西诸州县豪富之家,多务侵并穷民庄宅,惟以债负累积,立作倚当文凭,不逾年载之间,早已本利停对,便收折所倚物业为主。纵有披诉,又缘《农田敕》内许令倚当,官中须从私约处分。欲乞应诸处人户田宅凡有交关,并须正行典卖,明立契书,即时交割钱、业。更不得立定月利,倚当取钱。所贵稍抑富民,渐苏疲俗。其自来将庄宅行利倚当、未及倍利者,许令经官申理,只将元(原)钱收赎,利钱更不治问。如日前已将所倚产业折过,不曾争理,更不施行。寺司众官参详,乞依所请施行。只冲改《农田敕》内许倚当田土宅舍条贯,更不行用。并从之。①

以上所引的这条资料极其重要,它说明在姜遵上言以前,北宋的立法是互有矛盾的。《农田敕》②允许倚当,而当时的豪强借此以计息债务倚当穷民的田宅,往往在倚当的当价之外另行按月计算征收利息。即使田宅的收益及所收利息实际上早已抵销了债务的原本及相当于原本的利息——所谓"本利停对",却仍然继续占有田宅,实际是以田宅准折债务。然而出当一方的债务人又不能起诉,因为倚当行为是合法的,从表面上看来并不是"有利债负准折"。而计息借贷行为又是"任依私契,官不为理",官方只能按"私约处分",不能强制受当的债权人归还所占有的田宅。按照《宋刑统·杂律》"受寄财物辄费用"

---

① 该条另见于《宋会要辑稿·食货三八之五六·和买》。
② 《农田敕》或是《景德农田编敕》的简称,据《宋史》卷七《真宗本纪》:景德二年"冬十月庚辰,丁谓上《景德农田编敕》"。另据《玉海》卷六十六则言:"三年正月七日,右谏议大夫三司使丁谓等上《景德农田编敕》五卷。"与本纪之说相差三个月。《农田敕》当为有关农田的敕条的汇编,后与《编敕》并行,至天圣四年(1026)编入《编敕》,合为一书。

门所引唐《杂令》，唐宋时对于计息借贷，官府只受理债务人所提起的债权人有"违法积利，契外掣夺"行为的诉讼。而在倚当的情况下，表面上看来，债权人并没有在法律的限制利率之上收取利息，也没有强行掣夺债务人的财产。这样一来，官府对于这类以倚当为名剥夺穷民庄宅的行为就无法可依。原来立法所贯彻的保护贫弱的原则实际完全落空。姜遵为此建议：禁止以计息债务倚当田宅，凡田宅交易只能是出典或买卖。原有的此类交易，允许出当的债务人向官府起诉，只要债务人提供原本就可收回田宅。如果倚当的田宅已被债权人折为己有，债务人未起诉的，也不再追究。姜遵的这项建议经过大理寺的讨论得到同意，大理寺并主张以这项新的立法取代《农田敕》中允许倚当的内容，原有关条文不再使用。这项立法建议经皇帝批准，成为新的法律。

就在上述立法讨论的一个月后，北宋朝廷又进一步加强对于倚当的限制。《宋会要辑稿·食货一之二四·农田杂录》：

> （天圣）六年九月，河北转运使杨峤言："真定民杜简等状称：近年水、旱、蝗灾被，豪富之家将生利斛斗倚、质桑土。"事下法寺，请应委实灾伤倚、质者，令放债主立便交拨桑土与业主佃莳，其所取钱斛候丰熟日交还。如拖欠不还本钱，官中催理，利息任自私断。自今后，更不得准前因举取倚、质桑土。实抑兼并，永绝词讼。从之。①

这一法令再次明确倚当、出典不得计息，实际上，这两件天圣六年的立法宣布了倚当已不再是受到法律承认、保护的行为。从此宋朝政府立法时不再有将倚当与出典、买卖行为一起加以规范的情况，也不再有单独的关于倚当的立法。从法律上而言，倚当被废除。

以后倚当逐渐成为了民间的习惯，其契约的强制力完全依靠当事人自身对于契约的认同及民间的惯行，并不依靠官府的强制力。因此，史料中也少有倚当的记载。《名公书判清明集》卷之六《户婚门·抵当》有一篇名为"倚当"，但从其内容来看，通篇所言则为"抵当"。从债权人的角度来看，倚当得到一块土地，在占有、收益所约定的二三十年后，就要归还给债务人，如不能累计利息，那就远不如采用典地的方法，同样的土地，只要债务人（出典人、原业主）不

---

① 该条另见于《宋会要辑稿·食货六三之一七七·农田杂录》。

能拿出典价来赎取，就可以一直占有、收益下去。况且典权得到法律的保护，更为名正言顺。因此，北宋后倚当这一田宅转移方法在民间经济生活中的重要性下降。

（五）借贷契约

关于借贷契约方面的法律规定，宋代形成了一些对后世有重大影响的原则。虽然总的来说，《宋刑统》中的法条来自唐代律令，但在两宋时许多敕条都对唐代律令中借贷方面的规定作了很大的改变。两宋比较重视借贷方面的立法，《宋刑统》特意在《杂律》中设"受寄财物辄费用（公私债负、官吏放债）门"，汇编了唐代律令制敕格律中至宋初仍有效的一些法条。南宋庆元四年（1198）《庆元令》，专有《理欠令》和《词讼令》，分别为有关征理欠负和民间词讼方面的法规①。《庆元条法事类》也有"财用门"，而"杂门"中又专设"出举债务"一类。两宋法律在借贷契约关系方面的一些主要特点如下。

1. 借贷的分类。

在借贷契约的分类上，逐渐以"债负"作为一切债务的总称。一般无息消费借贷及使用借贷仍称"债负"、"欠负"，有息借贷仍称"出举"，更多的是明确称为"有利债负"。有利债负的规定较为明确，有各种详细规则。

2. 利率及利息总额的限制。

在借贷利率的规定上，仍沿袭唐中期的敕条，规定月利不得超过百分之四，利息累计总额不得超过原本的百分之一百。

值得注意的是，在古代汉语中，一般以十分之一为"分"，百分之一为"厘"，然而如我们在上一章所看到的，在隋唐法律中的利率却是以分为百分之一。北宋初年沿用唐律中的条文，以后则有专门的《名例敕》，规定："诸称分者，以十分为率；称厘者，以一分为十厘。"②利率的规定在一般情况下一样使用"分"、"厘"的概念。南宋庆元《关市令》因此规定："诸以财物出举者，每月取利不得过四厘；积日虽多，不得过一倍。"对于米谷借贷又特意规定："元借米谷者止还本色，每岁取利不得过五分（原注：谓每斗不得过五升之类），仍不得准折价钱。"③米谷借贷年利不得超过百分之五十，并且不得折换为其他财物。

---

① 见［日］仁井田陞《唐令拾遗·序论四·唐后令》，第834页。
② 《庆元条法事类》卷八〇《杂门·出举债负》。
③ 《庆元条法事类》卷八〇《杂门·出举债负》。

宋代法律同样禁止复利,并在唐敕条基础上加重对于收取复利行为的处罚:"诸以财物出举而回利为本者杖六十。以威势殴缚取索,加故杀罪三等。"① 对于违法取利,则仍沿袭唐律令中"任依私契,官不为理"的原则,超过法定限制利率部分的债权不受法律保护。

随着商品货币经济的发展,两宋民间实际通行的借贷利率比之隋唐有所下降。北宋王安石变法,推行"青苗法",各地政府于每年春夏之交以常平仓财物放贷于民,贷款额按户等确定。至当年夏秋税一并征收偿还,夏税偿还二分之一,秋税偿还二分之一。青苗放贷取利二分,按宋代法律用语当为年利百分之二十。"青苗法"自1069年推行,1085年废除,1095年再次推行,利率降低为一分②。青苗钱的利率比之唐"公廨钱"大为降低(唐公廨钱取利年利百分之一百,后期为百分之四十)。反映了民间借贷利率也当比隋唐时降低。南宋人袁采在《袁氏世范·治家》中提到"假贷取息贵得中":

> 假贷钱谷,责令还息,正是贫富相资不可阙者。……今若以中制论之,质库月息自二分至四分,贷钱月息自三分至五分,贷谷以一熟论,自三分至五分,取之亦不为虐,还者亦可无词。而典质之家,至有月息什而取一者。江西有借钱约一年偿还而作合子立约者,谓借一贯文约还两贯文。衢之开化借一秤禾而取两秤。浙西上户借一石米而收一石八斗,皆不仁之甚。然父祖以是而取于人,子孙亦复以是而偿于人,所谓天道好还,于此可见。

这里所言"分"仍为民间利率以百分之一为分的习称,与两宋法律所言之"分"不同。可见当时民间借贷利率一般为月利百分之二至百分之五之间,远较吐鲁番敦煌出土文书所见的隋唐五代时期的民间借贷利率为低。只有乘人之危"兼并之徒"则仍收取"倍称之息",也被舆论认为是"不仁之甚"。

值得注意的是,南宋法律已明确区分一般民间消费借贷与经营资本借贷,后者利率与前者不同,不受"一倍之限"。南宋淳熙十四年(1187)随敕申明:

> 若甲家出钱一百贯,雇倩乙家开张质库营运,所收息钱虽过于本,其

---

① 杀罪即处斩刑,无加重之法。按《宋刑统·斗讼律》沿《唐律疏议》旧文:"诸以威力制缚人者,各以斗殴论,因而殴伤者,各加斗殴伤二等。"此处疑为"以威势殴缚取索,加斗殴三等"之误。
② 见《文献通考》卷二一《市籴考二》。

> 雇倩人系因本营运所得利息,既系外来诸色人将衣物、金帛抵当之类,其本尚在,比之借贷取利过本者,事体不同,即不当与私债一例定断。①

开张营运的本钱借贷利率低于法定限制利率,也低于民间通行的一般借贷利率。《名公书判清明集·户婚门》有"库本钱"一类,汇编了三个判词,"领库本钱人既贫斟酌监还"条,约定利率为年利百分之二十;"质库利息与私债不同"条,"约每岁纳息二分";"背主赖库本钱"条,"每岁收息一分柒厘半"。而当时"湖湘乡例,成贯三分,成百四分,极少亦不下二分"。民间通行借贷一贯以上年利百分之三十,百文左右小额放贷年利百分之四十,至少为百分之二十以上。

3. 债务的担保。

两宋法律对债务的担保方式作了严格的限制。《宋刑统》仍以唐律令的有关规定为准,但以后逐渐颁敕条加以改变。"保人代偿"逐渐成为最主要的债务担保方式。北宋王安石变法时推行"青苗法",规定借青苗钱者必须十户结保,如至期不能偿还,又无灾荒,同保人均赔②。又推行"市易法",在城市中设市易务,放贷官钱给商人经营,年利也为十分之二,"过期不输,息外每月更加罚钱百分之二"。并须三人担保,才可借贷③。南宋《庆元条法事类·杂门》"出举债负"条引《关市令》:"诸负债违契不偿,官为理索。欠者逃亡,保人代偿,各不得留禁。即欠在五年外或违法取利及高抬卖价,若元借谷米而令准折价钱者,各不得受理。"这一令文与《宋刑统·杂律》所引唐《杂令》条文相比,取消了"牵掣家资"、"役身折酬"的债务担保方式。又"杂门·出举债负"引《杂敕》:"诸负债违契不偿,罪止杖一百。"又"财用门·理欠"引《理欠令》:"诸欠官物有欺弊者,尽估财产偿纳;不足,以保人财产均偿;又不足,关理欠司;又不足,保奏除放。"又:"诸抵保人主持官物,而保人于主持人未欠官物以前身故者,即取问保人本家有分人愿与不愿抵保,如不愿,即别召人抵保。"又:"诸欠,无欺弊而身死者,除放。有欺弊应配及身死而财产已竭者准此。"④从《理欠令》这些详细的规定来看,"保人代偿"已成为主要的债务担保方式。

---

① 《名公书判清明集》卷九《户婚门·库本钱》。
② 《文献通考》卷二一《市籴考二》。
③ 〔宋〕司马光《涑水记闻》卷一四。
④ 《庆元条法事类》卷三二《财用门·理欠》。

在债务清偿方面,宋代法律一般不再使用"牵掣"一词,即使是以债务人财产偿纳,也与"保人代偿"结合。宋代法律也不再有"役身折酬"的规定。唐律禁止"妄以良人为奴婢用质债",但又允许"役身折酬",实际上很难防止以良人质债。宋代法律无此规定,并有专门禁止性的法条:

> 诸以债负质当人口(虚立人力、女使雇契同),杖一百。人放逐,便钱物不追。情重者奏裁。①

从法律上说,已堵死了以良人为债务抵押的可能性。但民间实际上仍有"典身"契约行为(参见上节)。

4. 以不动产收益担保债务的"抵当"。

南宋《理欠令》规定:

> 诸主持人欠官物致估纳产业者,元无欺弊,听以产业所收子利偿,纳足给还。或贴纳所欠数收赎(欠人愿纳课利,自任佃者听),过十年不足,或不收赎,依因欠负应纳田宅法。欠人有欺弊保人产业,准上文。

这里"以产业所收子利偿(债)",就是两宋法律规定以财产抵偿债务最主要的方式——"抵当"。

"抵"字原具有推、距、触等字义,《说文解字·手部》:"抵,挤也。从手氐声。"《广雅·释诂三》:"抵,推也。"而同时又具有接近于"当"字的抵偿、抵销的含义。如《小广雅·广言》:"抵,当也。"《吕氏春秋·分职》:"受赏者无德,而抵诛者无怨。"高诱注:"抵,当也。"《汉书·高帝纪》记汉高祖刘邦入关,与秦民"约法三章",其中"伤人及盗抵罪",颜师古注:"抵,至也,当也。""抵当"二字组合为一词,具有相当近代汉语中的"担保"一词的词义。

唐代法令中已可见"抵当",如唐懿宗咸通八年(867)五月发布的"德音":

> 举、便欠负,未涉重条,如闻府县禁人,或缘私债,及锢身监禁,遂无计营生。须有条流,俾其存济。自今日以前,应百姓举、欠人债,如无物产抵当,及身无职任请俸,所在州县及诸军司,须宽与期限,切不得禁锢校料,令其失业。②

---

① 《庆元条法事类》卷八〇《杂门·出举债负》。
② 《唐大诏令集》卷八六《政事·恩宥四》。

这件"德音"对于没有财产"抵当"或没有得到官府俸禄可能的债务人的帮助，只是规定应该重新规定期限，不得拘禁而已。

五代时期提及抵当的法令也并不少见。如后唐长兴元年（930）一月南郊以后的蠲复诏书："应诸道商税、课利、扑断钱额去处，除纳外，年多蹙欠，枷禁征收，既无抵当，并可放免。"① 后周广顺二年（952）开封府拟定指挥："应有诸色牙人、店主人引致买卖，并须钱、物交相分付。或还钱未足，只仰牙行人、店主，明立期限，勒定文字，递相委保。如数内有人前却及违限，别无抵当，便仰连署契人同力填还。"② 显德元年（954）南郊蠲复诏书："诸州府广顺二年已前逋欠税、沿征钱，并放。其二年终已前，主持省钱及主仓库败缺者，据纳家业外无抵当者，并释放。"③ 显德四年（957）正月诏书："诸道州府应欠显德三年终已前秋夏税物，并与除放。诸处败缺场院人员，自来累行征督，尚有逋欠，实无抵当者，宜令三司具欠分析数目闻奏。"④

从上述的几件法令来看，"抵当"一词在当时既可以指债务的担保及抵押的行为，又可以指设定了这种担保及抵押的财产，使用相当随便。而且这几件法令的效力都局限于私人欠下的官债，上文已经提到宋代的法律明确禁止以土地房屋"准折"计息债务，抵当的土地房屋之类的财产若是用以直接折抵各类债务，就和唐宋法律所规定的不得以不动产"准折"有息债务的原则相抵触。因此，宋代的法律所承认、所允许的"抵当"，主要是指以不动产的收益来抵销债务的行为，可以在债权契约成立时指定以某件不动产的收益权为债务的担保。

宋代的"抵当"与典、卖不同，债务人无须"离业"，甚至债权人同意原业主（债务人）佃种原地，以地租形式偿还债务本利。南宋绍兴四年（1134）敕：

> 诸路衙前因欠拘收抵当物产，在法许以子利偿欠，如依限纳足，却给元产；限外不足，犹许租佃。⑤

这虽然是为还官物、欠官债而设定抵当，可以对"物业"进行"拘收"，按照"物

---

① 《册府元龟》卷四九二《邦计部·蠲复四》。
② 《五代会要》卷二六《市》。
③ 《册府元龟》卷四九二《邦计部·蠲复四》。
④ 《册府元龟》卷四九二《邦计部·蠲复四》。
⑤ 《宋会要辑稿·食货五·官田杂录》。

业"的收益来抵偿债务,在清偿结束,可以归还"物业"。没有清偿的,允许植物人"租佃",以地租形式继续偿还债务。

根据《庆元条法事类》卷三十二《财用门三·理欠·令》所载的一条令文：

> 诸欠,限三十日磨勘均认(以见欠日为始),无欺弊者,限三十日催纳;若不足,限五日关理欠司(纳未及二分,止关八分,其二分自监催)。即遇赦,放,止催赦前应纳数,其赦后者,保明申监司,验实以闻。……五季限满未足,先估纳财产,次克请受;不足,勒保人限三十日填纳;如未足纳,纳元(原)抵当又不足,虽在赦前数,亦停催,准上法,保奏除放。其财产赦前失拘收者,仍拘收,依元(原)限偿纳。

当追征事务转归理欠司后,一旦仍不能清偿,仍然会再次估纳财产,拘收抵当的田产,继续以其收益抵偿。按季征收。

抵当是允许计息的,不动产的收益用以抵偿原债务的原本及其利息。南宋《庆元条法事类》卷三十《财用门·经总制·式》引式文：

> 抵当,四分息钱。本季内人户收赎过钱,计钱若干,每贯合收息钱若干,本季内收到钱若干。

四分息钱,即年利百分之四十。式为宋代官府的办事程式,从这条式文分析,当时官府对于抵当财产抵偿官债是按季进行催征,本钱和利息要分开计算,很可能是每季征收一分(百分之十)利息。而按照北朝以来历朝法律所规定的债务利息不得超过原本百分之一百的法律原则,抵当财产所生利息应该最多不得超过原本。

上文所引的宋代的令文中已可看到,宋代凡主持、管理官物者也都必须以自己的财产担保官府的财产。如衙前为宋代一项职役,承役人要为官府看管、运输物资,如有遗失,就要以财产抵当,甚至其同居的亲属也要承担连带责任。《庆元条法事类》卷三十二《财用门·理欠·令》载南宋令文:"诸同居主持官物有欠(谓同供抵当者),虽已分居,并均纳(有欺弊者,先理犯人己分,不足者均备〔赔〕)。"该门所引的另一条令文又规定:"诸抵保人主持官物,而保人于主持人未欠官物以前身故者,即取问保人本家有分人愿与不愿抵保,如不愿,即别召人抵保。"这里的"抵保"应该是"提供抵当并保证"的意思。该门又有一条令文规定:"诸以财产借赁与人充抵当,有欠折者,勾收填纳,价钱不理。"即把财产出租给他人充抵当主持、经营官物的,一旦发生亏损,其财产同样要用以弥补官府财产损失,而且官府不插手处理其与租赁人之间的租金价钱纠纷,出租人只能依靠自力救济来实现收回租金。

北宋王安石变法时期,进行了大规模的改革。其在财政方面的改革措施尤多,尤其是大大加强了官府放贷机构的职能,意图以政府的放贷和民间的质库之类的高利贷业竞争,一方面为官府增加财政收入,另一方面号为"抑兼并"。宋神宗熙宁二年(1069),王安石主持下开始推行"青苗法",将官府积贮的民间备荒粮食及其他物资、钱财作为本钱,春荒季节放贷给农户,夏秋征税时收偿,利息二分(20%)。乡村人户每五户为一保,按照户等确定放贷的数额,到时不还,保人承担连带责任。"坊郭户"(城镇居民)欲借贷青苗钱者则必须要有"物业抵当"①。这里所言的物业按照唐宋时的惯例即为田产之类的不动产。尽管有关青苗法的争论延续了很长的时间,留下了大量记载,但当时所规定的抵当制度的详细情况依然不得而知。从这些争论的焦点并非抵当本身来推测,青苗法的抵当制度应该和其他的官债的抵当制度没有重大的差别。

对抵当制度有重要发展的是"市易法"。宋神宗熙宁五年(1072),开始推行市易法,在京师设立市易务,一方面对于市场百货贱买贵卖,既平抑物价,又能够使官府得利;另一方面向商人及百姓放贷,"随抵当物力多少,均分赊贷"。抵当的财产主要是不动产,"以地为抵,官贷之钱"。又"召在京诸行铺、牙人充本务行人、牙人,内行人令供通已所有或借他人产业、金银充抵当,五人已上充一保",为官府经营贸易,允许按照"抵当物力"赊买经营官府物资②。市易放贷及赊买的利息为年息二分,半年以下为一分。市易法在京师试行后逐渐推广至各地城镇。元丰二年(1079)修订市易抵当制度,规定"其用产业抵当者,留契书,岁息一分半。检估官员如容增直(值)冒请,以违制论,不以去官赦降原减。即赊请物,如旧法,毋得过其家物力之半"。同时又允许各地仿照京师制度"听以金银、物帛抵当,收息毋过一分二厘(年息 12%)"③。

这一制度进一步发展后,就形成了两种"抵当":一种是纯粹的官营质库——

---

① 《宋会要辑稿·食货四之一九·青苗》。
② 《宋会要辑稿·食货三七之一四、一五·市易》。
③ 《宋会要辑稿·食货三七之二七·市易》。

抵当所及后来的抵当库。抵当所名称原为"免行所",原来在京师有五所:属于司录司的检校小儿钱(孤儿财产的管理机构)的,属于开封府的杂供库的,属于国子监的律学、武学的,属于军器都水监的,属于市易务的,主管收受商人的"免行钱"(商人缴纳的免除应服行役的钱)。熙宁四年(1071)因司录司的建议,仿照青苗法,"将见(现)寄金银、见(现)钱依常平等仓例,召人先入抵当请领出息"。一开始限制在一千贯以下①。免行所改称"抵当免行所",统一由市易务管理。元丰四年(1081)又因提举市易司贾青的建议,"于新旧城内外置四抵当所,委官专主管。罢市易上界等处抵当,以便内外民户"。即将原京师市易司的抵当业务全部转交新成立的四所独立的抵当所,专门接受百姓以金银丝帛之类的动产,进行质押放贷,建立正式的官营质库。抵当所统归太府寺管理。同时废除了原有的"结保赊请之法"。贾青认为抵当所专以"金银钞帛抵货,最为善法"②,第二年就建议推行这一"抵当法"到各路。按元丰五年十一月十五日新知湖州闾邱孝直的上言:"伏见在京置四抵当所,计以金帛质当见(现)钱,月息一分。欲望推行于诸路州县,其无市易官处,就委场务官兼监,以岁终得息多寡为赏格。"③元丰七年(1084)八月诏:"诸路提举常平司存留一半见(现)钱,以二分为市易抵当。"④抵当放贷成为原来负责青苗钱放贷的提举常平司的主要业务。

另一类抵当是市易务仍然采用的不动产抵当老办法,根据当时的法律,抵当的田产只能以收益抵偿债务,不得直接出卖折抵债务。在市易抵当方面,这一旧有制度在宋徽宗建中靖国元年(1101)发生重大变化:

> 十月二十一日,户部言:"内外因欠市易钱物,折纳屋业、田产,准指挥更不出卖,令人户承赁、住佃。又准今年二月十六日朝旨:闲慢处屋业许行出卖。伏缘诸路市易折纳田产,土有肥瘠,皆可耕种,见(现)令却依冲要屋业一例不许出卖。况天下户绝田产,不以肥瘠,并行出卖。其市易折

---

① 《宋会要辑稿·职官二七之六四·抵当免行所、又名抵当所》。
② 《宋会要辑稿·食货三七之三一·市易》。
③ 《宋会要辑稿·职官二七之一三·太府寺》。此处所言"月息一分"很可能是按照民间以1%为一分的惯例,如是按照法律所定10%为一分,月利即高于"月利四厘"的限制利率。
④ 《宋会要辑稿·职官二七之一四·太府寺》。

纳田产，今相度，欲乞并依户绝田产法。"从之。①

户部的立法理由，一是已有法令允许空闲地方的抵当房产出卖抵偿市易官债；二是户绝田产也是由官府管理的，但一直是允许出卖的，为统一制度，所以要允许将抵当的不动产出卖抵偿市易官债。但实际上的理由显然是为了加速官债的偿还速度，提高市易务的资金周转率。因为早在市易法初行的元丰二年（1079），都市易司已经抱怨："诸路民以田宅抵市易钱，久不能偿，公钱滞而不行，欠户有监锢之患。欲依令：赊当在官，于法当卖房廊田土，重估实直（值），如买坊场河渡法，未输钱间，官收租课。"②即为防止债务人自己依旧占有不动产赖账不交租课，立法将抵当的不动产中的房产出卖抵偿官债，田产则重新估价，确定租额后转租他人，官府收取田租。这里所规定的抵当房产可以出卖抵偿市易官债的制度可能在以后又发生变化，改为只可出卖空闲地方的房产。而到建中靖国元年的法令，房产、田产都可以出卖抵偿市易官债了。然而从上文提到的南宋抵当方面的立法来看，其他的官债抵当依然不能直接出卖抵偿，仍然是以不动产的收益为官债的担保。

宋代民间也有抵当，但从现有的史料来看，还不能找到明确的有关民间抵当行为的正式法律条文，很可能官府对此的立法态度是"任依私契，官不为理"。官府法律所承认的"正行交易"只是出典、买卖两种。

《名公书判清明集》卷六《户婚门》专有"抵当"一类，收集了三个案例。其中吴恕斋所作《抵当不交业》一篇中，强调"不过税，不过业，其为抵当，本非正条"。这里的"正条"即应该是有正式法律规定的意思。在这三个案例中，法官都没有引用任何正面涉及抵当的法条来进行裁判，而都是引用有关出典和买卖的法条从反面认定发生纠纷的交易性质。如《抵当不交业》的书判中，吴恕斋引用的是"诸典卖田宅并须离业"及"诸典卖田宅投印收税者，即当官推割，开收租税"这两条法条，并以这两条衡量所要处理的案件，认定案件关键的契约虽然以"典"为名，也曾缴纳契税，加盖了官印，但受典人从未缴纳过田赋两税；出典人在接受了二百八十贯典价后，也从未离业，继续占有耕种土地；而且双方在典契成立的同时又订立了"租约"，规定出典人每年向受典人交田租会

---

① 《宋会要辑稿·食货三七之三四·市易》。
② 《宋会要辑稿·食货三七之二八·市易》。

子三十贯;所以,实际上是出典人以自己的七亩土地为抵当,举借受典人会子二百八十贯,"其为抵当而非正典明矣"。第二个书判《以卖为抵当而取赎》,也是吴恕斋所判,同样按照上述两条法条的精神,认定"其有钱、业两相交付,而当时过税离业者,其为正行交易明,决非抵当也"。第三个书判《倚当(当为"抵当"之误)》为叶岩峰所判,未引法条,只是说明:"所谓抵当者,非正典、卖也。"由此可见,抵当在宋代只是民间的惯行,并不是正式法律承认、保护的"正行交易"。正因为如此,很多民间的抵当契约都要伪装为出典或租佃的契约形式,就像《名公书判清明集》所收的这三个案例一样。

　　从上述的三个书判来看,当时民间设定抵当的借贷形式是相当普遍的。一般是由债务人将自己的田产契约之类的权利证书交给债权人收藏作为抵押,并约定用抵当财产的收益来抵偿债务的本息,在约定的期限达到、债务清偿之后,即可赎回原契。这和上述的官债的抵当制度有所不同。如第一个书判所涉及的案件中,债务人(名义上的出典人)以续订的租约形式承担债务的偿还义务,前后经过二十六年,已还的租金累计达四百八十贯。债务人去世后,债权人(名义上的典权人)要求债务人的儿子缴纳实物地租(当时纸币"会子"严重贬值),吴恕斋则认为"始不过以二百八十贯抵当,积累二十六年,取息亦不为少",判决由债务人再还六十贯会子,赎回所谓的典契即可。很明显,在此法官所考虑的是债务人累计还息四百八十贯,再加判决的六十贯,已接近原本的百分之二百,达到"本利相侔"的水平,债务应视为已经清偿。第三个书判所涉及的案件中,一方以三十三亩土地"出典"给另一方,得典价四百五十贯。但契约上却有典权人亲自注明的文字,说明由牙人将自己的地契为"当",保证出典方还钱,"候钱足检还"。而且土地并未转移占有,只是出典人(实际上的债务人)在以后的三年里每年向典权人交"地租"钱。叶岩峰据此认定"可见原是抵当分明"。三年后,出典人归还钱三百贯。双方再无异议。只是在十五年后,双方当事人都已去世,典权人的儿子起诉要求再得地租钱。这里所谓的地租钱实际上原来只是债务利息的形式而已,因为债务人一次还清债务(原所举借的四百五十贯为现钱、会子各半,会子的币值极低,归还三百贯现钱实际足以清偿债务),所以抵当实际已经结束。叶岩峰则判决债务人的儿子再交付原债务中的会子数额,即可再无纠纷,赎回牙人的地契。从这个案例可以看到,抵当时债务人应将自己不动产的证书(地契)交给债权人保存,待债务清偿后赎回,本案中是由牙人以自己的地契代替了债务人的地契。

5. 质押财物的担保。

以动产提供质押借贷财物,宋代仍然极为流行。收质放债的行业,当时北方称为"解库",南方称为"质库"。"江北人谓以物质钱为解库,江南人谓为质库,然自南朝时已如此。"①宋代寺院仍经营此业,号为"长生库"。"今僧寺辄作库质钱取利,谓之长生库,至为鄙恶。"②南宋临安(今杭州)城内,质库兴盛一时,于"珠子市头","间有府第富室质库十数处,皆不以贯万收质"③。收质数额很大。收质财物"其收质者过限不赎,听从私约"④。与唐代律令的规定相似。

上文提到,王安石变法时期的市易法包含了设立官营质库的举措。"元祐更化"时,市易抵当法都被废除,但至元符三年(1100)又得以正式恢复。并且在宋徽宗崇宁二年(1103)推广到各地基层:

> 六月十八日诏:府界诸县,除万户及虽非万户而路居要紧去处,市易抵当已自设官置局外,其不及万户处,非冲要并诸镇有监官,却系商贩要会处,依元丰条例,并置市易抵当,就委监当官兼领。

进一步将官办的抵当库办到了乡镇上。宋徽宗大观四年(1110)江南东路提举常平司上奏:"抵当库出限不赎银等,承朝旨,依抵当金法,更不估卖,赴大观库送纳。"⑤可见当时各地的抵当库的金银都必须集中到朝廷。抵当所及抵当库的制度一直维持到南宋灭亡。

由于宋代普遍设立官营质库,由此"抵当所"与"质库"开始混称,影响到后世"典当"连用,以至"质库"称呼逐渐被"当铺"取代。由于官营质库"抵当所"与民间原有的质库并存,逐渐形成"质"、"典"、"当"三字并用的现象,南宋时开始出现"典当质库"的说法⑥。《宋会要辑稿·食货六二之七三·义仓》载南宋嘉定五年(1212)知和州富嘉谋的上言,请求"籍官田、立广惠以给民之孤独,开

---

① 〔宋〕吴曾《能改斋漫录》卷二。
② 〔宋〕陆游《老学庵笔记》卷六。
③ 〔宋〕灌园耐得翁《都城纪胜·铺席》。
④ 《庆元条法事类》卷八〇《杂门·出举债负》引《关市令》。
⑤ 《宋会要辑稿·职官二七之二〇·太府寺》。
⑥ 《宋会要辑稿·刑法二之一三三·禁约》,嘉泰四年(1204)三月九日,"枢密院奏:步军都虞候李郁言:'街市铺户、典当质库,辄将弓弩箭凿之属,公肆出卖、收当。乞下所属,重立罪赏约束,但系军器,不许收当、出卖。'从之。"铺户是指商店,典当质库即后世的当铺。

质坊、收利息以给军人守城之有功者"。所拟开设的官府质坊定名为"激励抵当库","月收息钱专助添支当来守御立功厢禁军,以为军人无穷之利"。并提到和州城里另有一所旧设的官府抵当库,请求将其息钱也专用于赏给有功军人。可见"质"与"当"已完全同义,可以互为换用。"典"、"质"、"当"由此混称。

北宋为了官营质库的利益,开始对质押物到期不赎的处理行为进行规范,改变原沿袭唐朝"计利过本"法律的模糊概念。绍圣年间(1094—1097)规定,官营抵当库收质放债的期限为两周年,债务人满两周年不能赎回质押财物的,即丧失收赎权利,质押财物归官营抵当库所有。按照北宋元丰五年官营质库"月息一分"的利率,两年的利息总额仅为百分之二十四,比原来"计利过本"的标准要低很多。况且收质放贷的金额一般仅为质物价值的二分之一,官营质库获利颇丰。不久官营质库的利率就改为"岁收二分之息",年利百分之二十①。南宋绍兴四年(1134)又提高到月利百分之三,"始令诸路依旧质当金银匹帛等,每贯月收息三分";在这前后又规定取赎期限缩短为一周年②。

宋朝设定质物取赎年限代替"计利过本"的制度,很可能来源于长久以来民间的习惯。这一制度影响了后世的法律。

6. 消灭债务的恩赦令。

五代至两宋时由政府发布法令废除公私馈务的记载较多。前节已提到五代时二十二年间就有八次废除债务的恩赦令。北宋末年,因收复涿州、易州,徽宗宣和四年(1122)宣布对此二州"曲赦",赦文中有"积久税赋,若公私子钱皆免"③。南宋初年,由于与金朝战事较多,社会动荡,为安抚人心,曾多次发布"蠲放公私逋负"的诏令。自绍兴二十三年(1153)至二十九年(1159)的六年间就有四次,南宋孝宗、光宗两朝也曾有过三次④。

(六) 租佃契约

至宋代,租佃关系已成为农村最基本的契约关系。租佃关系中的人身依附色彩逐渐减弱,而契约关系色彩日益加强,主户(田主、地主)与客户(佃户、佃客)在契约中的地位趋向平等。唐末五代宋初,佃户还没有迁徙自由,退佃

---

① 《宋会要辑稿·食货六一之六二·官田杂录》。
② 《建炎以来系年要录》卷八六"绍兴五年闰二月壬申"。
③ 《三朝北盟会编》卷一〇。
④ 见[日]加藤繁《中国经济史考证》第三卷"五十二 中国史中公私债务的免除"。

后要由田主付与"凭由"才可退佃迁徙。北宋天圣五年(1027)立法予以禁止:

> 诏江淮、两浙、荆湖、福建、广南州军,旧条:私下分田客,非时不得起移,如主人发遣、给与凭由,方许别住。多被主人抑勒,不放起移。自今后客户起移,更不取主人凭由,须每田收田毕日,商量去住,各取稳便。即不得非时衷私起移。如是主人非理拦占,许经县论详。①

这一法条被称之为"易佃法",终两宋之世沿用。佃农在收获季节后可以退佃自由迁徙,获得解除租佃关系的权利,并可选择田主订立契约。佃农在购得土地后也可自立户名。

两宋时佃户也可以有自己的房产,与地主的土地所有权无关。南宋初年朝廷出卖官田,有的地方将官田佃户的房产一起出卖,形成纠纷,朝廷特意下诏禁止:

> 近因臣僚言,出卖官田,许人实封投状承买,访闻州县,却有将见佃舍屋一例出卖,事属骚扰。缘房廊屋宇自兵火以来多系人户自备钱物修盖,元降指挥不曾许卖,如有违戾去处,仰改正。②

此诏颁行于南宋绍兴九年(1139),距靖康兵火战乱不过十年左右,佃户已可修盖房屋,说明当时佃户有较大的经济自主权。

在身份上,北宋法律已视佃户为平民。但北宋仁宗时,复州"民殴佃客死,吏论如律",但知州王琪"疑之,留未决,已而新制下,凡如是者,听减死"③。法律新规定:主殴佃客至死者可以减死刑一等处罚。南宋绍兴四年(1134):

> 起居舍人王居正上言:臣闻杀人者死,百王不易之法,……盖以谓杀人而不死,则人殆无遗类矣。……臣伏见主殴佃客致死,在嘉祐法,奏听敕截(疑为裁之误),取敕原情,初无减等之例。至元丰始减一等,配邻州,而杀人者不复死矣。及绍兴又减一等,止配本城,并其同居并殴至死,亦用此法。④

---

① 《宋会要辑稿·食货一·农田杂录》。
② 《宋会要辑稿·食货五·官田杂录》。
③ 《宋史》卷三一二《王琪传》。
④ 《建炎以来系年要录》卷七五"绍兴四年夏四月丙午"。

佃户在其与田主的关系上地位又逐渐下降。在司法实践中,也同样如此。当时有人总结处理主客户纠纷的原则,说:

> 夫客户,依主户为生,当供其役使,从其约束者也。而客户或禀性狼悖,不知上下之分;或习学末作,不力耕桑之业;或肆饮博而盗窃,而不听检束;或无妻之户诱人妻女而逃;或丁口蕃多,衣食有余,稍能买田宅三五亩,出立户名,便欲脱离主户而去。凡此五者,主户讼于官,当为之痛治,不可听其从便也。①

凡是客户不尊敬主户的、不努力耕作的、赌博盗窃的、诱人妻女的、有了自己财产就企图脱离主户的,都应当予以严惩。

两宋法律关于租佃契约的具体规定,目前还找不到资料记载,可能仍沿袭隋唐时"任依私契,官不为理"的原则,作为民间租佃契约的惯例。确定为宋代租佃契约的实物也尚待考古发掘,可能与隋唐时租佃契约惯例相差不大。

(七) 雇佣契约

五代两宋城乡雇佣关系也相当普遍。如前所述,受雇者一般称"人力、女使",身份仍为平民。城市中雇工极为广泛,以至介绍人力设有专门的"行"。北宋开封城内"凡雇觅人力、干当人、酒食作匠之类,各有行老供雇,觅女使即有引至牙人"②。南宋时临安(今杭州)雇佣劳作、管理更为常见:

> 凡顾(雇)倩人力及干当人,如解库掌事,贴窗铺席,主管酒肆食店博士、铛头、行菜、过买、外出醫儿、酒家人师公、大伯等人,又有府第宅舍内诸司都知、太尉直殿御药、御带、内监寺厅分、顾觅大夫、书表、司厅子、虞候、押番、门子、直头、轿番小厮儿、厨子、火头、直香灯道人、园丁等人……俱各有行老引领。如有逃闪,将带东西,有元地脚保识人前去跟寻。……或官员士夫等人,欲出路、还乡、上官、赴任、游学,亦有出陆行老,顾倩脚夫脚从,承揽在途服役,无有失节。③

各行各业都使用雇佣劳动,而且雇佣有专行介绍,雇佣契约也有保人承担风险

---

① 〔宋〕胡宏《五峰集》卷二《与刘信叔书》。
② 〔宋〕孟元老《东京梦华录》卷三。
③ 〔宋〕吴自牧《梦粱录》卷一九"顾觅人力"。

意外责任。

从敦煌出土的雇佣文书来看,农村雇工多为一年,工价仍按月计算。如后梁龙德四年(924)张厶甲雇工契,此契双方及见人都为"厶甲",当是一件"样文",具有典型代表意义:

> 龙德肆年甲申岁二月一日,敦煌郡乡百姓张厶甲,为家内阙少人力,遂雇同乡百姓阴厶甲,断作雇价,从正(二)月至九月末造作,逐月壹馱。见分付多少已讫,更残到秋物□之时收领:春衣一对,裌袖并裈,皮鞋一量(两)。余外□□□欠阙,仰自枇排。入作之后,比至月满,便须兢心,勿□□二意,时向不离。城内城外一般获时造作,不得抛涤工夫。忽忙时不就田畔蹭蹬闲行,方南直北。抛工一日,克物贰斗。应有讼身使用农具,兼及畜业,非理失脱损伤者,陪在厶甲身上。忽若偷盗他人麦粟牛羊鞍马逃走,一仰厶甲亲眷□当。或若浇溉之时,不慎睡卧,水落在□处,官中书罚,仰自袛当。亦不得侵损他□田亩。针草须守本分。大例贼打输身却者,无亲表论说之分。两共对面平章为定,准法不许翻悔,如先悔者,罚上羊壹□充入不悔人。恐人无信,故立明文,用为后验。
>
> 见人厶甲　见人厶甲　雇身厶甲　口丞人厶甲①

从劳作质量、种种风险到劳动报酬等都极为详尽,可见当时雇佣契约比较严密。

两宋城市中服务性行业也普遍雇工,雇工服务中的差错处理也应是契约的一个内容。北宋汴京食店,专门端菜的为"行菜","左手权三碗,右臂自手至肩駅叠约二十碗,散下尽合各人呼索,不容差错,一有差错,坐客白之主人,必加叱骂,或罚工价,甚者逐之"②。

(八) 承揽契约

中国古代承揽与雇佣不分,实际上是承揽契约性质的民事行为仍称为"雇"、"庸"。承揽有时与借贷中的役身折酬混淆,如第三章提及的孝子郭原平为抵债而替人营造坟墓。两宋时随着社会商品经济的发展,承揽契约行为逐渐与单纯的雇佣关系分离,在很多行业中表现出其特点。但在法律上仍没有为此定出专条,民间也往往与雇佣、借贷契约混同。如敦煌出土的一件契约:

---
① 《敦煌资料》第一辑,第335页。
② 〔宋〕孟元老《东京梦华录》卷四"食店"。

> 卯年四月一日,悉董萨部落百姓张和子,为无种子,今于永康寺常住处取枥蒿价麦壹番驮,断造枥蒿贰拾扇,长九尺,阔六尺。其枥蒿限四月廿五日已前造了,如违其限,枥蒿请倍麦壹驮倍两驮。恐人无信,故勒此契。卯年四月一日,张和子手帖。中间或身东西,一仰保人等代还。
>
> 麦主　取麦人张和子年卅一　保人弟张贾子年廿五。①

此件契约中张和子为永康寺造作"枥蒿"(篱笆),标的为劳动的成果,麦种实际为承揽的工价。然而契约形式却与一般借贷契约相同,仍以保人、麦主、取麦人形式签署。

两宋城市经济繁荣,服务业很兴盛。如北宋汴京城内:

> 凡民间吉凶筵会,椅桌陈设,器皿合盘,酒檐动使之类,自有茶酒司管赁。吃食下酒,自有厨司。以至托盘、下请书、安排坐次、尊前执事歌说劝酒,谓之"白席人"。总谓之"四司人"。欲就园馆亭榭寺院游赏命客之类,举意便办,亦各有地分,承揽排备,自有则例,亦不敢过越取钱。虽百十分,厅馆整肃,主人只出钱而已,不用费力。②

这类服务行业也具有承揽的性质。南宋时临安也是如此,城内有"四司六局","常时人户,每遇礼席,以钱倩之,皆可办也。……故常谚曰:烧香点茶,挂画插花,四般闲事,不评戾家"③。可见当时仍是雇佣承揽不分,虽然实际生活中民间对于承揽已很熟悉。

第四节　婚姻与亲属

一、指腹婚和童养媳
(一) 指腹婚

父母、祖父母或外祖父母等人为胎儿缔结婚约,称为"指腹婚",它是以"父母之命"缔结婚约的一种特殊形态。"父母之命"意识的强化,使为人父母者不断将"父母之命"的时间提前,这种倾向在战国时期就已出现,孟子说:"丈夫生

---

① 转引自〔日〕仁中田陞《中国法制史研究·土地法·取引法》第二部第十章第六节。
② 〔宋〕孟元老《东京梦华录》卷四"筵会假赁"。
③ 〔宋〕灌园耐得翁《都城纪胜》。

而愿为之有室,女子生而愿为之有家,父母之心,人皆有之。"①子女诞生伊始,父母便希望为他们落实配偶。这种心理状态再往前一步,即导致指腹婚。

指腹婚至迟在东汉初年已经出现。刘秀的部下贾复作战勇敢,受重伤濒危,"光武大惊曰:'我所以不令贾复别将者,为其轻敌也。果然,失吾名将。闻其妇有孕,生女邪,我子娶之;生男邪,我女嫁之,不令其忧妻子也。'"②此事虽然只是刘秀笼络部下之举,但说明当时人们对指腹婚并不陌生。南北朝时指腹婚在士大夫圈子中颇为流行,如:

> 尚书卢遐妻,崔浩女也。初,宝兴母(崔浩侄女)及遐妻俱孕,浩谓曰:"汝等将来所生,皆我之自出,可指腹为亲。"及婚,浩为撰仪,躬自监视。③

崔浩为怀孕的女儿、侄女指腹为婚,到结婚时,又为之设计婚仪,并亲自监督实行。

指腹婚是以可能的联姻增强双方家族联系、巩固提高本家族社会地位的"政治行为",所以双方家庭在缔结指腹婚约时,一般都门当户对。但是,从"指腹"到完婚,至少要经过十几年时间,其间沧海桑田,一旦双方门户不再当对,或有其他变故,便容易发生"赖婚"违约现象。而且指腹婚多数只是以口头约定的非要式契约,发生纠纷很难理断。晋律"崇嫁娶之要,一以下娉为正,不理私约"④的规定,很可能就是为排斥指腹婚之类"私约"而制定的。换言之,南北朝时指腹婚婚约的履行,仅以道德和社会舆论为保证力,如:

> (韦)放与吴郡张率皆有侧室怀孕,因指为婚姻。其后各产男女,未及成长而(张)率亡,遗嗣孤弱,(韦)放常赡恤之。及为北徐州,时有势族请姻者,(韦)放曰:"吾不失信于故友。"仍以息(韦)岐娶(张)率女,又以女适(张)率子,时称(韦)放能笃旧。⑤

南梁韦放与张率为子女指腹为婚,张率死亡时子女还未成人,韦放对张率的子女多方照顾,拒绝势族大家的求婚,履行原约,让儿子韦岐娶张率女儿为妻,又

---

① 《孟子·滕文公下》。
② 《后汉书》卷一七《贾复传》。
③ 《魏书》卷三八《王慧龙传》。
④ 《晋书》卷三〇《刑法志》。
⑤ 《梁书》卷二八《韦放传》。

把女儿嫁给张率的儿子。韦放信守婚约,是基于不能失信于老朋友的道德观念,而守信履约后,又得到了社会舆论的赞扬。

在动荡的中国古代社会,人们对社会地位的升降起伏越感到变幻莫测,就越倾向于以传统的联姻手段作为延迟缓解"家道中落"的手段之一。经过唐末五代的战乱,宋代指腹婚日益普遍,"世俗好襁褓童幼之时轻许为昏,亦有指腹为婚者"①。但在社会评价方面,与南北朝时期相比发生了较大的变化,它被看成是"轻许为婚"的陋习,司马光非难指腹婚说:"及其既长,或不肖无赖,或身有恶疾,或家贫冻馁,或丧服相仍,或从宦远方,遂致弃信负约,速狱致讼者多矣。"②指腹为婚的男女长大成人后,很多人或因行为不端,或因身患恶疾,或因家道中落,或因连遭重丧,或因远方为官,从而导致背信弃义违反婚约,引起了诉讼。

在晋律"(婚约)一以下娉为正"规定的基础上,唐宋法律都规定:

> 诸许嫁女已报婚书及有私约,而辄悔者,杖六十。虽无许婚之书,但受娉财亦是(娉财无多少之限,酒食非。以财物为酒食者,亦同娉财)。若更许他人者,杖一百,……女追归前夫。……疏议曰:……注云"娉财无多少之限",即受一尺以上,并不得悔。③

这里的"私约"有特定含义,不同于晋律中的"私约"。女方虽然未以书面形式允诺求婚,但只要接受了一尺以上布帛的聘财,婚约即告成立。那么,指腹婚约只要具备这一要件,便能获得要式契约的地位,受到法律保护。司马光所说会"速狱致讼"的,可能就是这类指腹婚约。从实例看,许多指腹婚约的缔结在形式上是临时起意,仓卒间不及准备聘财,但为了具备法律规定的要件,从自己衣襟上割一段布帛权充聘财,是很自然的,久而久之约定俗成,"割衫襟"成为缔结指腹婚约的一道程序,失去了原先所包含的"聘财"意义。

指腹婚约虽然多了一道程序,但它容易造成婚姻纠纷的特点并未因此而改变。统治者从稳定社会秩序出发,不承认"指腹割衫"是很正常的。至元六年(1269),元朝政府明令禁止指腹婚:"男女婚姻或以指腹并割衫襟为亲,既无

---

① 〔宋〕司马光《司马文正公书仪》注,转引自陈鹏《中国婚姻史稿》第297页。
② 《司马温公家范》。
③ 《唐律疏议》卷一三《户婚律》"许嫁女辄悔"条;《宋刑统》同。

定物婚书,难成亲礼,今后并行禁止。"①虽曾"割衫襟",仍被看作"无定物",从法律上否认"割衫襟"的"聘财"性质,明清两代也都有禁止"指腹割衫襟为亲"的规定。但如果先经指腹割衫,后又托媒过娉,则满足了"虽无婚书,但曾受娉财者,亦是"②的法定条件,官府仍加以保护,如明代案例:

> 武昌府武昌县黄利与叶荣二人同庄,常常在佃户家共饮,甚是相知。闲暇时各吐家事,因言及二内皆有孕,……二人议定,明日二家产出或男或女,缔结婚姻,……二人滴酒誓天,各割衣襟,毋逾前议。及后黄利产一男,取名世禄,叶荣产一女,取名月仙。(黄)利托庄邻邓晋为媒,将金环一双过聘,(叶)荣以金钗一对回之。越五年,(黄)利因疾而死。又历十二三年,世禄读书不能营运,家中一贫如洗。(叶)荣常悔盟,将女另聘定一秀才唐国卿。时世禄已十八岁,乃与理辨。(叶)荣恃财为势,又恃国卿是个秀才,毫不礼他,世禄(只)得无意而回。族人知之,闻其故皆抱不平,乃令世禄告于县。……县主援笔判曰:"……叶荣有女月仙,未产相爱,指腹割襟,海山既誓于卮酒;既产践言,钗环互聘,姻盟复缔于冰人,……(唐国卿)追银五十两,给付世禄、月仙,以为遮羞之资。其叶荣追银三十两,给予女婿以为妆奁之费。月仙世禄,合歌桃夭之咏;叶荣国卿,当拟不应之条。"③

综上,指腹婚至迟在东汉初年即已出现,至宋代成为民间习俗,并逐渐与"割衫襟"结合,俗称"指腹割襟",历代法律对此屡有禁遏,但直至近代,此俗仍时有所闻。

(二) 童养媳

以成年后做儿媳妇为目的而所收养的幼女,称为"童养媳",这既是被收养幼女的身份称呼,也是一种特殊的嫁娶形式,亦称"养妇"、"养媳妇"、"童婚"、"娶小媳妇"、"小过门"等,童养媳结婚则称为"圆房"、"开床"等。

从形式上看,童养媳似乎源自宫廷蓄养幼女制。秦汉以后,选拔民间幼女入宫,待其成年,或帝王自幸,或赐与子弟,其先养后御的形式,与童养媳

---

① 《通制条格》卷四《户令》"嫁娶"。
② 《大明律例》卷六《户律》"婚姻·男女婚姻"。
③ 《新镌国朝名公神断详刑公案》卷四"苏县尹断指腹负盟"条(明刻本,旅大图书馆藏),转引自陈鹏《中国婚姻史稿》第 300 页。

一样。宋代宫廷亦颇行此制,如"冯贤妃,……以良家女,九岁入宫,及长,得侍仁宗"①。"林贤妃,……司农卿洙之女,幼选入宫,既长,遂得幸。"②

就现有史料而言,民间童养媳之俗始于宋代,《宋史·杜纮传》载:

> 民间有女幼许嫁,未行而养于婿氏,婿氏杀以诬人,吏当如昏法。纮曰:"礼:妇三月而庙见,未庙见而死,则归葬于家,示'未成妇'也。律:定昏而夫犯,论同凡人。养妇虽非礼、律,然'未成妇'则一也。"③

当时虽然已有童养媳("养妇")客观存在,但其身份地位还没有反映到法律之中,杜纮认为童养媳的身份相当于"未庙见"的新妇,与夫家尚未建立亲族关系。这说明当时童养媳的历史还不长。

至元代则已可在法规中见到童养媳:"诸以童养未成婚男妇转配其奴者,笞五十七,妇归宗,不追聘财。"④禁止把童养媳转配家奴,在法律上明确童养媳不同家奴(家长得为家奴配婚)。这一规定,一方面说明童养媳实际地位的低下(常被视同家奴),另一方面也说明当时童养媳的盛行。

明清律令对童养媳的地位没有明文规定,但据当时判例,可知童养媳仍然没有已婚媳妇的地位⑤。

民间人户接纳童养媳,多出于两方面的考虑:其一,为儿子长大结婚时省去一笔大额聘财,因为童养媳所需聘财较少,甚至不需聘财;其二,让家务劳动的主角——媳妇提前来到。以女儿给人做童养媳的,多是穷困潦倒无力维持下去的人家,他们把幼女给人做童养媳,既可因此而得到一点可怜的聘财,也使幼女有了一个吃饭的地方,并免去了将来嫁女时所需的妆奁物。

童养媳的地位因家而异,但总体上其地位很低下,以致"童养媳"一词成为受苦难受束缚的人们的代名词。

二、中表不婚

中表不婚。姑舅表兄妹与两姨表兄妹统称"中表亲","中表不婚"即禁止

---

① 《宋史》卷二四二《后妃传上·冯贤妃》。
② 《宋史》卷二四三《后妃传下·林贤妃》。
③ 《宋史》卷三三〇《杜纮传》。
④ 《元史》卷一〇三《刑法志二》。
⑤ 参见陈鹏《中国婚姻史稿》第767—768页。

中表亲通婚。周代以来禁止同姓为婚,却未禁止中表婚,而且因讲究"世婚",亲上加亲,竟至视中表婚为雅事。汉代仍盛行中表亲通婚,如汉武帝娶其姑长公主嫖女陈氏为后①,东汉钟瑾娶舅表妹李氏为妻②,等等。

最早在法律上禁止中表婚的是西魏,大统九年(543)曾"禁中外及从母兄弟姊妹为婚"③,但这项禁令对婚俗的影响不大。至唐代,"外姻虽有服,非尊卑者,为婚不禁"④。母亲本家方面的亲族,只要辈分相同就可以婚娶,即法律明文允许中表通婚。人们也很习惯于缔结中表婚,如:

> 王仙客者,建中(780—783)中朝臣刘震之甥也。初,仙客父亡,与母同归外氏。震有女曰无双,小仙客数岁,皆幼稚,戏弄相狎,震之妻常戏呼仙客为王郎子,如是者凡数岁,而震奉孀姊及抚仙客尤至。一旦,王氏姊疾且重,召震约曰:"我一子,念之可知也,恨不见其婚室。无双端丽聪慧,我深念之,异日无令归他族,我以仙客为托,尔诚许我,瞑目无所恨也。"……其姊竟不痊,仙客护丧归葬襄邓,服阕,思念身世孤子如此,宜求婚娶,以广后嗣,无双长成矣,我舅氏岂以位尊宦显而废旧约耶。于是饰装抵京师,……一日,震趋朝,至日初出,忽然走马入宅,汗流气促,唯言……疾召仙客,与我勾当家事,我嫁与尔无双。仙客闻命,惊喜拜谢。⑤

王仙客之母与刘无双之父(刘震)是姐弟,王仙客与刘无双是舅表兄妹。王母临终向刘震提出王刘联姻,刘震允诺。王仙客和刘震都始终未忘这个"旧约",最后王仙客、刘无双结为夫妻。

宋代在法律上一如唐代,《宋刑统》亦有允许中表婚的立法解释(律疏)。但在士大夫意识中开始出现否定中表婚的观念,如苏洵的女儿被嫁给表兄程之才,苏洵囿于乡俗,虽欲不允而不得,遂作诗送女以言心声,诗曰:

> 汝母之兄汝伯舅,求以厥子来结姻;乡人婚嫁重母族,虽我不肯将安云?⑥

---

① 《汉书》卷九七上《外戚传·陈皇后》。
② 《后汉书》卷六二《钟皓传》。
③ 《北史》卷五《魏本纪》。
④ 《唐律疏议》卷一四《户婚律》"同姓为婚"疏。
⑤ 《太平广记》卷四八六《无双传》。
⑥ 《艺文类聚》。

对于中表婚"姑舅之子为婚"之俗,朱熹说:

> 据律中不许。然自仁宗之女嫁李玮家,乃是姑舅之子。故欧阳公曰:公私皆已通行。……又如鲁初间与宋世为昏,后又与齐世为昏,其间皆有舅姑之子者,从古已然,只怕位不是。①

朱熹对《宋刑统》有独特的理解,认为依照法律不允许"姑舅之子为昏",只是因为自古以来,君民"公私皆通行"中表婚,不便直接否定。其实《宋刑统》所禁止的是"外姻有服属,而尊卑共为婚姻"②,即禁止不同辈分的姻亲结婚。姑舅表兄妹虽是"外姻有服属",因其辈分相等,并不在被禁之列。正如宋人洪迈所说:

> 姑舅兄弟为婚,在礼法不禁,而世俗不晓。案《刑统·户婚律》云:"父母之姑舅、两姨、姊妹,……并不得为婚姻。"……并为尊卑混乱,人伦失序之故。然则中表兄弟姊妹,正是一等,其于婚娶,了无所妨。③

但是,士大夫否定中表婚的意识在宋代已被贯彻在司法实践中了,"今州县书判,至有将姑舅兄弟成婚而断离之者"④。法官判决中表夫妻离婚,中表婚的合法地位动摇了。

至金元两代,中表婚进一步被否定。金人董解元的《西厢记诸宫调》谓:

> 谁知个郑衙内与莺莺旧关亲戚,恐吓使为妻室,不念莺莺是妹妹。……是他的亲姑舅,要做夫妻,倚仗是宰臣家有势力,不辨个清浊没道理。……明存着法律莫粗疏,姑舅做亲,便不败坏风俗?

元人王实甫的《西厢记》亦有词谓:

> 卖弄你仁者能仁,倚仗你身里出身,至如你官上加官,也不教你亲上做亲。

"明存着法律莫粗疏",透露出"中表不婚"已被规定于金元两代法律中。可惜的是条文具体内容已佚不可考,但明代洪武初年"姨之子、舅之子、姑之子皆缌

---

① 《朱子语类》卷八九。
② 《宋刑统》卷一四《户婚律》"同姓及外姻有服共为婚姻"条。
③ 《容斋续笔》卷八"姑舅为婚"条。
④ 《容斋续笔》卷八"姑舅为婚"条。

麻,是曰表兄弟,不得相为婚姻"①的规定,当对金元两代相关法规有所借鉴。

明洪武初虽有中表不婚的明确规定,但其后翰林院待诏朱善上疏论婚姻律曰:

> 民间姑舅及两姨子女,法不得为婚。仇家讦讼,或已聘见绝,或既婚复离,甚至儿女成行,有司逼夺。按旧律,尊长卑幼相与为婚者有禁。……若姑舅两姨子女,无尊卑之嫌,……古人如此甚多。愿下群臣议,弛其禁。②

强调唐宋律的原则精神,建议取消中表不婚的规定,明太祖表示同意。但是修律时却未落实此事,明律仍有"若娶己之姑舅两姨姊妹者,杖八十,并离异"③的明文。既然律文仍旧如此规定,司法实践中就常有强迫中表婚离异的判例,如:

> 淮安府清河县龙光生二女,长曰美玉,适钱佩;幼曰美珍,嫁胥庆。各适嫁六七年。美玉生子钱明,美珍生女赛英,二子同年,仅五岁,……因而各许婚配,当姊妹割襟各订,舅龙祥为媒,越数月,各回龙祥说合,遂过定焉。后钱佩家事日迫,胥庆知之,乃将女另聘李贤,纳彩礼行。钱佩……具状告于县。县主曰:"既如此,胥庆、钱佩嫡亲两姨,依律不宜结婚,合当离异。胥庆不能慎之于始,受聘而悔盟于终,重责三十,钱佩违律结婚,重责十板。"援笔判曰:"……赛英与钱明,实两姨之姊妹,安可违禁成婚?各捏虚词,并应拟杖,聘财入官,男女离异。"④

朱善的奏议,虽然未被律文收入,但其精神后来被贯彻进条例,规定"(中表为婚者)其间情犯稍有可疑,揆于法制,似为太重,或于名分不甚有碍者,听各原问衙门临时斟酌拟奏"。

清代立法以明律为蓝本,律条仍规定"中表不婚",又以条例所载"姑舅两姨姊妹为婚者,应从民便"⑤的规定来调适。民国时期对中表婚的态度也基本如此。虽然人们自周代即已了解"男女同姓,其生不蕃"⑥的道理,并制定了"同

---

① 《明史》卷九三《刑法志一》。
② 《明史》卷一三七《朱善传》。
③ 《大明律》卷六《户律·婚姻》"尊卑为婚"条。
④ 《新镌国朝名公神断详刑公案》卷四"赵县尹断两姨讼婚"条(明刻本,旅大图书馆藏),转引自陈鹏《中国婚姻史稿》第411页。
⑤ 雍正八年(1730)定例,见〔清〕吴坛《大清律例通考·户律》"尊卑为婚"条。
⑥ 《左传·僖公二十三年》。

姓不婚"的法律,却没有将此原理扩大运用到中表亲方面。所以中国自古盛行中表婚,至《宋刑统》,法律仍明文允许中表为婚。但也正是从宋代开始,在社会舆论与司法实践方面,中表婚的法律地位开始动摇。以后除了金元时期似乎曾有中表不婚的规定外,明清基本上和宋代一样,对中表婚的态度是似禁非禁。现行中国婚姻法规定"直系血亲和三代以内旁系血亲"禁止结婚,亦即明文禁止中表婚,但人们对中表婚的忌讳,远不如对堂兄弟姊妹通婚那样敏感和强烈。

三、族际通婚

"族"有家族之族,有民族之族。同姓不婚的法律,决定了婚姻须在异姓家族之间缔结,所以不存在禁止家族之间通婚的问题。这里所说的族际通婚,指不同民族之间、不同国家之间的通婚。

汉民族的形成过程,本是各民族不断融合同化的过程,古礼并不禁止族际通婚。西周春秋时期即多有纳夷狄之女为妻的故事,如周襄王以翟女为后[①],晋献公伐骊戎,得骊姬及其弟,俱爱幸之[②]。但是,"周纳狄后,富辰谓之祸阶;晋升戎女,卜人以为不吉"[③],视族际通婚为"祸阶"、"不吉",可见当时已有否定族际通婚的社会舆论,但尚未有禁止族际通婚的法律。所以汉代仍很通行族际通婚,如霍光与金日磾结为儿女亲家,而金日磾本为匈奴休屠王太子[④],至于以民女或宗室女为公主出嫁匈奴单于,即所谓"和亲"之举,更是青史昭昭。

南北朝时期民族大融合,鲜卑籍的北魏孝文帝大力提倡与汉族人通婚,族际通婚一时大盛。但当时汉族内部婚姻都有严重的门阀之见,所以望族大姓多耻于与少数民族通婚。

唐代开始在法律上对族际通婚有所限制:

> 别格:"诸蕃人所娶得汉妇女为妻妾,并不得将还蕃内"。……如是蕃人入朝听住之者,得娶妻妾,若将还蕃内,以违敕科之。[⑤]

获准居住于唐朝境内的蕃人,可以娶唐朝妇女为妻妾,但不得将其带回蕃国。

---

① 《史记》卷四《周本纪》。
② 《史记》卷三九《晋世家》。
③ 《周书》卷九《皇后传》史臣曰。
④ 《汉书》卷六八《金日磾传》。
⑤ 《唐律疏议》卷八《卫禁律》"越度缘边关塞"条疏。

> 诸越度缘边关塞……共化外人……为婚姻者,流二千里,未入、未成者,各减三等。①

无论官民,皆严禁私渡边境族际通婚,玄宗朝的宋国公李令问,"坐其子与回纥部酋承宗连婚,贬抚州别驾"②。因为儿子与回纥族通婚,作为主婚人,李令问受到了贬职处罚。但唐朝出于政治外交的考虑,也有"和亲"之举,宪宗即以幼女宁国公主"和亲"回纥③,宁国公主是宪宗亲女,身份与汉末蔡文姬、太宗朝文成公主等"假公主"不同。"和亲"突破了唐朝妇女不得出境为"化外人"妻的法律规定,这对一般情况下不能在本国与唐朝妇女通婚的"化外人"是一种殊荣,所以当年吐蕃松赞干布娶得文成公主,曾特为筑城夸耀。

宋代对禁止族际通婚比较认真。至道元年(995)八月,太宗颁敕:"禁西北缘边诸州民与内属戎人昏娶。"④"内属戎人",即居住在宋境内的少数民族,这些人也不准与汉族人通婚,与前述唐代"蕃人入朝听住之者,得娶妻妾"的规定(《宋刑统》同此规定)相比,族际禁婚更严格。即使是已经"归化"的异族人与汉族人通婚,也有特别的限制。哲宗元祐元年(1086)三月:

> 户部言:归明人除三路及沿边不得婚嫁,余州听与嫁娶;并邕州左、右江归明人,许省地溪峒结亲。从之。⑤

来归宋朝的辽人、金人,只允许在内地、不许在某些特定地区和边境地区与汉族人通婚;广西邕州左、右江地区纳土出仕的少数民族首领,则允许在当地与汉族人通婚。

边境地方官发现有族际通婚现象时,也会采取措施,如:

> (洛川知县李师中)尝出乡亭,见戎人杂耕,皆兵兴时入中国,人藉其力,往往结为婚姻,久而不归。师中言若辈不可杂处,言之经略使,并索旁郡者,徙诸绝塞。⑥

---

① 《唐律疏议》卷八《卫禁律》"越度缘边关塞"条。
② 《新唐书》卷九三《李靖传》,李令问为李靖之孙。
③ 《新唐书》卷二一七上《回鹘传上》。
④ 《宋史》卷五《太宗本纪二》。
⑤ 《续资治通鉴长编》卷三七三。
⑥ 《宋史》卷三三二《李师中传》。

洛川知县李师中偶然发现有因历史原因滞留宋境的戎人,其中许多人已与汉族人结婚,便报告上司,全面搜检相关邻郡,把他们强制迁徙到极边险地,如此这般,婚姻关系当然也被强制解除了。宋朝积贫积弱,边患频仍,常遭割地赔款之耻,却从不以公主、宗女"和亲"外族。虽然与回鹘有"甥舅国"之称,也只是沿唐、五代之旧而已。

少数民族王朝对于族际通婚也会有一定的限制。辽太宗会同三年(940)十二月,颁诏:"契丹人授汉官者从汉仪,听与汉人婚姻。"①可见辽朝对族际通婚有一定的限制,只有做了管理汉人事务的"汉官",契丹人才可以与汉人通婚,一般平民契丹人或作"辽官"的契丹人,不得与汉人通婚。大安十年(1094)六月,辽主曾下令:"禁边民与蕃部为婚。"②禁止边境地区百姓与其他少数族通婚。

金代从安定社会考虑,还曾立法提倡族际通婚,明昌二年(1191)四月,"尚书省言:'齐民与屯田户往往不睦,若令递相婚姻,实国家长久安宁之计。'从之"。③

元代至元八年(1271)曾就民间嫁娶婚姻聘财等事作出一项规定:"诸色人同类自婚姻者,各从本俗法,递相婚姻者,以男为主,蒙古人不在此例。"④同族人之间结婚者,婚仪聘财等事按本族习惯法办理;族际通婚的,按男方民族习惯法办理;但蒙古人与他民族通婚的,不论蒙古人一方是男是女,都按照蒙古习惯法办理。可见在族际通婚方面比较开放,法律上没有什么特别的限制。

明代为了同化居住在中原的蒙古人、色目人,规定:

> 凡蒙古色目人,听与中国人为婚姻(务要两相情愿),不许本类自相嫁娶。违者,杖八十,男女入官为奴,其中国人不愿与回回钦察为婚姻者,听从本类自相嫁娶,不在禁限。⑤

蒙古、色目人结婚者,不准以本民族人为配偶,违者重罚,在两相情愿的前提下,也可以与汉族人通婚。汉族人则可以与本族人通婚。

---

① 《辽史》卷四《太宗本纪下》。
② 《辽史》卷二五《道宗本纪五》。
③ 《金史》卷九《章宗本纪一》。
④ 《通制条格》卷四《户令·嫁娶》。
⑤ 《大明律》卷六《户律·婚姻》。

清初于顺治五年(1648)八月曾下令规定:"满、汉官民得相嫁娶。"①允许满汉通婚。以后清朝对于满汉通婚一直采取放任的态度,直到道光年间才开始立法禁止:

> 在京旗人之女,不准嫁与民人为妻,倘有许字民人者,查系未经挑选之女,将主婚之旗人,照违制例治罪;聘娶之民人,亦将主婚之人一例科断,仍准完配,将该旗女开除户册。若民人之女嫁与旗人为妻者,该佐领旗长详查呈报,一体给与恩赏银两,如有谎报冒领情弊,查出,从重治罪。至旗人娶长随家奴之女为妻者,严行禁止。②

严禁满汉通婚,但对满女嫁汉人和汉女嫁满人有不同的处置,这是满汉民族不平等和男女不平等的产物。对某些特殊情况还另有规定:"旗人告假外出,已在该地方落业,编入该省旗籍者,准与该地方民人互相嫁娶。"③可能是考虑到外省满人比较少的实际情况,在外省地方落籍的旗人,可以与当地汉人通婚。

除与满族相关的族际通婚以外,其他民族之间的通族,或禁或许,视不同情况而定。对色目人,仿照明律的处理原则,规定:

> 凡外蕃色目人,听与中国人为婚姻(务要两相情愿),不许本类自相嫁娶。违者,杖八十,其中国人不愿为婚姻者,听从本类自相嫁娶,不在禁限。④

对于南方少数民族,"福建台湾地方人民,不得与蕃人结亲,违者离异。其商贾客民,未经入籍苗疆、踪迹无定者,概不许与苗民结亲"⑤。福建、台湾的汉人不得与当地少数民族通婚,但已经在苗族地区入籍定居者,可与苗族通婚。

从总体上讲,传统观念对族际通婚尤其是对统治民族的女子与异族通婚,大多持否定态度,历代法律对此也屡有禁令。与其他朝代相比,宋代在这方面更为典型。

---

① 《清史稿》卷四《世祖本纪一》。
② 《户部则例》卷一,转引自定宜庄《满族的妇女生活与婚姻制度研究》,北京大学出版社,1999年,第323—324页。
③ 《户部则例》卷一,转引自定宜庄《满族的妇女生活与婚姻制度研究》,第323—324页。
④ 《大清会典事例》卷七六五。
⑤ 《大清律例统纂集成》卷一〇引条例。

四、守贞和守节

不与配偶以外的异性发生性关系，是为贞操，"守贞"即保持贞操。两性关系中的排他性、独占性与人伦道德观念相结合，产生最初的贞操观。"守节"是守贞的极端形态，它要求妇女"从一而终"，在丧偶或被离以后保持独身，不再婚。

守贞，或曰贞操义务，原是对夫妻（妾）双方的要求，这一点，秦始皇《会稽刻石》表现得比较典型："防隔内外，禁止淫泆，男女絜诚；夫为寄豭，杀之无罪。"①夫妇双方都负有贞操义务，妻子杀死乱交的丈夫，没有刑事责任。

儒家经典的贞操观，则适应男子中心社会的形成和发展，越来越倾向于把贞操义务视作女子的单方义务。《周易》说"夫征不复，妇孕不育"②，妻子在丈夫出征期间怀孕，社会不承认其胎儿或婴儿的生存权，其实质是强调妻子的贞操义务。还有"七年（岁），男女不同席，……女子十年不出"③、"男女授受不亲"④等，其重点实际上都指向女子。

儒家贞操观在法律条文上反映得比较迟缓，"男女不以义交者其刑宫"⑤，男女违反贞操义务在法律上的责任是同等的，都处以宫刑。汉代许多贵族因与妻子以外的女子私通而被处刑削爵⑥。至唐代，法律条文上出现了对男女贞操义务不平等的规定："和奸者，男女各徒一年半，有夫者，徒二年。"⑦女子只有在结婚之前，在贞操义务方面与男子平等，即不守贞者男女双方刑事责任相同，都处一年半徒刑。如是已婚女子，贞操义务加重，要处二年徒刑，而相应的已婚男子，则与未婚者一样，仍处一年半。

妻子不贞"淫泆"，还是法定的单方面离婚条件"七出"之一，即丈夫可以"淫泆"为理由强制妻子离婚，妻子却不能以丈夫的"淫泆"来抵抗这种离婚。但这些只是在法律条文上的不平等，在司法实践中，女子为不贞付出的代价有时要大得多。如唐宪宗元和十年（815）事例：

---

① 《史记》卷六《秦始皇本纪》。
② 《周易·渐》。
③ 《礼记·内则》。
④ 《孟子·离娄上》。
⑤ 《尚书大传》。
⑥ 参见《九朝律考》卷一《汉律考·律令杂考上》"和奸"条。
⑦ 《唐律疏议》卷二六《杂律》"凡奸"条疏。

　　　　（鄂岳观察使柳公绰）号令整肃，区处军事，诸将无不服。士卒在行营者，其家疾病死丧，厚给之，妻淫泆者，沉之于江，士卒皆喜曰："中丞为我治家，我何得不前死！"①

　　虽然这是对军人婚姻关系的特殊保护，但与正律规定的刑罚相去如此之大，说明对妻子守贞问题，法律规定与社会意识之间，已有相当大的脱节。

　　五代时期遂弃置上述法律条文，后晋天福（936—944）中，另定峻法："奸有夫妇人，无问强、和，男女并死。"②已婚妇女与人和奸或被人强奸，都要被判死刑。强调"有夫妇人"，说明未婚妇女因为没有丈夫，尚不存在对丈夫的贞操义务，所以在同样情况下不会被判死刑；不强调"有妻男子"，涉案男子的刑罚轻重与其妻子无关，反映了法律对夫妻双方的贞操要求有重大差异，其实质是把妇女遭强奸也视作不守贞。历史上中国妇女遭强奸后往往产生自责自罪心理，与这种观念有极大关系。

　　宋代对待被强奸妇女，未采用上述后晋峻法，而是承袭了后周比较合理的规定："应有夫妇人被强奸者，男子决杀，妇人不坐罪。其犯和奸及诸色犯奸，并准律处分。"③被强奸已婚妇人无罪，施暴强奸者仍处死刑。但强奸未婚女子，则应按正律处理。根据《宋刑统》规定，"诸奸者，徒一年半，……强者各加一等"④，徒一年半加一等即二年。同是强奸，处刑一重一轻，其根据仍是被强奸妇女有无丈夫，即有无对丈夫的贞操义务。

　　守节，是守贞要求的极端化表现，但这主要是道德要求。要求一切寡妇都守节是不现实的，所以历代统治者可以一般地提倡守寡，却不能在法律上一般地禁止寡妇改嫁，最多只能对特定对象禁止改嫁，即使理学兴盛的宋代也不例外。

　　儒家古礼并不禁止寡妇（包括有子寡妇）再嫁，《仪礼》有为"继父同居者"服丧一年的规定，据解释，"夫死，妻稚子幼，子无大功之亲，与之适人"⑤。寡妇五十岁以下，儿子十五岁以下又无"大功"一级的亲族，允许该寡妇改嫁。据说

---

① 《资治通鉴》卷二三九"唐纪"五五。
② 《资治通鉴》卷二九〇"后周纪"一。
③ 《宋刑统》卷二六《杂律》"诸色犯奸"条所收周广顺三年二月三日敕节文。
④ 《宋刑统》卷二六《杂律》"诸色犯奸"律文。
⑤ 《仪礼·丧服·子夏传》。

春秋各国"掌媒"官的职责之一,就是撮合鳏寡联姻,即"合独":

> 凡国都皆有掌媒。丈夫无妻曰鳏,妇人无夫曰寡,取鳏寡而合和之,予田宅而家室之,三年然后事之,此之谓"合独"。①

"合独"对增殖人口、安定秩序都有利,它与其他八项措施一起,被称为"九惠之教"。

但是两性关系的排他性、独占性,在以男子为中心的社会中,必然会表现为对女子单方面的苛求,如《礼记》所说:"信,妇德也,壹与之齐,终身不改,故夫死不嫁。"②但这只能是男子在道德方面对妇女提出的一厢情愿的要求,任何国家都不可能一般地强制要求一切寡妇"夫死不嫁",因为这样做对稳定统治秩序不利。对于《礼记》上述的这个说法,陈顾远的评论很有参考价值:

> 观于卫有七子之母不能安其室,而孟子以为小过,即知其非以夫死不嫁为礼之极矣。愚以为夫死不嫁云云,纵非窜文,亦不过基于"妇人贞吉从一而终"之义,作为最高之理想,非强人必行而视再嫁为非礼也。③

在一定范围内禁止寡妇再婚的始作俑者是秦始皇。《会稽刻石》曰:"有子而嫁,倍死不贞",有儿子的寡妇再婚,是背叛亡夫的不贞行为。《会稽刻石》等刻石当时具有法律性质,认定"有子而嫁,倍死不贞",实际上就是禁止有子寡妇再婚。强调"有子寡妇",说明并不是禁止一切寡妇再婚。但与"夫死不嫁"的"妇德"和表彰贞妇的要求④相适应,秦代又提倡和表彰寡妇守寡,如秦代富婆巴寡妇清⑤"用财自卫,人不敢犯",秦始皇视其为"贞妇"而奉为上宾,并为之修筑"女怀清台",此为后世贞节牌坊的滥觞,或者可以说,贞节牌坊是"女怀清台"的符号化表现。

汉承秦制,允许无子寡妇再嫁,董仲舒即说:"夫死无男,有更嫁之道也。"⑥

---

① 《管子·入国》。
② 《礼记·郊特牲》。
③ 陈顾远《中国婚姻史》,商务印书馆,1937年,第228页。
④ 《后汉书》卷五《孝安帝纪》。安帝元初六年诏令谓《礼记·月令·季春》有"表贞女"语,但《礼记正义》(《十三经注疏》本)无此语,此处姑用《后汉书》说。
⑤ 巴寡妇清事见《史记》卷一二九《货殖列传》、《汉书》卷九一《货殖传·巴寡妇清》。
⑥ 见沈家本《历代刑法考》,中华书局,1985年,第1772页。

汉文帝即位次年(前179),"出孝惠皇帝后宫美人,令得嫁"①。遣散老皇帝留下的嫔妃,并允许其嫁人为妻。这些嫔妃当然是未曾生育的,相当于无子寡妇,所以可以嫁人。文帝死前,遗诏遣散众嫔妃②。汉平帝死,无子,太后颁诏曰:"出媵妾,皆归家得嫁,如孝文时故事。"③甚至平帝的王皇后,也差一点被改嫁④。汉代公主改嫁实为常事,如"敬武长公主寡居,上令(薛)宣尚焉"⑤。东汉湖阳公主新寡,就看中有妇之夫宋弘,意欲下嫁之⑥。

以上是皇室的故事,民间寡妇改嫁有时还涉及有子者。如东汉刘长卿遗孀桓氏有一子五岁,她因担心被逼婚而不敢归宁娘家,后来儿子夭殁,她担心难逃被逼再婚之运,竟自残破相,表示守寡决心⑦。再如阴瑜遗孀荀采只有一女,是无子寡妇,也因担心被逼婚而不敢归宁娘家,后来其父诈称病危,诱其归而执逼其再婚,荀采到后夫家后以自杀抗婚⑧。从桓氏、荀采守寡以后均担心被娘家逼婚来看,当时寡妇娘家有权令寡妇再婚,而且寡妇娘家命守寡女儿再婚是社会常态。桓氏原有儿子,照理不得再婚,本无被逼再婚之虑,但她仍担心被娘家逼婚,说明有子寡妇也可再婚。

三国两晋南北朝时,平民、贵族各阶层寡妇改嫁的事例也很多。一方面寡妇再嫁的事实比比皆是,另一方面统治者又在表彰寡妇守寡,并且把本应守寡的有子寡妇也包括在内。如上述桓氏自残破相以拒绝再婚,曾受朝廷表彰,"显其门闾,号曰'行义桓𬀪'"。前此汉宣帝神爵四年(前58)四月,在给颍川地方的"贞妇顺女"奖励布帛时⑨,也不作有子无子的区别。

东汉名女班昭认为:"礼:夫有再娶之义,妇无二适之文。"⑩试图从理论上剥夺一切寡妇的再婚权。但是要从法律上禁止一切寡妇再婚,实际上是行不通的,统治者要在寡妇再婚问题上使法律规定与礼教要求趋于一致,只能规定

---

① 《汉书》卷四《文帝纪》。
② 《汉书》卷四《文帝纪》。
③ 《汉书》卷一二《平帝纪》。
④ 《汉书》卷九七下《外戚传·孝平王皇后》。
⑤ 《汉书》卷八三《薛宣传》。
⑥ 《后汉书》卷二六《宋弘传》。
⑦ 《后汉书》卷八四《列女传·刘长卿妻》。
⑧ 《后汉书》卷八四《列女传·阴瑜妻》。
⑨ 《汉书》卷八《宣帝纪》。
⑩ 《后汉书》卷八四《列女传·曹世叔妻》所载班昭《女诫·专心》。

在某个阶层或某段时间内寡妇不准再婚。

隋初,南和伯李谔鉴于"礼教凋敝,公卿薨亡,其爱妾侍婢,子孙辄嫁卖之,遂成风俗",上书陈事,隋文帝因而定"五品以上妻妾不得改醮"之制①,禁止改嫁的对象限制于五品以上官员的寡妇,既如此,五品以下及平民寡妇的改嫁,也就取得了合法地位。其后,隋文帝开皇十六年(596)六月又下诏:"九品已上妻、五品已上妾,夫亡不得改嫁。"②九品上官员的妻子,五品以上官员的妻、妾,丈夫死后都不得改嫁,把禁止改嫁寡妻的范围扩大到了所有品官的妻子,其寡妾改嫁不禁。该诏后被收著为"格",此为正式的单行法规。但至大业(605—617)初年,炀帝即位,命牛弘等修订律令,"牛弘引(刘)炫修律令。高祖之世……以风俗陵迟,妇人无节,于是立格……九品妻无得再醮。(刘)炫著论以为不可,(牛)弘竟从之"③。"品官妻妾不得改嫁"之法遂被废。

唐承隋制,唐初没有针对具体对象的改嫁之禁,但有时间上的改嫁之禁,即唐律所禁止的"夫丧……作乐释服从吉及改嫁"④,禁止在为亡夫服丧期间改嫁。违此者属十恶中的"不义"。而十恶罪名自北齐律以来即已齐备,故至少北齐、隋代亦有服丧期改嫁之禁。时间上的改嫁之禁,除了礼教上的意义外,也有宗法血缘上的意义,即可以保证寡妇不怀着前夫的胎儿出嫁到后夫家,以避免血统混乱。严格地讲,时间上的改嫁之禁只是一种待婚期规定,并非实质上的禁止改嫁。唐代寡妇改嫁的事例也屡见不鲜,如李林甫的亲信宋浑,在作东畿采访使时,"使河南尉杨朝宗影娶妻郑氏。……(郑氏)孀居有色,(宋)浑有妻,使朝宗聘而(宋)浑纳之,奏朝宗为赤尉"⑤。寡妇郑氏有姿色,而宋浑已有妻子,不能再娶妻,就让杨朝宗出面下聘,"影娶郑氏",实际却是由宋浑娶作妻室。作为答谢,宋浑推荐杨朝宗升了官。这个故事中,宋浑被"物议薄之"的,并不是娶寡妇为妻,而是他有妻更娶妻。

寡妇改嫁,无妻者娶寡妇,在唐代不是什么难堪的事情。贵如皇家公主,寡而改嫁的也很多,如唐高祖女长广公主,初嫁赵慈景,慈景死,改嫁杨师道。

---

① 《隋书》卷六六《李谔传》。
② 《隋书》卷二《高祖纪下》。
③ 《隋书》卷七五《儒林传·刘炫》。
④ 《唐律疏议》卷一《名例律》"十恶·不义"条夹注。
⑤ 《旧唐书》卷九六《宋浑传》。

唐太宗女襄城公主初嫁萧锐,萧锐死,改嫁姜简。高宗女太平公主,初嫁薛绍,薛绍死,改嫁武承嗣。唐中宗女长宁公主,初嫁杨慎交,慎交死,改嫁苏彦伯。唐睿宗女薛国公主,初嫁王守一,守一死,改嫁裴巽。如此等等,不足为怪①。

一直到唐宣宗时,才又有规定:"夫妇,教化之端。其公主、县主有子而寡,不得复嫁。"②"有子而寡,不得复嫁",无子而寡的公主仍然可以改嫁。禁止改嫁的范围从隋代的品官缩小到皇家公主、县主,从不分有子无子改为限于有子。

经五代之乱而入宋,上述唐宣宗时的改嫁禁令早已废置。《宋刑统》袭自唐律,也无寡妇改嫁之禁。宋初改嫁之风颇盛,如:"秦国大长公主,太祖同母妹也。初适米福德,福德卒。太祖即位,建隆元年(960),封燕国长公主,再适忠武军节度使高怀德,赐第兴宁坊。"③宋太祖的妹妹,初嫁米福德,米福德死后,又嫁给了忠武军节度使高怀德。又如宋真宗咸平年间(998—1003)事例:

> 左领军卫将军薛惟吉不能齐其家,妻柴氏无子,惟吉有子安上安民,素与柴氏不叶,柴(氏)既寡,尽蓄其祖父金帛,计直三万缗,并书籍纶告,以谋改适。右仆射张齐贤定娶之,自京兆遣牙吏约车来迎,行有日矣。安上诣开封府诉其事。……遂验问柴(氏)之臧获,发取瘗藏,得金贝仅二万计,……以所得瘗藏金贝赎还其(薛安上出质之)居第。④

薛惟吉续妻柴氏没有亲生子,前妻有子名薛安上。薛惟吉死后,柴氏欲携带薛家(注:"其祖父",指薛安上的祖父薛居正和父亲薛惟吉)资产改嫁张齐贤。前妻之子薛安上为此提起诉讼,后来官府搜出柴氏隐藏的财产,用以赎还薛安上此前典质给他人的祖屋。这个案件的矛盾焦点是携产,不是改嫁。即如果不携产,就允许改嫁。

不仅无子寡妇可以改嫁(如上述事例中的柴氏),有子寡妇在当时也可以改嫁,如:"(范)仲淹二岁而孤,母更适长山朱氏,从其姓。"⑤范仲淹两岁(约在

---

① 见《新唐书》卷八三《诸帝公主传》。
② 见《新唐书》卷八三《诸帝公主传》。
③ 《宋史》卷二四八《公主列传》。
④ 《续资治通鉴长编》卷五三"咸平五年冬十月癸未"条。
⑤ 《宋史》卷三一四《范仲淹传》。

太宗淳化元年,即公元990年)死去父亲,其母携仲淹改嫁长山姓朱的人家,仲淹因此而改姓朱。

从仁宗朝起,宋代开始有禁止寡妇改嫁的规定,但只限于宗室,庆历四年(1044)八月甲寅,颁诏:"宗室大功以上亲之妇,不许改嫁。自余夫亡而无子者,服除听还其家。"①据此诏可知:宗室妇女有子者一律禁止改嫁,须在夫家守寡;无子者,与皇帝有大功以上亲等关系的,禁止改嫁,也须在夫家守寡;其余宗室寡妇无子者,即与皇帝关系在大功以下的,服丧期满后,可以归宁母家,实即允许由母家主婚改嫁。

有子寡妇禁止改嫁限于宗室的某些寡妇,与唐宣宗时对公主、县主的改嫁禁令相比,禁止改嫁的范围更小。

实际上当时寡妇改嫁几成通例,家有寡妇而不改嫁者,反而成为被人诋毁的口实。如参知政事吴育弟媳李氏有六个儿子,是有子寡妇,守寡在家。庆历六年(1046),即上述宗室寡妇改嫁之禁颁布两年以后,御史唐询却以"弟妇久寡,不使改嫁"②为词,弹劾吴育,虽然这个弹劾没有成功,却也反映了当时寡妇改嫁之普遍。

礼教道德提出的"夫死不嫁"、"妇无二适之文"的要求,从一开始就不可能完全贯彻到法律条文中。不仅如此,如上所述,发展到宋代,甚至在道德方面对寡妇改嫁的看法也发生了变化。这样,就引起了宋代理学者们要在理论上强化"夫死不嫁"的冲动。

理学由周敦颐等创始,程颐等发扬光大,朱熹集其大成。在婚姻家庭方面,理学主要继承了礼教男尊女卑、三纲五常等传统观点,但特别强调因义理而压抑人性,其中直接论及改嫁问题的,是程颐的一段有名的说教:

> 问:"孀妇于理似不可取,如何?"曰:"然。凡取,以配身也,若取失节者以配身,是己失节也。"又问:"或有孤孀贫穷无托者,可再嫁否?"曰:"只是后世怕寒饿死,故有是说。然饿死事极小,失节事极大!"③

"似不可取"之问,反映了当时对寡妇改嫁问题有不同看法。程颐深知男子在

---

① 《续资治通鉴长编》卷一五一"庆历四年八月甲寅"条。
② 《续资治通鉴长编》卷一五八"庆历六年六月丙子"条。
③ 《二程全书·遗书》卷二二下。

社会上的主导地位,所以从男子能否娶寡妇开始设问,他认为凡是买卖,都要和自己的身份对应。寡妇改嫁就是失节,娶失节者为妻,也就是自己失节,用"失节"的大帽子威吓欲娶寡妇者,由此也产生了寡妇不吉利的观念,遗毒百世。"食、色,性也。"① 但是传统社会发展到宋代,人们尤其是妇女对"色"方面的要求早已讳莫如深,至于寡妇的爱情等等,更是天方夜谭。寡妇改嫁只能以"食"方面的理由提出,程颐却一鸣惊人,认为"饿死事极小,失节事极大",把寡妇改嫁的最后一条公开的正当理由也抹杀了。

如前所述,宋代法律只是规定"宗室大功以上亲之妇,不许改嫁",但理学家们极力冲破这个范围,要把改嫁禁则推向整个士大夫阶层乃至全社会,朱熹在关于劝人守寡的一封信中说:"昔伊川先生尝论此事,以为'饿死事小,失节事大',自世俗观之,诚为迂阔,然自知经识理之君子观之,当有以知其不可易也。"(《与陈师中书》)信仰和实践"饿死事小,失节事大"之理的才是"知经识理"的君子,否则就是"世俗"小人。朱熹还通过"天理"、"人欲"关系的讨论,提出"圣贤千言万语,只是教人'明天理,灭人欲'"②;"饮食者,天理也,要求美味,人欲也"③;"人之一心,天理存则人欲亡,人欲胜则天理灭,未有天理人欲夹杂者,学者须要于此体认省察之"④;以证明"饿死事极小,失节事极大"的正当性、合理性,使"寡妇改嫁"处于含垢忍辱的地位。

在盛行寡妇改嫁的宋代,连程颐的侄子病故后,寡妇侄媳妇不久也嫁了人。程朱理学的改嫁观违背人性,不合实际,既不可能贯彻到法律条文中,也不可能立竿见影,在思想领域占上风。它真正影响社会生活,还是在其后的元、明、清时期。

元代大德三年(1299),惠州路钞库大使李荣因病身故,遗孀阿何在服丧期内改嫁本路提控按牍郭克仁,元朝廷为此制定了一条两广官员遗孀不得擅自改嫁的特别法:

> 今后在广仕宦官员,若有身故抛下老小,听从本处官司依例起遣还家,不得擅自改嫁。如有违犯,事发到官,断罪听离。前夫家私若有散失,

---

① 《孟子·告子》。
② 《朱子语类》卷一二。
③ 《朱子语类》卷一三。
④ 《朱子语类》卷一三。

勒令赔偿。①

至大四年(1311)八月,又制定了禁止官员妻室改嫁的一般法,该法从宋代"宗室大功以上亲之妇,不许改嫁"退到了隋代"九品已上妻、五品已上妾,夫亡不得改嫁"的限制,即把禁止改嫁的对象从宗室扩大到了品官(流官)、从妻妾扩大到母亲:

> 封赠流官父母妻室,颁行天下,妇人因得夫子得封郡县之号,即与庶民妻室不同,既受朝命之后,若夫子不幸亡殁,不许本妇再醮,立为定式。如不遵式,即将所受宣敕追夺,断罪离异。②

丈夫、儿子做品官(流官),妻母可以得到郡县夫人封号,一得封号,她们就与平民百姓的妻室不同,不准在丈夫、儿子死亡以后改嫁。其理论根据完全是理学说教:

> 男有重婚之道,女无再醮之文,生则同室,死则同穴,古今之通义也。……近年以来,妇人夫亡守节者甚少,改嫁者历历有之,乃至齐衰之泪未干,花烛之筵复盛,伤风败俗,莫此为甚。③

至元二十六年(1289)四月,还曾制定过一条禁止出征军人妻妾擅自改嫁的特别法:

> 出征军人未知存亡,抛下妻小,其父母不合一面改嫁。合咨本省改正,仍将主婚人等断罪。④

据该法规内容看,如果确知出征军人已经死亡,则允许其遗孀改嫁。

明代和元代一样,禁止命妇(官员得到诰命的母亲与妻子)改嫁,不禁止平民寡妇改嫁:"凡妇人因夫、子得封者,不许再嫁,如不遵守,将所授诰敕追夺,断罪离异。"⑤并且以刑法保障其实施:

> 凡居父母及夫丧而身自嫁娶者,杖一百。……若命妇夫亡再嫁者,罪

---

① 《元典章》一八《户部》卷四《婚姻·官民婚》"广官妻妾嫁例"条。
② 《元典章》一八《户部》卷四《婚姻·官民婚》"流官求娶妻妾"条。
③ 《元典章》一八《户部》卷四《婚姻·官民婚》"命妇夫死不许改嫁"条。
④ 《元典章》一八《户部》卷四《婚姻·军民婚》"出征军妻不得改嫁"条。
⑤ 《明会典·吏部》。

亦如之，追夺并离异。知而共为婚姻者，各减五等，不知者不坐。……其夫丧服满愿守志，非女之祖父母、父母而强嫁之者，杖八十，期亲强嫁者减二等，妇人不坐，追归前夫之家，听从守志，娶者亦不坐，追还财礼。①

寡妇在为亡夫服丧期间，不准改嫁，改嫁者处杖刑一百；服丧期满以后，平民寡妇允许改嫁，但保护平民寡妇的守志意愿，除了寡妇的父母、祖父母以外，其他人不得强迫其改嫁。有封号的官员遗孀永远不得改嫁，违者处杖刑一百，取消封号，强制离异。

法律虽允许一般寡妇改嫁，但由于宋明理学贞节观的严重影响，统治者通过表彰"节妇"极力提倡守寡，社会舆论也相应地蔑视寡妇改嫁。明朝建国当年即诏令全国，表彰三十岁以前守寡至五十岁仍未嫁人的寡妇，并免除其家的徭役②。清代也大力表彰奖励节妇③，贞节牌坊遍地皆是。宋明理学贞节观的恶性传布，使守节的内容越来越残酷离奇，其典型代表是所谓"望门寡"（亦称"过门守贞"），即订婚以后未婚夫死亡，未婚妻仍与死去的未婚夫（以灵牌等做替身）举行婚礼，然后在夫家守寡，这种寡妇往往连丈夫的面都未曾一见。更有甚者，为未婚夫殉死的事例，宋代以后也时有所见。

五、典雇妻妾

中国古代夫妻之间的身份关系，外观上有平等的一面，但本质上绝对不平等。从第三者的角度观察夫妻结合体的外形，"夫妻，牉合也"④，夫妻一体，双方各为这个整体的二分之一，所以有人说"妻者，齐也，与夫齐体，自天子下至庶人，其义一也"⑤。但从夫妻二人的内部关系而言，双方在本质上有主从、尊卑关系，"妇人在家制于父，既嫁制于夫，夫死从长子。妇人不专行，必有从也"⑥；"妇者，服也，服于家事，事人者也"⑦。夫妻间主从、尊卑关系的恶性表现之一，是丈夫实际上可以把妻子作为买卖、质典、租赁等契约关系中

---

① 《明律》卷六《户律·婚姻》"居丧嫁娶"条。清律同。
② 《明会典·旌表》、《明会典·封赠》。
③ 《清会典·风教》、《清会典·封赠》。
④ 《仪礼·丧服子夏传》。
⑤ 《白虎通·嫁娶》。
⑥ 《春秋穀梁传·隐公二年》。
⑦ 《白虎通·嫁娶》。

的客体。

战国时期,楚王赠送孟尝君一只象牙床,登徒不愿承担运输象牙床的责任,他对孟尝君的门人公孙戍说:"象床之直千金,苟伤之毫发,则卖妻子不足偿也。"①说明当时已有在经济状况窘迫时出卖妻子应急的习俗。

卖妻习俗历代不绝。汉代以前,只有嫁卖一法,南北朝以降,始有卖、典、雇之分。"卖妻",如刘宋时"贫者卖妻儿"②,是人财交易,绝买绝卖,一去不复返。"典妻"又称"质妻",如南齐"浙东五郡,丁税一千,乃有质卖妻儿"③,是以妻子质典钱财,临时给人做妻为妾,约期回赎。"雇妻"者,如宋哲宗时,"(百姓)因欠青苗,至卖田宅雇妻女……不可胜数"④,是把妻子雇给他人做临时妻妾,收取雇金,约期返回本夫处。典妻与雇妻有区别:"以价易去,约限赎回,曰典,此仍还原价者,如典田宅之类也;计日受直,期满听归,曰雇,此不还原价者,如雇佣工之类也。"⑤但典型的典妻不多见,一般所说"典妻"、"典雇妻"实为"雇妻"、"出租妻",以下所述典妻,典雇妻多属此类。

礼教本重人伦风化,无卖妻主义。但礼教的人伦大纲之一"夫为妻纲",恰恰又是卖妻行为的理论根据。所以汉代就有人说:"嫁妻卖子,法不能禁,义不能止。"⑥国家对卖妻采取放任态度。东汉初年曾经对"嫁妻卖子"有所遏制:"民有嫁妻卖子,欲归父母者,恣听之。敢拘执,论如律。"⑦允许被嫁卖的妻子无偿返回父母家,也就减弱了人们花钱买娶他人妻子的欲望。

但宋代典雇妻妾是合法的,仁宗曾颁诏规定:"比因饥馑,民有雇鬻妻子及遗弃幼稚而为人收养者,并听从便。"⑧所以元代有官员说:"吴越之风,典妻雇子成俗久矣,前代未尝禁止。"⑨

典妻现象在宋代比较突出,"愚民多至卖田宅、质妻孥"⑩。出典妻子的是

---

① 《资治通鉴》卷二《周纪》显王四十八年。
② 《宋书》卷八二《沈怀文传》。
③ 《南齐书》卷二六《王敬则传》。
④ 《续资治通鉴长编》卷三八四"元祐元年八月己丑"条。
⑤ 《大清律例统纂集成·户婚》"典雇妻妾"条注。
⑥ 《汉书》卷六四下《贾捐之传》。
⑦ 《后汉书》卷一《光武帝纪上》。
⑧ 《续资治通鉴长编》卷一一四"景祐元年闰六月辛巳"条。
⑨ 《元典章》五七《刑部》卷一九"禁典雇·典雇妻妾"条。
⑩ 《宋史》卷三三一《陈舜俞传》。

在经济上陷于绝境的"愚民",但不都是下层贫民:

> 熙宁以来,有司上误朝廷,催纳官钱,不足,即没纳财产,至于上等人户,雇妻卖子,一家老幼星散,往往饥寒怨愤至死。①

在苛捐杂税催逼下,一些上等户也落到雇妻卖子的地步。

妻妾典雇多发生于江南地区。元世祖至元七年(1270),曾"遍行禁约,今后毋令买卖亲属"②。至元十五年(1278)初定江南之时,便对南宋遗留的妻妾典雇习俗进行清理整顿:

> 江西行省据袁州路归问到:彭六十为家贫,将妻阿吴立契雇与彭大三使唤,三年为满要讫,雇身钱五贯足。取到彭六十"不合典雇良人"招,伏乞照详。省府照得,彭六十状招明,该道路艰辛,供赡不力,自愿将妻典雇,即非得已,似难议罪,合下仰官为支钞五贯,当官给付彭大三,收赎阿吴与夫彭六十完聚,追收元约毁抹附卷。仍遍行合属禁治,毋得将妻子典卖为驱。③

彭六十因为家境贫困,以足五贯的价格,把妻子阿吴雇给彭大三"使唤"三年。袁州路官府发现此案以后,取得了彭六十"不应该典雇良人给他人"的招供状,上报江西行省请示处理办法。省府根据彭六十供状内容,认为彭六十因为"该道路艰辛,供赡不力"而"自愿将妻典雇",是出于无奈,难以追究其罪责,决定由官府支出五贯钱钞,当众给付彭大三,赎回阿吴,让她与丈夫彭六十团聚。并通报下属,一律禁止典卖妻子。

江西行省"遍行合属禁治,毋得将妻子典卖为驱"的决定,只能算是一种地方法规,难以在江南地区乃至全国普遍实施。至元二十九年(1292)有一次关于禁止典妻的中央级的立法活动:

> 中书省据御史台呈浙东海右道廉访司申准本道副使王朝请牒:"盖闻夫妇乃人之大伦,故妻在有齐体之称,夫亡无再醮之礼。中原至贫之民,虽遇大饥,宁与妻子同弃于沟壑,安得典卖与他人?江淮混一,十有五年,

---

① 《续资治通鉴长编》卷三九六"元祐二年三月丙子"条。
② 《通制条格》卷三《户令》"卖子圆聚"条。
③ 《元典章》五七《刑部》卷一九"禁典雇·典妻官为收赎"条。

> 薄俗尚且仍旧,有所不忍闻者。其妻既入典雇之家,公然得为夫妇,或为婢妾,往往又有所出。三年五年限满之日,虽曰还于本主,或典主贪爱妇之姿色,再舍钱财;或妇人恋慕主之丰足,弃嫌夫主。久则相恋,其势不得不然也。轻则添财再典,甚则指以逃亡,或有情不能相舍,因而杀伤人命者有之。即目官法,如有受钱令妻与人通奸者,其罪不轻。南方愚民公然受价,将妻典与他人数年,如同夫妇,岂不重于一时令妻犯法之罪?有夫之妇,拟合禁治,不许典雇;若夫妇一同雇,身不相离者,听得此。"本台看详:"如准所言禁止,诚厚风俗。其呈乞照详。"都省送礼部,议得:"夫妇乃人道大伦,如准王朝请所言,将有夫妇人禁约典雇相应。"都省准呈,咨请遍行合属,禁约施行。①

浙东海右道廉访使副使王朝,从理论(礼教)、实际(社会秩序)和法律(受钱令妻通奸法)等方面论证了典雇妻子习俗的危害性,向中央建议取缔这一习俗。经御史台、礼部讨论,中书省批准王朝的建议,制定了禁止典雇妻妾的法规:

> 诸受钱典雇妻妾者,禁;其夫妇同雇而不相离者,听。②

"夫妇同雇而不相离者"只是简单的雇工,所以不禁止。

其后元仁宗、英宗两朝都曾为典雇妻妾问题发过单行禁令③。明清两代也以刑罚处分典雇妻妾者:

> 凡将妻妾受财典雇与人为妻妾者,杖八十;典雇女者,杖六十;妇女不坐。④

可见盛行于南宋的典雇妻妾现象,在元明清三代,始终存于中国社会。实际上,直至近现代,南方地区还可见到典妻事例,正因为如此,浙江籍的现代作家柔石才能写出描写典妻现象的小说《为奴隶的母亲》。

---

① 《元典章》五七《刑部》卷一九"禁典雇·禁典雇有夫妇人"条。
② 《元史》卷一〇三《刑法志二·户婚》。
③ 见《元史》卷二五《仁宗本纪二》延祐二年春正月乙亥诏;卷二八《英宗本纪二》至治二年九月庚戌申禁。
④ 《大明律》卷六《户律·婚姻》"典雇妻女"条。清律同。

第五节 继　　承

一、拟制亲子的继承权

中国传统观念认为生育的目的，是延续宗祧（即继嗣，俗称"接续香火"）和养儿防老。延续宗祧使祖先永享后嗣祭祀。祭祀祖先是古代社会生活中的一件大事，所谓"国之大事，在祀与戎"①。在以男子为中心的社会中，祭祀这件庄严隆重的大事，必须由男子承担。不育，或者没有亲子，便是绝嗣、绝祀。春秋时，若敖氏后代楚国令尹子文认为，其侄越椒"熊虎之状而豺狼之声"，将来会使若敖氏绝祀，欲杀之而不得，故临死时对族人泣曰："鬼犹求食，若敖氏之鬼，不其馁而。"②冥冥之中的先祖们也是要吃饭的，若敖氏一旦因越椒而灭宗，他们就要挨饿了。在古人的观念中，绝嗣、绝祀会使祖宗挨饿。使祖宗挨饿，是莫大的不孝，"不孝有三，无后为大"③的观念正由此出，"无子"也就成了出妻的第一条理由："七出者，无子，一也。"④

断绝祖宗香火，被视为一件极其严重的事情，南宋判词说："废其祭祀，馁其鬼神，是可忍也，孰不可忍也。"⑤"断子绝孙"成为最恶毒的诅咒用语。另一方面，对广大庶民而言，他们经济实力薄弱，没有子嗣，老来无靠，是更现实的"不其馁而"，所以有"贫者养他人之子……惟望其子反哺"⑥之说。总之，为了延续宗祧和养儿防老，没有亲子，就要设一个拟制的亲子——养子。

古代养子分为同宗与异姓（包括异宗同姓者⑦）两大类。同宗养子的主要意义在于继嗣，为满足"鬼犹求食"，着眼于"鬼道"。异姓养子的意义则主要是人道方面的，即养儿防老和抚存弃孤。如第二章第五节所述，继嗣只能在被继承人死亡之后成立，从而以继嗣为目的的养子（后），可以在被继承人死亡之后成立（立后），这种"死后养子"与"生前继承"一样，是中国古代继承法的特色之

---

① 《左传·成公十三年》。
② 《左传·宣公四年》。
③ 《孟子·离娄章句上》。
④ 《仪礼·丧服》"出妻之子为母"贾公彦疏。
⑤ 《名公书判清明集》卷八《户婚门·立继》"叔教其嫂不愿立嗣意在吞并"。
⑥ 《袁氏世范》卷一"养子长幼异宜"。
⑦ 〔宋〕陈淳《北溪字义》："同姓不宗，即与异姓无殊。"

一。而异姓养子则只能在被继承人生前成立。

同宗养子又称为"立嗣子"、"嗣子"、"承继子"、"立继子"、"过继子"、"过房子"等,异姓养子又称为"假子"、"螟蛉子"、"义子"等,《唐律疏议》、《宋刑统》中统称为养子。收纳养子是一种社会需要,并很早就反映到了法律上。《仪礼·丧服传》中"为人之后"、"同宗则可为之后",说的就是同宗养子的事情。秦律中有"假子"①的概念。西汉董仲舒"《春秋》决狱"曾用《诗经》"螟蛉有子"句比喻养子。西汉末年规定"诸侯王、公、列侯、关内侯,亡子而有孙若子同产子者,皆得以为嗣"②,"子同产子"就是以兄弟的儿子为养子,确认这种养子可以继承宗祧。东晋也有关于养子的具体规定:"令文:无子而养人子,以续亡者后,于事役复除无回避者,听之,不得过一人。"③所谓"续亡者后",即前述"为人之后",也就是延续宗祧。

唐代按"同宗则可为之后"的礼制原则,进一步规定:"无子者,听养同宗于昭穆相当者。"④限在同宗子辈中选择养子,一般禁止收异姓人为养子,"养异姓男者,徒一年"。但因为"小儿年三岁以下,本生父母遗弃,若不听收养,即性命将绝"⑤,所以从抚存弃孤的人道主义和满足无子者的收养要求出发,又规定:"遗弃小儿年三岁以下,虽异姓,听收养,即从其姓。"⑥北宋还规定:"凡因灾伤遗弃小儿,父母不得复出。"⑦即不适用下述立法解释:"(遗弃小儿)如是父母遗失,于后来识认,合还本生,失儿之家,量酬乳哺之直。"⑧事实上,不但三岁以下的婴儿,就是三岁以上乃至十几岁的儿童,在无人抚育的状态下,都有"性命将绝"的危险,所以常常有放宽年龄限制的规定,如唐代咸亨元年(670),"令雍、同、华州贫窭之家,有年十五已下不能存活者,听一切任人收养为男女"⑨;南宋

---

① 《睡虎地秦墓竹简》,第159页。
② 《汉书》卷一二《平帝纪》。
③ 《通典》卷六九《礼二九·嘉十四》"养兄弟子为后后自生议"。
④ 《唐律疏议》、《宋刑统》卷一二《户婚》"养子舍去"条律疏所引《户令》。
⑤ 《唐律疏议》、《宋刑统》卷一二《户婚》"养子舍去"条律疏。
⑥ 《唐律疏议》、《宋刑统》卷一二《户婚》"养子舍去"条。
⑦ 〔宋〕叶梦得《避暑录话》:"余在许昌……阅法例'凡因灾伤遗弃小儿……'"据《宋史》卷四四五《文苑七·叶梦得传》:"政和五年,(梦得)起知蔡州……移帅颍昌府。"颍昌府治长社,长社含许昌。故可断定此为政和五年(1115)前之北宋法例。
⑧ 《唐律疏议》、《宋刑统》卷一二《户婚》"养子舍去"条律疏。
⑨ 《旧唐书》卷五《高宗本纪下》。

绍兴四年(1130)四月"明堂赦"规定:"应遭金人及贼寇杀虏,遗弃下幼小,但十五岁以下,听行收养,即从其姓";其后,又于绍兴六年(1132)、七年两次重申此制①。说明了血缘上虽然不同,而法律上可以同姓。既不同血缘,又不同姓的养子,称为"义子",不属《唐律疏议》、《宋刑统》所指"养子"的范围,从南宋开始在法律上另外提及义子。

宋代将《唐律疏议》关于养子的规定照录于《宋刑统》,此外还常常以单行法规规定收养法则,如北宋规定:"无子者,听养同宗之子昭穆合者"②;南宋规定:"诸无子孙,听养同宗昭穆相当者为子孙。"③一旦为人养子,就要承担起为人之子的义务,《唐律疏议》、《宋刑统》规定:"诸子孙违犯教令及供养有阙者,徒二年。"④养子自然包括在"诸子孙"之内。养子承担着延续宗祧和赡养老人的义务,所以他不得擅自取消收养关系,遗弃养父母,"诸养子,所养父母无子而舍去者,徒二年"⑤。

养子既然与亲子负有同样义务,也获得相应权利。表现在财产继承方面,就成了法定继承人,即唐代制定、宋代沿用的《应分条》注所说的"继绝亦同"⑥,承担着延续宗祧和赡养老人义务的养子,其继承权利与亲子完全相同。

但是死后养子只负有延续宗祧的义务,与生前养子有所不同,宋代继承法注意到了这种差异,根据收养时间的不同,对养子加以区分:

> 立继者,谓夫亡而妻在,其绝则其"立"也,当从其妻;命继者,谓夫妻俱亡,则其"命"也,当惟近亲尊长。立继者,与子承父分法同,当尽举其产以与之;命继者,于诸无在室归宗诸女,止得家财三分之一。⑦

这里的"立继子"有特定含义,是狭义的,广义的立继子泛指嗣子。本节述及立继子如不特别说明,一般即指狭义者。立继子虽然成立于养父死亡以后,但因为是养母所立,夫妻敌礼,仍属生前养子,"生前抱养,与亲生同"⑧,按《应分条》

---

① 《宋会要辑稿·食货六八之一二二》。
② 《宋会要辑稿·礼三六之一五》。
③ 《名公书判清明集》卷八《户婚门·立继》"已立昭穆相当人而同宗妄诉"。
④ 《唐律疏议》卷二四《斗讼》"子孙违犯教令"条、《宋刑统》卷二四《斗讼》"告周亲以下"条。
⑤ 《唐律疏议》卷一二《户婚》"养子舍去"条、《宋刑统》卷一二《户婚》"养子"条。
⑥ 《宋刑统》卷一二《户婚》"卑幼私用财"条所引唐代《户令》。
⑦ 《名公书判清明集》卷八《户婚门·立继》"命继与立继不同·再判"。
⑧ 《名公书判清明集》卷八《户婚门·立继》"生前乞养"。

的"继绝亦同"原则,"与子承父分法同,当尽举其产以与之"。"命继子"是夫妻(养父母)双亡以后由近亲尊长所立,虽然也是死后养子,但不得适用"继绝亦同",只能继承三分之一遗产。这个"三分之一"的规定,源于南宋初年:

〔绍兴二年(1132)〕九月二十二日,江南东路提刑司言:"本司见有人户陈诉'户绝立继之子,不合给所继之家财产'。本司看详:户绝之家,依法既许命继,却使所继之人并不得所生所养之家财产,情实可矜;欲乞将已绝命继之人,于所继之家财产,视出嫁女等法量许分给。"户部看详:"欲依本司所申,如系已绝之家有依条合行立继之人,其财产依户绝出嫁女法三分给一,至三千贯止,余依见行条法。"从之。①

上文"户绝立继之子",意为"户绝(无子而夫妇双亡)之后所立之子",显然指"命继子"。依照《应分条》"继绝亦同"的规定,立继之子继承遗产是理所当然的事情,但是却有人向官府提出了"户绝立继之子,不合给所继之家财产"的陈诉,官府也郑重其事地就此进行了讨论。南宋案例"出业后买主以价高而反悔"中有"震卿有弟,年未及格,据震卿供称,其弟幼年已过房,承叔父位下物业,震卿承父分,与过房弟初无相关"②的记载,说明出继子已失去了对生父母的继承权。如果出继子又不能继承养父母的遗产,就是"并不得所生所养之家财产",确如江南东路提刑司所说"情实可矜",不合"情"理了。所以,他们提出应"视出嫁女等法量许分给",允许比照出嫁女份额酌情分给部分遗产。他们的新方案肯定比旧规定更有利于命继子。从这些情况分析,在此以前命继子似乎在某种程度上被剥夺了继承权。命继子作为拟制的亲子,虽然不存在养老的义务,却仍负有延续宗祧、祭祀先祖的责任,所以需要重新调适,朝廷采纳江南东路提刑司等的建议,部分地恢复了命继子的继承权,此后又进一步完善,形成了《户令·命继子承产条》:

诸已绝之家,而立继绝子孙,谓近亲尊长命继者,于绝家财产,若只有在室诸女,即以全户四分之一给之;若又有归宗诸女,给五分之一,其在室并归宗女,即以所得四分依户绝法给之;止有归宗诸女,依户绝法给外,即

---

① 《宋会要辑稿·食货六一之六四》。
② 《名公书判清明集》卷六《户婚门·争田业》。

以其余减半给之,余没官;止有出嫁诸女者,即以全户三分为率,以二分与出嫁女均给,一分没官;若无在室归宗出嫁诸女,以全户三分给一,并至三千贯止,即及二万贯,增给二千贯。①

《名公书判清明集》中有一份判词在引用该法规时,说是"准《户令》",可知该法规属《户令》系统,故可称之为《户令·命继子承产条》(以下简称《命继子条》)②。它规定了在各种家属成员结构下命继子的继承份额。

命继子条未涉及立继子。无子而立嗣,嗣子一般只有一人,对命继子而言,就不是诸子均分。依照《应分条》,立继子一人可继承绝大部分遗产,亲生女只得到相当于儿子娉财一半的妆奁,嗣子则与亲生子一样优越于女儿。但是从血缘关系,舐犊之情方面看,女儿是亲生骨肉,"继绝"毕竟难同,正如南宋官员范应铃所说:"女乃其父之所自出,祖业(此'祖业'应理解为田宅等不动产)悉不得以沾其润,而专以付之过房之人,义利之去就,何所择也?"③产生了调整立继子与亲生女继承权关系的要求,当时已有遗嘱继承的规定,成了调整这种关系的权宜办法。但也因此产生了一些实际问题:

> (绍兴)三十一年(1161)四月十九日,知涪州赵不倚言:"契勘人户陈诉,户绝继养、遗嘱所得财产,虽各有定制,而所在理断,间或偏于一端,是致词讼繁剧。且如甲之妻,有所出一女,别无儿男。甲妻既亡,甲再娶后妻,抚养甲之女长成,招进舍赘婿。后来甲患危为无子,遂将应有财产遗嘱与赘婿。甲既亡,甲妻却取甲之嫡侄为养子,致甲之赘婿执甲遗嘱与手疏,与所养子争论甲之财产。其理断官司,或有断令所养子承全财产者,或有断令赘婿依遗嘱管系财产者。"给事中黄祖舜等看详:"欲下有司审订申明行下,庶几州县有似此公事,理断归一,亦少息词讼之一端也。"诏:"祖舜看详,法所不载,均(今)〔分〕给施行。"④

在绍兴三十一年以前,立嗣子适用"继绝亦同"定制,所以"理断官司,或有断令

---

① 《名公书判清明集》卷八《户婚门·女承分》"处分孤遗田产"所引。以下再引"命继子条"时不再出注。
② 《名公书判清明集》卷八《户婚门·立继》"命继与立继不同·再判"。
③ 《名公书判清明集》卷八《户婚门·遗嘱》"女合承分"。
④ 《宋会要辑稿·食货六一之六五》。

所养子承全财产者";赘婿适用"遗嘱所得财产"定制,所以"或有断令赘婿依遗嘱管系财产者"。二项"定制"存在着法律冲突,导致词讼繁剧。为解决这些实际问题,制定了以上"均分给"的新规定。这项规定,既可以说是对继子与亲子同等的继承地位的冲击,也可以说是对继子继承权的保护,从近代民法的角度来看,它蔑视了遗嘱继承优于法定继承的原则。这项规定以有遗嘱让赘婿继承遗产为前提,如果没有这种遗嘱,法律上立继子应该还是适用"继绝亦同"原则的。然而,这个规定毕竟动摇了有赘婿家庭立继子的继承地位。南宋的司法实践中,出现了如下的判词:

> 合以一半(遗产)与所立之子,以一半与所赘之婿。女乃其(父母)所亲出,婿又赘居年深,稽之条令,皆合均分。①

判词称"稽之条令,皆合均分",这个条令至今尚未见于史料,也许就是指上述"均分给"的规定。如果这个推测能够成立,那也就是说,该案在类推适用"均分给"的规定时,把它的前提(遗嘱)扬弃了。赘婿得以与立继子均分,根本原因在于"女乃其(父母)所亲出",在血缘上优于立继子。招婿女儿(坐家女)可与立继子抗礼,很自然地会周延及"乃其父母所亲出"的其他女儿。

有一份判词中提到了一个"他郡均分之例",值得注意:

> 郑应辰无嗣,亲生二女,曰孝纯、孝德,过房一子曰孝先,家有田三千亩,库一十座,非不厚也。应辰存日,二女各遗嘱田一百三十亩、库一座,与之殊不为过。应辰死后,养子乃欲掩有,观其所供,无非刻薄之论。假使父母无遗嘱,(二女)亦自当得,若以他郡均分之例处之,二女与养子各合受其半。②

这个"他郡均分之例",也无须以"遗嘱"为前提,其所谓"均分",虽与《应分条》的"诸子均分"不同,是以女儿(不论人数多少)为一方、立嗣子(一人)为另一方的对分,但与"尽举其产以与之"相比,立继子的继承份额减少了一半。

异姓养子,严格地讲,是没有资格继承宗祧的。因为"神不歆非类"③,鬼神

---

① 《名公书判清明集》卷七《户婚门·立继》"探阄立嗣"。
② 《名公书判清明集》卷八《户婚门·遗嘱》"女合承分"。
③ 《左传·僖公十年》。

不歆享异姓人的祭祀,异姓人来祭祀祖先,无异于绝祀。"国立异姓曰灭,家立异姓曰亡。"①《唐律疏议》、《宋刑统》禁止收养异姓的原因与此有关:"异姓之男,本非族类,违法收养,故徒一年。"②既然没有资格继承宗祧,就不能适用《应分条》的"继绝亦同"规定,异姓养子似乎没有财产继承权了。

但是,根据《唐律疏议》、《宋刑统》规定,收养三岁以下异姓遗弃小儿,"即从其姓",也就是在法律上养子与养父同姓。而且,这个"同姓"应理解为"同宗同姓",否则这个"同姓"归于哪一宗呢?简言之,合法的异姓养子在法律上与养父同宗同姓,或者说,是拟制的同宗同姓。法理上,拟制者应与真实者享有同等权利。如果说,因为考虑到"神不歆非类"而不给拟制的同宗同姓养子继绝权,尚可成立,那么剥夺其单纯的财产继承权,就不合情理了。

关于异姓养子的继承权,《唐律疏议》、《宋刑统》以及《应分条》都没有明言,势必会在司法实践中引起麻烦。而南宋时在立法上已解决了这个问题:

> 在法,诸因饥贫,以同居缌麻以上亲与人,若遗弃而为人收养者,仍从其姓,各不在取认之限,听养子之家申官附籍,依亲子孙法。③

明确其权利义务"依亲子孙法",异姓养子至少在财产方面与亲子享有同等继承权。

二、赘婿的继承权

赘婿是就婚于女家的男子,是妻方家庭成员之一。贾谊说:"秦俗日败,故秦人家富子壮则出分,家贫子壮则出赘。"④颜师古注"赘婿"曰:"赘,质也,家贫无有聘财,以身为质也。"⑤"家贫无有聘财,以身为质",就是劳役婚女婿。掠夺婚时代因抢婚失败、反被女方家族捕获留置的抢婚男子,很可能就是最早的劳役婚女婿起源。因此劳役婚女婿形同奴婢,被女方家族所蔑视。战国时期的赘婿已是"居穷有子,使就其妇家"⑥的赘婿,不得携妻归宗,自然更被父权社会

---

① 《名公书判清明集》卷八《户婚门·立继》"叔教其嫂不愿立嗣意在吞并"。
② 《唐律疏议》卷一二《户婚》"诸养子"、《宋刑统》卷一二《户婚》"养子"律疏。
③ 《皇宋中兴两朝圣政》卷五九《孝宗皇帝》。
④ 《汉书》卷四八《贾谊传》。
⑤ 《汉书》卷四八《贾谊传》颜师古注。
⑥ 《史记》卷六《秦始皇本纪》集解引臣瓒语。

视为"犹人身体之有肬赘,非应所有"①了。所以"出赘"与"出分"一样,被认为是败坏社会风气的行为。

女儿本身是有继承权的,女儿招婿后,所继承的家财如果不超过其应得份额,就不能说赘婿有单独的继承权。如果赘婿夫妇所得遗产的份额,多于女儿应得份额,这多得的部分才是赘婿继承权的体现。"(汉)孝文皇帝时,贵廉絜,贱贪污,贾人、赘婿及吏坐赃者皆禁锢不得为吏。"②贾人"弃本务末"、追逐商利,贪官违法乱纪、收受赃贿,都与财产有关,二者被视为"贪污",很可理解。"居穷有子,使就其妇家"的赘婿也被列为"贪污",可能是因为他和贾人、贪官一样,能得到财产方面的实惠。换言之,就是赘婿夫妇所承家财已超过女儿应得份额,即赘婿事实上能继承岳父母的财产。

由于宗法观念的影响,赘婿继承家产的事实,长期得不到法律承认,《唐律疏议》、《宋刑统》甚至未提及赘婿。涉及赘婿的法令,往往是对其进行限制的。如北宋淳化元年(990)九月二十一日,

> 崇仪副使郭载言,前使剑南日,见富人家多召赘婿,与所生子齿,富人死,即分其财,贫民多舍其父母出赘,甚伤风化而益争讼,望禁之。诏从其请。③

于是有"禁川峡民父母在,出为赘婿"④之诏。但从这个诏令看,如果父母不在(已死亡),出为赘婿则不受禁止。

招纳赘婿的,一般是有女儿而无儿子的人家。按《宋刑统》,"不曾分割得夫家财产入己"的归宗女以及在室女,都适用《丧葬令》"诸身丧户绝者,所有……资财,……将营葬事及量营功德之外,余财并与女"⑤的规定。有女无子而招婿的人家,父母双亡后就是"绝户",坐家女相当于在室女,全部遗产都可由她继承。赘婿与坐家女夫妇一体,没有分产问题,所以在这种情况下,不存在赘婿单独的继承权。

---

① 《汉书》卷四八《贾谊传》颜师古注。
② 《汉书》卷七二《贡禹传》。
③ 《宋会要辑稿·刑法二之四》。
④ 《宋史》卷五《太宗本纪》。
⑤ 《宋刑统》卷一二《户婚·户绝资产》。

但是在实际生活中,既存在有子招婿的家庭(如上述剑南富人),也有招婿以后又生子的家庭(如下述窦州县吏),而且即使没有亲子,也多有"同宗昭穆相当者"为嗣子,在这类家庭中,就有了赘婿继承权问题。如按《应分条》原则继承,这类家庭中的在家女,其继承份额也只有"减男聘财之半",作为家庭成员之一的赘婿的财产权完全被漠视。要改变、增加赘婿夫妇继承份额,只有另辟蹊径——借助遗嘱。宋真宗时,郎简调任窦州知州,审理一件继承讼案:

> 县吏死,子幼,赘婿伪为券,冒有其赀。及子长,屡诉不得直,乃讼于朝。下简劾治,简示以旧牍曰:"此尔翁书耶?"曰:"然"。又取伪券示之,弗类也,始伏罪。①

按《户绝条》规定②,遗嘱处分家产的前提是"身丧户绝",没有子嗣,该案中县吏有儿子,所以那遗嘱(券)无论真伪都是无效的。但该案的赘婿却以岳父遗嘱为承产根据,郎简承办此案,也以辨别遗嘱的真伪为断案关键。前面述及的"遗嘱所得财产"定制此时是否已颁布,固然不得而知,至少当时社会习惯和司法实践都已认可这种遗嘱的效力。

无子而招赘者,赘婿与岳父母不应有分居问题。但如果有儿子,或者立了嗣子,那么,在岳父母生前与死后,都会有分居的可能。分居之时,赘婿夫妻的得份,除了"减男聘财之半"以外,只能取决于岳父的意思,原无其他法律依据。如果岳父未立遗嘱而突然死亡,或者分居时岳父不愿分给赘婿夫妇相应的家财,赘婿就大大"吃亏"了。因为,在父权社会的中国古代,人们冒天下之大不韪而招婿入赘,自有其实际需要和利益,就岳父母方面而言,无子(或子幼)缺乏劳力是重要原因之一,就赘婿而言,"与所生子齿,富人死,即分其财",是其物质利益之所在。在这样的家庭中,赘婿往往充当了家庭经济生活的主角,甚至还要代表岳父履行公法上的义务,充任差役(如"保甲")等。赘婿充任差役,无疑是有利于国家利益的,北宋时注意到了这一现象。宋神宗元丰六年(1083),

> 提举河北保甲司言,乞义子孙、舍居婿、随母子孙、接脚夫等,见为保甲者,候分居日,比有分亲属给半,诏著为令。③

---

① 《宋史》卷二九九《郎简传》。
② 参见本书第四章第五节之"女儿的继承权"。
③ 《续资治通鉴长编》卷三三二"元丰六年春正月"条。

从此,即使没有岳父的明确意思(或遗嘱),赘婿参与分割家产,也有法条可依了。但该法令中的一个"比"字,以及"见(现)为保甲者"的前提,说明赘婿的法定继承人地位当时还很不清晰稳固。赘婿继承岳父家产还是免不了依靠遗嘱。南宋已有了赘婿可根据遗嘱继承岳父遗产的规定①。

《丧葬令》规定:"若亡人在日,自有遗嘱处分,证验分明者,不用此令。"②在"户绝"的前提下也通用遗嘱继承优于法定继承的原则。但是,如果岳父遗嘱全部财产由赘婿继承,亲子、嗣子却一无所得,这就太不合"情理"了。为了保护法定继承人(亲子、嗣子)的继承权,就要修正遗嘱继承优于法定继承的原则。

南宋绍兴三十一年(1161)四月,知州赵不倚向朝廷报告,要求解决上述矛盾,使赘婿"遗嘱所得财产"定制与"户绝继养"定制"理断归一"。给事中黄祖舜建议"法所不载,均分给",即原先没有法律规定,今后赘婿如持有承产遗嘱,应与立嗣子均分遗产。这个建议得到了批准③。这种"均分给"法,虽然限制了赘婿的遗嘱继承份额,但却使赘婿成了准法定继承人。

赘婿夫妇可与立嗣子均分家产,份额显然多于在室女,仅凭其赘婿身份,便可与嗣子抗衡,继承岳父母的遗产。但"户绝财产果无同宗应继之人,所有亲女承受"时,赘婿又称不上是继承人了。赘婿继承人地位的渊源是女儿的继承权,是依附于女儿继承权的一种特殊继承权,也可以说,它是女儿继承权的特殊情况下的扩大。理解了这一点,看似扑朔迷离的赘婿继承权,就不那么炫目了。

三、妇女继承权

(一) 妻妾

关于妻子的继承权,《应分条》规定:"寡妻无男者,承夫分。"兄弟分家时,无子寡妻可以代位继承其夫的应得份额。代位继承权的基础,是代位人对被代位人有继承权。所以,如果丈夫在分家以后死亡,无子寡妻继承亡夫遗产,自在不言之中。那么,有子寡妻是否可以代位继承亡夫的应得份额呢?

在兄弟分家的情况下,寡妻孤儿作为大家庭中的"一房",地位明确,能够

---

① 参见本节之一。
② 《宋刑统》卷一二《户婚·户绝资产》。
③ 参见《宋会要辑稿·食货六一之六五》。

与亡夫的弟兄分庭抗礼,代位继承亡夫应得份额的权利。问题在于这份财产在法律上是以谁的名义继承,以谁的名义领有。

寡妻作为母亲,有"诸祖父母、父母在,而子孙别籍异财者,徒三年"①律条调节她和儿子间的财产关系。换言之,儿子如果没有寡母的许可,而教条地按照《应分条》"兄弟亡者,子承父分"的规定越过其母占有其父的应得份额,他就可能触犯上述律条而被判三年徒刑。所以,这里的"兄弟亡者……"一句,应理解为"在某一兄弟夫妇双亡的场合下,由他们的儿子代位继承"。问题在于《应分条》注语谓"有男者不别得分……"云云,似乎是说有子寡妻不能代位继承亡夫的应得份额。可以认为,这个注的意义,是指明寡妻母子的继承期待权所指向的标的,是同一份财产,不能一房得二份,否则就违反了兄弟均分原则。它不是也不能成为限制有子寡妇代位继承的法源。

在司法实践中,也是依照上述理解操作的,如:

> 王罕知潭州……有老妪病狂,数邀知州诉事,言无伦理,知州却之,则悖詈。先后知州以其狂,但命徼者屏逐之。罕至,妪复出,左右欲逐之。妪诉本为人嫡妻,无子,其妾有子,夫死,为妾所逐,家赀妾尽据之。妪屡诉于官,不得直,因愤恚发狂。罕为直其事,尽以家赀还之。吏民服其能察冤。②

该案中老妪的"无子",只是没有亲生儿子,从传统家属法来讲,妾子是她的庶子,庶子也是子。但知州王罕的判决却是"尽以家赀还之",全部家产归还给寡妻,一个"还"字,说明不管有子无子,亡夫的家产都应由寡妻继承,寡妻得不到家产就是"冤"。无论是按照"妇人年五十以上,不复乳育,故许立庶子为嫡"③的规定,还是按照嫡庶无别的财产继承原则,该案中的妾之子(庶子),似乎都可以按《应分条》"子承父分"的原则直接继承其亡父的遗产,但官府却没有判由他继承,其原因就是他的嫡母(即案中老妪)还活着。

北宋关于死商遗产处理的规定中,沿用了后周显德五年(958)七月七日敕条:"死商财物如有……妻,不问有子无子……不问随行与不随行,并可给付。"④

---

① 《唐律疏议》卷一二《户婚律》"子孙别籍异财";《宋刑统》卷一二《户婚律》"父母在及居丧别籍异财"。
② 《宋朝事实类苑》卷二三《官政治绩》。
③ 《唐律疏议》卷一二《户婚》"立嫡违法"条疏。
④ 《宋刑统》卷一二《户婚律》"死商钱物"。

强调妻子,不问有子无子,都可继承亡夫的遗产。之所以这样强调,当然是因为其中有一类妻子的继承权不明确,容易受到损害,而按照对《应分条》"有男者不别得分"的简单理解,她当然是指有子之妻了。但是如果把"不问有子无子"一句与同条中"不问随行与不随行"一句比较一下,就会明白事情并非如此。在此之前,原有法令规定:

> 死商钱物等,其死商有……嫡妻……见相随者,便任收管财物。如死商……妻儿等不相随,如后亲属将本贯文牒来收认,委专知官切加根寻,实是至亲,责保讫,任分付取领,状入案申省。①

随行亲属,"便任收管财物",没有什么特别的限制;而不随行亲属即使持原籍官府的证明公文(本贯文牒)前来认领,遗产所在地官府也要"切加根寻",查明"实是至亲"后,还要有人作保,才能"任分付取领"。也就是说,随行者的继承权要比不随行者明确而有保障得多。后来对上述规定进行了修正:

> 商客及外界人身死,如无上件(嫡妻等)亲族相随,……便牒本贯追访。如有……嫡妻,……即任收认。……如死客有妻无男女者,亦请三分给一分。②

嫡妻不随行也可与随行者一样简单地"即任收认"了,对照下文"如死客有妻无男女者,亦请三分给一分",这个嫡妻应是有子寡妇,其"收认"的也无疑是全部遗产。无子之"妻"只能继承三分之一(从另一个角度分析,一称"嫡妻",一称"妻",此处的"妻"可能指的是"妾",这就牵涉到妾的继承权了,暂不论),继承地位不如有子者。

后周显德五年对上述规定进一步修正,改为"不问有子无子,不问随行与不随行,并可给付"。根据以上对"随行"、"不随行"及"有子"、"无子"之妻原有继承地位的分析,这一句敕文可以读为"妻子即使没有儿子,也与有子者一样享有继承权,即使不随行,也与随行者一样享有继承权"。这一修正的背景,就是当时有子寡妇的继承权比无子寡妇明确而有保障得多。

因为无子寡妻的继承权相对地不明确与无保障,所以才有《应分条》的"寡

---

① 《宋刑统》所引唐太和五年二月十三日敕节文。
② 《宋刑统》所引唐太和八年八月二十三日敕节文,户部奏请。

妻无男者,承夫分"规定,这句令文应理解为"寡妻即使没有儿子,也可与有子者一样代位继承亡夫的应得份额",它的着重点在于保护而不是限制寡妻的继承权。所以,在兄弟分家的情况下,寡妻孤儿"一房"的家产,是以寡妻名义继承、领有的。《应分条》还规定:"寡妻……若夫兄弟皆亡,同一子之分。"这是在孙辈兄弟越位继承的情况下,子辈兄弟的继承层位已消失,她就与孙辈兄弟均分家产。寡妻继承地位有变化,但她享有继承权仍是确定无疑的。

配偶的继承权来源于婚姻关系,婚姻关系一旦不存在,继承权也就随之丧失。在男女不平等的中国传统社会,丧偶后再婚的法律效果,对男女是不同的。男子丧偶后再婚是"续弦"、"鸾胶再续",犹如琴或弓的弦断了,又把它接起来(不是换弦),原弦仍附属于原琴(或弓)。所以丧偶丈夫再婚(续弦)后,在观念上亡妻仍是他的妻子,他也仍是亡妻的丈夫。女子丧偶后再婚是"改适"、"改嫁"、"改弦",是改变丈夫,所以一旦再婚(改嫁),她就不再是亡夫的妻子。正如《名公书判清明集》判词所说:"(寡妇徐氏)既不能守志,而自出嫁与陈嘉谋,则是不为(前夫)陈师言之妻矣。"① "(寡妇)未去一日,则可以一日承夫之分,朝嫁则暮义绝矣。"② 失去了妻子的身份,就不能继承亡夫的遗产,已经继承了的,也要退出。《应分条》规定:"(寡妇)若改适,其见在部曲、奴婢、田宅不得费用,皆应分人均分。"《名公书判清明集》判词也说:"(寡妇)赵氏改嫁,于义已绝,不能更占前夫屋业。"③

寡妇,尤其是年轻、无子的寡妇,存在着改嫁的可能。南宋人方天禄无子而死,留下一个十八岁的寡妻,官府的判断是"十八而孀居,未必能守志"④,依照法律,改嫁时她不能带走夫家财物。但在实际操作上,不动产犹可控制,动产(浮财)就很难掌握,于是就对寡妇的财产处分权作出种种限制,以防止其将不动产转变为动产,南宋"在法,寡妇无子孙,年十六以下,并不许典卖田宅"⑤。违反者有刑事处罚,"诸寡妇无子孙,擅典卖田宅者杖一百,业还主,钱主牙保知情,与同罪"⑥。对年轻寡妇家产处分权的种种限制,目的在于防止其变相的

---

① 《名公书判清明集》卷九《户婚门·违法交易》"已出嫁母卖其子物业"。
② 《名公书判清明集》卷八《户婚门·检校》"检校孳幼财产"。
③ 《名公书判清明集》卷九《户婚门·接脚夫》"已嫁妻欲据前夫屋业"。
④ 《名公书判清明集》卷八《户婚门·检校》"检校孳幼财产"。
⑤ 《名公书判清明集》卷五《户婚门·争业下》"继母将养老田遗嘱与亲生女"。
⑥ 《名公书判清明集》卷九《户婚门·违法交易》"鼓诱寡妇盗卖夫家业"。

改嫁带产,并非对寡妇继承权的否定。《宋刑统》载:

> 【准】《杂令》,诸家长在,而子孙弟侄等不得辄以奴婢、六畜、田宅及余财私自质举及卖田宅。……臣等参详:应典卖物业或指名质举,须是家主尊长对钱主,……或妇女难于面对者,须隔廉幕亲闻商量,方成交易。①

从以上规定可以看出,宋代也有女性家长,在她之下有子孙等,这种女性家长除了寡妻还能是谁呢?所以,对寡妇财产处分权的限制,既不意味着寡妇绝对不能处分家产,也不是把处分权转移给儿子。

与妻相比,妾在家庭中的地位更低,"妻者何谓?妻者齐也,与夫齐体,自天子下至庶人,其义一也;妾者接也,以时接见也"②。这种差别表现在继承权上,妻子可以继承丈夫的遗产,妾却不能,《应分条》就是排斥寡妾的继承权的③。宋代沿袭了这一原则,上述王罕保护落实老疯妪继承权的案例,全部家产归寡妻继承,寡妾一无所得。男性家长死亡后,有子女有妾而无妻时,遗产只能由子女继承,妾不能继承。如果只有妾存在,遗产甚至会被没收归公。《宋史》有案例:

> 杨大烈有田十顷,死而妻女存。俄有讼其妻非正室者,官没其赀,且追十年所入租。部使者以诿(程)迥,迥曰:"大烈死,赀产当归其女,女死,当归所生母可也"。④

该案中,杨妻是被作为妾对待的,杨大烈死后,遗产归其女儿继承,杨女死后,遗产由杨妻继承。从中可以知道,当时(1)妾无继承权;(2)妾作为生母,得继承其子女的遗产。这第二点表现为法律,就是"诸户绝人有所生母同居者,财产并听为主"⑤。

"诸祖父母、父母在,而子孙别籍异财者,徒三年"中的"母"不包括庶母(即

---

① 《宋刑统》卷一三《户婚律》"典卖指当论竞物业"。
② 《白虎通·嫁娶》。
③ 参阅本书第四章第五节。
④ 《宋史》卷四三七《程迥传》。
⑤ 《名公书判清明集》卷八《户婚门·立继》"继绝子孙止得财产四分之一"。参见《后村先生大全集》卷一九三"书判"《建昌县刘氏诉立嗣事》。

寡妾),所以在父亲和嫡母双亡后,即使有庶母在,子女也可立即实现继承。南宋案例:

> 田县丞有二子,曰世光(登仕),抱养之子也;曰珍珍,亲生之子也。……世光死无子,却有二女,尚幼。刘氏者,珍珍之生母也;秋菊者,二女之生母也。①

刘氏是田县丞之妾,秋菊是世光之妾,田县丞、世光死后,世德被立为世光之嗣子。虽然刘氏尚存,分割遗产却被提上日程,并引起了诉讼。在诉讼中,刘氏处处以田县丞之妻自居,以致审判官蔡提刑也误认刘氏为寡妻,作出"产业听刘氏为主"的判决。如果刘氏真是田县丞之妻,她就不但是珍珍的母亲,而且是世德的祖母,依照"诸祖父母、父母在,而子孙别籍异财者,徒三年"法,蔡提刑的判决是适当的。但世德方面不服,争讼累年,案件转到了刘克庄手中。刘克庄在弄清刘氏的身份以后,认为她和秋菊"只是二个所生母耳",于是着手处理田县丞遗产的分割,继承人是珍珍、世光(由二女和世德代位)等,各人按其身份继承不同份额的遗产。刘氏和秋菊均不是有份人。世德被立为嗣子时,世光已死,虽然有秋菊在,但因她是妾,不能适用"立继者,谓夫亡而妻在,其绝,则其立也当从其妻"的立继法,世德被视作命继子,只能继承世光份额的四分之一,而如果秋菊是妻,世光就可以具有立继子的身份,从而能期待继承更多份额。

如果死者身后没有嫡妻儿女,只有一个寡妾,这个妾还是有可能继承一部分遗产的,前面引述的"商客及外界人身死,如无上件(嫡妻等)亲族相随,……便牒本贯追访。如有……嫡妻,……即任收认。……如死客有妻无男女者,亦请三分给一分"的规定中,"妻"与"嫡妻"对照,该"妻"可能指的是"妾",或者它就是"妾"的误字。如果这个假设能够成立,那么在特殊情况下,妾可以有一定的继承权。

寡妻如果是续弦妻,其地位介乎正妻(前妻)与妾之间,尤其是无子之续弦妻更容易被视同寡妾。《名公书判清明集》载:

> 徐二初娶阿蔡为妻,亲生一女六五娘;再娶阿冯,无子,阿冯有带来前

---

① 《名公书判清明集》卷八《户婚门·立继》"继绝子孙止得财产四分之一"。

夫陈十三之子名陈百四。……（徐二）于淳祐二年(1242)手写遗嘱,将屋宇园池给付亲妹与女,且约将来供应阿冯及了办后事。……在法:"诸财产无承分人,愿遗嘱与内外缌麻以上亲者,听自陈,官给公凭。"……今徐二之业已遗嘱与妹百二娘及女六五娘,曾经官投印,可谓合法。……家业追还徐百二娘、六五娘,同共管佃,别给断由,与之照应。仍仰百二娘照遗嘱供奉阿冯终身,不得背弃。①

该案中的徐二死后还有其妻阿冯在,无论是按照"寡妻无男者,承夫分"法还是"夫亡从其妻之法"②,徐家都还不属于"诸财产无承分人"。而《户令》曰:诸财产无承分人,愿遗嘱与内外缌麻以上亲者,听自陈。则是有承分人不合遗嘱也"③。徐二以遗嘱处分家产是不合法的,但官府却认为合法,先是接受徐二的遗嘱登记,后则确认其效力。原因就在于阿冯是续弦妻。无子续弦妻的境遇有特殊性,这与她对夫族的认同性,以及中国社会对"后娘"的成见有关。

综上所述,嫡妻不管有子无子,都是丈夫的继承人。妾一般不能直接继承丈夫的遗产,但她可以"所生母"身份间接继承原本属于其夫的财产,在某些特殊情况下,也可以继承亡夫的一部分遗产。续弦妻的继承地位介乎嫡妻(前妻)与妾之间。

(二) 在室女

妆奁是女儿继承权的主要表现。女儿取得妆奁的时间,与儿子取得家产一样,可以在父母生前,也可以在父母死后。中国传统观念认为,儿子承担着养老送终、延续宗祧的义务,女儿于此无责无能。男女既有如此差别,他们在财产继承权上当然不可能平等。上述观念存在一天,这种不平等就会同时存在。

在室女是未婚女儿,与出嫁女对应。《应分条》规定,分割父母遗产时,在室女得到的妆奁,其数额只相当于儿子(不管是亲子还是养子)聘财的一半。如前所述,南宋有"户令命继子承产条",又有在室女与立继子分割遗产的"他郡均分之例"。"均分之例"的所谓"均分",与《应分条》的"诸子均分"不同,它

---

① 《名公书判清明集》卷九《户婚门·违法交易》"鼓诱寡妇盗卖夫家业"。
② 《名公书判清明集》卷四《户婚门·争业上》"罗械乞将妻前夫田产没官"。
③ 《名公书判清明集》卷五《户婚门·争业下》"继母将养老田遗嘱与亲生女"。

是以女儿(不论人数多少)为一方、立嗣子(一人)为另一方的对分。在无子而立嗣的家庭中,在室女的继承地位有所提高。

南宋还有明确的"女承父分"法:"在法,父母已亡,儿女分产,女合得男之半。"①援用此法的判词,是刘克庄"淳祐己酉(1249)至宝祐戊午(1258)十年间之所作也"②。提到"他郡均分之例"的范应铃,是开禧二年(1206)的进士③,他到地方上做司法官,不会在淳祐九年(1249)之后。同时,从判词可以看出,范应铃明显同情女儿,主张女儿与嗣子分享遗产,如果当时有"女合得男之半"的国法,就不必引用"他郡均分之例"。所以"女得半"法规的制定,应在"均分之例"之后。

以在室女实际所得份额言"均分之例"(Ⅱ)与"女合得男之半"法(Ⅰ)相比(见表1),当女儿人数 m=1 时,Ⅱ优于Ⅰ;m=2 时,Ⅱ与Ⅰ相同;当 m>2 时,Ⅱ就劣于Ⅰ了。在"不孝有三,无后为大"观念支配下,生了女儿以后总还想生儿子,所以会不断生育,如果最后没有儿子,就会有两个、三个甚至更多的女儿。所以在多数场合,Ⅰ比Ⅱ更有利于女儿。"命继子条"规定:"诸已绝之家,而立继绝子孙,谓近亲尊长命继者,于绝家财产,若只有在室诸女,即全户四分之一给之。"如果嗣子是命继子,在室女(不管人数多少)可以继承遗产总额的四分之三。在一子一女的情况下,该女的得份因其兄弟身份的不同而异,从三分之一到四分之三不等(见表2)。

表1 适用不同法规得份比例

适用法	Ⅰ	Ⅱ
得份 儿	2	2
得份 女	1	2÷m

表2 南宋一子一女家庭遗产分割比率

	儿 子 身 份		
	亲子	立继子	命继子
适用法	Ⅰ	Ⅱ	Ⅲ
得份 儿	2/3	2/3	1/2	1/4
得份 女	1/3	1/3	1/2	3/4

说明:表1中之 m 为女儿数。
两表中罗马数字代表的法规为:Ⅰ"女合得男之半"法条。Ⅱ"他郡均分之例"。Ⅲ"命继子条"。

---

① 《名公书判清明集》卷八《户婚门·分析》"女婿不应中分妻家财产"。
② 《后村先生大全集》卷一九三"跋语"。
③ 《宋史》卷四一〇《范应铃传》。

在绝户的场合下,女儿继承份额还可增加,即原先由儿子继承的份额全部或部分由女儿继承。户绝条规定绝户遗产"将营葬事及量营功德之外余财并与女",这里所说的"女"指的是在室女。在室女可以全份继承绝户遗产。

南宋既有与户绝条旨趣相同的"诸户绝财产,尽给在室诸女"的规定①,又有与此矛盾的规定,即绝户财产"在室女依子承父分法给半(余一半没官)"②,绝户在室女的应继份额与户绝条相比,被削减了百分之五十。

表3 历代绝户在室女得份比较

唐	北宋	南宋		金	元	明清
		甲	乙			
100%	100%	100%	50%	33%	100%	100%

归宗女的地位近似于在室女,北宋将"不曾分割得夫家财产入己"的归宗女视同在室女,也可全份继承绝户遗产。南宋对于归宗女不再区分是否"曾分割得夫家财产入己",一律与未婚在室女区别对待,规定"诸户绝财产,尽给在堂诸女,归宗者减半"③。按此规定,如果绝户家中只有未婚在室女,她们就按诸子均分的原则分割全部遗产;如果既有未婚在室女,又有归宗女,就如同"女合得男之半"那样分割遗产,未婚女相当于"男",归宗女相当于"女";如果只有归宗女,她们就平分遗产总额的一半。与此法规相应,"命继子条"规定:"(有在室女)又有归宗诸女,给五分之一,其在室并归宗女,即以所得四分依户绝法给之。"即女儿们得五分之四,命继子得五分之一;女儿们所得的五分之四,再按照"诸户绝财产,尽给在堂诸女,归宗者减半"的原则分割(见表5)。如果家中只有归宗女,"命继子条"则规定:"止有归宗诸女,依户绝法给外,即以其余减半给之,余没官。"即归宗女、命继子先各自按照户绝法规定的比例继承,剩余部分再一分为二,一半由命继子继承,另一半归国库。这样,归宗女按"诸户绝财产尽给在堂诸女,归宗者减半"的规定,得家产总额的百分之五十,命继子按照命继子条"若无在室、归宗、出嫁诸女,以全户三分给一"的规定,也先提取三分之一,所剩百分之十七,一半加给命继子,一半归国库(参见表4)。

---

① 《名公书判清明集》卷八《户婚门·立继》"继绝子孙止得财产四分之一"。
② 《名公书判清明集》卷八《户婚门·检校》"侵用已检校财产论如擅支朝廷封桩物法"。
③ 《名公书判清明集》卷七《户婚门·立继》"立继有据不为户绝"。

表 4　南宋归宗女命继子得份比

归宗女	命继子	国　库
50%	41.6%	8.4%

表 5　南宋在室女归宗女得分比

诸　女		命继子
在室女	归宗女	
53.3%	26.7%	20%

注：女儿为复数时，诸女均分所得份额（两表同）。

（三）出嫁女

女儿在出嫁时取得妆奁，表示其作为第一顺序继承人的继承权已经实现。其后如果娘家绝户，或者兄弟为命继子时，她还可以第二顺序继承人的身份，依法再继承一份娘家遗产。

户绝条所说的绝户遗产"将营葬事及量营功德之外，余财并与女"的"女"，指的是在室女，出嫁女是否能回到绝户娘家继承遗产，当时在法律上还不明确。唐开成元年（836）的一条敕令则指明了出嫁女的继承权：

> 自今后如百姓及诸色人死绝无男，空有女，已出嫁者，令文合得资产。①

其前提是"诸色人死绝无男，空有女已出嫁"，家中没有儿子，女儿都已出嫁，也就是说连在室女也没有了。所以可以认为，只有在娘家没有任何子女时，出嫁女才可以去继承遗产。恰与近代民法中的第二顺序继承人相当。除了这个限制以外，还有一个但书："其间如有心怀觊望，孝道不全，与夫合谋有所侵夺者，委所在长吏严加纠察，如有此色，不在给与之限。"在室女、以次近亲继承绝户遗产，都没有这类但书，唯独对出嫁女要严加纠察，这似乎可说明，关于出嫁女继承权的法令是初次制定，须特别强调出嫁女不同于在室女等。

表 6　南宋绝户诸女与命继子继承份额比

女儿状况			各方得份（%）		
			女　儿	命继子	国　库
①	只有在室女		75	25	0
②	在室女	并存	53.3	80	20	0
	归宗女		26.7		

---

① 《宋刑统》卷一二《户婚律》"户绝资产"条所引唐开成敕令。

(续表)

	女儿状况	各方得份(%)		
		女 儿	命继子	国 库
③	只有归宗女	50	41.6	8.4
④	中有出嫁女	33.3	33.3	33.3
⑤	诸女无	/	33.3	66.6

注：女为复数时，诸女均分所得份额都与北宋相同。

《宋刑统》"户绝条"的起请条说：

> 今后户绝者，所有店宅、畜产、资财，营葬功德之外，有出嫁女者，三分给与一分，其余并入官。……如有出嫁亲女被出，及夫亡无子，并不曾分割得夫家财产入己，还归父母家，后户绝者，并同在室女例。余准令、敕处分。①

这里提及的"在室女例"，指户绝条的"将营葬事及量营功德之外，余财并与女"。在唐代有关法令的基础上，进一步明确，绝户没有在室女只有出嫁女时，绝产总额的三分之一由出嫁女继承，其余三分之二收入国库。如果家中有"不曾分割得夫家得财产入己"的归宗女，就要按照"余财并与女"的"在室女例"办理，全部财产由上述归宗女继承，出嫁女没有份。当然，如果有姊妹在室，出嫁女就更不能回家继承了。

南宋规定"诸户绝财产，尽给在堂诸女，归宗者减半"，没有提到出嫁女。也就是说，与北宋一样，只要有姊妹在室，出嫁女就不能回绝户娘家继承遗产。但是如果娘家只有命继子，出嫁女可以回去继承绝产。"命继子条"规定：绝户人家"止有出嫁诸女者，即以全户三分为率，以二分与出嫁女均给，余一分没官"，娘家没有在室女归宗女时，出嫁女与命继子均分家产的三分之二，双方所继份额一样，各为家产总额的三分之一，其余三分之一收归国库。"命继子条"所规定的命继子应得份额，是"依户绝出嫁女法三分给一"。也就是说，体现南宋出嫁女继承绝产权利的法规，还有一个"户绝出嫁女法"。综上所述，这个户绝出嫁女法的基本内容有二：(1) 前提：只有出嫁女；(2) 份额：三分之一。

《名公书判清明集》中多处引用的南宋命继子条，开列了女儿与命继子分

---

① 《宋刑统》卷一二《户婚律》"户绝资产"条"臣等参详"。

割遗产的各种构成,共有(1)在室女与命继子;(2)在室女、归宗女与命继子;(3)归宗女与命继子;(4)出嫁女与命继子。但没有出嫁女和在室女、归宗女一起与命继子分割遗产的构成,这是和户绝出嫁女法一致的。

如前所述,在绝户的情况下,出嫁女尚不能回娘家与在室归宗女分享遗产,举轻以明重,在正常情况下,出嫁女更不能回娘家与儿子(即其兄弟)分享遗产了。所以南宋"父母已亡,儿女分产,女合得男之半"的规定,虽然没有言明女儿的身份,但肯定不适用于出嫁女。

四、死商遗产的继承

"行曰商,处曰贾"①,行商在外死亡,其遗产需要及时处理。但又因死者远离家乡而容易延宕不决。受时间和空间的限制,加上死商的性质,似绝户而非绝户,所以法律对死商遗产继承人范围的规定,比较笼统、灵活。这方面,宋代沿用了唐代及五代的规定。

处理死商遗产的总原则是:

> 诸商旅身死,勘问无家人亲属〔相随〕者,所有财物,随便纳官,仍具状申省。在后有识认,勘当灼然是其父兄子弟等,依数却酬还。②

客商死亡时如果身边有亲属相随,遗产由该亲属收管。没有亲属相随,就由官府收管,承办官府要就此项财物向上级提出报告。以后如果有人来识认,查实是明白无误的父兄子弟等直系亲属,就交还全部遗产。这里指出继承人时,用了一个"等"字,比较笼统,不利于实际操作。

唐太和五年(831)二月十三日的敕令则规定得比较具体:

> 死商钱物等,其死商有父母、嫡妻及男,或亲兄弟、在室姊妹、在室女、亲侄男,见相随者,便任收管财物。如死商父母、妻儿等不相随,如后亲属将本贯文牒来收认,委专知官切加根寻,实是至亲,责保讫,任分付取领,状入案申省。③

---

① 《周礼·天官·太宰》郑玄注。
② 《宋刑统》卷一二《户婚律》"死商钱物"条所引唐《主客式》。
③ 《宋刑统》卷一二《户婚律》"死商钱物"条所引。

对相随的亲属,规定得具体而明确,但没有规定如何证明其身份的真实性。看来只要有同行者等旁人证明即可,比较含糊。不随行的亲属,须是父母妻儿才可认领遗产,其中"儿"应该包括儿子与在室女。总的来讲,不随行也可以继承的亲属,如随行当然可以继承,反之则不一定。这条敕令所定继承人范围,随行不随行的区别较明显。不随行亲属认领财产,必须持有原籍官府出具的公文,还要有人作保。

唐太和八年(834)八月二十三日的敕令规定:

> 死商客及外界人身死,应有资财货物等,检勘从前敕旨,内有父母、嫡妻、男、亲侄男、在室女,并合给付。如有在室姊妹,三分内给一分。如无上件亲族,所有钱物等并合官收。①

同一敕令中又说:

> 死波斯及诸蕃人资财货物等,伏请依诸"商客例",如有父母、嫡妻、男女、亲女、亲兄弟无相随,并请给还。

两段资料可以互相补充。后者所谓"商客例",应该就是前者所说的"从前敕旨"。在所列继承人中,前者没有"亲兄弟",后者没有"亲侄男"和"在室姊妹",显然是漏抄。后者的"男女",应该就是前者的"男"和"在室女"。但后者同时列出了"男女"和"亲女",如果"男女"之"女"确是"在室女",这个"亲女"当是衍文,或是"出嫁女"的误抄。

表7 死商遗产继承人范围

敕令年份	唐太和五年(831)		唐太和八年(834)		后周显德五年(958)
随行情况	相随	不相随	相随	不相随	不问随否
祖父母					①
父母	①	①	①	①	①
妻	①	①	①	①	①
妾			t△	t△	
子	①	①	①	①	①

---

① 《宋刑统》卷一二《户婚律》"死商钱物"条所引。

(续表)

在室女	①	t	①	①	①
出嫁女			?		②△
孙子女					①
亲兄弟	①		t	j	j
在室姊妹	①		△	△	j
亲侄男	①		①	j	j
同居大功亲					①
同居小功亲					②△

注：①为第一层次继承人；②为第二层次继承人；△为得三分之一份额者；j 者以同居为限；t 为推定者。

以上两条资料中，后者是涉外法规，明文规定"死波斯及诸蕃人资财货物等，……如无上件至亲，所有钱物等并请官收，更不牒本贯追勘亲族"，实际上剥夺了不随行家属的继承权。前者只说"如无上件亲族，所有钱物等并合官收"，未直接提及不随行家属的继承权利。而且没有顾及社会上兄弟异居的现象，未对不同经济关系的兄弟加以区别，所以，当时就此提出了补充规定：

> 右户部奏请："……如是商客及外界人身死，如无上件亲旅相随，即量事破钱物蘦瘞，明立碑记，便牒本贯追访。如有父母、嫡妻、男及在室女，即任收认。如是亲兄弟、亲侄男不同居，并女已出嫁，兼乞养男女，并不在给还限。在室亲姊妹，亦请依前例三分内给一分。如死客有妻无男女者，亦请三分给一分。"敕旨："宜依。"①

明确提到不相随亲属的继承权，排除了不同居的亲兄弟、亲侄男、出嫁女。值得注意的是这里提到了"妻无男女者"，这个"妻"当与前文提及的"嫡妻"有别，似可理解为妾。

唐太和八年的敕令及其补充规定，随行者继承人的范围大体与太和五年敕令相同（似乎增加了出嫁女与妾）。但不随行继承人的范围扩大了，基本上与随行者等同。

---

① 《宋刑统》卷一二《户婚律》"死商钱物"条所引。

后周显德五年(958)七月七日的敕令,显然是在以上诸法规的基础上制定的:

> 死商财物如有父母、祖父母、妻(不问有子无子)及亲子孙男女,并同居大功以上亲(幼小者亦同成人),不问随行与不随行,并可给付。如无以上亲,其同居小功亲,及出嫁亲女,三分财物内取一分,均给之。余亲及别居骨肉不在给付之限。①

取消了随行不随行的区别,进一步扩大继承人范围,并将其分为两个层次。第一层次中,明确增加了祖父母、孙子女并包括性地增加了同居大功亲。虽然未明确提及此前法规所开列的亲兄弟、在室姊妹、亲侄男,但他们都在大功亲范围之内。第二层次中有同居小功亲和出嫁亲女,在没有第一层次继承人时,第二层次继承人才能享有继承权,并只能继承遗产总额的三分之一。小功亲包括从堂兄弟、在室从堂姊妹等,大功亲包括堂兄弟、在室堂姊妹等,范围较广,但都以同居为前提,"别居骨肉不在给付之限"。与太和年间的规定相比,这个规定更完全更实际。通过对死商遗产继承人范围的考察,可以对古代财产继承人范围有一个总体的了解。

五、遗嘱继承

遗嘱为嘱托本人身后之事而设。其内容可兼及多方面,形式有口头,也有书面。在私有制下,遗嘱必然涉及处分财产问题。所处分的财产,可以是已有的,也可以是尚未取得的。如春秋时楚相孙叔敖的临终遗嘱:

> 王数封我矣,吾不受也。吾死,王则封汝,必无受利地,楚越之间有寝丘者,此其地不利而名恶,可长有者唯此也。②

孙叔敖死后,楚王以"美地"封其子,其子遵父嘱坚辞"美地"而请寝丘,后来果真得以"累世不失"。孙叔敖遗嘱所处分的财产,是其在世时尚未取得的。

汉元帝时欧阳地余的遗嘱也属此类:

> (欧阳地余)戒其子曰:"我死,官属即送汝财物,慎勿受,汝九卿儒者

---

① 《宋刑统》卷一二《户婚律》"死商钱物"条所引。
② 〔宋〕刘清之《戒子通录》卷一。

子孙,以廉洁著,可以自成。"①

湖北张家山汉墓出土竹简有一条《户律》,专门规定了民间立遗嘱的程序,是现存关于遗嘱继承的最早的法规:

> 民欲先令相分田宅、奴婢、财物,乡部啬夫身听其令,皆参辨券书之,辄上如户籍。有争者,以券书从事。毋券书,勿听。所分田宅,不为户得有之,至八月书户。留难先令,弗为券书,罚金一两。②

根据这一法律,要预立遗嘱"先令"分配财产的百姓,要在当地乡一级官员面前进行,由官方见证做出"参辨券"(一式三份的竹木简文书),并立即进行如同户籍登记那样的登记存档。以后有争论财产的,按照"先令券书"进行处分,没有券书的不予受理。分配的田宅可以在没有登记立户的情况下先行占有,到八月份统一申报户籍财产时一起进行登记。对于百姓立遗嘱要求没有及时为其立先令券书的乡官,处以罚金一两的刑罚。根据商鞅变法以来的法律,儿子成年后必须和父母分家,另一条《户律》规定百姓可以随时分予田宅、奴婢、马牛等财产给其祖父母、父母、子孙、兄弟姐妹。

汉代"先令券书"的实例,可见江苏仪征胥浦汉墓出土的西汉元始五年(5)高都里某妪的"先令券书":

> 元始五年九月壬辰朔辛丑亥,高都里朱凌:卢(庐)居新安里,甚接其死,故请县、乡三老、都乡有秩、左里师田谭等,为先令券书。
>
> 凌自言:有三父(夫),子男女六人,皆不同父。〔欲〕令子各知其父家次:子女以君、子真、子方、仙君,父为朱孙;弟公文,父吴衰近君;女弟弱君,父曲阿病长宾。
>
> 妪言:公文年十五去家,自出为姓,遂居外,未尝持一钱来归。妪予子真、子方自为产业。子女仙君、弱君等贫,毋产业。五年四月十日,妪以稻田一处、桑田二处,分予弱君;波(陂)田一处,分予仙君,于至十二月。公文伤人为徒,贫,无产业。于至十二月十一日,仙君、弱君各归田于妪,让予公文。妪即受田,以田分予公文。稻田二处,桑田二处,田界易如故。

---

① 《汉书》卷八八《儒林传·欧阳生》。
② 《张家山汉墓竹简》,第178页。

公文不得移卖田予他人。

  时任知者：里师、伍人谭等，及亲属孔聚、田文、满真。先令券书明白，可以从事。①

这件遗嘱是原籍高都里、寄居于新安里的一位名叫朱凌的老太，在快要病死的情况下，请了当地的县、乡官吏，做了这份"先令券书"。这位老太先后嫁了三位丈夫：第一位是朱孙，与她生下了四个子女：以君、子真、子方、仙君；第二位是吴县人袁（姓氏）近君，生育一个儿子公文；第三位是曲阿人病（姓氏）长宾，生有最小的女儿弱君。儿子公文十五岁离家改姓，在外居住，从未持一钱来看望母亲。老太太已经将部分家产分给了子真和子方。因为两个女儿弱君、仙君贫穷无产业，老太太在当年的四月十日，将一处稻田、二处桑田授予女儿弱君，将一处陂田授予女儿仙君，准备在十二月移交。儿子公文因为伤人，被判处徒刑，失去了原来的产业，很可能因为大赦（前一年的二月朝廷宣布大赦天下）或服刑结束恢复了自由，回到原籍。两位女儿因此在十二月十一日接收田产时，一致将田退回。老太太以此先令券书形式将田分给袁公文。这件遗嘱并没有处分全部的财产，只涉及转分的这四处田产，也没有关于其他财物、住宅的分配问题。券后又有很可能是官府的批文"先令券书明白，可以从事"。说明其程序完全符合汉《户律》的要求，而且也反映了当时的人们充分注意到田产应由儿子来继承的原则。

  典型的遗嘱继承，汉代已出现：

  沛郡有富家公，资二千余万，……呼族人为遗令云："悉以财属女，但以一剑与儿，年十五以还付之。"②

沛郡富家公遗嘱处分身后财产，几乎剥夺了其幼子的继承权（一剑与家资二千万，其值悬殊），并请族人做公证。十年后，幼弟因得不到宝剑而起诉姐姐和姐夫。地方官何武重新审查遗嘱内容，以情理为依据，认定被继承人的遗嘱只是为了保全幼子性命的一种权宜之计，从而作出与遗嘱文字内容截然相反的判决。其后，因为对此判决有异议者（"论者"），何武解释说："弊女恶婿温饱十

---

① 张传玺《中国历代契约会编考释》（上），北京大学出版社，1995年，第28页。
② 《风俗通义校释》，天津人民出版社，1980年，第21页。

岁,亦已幸矣!"于是"论者乃服"。富家公的遗嘱显失公平,族人却没有异议。事实上,提出异议也无济于事,因为如果不按遗嘱处分遗产,"那人们也会采取生前赠送的办法来回避这种做法"①。

但是正如恩格斯指出的:"继承权的基础就是经济的。尽管如此,也很难证明:例如在英国立遗嘱的绝对自由,在法国对这种自由的严格限制,在一切细节上都只是出于经济的原因。"②在中国,随着儒家一尊地位的确立,法律终于"一准乎礼",有关遗嘱继承的规定,必然受礼制的影响。礼制对家庭成员的地位既然都有安排,所以财产继承形式主要是法定继承。只是在没有法定继承人时,遗嘱继承作为一种特例才被人们所承认。但是法律对此仍加以不少限制,而且越来越严,最后导致遗嘱继承从法律条文中消失。

唐代制定、宋代沿用的《丧葬令》规定:

> 诸身丧户绝者,……余财并与女,无女,均入以次近亲,无亲戚者,官为检校。若亡人在日,自有遗嘱处分,证验分明者,不用此令。③

《丧葬令》(以及下述的"户绝条贯")所规定的那些人的继承权,有特殊的前提(即"绝户"),可称之为特殊法定继承。相应地,在非绝户情况下的法定继承,就是一般法定继承了。

丧葬令毕竟是唐代制定的,不能完全适应宋代社会,所以到北宋天圣四年(1026),提出了一个新的"户绝条贯":

> 七月,审刑院言:"详定'户绝条贯':今后户绝之家,如无在室女,有出嫁女者,将资财庄宅物色,除殡葬营斋外,三分与一分。如无出嫁女,即给与出嫁亲姑姊妹侄一分。余二分,若亡人在日,亲属及入舍婿、义男、随母男等,自来同居、营业佃莳,至户绝人亡及三年已上者,二分店宅财物庄田,并给为主。如无出嫁姑姊妹侄,并全与同居之人。若同居未及三年,及户绝之人孑然无同居者,并纳官,庄田依令文均与近亲。如无近亲,即均与从来佃莳或分种之人,承税为主。若亡人遗嘱,证验分明,依遗嘱施行。"从之。④

---

① 《K·马克思关于继承权的发言记录》,《马克思恩格斯全集》第16卷,第652页。
② 恩格斯《致康·施米特》,《马克思恩格斯选集》第4卷,第484页。
③ 《宋刑统》卷一二《户婚律》"户绝资财"条所引。
④ 《宋会要辑稿·食货六一之五八》。

这里的基本精神与《丧葬令》一致,但规定得更具体了。绝户财产,有在室女时,显然仍适用《丧葬令》的"余财并与女";无在室女而有出嫁女时,后者可继承遗产总额的三分之一;既无在室女又无出嫁女时,即由出嫁姑姊妹侄继承三分之一。其余三分之二由与被继承人同居三年以上的亲属等人继承。如果出嫁姑姊妹侄也没有,则由上述同居亲属等人继承全部遗产。如果又没有这种同居亲属等人,那么店宅财物"并纳官","庄田依令文均与近亲"。此处的所谓"令文",当指《丧葬令》的"均入以次近亲"。如果连近亲都没有,庄田就由当时的实际耕种者"承税为主"。但是,这个层层推进、周密细致的"户绝条贯",只要被继承人立有遗嘱,就全部不适用,"若亡人遗嘱,证验分明,依遗嘱施行"。"户绝条贯"对绝户遗产的处理规定,显然是《丧葬令》的发展和完善,但在遗嘱继承的诸要件上,则完全与《丧葬令》一致(见表8"南北宋遗嘱继承制度对比"表)。

表 8 南北宋遗嘱继承制度对比

	前 提	确 认	遗嘱继承人
《丧葬令》	身丧户绝	事后证验	无限制
户绝条贯	身丧户绝	事后证验	无限制
南宋《户令》	无承分人	当时陈官	内外缌麻以上亲

从《丧葬令》和户绝条贯的立法意图看,遗嘱继承的前提是"身丧户绝"。所谓"身丧户绝",有两个要件,即没有儿子(包括亲子与嗣子)和夫妻双亡。所以,一对没有儿子的夫妻,妻亡夫存当然不能算绝户,夫亡妻存也不能算绝户,只有在夫妇双亡后,他们的家产才能作绝户遗产处理。故遗嘱不得剥夺配偶(多为妻子)、亲子的继承权。前述汉代沛郡富家公有亲子而立遗嘱的事,唐代和北宋法律已不允许。但遗嘱可以否定《丧葬令》和户绝条贯中的特殊继承。简言之,遗嘱继承的效力次于一般法定继承,但优于特殊法定继承。如果用数学横式表示,就是:一般法定继承＞遗嘱继承＞特殊法定继承。

"一般法定继承＞遗嘱继承"原则的实质,是为了保护一般法定继承人的继承权。按《丧葬令》,绝户的遗嘱既可以否定"均入以次近亲"、"官为检校",也可以否定"并与女"。"官"(官府)自不必说,"以次近亲"当指《应分条》[①]之外

---

① 参见本书第四章第五节。

的不同居亲属,也不是一般法定继承人。问题在于"女"(女儿)。按《应分条》规定,分割遗产时,在室女可继承"减男聘财之半"的妆奁份(出嫁女在结婚时已取得),女儿是一般法定继承人(有分人)。在绝户的情况下,按《丧葬令》与户绝条贯,女儿又是特殊法定继承人,女儿的一般法定继承权被特殊继承权吸收了。如上所述,遗嘱继承优于特殊法定继承,但当女儿的特殊法定继承权被遗嘱继承否定时,吸收于其中的一般法定继承权也被否定了。例如,当被继承人立遗嘱让"随母男"(续弦妻前夫之子)继承遗产时,在室女就连妆奁份(一般法定继承权)也得不到了。换言之,《丧葬令》、户绝条贯不能以遗嘱剥夺儿子的一般法定继承权,但可以剥夺女儿的一般法定继承权。

这种情况到南宋有了变化。南宋《户令》规定:

> 诸财产无承分人,愿遗嘱与内外缌麻以上亲者,听自陈,官给公凭。①

对这一法规的司法解释,明确指出了遗嘱的前提:

> 《户令》曰:诸财产无承分人,愿遗嘱与内外缌麻以上亲者,听自陈。则是有承分人不合遗嘱也。②

遗嘱的前提,由《丧葬令》、户绝条贯的"身丧户绝"改为"财产无承分人",这样,不但儿子,女儿的一般法定继承权也得到了保护。对遗嘱继承人的范围,《丧葬令》、户绝条贯则没有限制性规定。《户令》则将此限于"内外缌麻以上亲",符合礼制的"亲亲"原则。对遗嘱的确认,也由立遗嘱人死后的"证验分明",改为立遗嘱当时的"自陈,官给公凭"、"经官投印"③。"自陈,官给公凭",也可适用于口头遗嘱。"自陈,官给公凭"、"经官投印",都可以看作是古代的遗嘱公证,有利于预防和减少遗嘱纠纷。

南宋对遗嘱继承人的继承数额也有限制,"其得遗嘱之人,依见行成法,止合三分给一"④。这个规定被称为"遗嘱财产条法"。《丧葬令》在遗嘱继承的数额上,也没有特别的限制。

有时,被继承人生前订立遗嘱,死后家庭成员发生变化,出现了法定继承

---

① 《名公书判清明集》卷九《户婚门·违法交易》"鼓诱寡妇盗卖夫家业"。
② 《名公书判清明集》卷五《户婚门·争业下》"继母将养老田遗嘱与亲生女"。
③ 《名公书判清明集》卷九《户婚门·违法交易》"鼓诱寡妇盗卖夫家业"。
④ 《宋会要辑稿·食货六一之六六》。

人,这样势必引起遗嘱继承人与法定继承人之间的财产纠纷,如当时州官赵不倚所假设的:

> 甲之妻有所出一女,别无儿男。甲妻既亡,甲再娶后妻,抚养甲之女长成,招进舍赘婿。后来甲患危为无子,遂将应有财产遗嘱与赘婿。甲既亡,甲妻却取甲之的侄为养子,致甲之赘婿执甲遗嘱与手疏,与所养子争论甲之财产。①

为解决这一问题,南宋绍兴三十一年(1161)四月规定,遗嘱财产,养子与赘婿"均分给"②。这个新规定与"遗嘱财产条法"所规定的份额比例有冲突,次年就受到非难:

> 权知沅州李发言:"近降指挥,'遗嘱财产,养子与赘婿均给'。即显均给不行误,若财产满一千五百贯,其得遗嘱之人,依见行成法,止合三分给一,难与养子均给。若养子、赘婿各给七百五十贯,即有碍遗嘱财产条法,乞下有司更赐参订。"

要求修改"遗嘱财产,养子与赘婿均给"规定。于是:

> 户部看详:诸路州县如有似此陈诉之人,若当来遗嘱田产过于成法之数,除依条给付得遗嘱人外,其余数目尽给养子。如财产数目不满"遗嘱条法"之数,合依近降指挥均给之。谓如遗嘱财产不满一千贯,若后来有养子,合行均给。如一千贯以上,给五百贯,一千五百贯以上,给三分之一,至三千贯止,余数尽给养子。③

这些法规主要是调节养子与得遗嘱赘婿之间继承关系的。这里的养子,指前述州官赵不倚假设案例中的那种立继子。该养子既不是遗嘱人(养父)所收养(如是遗嘱人收养,他就不必"患危为无子"而立遗嘱),也不是夫妇双亡后的命继子(如果是命继子,已有"命继子条"规定了他的继承份额)。新法规具体地规定了遗产分割比例。遗产总数在一千贯以下时,适用"均给"法,超过一千贯时,就要另行处理(见表9)。从所得遗产的绝对数上看,似乎是偏向养

---

① 《宋会要辑稿·食货六一之六五》。
② 《宋会要辑稿·食货六一之六五》。
③ 《宋会要辑稿·食货六一之六六》。

子(立继子)的。但与"立继者,与子承父分法同,当尽举其产以与之"①的原则相比,则显然是不利于立继子的,也就是说,由于遗嘱,立继子的一般法定继承权受到了损害。因为这个立继子成立于遗嘱之后,所以不能机械套用"一般法定继承＞遗嘱继承＞特殊法定继承"的效力关系。

表9 遗嘱继承得份比例

家财贯数	各人所得份额	
	得遗嘱人	养子
1—1 000	1/2	1/2
1 001—1 500	500贯	总数－500贯
1 501—3 000	1/3	2/3
3 001以上	1 000贯	总数－1 000贯

但既有赘婿,必有女儿,而且是"坐家女"。坐家女有别于出嫁女,具有"承分人"身份,而按照南宋《户令》,"有承分人不合遗嘱"。上述法规客观上承认了在有承分人女儿时所立的让赘婿继承的遗嘱。赘婿与坐家女夫妇一体,这种遗嘱并未损害女儿的实际物质利益,与"一般法定继承＞遗嘱继承"原则的实质精神没有冲突,所以也就被容忍了。

在习惯上,还常有"父祖有虑子孙争诉",无视立遗嘱必须"财产无承分人"的规定,而"预为遗嘱之文"②的。这类遗嘱并非剥夺一般法定继承人的继承权,而是为了防止子孙因遗产生讼,不但与"一般法定继承＞遗嘱继承"原则没有冲突,而且对于推行"无讼"政策不无积极意义,所以被默认。遗嘱中,也有诸如"劫于悍妻黠妾,因于后妻爱子,中有偏曲厚薄,或妄立嗣,或妄逐子"者,被视为"不近人情",将导致"兴讼破家"③。所以这类遗嘱常被官府宣布无效。同是有违法定前提的遗嘱,前者被默认,后者被宣布无效,关键在于一般法定继承人的实际物质利益是否得到确保,以及是否符合所谓"天理人情"。如北宋咸平二年(999),张詠以工部侍郎出知杭州裁决的案件:

---

① 《名公书判清明集》卷八《户婚门·立继》"命继与立继不同·再判"。
② 《袁氏世范》卷一"遗嘱之文宜预为"条。
③ 《袁氏世范》卷一"遗嘱公平维后患"条。

> 有民家子与姊婿讼家财。婿言妻父临终,此子裁三岁,故见命掌赀财;且有遗书,令异日以十之三与子,余七与婿。詠览之,索酒酹地,曰:"汝妻父,智人也,以子幼故托汝,苟以七与子,则子死汝手矣。"亟命以七给其子,余三给婿。人皆服其明断。①

不管出于什么原因,该案中的遗嘱("遗书")不能保障亲子的法定继承权,也不近人情,所以对张詠的判决,"人皆服其明断"。然而这却是一个不严格依法的判决。但是张詠如果严格依"有承分人不合遗嘱"原则,宣布遗嘱无效,然后依《应分条》规定办理,全部家产归儿子继承,出嫁女除了已取得的妆奁份以外一无所得,人们很可能不会"皆服其明断"了,因为这也有点不近人情。"近人情"也是中国传统继承制度(以及整个法制)的特点之一,尽管有"人治"之嫌,但对和睦亲属、稳定社会秩序是有利的。

遗嘱要实际生效,必须得到社会承认。在家族本位的古代中国,所谓社会的承认,首先是族人的承认。遗嘱时由族众到场见证,是取得这种承认的最便捷的方法。可以说,这种方法是最早的遗嘱"公证"。如前述汉代沛郡富家公就是"呼族人为遗令书"的。敦煌出土文书中有:

> 咸通六年(865)十月廿三日,尼灵惠忽染疾病,日日渐加,恐一身无常,遂告诸亲,一一分析,不是昏沉之语,并是醒苏之言。灵惠只有家生婢子一名威娘,留与侄女潘娘,更无房资,灵惠迁变之日,一仰潘娘葬送营办,已后更不许诸亲怪护。恐后无凭,并对诸亲,遂作唯书,押署为验。②

这份遗嘱是"并对"着"诸亲"作成,还有"押署为验"。《丧葬令》规定对遗嘱要作"证验",这种"押署"以及族人的证言应是重要的依据。

在法律规定遗嘱须由官府公证以后,立遗嘱由族人见证的做法并未绝迹。因为遗嘱"经官投印",一般百姓毕竟感到十分麻烦,在远离官衙的农村,真正实施更有困难。而且,如上所述,一些遗嘱并非绝户遗嘱,官府也不能给予"印押"。所以一直到南宋,在司法实践中,族众的见证仍被视为有效遗嘱的要件之一,那种"不由族众,不经官府之遗嘱","止合付之一抹"③。族众见证与官府

---

① 《宋史》卷二九三《张詠传》。
② 《敦煌资料》第一辑,第403页。
③ 《名公书判清明集》卷八《户婚门·立继》"继绝子孙止得财产四分之一"。

公证并驾齐驱。

所谓官府公证,就是前述的"自陈,官给公凭","经官投印"。"经官投印"又称"经官印押"。如南宋案例:

> 王齐翼(即圣与之父)同男圣与妇余氏在日,曾于嘉定十三年(1220)经县陈,称不欲立广汉为圣与之嗣(广汉即圣与之堂侄),遂立堂侄王广闻之子惠孙为男王怡之嗣,今来惠孙既已归宗,只得就本宗内选一昭穆相当人继承王怡香火,……今却据族长评议,已立渊海继王怡外,更欲立王广汉为圣与之后,究其所以,乃谓"余氏在日有此遗嘱",殆与前此通判所申"王齐翼父子并余氏不欲立广汉"之说背驰,设果有遗嘱,便合经官印押,执出为照,不应直待王怡命继后方赍出遗嘱挽立,……于理委是难行。①

该案中的遗嘱就是没有"经官印押"的,因而无效。未经公证的遗嘱,被认为是"私家故纸",不可以此"乱公朝之明法"②。

上引咸通六年作成的遗嘱中,特别强调本遗嘱"不是昏沉之语,并是醒苏之言",这类表示立遗嘱时神志清楚的词句,屡见于当时的遗嘱之中。宋代官府称那种"昏沉之语"的遗嘱为"临终乱命,不可凭信"③。可见被继承人必须具备遗嘱能力,即神志清楚,他的遗嘱才能有效。

南宋对遗嘱的诉讼时效也已有所规定:"遗嘱满十年而诉者,不得受理。"④与遗嘱有关的人在十年内不行使其权利,官府就不受理他就此提起的诉讼。现代民法学称之为"消灭时效"。《名公书判清明集》中有依此法规判决的案例:

> 杨天常乃杨提举之幼子,出为伯统领后,本不当再得杨提举下物业。今其亲侄杨师尧等诉谓天常占提举位一千三百硕谷田。今索到干照,得见提举训武妻夏氏立为关约,称训武在日,借天常金银钱会五千余贯,训武临终遗言,拨此田归还,果有是事耶?抑托为此辞耶?拨田干约在嘉定十六年(1223),夏氏之死在嘉定十七年,天常管业盖二十三年矣。关约投印在嘉熙四年(1240),及今六年。夏氏始谋无所复考,只据干照而论,则

---

① 《名公书判清明集》卷八《户婚门·立继》"父子俱亡立孙为后"。
② 《名公书判清明集》卷五《户婚门·争业下》"僧归俗承分"。
③ 《名公书判清明集》卷八《户婚门·归宗》"出继不肖官勒归宗"。
④ 《名公书判清明集》卷五《户婚门·争业下》"侄与出继叔争业"。

词人师尧之父监税已曾预押。又不声诉,子可以诉乎? 在法:分财产三年而诉不平,又遗嘱满十年而诉者,不得受理。杨天常得业正与未正,未暇论,其历年已深,管佃已久矣,委是难以追理。请天常、师尧叔侄各照元管,存睦族之谊,不必生事交争,使亡者姓名徒挂讼牒,实一美事。①

杨天常是杨训武的小儿子,被立为其伯父杨统领的嗣子,本不应再继承生父训武的遗产,但天常却得到了训武名下的土地一千三百硕。因此引起了一场诉讼。天常占有这些土地的根据,是训武以土地偿债的遗嘱。法律规定遗嘱诉讼的时效是十年,该遗嘱的作成已有二十多年,其间没有人就此提起诉讼,时效成立。时效是一种由法律确认的法律事实,时效成立,即当然发生法律后果。所以不论训武是否曾向天常借钱,也不问天常受业是否正当,只因时效成立,纵有纠纷,也不予追理。就事实上说,"(天常受业)历年已深,管佃已久矣,委是难以追理",而且立嘱人和有关当事人已死,官府也未必能审理清楚。如果坚持追理,不但会影响久已形成的所有权关系的稳定,从而会影响社会经济关系的稳定,而且引起同族缠讼,"使亡者(先祖)姓名徒挂讼牒"。总之,既不利于统治秩序的稳定,也与礼教伦常的要求相违。诉讼时效的规定,既可为国家贯彻传统的"无讼"原则提供法律依据,又可促使当事人及时提起诉讼,了结纠纷,有利"睦族之谊"。

宋以后的法律,一般都规定"身丧户绝,别无应继之人,其田宅浮财……尽数拘收入官"②,不再有"若亡人在日,自有遗嘱处分,证验分明者,不用此令"之类的但书。遗嘱继承失去了法律依据,法定继承遂成财产继承的唯一途径。不过,遗嘱继承并未因此绝迹,只要遗嘱不违背伦理和法律的精神,官府一般也承认其效力。

第六节 民事诉讼

一、司法审判组织

宋代中央司法审判机关沿袭唐制,设大理寺、刑部和御史台,其中刑部职

---

① 《名公书判清明集》卷五《户婚门·争业下》"侄与出继叔争业"。
② 《元典章》卷一九《户部五·家财》"户绝家产断例"。

掌较唐代扩大,在处理司法行政事务的同时,享有比大理寺更高的审判权。而御史台也负有审理外戚贵族之间民事争执的职责①。此外,北宋淳化二年至元丰三年(991—1080)之间还设有审刑院,地方上奏的案件,必须送审刑院备案、评议,审刑院并对大理寺、刑部进行监督,以协助皇帝加强对中央司法机关的控制。

宋代地方政权分为路、州(府、军、监)、县三级。路设提点刑狱司,作为中央派往地方的专门司法机构,接手原由转运使兼管的司法审判、监督职能。提点刑狱司又称"提刑"、"宪司"、"监司",权势颇重,"州县稽留不决,按谳不实,长吏则劾奏,佐史、小吏许便宜按劾从事"②。提刑还负责路内所有民刑案件的上诉审。佥书判官厅作为下属机构,辅佐提刑的司法审判工作。此外,路转运使司(漕司)、安抚使司(帅司)、提举使司(仓司)也可负责州县的民事案件的上诉审。州以知州为长吏,通判为佐官。通判可以独立负责司法审判,而且重要的行政与司法事务的公文案牍,必须有通判的副署。下属官有司法参军掌管检法议罪,司理参军负责调查审讯。县以知县为长吏,负责一县的行政与司法。

随着专制王权的强化,中央政府要求州、县行政长官承担更大的司法责任。太宗至道元年(995)规定:"诸州长吏凡决徒罪,并须亲临。"③徽宗宣和二年(1120)进而规定:"州县官不亲听囚而使吏鞫讯者,徒二年。"④创立了直至清末八百年历史上州、县长官亲自坐堂问案的先例。然而,这一制度在宋代还未完全实际实施,从《名公书判清明集》等史料中常可发现通判官主持审判并书拟判决的情况。

民事案件以州、县为一审机关。州如作为一审机关,可以将案件径自送至辖县审理判决,再申报州批准执行。在《名公书判清明集》的"莫如山诉莫如江卖已分卑幼物业"一案中,府司受理案件后,径送县司,令"速与追人究勘审实,从公理断,申"。县司作出判决后,上报府州"更取自台旨施行"⑤。当事人如果

---

① 《折狱龟鉴》卷八《严明》所载张齐贤决讼事。
② 《宋史》卷一九九《刑法志一》。
③ 〔宋〕王栐《燕翼诒谋录》。
④ 《文献通考·刑考六》。
⑤ 《名公书判清明集》卷五《户婚门·争业下》"物业垂尽卖人故作交加"。

不服判决,可以逐级上诉,也可以请求原审机关复审。宋代并没有审级的限制,如"郭氏、刘拱礼诉刘仁谦等冒占田产"一案,就有六次上诉:"始讼之于县,又三诉之宪台,又两诉之帅司,经本县郑知县、吉州董司法、提刑司金厅、本县韩知县、吉州知录及赵安抚六处定断。"每次判决都与前次有异,最后才由黄勉斋定断结绝①。

上诉由下至上的顺序,依据孝宗隆兴二年(1164)的规定是:"人户讼诉,在法,先经所属,次本州,次转运司,次提点刑狱司,次尚书本部,次御史台,次尚书省。"②越诉不得受理,并且要依法科罪。不设审级与路内各审判机关分权制约相呼应,在于使民众多一陈诉冤抑的机会,但结果使人疲于奔走不同机关,结案困难,反而不利于社会安定。

宋代对民事案件的管辖并没有严格限制。虽然原告一般就被告居所地告诉,但若告诉未被接受或认为判决不当,可以向其他州县提出起诉,要求受理,其他州县如认为原告所诉有理,可以受理。如《折狱龟鉴》引"萧贯受诉"例,萧贯知饶州时,同路抚州司法孙齐是高密人,在嘉州司法任内先娶杜氏,又骗娶周氏,代授抚州司法后,称周氏为奴婢,杀其子。"周氏诉于州,不直;诉于转运使,不听。……或教周诉于饶。齐非贯所部,受而行之。转运使始遣吏按鞫,得实。"撰者郑克评论此事时,认为这并不是超越职权,而是礼的要求:"盖曰天下之恶一也,受朝廷寄委者皆当疾之也,礼所谓'无畏而恶不仁者',贯近之矣。"③

如果民事纠纷发生在相邻地区之间,也可以由双方辖区的司法官员协同审理,作出判决并执行。如宋代同州冯翊县与华州华阴县接境,"漆、沮为界,中间洲上有美田,民相与争之五十余年,吏不能决。(冯翊令)元亨檄华阴令会境上,尽案两乡之籍,遍履其田,执度以度之,皆得其实"④。

宋代加强了司法机关内部的监督机制,上级司法机关对下级的控制更为全面,上下级之间的关系更为紧密。上级司法机关对下级申报的疑难案件,如认为事实清楚,可以提出处理意见行下;如认为事实不清,可以假设各种可能,提出不同的解决办法,批示原审司法机关查清事实后作出判决。对上诉案件,上级司

---

① 《勉斋先生黄文肃公文集》卷四〇。
② 《宋会要辑稿·刑法三·诉讼》。
③ 〔宋〕郑克《折狱龟鉴》卷二《释冤下》"萧贯受诉"。
④ 〔宋〕郑克《折狱龟鉴》卷六《核奸》"吴元亨履田"。

法机关如认为事实清楚,可以直接作出判决;如认为事实不清,则提出自己的见解,要求原审司法机关查清事实,补足证据,于限期内详具事理,结绝回申。

对于当事人以断事不当为由上诉及疑难案件,宋代还建立了"委官定夺"制度,即由上级司法机关指派没有管辖权的下级司法机关予以审理。南宋"绍兴令":"诸州诉县理断事不当者,州委官定夺;若诣监司诉本州者,送邻州委官。诸受诉讼应取会与夺而辄送所讼官司者,听越诉。"[①]委官定夺的范围甚至可至邻路。但在路内送别州追人索按推治的,应当就近进行,一般不得超过五百里[②]。受委派的司法官员必须在期限内审理完结申报,否则须受降职等处分。上级司法机关接到申报后,再委派其他下级司法机关进行审理。委官定夺的实例在宋代多有所见,如《折狱龟鉴》中的"章频验券"、"李行简拒金"、"郎简勘券"等都属于这种情况。委官定夺的目的在于保证案件得以公正而准确地解决,含有回避制度的精神。

二、诉讼当事人及其代理

基于养老恤弱的传统道德理念,唐代以降,法律明确规定,七十岁以上或身患笃疾者提起诉讼,而所告不实应依法反坐其罪者,由其家属中的次尊长承担法律责任。而在民事诉讼中,民间又多以七十岁以上家长具名告诉,试图避免因诉讼而受禁系妨碍农务,并可恃老不受杖责。因此,宋代多次重申对七十岁以上及身患笃疾者诉讼能力的限制,北宋景德四年(1007)九月十日诏:"自今诉讼,民年七十以上及废疾者不得投牒,并令以次家长代之。"[③]但家中没有其他丁男而孤老茕独者不受此项规定的限制。这种诉讼能力的限制与现代不同,并不基于民事诉讼主体的认知与行为能力的欠缺。所以,即使是精神病人,如果孤独无依,所提出的诉讼仍然能被接受并得到处理。《折狱龟鉴·释冤下》便有"王罕讯狂"的案例:

> 王罕大卿知谭州时,有老妇病狂,数邀知州诉事,言无伦理,知州却之,则又悖詈,但命徽者屏逐而已。罕至,复出诉。左右欲逐之,罕令引归

---

① 《宋会要辑稿·刑法三·诉讼》。
② 《宋会要辑稿·刑法三·诉讼》。
③ 《宋会要辑稿·刑法三·诉讼》。同样内容的诏文见于乾德四年(966)六月三日诏、太平兴国二年(977)九月八日诏、雍熙四年(987)四月四日诏。

厅事。召之叩阶,徐问其意。妪虽语言杂乱无次,然时有可晓者。乃本为人嫡妻,无子,其妾有子,夫死,为妾所逐,家赀妾尽据之。屡诉不得直,因忿恚发狂。罕为直其事,尽以家赀还妪。

南宋必须以家人作为诉讼代理人的还有妇女。"非单独无子孙孤孀,辄以妇女出名不受。"①可见,妇女也是限制诉讼行为能力者。

南宋开始出现专门代写民间诉状的"书铺"。"官人、进士、僧道、公人(谓诉己事,无以次人,听自陈)听亲书状,自余民户并各就书铺写状投陈"。除了贫窭、老病、幼小、寡妇孤独无辜者第一次投状可以用白纸外,一般平民百姓都必须通过书铺书状,官府才予以受理②。但书铺并不是诉讼代理人,而主要是作为官府与民间的中介,帮助大多数不识文字、不晓法律的民户依法如实书写诉状,既可避免因诉讼当事人的不实陈述而烦扰官府,又可避免当事人因法律的无知而妄诉获罪,从而实现"少讼"、"息讼"的目的。此外,书铺还是宋代的文字检验机关。宋代司法机关在审理民事案件过程中,如遇契据等书证因年久模糊不清或有涂改、伪造嫌疑时,往往要求书铺对书证的真伪做出鉴定结论。

书铺的开张必须经过官方审批认可,具备严格的条件:

> 告示写状钞书铺户,每名召土著人三名保识。自来有行止不曾犯徒刑,即不是吏人勒停、配军、拣放、老疾不任科决及有荫赎之人,与本县典史不是亲戚。勘会得实,置簿井保人姓名、籍定,各用木牌书状式并约束事件挂门首。仍给小木印,印于所写状钞诸般文字年月前。③

书铺必须由当地人保识,业者应未受过处罚,有独自承担法律责任的能力,与官府典史胥吏没有亲属关系。上述情况经官府审查得实,才许挂牌开张,并发给小木印作为凭证。书铺停业时,必须将木牌、印子送交官府毁弃,"他人不得冒名行使。身死者,妻男限十日送纳"④。

书铺书写词状必须严格遵循法律及官府指挥的规定。书铺不得为非本籍人

---

① 〔宋〕黄震《黄氏日抄》卷七八《词诉约束》。
② 《朱文公文集》卷一〇〇《约束榜》。
③ 〔宋〕李元弼《作邑自箴》卷三"处事"。
④ 〔宋〕李元弼《作邑自箴》卷三"处事"。

代写词状,不得借机多要钱物。"不系籍人不得书写状钞;却致邀难人户,多要钱物。如察探得知,必定开落姓名。"①已经判决而尚未执行或未过承审期限而越诉的,书铺也不得代写词状。并且,"据人户到铺写状先须子细审问,不得添借语言,多入闲辞,及论诉不干己事。若实有合诉之事,须是分明揩定。某人行打或某人毁骂之类,即不得称疑,及虚立证见,妄攀人父母妻女赴官,意在凌辱"②。"如书铺不写本情,或非理饰说,及当厅执覆不同所词,定行根究书铺"③。

对状词的书写格式也有明确要求:"状词并直述事情,不得繁词带论二事。仍言词不得过二百字,一名不得听两状。并大字依式真谨书写。如有干照契据,并未尽因依,听录白连粘状前。"④状词一般必须明确写有原、被告双方的姓名、住址,以及原告的诉讼行为能力、诉讼管辖权的归属与诉讼行为的真实性与合法性。如朱熹在其潭州任内所定状式:

某县某乡某里姓名
一、年几岁,有无疾荫,合为状首,堪任杖责,系第几状。
一、所诉某事合经潭州。
一、即不是代名虚妄,无理越讼,或隐匿前状。如违甘伏断罪号令。
右某入事(明注年月,指涉某人某事尽实,限二百字),须至具状披陈,伏候判府安抚修撰特赐台旨。⑤

在书写时,"词状前朱书事目","状钞中紧切处不得揩改","并要真楷书写,将给去木齼子(木印)分明印于年月日前。其状内干钱谷数目并斗打月日并作大字"⑥。在状纸上加盖书铺名印后,官府才予以收状,而书铺也因之承担相应的法律责任。书铺违反上述规定,轻者予以训诫责改,重者毁劈书铺名印,取消代写书状资格,并依法科罪。

南宋已经出现了替人包打官司的讼师(又称"把持人"、"哗徒")。这些讼师被官府认定是社会不安定因素:

---

① 〔宋〕李元弼《作邑自箴》卷六"劝谕民庶榜"。
② 〔宋〕李元弼《作邑自箴》卷八"写状钞书铺户约束"。
③ 《朱文公文集》卷一〇〇《约束榜》。
④ 《朱文公文集》卷一〇〇《约束榜》。
⑤ 《朱文公文集》卷一〇〇《约束榜》。
⑥ 〔宋〕李元弼《作邑自箴》卷八"写状钞书铺户约束"。

> 始则招诱诸县投词人户,停泊在家,撰造公事。中则行赂公吏,请嘱官员,或打话倡楼,或过度茶肆,一镪可入,百计经营,白昼攫金,略无忌惮。及其后也,有重财,有厚力,出入州郡,颐指胥徒,少不如意,即唆使无赖,上经台部,威成势立,莫敢谁何。乘时邀求,吞并产业,无辜破家,不可胜数。①

官府认为讼师挑唆,致使民间争讼不已,民失其业,官受其弊。属于需要官府予以打击镇压的目标。但是不可否认的是,宋代社会具有法律服务的市场需求。因此,实际上讼师身份颇杂,既有市民小姓,也有胥吏之子、士人豪绅,但大多与官府胥吏有千丝万缕的联系,而法律又无相应条文对讼师的恶行予以惩罚。因此,他们不需要隐名埋迹,相反,可以凭借自己的钱财、权势与身份出入官府,与吏为市,公然把持官司,欺公冒法;而地方官吏则畏威怀饵,常为讼师所牵制。

三、告诉的受理与证据的审查

宋代承袭了唐代在务开期受理民事诉讼的制度,而且规定得更为详尽。务开期内,十月一日至次年正月三十日接受词状,受理田宅、婚姻、债负案件,三月三十一日以前断遣完毕。如果不能按时结案,必须写明停滞刑狱事由闻奏②。此外,在务开期未到时受理民事诉讼的范围较前代扩大,除了法律已有规定的先有文案及交相侵夺的案件之外,凡是典质田产限满备赎的,官府也应受理。南宋高宗绍兴二年(1132)三月十七日诏:"应人户典过田产,如于入务限内年限已满,备到元钱收赎,别无交互不明,并许收赎。如有词诉,亦许官司受理。余依条施行。"③这主要是为了防止豪右之家利用法律,故意拖延到务限,贪取一年租课,使小民受害。

在司法实践中,务开期往往由地方长官根据当地具体情况予以提前开务。如朱熹知潭州时,便以潭州"多是畲田,只有早稻收成之后,农家便自无事,可以出入理对"为由,下令:"诸县争论田地词诉,可以承行理对,不必须候十月。"④

---

① 《名公书判清明集》卷一三《惩恶门·哗徒》"撰造公事"。
② 《宋刑统》卷一三"婚田入务"条。
③ 《宋会要辑稿·刑法三·田讼》。
④ 《朱文公文集》卷一〇〇《约束榜》。

而黄震所定《词诉约束》则干脆规定词诉"自六月为始"①。

进入务开期后,诉讼当事人经书铺书写状词,并由他人保识后即可投诉。法律对告诉的限制,较唐代又有发展、完善。

首先,宋代诉讼时效制度已比较周全。诉讼时效因民事案件的不同而不同。"在法:分财产满三年而诉不平,又遗嘱满十年而诉者,不得受理。"②可见,分家析产的诉讼时效为三年,继承案件的诉讼时效为十年。

尤其是典质田宅案件的诉讼时效在两宋逐渐缩短。北宋初,建隆三年(962)十二月五日敕:

> 今后应典及倚当庄宅、物业与人,限外虽经年深,元契见在,契头虽已亡没,其有亲的子孙及有分骨肉、证验显然者,不限年岁,并许收赎。如是典、当限外,经三十年后,并无文契,及虽执文契,难辨真虚者,不在论理收赎之限,见(现)佃主一任典卖。③

当事人死亡、契约真伪难辨的典、当诉讼时效为三十年。至《宋刑统》制定时,距上条敕制定的时间仅有一年,该时效即缩至二十年。《宋刑统·户婚律·典卖指当论竞物业门》"臣等参详":

> 一应田土、屋舍有连接交加者,当时不曾论理,伺候家长及见证亡殁,子孙幼弱之际,便将难明契书扰乱别县,空烦刑狱,证验终难者,请准唐长庆二年八月十五日敕,经二十年以上不论,即不在论理之限。有故留滞在外者,即与除在外之年。违者并请以不应得为从重科罪。

到了南宋,原出典人已死亡情况下的诉讼时效更进一步减为十年,以免繁重的诉累:

> 准法:诸祖父母、父母已亡,而典卖众分田宅私辄费用者,准分法追还,令元典卖人还价。即典卖满十年者免追,止偿其价,过十年典卖人死,或已二十年,各不在论理之限。④

---

① 《黄氏日抄》卷七三。
② 《名公书判清明集》卷五《户婚门·争业下》"侄与出继叔争业"引。
③ 《宋刑统》卷一三《户婚律·典卖指当论竞物业门》。
④ 《名公书判清明集》卷四《户婚门·争业上》"漕司送许德裕等争田事"引。

这是有契约为证的情况。其他田宅纠纷,如果契约不明,而且过了二十年或者钱主、业主身死,则官府也不受理:

> 又准法:诸理诉田宅而契要不明,过二十年,钱主或业主死者,官司不得受理。①

其次,基于息讼、少讼的观念,对告论事不干己事者,除不予受理诉状外,还要决杖枷项。北宋景德二年(1005)六月十三日诏:"诸色人,自今讼不干己事即决杖枷项。"②

再次,宋代对民事诉讼当事人身份上的限制较前代放宽,儿子对继母可以提起民事诉讼,其例可见于北宋端拱元年(988)的安崇绪之狱。安崇绪诉继母冯氏曾经与父知逸离异,而今占夺其父资产,欲与己子。大理寺定崇绪讼母,罪死。宋太宗疑之,下台省集议。徐铉引用旧律,认为此案关键在于确定冯氏是否离异。由于冯氏实际上不曾离异,所以崇绪应当依刑部、大理原断准法诉母处死。然而,右仆射李昉等四十三人认为:"崇绪本以田业为冯强占,亲母衣食不充,所以论诉。若从法寺断死,则知逸负何辜而绝嗣?阿蒲(崇绪生母)处何地而托身?臣等参详:田业并合归崇绪,冯亦合与蒲同居,终身供侍,不得有缺。冯不得擅自货易庄田,并本家亲族亦不得来主崇绪家务。如是,则男虽庶子,有父业可安,女虽出嫁,有本家可归,阿冯终身又不乏养。"诏从李昉等议③。这一判例使宋律"诸告祖父母、父母者绞"的规定成为具文。类似的子告继母不受惩罚的例子还见于《折狱龟鉴》所引"李行简拒金"与《名公书判清明集》所载"子与继母争业"判中。然而儿子对继母提起诉讼毕竟不合礼教要求,法律并未对这种变革予以肯定,在司法实践中,虽然官府对儿子提起的民事诉讼予以受理,但司法官员仍可自行决定对儿子是否处罚及处以何种刑罚。如"翁浩堂判蒋汝霖诉继母叶氏将养老田遗嘱于亲生女"一案中,即认为:"盖叶氏乃蒋森后娶之妻,蒋汝霖乃蒋森元养之子,子可以诉继母乎?蒋汝霖自合坐罪。"最后,判决"汝霖且略加惩戒,决小杖二十,再犯重治"。而叶氏也不得私

---

① 《名公书判清明集》卷四《户婚门·争业上》"吴肃吴镕吴桧互争田产"引。
② 《宋会要辑稿·刑法三·诉讼》。
③ 〔清〕沈家本《寄簃文存》卷四"宋安崇绪之狱"引《通考》。

意遗嘱将养老田独与亲生女儿①。

司法官受理词状后,传唤双方当事人及有关证人出庭受审。当事人在诉讼中,对自己提出的主张负有举证责任。宋代证据大致可分以下五种:(1)书证:包括各种契据、图册、账簿、定亲帖子、族谱、遗嘱等;(2)物证:树木、界石、墓碑等;(3)证人证言:知晓有关诉讼请求事项事实的证人的陈述;(4)检验结论:书铺所做鉴定文书真伪的报告;(5)勘验笔录:司法官或所派人员到双方当事人所争田地勘验丈量结果的报告。司法官审查当事人提供的证据时,应积极参与搜集、调查证据,传唤证人,调集文书,查勘田地,从而判定证据真伪,查清案情,做出正确判决。

民事诉讼以书证为首要证据。胡石壁说:"大凡官厅财物勾加之讼,考察虚实,则凭文书。"②因为书证往往最能反映当时法律关系发生的具体情况。在司法实践中,司法官常常凭契约等书证直接做出判决,而一些奸猾不法之徒也利用司法官的疏漏,伪造书证,谋取不当得利,致使案件长久得不到解决。如《折狱龟鉴》所载"刘沆问邻":"有大姓尹氏,欲买邻人田,莫能得。邻人老而子幼,乃伪为券。及邻人死,即逐其子,二十年不得直。"③因此,判定书证的真伪,就成为审查证据的核心问题,宋代在这一方面积累了丰富的经验。

在判定书证真伪时,首先必须寻找其本身有无破绽。例如契约,官府一般在当事人签字和年月处加盖官印,如果当事人在事先弄到的盖有官印的空契上伪造契约,或在原契上增添文字,就会露出"字画皆在朱印之上"的破绽。司法官还可对文书进行笔迹鉴定,将契约、遗嘱等文书与相关人笔迹进行比较,判定真伪。如有必要,司法官可以唤书铺检验,委托行家鉴定。行家认定书证为真,必须"保明责罪状入案",即立下鉴定为真实的保证,收入案卷,书铺也由此承担相应的法律责任。如《名公书判清明集》卷九《户婚门·取赎》所引"伪作坟墓取赎"案中,当事人杨迪功"又执出乾道间上手契书,称有墓地。子细点检,契内无官印,契后合接处虽有官印,稍涉疑似。当唤上书铺辨验,同称其伪,不肯保明责罪状入案"。再结合其他证据,司法官作出了"伪书契字"的判

---

① 《名公书判清明集》卷五《户婚门·争业下》"继母将养老田遗嘱与亲生女"。
② 《名公书判清明集》卷九《户婚门·库本钱》"质库利息与私债不同"判。
③ 《折狱龟鉴》卷六《核奸》。同卷"李行简拒金"与"郎简勘券"都属同一情形。

断,并依此进行了判决。

如果已经无法从书证本身肯定其真伪,或者契约、遗嘱等原始文书已经遗失,司法官可以传唤相关证人,获得证言。例如典卖田地,"卖田问邻,成券会邻,古法也"①。因为邻人大多知晓真情,纠纷一起,他们的证词对案件的审理就有相当重要的作用。所以上引"刘沆问邻"案中,"尹氏出积岁所收户抄为验,沆诘之曰:'若田千顷,户抄岂特收此乎!始为券时,尝问他邻乎?其人固多在者,可以取为证也。'尹氏不能对,遂服罪"。证人作证之前,一般要立下"罪责状",表明证人愿意对自己的证言承担法律责任②。

当然,在权势、宗法诸因素的影响下,证人证言的证明力比不上书证和物证,郑克曾说:"旁求证左,或有伪也;直取证验,斯为实也。"③因此,官方档案文书的重要性在契约、遗嘱等原始书证不明的情况下便大大增强了。宋代典卖田宅必须向官府纳税,增添人口必须入丁籍,所以"争田之讼,税籍可以为证;分财之讼,丁籍可以为证。虽隐慝而健讼者,亦詟惧而屈服矣"④。并且,在审理田土案件时,司法官还经常亲自或派人到两造所争执的田土做实地勘查丈量,并记录在案,以判定双方当事人提供证据的真伪,做出正确的判决。

四、调解与审判

向官府投诉以解决纠纷,一直为中国传统意识所不取。因为民事诉讼并没有严格的程序可循,森严的衙门更使平民百姓不知所措,他们不得不支出额外的费用来打通关节,即使胜诉,也未必能使自己的权利完全得到保障,而为诉讼所支出的费用更不可能收回。此外,封闭的宗法社会使每家每户与其亲邻紧密结合在一起。除非亲邻的侵权行为已严重影响自己的生存,否则一般不愿诉诸官府而使自己长期生活于紧张的环境之中。胡石壁对此有一段比较典型的论述:

> 词讼之兴,初非美事,荒废本业,破坏家财,胥吏诛求,卒徒斥辱,道涂奔走,犴狱拘囚。与宗族讼,则伤宗族之恩;与乡党讼,则损乡党之谊。幸

---

① 《折狱龟鉴》卷六《核奸》"刘沆问邻"。
② 《名公书判清明集》卷五《户婚门·争业下》"田邻侵界"。
③ 《折狱龟鉴》卷六《证慝》"程颢辨钱"。
④ 《折狱龟鉴》卷六《证慝》"王曾判田"。

而获胜,所损已多;不幸而输,虽悔何及。故必须果抱冤抑,或贫而为富所兼,或弱而为强所害,或愚而为智所败,横逆之来,逼人已甚,不容不一鸣其不平,如此而后与之为讼,则曲不在我矣。①

所以司法官对民间争讼,颇重先行调解释和:"遇亲戚骨肉之讼,多是面加开谕,往往幡然而改,各从和会而去。"在这个过程中,尽量冲淡官府参与的色彩,而利用宗族内部的力量自行解决:"如卑幼诉分产不平,固当以法断,亦须先谕尊长,自行从公均分。"②从而最大限度地避免双方当事人因争讼而伤害彼此间感情。

调解以息讼为目的,更多的则是顾及情理与解决纠纷的现实可行性。如《折狱龟鉴》所引"王罕资迁"案:

> 民有与其族人争产者,辨而复诉,前后十余年。罕一日悉召立庭下,谓曰:"诸家皆里富人,无乃厌追逮之苦?今无状子寒饥不能以自存,况析产之券有不明,以故久不决。人能少资之,令其远去,后复何患乎?"皆泣听罕命。③

宋代调解也可以不出于当事人的自愿而由司法官员强令进行。例如胡石壁在处理蒋邦先诉李茂森"赁人屋而自起造"一案中,就以"两家既是亲戚,岂宜为小失大"为由,下令"押下本厢,唤邻里从公劝和,务要两平,不得偏党"④。

然而,宋代调解中很少出现久调不决的情形,因为调解息讼在当时还未成为衡量官员政绩的标准,而宋代对承审期限也有严格的限制。南宋孝宗乾道二年(1166)诏从臣僚奏:"自今词诉在州县半年以上不为结绝者,悉许监司受理。"⑤避免司法官员延宕理断案件,既妨碍农务,又不利于社会秩序的安定。法官收受案件后,在多数情况下总是先劝以和,后断以法。宋人书判称:

> 以两词人乃手足至爱,理为欲昏,特适然耳,便分曲直,恐至伤恩,未免力谕之和协。今两词坚执,王方(原告)又复屡经县催论,官司亦只得公

---

① 《名公书判清明集》卷四《户婚门·争业上》"妄诉田业"。
② 《名公书判清明集》卷一《官吏门·申儆》"劝谕事件于后·崇风教"。
③ 《折狱龟鉴》卷八《严明》。
④ 《名公书判清明集》卷九《户婚门·赁屋》。
⑤ 《宋会要辑稿·刑法三·诉讼》。

心予决。①

调解或者判决,由法官按照自己的理念与诉讼的实际发展情形作出自由决定。

宋代民事审判的依据依旧是法律、情理,司法官员必须综合考虑而后作出判决。宋人认为:

> 法意、人情实同一体,徇人情而违法意,不可也;守法意而拂人情,亦不可也。权衡于二者之间,使上不违于法意,下不拂于人情,则通行而无弊矣。②

这是审判的理想模式。而在《名公书判清明集·户婚门》一百八十七个书判中,具引法条者五十六个,约占总数的百分之三十,而书判中声称"依法为断"而未具引法条者数目更多。但在中国传统社会中,法律向来只是一种原则而非规则。法律的最大功能在于分清曲直,判明是非,即所谓"剖判曲直则依条法"。法律只是判决的一种依据而非唯一依据。因此,司法官在民事审判中可以运用充分的自由裁量权,在根据法律对案件性质与当事人曲直作出判断后,灵活变通法律的规定作出处理。而情理正是这种变通的依据。如在"熊邦兄弟与阿甘互争财产"一案中,熊邦兄弟三人,老三熊资身死,其妻阿甘改嫁,唯存室女一人,承分田三百五十把。今女复死,二兄争以其子立嗣,阿甘又声称内田百把系自置买,亦欲求分。司法官范西堂认为:"律之以法,尽合没官。纵是立嗣,不出生前,亦于绝家财产只应给四分之一。今官司不欲例行籍没,仰除见钱十贯足埋葬女外,余田均作三分,各给其一。此非法意,但官司从厚,听自抛拈。如有互争,却当照条施行。"③法律虽未得以执行,但从人情处着眼从宽处断,各当事人皆有得利,自然达到了息讼的目的,而这正是司法的根本要求。

至于如何援用天理、人情、国法,也应当以息讼为原则,从执行判决的可行性出发,不存在三者孰先孰后的问题。宋人比较现实,并不拘泥于"一准乎礼"。例如胡石壁在邹应祥、邹应麟与邹应龙"兄弟之讼"一案中,针对分产一

---

① 《名公书判清明集》卷一三《惩恶门·诬赖》"假为弟命继为词欲诬赖其堂弟财物"。
② 《名公书判清明集》卷九《户婚门·取赎》:"典买田业合照当来交易或见钱或钱会中半收赎"。
③ 《名公书判清明集》卷四《户婚门·争业上》该条。

节,认为"今复混而为一,固不失其为美,但应龙顽嚣之心,终不可改,今日之美意,未必不复为他日之厉阶,固不若据已标拨,各自管业,以息纷争之为愈也"①。合财共居的大家庭虽然为礼教所倡导,但对本案当事人而言已不可能维持下去。为了避免日后再起争讼,司法官认为依法分产是最佳选择,不必根据人伦礼义强予撮合。

在"领库本钱人既贫斟酌监还"一案中,罗友诚领周子遵钱二百七十贯开张质库,越八年欠负。周子遵已收回二百一十六贯,只及利息钱之半,若以本钱论,则只差五十四贯。司法官胡石壁认为:"得本已为幸甚,何暇更计息哉!委任非人,只得认错",否则追索证人,扰害邻里,而自己出入官府也将得不偿失。"况罗友诚一贫如此,断是无所从出。今只得酌情处断,罗友诚勘下杖一百,锢身押下县,监还未尽本钱五十四贯外,更监纳息钱一百贯足。"②可见,判决是否可行与社会的安定是司法官必须考虑的一个重要因素。

在承担民事法律责任方面,妄诉或败诉方应受何种处罚也并非按照法律的规定,而是由司法官根据败诉方违反礼教道德的程度,参以情理而决定。宋代对民事违法行为的处罚常见的有决杖、枷项、编管、决竹篦、责戒等,一般都从轻施罚。而且尽管宋代法律规定民事违法行为的最高刑罚为徒刑,但在司法实践中很少施用。因为处罚并不在于针对民事违法行为本身,而在于这一行为所体现的当事人的道德水准,以实现明刑弼教的目的。从《名公书判清明集》所载判例可以看出,大多数案件的败诉方只受判责戒,终止其违约、侵权等不法行为。受到决杖处罚的极少,而且其中大多不是因为他们侵犯了对方多大的民事权益,而是因为他们所使用的手段严重违反了礼教的要求。这就是判词中所说的犯上背主、伪冒契据、昏赖诬妄、健讼扰官、挑拨词诉等行为。至于亲族之间的争讼,除非有犯上诬讼、觊觎财产之举,一般不处以刑罚。尤其是立继、归宗之类案件,本来就要首先考虑礼教、人情,由宗族协同处理,以求敦亲厚族,彻底消弭纷争。

判决之后,法官必须在三日内作出断由(判决书)。南宋绍兴二十二年(1152)五月七日诏从臣僚奏:

---

① 《名公书判清明集》卷一〇《人伦门·兄弟》该条。
② 《名公书判清明集》卷九《户婚门·库本钱》该条。

> 今后民户所讼,如有婚田差役之类,曾经结绝,官司须具情与法叙述,定夺因依,谓之断由,人给一本。如有翻异,仰缴所给断由于状首,不然不受理,使官司得以参照批判,或依违移索,不失轻重。①

断由最初是用以防止民户越讼泛滥,烦扰官府,故规定无断由上诉不予受理。但有的司法官员听讼时不能公平,不愿出给断由,以致百姓受冤而无处申理。为了防止官场舞弊,南宋绍熙元年(1190)六月十四日又诏从臣僚奏:

> 如元(原)官司不肯出给断由,许令人户径诣上司陈理,其上司即不得以无断由不为受理,仍就状判索元(原)处断由;如元(原)官司不肯缴纳,即是显有情弊,自合追上承行人吏重行断决。②

中国传统社会民事审判既不必严格遵循实体法与程序法的规定,司法官个人的自由裁量权又极大,无疑为司法官吏徇私枉法带来一个契机。宋代商品经济的急剧发展更冲击了当时社会。因此,如同中国历代那样,宋代官吏徇人情,坏法度,以官司为市的现象也不绝于书。如泉州"豪民巨室,有所讼愬,志在求胜,不吝挥金,苟非好修自爱之士,未有不为污染者"③。甚至在提点刑狱公事使司的金厅,也有官员"赍传简牌入金厅嘱托讼事,遂使金厅为市易关节之地"④。致使富者重贿而胜诉,贫者衔冤而受罚,这种现象已成为中国古代司法的一种痼疾。

---

① 《宋会要辑稿·刑法三·诉讼》。
② 《宋会要辑稿·刑法三·诉讼》。
③ 《名公书判清明集》卷一《官吏门·申儆》"谕州县官僚"。
④ 《名公书判清明集》卷一《官吏门·儆饬》"示幕属"。

第六章 元代民法

本章主要论述元代的民事法律,并追溯辽、西夏、金等少数民族政权控制地区民事法律的一些发展变化。元代时间虽然不足一个世纪,但其民事法律制度在基本继承唐宋的基础上,又有所发展,并具有若干特点,在中国民法史上占有一定地位。

第一节 历史背景与法制概况

一、历史背景

唐末五代后,驰骋北方大草原的游牧民族强盛一时,多次入主中原。先后有契丹族的辽朝(916—1125)、党项羌族的西夏(1032—1227)、女真族的金朝(1115—1234)称雄于北方。1206年,成吉思汗统一蒙古各部,建立国家机构。成吉思汗建国后迅速对外扩张,13世纪中的三次西征,建立了横跨欧亚的大汗国。1227年攻灭西夏,1234年攻灭金朝,黄河以北地区全都在其统治之下。1271年,忽必烈接受汉族士人的建议,定国号为"元",建立元朝,第二年定都大都(今北京),以中原为统治重心。1276年,元军攻占南宋都城临安(今杭州),1279年,消灭了最后一支南宋王室。

元代政治制度基本模仿中原地区长久以来的传统,皇帝之下设中书省统领全国行政,枢密院管理军事,御史台负责监察。在地方设"行中书省",为中央中书省派出机构,统掌一地的军政,其下行政机构分别为路、府、州、县。政治权力主要由蒙古族王公贵族垄断,排斥汉族官僚。其社会政策也强调民族歧视,因此元代民族矛盾始终严重存在,并与阶级矛盾相交织。至元朝末年,统治阶级及蒙古族贵族内部经常争斗,各级官吏贪污腐化,积压已久的各种社会矛盾日益尖锐,1351年爆发红巾军大起义,最终推翻了元朝。

元代初年,北方很多农田被蒙古族王公贵族占为牧场。不久元朝廷采取一系列措施,恢复农业经济。1286年,元朝向各地州县颁行《农桑辑要》,对指导农业生产发挥了一定的作用,农业生产逐步恢复和发展。元代在农业上的突出成就是棉花的种植大为普及,江南各省普遍种植棉花,推动了棉纺业的发展。

蒙古族在扩张战争中,往往将工匠扣留服役。元代设立匠籍制度,手工工匠大多被安置在官手工作坊工作。匠籍子孙世袭,没有人身自由,处于政府严密控制之下。匠籍制度对于手工业自由发展带来很大阻碍。

元代形成自古以来从未有过的大一统局面,传统的陆上"丝绸之路"畅通无阻,而海运更为繁盛,对外贸易兴盛一时。元代又开始修建山东运河,试图联结江南与大都,对于国内商业贸易的发展,具有重要意义。元代商业相当繁荣,城市商业规模使得从威尼斯来的马可·波罗吃惊。然而元代商业集中于若干大城市,蒙古族贵族及西域"斡脱"(享有特权的西域商人)垄断了很多重要的工商业。元代政府又在很多行业设立专卖制度,如盐铁、酒茶、金银等都由官营统制(很多行业实际上由西域商人承包)。

纸币对于北方少数民族政权的货币制度有重要意义。金朝入主中原后,发行"交钞",并废除宋代交子、会子的"界制",建立纸币无限期流通制。元朝灭金,即仿照金制,以纸币为主要法定货币。元代发行"中统"、"至元"元宝钞。元宝钞虽然以钱贯数目为面额,但理论上以白银为本位币,元宝钞二贯等于白银一两,民间习惯上称钞一百贯为一锭(五十两)。元代立法规定宝钞不得兑换白银,无限期流通,破损后可向"平准库"掉换新钞。法律规定民间交易契约必须以元宝钞作价,禁止使用金银交易,但实际上屡禁不止,民间逐渐以白银为主要流通手段。元宝钞以桑皮纸为原料,铜版印刷。初期币值尚称平稳,至14世纪初,政府为弥补财政不足,滥发纸币,通货膨胀,物价飞涨,导致社会混乱[①]。

二、法制概况

北方少数民族政权在法制上的共同特点是:一方面力图保持本族的习惯法,另一方面又接受汉族法律用以治理所统治地区的汉族人民。辽朝在其统

---

① 参见彭信威《中国货币史》第六章。

治地区"以国制治契丹,以汉制待汉人"①,实行分治政策,法律和职官都有两套,分别用以治理契丹本族与汉族,造成了法制混乱,不利于统治秩序的稳定。金朝吸取辽朝教训,建立统一的法律体系,在法律的内容上对女真族、汉族区别对待。随着金朝统治者逐渐汉化,1201年,金朝颁行《泰和律》,篇目一同于《唐律疏议》,其内容基本沿用唐律,故《金史·刑法志》称"实唐律也"。同时又颁行令、敕条、格式,建立较为完整的法律体系,对元朝法律有很大影响。

蒙古建国时,才开始记录民间传统习惯,称为"札撒"。蒙古灭金、统一中原后,基本沿用金《泰和律》与金朝的其他法令以处理民间诉讼。元朝建立的当年,宣布禁用金《泰和律》,并逐渐开始制订颁行本朝的法律。其中较为重要的有1291年《至元新格》、1323年《大元通制》、1346年《至正条格》等。《大元通制》最为重要,共有二十篇,二千五百三十九条。但这些法律都没有保留至今。现存有元代的政书《元典章》、《大元通制》部分条格的汇编本《通制条格》,以及《元史·刑法志》中也保留有相当多的元代法律。

元代法律形式以条格(皇帝或中书省发布的法令)、断例(司法机构的典型判例)为主。元代并没有严格意义上的法典(律典),上述几部比较重要的法律,其主要内容均为各朝条格、断例的汇编。

元代法律的主要内容仍沿用唐宋律。诸如"十恶"、"八议"、"五服"、"五刑"等基本内容都在元代法律中得以保留,唐律定罪量刑的通例也基本为元代法律沿用。但是,元代法律也有很多蒙古民族习惯法的表现,除了维护蒙古贵族特权,实行民族歧视的特点外,元代法律还重点保护僧侣的特权。刑罚制度上虽然沿用唐五刑,但大量适用笞杖刑,而适用徒流刑的很少。有关礼教的罪名处罚大大减轻,而对于侵犯财产的犯罪处罚较重,一律附加刺字刑。笞杖刑也改以七为尾数。枷号示众、红泥粉壁之类的名誉刑也使用较多。

三、有关元代民法的若干问题
(一) 民事行为规范

元代民间民事行为规范与历史上其他朝代相比,有很大的变化。其主要的特点是,礼教的影响有所减弱。元统治者虽然也提倡儒学,封孔子为"大成

---

① 《辽史》卷四五《百官志一》。

至圣文宣王",也曾以儒学开科举士,但总的来说更迷信佛教、道教。地方长官主要是由蒙古人及色目人担任,而实际弄权者是胥吏,教化百姓不被视为急务。触犯礼教的很多罪名放宽处罚,对于礼教的影响力也有所抑制。

元代法律内容庞杂,涉及民事财产方面的内容较多,对于民间民事行为自然具有很大的影响,也是这一时期民间民事行为的主要规范。

元代民间民事行为的主要规范应为民间的习惯、惯例。蒙古族、色目族的民间民事行为仍按其本民族的习惯法处理。这对于汉族民间自然也会产生一定影响。由于北方汉族人民长期受少数民族政权统治,一定程度上受到少数民族习惯的影响,与南方汉族人民的民间习惯可能有所不同。随着印刷业的普及,元代民间民事惯例往往被一些文人编为普及读物,供人们进行交易或一般交往时使用,如《新编事文类聚启札青钱》、《重刊群书类要事林广记》等等。这些书籍中有很多"契式"、"婚书式"之类的文书格式,对于当时民间民事行为当有很大影响。

(二) 社会分层

元代社会分层的一个特点,是按民族及接受元朝统治的先后划分社会等级。法律将全国所有居民划分为蒙古人、色目人、汉人、南人四个等级。这种划分方法可能金朝已经采用,金朝以女真人为国人,原辽国地区人为汉人,取宋河南山东人为南人[①]。元代以蒙古人独掌政治权力,军队虽有探马赤军、汉军、新附军,但以蒙古军为主力,军权掌于蒙古军帅之手。各地方官府由蒙古人担任"达鲁花赤",意为掌印官。蒙古人不受一般法律的束缚,打死汉人只是换至边远驻守。色目人包括西夏、回回、西域诸少数民族。色目人也是特权阶层,参与政治权力,在地方官府由色目人任同知,中央也有色目人担任官职,辅佐蒙古人。色目人中的回回人经营商业的很多,他们组成"斡脱",享有免税免役特权,承包税务及专卖事业,具有很大的经济实力。

元代的汉人,指黄河流域居民,包括契丹人、女真人。南人指原南宋政权控制地区的人民。南人很少有进入中央朝廷任官的机会,汉人一般也只能担任中下级官员。蒙古人打汉人,汉人不得还手。汉人、南人不得聚众赛会,不得持有兵器,甚至不准养狗养鹰。

---

① 〔清〕赵翼《廿二史劄记》卷二八"金元俱有汉人南人之名"条。

元及此前的辽、金,都是从氏族社会组织迅速形成王朝统治的,因此其社会分层带有原始社会氏族组织的一些遗风。如辽时由部族首领出征掳获的人口即为"投(头)下军州",与一般郡县不同。金女真族部落组织称"猛安谋克",入主中原后又将降附的汉人、契丹人也按三百户一谋克、十谋克一猛安组织为军事、政治、经济一体化的基层单位。谋克为百夫长,猛安为千夫长,属于统治阶层。蒙古族建立元朝,以"那颜"为王公、官长的统称,其亲兵、"伴当"称为"那可儿"。

元代蒙古贵族及较早归降的汉官大多世袭为官,形成一种比较僵硬的政治权力分配格局。虽然元代曾开过几次科举考试,但官员主要是由吏胥补充,主官则由蒙古、色目贵族垄断。所谓"由吏者,省台院、中外庶司、郡县,十九有半焉"。而儒生士大夫"自贡而选、而举,千百人不一得焉"①。

元代平民的主体仍是农民。无地农民佃种地主土地的佃户,法律上仍作为平民。至元十九年(1282),元朝廷因鉴于"江南富户因买田土方有地客即系良民,主家科派甚于官司,若地客生男,便供奴役,若有女子,便为婢使,或为妻妾。……(峡州路)民户辄将佃客计其口数立契典卖,不立年限,与驱口无异……又佃客男女婚姻,主户拦当,需求钱物,方许成亲"。认为"前项事理即系亡宋弊政,至今未能改革。……岂有主户将佃客看同奴隶役使典卖、男女婚嫁亦听主户可否之理"。下诏严行禁约②。但是佃户对于地主的人身依附关系却有加强,元代法律规定:"诸地主殴死佃客者,杖一百七,征烧埋银五十两。"③

元代平民中身份较为特殊的有匠户与站户。匠户是蒙古人在征服中掳获的手工业工匠,编为特种户籍。"系官人匠"是官府手工业作坊的主要劳动力,世袭为匠,婚配也受官府控制。"匠不离局",匠户没有脱籍迁徙的自由。口粮、衣装也由政府支给,工作不给雇价,无偿劳役。蒙古贵族控制下的匠户为"投下工匠"。元代官营手工业规模极大,仅中央朝廷各机构所属局、院、场、务,就有三百多个,役使匠户近百万。站户是专供"站赤"(驿传)的人户,在各地设提领所管辖,一所辖户五六百至二三千。站户"三五户共当正马一匹,十

---

① 〔元〕姚燧《牧庵集》卷四《送李茂卿序》、《送姚嗣辉序》。
② 《通制条格》卷四《户令·典卖佃户》。
③ 《元史》卷一〇五《刑法志四·杀伤》。

三户供车一辆,自备一切什物公用"①。站户也不得自由迁徙脱籍。

元代社会奴隶制色彩较为浓厚。元代初年蒙古军队在战争中掳获的人口都被定为奴隶,总称"驱口"、"驱户",为蒙古军队服役的男奴为"驱丁"。"盖国初平定诸国日,以俘到男女匹配为夫妻,而所生子孙永为奴婢。……奴婢男女止可互相婚嫁,例不许聘娶良家。……刑律:私宰马牛,杖一百,殴死驱口,常人减死一等,杖一百七。所以视奴婢与马牛无异。"②"驱口"一词源于蒙古语,奴婢之意,故蒙古、色目皆以此称奴婢,而汉族地区一般仍称奴婢。除了战争掳获外,奴婢的子女"家生孩儿"以及奴婢买卖都是获得奴婢的途径。元代奴婢买卖与田宅、牛马同样要缴纳契税,经印契后为"红契",才为合法。禁止买良为驱。元代奴婢又成为财富的主要象征,如池州路达鲁花赤别的因有奴婢二百人③,叙州安抚使张庭瑞,家有"奴婢千指",为之耕种"上田五千亩"④。

元代奴隶除普遍用于农业生产、家庭杂役外,还有一些替主人经营商业、高利贷,"奴或致富,主利其财,则俟少有过犯,杖而锢之,席卷而去,名曰'抄估'。亦有自愿纳财以求脱免奴籍,则主署执凭付之,名曰'放良'"⑤。奴隶仍有自己的家庭、财产,甚至有自己的奴婢,"凡婢役于婢者,俗谓之'重台'"⑥。驱口的奴隶称"重驱"⑦。

(三) 人的行为能力

元代人户成丁年龄,史无明文。而元代的赋税制在很大程度上是"计丁而税"。蒙古人开始进入中原统治汉族人民时,于1229年根据耶律楚材的建议,规定河北汉族地区以户计出赋调,而西域地区以人丁计出赋调。灭金后,于1236年开始在中原地区建立赋税制度,户、地、丁三者并行科税,其中丁税:"验民户成丁之数,每丁岁科粟一石,驱丁五升,新户丁驱各半之。"⑧以后在黄河中下游一直实行此制。然而史籍及元代法律中未见成丁年龄的明确规定,唯一

---

① 《元史》卷一〇一《兵志四·站赤》。
② 〔元〕陶宗仪《南村辍耕录》卷一七"奴婢"。
③ 〔元〕黄溍《黄金华集》卷二八《答禄乃蛮氏先茔碑》。
④ 〔元〕姚燧《牧庵集》卷二〇《宣抚使张公神道碑》。
⑤ 《南村辍耕录》卷一七"奴婢"。
⑥ 《南村辍耕录》卷一〇"重台"。
⑦ 《通制条格》卷二《户令·户例》。
⑧ 《元史》卷九三《食货志一·税粮》。

可以解释的,就是沿用了金朝成丁年龄的规定。

金朝规定:"男女二岁以下为黄,十五以下为小,十六为中,十七为丁,六十为老。"①这一成丁的规定在河北中原地区施行已久,很可能元朝入主这一地区后,即沿用了这一现成的制度,因而史书上不另行记载。

成丁年龄可以看作是法律承认有独立民事行为能力的一个标志。金元的成丁年龄比之唐宋有所降低,可能是游牧民族少年早熟习惯的影响。元代蒙古族人年十五以上即可为兵。入主中原后,在汉族人民中"佥军",二十丁出一卒,或二十户出一卒,"限年二十以上,三十以下"②。这一佥兵的年龄,可能并不是成丁的年龄。元金定士兵后即为军户,世袭为兵。佥兵并不是其常制,因而这一年龄可能并无普遍的成丁意义。

第二节 所 有 权

一、对土地私有权干预的松弛

自战国末年以来,土地私有权总是受到各种法律不同程度的干预与限制。尤其是北朝隋唐"均田制",竭力企图给私有土地限定数额,限制私有土地的处分权。从上章可见两宋时也仍有限制私有土地规模的"限田"法律。

女真族建立的金朝入主中原后,不再坚持宋代限田的法律,所谓"不立田制","民田业各从其便,卖质于人无禁,但令随地输租而已"③。大大放松了对于土地私有权的干预,私人对于私有土地的处分权也不再受限制。元朝建立后,也沿袭了金代的法律。金、元的这一法律原则对于后世产生了很大的影响④。

二、国有土地的占有状况及私人占有权

辽、金、元都是少数民族建立的政权,在分别征服对立的政权时,掠得大量土地,成为官田。此外,也都沿袭历代旧例,将荒地视为国有。因而国有土地较多,其占有形态可分如下几种情况。

---

① 《金史》卷四六《食货志一·户口》。
② 《元史》卷九八《兵志一·兵制》。
③ 《金史》卷四七《食货志二·田制》。
④ 参见《吕思勉读史札记》"田业卖买无禁"条,上海古籍出版社,1982年,第1010页。

首先,大批国有土地分配给以本民族为主构成的军队,作为军队的"屯田"。辽时"沿边各置屯田戍兵,易田积谷以给军饷。……在屯者力耕公田,不输税赋"①。金以猛安谋克移居内地各郡县"棋布星列,散居四方"②,称之为"屯田军"。屯田军"计其户口、官田,使自播种,以充口食"③。元代也是如此,在各地驻军,屯田军共有十二万多户,屯田土地达十七万七千多顷④。

屯田的土地大多为前代的官田,以及战争时被强夺的私人耕田。屯田数额因被军官私吞,或佃户逃亡而减少时,政府就派官"拘刷",强夺民间熟地,将原土地所有者抑为屯田军的佃户。尤其是金朝统治时期,这几乎已成惯例。一部《金史·食货志·田制》几乎全是女真统治者掠夺民田的记录⑤。金世宗称:"女直人户自乡土三四千里移来,尽得薄地,若不拘刷良田给之,久必贫乏。"⑥拘刷民田时,只要当地名为"皇后庄"、"太子务"、"长城"、"燕子城"之类,即视为官田,"百姓所执凭验,一切不问"⑦。

分配给士兵的屯田仍属于公田,士兵仅为占有、使用。收益的权利,不得自由处分,但可以继承。辽、金、元都实行世袭兵制,本民族成员及被佥为兵的汉族人,都世代为兵,屯田也世代继承耕种。然而实际上,真正的耕作者是屯田军士的奴婢驱口。金律令禁止屯田军士将所授土地"租赁于人,违者苗付地主"。泰和四年(1204)改为每丁四十亩之外的土地"许令便宜租赁"⑧。元代初年屯田大多由驱口耕种,由于受中原租佃制影响,逐渐由驱口自行耕种,向军士交租。租佃制成为屯田的主要占有方式。

其次,沿袭北朝隋唐以来的惯例,很多官田被指定为各级官员的"职分田",以其地租收益作为官吏俸禄的一部分。金朝规定外官(地方官)可占有公田,三品三十顷,诸使二十五顷,副统军十七顷。其数额曾多次变化,名称也曾使用"职田"⑨。元代至元三年(1266)开始规定外官的职田数额,自上路达鲁花

---

① 《辽史》卷五九《食货志上》。
② 《大金国志》卷八《太宗纪》。
③ 《三朝北盟会编》卷二四四。
④ 《元文类》卷四一《经世大典序录·政典总序·屯戍》。
⑤ 参见翦伯赞《中国史纲要》第四册,人民出版社,1963年,第72页。
⑥ 《金史》卷四七《食货志二·田制》。
⑦ 《金史》卷四七《食货志二·田制》。
⑧ 《金史》卷四七《食货志二·田制》。
⑨ 《元史》卷九六《食货志四·俸秩》。

赤十六顷,以下各有等差,至县主簿二顷。至元二十一年(1284)又规定江南行省及诸司官职田比照腹里数额减半,自八顷至一顷,各有差别①。与前代相同,职田不得私自处分,随任交代。职田由佃户耕种,历任官员轮流收租而已。

另外,辽、金、元还将大量的官田赏赐给臣下,成为权贵阶层的私产。这些土地上的佃户往往并不改换,而是改换交租的对象。这种赐田数额很大,动辄成千上万亩,元代总计达十八万多顷②。

三、遗失物、埋藏物及无主物的归属

元代有关遗失物、埋藏物及无主物的规定大多沿袭唐宋旧法,比较有特色的,是有关阑遗物的法条较多,立法较为细致。《通制条格》卷二十八"杂令"中专有"阑遗"一门,收有元中统五年(1264)至延祐二年(1315)间的条格九条。元代初年使用蒙语"不兰奚"(或写作孛兰奚)表示阑遗之意,称阑遗物如奴婢牛马等为"不兰奚人口头匹"。元初在中央设"诸路孛兰奚总管府",至元成宗时(1295—1307)改称"阑遗监"。

可能是出于游牧族的传统,元代有关阑遗的法律主要集中于阑遗奴婢、牲畜。中统五年(1260)圣旨:

> 诸处应有不阑奚人口、头匹等,从各路府司收拾,仍将收到数目应收置去处收置,限拾日已里许令本主识认,如拾日已外,作不阑奚收系,每月申部。如有隐匿者,究治施行。③

阑遗的奴婢、牲畜公告十天,无人认领,即归官府收系,比之唐宋时的三十日公告期缩短。由官府收系的不兰奚人口头匹"责付里正主首收养,立法关防,用心点检,毋致逃易隐匿瘦弱倒死。按月申报,每岁于三月、九月二次送纳"。各地不兰奚人口头匹要集中至大都的不兰奚总管府。至总管府后,奴婢在半年内如无主人识认,由总管府为之"分拨匹配成户,发付有司收系当差"。不兰奚牲畜盖上"官"字火印,并入官府畜群放牧。如有主人识认,盖上"主"字火印还

---

① 《元史》卷九六《食货志四·俸秩》。
② 参见梁方仲《中国历代户口、田地、田赋统计》,上海人民出版社,1980年,第318页。
③ 《通制条格》卷二八《杂令·阑遗》。

主。如调拨各衙门使用,盖上"支"字火印拨付①。

被不兰奚总管府(阑遗监)收系的阑遗人口头匹如有主人识认,仍还本主。牲畜必须由"本主照依时估回纳喂过草料价钱,然后并给付"。而奴婢则无此规定。所谓阑遗的奴婢是指走失的奴婢,逃跑的奴婢则要追捕,能捉获者有赏。"逃驱被捉获呵,将拐带的财物,三分内一分与拿获人充赏。"②另外,元代法律又规定:"诸阑遗奴婢私相配合,虽生育子女,有主识认者,各归其主,无本主者,官与收系。"③

元代较为特殊的阑遗物,是蒙古王公巡游狩猎时的鹰犬。蒙古王公贵族爱好游猎,对于猎鹰、猎狗特设很多法条保护。至于阑遗鹰犬,"诸隐藏阑遗鹰犬者,笞三十七,没其家财之半。其收拾阑遗鹰犬之人,因以为民害者,罪之"④。获得阑遗鹰犬应该立刻护送至就近官府。"官司取去,差会养鹰的好人送来者。"⑤

关于宿藏物,元代除沿用唐宋法律内容之外,又特意规定除发现人外,帮助看守人亦可有分。如元贞元年(1295)断例:

> 大都路杨马儿告:于梁大地内与杨黑厮跑(刨)土作要,马儿跑出青磁罐壹个,于内不知何物,令杨黑厮坐着,罐上盖砖看守。……将罐跑出,觑得有银四定,银盏壹个。……拟合依例与地主梁大中分。却缘杨黑厮曾经看守,量与本人银参拾两。

元代银锭一般是五十两一锭,四锭二百两,看守人可得百分之十五⑥。

关于无主土地,两宋时允许人民"请射佃逃田",经过一段时间的占有,可以视同私有。而金朝法律对此加以改变。将逃户土地视为"官地":

> 凡官地,猛安谋克及贫民请射者,宽乡一丁百亩,狭乡十亩,中男半之。请射荒地者,以最下第五等减半定租,八年始征之。作己业者,以第七等减半为税,七年始征之。

---

① 以上均见《通制条格》卷二八《杂令·阑遗》。
② 《通制条格》卷二〇《赏令·获逃驱》。
③ 《元史》卷一〇五《刑法志四·禁令》。
④ 《元史》卷一〇五《刑法志四·禁令》。
⑤ 《通制条格》卷一五《厩牧·鹰食分例》。
⑥ 《通制条格》卷二八《杂令·地内宿藏》。

逃户土地只能租佃,向政府交租;荒地可以申请私有,第七年起交税。

对于占田规定也有限额,金世宗大定二十一年(1181)令:"占官地十顷以上者皆括籍入官,将均赐贫民者。"大定二十九年(1189)又定"计丁限田"之法:"如一家三丁已业止三十亩,则更许存所佃官地一顷二十亩,余者拘籍给付贫民。"而河南荒闲官地,"如愿作官地则免税(当为租之误)八年,愿为己业则免税三年,并不许贸易典卖"。以后将请佃官田免租期缩短为三年,作己业者免税期减为一年①。

元代法律对于无主土地如逃田之类,采用了比较简便的法律。除了已由官府收管的土地外,其余土地可以分配给私人所有:

> 应有荒地,除军马营盘草地已经上司拨定边界者并公田外,其余投下、探马赤、官豪势要之家自行冒占年深荒闲地土,从本处官司勘当得实,打量见数,给付附近无地之家耕种为主。先给贫民,次及余户。如有争差,申覆上司定夺。②

这是至元二十三年(1286)发布的条格,从而确定了无主土地归属的法律规则。

第三节 债

一、主要契约种类

元代有关契约之债方面的法条基本沿用两宋,比之两宋更为稳定,变化较少。而且元代的文书尺牍中有很多"契式",对于统一民间的各类契约习惯也有重要的作用。

(一) 买卖契约

元代法律关于买卖契约方面的种种规定,在历史上最为复杂烦琐。元世祖至元七年(1270)开始确立买卖制度:

> 尚书户部奉尚书省札付来呈,检到旧例:私相贸易田宅、奴婢、畜产及质压交业者,并合立契收税,违者从匿税科断。乞遍行事,都省准呈遍

---

① 《金史》卷四七《食货志二·田制》。
② 《通制条格》卷一六《田令·农桑》。

行各路,依上施行。①

强调买卖土地、奴婢、畜产要立书面契约,并经官缴纳契税。此条既称"旧例",当为金朝法律。而金又是沿用了北宋的税契制度。

在田产房屋买卖方面,元代也沿用金律。至元六年(1269)中书省户部札付太原路:

> 照得旧例:诸典卖田宅及已典就卖,先须立限,取问有服房亲(先亲后疏),次及邻人(亲徒等及诸邻处分典卖者听),次见典主。若不愿者,限三日批退;愿者,限五日批价。若酬价不平,并违限者,任便交易。限满不批,故有遮占者,仍不得典卖。其业主亦不得虚抬高价及不相本问而辄交易。违而成交者,听亲邻、见典主百日内依元价收赎,限外不得争告。欺昧亲邻、典主故不交业者,虽过百日,亦听依价收赎。若亲邻、见典主在他所者,令以次人取问(谓亲邻典主以次之人),若无人并除程过百日者,不在争告之限。若遇饥馑灾患、丧凶争斗之事,须典卖者经所属陈告给据交易。仰依旧例,行下各路照会施行。②

这里所提到的"旧例"也当为金朝法律。这一先问亲邻制度也明显来源于北宋初年的法律,如上章所述,北宋中期以后已改为"只问有亲之邻"了,而且典权人也已经位列先买权人的第一顺位。

在沿用金朝先问亲邻之制的同时,元代又对"邻人"具体规定:寺观不得为问邻之邻。"照得旧例:官人百姓不得将奴婢、田宅舍施典卖与寺观,违者价钱没官,田宅、奴婢还主。其张广金(寺院住持)虽是地邻,不合批问成交。"③至元贞元年(1295)又明确规定:"各处军民典卖田宅,若与僧道寺观相邻,合无由问。"其理由是:"僧道寺观常住田地既系钦依圣旨不纳税粮,又僧俗不相干,百姓军民户计,虽与寺观相邻住坐,凡遇典卖,难议为邻。"④

延祐二年(1315)又一次立法延长问邻期限,并以刑罚处罚违法者:

> 凡典卖田宅,皆从尊长画字给据立帐,取问有服房亲,次及邻人、典

---

① 《元典章》卷二二《户部八·杂课》。
② 《元典章》卷一九《户部五·典卖》。
③ 《元典章》卷一九《户部五·典卖》。
④ 《通制条格》卷一六《田令·典卖田产事例》。

主。不愿者限一十日批退,如违限不行批退者,决一十七下;愿者限一十五日批价,依例立契成交,若违限不行酬价者,决二十七下。任便其亲邻典主故行刁蹬,取要画字钱物,取问是实,决二十七下。如业主虚抬高价,不相由问成交者,决二十七下,听亲邻典主百日内收赎。①

元末又将"业主虚抬高价"行为加重处罚"笞三十七"②。

这种先问亲邻的帐式,见于泉州晋江《丁姓家谱》所载元代后至元二年(1336)麻合抹卖园契附件:

> 泉州路录事司南隅排铺住人麻合抹,有祖上梯己花园一段、山一段、亭一所、房屋一间及花果等木在内,并花园外房屋基一段,坐落晋江县三十七都,土名东塘头村。今欲出卖,□钱中统钞一百五十锭。如有愿买者,就上批价,前来商议;不愿买者,就上批退。今恐□□难信,立帐目一纸,前去为用者。
>
> 至元二年七月　日帐目　立帐出卖孙男麻合抹同立帐出卖母亲
>
> 时邻　行帐官牙　黄隆祖
>
> 不愿买人:姑忽鲁舍　姑比比　姑阿弥答　叔忽撒马丁。③

此件文书卖主麻合抹及亲属当为当时侨居泉州的阿拉伯人。帐目先经亲属批退,再问邻人,完全符合当时的法律。

元代大大扩大了印契、税契的买卖契约种类。"诸人典卖田宅、人口、头匹、舟舡物业,应立契据者,验立契上实直价钱,依例收办正税外,将本用印关防,每本宝钞一钱。"④契约要粘连官印契本加盖官印。契本由朝廷户部统一印造,江南四行省及四川由户部颁发铜版,自行印造。每本契本收钞三钱⑤。

元代契税税率比宋代有所降低。元初契税为百分之二⑥,后改为依商税税

---

① 《元典章》卷一九《户部五·典卖》。
② 《元史》卷一〇三《刑法志二·户婚》。
③ 见《历史研究》1957年第9期,第79页。
④ 《元典章》卷二二《户部八·契本》。
⑤ 《元典章》卷二二《户部八·契本》。
⑥ 《元典章》卷二二《户部八·杂课》载至元四年(1267)案例:契价三十一锭,中书省批示"银三十一两取要税钱"。一锭为五十两,故税率为百分之二。

率"三十分取一"①。凡不用官契本、买主不缴契税的,依匿税法处罚,笞五十,契内所载价金一半没官②。买主缴纳契税后,官府出给收据,如上述麻合抹出卖花园山地契附件中即有一件契税收据:

> 皇帝圣旨里,泉州路晋江县,今据阿老丁用价钱中统钞六十锭,买到麻合抹花园山地。除已验价收税外,合行出给者。
>
> 至元二年十月初三日给　右付本阿老丁　准此。③

唐末五代开始形成的过割制度,元代在北宋、金的基础上进一步严密。金的具体制度虽不详,但从"民田业各从其便,卖质于人无禁,但令随地输租而已"④来看,也应有较严密的过割制度。元代进一步规定:

> 如有官豪势要之家买田产,官吏人等看徇不即过割,止令卖主纳税,或科摊其余人户包纳,……犯人断五十七下,于买主名下验元买地价钱追缴一半没官,于内一半付告人充赏。当该正官断罪,典史司吏断罪罢役。⑤

元代民间买卖田宅契约也往往注明此项内容。如元代《典买田地契式》中有:"所有上手朱契,一并缴连,赴官印押。前件产钱,仰就厶户下改割供输,应当差发。"⑥上述麻合抹卖园契,也有"所有合该产钱,麻合抹户苗米二斗八升,自至元二年为始,系买主抵纳"⑦。

为了保证田宅买卖中政府不致失落赋税及卖方"产去税存",元贞元年(1295)又制定田宅买卖必须先"经官给据"的制度:"已后典卖田地,须要经诣所属司县给据,方许成交,随时标附,明白推收,各司县置簿附写。"⑧至大德四年(1300)进一步强调此制,规定各州县指定官员"专掌典卖田地、过割钱粮"。并设置文簿记录税粮转换情况存档。"凡有诸人典卖田地,开具典卖情由,赴本管官司陈告,勘当得委是梯己民田,别无规避,已委正官监视,附写元告并勘

---

① 《元典章》卷二二《户部八·契本》。
② 《元史》卷一〇四《刑法志五·食货》。
③ 见《历史研究》1957年第9期。
④ 《金史》卷四七《食货志二·田制》。
⑤ 《元典章》卷一九《户部五·典卖》。
⑥ 《中国土地契约文书集》(金一清),日本东洋文库,1975年,第49页。
⑦ 见《历史研究》1957年第9期。
⑧ 《元典章》卷一九《户部五·典卖》。

当到情由,出给半印勘合公据,许令交易典卖。"如无公据交易典卖,即与典卖不过割同样处理,犯人笞五十七下,"买主、卖主俱各断罪,价钱、田地一半没官,没官物内一半付告人充赏"①。这种出卖土地要提出申请、经官勘查后发给公据才可交易的制度,是古代民法史上所仅见的。比之实行均田制的北朝隋唐时期还要详细。这种勘合公据以千字文编号,福建晋江现尚存有一件元至正二十六年(1366)的公据:

> 皇帝圣旨里　泉州路晋江县三十七都住民蒲阿友,状告:祖有山地一所,坐落本都东塘头庙西。今来阙银用度,就本山内拨出西畔山地……于上一二果木,欲行出卖。缘在手别无文凭,未敢擅便,告乞施行得此行。据三十七都里正主首蔡大卿状申:遵依兹去呼集亲邻人曾大等,从公勘当得蒲阿友所告前项山地的□□□□物,案中间并无违碍。就出到□人执□文状缴连申乞施□。
>
> 得此合行,给日字三号半印勘合公据,付蒲阿友收执。②

可见当时买卖田宅确实要经过申请,并由乡官会同亲邻勘当调查后,官府才发给公据,允许进行土地买卖。

总之,元代不动产买卖必须有"经官给据"、"先问亲邻"、"印契税契"、"过割赋税"这样四个法定要件才可生效。这在元代典买田地契式里也有反映:"欲将前田尽数召卖,为此,除已具状经所属陈告,蒙下里勘当;立帐会问亲邻、有服房亲邻佑人等俱不愿成交,回申给据,付某召卖。"③

元代买卖契约制度的另一特点是,买卖契约必须由官府所设牙行为之接洽说合、议定价格。元初各类买卖均有牙行,至元二十三年(1286)规定:"大都羊牙及随路买卖人口、头匹、庄宅牙行依前存设,验价取要牙钱,每拾两不过贰钱。"即牙钱为契价百分之二,除了奴婢、牲畜、田宅买卖保留专门官牙行外,"其余各色牙人并行革去。"④这在元代地契中也有反映。元代典买田地契式:"情愿召到厶人为牙。"⑤前述麻合抹卖园契:"今得蔡八郎引到在城东隅住人阿

---

① 《元典章》卷一九《户部五·典卖》。
② 见《历史研究》1957年第9期。
③ 《新编事文类聚启札青钱》卷一〇《事产类》。
④ 《通制条格》卷一八《关市·牙行》。
⑤ 《中国土地契约文书集》(金—清),第49页。

老丁前来就买,经官牙议定时价中统宝钞六十锭。"①牙人之外又另有"引领人",可见牙人的主要责任为议价。

元代实行纸币制度,因而法律强调买卖契约必须以宝钞为计价基准。至元二十四年(1287),《至元宝钞通行条画》规定:"应质典田宅,并以宝钞为则,无得该写斛粟丝绵等物,低昂钞法,违者治罪。"②

元代一般契约签署采用画押,但奴婢买卖契约还承宋代惯例,要由奴婢本人画指。元时潘泽为山北辽东道提刑按察使处理了以下一个案例:

> 有讼其豪室奴其一家十七人,有司观顾,数年不能正。公(潘泽)以凡今鬻人皆画男女左右食指横理于券为信,以其疏密判人短长壮少,与狱词同。其索券视,中有年十三儿指理如成人,公曰:"伪败在此。"为召郡儿年十三十人以符其指,皆密不合,豪室遂屈,毁券。③

元末明初人编写的以当时大都话为标准音、专供朝鲜人学汉语的课本《朴通事》卷一载有一件人口买卖契约的样本:

> 大都某村住人钱小马,今将亲生孩儿小名唤神奴,年五岁无病,少人钱债,阙口少粮,不能养活,身为未便,随问到本都在城某坊住某官人处卖与,两言议定,恩养财礼钱五两,永远为主,养成驱使。如卖已后,神奴来历不明,远近亲戚闲杂人等往来竞争,买主一面承当不词,不干买主之事。恐后无凭,故立此文为用。
>
> 某年月日
> 　　　　　　　　卖儿人钱小马,同卖人妻何氏。见人某。引进人某

在这个契约文本后面提到:"买人的文契只这的是,更待怎的? 没保人中么?"回答说:"买人的契保人只管一百日,要做甚么? 五岁的小厮,急且那里走?"可见,元代买卖人口契约的"保人"担保期只有一百天,过了百日担保即失效。而担保的主要内容是买卖标的的逃亡,因为这件契约中买卖的标的只是个才五岁的小孩子,与人串通、主动逃亡的可能性不大,因此可以不设保人。

---

① 见《历史研究》1957年第9期。
② 《元典章》卷二〇《户部六·钞法》。
③ 〔元〕姚燧《牧庵集》卷二二《浙西廉访副使潘公神道碑》。

（二）典质契约

元代土地房屋典质交易的契约形式与买卖契约基本相同。元代地契契式即"典"、"卖"通用。法律上与买卖契约同样规定要具备经官给据、先问亲邻、印契税契、过割赋税四个要件。元初法律对土地房屋出典契约无特殊规定，以后在宋代土地房屋典质制度影响下，于大德十年（1306）规定："今后质典交易，除依例给据外，须要写立合同文契贰纸，各各画字，赴务投税。典主收执正契，业主收执合同。虽年深凭契收赎。"[①]典契应为合同契。

元代法律对于典契的收赎年限没有明确规定，"虽年深"，只要有契即可收赎，与宋代的法律相同。而典契规定的"典期"（不得收赎年限）也是"任从私约"。但两种版本的元代典买田地契式有"元约三冬，备契面钱取赎，至期无钱取赎，仰典主元管佃"[②]，"约限三冬，备元钞取赎，如未有钞取赎，依元管佃"[③]等词句。可见当时民间通行的年限为三年。三年后的任何时候出典人都可以原价收赎。元代法律对于典主的先买权仍予以保护，但顺序靠后，宋以典主为业主卖业前第一顺序，而元代规定先问房亲、邻人以后才问典主。

元代法律对于典质取赎的具体规定不见记载。《元史·刑法志·盗贼》中有："诸谋欲图人所质之田，辄遣人强劫赎田之价者，主谋、下手一体刺断，其卑幼为尊长驱役者免刺。"对于赎田钱财予以特别保护。

（三）借贷契约

在借贷契约方面，金朝沿袭了北宋的法律，《泰和令》规定：

> 诸以财物出举者，每月取利，不得过三分，积日虽多，不得过一倍，亦不得回利为利本，及立倍契。若欠户全逃，保人自用代偿。[④]

可见金朝将法定限制利率从宋代的月利百分之四降低到了百分之三，并且延续了禁止复利、只允许"保人代偿"的担保制度。

蒙古入主中原，初期沿用金律令，至元八年（1271）建立元朝，才停止直接引用金律令。然而在借贷方面，上引金朝律令在早期并未起作用。

---

① 《通制条格》卷一六《田令·典卖田产事例》。
② 《新编事文类聚启札青钱》卷一〇《事产类》。
③ 《中国土地契约文书集》（金—清），第49页。
④ 《事林广记·第一》引至元《杂令》，一般认为至元《杂令》实为金《泰和令》，参见［日］仁井田陞《唐令拾遗》，第837页。

蒙古窝阔台汗（元太宗）统治（1229—1242）初期，"官民贷回鹘金偿官者岁加倍"①，年利百分之一百，号称"羊羔儿息"。当时主要是回鹘商人经营此种高利贷，"州郡长吏多借贾人银以偿官，息累数倍，曰羊羔儿利，至奴其妻子犹不足偿"。重臣耶律楚材建议："令本利相侔而止，永为定制。民间所负者，官为代偿之。"②本利相侔正是唐以来"不得过一倍"的另一种说法。元世祖忽必烈至元三年（1266）"钦奉圣旨：债负止还一本一利，虽有倒换文契，并不准使，并不得将欠债人等强行扯拽头匹，折准财产。如违治罪"③。至元六年（1269）又采纳刘秉忠建议，重申"一本一利"，"及还过元本者，并行赦免"④。至元十九年（1282）再次立法：

> 中书省奏：随路权豪势要之家，举放钱债，逐急用度，添答利息，每两至于伍分，或壹倍之上。若无钱归还呵，除已纳利钱外，再行倒换文契，累算利钱，准折人口、头匹事产，实是于民不便。今后若取借钱债，每两出利不过叁分。……都省议得，若有似此违犯之人，许诸人陈告，取问是实，即将多取之息追还，借钱之人本利没官，更将犯人严行断罪。⑤

此后元代还曾多次立法强调月利不得过三分（百分之三）、"一本一利"。也可以反过来证明，民间高利贷之猖獗，屡禁不止。

就债务担保方式而言，金元时法律也禁止牵掣债务人财物、准折债务的债务担保方式。金代地契中已有"亦不是债欠准折，并无诸般违碍"的文句⑥；元代地契契式中也有"即非抑勒，准折债负"⑦，"及无重复交易，准折等事"⑧之类的惯语。法律并禁止以良人抵债。至元二十年（1283），"中书省奏：哈喇章富强官豪势要人每根底放利钱呵，限满时将媳妇、孩儿、女孩儿拖将去，面皮上刺着印子做奴婢有。……如今只依那体例与将文书去，教罢了，休教拖者，休教

---

① 《元史》卷二《太宗本纪》。
② 《元史》卷一四六《耶律楚材传》。
③ 《通制条格》卷二八《杂令·违例取息》。
④ 《元史》卷一五七《刘秉忠传》。
⑤ 《通制条格》卷二八《杂令·违例取息》。
⑥ 《中国土地契约文书集》（金—清），第1页。
⑦ 《中国土地契约文书集》（金—清），第49页。
⑧ 《新编事文类聚启札青钱》卷一〇《事产类》。

做奴婢者"①。

元代法律允许的债务担保方式为"保人代偿",如上引至元《杂令》的规定。民间一般也习以保人为债务担保。元"借钱批式":

> 某里某都住人某,今托得某人作保,就某都人,宅揭借得铜钱若干贯文,归家应急用度。约在某月内,备本、息一并归还,不敢少欠。如有东西,且保人甘伏代还无词。今恐无凭,立此为照者。
>
> 借钱人姓某押批　保人姓某押批②

保人是契约负有连带清偿责任的附署人。元武汉臣杂剧《散家财天赐老生儿》:"你要借钱,我问你要三个人,要一个保人,要一个见人,要一个立文书人。有这三个人便借与你钱,无这三个人便不借与你钱。"可见借债必须要有保人。

以动产财物质押借债在元代也极为盛行,至元《杂令》有一般性的规定:

> 诸以财物典质者,并给帖子,每月取利不得过三分。经三周年不赎,要出卖,许。或亡失者,收赎日于元典物钱上别偿两倍。虽有利息,不在准折之限。③

三周年利息累计为百分之一百零八,略高于"一本一利"。因此以后的法律予以修改。元贞二年(1296),"今后诸人解典二周年不赎,许令下架"。下架意即从质库货架上取下抵押物,债务人丧失收赎权利④。第二年规定:"今后诸人解典金银,贰周岁不赎,许令下架。"⑤大德八年(1304)又一次规定无论何种财物解典,"一体二年下架……遍行各处遵依,永为定例"⑥。如"一本一利"借贷两周年,合月利百分之四点一七,则又超过了"不得过三分"之条。

实际上,元代民间质押财物一般为一周年下架,债务人丧失赎回抵押品的权利。元郑廷玉杂剧《看钱奴买冤家债主》中的贾仁开解典库:"别人家便当的

---

① 《通制条格》卷二八《杂令·违例取息》。
② 《新编事文类聚启札青钱》卷一〇《杂题·交易契书诸式》。
③ 《事林广记》第一。
④ 《元典章》卷二七《户部十三·解典》。
⑤ 《通制条格》卷二七《杂令·解典》。
⑥ 《元典章》卷二七《户部十三·解典》。

一周年下架,(疑脱一'不'字)容赎解;他巴到那五个月还钱本利该纳了利从头儿再取索,还了钱文书上厮混赖。"①

在质押借债中,债权人"解典主"负有保管质押品的义务,如有损失要负赔偿责任。元《杂令》规定,如质押品亡失,解典主要赔偿原债务的两倍,正好是"一本一利"。

元代营业性收质放债机构称为"解典库",即前代"质库"、"解库",容许民间自由开设。至元十六年(1279)最终消灭南宋残余势力后,元政府宣布:

> 亡宋时民户人家有钱,官司听从开解。自归附之后,有势之家方敢开解库,无势之家不敢开库。……行下诸路省会居民,从便生理。仍禁戢录事司不得妄行生事,敷敛民户。纵有误典贼赃,只宜取索,却不可以此为由收拾致罪。②

强调私人可自由开设解库,不再加以限制。

元代民间借贷很可能遵照"一本一利"计息制。一本一利在元代已为俗语,如元杂剧郑廷玉《宋上皇御断金凤钗》中有"多亏了你也,借与我钱,救我一命,……老夫一本一利还你"。又如关汉卿《感天动地窦娥冤》中,蔡婆婆借给窦天章二十两银子,"从去年间我借了二十两银子,如今本利该银四十两。……他七岁女儿与我家做个媳妇,就准了这四十两银子"。又有赛卢医借蔡婆婆十两银子,"本利该还他二十两",月利可能超过法定的三分利,但债务还是止于一本一利。

元代解典库放债主要是乘人不能取赎、下架出卖典押之物来牟利,所以民间俗语有"恩不放债"③。元代权贵势豪及色目回鹘"斡脱"放债,则乘人之危,取息远远超过三分。至元二十九年(1292)"中书省御史台呈:比年以来,水旱相仍,五谷薄收,阙食之家,必于豪富举借餱粮。自春至秋,每石利息重至壹石,轻至伍斗。有当年不能归还,将息通行作本,续倒文契,次年无还亦如之。有壹石还数倍不得已者,致使无告贫民准折田宅,典雇儿女。"因此特意强调:"举借斛粟,合依乡原例,听从民便,年月虽多,不过一本一利。"④

---

① 《元杂剧全集》第三册,第155页。
② 《通制条格》卷二七《杂令·解典》。
③ 元杂剧郑廷玉《布袋和尚忍字记》,见《元杂剧全集》第三册,第55页。
④ 《通制条格》卷二八《杂令·违例取息》。

民间也仍有准折财产抵债的,如《朴通事谚解》卷上所载元"借钱文书",就有"如至日无钱归还,将借钱人在家应有直钱物件,照依时价准折无词。如借钱人无物,准与代保人一面替还"的记载。

(四) 租佃契约

租佃关系是元代最普遍、最常见的农村土地契约关系。元代民间有专门的"佃田文字式":

> 某里某都住人姓某,今托得某人作保,就某里某人、宅,承佃得晚田若干段,坐落土名某处,计几亩。前去耕作,管得不致抛荒,逐年到冬,实供白米若干,挑赴某处仓所交纳,不敢少欠,如有此式,且保人甘当代还无词。今立佃榜为用者。
>
> 年月日　佃人姓某押文字　保人姓某押。①

当时租佃契约的担保方式已改为"保人代偿"为主,排除了"牵掣"、"役身"等内容。然而元代法律对于租佃契约形式没有具体的规定,仍沿袭传统的"任依私契"原则。

关于租佃关系,元代曾公布法令进行调整。元成宗大德八年(1304)正月,公布了中国民法史上第一个减租法令:

> 钦奉诏书内一款:江南佃户承种诸人田土,私租太重,以致小民穷困。自大德八年以拾分为率,普减贰分,永为定例。②

规定私租一律减轻百分之二十,并要求成为永久性法制,但实际效果大可怀疑。

元代法律还强调田主对于佃户负有救济责任。上述圣旨诏书又有:"比及收成,佃户不给,各主救济,无致失所。借过贷粮,丰年逐旋归还田主。毋以巧计多取租数,违者治罪。"同年十月,就此项圣旨诏书的实施,江浙行省以"有田主之家",乘人之危,"或于立约之时,便行添答数目,以利作本。才至秋成,所收子粒除田主分受外,佃户合得粮米,尽数偿还本利,更有不敷,抵当人口,准折物件,以致佃户逃移,土田荒废"。建议"合属劝谕田主,将佃户常加存恤援济,毋致失所。若有借贷其粮,照依元借的实数目,须候丰收,逐旋依数归还。

---

① 《新编事文类聚启札青钱》卷一〇《杂题·交易契书》。
② 《通制条格》卷一六《田令·江南私租》。

钱债依例三分取息,毋得多余勒要。如有以利作本之数,许诸人陈告到官,严行追断"①。这一建议经中书省批准后成为一项单行法令。田主借贷给佃户度荒的粮食不得计息归还。这些法令实施效果如何,不得而知,但就其立法本意而言,具有一定的保护佃农的意义。

(五) 运输契约

运输契约,是承运人为托运人、旅客承担运送义务、收取运费的契约。在中国古代,运输契约由来已久,一般与雇佣、租赁混称为"雇"、"赁"。运输契约一般也成立书面契约。南宋时曾有船主劫杀旅客弃船案件,经勘查,"于舟尾得皂绦一条,系文字一纸,取观之,乃顾(雇)舟契也。因得其人姓名及牙保之属"②。可见运输契约也必须有牙人介绍,保人担保。

元代法律关于运输契约有专门规定。至元三十一年(1294)规定:

> 今后凡江河往来雇船之人,须要经由管船饭头人等参面说合,明白写立文约,船户端的籍贯姓名,不得书写无籍贯并长河船户等不明文字。及保结揽载已后,倘有疏失,元保、饭头人等亦行断罪。及将保载讫船户并客旅姓名,前往何处勾当,置立文簿,明白开写,上下半月,于所属官司呈押,以凭稽考。③

虽然这一立法的出发点是为了水上治安的需要,但毕竟对运输契约的一些内容作了法律规定。

二、损害赔偿之债

如前几章所述,中国古代法律对损害赔偿一贯采取极严格的限制,"侵权行为"这一概念几乎从不存在。侵犯他人人身及财产的行为一律视为犯罪,以刑罚处罚,造成的损害很少可以获得赔偿。然而在元代,这一原则有所修正,法律中附带损害赔偿的内容较多。

在人身伤害方面,元代法律明确规定对于故意造成被害人残疾的,加害人应受刑罚并承担赔偿责任。如"诸以他物伤人致成废疾者,杖七十七,仍追中

---

① 《元典章》卷一九《户部五·种佃》。
② 〔宋〕张邦基《墨庄漫录》卷四。
③ 《通制条格》卷一八《关市·雇船文约》。

统钞一十锭付被伤人充养济之资"。"诸因斗殴斫伤人成废疾者,杖八十七,征中统钞一十锭,付被告人充养济之资。……为父还殴致伤者,征其钞之半"。豪强私拷平民,本犯杖一百七流远,"其被害有致残废者,人征中统钞二十锭充养赡之赀。""诸以微故残伤义男,……义男归宗,仍征中统钞五百贯充养赡之赀。""诸尊长辄以微罪刺伤弟侄双目者,……杖一百七,追征赡养钞二十锭给苦主。""诸以刃刺破人两目成笃疾者,杖一百七流远,仍给中统钞二十锭充养赡之赀。""诸因争误瞎人一目者,杖七十七,征中统钞五十两充医药之赀。"① 致人废疾为征"养济之资";致人笃疾、残疾为征"养赡之赀",数额加倍;误致人残废为征"医药之赀"。

对于各种杀人罪,元代法律一般规定向罪犯征"烧埋银"给苦主(受害人之家属)。如"军官驱役军人致死"、"捕盗官审问平人邂逅致死"、"弓兵祗候辄殴死罪囚"、"有司勘问无罪景迹人致死"、"诸司受财诬拷非罪致死"②、"发冢已开冢或开棺椁"、"军人在路劫夺迫逐人死"③、"部民殴死官长"、"因斗误蹂死小儿"、"妻为人调戏夫杀伤致死"、"因争邂逅致死"、"军官因公乘怒命殴人致死"、"阃帅怒吏发其奸令人殴死"、"兄殴弟妻致死"、"殴死族兄子"、"尊长误殴异居卑幼致死"、"良人殴杀他人奴婢"、"良人戏杀他人奴婢"、"地主殴死佃客"、"瞽者殴人致死"、"病疯狂殴伤人致死"、"庸医鍼药杀人"、"飏砖石剥邻人之果误伤人致死"、"过误踏死小儿"、"昏夜驰马误触人死"、"驱车走马误伤人命"、"昏夜行军误轹死人"、"戏惊小儿致死"、"戏逐人跌死"④、"故烧官府廨宇房宅致人死伤"⑤,等等,以上罪名除处以不同刑罚外,还必须追征烧埋银给苦主,烧埋银一般为白银五十两,"无银者征中统钞一十锭。会赦免罪者,倍之"⑥。

故意杀人罪的罪犯被判处死刑后,仍须向其家属征烧埋银给苦主,如"诸图财谋、故杀人多者,凌迟处死,仍验各贼所杀人数,于家属均征烧埋银"。"诸杀人者死,仍于家属征烧埋银。"⑦

---

① 以上均见《元史》卷一○五《刑法志四·斗殴》。
② 以上见《元史》卷一○三《刑法志二·职制下》。
③ 《元史》卷一○四《刑法志三·盗贼》。
④ 《元史》卷一○五《刑法志四·杀伤》。
⑤ 《元史》卷一○五《刑法志四·禁令》。
⑥ 《元史》卷一○五《刑法志四·杀伤》。
⑦ 《元史》卷一○四《刑法志三·盗贼》。

烧埋银具有填补被害人丧葬费用的损害赔偿性质。元代法律规定,有的杀人罪名并不判处刑罚,仅征烧埋银给被害人之家。如子复父仇杀人,"不坐,仍于杀父者之家征烧埋银五十两"。蒙古人乘醉殴死汉人,"断罚出征,全征烧埋银"。

元代法律对于过失杀伤人的规定,不再采用中原传统的"赎刑"处罚,也不再采用唐宋法律中"赎铜入被害之家"那样迂回暧昧的规定,直接规定使用损害赔偿的处理方式。比如:昏暮中两家之子奔跑相撞致死,"不坐,仍征钞五十两给苦主"。十五岁以下小儿过失杀人,"免罪,征烧埋银"。军士习箭不慎射死行人,"不坐,仍征烧埋银",等等。此外,又规定"诸骆驼在牧,啮人而死者,牧人笞一十七,以骆驼给苦主","诸驿马在野,啮人而死者,以其马给苦主"①。

对于损害财产行为的赔偿,元代法律仍继承了唐宋法律严格限制赔偿责任的原则。如因失火延烧,"所毁房舍财畜,公私俱免征偿";而"纵火围猎延烧民房舍钱谷者,断罪勒偿"。故意纵火延烧造成损失,断罪外"并追赔所烧物价"②。仍以加害人是否有主观过错为如何承担赔偿责任的标准。对于盗窃之类行为仍追赃给主,有的罪名还要追倍赃,但"正赃已征给主,倍赃无可追理者,免征"。盗贼罪一律追倍赃,"其有未获贼人及虽获无可追偿,并于有者名下追征"③。盗贼同伙负连带责任。

如前所述,元代法律对于契约债务已摒弃"役身折酬"的担保方式,但对于损害赔偿之债却规定以役身折酬为最主要的担保方式:

> 诸盗贼应征正赃及烧埋银,贫无以备,令其折庸。凡折庸,视各处庸价而会之。庸满发元籍充警迹人。妇人日准男子工价三分之二,官钱役于旁近之处,私钱役于事主之家。④

元代法律有关损害赔偿内容比之唐宋要丰富得多。尤其是在侵害人身方面这些细致的规定,与传统法律差别较大。造成这一现象的原因之一,可能是受蒙族等游牧少数民族风俗习惯的影响⑤。

---

① 以上均见《元史》卷一〇五《刑法志四·杀伤》。
② 以上均见《元史》卷一〇五《禁令》。
③ 《元史》卷一〇四《刑法志三·盗贼》。
④ 《元史》卷一〇四《刑法志三·盗贼》。
⑤ 参见[日]仁井田陞《中国法制史》第四章第三节。

第四节 婚姻与亲属

一、法定婚书制度

婚书即书面婚约,是双方当事人同意建立婚姻关系的意思表示。婚姻是有关生存繁衍的大事,人类自从告别掠夺婚,就出现了缔结婚约的形式要件,最早最简单的形式要件,大概是在确定缔结婚约之时,一方当事人给与对方一点物品,这些物品起先多数是食物,以后又扩大到耐用的武器或生活用品、装饰品,它们相当于后世的所谓定情物。一方发出定情物,另一方接受定情物,婚约即告成立。在定情物上刻画一些纹饰、符号,是情理之中的事情,文字产生以后,以能明确表示意思的文字代替纹饰、符号,也是可以想象的。婚书当由定情物发展而成。

元代是我国法制史上唯一把婚书规定为法定必备要件的朝代。

《周礼》有一段文字,与缔结婚约有关,其文如下:

> 媒氏掌万民之判,凡男女自成名以上,皆书年、月、日、名焉。令男三十而娶,女二十而嫁。凡娶判妻入子者,皆书之。①

婴儿出生三个月后由父亲命名,称为"成名",成名男女须到"媒氏"处登记,媒氏把该婴儿的出生年、月、日、姓名记录于"判","判"一式二份,媒氏掌其一,婴儿家长掌其一。媒氏根据所掌"判"的记录,三十岁的男子、二十岁的女子即可结婚。男女结婚后,也要向媒氏申报,由媒氏将婚姻情况记录于"判"②。

云梦秦简《法律答问》中,婚姻有"已官"、"未官"③的区别,所谓"已官",就是已将结婚事由报告官府登记在册,可以与"媒氏掌万民之判……凡娶妻入子者,皆书之"对照理解。据上,《周礼》媒氏之"判",类似后世的户口册,虽然与男女婚姻有关,但并非书面婚约。清代有学者说:

> 《周礼》有媒氏以司婚姻之事,古制男女定婚后,即立婚书,报于所司,其不报者,即私约也,今不行此法。解者谓有媒氏通报写立者为婚书,无

---

① 《周礼·地官·媒氏》。
② 参见宋昌斌《中国古代户籍制度史稿》,三秦出版社,1991年,第41页。
③ 《睡虎地秦墓竹简》第222页"女子甲为人妻"条。

媒妁,私下议约者为私约。①

因婚姻关系(婚约)须向官府申报,就认定"古制男女定婚后,即立婚书",或认为媒氏"凡娶判妻入子者,皆书之"者即婚书,似乎还可斟酌。因为当时法律要求的是申报业已成立的婚姻关系,不是提交婚书,实际生活中也不是所有婚约都是书面的,如下述晋代有实物婚约,至于媒氏之"判",其性质已见上述。总之,根据现有资料,还不能说战国秦汉之际已有婚书之法。

晋律"崇嫁娶之要,一以下娉为正,不理私约"②。"下娉(聘)"是提交和接受了聘财,聘财既有买卖婚的价款的性质,又有聘娶婚的定情(确认婚姻关系)物的性质,"下聘"属于实物婚约。官府只承认"下聘"婚约,不承认未经"下聘"的婚约。"下聘"须公开进行,至少要有第三人(媒妁等)的见证,所以,未经"下聘"的婚约就是未经第三人(媒妁等)见证的婚约,以上清代学者所说"无媒妁,私下议约者为私约"是对的。这里,官方要求的是实物构成的"下聘",并不要求必须附有以纸墨制作的婚书。反过来,私约即使以婚书形式出现,因为它未经"下聘",依法,官府也不会承认。也就是说,婚书在晋代不是成立婚姻关系的法定形式要件。

唐宋法律规定:

> 诸许嫁女已报婚书及有私约(约,谓先知夫身老、幼、疾、残、养、庶之类)而辄悔者,杖六十。虽无许婚之书,但受娉财,亦是(娉财无多少之限,酒食者非,以财物为酒食者,亦同娉财)。若更许他人者,杖一百,……女追归前夫……疏议曰:"许嫁女已报婚书"者,谓男家致书礼请,女氏答书许讫。"及有私约",注云:"约,谓先知夫身老、幼、疾、残、养、庶之类",……皆谓宿相谙委,两情具惬,私有契约,或报婚书,如此之流,不得辄悔,悔者杖六十,婚仍如约。若男家自悔者,无罪,娉财不追。……注云:"娉财无多少之限。"即受一尺以上,并不得悔。③

这里的"婚书"是"男家致书礼请"的求婚书,即男家一方向女家提出娶女请求、

---

① 《大清律例统纂集成》卷一〇引辑注。
② 《晋书》卷三〇《刑法志》。
③ 《唐律疏议》卷一三《户婚律》;《宋刑统》卷一三《户婚律·婚嫁妄冒》同。

希望女家接受的意思表示,属于合同法上的"要约";"报婚书"的"报"是"回答",所以"报婚书"又称"回帖"①,其实质是女家"答书许讫"的"许婚书",是女家接受求婚的意思表示,属于合同法上的"承诺"。承诺一出,婚约即告成立,所以"报婚书"也称"定帖"、"定亲帖子"②。

唐宋法律所言的"私约"与晋律所指"无媒妁,私下议约"的"私约"不同。它特指女家在作出承诺时,未婚夫的一些有个人隐私性质的特殊情况(如残疾、养子等),已被口头或书面告知;或原来就熟知,因为个人隐私不便张扬而用"私有契约"方式,即不公开的附带契约来告知和表示接受,从而称之为"私约"。但婚约本身是有媒妁的。凡存在这种私约,女家不得以未婚夫的那些特殊情况为理由取消婚约。

如果男家在送交婚书(求婚书)时附有聘财,或者单单送交聘财,女家只要接受了或多或少的聘财(布帛一尺以上),即使没有回送"许婚书",婚约也已成立,女家再不得取消婚约。交付聘财、收纳聘财也是要约和承诺,与求婚书、许婚书有同等法律效力。

根据唐宋法律规定,就女家而言,"报婚书"、"受聘财"和"有私约"都是承诺,有其一即可;反过来,就男家而言,"致婚书"、"送聘财"都是要约,也是有其一即可。"婚书"、"报婚书"不是成立婚约的必备形式要件。就是说,唐宋时代还没有规定婚书是法定必备形式要件。

元初试图统一各地的婚礼习俗。"见(现)行婚礼,事体不一,有立婚书文约者,亦有不立婚书止凭媒妁为婚者,已定之后,少有相违,为无婚书,故违元议,妄行增减财钱,或女婿养老出舍,争差年限,诉讼到官,其间媒证人等徇情偏向,止凭在口词因,以致争讼不绝,深为未便。"③各地婚姻礼俗不同,有订立婚书的,也有只凭媒妁之言而不订立婚书的,婚约成立以后,双方稍有不和,就利用未订婚书而故意违反原有约定,擅自增减聘财数额,有的养老女婿、年限女婿(详见下文)则因而争执原定年限,诉讼到官府,媒妁等证人又徇情偏袒,官府只能根据其口说之词理断纠纷,以致争讼不绝,深感不便。于是,至元六年(1269)作出规定:

---
① 《名公书判清明集》卷九《户婚门·婚嫁》"女家已回定帖而翻悔"。
② 《名公书判清明集》卷九《户婚门·婚嫁》"女家已回定帖而翻悔"。
③ 《通制条格》卷三《户令·婚姻礼制》。

> 今后但为婚姻,须立婚书,明白该写元议聘财,若招召女婿,指定养老或出舍年限,其主婚、保亲、媒妁人等画字,依理成亲,庶免争讼。①

这是在中国民法史上首次明确规定,建立婚姻关系必须订立婚书,婚书上写明议定的聘财数额,如果是招赘女婿,须写清养老或出舍的年限,主婚人、保亲人、媒人须在婚书上签字画押,然后依理成亲,以达到消弭争讼的目的。

元代的婚书又称"嫁娶礼书",在制作上有具体的要求:凡婚书,不得用彝语虚文,需要明写聘财礼物,婚主并媒人各各画字,女家回书,亦写受到聘礼数目,嫁主并媒人亦合画字,仍将两下礼书背面大书合同字样,分付各家收执。如有语词朦胧、别无各各画字并合同字样,争告到官,即同假伪②。

"嫁娶礼书"由男家婚书和女家回书两部分构成,文字不得使用日常方言"彝语",也不得使用言不达意的华丽骈文"虚文"。男家婚书必须明确说明构成聘财的礼物数额,由婚主(一般为娶妻人的父母)和媒人签字画押;女家回书也必须写明所受聘礼数额,由嫁主(一般为出嫁女的父母)和媒人签字画押。并将两份礼书翻背连接,骑缝大书"合同"二字,然后各交付对方收执。如果发生纠纷而告到官府,而婚书词语含糊或未经相关人签字画押,以及没有背书合同字样,则视为伪造婚书。

元代的"男家婚书"又称"纳聘书",相当于唐宋律的"婚书";"女家回书"又称"回聘书",相当于"报婚书"。但是已经成为婚姻关系确立的法定要件,性质已经完全不同。

值得注意的是,元代这一法律并没有被后代所沿袭。明清法律关于婚书的规定,基本上与《唐律疏议》相同:

> 凡男女定婚之初,若有疾、残、老、幼、庶出、过房、乞养者,务要两家明白通知,各从所愿,写立婚书,依礼聘嫁。若许嫁女已报婚书及有私约(谓先已知夫身残、疾、老、幼、庶、养之类)而辄悔者,笞五十。虽无婚书,但曾受聘财者亦是。③

"虽无婚书,但曾受聘财者亦是"一语,说明婚书已不再是法定必备形式要件了。

---

① 《通制条格》卷三《户令·婚姻礼制》。
② 《元典章》卷一八《户部四·婚姻》"嫁娶礼书"条。
③ 《大明律》卷六《户律二·婚姻》"男女婚姻"条。《大清律例》卷一〇《户律婚姻·男女婚姻》同。

二、媒妁的管理和职业化

媒妁即撮合男女婚嫁之人,俗称媒人。"取(娶)妻如之何,匪媒不得。"①"妇人之求夫家也,必用媒而后家事成,……求夫家而不用媒,则丑耻而人不信也,故曰自媒之女,丑而不信。"②"不待父母之命、媒妁之言,钻穴隙相窥,逾墙相从,则父母国人皆贱之。"③古人认为正当的婚姻关系必须经过媒妁撮合。

《周礼》中有"媒氏"职官之设,媒氏的重要职责之一,是"令男三十而娶,女二十而嫁"④,属于官媒。《管子》说"凡国都皆有掌媒,……取鳏寡而合和之"⑤,掌媒也是官媒,撮合丧偶人的再婚。除了官媒,先秦还有私媒,所以《诗经》中才有"匪我愆期,子无良媒"⑥的句子。

媒妁多由妇女充任,故有"媒媪"、"媒妪"、"媒妇"、"媒婆"等俗称。媒妁为提高其撮合婚姻的成功率,向一方介绍另一方情况时,常常言过其实,因而被人鄙视。这种情况古已有之,历代不绝:"周地贱媒,为其两誉也,之男家曰女美,之女家曰男富。"⑦《袁氏世范》说:"古人谓周人恶媒,以其言语反覆。给女家则曰男富,给男家则曰女美,近世尤甚。"(卷一"媒妁之言不可信")

媒妁虽然声誉欠佳,但在交通不发达、男女授受不亲的古代中国,却是上至王室、下至庶民各阶层都需要的。如宋代熙宁元祐之间(1068—1093),"宗女既多,宗正立官媒数十,掌议婚"⑧。"官媒"之名,始见于此,但专为宗女而设,自不管民间事。

唐宋立法解释(《律疏》)说:"嫁娶有媒,卖买有保。"⑨"为婚之法,必有行媒。"⑩可见当时媒妁是成立婚姻的法定要件之一,但并没有媒妁资格、认定程序、行使职务等具体规定。

---

① 《诗经·齐风·南山》。
② 《管子·形势解》。
③ 《孟子·滕文公下》。
④ 《周礼·地官·媒氏》。
⑤ 《管子·入国》。
⑥ 《诗经·卫风·氓》。
⑦ 《战国策》卷二九《燕策一》"燕王谓苏代章"。
⑧ 朱彧《萍洲可谈》,转引自陈鹏《中国婚姻史稿》第 320 页。
⑨ 《唐律疏议》卷四《名例律》"略和诱人赦后故蔽匿"条疏。《宋刑统》卷四《名例律》"会赦不首故蔽匿及不改正征收"条疏同。
⑩ 《唐律疏议》卷一三《户婚律》"为婚妄冒"条疏。《宋刑统》卷一三《户婚律》"婚嫁妄冒"条疏同。

元代法律具有更多的关于媒妁的具体规定。如至元八年(1271)七月规定：

> 今后媒妁，从合属官司、社长、巷长、耆老人等，推举选保信实妇人充之，官为籍记姓名，仍严切约束，无得似前多取媒钱及滥余设立，违者治罪。①

只有经基层官员、地方长老等保荐的"信实妇人"，才能充任媒妁，并由官府登记在册，严格管理。这种媒妁的身份是百姓，不是官员，从事的是民间婚姻的撮合，与先秦作为国家官员的"媒氏"、"掌媒"不同，与宋代专为宗女而设立的"官媒"也不同，可称其为职业媒妁。

媒妁既为职业，自当取酬，官府对媒妁管理的重要内容之一，是限定"媒钱"数额。大德八年(1304)有规定：

> 今后流官如委亡妻或无子嗣，欲(于任所)娶妻妾者，许令官媒往来通说，明立婚书，听娶无违碍妇女。②

品官一般不准在任所地娶妻，但因为"外任迁转官员时，常不归乡里，如无正妻，或乏子嗣，若绝禁止不许任所求娶，恐涉未便"，所以加以规定，品官如果确实丧妻或者没有儿子，而想在任所地娶妻纳妾，可以由"官媒"撮合，娶纳合适的女子。可见，元代也有"官媒"，这个"官媒"可能就是上述"官为籍记姓名"的民间媒妁。

元代的职业化媒妁，至明代犹存：

> 万历七年(1579)正月，……郑秉厚等为仰承德意，议处铺行未尽事宜，以永奠民生事，内称审编铺户事完，条陈六事：……一、议征收之法，谓铺行银两，责成兵马分催，两县收银。……今查得宛、大二县，原编一百三十二行，除本多利重如典当等项一百行，仍行照旧纳银(外)，……将网边行、……媒人行、……共三十二行，仰祈皇上特赐宽恤。③

媒妁是众行业之一，有专门的店铺，国家向其征税。

清代也有"官媒"，如《红楼梦》第七十二回："鸳鸯问：'那一个朱大娘？'平

---

① 《通制条格》卷四《户令·嫁娶》。
② 《通制条格》卷四《户令·嫁娶》。
③ 〔明〕沈榜《宛署杂记》卷一三《铺行》。

儿道:'就是官媒婆朱嫂子。'"从《红楼梦》情节分析,"官媒婆朱嫂子"绝对不是官员,很可能就是元代那种"官为籍记姓名"的媒婆。

三、赘婿类别和入赘限制

赘婿俗称招女婿,近现代有称之为"倒插门"的,即男就女家成婚,成为女家的家庭成员。赘婿自古即有,源远流长①。

元代民间招赘之风颇盛。买卖婚习俗致使家贫子壮者无力娶纳妻室,有女无子之家则需有男子操家养老,传宗接代,这两点都不是靠法律所能禁绝的,所以在以男子为中心的中国传统社会,统治者也只能面对现实,承认赘婿的合法性。

元代法律一般将赘婿分为四类:

> 一曰养老,谓终于妻家娶活者;二曰年限,谓约以年限与妇人归宗者;三曰出舍,谓与妻家析居者;四曰归宗,谓年限已满,或妻亡并离异归宗者。②

> 民间召婿之家,或无子嗣,或儿男幼小,盖因无人养济,内有女家下财,召到养老女婿,图借气力,及有男家为无钱财,作舍居年限女婿。③

养老女婿是典型的赘婿,"女家下财,男家受礼"④,一般为有女无子之家所招赘,终身作为妻家的家庭成员,与岳父母同居,为岳父母养老送终。年限女婿又称"舍居年限女婿",实为劳役婚,男方多为家境贫穷、无力筹措聘财者,女方多为有子尚幼,需要成年男性劳力者,于是在缔结婚约之时,男家少出、不出甚或收受聘财⑤,约定成婚以后女婿到妻家共同生活若干年,实际是为岳父家劳作若干年抵充聘财,年限期满,即携妻回本家。出舍女婿是养老女婿或年限女婿的特殊形态,其一,养老女婿入赘妻家后又与岳父母分家析居,类似父子析居,仍有为岳父母养老送终的义务,或"妻亡出舍另居"⑥;其二,年限女婿成

---

① 参见本书第五章第五节"二、赘婿的继承权"。
② 《吏学指南·亲姻》。
③ 《元典章》卷一八《户部四·嫁娶》"女婿在逃依婚书断离"条。
④ 《元典章》卷一八《户部四·婚姻》"嫁娶聘财等第"表。
⑤ 《元典章》卷一八《户部四·婚姻》"年限女婿依上聘财等第验数,以三分不过二分财,女家受财";又,同书《婚礼》"女婿财钱定例"条:"招召出舍年限女婿,各从所议,……或男或女出备财钱,依约年限,照依已定嫁娶聘财等第验数,以三分中不过二分。"
⑥ 《元典章》卷一七《户部三·户计》"养老女婿"。

婚之初即自立门户,不与岳父母同居,故又称"出舍年限女婿",但在年限之内必须为岳父母家劳作,期满方得免役。归宗女婿是因各种原因从女家回到本家的原赘婿,包括期满后携妻归宗的年限女婿,以及因为丧妻、离异等特殊原因而独身回本家的原赘婿。

由此可见,四类实为两类,即养老赘婿和年限赘婿,另两类只是它们的特殊形态而已(参见表1)。元代法律上所指的赘婿,也就是这两类,如前引至元六年(1269)的婚书法规言及赘婿时,只提"养老"、"年限"两类,《通制条格》关于赘婿的"户例"也只提及这两类①。

表1 赘婿类别表

	标准形态	特殊形态	
		出舍女婿	归宗女婿
养老女婿	舍居 养老女婿	出舍 养老女婿	1. 丧妻独身归宗 2. 离异独身归宗
年限女婿	舍居 年限女婿	出舍 年限女婿	1. 期满携妻归宗 2. 期内独身归宗

还有一种特殊的赘婿,称呼为"接脚夫"或"接脚婿",即寡妇再婚而招赘的女婿。如元代名剧《窦娥冤》中,窦娥的寡妇婆婆(蔡婆婆)遇害,被一个老头救下,后来这个老头到蔡婆婆家度日,想与蔡婆婆结婚,他说:"老汉自到蔡婆婆家来,本望做个接脚,却被他媳妇坚执不从。"②所谓"接脚",就是接脚夫。一般来说,接脚夫相当于终身作为女家家庭成员的养老女婿。

赘婿历来为社会舆论所轻视,宋以前,婚姻法规几乎不提赘婿,宋代已有限制招召赘婿的法令③。元代法律对招召赘婿的限制主要有两条,其一:

> 至元九年(1272)七月,中书省议得:民间富实可以娶妻之家,止有一子,不许作赘;若贫穷止有一子,立年限出舍者,听。④

独子不得出赘,但如贫穷无力娶妻,则可以作年限赘婿。

---

① 《通制条格》卷二《户令·户例》"招召女婿"。
② 《窦娥冤杂剧》第二折。
③ 参见第五章第五节"继承·赘婿的继承权"。
④ 《通制条格》卷四《户令·娶嫁》。

其二，至元十年(1273)闰六月，枢密院议得：

> 贴户、正军承继本户军名为户头者，不得与人家作养老出舍女婿。①

军户户籍的继承人不得出赘，其实际意义是：军户的长子不得出赘，如果军户只有一个儿子，该独子就不能适用上述"若贫穷止有一子，立年限出舍者，听"的规定。

另外，因为有良贱不通婚的规定，良人一般不得入赘贱民家：

> 至元六年正月，内中书省行下户部遍行随路（诸奴婢）不得嫁娶招召良人；如委自愿者，各立婚书，许听为婚。②

但只要双方真正自愿，依法订立婚书后，良人也可以入赘贱民家。

四、收继婚的泛起

收继婚，就是未婚男性收娶家族中的寡妇为妻，"收继"一词始见于元代史料文献如《元典章》、《通制条格》等。

从婚姻发展史的角度看，收继婚是集团婚、普那路亚婚制在一夫一妻制时代的隐性表现，各地一般都曾存在过。如战国时"孟卯妻其嫂，有五子焉"③。三国时，交阯、九真地区有两个县，"皆兄死弟妻其嫂，世以此为俗，长吏恣听，不能禁制"④。直至近现代，我国某些地区还有"一人娶妻，妻子为所有兄弟共有"⑤、"寡妇必须遵从转房婚制，或转嫁于亡夫的兄弟、堂兄弟，或转嫁于亡夫的叔辈、侄辈"⑥的习俗。

中原地区因为宗法制发达，收继婚消失较早，早期残存的个别收继婚多被史家所贬。属于少数民族的蒙古人则不然，"国俗，父死则妻其从母，兄弟死则收其妻"⑦。元朝建立以后，蒙古人的一些习俗被带到中原，收继婚随之死灰复燃。官府也保护汉人中的收继婚，如以下案例：

---

① 《通制条格》卷四《户令·娶嫁》。
② 《元典章》卷一七《户部三·户计》"年限女婿"。
③ 《淮南子》卷一三《氾论训》。
④ 《三国志》卷五三《吴书·薛综传》。
⑤ 吴存浩《中国婚俗·藏族》，山东人民出版社，1986年，第25页。
⑥ 吴存浩《中国婚俗·彝族》，第65页。
⑦ 《元史》卷一八七《乌古孙良桢传》。

> 至元六年(1269)枢密院承奉中书省札付。刘从周告:"有弟妻许迎仙犯奸断讫,依旧为妻。今有弟因病身死,见有两个弟合收继许迎仙,有伊父母不肯分付。"行下本路,取问得许迎仙父许德,称系本县附籍军户。至元年三月内召到刘瘦汉于德女迎仙处做十七年出舍女婿,见有立到婚书。缘婿刘瘦汉未曾住满年限,不曾令女迎仙前去。乞照详事。省府今拟:令故刘瘦汉弟刘犍犍于许德家内收继伊嫂许迎仙,出舍另居。除外行下合属,依上施行。①

从姓名看,当事人是汉族人。刘瘦汉是个约期十七年的出舍年限女婿,年限未满而亡,留下寡妇许迎仙。刘瘦汉的本家兄弟根据"兄弟死则收其妻"的习俗,认为有两个弟弟可以收继寡嫂许迎仙,要把许迎仙娶回刘家。但许迎仙的父亲则因为刘瘦汉没有完成婚书约定的年限,不让女儿前去刘家。中书省最后判定,由刘瘦汉弟刘犍犍到许德家收继寡嫂许迎仙,仍做出舍年限女婿。并通报各地,今后遇有类似案件,照此办理。

但至元七年(1270),中书省根据"同类自相犯者,各从本俗法"旧例,规定"汉儿人不合指例,比及通行定夺以来,无令接续"②。禁止汉人适用蒙古人的收继婚习俗。

至元八年(1271)十二月,元世祖诏令:"小娘根底、阿嫂根底,收者么道。"③庶母(小娘)、兄嫂(阿嫂),都可以收继,正式宣布了收继婚的合法性,且没有民族区别,官府据此继续保护汉人的收继案件,如:

> 至元九年十月,中书兵刑部来申郑窝窝状招:"兄郑奴奴至元五年身死,抛下嫂王银银并侄社社。"……省部照得至元八年十二月钦奉圣旨节"该小娘根底、阿嫂根底,收者么道。钦此。"仰钦依圣旨事意,……将王银银分付郑窝窝收续为妻。④

又如:

> 至元十年,中书户部符文来申。傅望伯告:"兄傅二因病身死,抛下妻

---

① 《元典章》卷一八《户部四·收继》"弟收嫂出舍另居"。
② 《元典章》卷一八《户部四·不收继》"侄儿不得收婶母"、"汉儿人不得接续"。
③ 《元典章》卷一八《户部四·收继》"收小娘阿嫂例"。
④ 《元典章》卷一八《户部四·收继》"小叔收阿嫂例"。

阿牛。望伯问过父母,将嫂阿牛依体例收了。"并牛望儿状告:"傅望伯将望儿欺骗,情愿在家守服。"取到一干人词因。府司照得:"傅望伯见有妻子,先曾于伊父母说要接续阿牛,不肯允许。有傅望伯为父母不在家,强行奸讫,以致阿牛归家去讫。有公公傅义、婆阿丘,义许不教男傅望伯收接,只令阿牛本家恩养孙儿守志。此系为例事理,未敢悬便,乞照详事。"省部相度:"牛望儿虽欲恩养儿男守志,其傅望伯已将本妇强要奸污,况兼傅望伯系牛望儿亡夫亲弟,钦依已降圣旨事意,合准已婚,令小叔,牛望儿收继为妻。合下,仰照验施行。"①

傅望伯已娶妻,在其兄病故后,对父母说还想收继寡嫂牛望儿,但未得允许。傅望伯利用父母不在家的机会,强奸了牛望儿,牛望儿便逃回母家。公婆许诺不会让儿子傅望伯收继,只是请牛望儿回婆家去抚养小孩。这件案子如按唐律处理,傅望伯应处绞刑②,但元代官府不但不追究其罪责,反而以此为理由,排除了牛望儿守志的愿望,再引用"已降圣旨",判令牛望儿接受傅望伯的收继。

弟收兄嫂,虽然习惯上多发生在亲兄弟之间,但远房兄弟似乎也可以收继。从大德二年(1298)开始,远房兄弟不准收继了:

> 大德二年十二月,中书省御史台呈,德州军户于进告:"女于货儿聘与潘二为妻,伊夫身故,于货儿服阕归宗,却有远房小叔潘五争继。"礼部议得:"于货儿已经服阕,小叔潘三许令归宗,远房小叔潘五似难收继。"都省准拟。③

礼部对此案的处理意见说"远房小叔潘五似难收继",一个"似"字,反映出在大德二年以前,远房小叔的收继尚在两可之间。小叔潘三即寡妇于货儿亡夫的亲弟,亲弟对收继兄妻有处分权,潘三放弃收继,可以让货儿返回母家。另外,该案强调"服阕",说明小叔的收继处分权在服丧期终了之后才能实现,收继婚制度打上了礼教烙印。

礼教对收继婚的影响,还表现在寡妇守志权上。前引至元十年傅望伯收继案,对自愿守志的寡妇,官府也强令收继。但至元十三年(1276)情况发生变化:

---

① 《元典章》卷一八《户部四·收继》"叔收兄嫂"。
② 《唐律疏议》卷二六《杂律》:"诸奸从祖母姑,……兄弟妻、兄弟子妻者,流三千里;强者,绞。"
③ 《通制条格》卷三《户令·收嫂》。

> 蒲台县韩进告:"兄韩大身故,抛下嫂阿庄,乞依例收继。"问得阿庄状结:"韩大身死,自愿守志不嫁他人,亦不与小叔韩进续亲,如有非理之事,愿当一百七下。"……本部议得:本妇人既愿守志不嫁,拟合听从守志。

寡妇阿庄立下书面保证,自愿守志不嫁他人,也不与小叔韩进续亲,得到官府保护。并因此作出一般规定:

> 今后似此守志妇人,应继人不得骚扰。听从守志,如却行召嫁,将各人断罪,更令应继人收继。遍行照会,以望革去词讼。①

延祐五年(1318),发生了一件与前引傅望伯收继案非常相似的案件,田长宜把在母家守志的寡嫂田阿段骗回家强奸已遂,企图以此造成事实收继。官府对此案的处理与傅望伯收继案截然相反:

> 原其所犯,乱常败俗,甚伤风化,拟合将田长宜比依强奸无夫妇人例,杖断一百七下(后实处减一等九十七下);其弟田五儿等就便量情断决;田阿段听从归宗守志,如别行招嫁,依例断罪,令应继罪人收赎。②

以暴力强行收继守志寡嫂的做法行不通了。"韩进求收嫂"和"田长宜强收嫂"两案的判词,有一段非常相似的话,即"听从守志,如却行召嫁,将各人断罪,更令应继人收继"。也就是说,寡妇不被收继的前提是守志,如果想要再婚,便非就继于小叔(如以至元八年元世祖圣旨为据,则还有庶子)不可,换言之,小叔(及庶子)对寡嫂(及寡庶母)享有法定先娶权。

如果说小叔收继寡嫂属同辈收继,与礼教的冲突还不是很大的话,那么庶子收继庶母是以子烝母,就与礼教水火不相容了。在礼教对元代政治影响越来越大的情况下,庶子收继庶母便难以继续存在下去了。《元典章》、《通制条格》所录三十余件收继婚案例中,没有一件是关于庶子收庶母的。实际生活中,庶母拒绝收继也成为"烈女"的贞操品行,如:

> 脱脱尼,……年二十六,夫哈剌不花卒。前妻有二子皆壮,无妇,欲以本俗制收继之,脱脱尼以死自誓。二子复百计求遂,脱脱尼恚且骂曰:"汝

---

① 《元典章》卷一八《户部四·不收继》"守志妇不收继"。
② 《元典章》卷一八《户部四·收继》"田长宜强收嫂"。

禽兽行，欲妻母耶？若死何面目见汝父地下？"二子惭惧谢罪，乃析业而居。(至元)三十年，以贞操闻。①

拒绝收继的后母正气凛然地骂前妻之子"禽兽行"，欲收继后母的前妻之子虽以"本俗"为据，却"惭惧谢罪"，可见蒙古人的收继婚观念也发生了巨大的变化。

元代对收嫂的限制，除了上述远房兄弟不准收继、保护寡妇守志权和服丧期限，还有兄弟已分析不收嫂②，不得收表嫂③，小叔年龄太小不得收嫂④，小叔已有妻室不得收嫂⑤，出家小叔还俗不得收嫂⑥，不得收继尚未过门之嫂⑦。另外，弟可收兄嫂而兄不可收继弟妇⑧，等等。

如前所述，元初一度禁止汉族人行收继婚，元中期又曾禁止汉族人行收继婚⑨，但积习已深，势难禁绝。元代统治者允许蒙古人实行收继婚，而禁止汉族人实行收继婚，其出发点是民族分离政策，认为蒙古人可以不受礼教约束。但从婚姻形态的发展进程看，享受收继婚很难称得上是什么优遇，就此当时就有人说：

> 诸国人各从本俗，是汉、南人当守纲常，国人、诸国人不必守纲常也。名曰优之，实则陷之，外若尊之，实则侮之，推其本心所以待国人者，不若汉、南人之厚也。⑩

元末还曾有人建议取消蒙古人的收继婚：

> 蒙古乃国家本族，宜教之礼。而犹循本俗，不行三年之丧，又收继庶母、叔婶、兄嫂，恐贻笑后世，必宜改革，绳以礼法。⑪

---

① 《元史》卷二〇〇《列女传·脱脱尼》。
② 《元典章》卷一八《户部四·不收继》"两户不得收继"。
③ 《元典章》卷一八《户部四·不收继》"姑舅小叔不收嫂"。
④ 《元典章》卷一八《户部四·不收继》"抱乳小叔不收继"、"叔嫂年甲争悬不收"。
⑤ 《元典章》卷一八《户部四·收继》"叔收嫂又婚元定妻"案，允许有妻收嫂，事在至元十年(1273);《通制条格》卷三《户令·收嫂》大德四年(1300)李四十收嫂案，则已不准。
⑥ 《通制条格》卷三《户令·收嫂》元贞二年"还俗僧人收嫂案"。
⑦ 《元典章》卷一八《户部四·收继》"订婚收继"案，允许收继仅订婚而未过门之嫂，事在至元十年;《通制条格》卷三《户令·收嫂》大德四年李四十收嫂案，则已不准。
⑧ 《元典章》卷一八《户部四·不收继》"兄收弟妻断离"。
⑨ 参见《元史》卷三四《文宗纪三》至顺元年九月敕。
⑩ 《元史》卷一八七《乌古孙良桢传》。
⑪ 《元史》卷四四《顺帝纪七》。

但是这个建议未被接受。

明清律则严禁收继婚：

> 若收父祖妾及伯叔母者，各斩；若兄亡收嫂、弟亡收弟妇者，各绞；妾，各减二等。①

但清代在收继婚方面实际执行的法律是例而不是律，依例，触犯收继婚禁条者，往往可因各种具体情况而从轻发落②。

综上所述，早已消亡的收继婚，随着元朝的建立，得以重新泛起。蒙古人落后的收继婚习俗，也受到了汉文化的影响，主要只剩下同辈之间的"弟收兄嫂"一类，并已加以各种限制，打上了不少礼教烙印。明清两代虽然严禁收继婚，实际并未使之绝迹，直至近现代，农村及边远地区仍有此俗，如上海郊区在1949年前还有"弟收兄嫂"之俗，称为"叔接嫂"。

第五节　继　承

一、寡妇改嫁不准带产

妇女作为女儿可以继承父母的财产（表现为妆奁），作为妻子可以继承丈夫的遗产。前者一般在结婚时以妆奁形式实现，后者则在丈夫死亡后实现，以守寡为前提。

众所周知，中国古代乃至近现代社会中，寡妇改嫁带产长期受到否定性评价。但是在元代以前，法律上是允许改嫁寡妇带走原有妆奁的，不准改嫁寡妇带走的，限于亡夫的遗产（或应得份额）。既禁止改嫁寡妇继承亡夫遗产，又不准继续保有从父母处继承所得的妆奁财的，开始于元代立法。

汉律规定"弃妻畀所赍"③，丈夫在"弃妻"时，要把妆奁交女方带走。离婚（"弃妻"）都要"畀所赍"，丧偶归宗的寡妇就更可以把妆奁带走了。在前述卓文君、司马相如故事中，归宗寡妇卓文君私奔司马相如后，几经周折，在娘家门

---

① 《大明律》卷六《户律·婚姻》"娶亲属妻妾"条。《大清律例》卷一〇《户律·婚姻》"娶亲属妻妾"条同。
② 参见《中国婚姻史稿》第117—118页。
③ 《礼记·杂记》郑注。

口当起了酒店女掌柜,大有损于其父富翁卓王孙的面子,"卓王孙不得已,分予文君僮百人,钱百万,及其嫁时衣被财物"①。这个"嫁时衣被财物"就是卓文君第一次结婚时得到的妆奁,她守寡归宗时又把它带回了娘家,但私奔时匆忙间未及带走。

唐宋《应分条》规定:"妻家所得之财,不在分限(妻虽亡没,所有资财及奴婢,妻家并不得追理)。"分家时,媳妇带来的妆奁物(资财及奴婢),不计入应分财产总额。如果媳妇已亡,其妆奁物就由其丈夫单独继承,既不计入应分财产总额,也不能由其娘家"追理"。实际上是承认了大家庭中媳妇对其妆奁的专有权。对丧偶媳妇,《应分条》规定:"寡妻妾无男者,承夫分,若夫兄弟皆亡,同一子之分(有男者不别得分,谓在夫家守志者;若改适,其见在部曲、奴婢、田宅不得费用,皆应分人均分)。"这里所说的再婚寡妇不得费用的、由其他法定继承人均分的"部曲、奴婢、田宅",显然是指同一段文字中的"夫分"、"一子之分",不包括"不在分限"的妆奁。换言之,《应分条》只是禁止再婚寡妇费用前夫的财产,并不禁止她费用自己的妆奁物。所以,南宋有一件判词说:"(寡妇)改嫁,于义已绝,不能更占前夫屋业。"②丈夫的"家产"不涵盖妻子的妆奁。

但是,到了元代大德七年(1303),徽州路总管朵儿赤提出一条法案:

> 随嫁奁田等物,今后应嫁妇人不问生前离异、夫死寡居,但欲再适他人,其元随嫁妆奁财产,一听前夫之家为主,并不许似前般取随身。

该法案经礼部加上一条但书"无故出妻不拘此例"后,成为"照验施行"的正式法规③。按此规定,离婚妇女和寡妇如果再婚,就要丧失原先从父母处继承得的妆奁物,承自娘家的妆奁都不能带走,更不要说夫家财产了。所以,寡妇改嫁带产(包括原有妆奁)开始受到法律的全盘否定。从元代江南人黄赟的故事中亦可见其端倪:

> 〔延祐间(1314—1320)黄赟之父黄君道〕求官京师,留赟江南。……(黄赟)闻其父娶后妻居永平,乃往省之,则父殁已三年矣。庶母闻赟来,尽挟其赀去,更嫁,拒不见赟。赟号哭语人曰:"吾之来,为省吾父也。……苟得见

---

① 《史记》卷一一七《司马相如列传》。
② 《名公书判清明集》卷九《户婚门·接脚夫》"已嫁妻欲据前夫屋业"。
③ 《元典章》卷一八《户部四·婚姻·夫亡》"奁田听夫家为主"。

> 庶母示以葬所,死不恨矣,尚忍利遗产邪!"①

黄君道的后妻孀居改嫁,把所有家产(包括原有妆奁)全部带走,她拒不接见黄君道的前妻之子黄赟,是因为害怕黄赟取走家产,黄赟则表示只要告知其父墓地所在,对家产不会提出什么要求。之所以会出现这种局面,原因就在于寡妇改嫁带产(包括原有妆奁)于法无据。此事发生于"朵儿赤法案"提出之后。

因为"朵儿赤法案"有"并不许似前般(搬)取随身"的但书,归宗守志的寡妇,再不能像卓文君那样把原有妆奁带回娘家了。归宗守寡者无论是否再婚,原有妆奁只能保存在夫家。元代的这一规定,使寡妇改嫁带产完全成为非法,妇女的继承权受到了很大的损害。

明清两代接元代之踵,都有"(寡妇)改嫁者,夫家财产及原有妆奁,并听前夫之家为主"②的规定,甚至到近现代,仍对寡妇改嫁带产啧有烦言。可见元代"朵儿赤法案"影响之深。

二、守志寡妇财产处分权的扩大

元代无子守志寡妇的继承权与前代基本相同,即"寡妇无子合承夫分",寡妇继承权受到侵犯时,可诉官请求保护,如:

> 宁陵豪民杨甲,凤嗜王乙田三顷,不能得。值王以饥携其妻就食淮南,而王得疾死,其妻还,则田为杨据矣。王妻诉至官,杨行贿,伪作文凭,曰:"王在时已售我。"(归德知府)观音奴令王妻挽杨,同就崔府君神祠质之,杨惧神之灵,先期以羊酒浼巫嘱神勿泄其事,及王与杨诣祠质之,果无所显明。观音奴疑之,召巫诘问,巫吐其实曰:"杨以羊酒浼我嘱神曰:'我实据王田,幸神勿泄也。'"观音奴因讯得其实,坐杨罪,归其田王氏,责神而撤其祠。③

王乙死,田产被人不法占有,王妻告官,知府观音奴审明事由后,将田产判归死者遗孀合法继承人王妻所有。史料中未提及王妻有无儿子,看来这是因为有无儿子对寡妇继承权没有什么实际影响。

---

① 《元史》卷一九八《孝友传·黄赟》。
② 黄彰健编著《明代律例汇编》卷四《户律一·户役》,《大清律例》卷八《户律·户役》"立嫡子违法"条例。
③ 《元史》卷一九二《良吏传·观音奴》。

元代关于寡妇财产处分权的规定也比以前灵活。《元典章》载:

> 至元八年(1271)四月,尚书省据户部呈"杨阿马状告小叔杨世基,将讫故夫杨明下元抛下家财房屋并女兰杨,又将陈住儿收继为妾"公事。本部议得:"寡妇无子合承夫分。据杨世基要讫杨世明一分财产并陈住儿,拟合追付阿马收管。及将兰杨令与伊母同居,至如合行召嫁,令阿马、杨世基一同主昏。杨阿马受财外,应有财产杨阿马并女兰杨却不得非理破费销用。如阿马身死之后,至日定夺。"……依户部所拟,相应呈奉都省,准呈施行。①

杨世明没有儿子,死后留下寡妻阿马、女儿兰杨。世明之弟世基不但占据了世明的遗产和婢女陈住儿,还将侄女兰杨领走。阿马为此提起诉讼。户部根据"寡妇无子合承夫分"的规定,拟将杨世明的全部遗产以及婢女陈住儿判归阿马,女儿兰杨回到母身边。尚书省批准了户部的方案。"寡妇无子合承夫分"是寡妇继承权的法律依据,"不得非理破费销用"是对其处分权的限制,突出了"非理",如果是合理消费,自不属限制范围。

中统五年(1264)八月《圣旨条画》曾规定:

> 若母寡子幼,其母不得非理典卖田宅人口,放贱为良,若有须合典卖者,经所属陈告,勘当得实,方许交易。②

与南宋"寡妇无子孙,年十六以下,并不许典卖田宅"③的僵硬规定相比,显得更合理。其实法律规定寡妇"不得非理典卖"的是"田宅人口",并不是上述杨世明遗产案判词中所说的"应有财产",所以,寡妇处分田宅人口以外的财产,不"经所属陈告",官府也不会追究其法律责任。如:

> 至元十五年(1278)闰十一月,中书户部大都路申,王德用告:"嫂阿霍自兄王德坚身故之后抛下田土尽数一面租与他人,更将新桑枣叶树木卖讫,又有本投下韩总管将家缘抄数,不令王德用承继"等事。④

---

① 《元典章》卷一九《户部五·田宅·家财》"寡妇无子承夫分"。
② 《元典章》卷一九《户部五·田宅·家财》"绝户卑幼产业"。
③ 《名公书判清明集》卷五《户婚门·争业下》"继母将养老田遗嘱与亲生女"。
④ 《元典章》卷一九《户部五·田宅·家财》"兄弟另籍承继"。

王德用的告发包括两件事：(1) 寡嫂出租土地和出卖果树；(2) 基层官员不准他继承亡兄王德坚的遗产。出租土地不是典卖，果树又不是田宅，都不属于"非理典卖田宅人口"，可能就是这个原因。官府对第一件事不置一词，只就第二件事进行审理，最后决定由王德用之子王斌承继王德坚门户，即立王斌为嗣子。

因为寡妇可以合理"破费销用"家产，所以在生活中她实际已享有完全的财产处分权。如《元史》载：

> 崔氏，周术忽妻也。……金将来攻城，克之，……崔氏急即抱幼子祯……得免，……未几，术忽以病亡，崔年二十九，即大恸柩前，誓不更嫁，斥去丽饰，服皂布弊衣，放散婢仆，躬自纺绩，悉以资产遗亲旧。……治家教子有法，人比古烈妇云。①

崔氏的情况，正好是中统五年(1264)八月《圣旨条画》所指的"母寡子幼"，但她没有"经所属陈告，勘当得实"，就把全部家产无偿馈赠给亲友，并"放散婢仆"，使《圣旨条画》的"若母寡子幼，其母不得非理典卖田宅人口，放贱为良"成为具文，但她仍被舆论认为治家有法，"人比古烈妇"。

再如：

> 衣氏，汴梁儒士孟志刚妻。志刚卒，贫而无子，……衣氏具鸡黍祭其夫，家之所有悉散之邻里及同居王媪，……遂自到死。②

崔氏是有子寡妇，衣氏是无子寡妇，崔氏把家产馈赠给亲友，衣氏把家产馈赠给邻里，这说明寡妇不管有子无子，都有向他人馈赠家产的权利，对受赠人的身份也没有什么限制。

与前朝相比，元代守志寡妇的财产处分权明显扩大，这个处分权来源于守志寡妇的家产继承权。

三、绝户在室女继承权与招婿的关系

唐代和北宋按"诸身丧户绝者，所有……资财，……并与女"③的规定，绝户

---

① 《元史》卷二○○《列女传·崔氏》。
② 《元史》卷二○一《列女传·衣氏》。
③ 《宋刑统》卷一二《户婚》"户绝资产"所引《丧葬令》户绝条。

在室女可以继承全部遗产,南宋也有"户绝财产,尽给在室诸女"①的规定。如果该在室女已许聘或有朝一日要出嫁,她所继承得的全部遗产就都要作为妆奁转到异姓的夫家,换言之,在室女转变为出嫁女了,但她仍享有全部遗产。从《丧葬令》"(绝户遗产)无女者均入以次近亲"的规定看,虽说户绝,还是可能存在一些"近亲"。在家族本位的中国传统社会,一旦出现这种事情,必然会引起"近亲"们的骚动。而且对先期出嫁的女儿来说,同是出嫁女,所承受的财产数额可能会相当悬殊,未免有失公平。这些都不利于社会秩序的安定。

南宋之所以又有绝户财产"在室女依子承父法给半"②的规定,以及金朝泰和元年(1201)"命户绝者田宅以三分之一付其女及女孙"③,可能都是着眼于减少和避免以上矛盾。

元代绝户女儿依法也可以继承家产,但有关规定既不是"户绝财产,尽给在室诸女"的复写,也不是"在室女依子承父法给半"和"户绝者田宅以三分之一付其女及女孙"的重版,而是对以上制度的修正和完善,简言之,就是附条件的在室女继承全份遗产。载于《元典章》的中统五年(1264)八月的《圣旨条画》规定:

> 该随处若有身丧户绝别无应继之人(谓子侄弟兄之类),其田宅、浮财、人口、头匹,尽数拘收入官,召人立租承佃,所获子粒等物通行明置文簿,投本管上司申部。若抛下男女十岁以下者,付亲属可托者抚养,度其所须,季给。虽有母招后夫,或携而适人者,其财产亦官知其数,如已娶或年十五以上,尽数给还。④

该《圣旨条画》前面已说"别无应继之人(谓子侄弟兄之类)",而且父死子继、"爷的钱物要分子"⑤是当时继承法的铁则,所以其后所说的"如抛下男女十岁以下",所强调的显然是"女"。十岁以下,且是所谓"抛下",就是既排除成年的出嫁女,又排除幼年"出嫁"已有所归的童养媳,所以只能是指在室女。但"已

---

① 《名公书判清明集》卷八《户婚门·立继》"继绝子孙止得财产四分之一"。
② 《名公书判清明集》卷八《户婚门·检校》"侵用已检校财产论如擅支朝廷封桩物法"。
③ 《金史》卷一一《章宗本纪》。
④ 《元典章》卷一九《户部五·田宅·家财》"绝户卑幼产业"。
⑤ 《元典章》卷一九《户部五·田宅·家财》"爷的钱物要分子"。

娶或年十五以上,尽数给还",儿子娶妻或达十五岁后,女儿达十五岁后,官府交还所有代管的遗产,只提儿子不提女儿的婚姻状况,其中似乎有佚文。《大元通制》的同类规定,应是袭于中统《圣旨条画》,其个别不同的字句,如果不能作为《元典章》有佚文的旁证,至少可以说是《大元通制》的编纂者发现《条画》有疏漏而作了补充。为了便于对照,不避赘累,将其抄录如下:

> 若有户绝别无应继之人,谓子侄弟兄之类,其田宅、浮财、人口,头匹,尽数拘收入官,召人立租承佃,所收子粒等物,通立文簿,申报上司。如抛下男女十岁以下,付亲族可托者抚养,度其所需支给。虽有母招后夫或携以适人者,其财产亦官为知数,如或嫁娶,成年十五,尽数给还。①

《大元通制》还规定:

> 户绝女幼,官为知在,候长召嫁,继户当差。②

"嫁娶"并提,顾及了女儿。因为要"继户当差",所以"召嫁"就是招婿,"候长召嫁,继户当差"也就是"候长立成人,招召女婿,继户当差"(见下述金定案例)。以上规定中的"嫁"字,不能理解为"出嫁"。如果是出嫁,就不能"继户当差",既不"继户",也就谈不上"尽数给还"。这种规制,在司法实践中是很清晰的。如《元典章》所载案例:

> 至元十年(1273)七月十九日,中书部来申,耶律左丞下管民头目张林申:"本投下当差户金定,户下人口节次身死。今将金定壬子年(1252)元(原)籍口数照勘,除身死外,止抛下续生女旺儿,一十三岁,虽伊母阿贺存日,曾许聘与王大男为妇,并不见立媒下财红定等物。并抛下地三顷四十五亩,数内虽该己酉年(1249)众人开到三顷,在后金定展到四十五亩,终是金定在日通行为主,至今荒闲,拟合于当差额除豁,作不在差户内籍记。据前项抛下地三顷四十五亩,官为知在,每年依理租赁,课子钱物养赡金定女旺儿,候长立成人,招召女婿,继户当差,似为相应。"呈奉都堂钧旨:"送户部准拟施行。"③

处理此案,首先要明确孤女旺儿的婚姻状况,"虽伊母阿贺存日,曾(将旺儿)许

---

① 《元代法律资料辑存》,浙江古籍出版社,1988年,第71页。
② 《元代法律资料辑存》,第71页。
③ 《元典章》卷一九《户部五·田宅·家财》"户绝有女承继"。

聘与王大男为妇,并不见立媒下财红定等物",因为手续不完备,视同未曾许聘,以后可以"招召女婿,继户当差"。如果与王大男的婚约成立,旺儿不能"招召女婿,继户当差",只能享受出嫁女的继承权了。如果绝户的女婿是在被继承人死亡以前招赘,这个女婿还必须是"养老女婿"而不是"年限女婿",如果是年限女婿,女儿就不能继承全部遗产(参见下述"绝户出嫁女"部分)。

元代绝户在室女可以继承全部家产,但这在室女必须是未曾许聘的,而且以后应成为招婿入门的坐家女,这就是绝户在室女继承全部遗产的先决条件。这个变化是适应当时国情的。

另外,按照前述《圣旨条画》和《大元通制》的相应规定,绝户孤儿十岁以下,官府代为管理遗产,待其满十五岁后全数交还,孤儿如果是十岁以上,十五岁以下,那么遗产是直接由其继承,还是由官府暂为代管? 在法律条文上这是个漏洞。但从以上案例看,孤女旺儿十三岁,仍然"官为知在",司法实践弥补了这个漏洞。绝户幼女即使随改嫁母到继父家生活,她结婚或长大后仍可继承由官府监管着的生父的遗产,就此作出明确规定,是元代继承法的一个特色。

四、绝户出嫁女继承权与归宗年限女婿

宋代绝户出嫁女可以继承娘家财产,份额是遗产总数的三分之一。元代基本上也是如此。但在分割遗产时,丈夫是归宗的年限女婿者,可比其他出嫁女多得若干。

《元典章》载有一个出嫁女继承绝户娘家遗产的案例:

至元八年(1271),"民户张阿刘状告:先于壬寅年(1242)间,有故父刘涉川招到张士安作养老女婿,至今二十八年,同共作活。壬子年有故父刘涉川身故,母阿王作户讫抄作女户,丁巳年(1257)母阿王身故。中统四年(1263),本路官司勾追阿刘应当差发(拨)",请求合理继承遗产。刘涉川有阿刘、刘二娘两个女儿。阿刘的丈夫张士安是年限女婿,户籍已于壬子年(1252)回归其父张通户下,但实际上阿刘夫妇并未离开刘涉川家,并且在岳母死后承担了刘涉川户下的公役(差拨)。为此,御史台提出了一个解决方案:

> 今身死刘涉川立媒与亲女阿刘招召张士安为婿,同居二十四年。壬子年(1252)张士安虽于伊父户下附籍,终是不曾出舍。丁巳年间丈母身死之

后,应当刘涉川户下差发一十四年,与"身死户绝别无应继之人,官收养济孤贫"事理不同。刘涉川户下田宅以三分为率,除一分与女均分,余二分难议作官物收养济孤贫,止合令阿刘女婿张士安为主,应当刘涉川户下差发相应。

这个方案是先把阿刘、刘二娘都作为出嫁女,两人共同继承均分绝户遗产的三分之一,其余三分之二本应拘收入官,但因考虑到阿刘夫妇并未离开刘涉川家,并且在岳母死后承担了刘涉川户下的差拨,又将张士安视作准养老女婿,由阿刘夫妇继承其余的三分之二(如果是真正的养老女婿,则应继承全部遗产,刘二娘无份)。但尚书省最后的判决却是:

> 虽是张阿刘告称,故父刘涉川生前招召到张士安作养老女婿,却缘元媒胡阿曹状指当时不曾言将养老,又兼张士安壬子年另将妻子在伊父张通户下附籍,并张士安今次供到手状,亦依壬子年元籍供讫。难议令张士安承继刘涉川户下当差。除已札付户部拟将刘涉川抛下应有财产驱婢,依例以三分为率,内一分与刘涉川二女作三分分,内二分与张士安妻阿刘,一分与次女赵忠信妻刘二娘,令各人依籍应当差役。外二分官为拘收。①

以原媒证词和户籍为依据,认定阿刘的丈夫张士安是已归宗的年限女婿,不是养老女婿,所以只能以出嫁女对待阿刘。因为绝户刘涉川有两个出嫁女,于是"依例",遗产的三分之一由出嫁女继承,三分之二官为拘收。但是在两个出嫁女分享三分之一遗产时,对阿刘有特殊照顾,让她得其中的三分之二,另一个出嫁女刘二娘只得其中的三分之一。也就是说,在出嫁女中,丈夫曾经是年限女婿的,她的继承份额可以优于其他出嫁女,体现了权利义务相一致的意识,根据其"依例以三分为率"的说法,"以三分为率"有"例"可依,也就是说,绝户出嫁女继承三分之一遗产,也是元代法律的规定。

第六节 民事诉讼

一、司法审判组织

元代法制采取属人法主义,视蒙古、色目、汉人、南人而适用不同的法律,

---

① 以上均见《元典章》卷一九《户部五·田宅·家财》"户绝家产断例"。

导致了司法审判权的分散化。宗教与世俗权力并行,更强化了这一倾向。因此,元代司法审判组织在中国法制史上有一定的特殊性。

元代中央司法审判机关有大宗正府、刑部及御史台。元初,于中书省置断事官,掌刑政。至元二年(1265),置大宗正府,掌管一切刑罚及词讼。后来改为诸王、驸马、投下、蒙古、色目人等所犯一切公事,及汉人奸盗诈伪、诱掠逃奴、轻重罪囚等,归大宗正府掌管。皇庆元年(1312),以汉人的刑名归刑部。泰定元年(1324)又复初制。致和元年(1328),以上都、大都所属蒙古人、怯薛(宿卫军人)、军站、色目与汉人相犯者,归大宗正府处断;其余路、府、州、县汉人、蒙古、色目词讼,悉归地方官府和刑部掌管,大宗正府的职权逐渐削弱。大宗正府设置札鲁忽赤(断事官)若干,可达数十人。其长一人,称"也可札鲁忽赤"(大断事官),由诸王充任,其余皆皇帝位下及诸王之有封国者充任。

刑部是中央司法行政机关,兼理审判。其审判管辖范围是京畿汉人的刑名以及地方一切汉蒙大案。但在司法实践中,刑部的审判权常为大宗正府、诸王府所夺。同时,户部和礼部对民事案件也有一定的管辖权,可以对地方申报的疑难案件及上诉案件提出处理意见,但事涉刑律则要会同刑部审议。而且,由于民事案件常常涉及人伦礼教,户部与礼部对民事案件的审理范围也缺乏明确的界限和标准。

御史台仍为监察机关,具有审判监督职能。此外,宣政院作为掌管全国佛教事务及统辖吐蕃地区的专门行政机关,具有最高的宗教审判权。它以帝师(受皇帝供奉的最高神职)总领,内设院使。各地僧侣相争,大案由地方长官审理后上报宣政院,一般民刑案件则由宣政院院使或其地方派出机关僧录司审理。宣政院的司法审判权从成宗(1295—1307)、武宗(1308—1311)二朝起才逐渐被消除。

元代设行中书省为中央派出机构,地方政府按序分路、府、州、县四级。此外,在全国还设有二十二道肃政廉访司负责司法监督及各路、府刑狱案件的复审。元代路、府、州、县长官兼理行政、司法事务,但并无必须坐堂审理一切案件的法律规定。各级政府的判官(佐官)对民事案件具有司法审判权。而且,即使事涉刑名,判官也至少拥有调查审讯、检法议罪的职能,尤其是路、府的推官专理刑狱。至于长官大多只是在案件审理终结时,负有程序上的审责监督、金押案牌的责任①。因此,一旦上司以为下级司法机关对案件定拟处置不当,长官首先必须承担法律责任②。

元代吏治不佳,官吏贪赃成风,在司法审判过程中常常收受两造贿赂,"欲从正归结,则恐倒钱告讦;欲从邪处断,则恐提刑司照刷,兼负冤者不肯准服",因而将案件申报上司以推卸责任。所以,元代要求民事案件都由所受官司当即结绝,不得妄自称疑申报上司③。如果确属疑难案件,则必须勘会完备,依例定拟,联同两造陈述与证人证词一并申呈上司④。上一级司法机关对地方申报的疑难案件与上诉案件,视事实是否清楚及适用法律是否适当而作出不同的处理:"若拟断情款别无不完,中间所见不同,从公改议。如紧关情节未问便行拟断,可取元问官吏招伏,别所委官推理。"⑤对于基本事实已清的案件,上一级司法机关必须亲自断决,不得虚调文移,委官定夺。可见元代各级司法机关的审判责任较前颇有加强。

然而,从总体而言,元代司法机关的审判职能则分散削弱了。元代采取属人法主义给司法审判打下了很深的烙印,凡事涉儒、僧、道人、医户、乐户诸色人户,军户及投下人户,畏兀儿、哈迷里诸色目,以及蒙古人的民事纠纷,大多由其主管头目与地方司法官员共同约问审理;甚至仅由其主管头目参照教规或习惯法作出处理,地方司法机关无权过问。元代的属人法主义虽然照顾到各民族不同的风俗习惯,但也带来了适用法律的不平等,对司法审判制度造成了相当程度的混乱,各级地方审判机关的职权实际上被分割了。

(1)儒人相争。由官府会同儒学提举、教授等学官一并听理。后因紊烦不便,而儒人学官向来只掌礼教学校,并无参与断理的传统,因此,至大四年(1311)四月令儒人相争的案件仍归地方官府依体例归断⑥。

(2)道人相争。由道观掌门处断。道俗相争,则由官府约会道观掌门一同审理⑦。

---

① 《元典章》卷四〇《刑部二》"推官专理刑狱"。
② 《元典章》卷四《朝纲一·庶务》"依例处决词讼"。
③ 〔元〕胡祗遹《紫山大全集》卷二三"县政要式"。
④ 《元典章》卷三九《刑部一·刑制》"刑名备申招词";同书卷四"朝纲一"。
⑤ 《元典章》卷五三《刑部十五·诉讼》"年例停务月日"。
⑥ 《元典章》卷五三《刑部十五·诉讼》"儒人词讼有司问"。
⑦ 《元典章》卷五三《刑部十五·诉讼》"儒道僧官约会"。

（3）僧人相争。由本寺住持或本管和尚头目结绝。如果住持头目与本寺僧人互告，则由邻近寺院和尚头目结绝，官府不得干预。僧俗相争，原由地方官府会同行宣政院、买驴院使结绝。但买驴院使赴北来回一般要经过一年多，造成案件稽迟不绝。因此，皇庆二年（1313）重新规定，由地方官府与各寺住持头目于衙门聚会问断。如果和尚头目约会不到，由地方官府依体例断处①。

（4）儒、僧、道人相争。由三家所掌会问，官府无权处断②。

（5）医户、乐户诸色人户词讼。由本处达鲁花赤管民官约会本管官断遣。如约会不至，就使遣断③。

（6）军户、各投下（功臣贵族领地）诸色人户自行相争。由各自本管奥鲁、探马赤军解决。如果事关民户，由地方管民官约会头目归问，并从管民官追逮，三约不至，管民官就便归断④。

（7）畏兀儿、哈迷里人自行相争。委付其部落头领自行讯断。如果与百姓相争，委头目与官府同断⑤。

（8）回回人词讼。虽然回回人有自己的回回法，又属色目人，但其户婚、钱粮词讼并归地方官府处断。而回回教的哈的大师也只令掌教念经，不得干预审判⑥。

（9）蒙古人自行相犯。各从本管奥鲁归断。如果当地无奥鲁头目，则由当地官府依蒙古习惯法处断。蒙古人与民户相争，也由地方管民官约会奥鲁头目归断⑦。

至于地域管辖，元代采取原告就被告原则，而不论双方的种族与地位⑧。

元代继承了前代关于审判回避的制度，规定凡有关有服之亲、婚姻之家、曾受业之师与仇嫌之人的案件，司法官必须回避。如果本处司法官员有上述情形，当事人可以越诉陈告，不必由本处官司换官审理，以求审理公允⑨。

---

① 《元典章》卷五三《刑部十五·诉讼》"僧人互告违法及过钞"。又同书同卷"僧俗相争"。
② 《元史》卷一〇二《刑法志一》。
③ 《元典章》卷五三《刑部十五·诉讼》"诸色户计词讼约会"。
④ 《元史》卷一〇二《刑法志一》。
⑤ 《新元史》卷一〇二《刑法志上》。
⑥ 《元史》卷一〇二《刑法志一》。
⑦ 《元典章》卷三九《刑部一·刑制》"蒙古人自相犯重刑有司约会"。
⑧ 《元史》卷一〇二《刑法志一》。
⑨ 《元典章》卷五三《刑部十五·诉讼》"告罪不得越诉"。

二、诉讼程序

元代进一步强化了前代关于诉讼当事人在身份上和资格上的限制。元代确定了"干名犯义"的罪名,认为除了反叛、谋逆、故杀人外,凡子证其父、奴讦其主,及妻妾弟侄干名犯义,大伤风化,一并禁止。这一规定为明清律所承袭,在维护礼教纲常方面发挥了重要作用。亲属、家人代告制度也定型了。除前代已有的老废笃疾、妇人外,致仕得代官参与民事诉讼也可以令同居亲属、家人代诉,以示优遇①。

元代起诉必须有书面诉状。原告所呈词状必须写明两造姓名、籍贯,原告的诉讼能力(健康状况),纠纷的时间、起因、事实,及诉讼请求等内容。《词状新式》提供了不少写状法式,现举"地主归收地土"②一例:

> 厶村厶人
>
> 右厶人壮无病。伏为厶年上,缘为某事,将家小在逃逐处迯熟住坐,抛下本户桑土若干顷亩。今来厶复业,却见厶处厶人将厶地抛下地土为主种佃。其本人言称自厶年上经官立租税清列上件地土,私下不肯吐退,今具状上告。
>
> 伏乞
>
> 某官详状勘会诣实,勒请佃地人吐退上件地土付厶,依归主户供纳承佃,施行执结。
>
> 是实伏取
>
> 裁旨
>
> 　　　　　　　　　　　　年　　月　　日　　告状人厶人状

原告不得一状两告。中国古代一直不存在诉讼的合并与反诉,以避免因案情复杂、超出承审期限而不能结绝,妨碍农务。元代就明确规定:

> 诉讼人等于本争事外不得别生余事。及被论人对证元告事理未经结绝,其间若被论人却有告论元告人公事,指陈实迹,官司虽然受理,拟候元

---

① 《元史》卷一○三《刑法志二》。
② 〔元〕陈元靓《重刊群书类要事林广记》"词状新式"。实例可见《考古与文物》1983 年第 1 期《黑城新出土的一批元代文书》中载元代诉状。

告被论公事结绝至日举行。①

元代仍沿宋代旧例,在城乡设书铺,凡诉状必先经书铺书写,以图革去词讼泛滥之弊。但元初书铺写状人多为官府"贴己人",不谙吏事,只图计会行求,使书铺变为营利场所。如两家争告一事,则视其所给财物多少在状纸上搬文弄法,导致"有钱告状者,自与妆饰词语,虚捏情节,理虽曲而直。无钱告状者,虽有情理,或与之削去紧关事意,或与之减除明白字样,百般调弄,起灭词诉"②。因此,从元大德十一年(1307)起,官府对书铺的控制加强了,书铺从过去纯粹民办转为官立,规定:

> 今后举令有司于籍记吏员内遴选行止谨饬、吏事熟闲者,轮差一名专管书状,年终经换。果无过错,即便收补,仍先责书状人甘结状。每呈词状到铺,依例书写,当日须要了毕,不许有留多余。书写人等在铺,若词状到铺,妄行刁蹬,取受钱物,故作停难,不即书写及不子细询问事之争端,有无明白证验,是否应告词讼,以直作曲,以后为先,朦胧书写,调弄作弊,许令告人经赴所属官司陈告,取问是实,当该书状人等黜罢。③

田宅、婚姻、良贱等民事案件,仍须于务停期(十月一日至次年三月一日)受理,但如果不妨农田,可以随时受理归问。务停期表面上虽有五个月,但除去年节、刑禁假日、杂事,以及程序上公文、人证往返日程,只剩五六十日。在这短短的期间内要完成辖内一年所有民事案件的审理与判决,相当困难;而贪官污吏也常常借此舞文弄法,造成不少案件久拖不决,甚至达十余年之久。因此,元代对承审期限重新作出规定,一般案件仍必须在务停期五个月内审结,少数案件人众地远事难,可以适当延长,但不得超出三年。大德三年(1299)八月中书省议得:

> 今后应告上项公事,须自下而上,先从本处官司归理,比及务停,须要了毕。若事关人众,依例入务,才至务开,即便举行。如地远事难,又复不能了毕,明立案验,要见施行次第,所以不了情节,再许务停一次,本年农

---

① 《元典章》卷五三《刑部十五·诉讼》"状外不生余事"。
② 《元典章》卷五三《刑部十五·诉讼》"籍记吏书状"。
③ 《元典章》卷五三《刑部十五·诉讼》"籍记吏书状"。

隙必要结绝,不许更入务停。……若事可归结,不应务停,及多经入务而不了,本管上司、廉访司官随事治罪。①

同前代相比,元代司法审判中的调处息讼的意义降低了。调处一般在案件受理前由民间进行,"诸论诉婚姻、家财、田宅、债负,若不系违法重事,并听社长以理谕解,免使妨废农务,烦扰官司"②。但案件一旦受理,元代更注重的是案件的及时处理而非调处息讼的虚名。和解并不被看作是比判决更好的手段。元代常有贪官污吏收受原、被告双方财物后,为了推卸罪责而不作断决,只是劝和稽延时日。"元(原)告、被论两家公共贿赂,又不决断,岁月既久,随衙困苦,破家坏产,废失农务岁计,不免商和。商和之心,本非得已,皆出于奸吏掯勒延迟之计"③。和解失去了本义。

另一方面,尽管允许告拦,即当事人双方在案件审理过程中可以自愿和解撤诉,但法律并不特别提倡;而且告拦的法律效力比判决的还要强,当事人若无合法原因不得变卦。"今后凡告婚姻、田宅、家财、债负,若有愿告拦,详审别无违枉,准告。已后不许妄生词讼,违者治罪。"④准告之后再兴讼端,照勘得别无违法事理,官司不许受理,违者从廉访司究治,以免侥幸之徒欺心为理,恣意为非,致使兴讼不绝。

原告人呈上诉状后,必须随衙归对,不得躲闪迁延。原告人若未经对证在逃,已过百日而限捕不获者,则诉讼撤销,反处原告人诬告罪⑤。司法官员在受理诉状时,必须仔细审问原告人,如果认为原告人所告事项有理而情实,则先将被告人勾唤到官,取问对证。如果被告人承服是实,即依例处断,不必再别勾证佐;如果被告人不服,则必须证佐指说,然后将有关证人指名勾摄到官府追问。元代民事审判的强制措施对当事人双方、证人同样适用⑥。如果民事案件的性质比较严重,败诉者可能被处杖刑以上,原、被告双方都必须收监拘押待审。如果所犯只是笞罪以下,则和证人一样,只要随衙待对即可⑦。在这种

---

① 《通制条格》卷四《户令》"务停"。
② 《通制条格》卷一六《田令》"理民"引《至元新格》。
③ 胡祗遹《紫山大全集》卷二一"官吏稽迟情弊"。
④ 《元典章》卷五三《刑部十五·诉讼》"田土告拦"。
⑤ 《元典章》卷五三《刑部十五·诉讼》"元告人在逃"。
⑥ 《元典章》卷五三《刑部十五·诉讼》"不须便勾证佐"。
⑦ 《元典章》卷四〇《刑部二·刑狱》"讼情监禁罪囚"。

情况下，原、被告双方与证人的食宿由各自的保识负责。没有保识的，由官府给粮养济。

对物的强制措施主要是针对田土案件。"其所争田内租入，纳税之外，并从有司收贮，断后随田给付。"①这实际上带有一些现代诉讼保全制度的色彩，主要是为了便于执行判决，使受侵权一方的财产权益损失减少到最低限度。

在审理过程中，司法官员必须根据案情的来龙去脉，仔细分析当事人双方陈述的词理，研究参用适当证据，判定事实真相。对于证人，首先须追问他与原告、被告有无亲戚、故旧、钱物交往等关系，当事人为什么要他做证，由此判别证词的证明力如何②。对书证的审查也严格了。凡典卖文契，必须核查其公据、问帐、正契，以及有无房亲邻右佐证、有无经税契本、契本印押是否分明等等。证据掌握充分、事实判明之后，如果理屈方仍是不招，承审官员可以和连职官员立案同署，依法拷问，获得口供，做出判决。

民事案件判决之后，审判官员必须随即出具台词公据执照，写明查清的事实与判决的理由、依据，交付当事人双方收执。当事人如果上诉，即以此为凭据。原判公平合法的，受理上诉的司法机关不得改判；原判偏曲不公或需要改判的，仍然要求出具公据执照，详细说明原判错失所在，以期杜塞讼争和防止官吏作奸。

元代民事纠纷，以是否破坏礼教纲常与经济体制决定是否施与刑罚惩处。例如，田土案件首先分清是官田还是民田。如果"隐占系官田土"，即应"验影占田亩多寡，就便酌量定罪"，予以刑事制裁；如果是"强占民田"，可以"回付本主"了案，以民事处理。继承案件必须区分嫡亲或同姓。如果排斥嫡亲或无嫡亲时排斥同姓继承，必须以刑事制裁；如果只是对继承财产量的争议，则以民事调处。婚姻案件分清是否有妻有夫、同姓为婚、犯奸成婚、服内成亲、命妇改嫁，决定是否予以刑事制裁。钱债案件，如有偷换文契、多取利息、卑幼在外借债及典卖田宅等行为，即施以刑罚。可见，凡是亏损名教、乱人伦、伤风俗、营私损公、破坏国家财赋之源的民事案件，均附以刑罚制裁，反之，则多以民事手段调处、惩治。

---

① 《元史》卷一〇三《刑法志二·户婚》。
② 〔元〕胡祗遹《紫山大全集》卷二三"折狱杂条"。

总之,元代的民事审判制度在中国历史上具有一定的特色。元代采取属人法主义,不同的法律、习惯、教规有不同的施行对象,并在不同的程度上相互渗透、影响。但是,元代法制始终没有成为一个统一的有机体,因而造成了司法审判的混乱。而且,元代吏治松弛,"挟情之吏,舞弄文法,出入比附,用谲行私"①,民事案件往往很难得到公正、及时的处理。终元朝一代,奸吏贪赃枉法,狱讼延迟不决一直没有得到真正的解决,给社会带来了严重的不良影响。

---

① 《元史》卷一〇二《刑法志一》。

第七章 明清民法

本章主要论述中国古代社会最后两个朝代——明代与清代的民事法律概况。传统法律至此已经烂熟,清代法律基于明代而变化不多,故本章归并论述之。鸦片战争后,中国社会迅速变化,而法律直至 20 世纪初"新政变法"才发生重大变化。新政变法的新型法律制订、颁布情况至下一章追溯。

第一节 历史背景与法制概况

一、历史背景

1368 年,曾参加红巾军起义并担任首领的朱元璋在南京称帝,建立明朝。同年发起北伐,驱逐了元朝的残余势力统一全国。明代建立起君主专制中央集权极度发展的国家制度,1380 年明太祖废丞相制度,皇帝直接控制六部及军事、监察各部门,大权独揽。地方政权机构设省、府、县三级,省又分设布政使、按察使、都指挥使,互不统辖,分掌政务而听命于中央。

明代面临的种种社会问题单靠加强集权并不能如愿解决。明代二百七十多年间,农民起义此起彼伏,统治阶级内部及皇室内部经常爆发激烈冲突。明末农民起义遍及各地,极大削弱了明朝统治力量,东北地区满族势力趁机迅速崛起。1636 年满族王朝建国号"清",并于 1644 年入关,击败刚攻下北京不久的李自成农民军。后经长期战争,于 1661 年实现了对全中国的统治。

满清统治者吸取了历代统治经验,初期几个皇帝励精图治,出现了回光返照的"康乾盛世"。然而社会矛盾很快走向激化,至 19 世纪初,西方殖民者以鸦片、大炮打入国门,满清统治者束手无策,中国陷入半殖民地的困境。

明清时期社会经济有了很大的增长。就中国本身而言,发展速度明显高于以前任何一个时期,但是与同一时期欧洲经济发展速度相比,则大大落后了,西方经济逐渐超过了中国。明清两代统治者高度重视农业,农业生产不断增长,人口也随之迅速增长,明太祖洪武十四年(1381),全国人口仅五千九百多万,到清宣宗道光十三年(1833)已达三亿九千多万①。粮食单产大幅度提高,但农业工具与耕作技术没有很大的改革,主要依靠大量投入人力的精耕细作实现粮食增产②。

手工业发展在明清时期也极为迅速,尤其是棉纺织业迅速普及,以长江下游地区的棉纺织业最为发达,棉布贩卖至全国各地。各地农村家庭手工业也以棉纺织为主,其他如传统的丝织业、烧瓷业、矿冶业等也都进一步发展,出现了很多手工业生产中心。各地乡间的手工作坊、工匠也门类繁多。

虽然明清两代统治者极力推行传统的"崇本抑末"政策,但商品货币经济的发展仍势不可当,超过了以前的任何时期。如江南松江棉纺业的原料大多来自北方,而又行销北方各地。手工产品如瓷器、铁锅、丝织品、工艺品等都是投入市场的主要商品种类,并远销海外。沿海及大运河、长江沿线,工商业城镇相当繁荣。农村中的集市贸易遍布全国各地,不少地方已采用货币地租形式。农村雇工也有以货币计算工价的。很多地方的家庭手工业与市场紧密联系,商人向农民发放原料,收取成品,按件计算工价。

明代货币制度开始时实行纸币、铜钱并行流通制。明初发行"大明宝钞",最大面额为一贯,民间交易一百文以上必须使用宝钞。然而宝钞发行无准备金,也没有回笼的得力措施,发行额无任何依据,一味以高压手段推行,被日益活跃的社会经济所排斥,宝钞迅速贬值。民间主要使用铜钱与白银。明朝统治者曾规定使用白银贸易为重罪,甚至处以死刑。但最终不得不于1436年"弛用银之禁",并规定南方数省的田赋粮改征银两,号称"金花银"。16世纪中叶,又推行以赋役折银征收为中心内容的赋役制度改革,1581年实行"一条鞭法"改革,一切赋税、差役都折银征收,对于商品货币经济的发展有很大推动作用。

清代确定"以银为本,以钱为末"的货币制度。白银以银块形式流通,五十两为一锭,也称"元宝"。十多两为中锭。铜钱以明清两代政府铸造发行的"制钱"为主,仍以一千文为一贯或一吊(有的地方以一百文为一吊)。白银成色以

---

① 见梁方仲《中国历代户口、田地、田赋统计》,第90页。
② 参见[美]珀金斯《中国农业的发展(1368—1968年)》第九章结论,宋海文等译,上海译文出版社,1984年。

国家所铸银锭"纹银"为标准银（含银量理论上应为935.374‰）。法定白银、铜钱比价为白银一两比钱一贯。另外，随着海外贸易的发展，欧洲、美洲的银币（银圆）大量流入，在东南沿海一带民间普遍使用，民间俗称"洋圆"①。

二、法制概况

明清法律集中国古代传统法律之大成。明初君臣认为宋元政治失之于"宽纵"，要长治久安必须"猛"。元末诏敕条格复杂混乱，明初立法时即强调"简、严"："简则无出入之弊，严则民知畏而不敢轻犯。"②明清两代统治者又极为重视"明刑弼教"，以法律为推行教化的重要手段，强调法律"正人心，厚风俗"的作用。明清都曾大兴"文字狱"，清代的"文字狱"更是臭名昭著。

明清的法典都称"律"，而将单行法规统称"例"、"条例"。明太祖曾说："律者，常经也；条例者，一时之权宜也。"③明中期以前，条例往往仅一朝有效，新的皇帝即位便废除前朝之例。至弘治十三年（1500）明孝宗制订《问刑条例》后，编入《问刑条例》的条例成为永久性法规④。历朝沿袭之，律例汇编并行，清朝一般以刑事方面称"条例"，行政方面称"则例"，皇帝发布的上谕称"事例"。另外，明清两代又曾多次编纂《会典》，以各政府机构为目汇编各种与之有关的法规法令。

明初以《唐律疏议》为蓝本制订法典，至洪武二十二年（1389）制成，分为名例、吏、户、礼、兵、刑、工七篇，四百六十条。至洪武三十年颁行天下，称《大明律》。这部法律虽称以唐律为宗，但内容比唐律更为丰富，约增加了近三分之一的条文，而新增条文有一半是源于元朝法律。比之唐律，明律行文简单、明了，门类划分较为合理，律首附载"服制"、"刑具"、"六赃"等图表，实用性很强，是中华法系又一具有代表性的法典，对于东亚诸国也有很大影响。清朝入关，认为"明太祖立法可垂永久，历代之君皆不及也"⑤。因而三次定律，皆以明律为蓝本，主要着眼于条例的整理，律条仅加小字注解及部分条文调整而已。

---

① 参见彭信威《中国货币史》第七章、第八章。
② 《明太祖实录》卷二二"吴元年十月"。
③ 《明太祖实录》卷二三六"洪武二十八年二月"。
④ 参见黄彰健《明洪武永乐朝的榜文峻令》，载台湾《历史语言研究所集刊》46集第4册。
⑤ 《清史稿》卷五《世祖本纪》。

1740年颁行《大清律例》,律条四百三十六条,条例一千零九条。以后仅增修条例,律文本身不再更动。

明律(包括清律)的主要特点是,大大加重对于"重罪"的处罚,而对轻微犯罪处罚减轻,与唐律相比,"轻其所轻,重其所重"①。盗贼之类罪名处刑极重,而户婚田土礼教之类罪名处刑减轻。刑罚制度仍沿用"五刑"为正刑;正刑之外的"闰刑"有充军、发遣(清),等等。轻微犯罪往往适用"枷号示众"。侵犯财产的罪名,还须附加刺字。

明清时法制最大的问题在于法律内部不够统一。尤其是清代沿用明律,实际应用则大多为条例,且没有明代对大多数条例的效力加以时间限制的传统,条例一经奏准即长期有效。由此条例越修越多,至清末已达律条的四五倍之多。"或因例破律,或一事设一例,或一省一地方专一例,甚且因此例而生彼例。"②律与例冲突、例与例冲突,破坏了法制的稳定与统一。而且清统治者标榜"有治人无治法",不以法制为急务,重罪如秋审判决死罪不以律例条文为准,而根据当时当地形势"因地制宜,久则必变"③。轻罪如州县处理杖刑以下的"自理词讼",又往往以情理参酌作出判决。法律的权威性大大受到影响。

三、与明清民法有关的若干问题
(一) 民事行为规范

明清沿袭各代传统,民间民事行为规范仍以法律、惯例、习俗、礼教为准。就法律而言,明律中专有田宅、婚姻、钱债、市廛等门目,集中规定有关的法律条文。清律沿袭明律门目分类,在律条后附以各朝条例,规定较为详细。清代还编制《户部则例》,从1776年颁行至清末修改达十四次,其中有很多民事方面的法律内容,在民事法律中占有主要地位。

传统的法律形式——令,至明清时消失。明初曾颁行《大明令》共六篇一百四十五条,其条文散见于《大明会典》,在民间意义不大。明初的《御制大诰》是中国历史上最为普及的法律,规定"户户有此一本",家中有人犯罪,有《大诰》可以减刑一等,无《大诰》要加刑一等。但其中民事方面的内容不多。明清

---

① 〔清〕薛允升《唐明律合编》卷九。
② 《清史稿》卷一四二《刑法志一》。
③ 〔清〕王又槐《刑钱必览》卷一〇"缓决可矜比对条款"。

时各级地方官往往发布告示,调整本地区的社会关系及各种问题,这些告示中很多也具有民事法规性质。有的地方性法规还被汇编成册,如《福建省例》、《西江政要》等等,对于当地民事行为有很大意义。

民间民事惯例在明清时大量被搜集于各种尺牍、家用文书集中,诸如《释义经书士民便用通考杂字》、《尺牍双鱼》、《雁鱼锦笺》、《万书萃宝》、《万用正字》等等,其中有很多契式、婚书式、阄书式等民事文书的格式。有的还是带有地方性的尺牍,如《新刻徽郡补释士民便读通书》等等。这对于当时民间民事行为有一定的指导、规范意义。

明清时宗族势力遍布各地,宗族的族规也具有很大的约束力,成为民间民事行为的又一种主要的规范。宗族的族规都是在礼教原则下制订的,并与国家法律互为表里,其强制力比之国法又更为直接,对于民间民事行为的影响也更大。宗族族规的惩罚有罚跪、罚役、训斥、锁禁、剥夺参祀、黜革等等。很多情况下,族人之间的纠纷首先要经由宗族内部调解处理,族人与外人之间的纠纷也常常由宗族出面。

礼教仍然是明清民间民事行为的主要规范之一。礼教在婚姻、继承等方面几乎成了民间习俗的一个部分。明清时乡间的绅士经常主持调解纠纷,礼教也随之深入民间。

(二) 社会分层

明清社会分层的基本框架与前代类似。比较有特点的是如下几个方面。

清代强调满族贵族的特权地位,尤其注重保证使主要政治权力掌于满族贵族手中。清代法律明文规定了"官缺"制度,某些官职必须由满族人担任,称为"满官缺"。清代历朝中央十四个主要部门中满员占了一半以上,汉员仅占五分之一不到。汉人必须通过科举才能步入仕途,而满人无此限制。某些重要部门如理藩院,宗人府,储存火药、兵器、钱粮的府库,掌印御史等全为"满官缺",兵部也以满官为主[①]。所谓"满州、蒙古无微员,宗室无外任"[②]。满官可以补汉官缺,而汉官不可补满官缺。满族的政治、经济、军事一体的社会组织"八旗"(另有"蒙古八旗"、"汉军八旗")在北京及各重要地点驻防,满族都统、

---

① 参见陈文石《清代满人政治参与》,载于台湾《历史语言研究所集刊》48册4分册。
② 《大清会典》卷七《吏部·文选司》。

将军的地位高于地方行政长官。旗人成为一个特殊的社会阶层,其行政、司法自成系统,与一般百姓不同。在司法上旗人也享有一定的特权。

明清时社会主要特权阶层是"绅士"。与唐宋时的士大夫阶层相似。绅士是具有一定的科举功名,具有补充官僚队伍的资格,同时又具有人所公认的政治、经济特权的社会集团。明代起官府学校的学生——生员,俗称秀才,就具有一定的特权,如可以免去差役、免去一定的赋税、可以礼见长官、一般不受体罚等等。秀才之上为举人,举人之上为进士。进士可以直接任官,举人也可经一段时间考试挑选为官员。退休的官员称"乡宦",也是绅士集团的组成部分。

绅士阶层有一定的流动性。中小地主甚至部分自耕农可以通过科举考试进入绅士阶层,进而步入官员队伍。明代官僚大多来自科举,清代虽以满族人掌机要及主要权力,但官僚队伍的主体仍是科举出身的绅士。不过明清又开捐纳之门,允许一些人出钱捐得功名,并可捐得官衔,跻身特权阶层。因此,绅士地位虽然必须有"功名",但功名与其考试水平往往并无关系。明末清初著名思想家顾炎武曾撰《生员论》,指出当时人参加科举考试,只是为了获得特权地位:

> 一得为此(生员),则免于编氓之役,不受侵于里胥,齿于衣冠,得以礼见官长,而无答捶之辱。故今之愿为生员者,非必其慕功名也,保身家而已。①

顾炎武估计明末"合天下之生员,县以三百计,不下五十万人"②。近人估算清末绅士阶层总人数为一百四十万,包括家属约为七百二十万人③。

明代将平民分为军、民、灶、匠等数种户籍,都世袭身份,为国家服役。《大明律·户律·户役》专有"人户以籍为定",禁止脱籍。军户世袭为兵,受卫(军事单位,一般五千六百人为一卫)、所(军事单位,分百户、千户两种)军官控制,地方州县无管辖权。民户主体是农民,也包括佃农。灶户是产盐地区被政府指定的官盐生产者。匠户为世代相传的手工业者,每年须为官府服役一至三个月。清代废除此制,仅分为民籍、旗籍两种。

平民之下、贱民之上的社会阶层,明清法律规定为"雇工人"。雇工人除对

---

① 《亭林文集》卷一。
② 《亭林文集》卷一。
③ 张仲礼《中国绅士》,上海社会科学院出版社,1991年,第111页。

主人关系外,与一般平民在法律上同等对待。但对主人有侵犯的要加重"凡人"一等,如有侵犯主人人身、谋杀主人之类重大犯罪,则与奴婢同样从重处理。雇工人不准买卖,一般有自己的家庭,可见雇工人是对主人有一定人身依附关系的仆人。清代法律进一步规定:为主人服役五年以上方作为雇工人处理,五年以下并无卖身文契者,可以同"凡"论。但主人若为勋官绅士,五年以下仍作雇工人处理。

明初鉴于元代在中原推行奴隶制引起社会矛盾激化的教训,明律规定只有功臣、贵族才能蓄奴,并限定数额不得超过二十名。《明律·户律·户役》"立嫡子违法"条:"若庶民之家存养奴婢者,杖一百,即放从良。"一般法律解释认为,士大夫之家不在庶民之列,可以畜奴。明律禁止买良为贱,违者处以杖一百、流三千里,亲属相卖同凡论。略卖他人奴婢减略卖良人罪一等,奴婢假冒良人与良为婚,杖八十。比唐律而言,对奴婢不是简单地视同财物,然而奴婢侵犯主人则比唐律大大加重处罚。明律这些规定虽然很明确,但又允许奴婢买卖,实际无法限制地主豪富之家畜奴,明代人身买卖文书往往写作"义男、义女",奴婢称家人、仆人,在司法实践中凡卖身与士大夫之家的,仍作为奴婢处理。

清代法律另立条例,对于满族贵族占有的奴隶(大多为战争中掳掠的汉族平民)予以严厉控制。1654年颁行《督捕则例》,也称"逃人法",凡隐藏旗下逃奴者处死罪,家产入官,两邻各责四十大板,奴婢三次逃走即处死刑。比之明代,这些法律的落后性是很明显的。逃人法的部分内容,以后并入《大清律例》,奴婢始终是一个处于社会底层的贱民阶层。

除了法律确定的贱民外,明清时各地还有一些因历史原因、因风俗习惯而形成的贱民。他们自成贱籍,与良人不通婚姻,在社会上受种种歧视。如山西"乐户"、河南"丐户"、浙江"惰户"、广东"疍户"等等。清雍正年间曾先后下"恩诏",宣布豁免各种贱民的贱籍,然而并无实效。

明清还有一些平民是因为其所从事的职业而被习俗(有的是被法律)认定为贱民。直到清末社会上还是认为:"平民之下,还有倡、优、隶、卒四种人。"[①]妓女、戏子、皂隶、禁卒(后两类还包括了除"民壮"外所有在衙门服役的衙役)

---

① 参见〔清〕吴趼人《二十年目睹之怪现状》第二十四回。

被认为是违背"身体发肤,受之父母,不敢毁伤"①这一最基本的孝道,拿自己身体换饭吃,从事的是贱业。因此一般平民不愿与之通婚,清代法律也规定,衙役必须在"脱籍"三代以后才能够参加科举考试。

(三) 人的行为能力

明代法定年龄的划分比较简便:"丁曰成丁,曰未成丁,凡二等。民始生,籍其名曰不成丁,年十六曰成丁。成丁而役,六十而免。"②十六岁为成丁,法律认定其有能力负担差役,略相当于确定十六岁以上者具有行为能力。既不言男女之别,可见男女均以十六岁为具有行为能力的年龄。

清代法律沿袭明代,清世祖顺治五年(1648),"责成州县印官察照(明)旧例造册。……民年六十以上开除,十六以上增注。"③仍以十六岁为成丁。

第二节 所 有 权

明清时期,土地私有权不再受法律的限制。明代邱濬所著《大学衍义补》,曾得明两朝皇帝首肯,其中提到前代"王田"、"限田"、"均田"之法都是"拂人情而不宜于土俗,可以暂而不可以常也,终莫若听民自便之为得也"④。土地私有权得到了"土俗"、"民情"的普遍尊重与保护,号称为"恒产"。"天下货财所积,则时时有水火盗贼之忧……独有田产不忧水火,不忧盗贼。……即有兵燹离乱,背井去乡,事定归来,室庐畜聚一无可问,独此一块地,张姓者仍属张,李姓者仍属李,芟夷垦辟,仍为殷实之家。"⑤

一、国有土地的占有形态

这一时期国有土地主要指"官田",即由政府控制,并享有收益、处分权的农田。荒地、山林虽未明文宣布允许任何人占有利用,但也从不严禁,默认私人可按先占原则开垦后占为己有,"王土"的观念比之前代大为淡薄。

---

① 《孝经》。
② 《明史》卷七八《食货志二·赋役》。
③ 《清文献通考》卷一九《户口考一》。
④ 〔明〕邱濬《大学衍义补》卷一四《制民之产》。
⑤ 〔清〕张英《恒产琐言》。

官田的来源除沿袭前代官田外,主要是"籍没之田"及户绝之田。明律中有不少罪名附加没收财产,明初有专门规定没收财产程序的《抄劄条例》。《明律·户律·仓库》有"隐瞒入官家产"条,规定抄没财产必须是律条有明文指定要附加抄没的罪名,"违者依故入人流罪论"。明律中规定附加抄没财产的罪名有奸党、上言大臣德政、欺隐田粮(其田入官)、多占田亩任其荒芜(其田入官)、典卖田宅不税契过割(其田入官)、谋反、谋大逆、谋叛、造畜蛊毒杀人、伪造宝钞等几十种。比之前代,涉及面更宽,因而往往以"籍没之田"为官田之代称①。清律沿袭,而且其条例中规定附加籍没的更多。

另外,明代苏浙一带,尤其是苏、松、常、嘉、湖数府的"官田"则有所不同。元末割据战争时,这一地区为朱元璋劲敌张士诚的地盘,明太祖建国后,痛恨这一带的地主豪绅助张拒己,大批籍没豪绅土地,以私租额设定官赋税额,往往每亩高达八斗(约占收获量的 30%—50%),也称"官田"。但实际上并不禁止买卖转让、继承、出租等等处分,仍属私人所有,只是赋税额奇高②。

明代国有土地的占有形态主要是屯田、庄田、皇庄等。明代实行世袭兵制,凡军户都由国家授予一份屯田,实行"以兵养兵"。明太祖曾称:"吾京师养兵百万,要令不费百姓一粒米。"③按各地驻军数额及当地官田多少确定屯田额,如南京每军额田五十亩,杭州则仅十二亩,而平凉府为一百二十亩,"赢缩不一,因地制宜"④。各地驻军一般五分之一操练备战,五分之四耕种屯田。每份屯田上缴"余粮"六石,以供军需。屯田由军户子孙继承,但不得转手买卖,也不准出租,军士仅获得永久占有使用的权利。明洪武年间屯田达八十九万三千多顷,占当时全国垦田面积的 10%⑤。至明末万历三十年(1602),屯田尚有六十三万多顷⑥。然而实际上,"军屯旧额,不为勋臣贵戚之家占作庄田,则为镇守统制之官侵为己业,军士无田可屯矣"⑦。

明初曾将大批官田赐予亲王、勋臣、公侯为庄田,亲王千顷,以下各有等

---

① 〔清〕顾炎武《天下郡国利病书·浙江上》通具官田之名,"官田,籍没之田,官募人耕租者"。
② 〔清〕顾炎武《日知录集释》卷一〇。
③ 〔明〕陆深《俨山外集》卷二八。
④ 〔清〕谈迁《枣林杂俎·智集》"屯田"。
⑤ 《明史》卷七七《食货志一·田制》。
⑥ 梁方仲《中国历代户口田地田赋统计》,第 362 页。
⑦ 〔明〕黄道周《博物典汇》卷一五"本朝屯政"。

差。又曾仿照前代，百官可占有职田，但不久即收回赐田，改给岁禄钱粮。百官职田也取消。官田由佃户耕种，政府收取田租。但以后常允许贵族、官僚"乞请"官田。尤其是皇帝自己也将官田名为"宫中庄田"而私有之。明宪宗曾将因谋反被处死的宦官曹吉祥的没官田产收为宫中庄田，以后称"皇庄"。这类皇庄二十多年后仅京畿地区就有五处，一万二千八百余顷。而京畿地区勋戚、宦官的庄田更多，达三万三千多顷①。皇子分封出就藩国，也可请赐庄田。明神宗之子潞王得四万顷，福王援例也欲赐四万顷，而河南已无官田（实际上原有官田屯田早已被权豪占为己有，亲王庄田都是强夺民间私田号称官田，原田主成为王庄佃户），百官再三恳求，才减为两万顷②。

勋戚、官僚的庄田在理论上仍为官田，庄主仅有占有权，以及收取地租的收益权，并不能自由处分。明中期法律规定："勋臣五世，限田二百顷；戚畹七百顷至七十顷有差。"③限额之内的庄田允许为"世业"，其余则收归国家。"后戚传五世，留百顷充世业；驸马都尉传三世，准留十顷供主祀；诸妃家传亦五世，准留香火地七十顷。若家无正派者，传三世止，不论多少，尽数还官。"④亲王的庄田则为世业，全部可由子孙继承。

清代国有土地占有形态与明代有所不同。清朝入关当年，即下令在北京附近圈地，分配给满洲贵族及八旗军士，号称只圈"近京各州县无主荒地及前明皇室勋戚所留庄田"，其中间隔有民田的予以"换土"，将离京较远的荒土拨给失地农民⑤，实际上是以暴力掠夺人民土地。以后清廷多次下令"永停圈地"，但仍陆续有民间田地被圈占的。被圈为旗地的土地总额达十六万六千七百九十四顷。直到康熙二十四年（1685）最后一次"永不许圈"的诏谕，圈地陆续进行了四十一年之久。圈得的土地分拨王公及八旗军士，总称为"旗地"、"旗房"，成为旗人私产，允许旗人之间买卖、典当。土地往往仍由原佃户佃耕，但规定旗地、旗房不得出典出卖给民人。嘉庆十九年（1814）条例："旗地、旗房概不准民人典买，如有设法借名私行典买者，业主、售主俱照违制律治罪，地

---

① 《明史》卷七七《食货志一·田制》。
② 〔清〕赵翼《廿二史劄记》卷三二"明分封宗藩之制"条。
③ 《明史》卷七七《食货志一·田制》。
④ 〔明〕黄景昉《国史唯疑》卷一二《补遗》。
⑤ 〔清〕王庆云《熙朝纪政》卷四《纪圈地》。

亩、房间、价银一并撤追入官。……至旗人典买有州县印契跟随之民地、民房，或辗转典卖与民人，仍从其便。"民人不得典买旗地、旗房，而旗人却可以典买民地、民房。但是旗人不得在外省买置产业，"有违禁置产、私相授受者，照将他人田产朦胧投献官豪势要律，与者、受者各杖一百，徒三年，产业入官。"①

对于遍布直隶、山东、山西、河南、陕西、甘肃、湖广等地的明朝王公勋戚庄田，除直隶部分被圈为旗地以外，其余的土地在康熙八年（1669）下令免价给予原佃户耕种"永为世业"②。这批土地号为"更名（明）地"，总数约有十六万余顷，免除原来的地租"庄田子粒"，只负担田赋差役。此外，清代也实行屯田，主要集中于东北地区，各省驻防的八旗军士也有部分屯田，但数量较少。总之，明清时与前代相比，国有土地占有者可以公然将土地转为私有，并得到法律的确认。这种以承认占有到确认私有权的转变，表明了土地私有制的发展。

二、遗失物、埋藏物的归属

明清法律关于遗失物、埋藏物归属的规定与前代唐宋元大不相同。总的特点是强调先占原则，保护先占者的利益。

关于遗失物，《大明律·户律·钱债》"得遗失物"条：

> 凡得遗失之物，限五日内送官。官物还官；私物召人识认，于内一半给与得物人充赏，一半给还失物人。如三十日内无人识认者全给。限外不送官者，官物坐赃论，私物减二等。其物一半入官，一半给主。

唐宋法律规定遗失物五日内送官，公告三十日由官府占有，满一周年入官，否认拾得人对于遗失物有占为己有的可能性。而明律则规定在公告期内被主人领回时，拾得人仍可获得遗失物价值的二分之一，公告期满后即可获得该遗失物全部所有权。可见法律保护的重点已不是遗失人的所有权，而是拾得人的利益。

拾得人在拾得遗失物后不报官府，虽然仍构成犯罪，但处罚已减轻（唐律以亡失论，准盗论减三等，最高刑可至徒三年，而明律只处"坐赃"，私物减二等，最高刑徒二年）。而且遗失物的一半仍需入官，遗失人至多仅有可能保住一半遗失物的所有权而已。

---

① 参见〔清〕沈家本《寄簃文存》卷一《变通旗民交产旧制折》。
② 《清通典》卷一《食货一·田制》。

关于埋藏物,同上条又有:

> 若于官私地内掘得埋葬之物者,并听收用。若有古器钟鼎符印异常之物,限三十日内送官,违者杖八十,其物入官。

可见,发现人可获得埋藏物的全部所有权,无须与地主"中分"。只有"异常之物"才需送官,不得私有。

明律有关遗失物、埋藏物的这些条文,清律全盘沿袭。究其本意,可能是为了防止民间为此类事而争讼不已、烦扰官司,体现了实用、简便的立法思想。然而就社会原因而言,这一法条对古来法律的修改,表明了社会私有权概念的深化,凡遗失、埋藏即丧失所有权,任何人可按先占原则据为己有,并得到法律的承认。

关于无主土地,明清两代的法律也强调先占原则。与前代"射佃逃田"法律不同,明确承认垦荒先占者可以直接获得土地的所有权,而非过去的"占佃"。明朝建国,明太祖即下诏:

> 兵兴来,所在流徙。所弃田,许诸人开垦业之。即田主归,有司于附近拨给耕作,不听争。惟坟墓、房舍还故主,不听占。①

逃弃田一律按先占原则归开垦者所有。其立法动机在于劝农力耕,使地无弃土,在确认土地私有权的同时,又强调土地的使用,也是干预土地私有权的一种形式。这种既确认又干预的原则为明清有关法令的出发点。

明初洪武二年(1369)诏,北方中原地区由于战乱而荒芜的土地,"召民耕,人给十五亩,蔬地二亩,免租三年"。这一"计民授田"并非均田制的复活,如同时规定"有余力者不限顷亩"②;而且所垦田即为永业,并非官田。洪武二十七年(1394)又发布著名的"额外垦荒者永不起科"诏令,规定山东、河南、河北、陕西四省农户除已有的纳税土地外,如有余力继续垦荒,垦地即为"永业",政府永远不征赋税③。直到六十一年之后,明代宗景泰六年(1455)才开始对额外垦荒田征收赋税。明末思想家顾炎武指出:"自古无永不起科之地,国初但以招

---

① 〔明〕徐光启《农政全书》卷三《国朝重农考》。
② 《明史》卷七七《食货志一·田制》。
③ 〔明〕徐光启《农政全书》卷三《国朝重农考》。

徕垦民,立法之过,反以启后日之争端。"不纳赋税,政府即无法对其土地加以确认,觊觎者遂告诉"欺隐田粮",争讼不已①。

清代继承明代法律这一原则,清初顺治六年(1649)诏:

> 无主荒田,州县官给以印信执照,开垦耕种,永准为业。俟耕至六年之后,有司官亲察成熟亩数,抚按勘实,奏请奉旨,方议征收钱粮。其六年以前,不许开征,不许分毫佥派差徭。②

顺治十四年(1657)又定"督垦荒地劝惩则例",规定:"其贡、监生、民人有主荒地,仍听本主开垦。如本主不能开垦者,该地方官招民给与印照开垦,永为己业。"③土地的开垦利用被认定为土地所有权的第一要件,不利用者即丧失所有权。康熙二十二年(1683)河南省规定:"凡地土有数年无人耕种完粮者,即系抛荒,以后如已垦熟,不许原主复问。"④

过分强调垦荒,强调土地耕种使用,也造成对土地私有权的干预,不利于社会稳定与农业经济的发展。因此,清代中期法令逐渐修正这一原则。乾隆六年(1741)陕西省定例:"其有主而自认无力开垦者,定价招垦,给照为业。"强迫原主出卖荒地给开垦者为业。并又规定:"荒地全无土产者,应查出开垦。其有民人现在割漆、砍竹及采取构皮(一种造纸原料)、木耳等项者,听民自便,地方官不得强令垦种。"⑤

三、对族产的保护

明清时宗族势力有了很大发展,各地都出现了宗族团体,成为基层最重要的社会组织。

> 今者疆宗大姓,所在多有。山东西、江左右以及闽广之间,其俗尤重聚居,多或万余家,少亦数百家。……凡族必有长,而又择其齿德之优者以为之副。凡劝道风化以及户婚田土争竞之事,其长与副先听之,而事之

---

① 〔清〕顾炎武《日知录集释》卷一〇"开垦荒地"。
② 《清世祖章皇帝实录》卷四三。
③ 《清世祖章皇帝实录》卷一〇九。
④ 《清圣祖仁皇帝实录》卷一〇八。
⑤ 《清高宗纯皇帝实录》卷四六。

大者,方许之官。国家赋税力役之征,亦先下之族长。族必有田,以赡孤寡;有塾,以训子弟;有器械,以巡徼盗贼。……其间凡同氏谱之未通者,则官为通之;单丁只户不成族者,则以附于大族;游寓之家,其本族不能相通者,则亦各附于所寓之地。①

宗族势力得到了政府的全力支持,宗族的族规成为政府法律有力的辅助性规范。而族产是宗族的经济基础,是得以维系族人的重要因素,因此明清法律加强了对族产的保护。

明代《问刑条例》已经规定:"子孙将公共祖坟山地朦胧投献王府及内外官豪势要之家……投献之人问发边卫永远充军,……坟山地归同宗亲属,各管业。"清雍正三年(1725)条例进一步明确规定:

> 凡子孙盗卖祖遗祀产至五十亩者,照投献捏卖祖坟山地例,发边远充军。不及前数及盗卖义田,应照盗卖官田律治罪。其盗卖历久宗祠,一间以下杖七十,每三间加一等,罪止杖一百,徒三年。以上知情谋买之人各与犯人同罪,房产收回给族长收管,卖价入官。不知者不坐。其祀产义田,合勒石报官,或族党自立议单公据,方准按例治罪。②

在清代司法判例成案中,处罚更重。"盗卖族中公共祖茔坟旁余地,比照子孙盗卖坟茔房屋碑石,计赃准窃盗加一等例治罪。"③对于族产的确认,要求"勒石报官",此外,乾隆十八年(1753)又有成案:"捐置义田,奏明载入县志存案。"④

明清法律对于侵犯族产罪的处罚重于一般侵犯不动产所有权。明清律对于盗卖田宅(包括冒认、侵占)罪的处罚是:"田一亩、屋一间以下,笞五十;每田五亩、屋三间加一等,罪止杖八十,徒二年。系官者,各加二等。若强占官民山场、湖泊、茶园、芦荡及金、银、铜、锡、铁冶者,杖一百,流三千里。若将互争及他人田产妄作己业,朦胧投献官豪势要之人,与受者各杖一百,徒三年。"⑤一般的盗卖田宅最高只是徒二年,而盗卖族产判处充军。

---

① 《皇朝经世文编》卷五八《礼政五·宗法上》。
② 《大清律例刑案统纂集成》卷九《户律·田宅》。
③ 《大清律例刑案统纂集成》卷九《户律·田宅》。
④ 《大清律例刑案统纂集成》卷九《户律·田宅》。
⑤ 《皇朝政典类纂》卷三八〇《刑十二·户律·田宅》。

族产不仅受到法律的特别保护,而且也受到宗族族规的严格保护。如《海宁查氏族谱》中有专条:"至日后宝艺堂后人,亦不准将义庄田亩及所存银钱擅自变卖妄费,如有犯者,听合族公举惩罚。"《余姚朱氏谱》也有:"倘不肖子孙有侵占盗卖(族中田产),通族告理,本人决行黜谱。"①徽州《窦山公家议》也有"禁止子孙将田地、山场、祠墓等件盗卖家外人者"②。如此之类的规定在各地宗族族规中甚为普遍。

第三节 债

一、契约形式与成立要件

明清时契约形式已相当规范,一般都按各种"契式"订立契约。契式本身也并非一成不变,随着社会经济的发展与经济交往的复杂,契式每隔一段时间在一些细节方面常常有所变化。明天顺七年(1463),谢士元任建昌知府,"民怀券讼田宅,士元叱曰:'伪也,券今式而所讼乃二十年事。'民惊服,讼为衰止"③。可见当时契式是有所变化的。但契式的基本格式、主要条款应是比较稳定。政府法律对于民间契约形式并无具体的规定。所谓"官有正条,民有私约"④的俗谚长期流传于民间。

从目前尚存的大量的明清时期各种契约原件来看,契约的书写格式常常表现出双方当事人的地位并非平等。如买卖契约中的买主、借贷契约中的债主、租佃契约中的田主等地位明显高于立约的对方。在书写时提到这些人时,往往要换行顶格书写。一般也不写明他们的名讳,往往只是写作"某姓"或"某宅"、"某府",以示尊重。他们自然也不用在契约上签名画押。而卖方、借钱人或佃户等则往往要合家画押,并在契约中作出种种保证,保证对方的权利得以实现。

明清时成立契约一般都需要有负有连带责任的第三人附署,附署者还起到说合双方、议定价金的居间作用。唐宋以来的"牙人"在明清时仍有。明初

---

① 参见[日]清水正光《中国族产制度考》,(台北)中华文化出版事业委员会,1956年,第184页。
② 转引自叶显恩《明清徽州农村社会与佃仆制》,安徽人民出版社,1983年,第64页。
③ 《明史》卷一七二《张瓒传附谢士元传》。
④ 《俗谚》中册,中国民间文艺出版社,1983年,第263页。

曾一度取缔牙行,明太祖《御制大诰》中有"敢有称系官牙私牙,迁徙化外;官牙全家迁徙,两邻不首罪同"①。明太祖死后,仍沿袭前代在各地设立官牙行。《大明律·户律·市廛》"私充牙行埠头"条:

> 凡城市乡村诸邑牙行及船埠头,并选有抵业人户充应,官给印信文簿,附写客商船户住贯姓名、路引字号、物货数目,每月赴官查照。私充者杖六十,所得牙钱入官。

清律沿袭此制,仍在各地设官牙行,牙人由政府发给"牙帖"执照方能充任。但是明清官方设定的这些"牙行",主要从事的是商业批发行纪业务,

民间的各类财产交易,往往并不经过牙行。民间各种契约行为中的附署人,主要有中人、保人,合称"中保"。一般而言,中人主要是买卖、典卖契约中的附署人,民间有"买业不明,可问中人;娶妻不明,可问媒人"②的俗谚,但往往借贷、租赁、合伙等各种契约中都有中人附署。中人在契约成立过程中起介绍引见、说合交易、议定价金的作用,在借贷契约中往往同时又是保人。中人并起到契约成立的见证人的作用,往往又称"中见"。中人一般要按契约价金的一定比例收取费用,称为"中资",也称"说合钱"、"鞋金"等等,一般在价金的百分之一二之间。明清时民间惯例,契约成立、双方已经履约后再悔约的,中资并不退还。法律对此虽无明文规定,但在具体案件中仍按此处理,如清乾隆三十一年(1766)刑部就安徽霍邱县一桩租佃悔约讨还"说合钱"致酿成人命案件的题本中批示:"佃田已二载,伊欠租不清,致田主退佃……所给中资,理无退还。"③

保人主要是借贷、租佃契约中的附署人。在契约成立过程中,保人往往也起到介绍引见、议定条款的说合作用。但主要承担的是督促债务人还债的义务,并不承担连带清偿责任。明清民间普遍流传的俗谚所谓"媒人(或者是中人)不挑担,保人不还钱"④,就是指这种情况。一般情况下,只要附署契约的保人没有明确说明愿意承担连带清偿责任,没有写上"甘愿代还"之类的文句,当债务人未及时清偿时,债权人就无法要求"保人代偿"。而债务人的后代子孙即使并未

---

① 〔清〕沈家本《明大诰峻令考·迁》,见《沈寄簃先生遗书》。
② 《俗谚》中册,第153页。
③ 《清代地租剥削形态》(乾隆朝刑档选编)下册,中华书局,1982年,第420页。
④ 《俗谚》上册,第236页;〔明〕罗懋登《三宝太监下西洋记》第十二回。

作为保人在契约上副署,却仍然必须要承担连带无限清偿责任,"父债子还"。

明清时契约的签署普遍采用画押。"民间卖买田产,只凭花押,离异等事,方有手摹(掌印),是手摹较花押为更重。"①民间画押最常见的是"十字花押",有时也有"七"字形的。明代官场中花押多在上下各画一横,取"地平天成"之意,以图吉利②。传至民间,则出现了"王"字或"五"字形的花押较多的现象。涉及人身的契约,往往要由义务人盖上掌印(在契纸的背面打上一个满手掌的掌印)。古老的画指习俗已完全消失。

二、主要契约种类

(一) 买卖契约

明代对元代买卖契约制度进行了改革,废除了告官给据、先问亲邻的程序规定,仅强调不动产买卖与奴婢买卖必须有税契、印契,田宅买卖还必须过割赋税。清代沿袭此制。

明初曾一度沿袭元代买卖契约必须使用官印契本的制度。明太祖"洪武二年令:凡买卖田宅头匹,赴务投税,除正课外,每契本一纸,纳工本铜钱四十文"③。但以后即废除此制。《大明律·户律·田宅》"典卖田宅"条:

> 凡典卖田宅不税契者,笞五十,仍追田宅价钱一半入官。不过割者,一亩至五亩笞四十,每五亩加一等,罪止杖一百,其田入官。

土地房屋买卖,法律规定的程序仅税契、过割两项。契税税率仍为百分之二。缴纳契税的手续比较简便,买主执契至县衙纳税,在原契后粘连一张纳税凭证"契尾",然后骑缝加盖县印,即成"红契"。同时在税册上除去卖方的赋役而转移在买方税册上登记,完成过割。明代每十年"大造黄册",登记各户人口、田产及承担的赋役。同时即由各地方政府印造契尾,出榜通知民间近十年内所立地契呈官纳契税,推割赋役,粘连契尾,加盖官印。因此,民间买卖土地的"契式"常有"其税粮至造册之年过割"之类的惯语④。

---

① 〔清〕董沛《汝东判语》卷二"杨周怀等呈词判"。
② 〔明〕朗瑛《七修类稿》卷二五"押字"条。
③ 《大明会典》卷三五《户部二十二·课程四·商税》。
④ 参见韦庆远《明代黄册制度》,中华书局,1961 年,第 81 页;谢国桢《明代社会经济史料选编》下册,福建人民出版社,1981 年,第 45 页"明卖田契式"。

契尾原是因为当地政府官印契本已用完或民间拒用官印契本,只能以原纳税收据粘连原契为合法正契。明初至明中期,地契的契尾往往有"契本未降"字样①。各地官府所印造契尾不尽相同,但一般编有字号,为"勘合"(二联有骑缝暗号的单据,亦称鸳鸯)形式。清代雍正年间曾一度改用官印契本,但以后仍用契尾。

清代将契税税率提高至百分之三:"顺治四年定:凡买田地房屋,增用契尾,每两输银三分。"②清代无十年一造黄册之制,因而强调必须由买主在买卖成交后当年缴纳契税,过割赋役。契尾由各省布政使司印造,"编刻字号,于骑缝处钤印,发各州县填注业户姓名、价值。一存州县,一同季册报司"③。

明清时印契的公证色彩更为淡薄,主要制度偏重于收税,只须买主单方执契上县即可,有身份者无须亲至公堂,只须移书官府嘱咐即可。现存孔府档案中有清康熙二十二年(1683)移书济宁州衙嘱咐税契过割的文书,"拟合移明贵州,验照文契,随令里书将许洪等(卖主)各名下地亩照数过割于本府号下承粮,并希将文约肆纸,照额收税,各粘契尾,用印钤盖,以便存照"④。

明清时民间土地房屋交易广泛使用"白契",并不经官缴纳契税。而且豪绅衙役往往互相勾结私盖官印。政府契税实际收入微不足道:

> 州县离任之时,绅衿讨情,衙役乞恩,以田房二契用白印者。此陋弊处处皆然,不可破也。以大县之田房交易,何日无之? 日以百金计,岁即数万,计税银当不下千金,今州县一年报税,竟尔寥寥,其隐漏可胜言乎?⑤

另外,过割赋税也是弊端丛生,豪绅惯于以"诡寄"、"飞洒"之类手法隐瞒赋税,被迫出卖田产的贫民产去税存。而且州县吏胥也视此为一项财源。清代名幕汪辉祖在乾隆五十七年(1792)回忆:

> 民间田产交易,开除过户,例每亩制钱十文。吾邑(浙江萧山)旧规亩一百文,除七收三,勒有碑记。三十年前……加至三百文一亩。……甲

---

① 参见《中国史研究》1989年第1期所刊周绍泉《田宅交易中的契尾试探》一文。
② 《清通典》卷八《食货八·赋税下·田房税契》。
③ 《皇朝政典类纂》卷九四《榷征二·杂税·田房税契》。
④ 《孔府档案选编》上册,中华书局,1982年,第151页。
⑤ 〔清〕黄六鸿《福惠全书》卷八《杂课部·田房税》。

辰、乙巳间(1784—1785)亩至五六百文。数年来乡民愿而闻者，必千文以外，即士绅亦非五六百文不可。①

明清法律虽然废除了唐宋元买卖田宅"先问亲邻"的制度，但民间习惯中仍长期保留。明代卖田、卖房契式中都有"投请房族，无人承买外"的惯语②。安徽祁门《洪氏誊契簿》中保留的一百零三件明代地契，同宗交易的有六十三件，占了百分之六十一；地邻八件，占百分之八弱。两者合计占三分之二以上③。清代土地买卖中的亲族关系有所减弱，清康熙至嘉庆四朝刑档中的十九个省区、七百二十八件因土地买卖而起的刑事案件中，同姓之间的买卖平均为百分之三十二点六，不到三分之一。有人统计在徽州的卖田契中一百五十七件清代地契，亲族之间的买卖不到五分之一(百分之十九点一一)，同姓合计略超过三分之一。苏州沈氏族谱中保留的五百九十五件清代地契，同姓只占百分之十四点六④。然而一般在契约中仍须写明"先尽房族，无人承买"。如四川新都县档案中的一百九十六件清中晚期地契，一百六十三件仍写有"先尽房族，无人承买"⑤。可见"先问房亲"的习惯一直沿续到近代。

唐宋以来典卖不分的状况在明清仍旧存在。一般真正的买卖契约必须写明"绝卖"、"杜卖"、"根卖"、"永卖"等字样，甚至有"永远割藤拔根杜绝"文契⑥。就法律而言，一般默认没有写明绝卖等字样的为活卖、出典契约。清嘉庆六年(1801)定例："如契未载绝卖字样或注定年限回赎者，并听回赎。"⑦民间惯例，绝卖文契还必须由卖方作出绝卖保证，比如明代"卖田契式"："此系尽根正卖正买之事，两家各愿，再无反悔。""卖房契式"："此系尽根，各无反悔。"卖方还保证在卖后"不得刁蹬勒索赎回等情"⑧。

土地买卖契约除写清四至外，因明清官方都曾丈量土地编制土地图册，买

---

① 〔清〕汪辉祖《汪龙庄遗书·病榻梦痕录》卷下。
② 《释义经书士民便用通考杂字》，转引自《明代社会经济史料选编》下册，第44—45页。
③ 参见叶显恩《明清徽州农村社会与佃仆制》第58页。
④ 参见江太新《略论清代前期土地买卖中宗法关系的松弛及其社会意义》，见《中国经济史研究》1990年第3期。
⑤ 据新都县档案局编《清代地契档案史料》(1986)统计。
⑥ 参见［日］仁井田陞《中国法制史研究·土地法·交易法》第四章第二节。
⑦ 《皇朝政典类纂》卷三八〇《刑律十二·户律·田宅》。
⑧ 《明代社会经济史料选编》下册，第44页。

卖契约上往往写明某图、某字号。山区土地难以丈量，往往以下种数量或常年的收获量代替土地面积。附着于土地的树木一般并非必须写明，然而有的地契详细开列："杜卖水田沟坎田埂、大小水沟、平梁石堰、斜坡陡坎、荒边余地、零星边隅、浮沉水土、砖头瓦块、芦茅茨草一切等项文契。"① 关于流水、行走的地役权也往往在契约中明确记载："出入路径，桥梁上下，人畜两走，俱照常往来相通，毋得阻挡。"②

当双方都是地主，并已采用定额地租的情况下，土地买卖契约往往载明租额与其他收益权。如明万历五年（1577）福建欧成吾卖地契对于买卖标的的说明：

> 一、田坐产漈上，田名后寮桥，载租谷陆石正，佃户陈三耕作，田牲乙（一）只。
> 一、田坐产云墩里，田名长芒、笼鱼池，后贰处载租谷肆石正，佃户罗观耕作，田牲乙只。
> 一、田坐产前坪，田名洋头，载租谷捌石五斗，佃户□五耕作，田牲乙只。
> 一、田坐产四都宝溪，田名上下艮楼等处，载租谷捌石肆斗，佃户邓□□，田牲乙只。③

明清时土地买卖价格涨落很大，清朝乾隆末年有人回顾江南田价变迁：

> 前明中叶，田价甚昂，每亩值五十余两至百两，然亦视其田之肥瘠。崇祯末年，盗贼四起，年谷屡荒，咸以无田为幸，每亩只值一二两，或田之稍下，送人亦无有受诺者。至本朝顺治初，良田不过二三两。康熙年间，长至四五两不等。雍正间仍复顺治初价值。至乾隆初年，田价渐长，然余五六岁时，亦不过七八两，上者十余两。今阅五十年，竟长至五十余两矣。④

前代官府设立评定物价的市司久已不存，也无市价，完全随行就市。由于土地

---

① 鲁子健编《清代四川财政史料》上册，四川社会科学院出版社，1984年，第167页"同治卖水田契"。
② 鲁子健编《清代四川财政史料》上册，第168页"同治卖水田契"。
③ 转引自傅衣凌《明清农村社会经济》，生活·读书·新知三联书店，1961年，第158页。
④ 〔清〕钱泳《履园丛话》卷一"田价"。

价格波动较大,出卖土地后不久价格上涨,一些卖田人就向买方索取差价。另外典卖不分,已典的再加价为绝卖,已活卖再加价为杜卖的情况很多,逐渐导致了在买卖契约成立后,卖方仍可向买方追讨几次差价的习惯,称之为"找价"、"尽价"、"加叹"等名目。这种惯例在明中叶后极为流行:

> 俗卖产业与人,数年之后,辄求足其直,谓之尽价,至再至三,形之词讼。此最薄恶之风,而闽中尤甚。官府不知,动以为卖者贫而买者富,每讼辄为断给,不知争讼之家,贫富不甚相远,若富室有势力者,岂能讼之乎? 吾尝见百金之产,后来所足之价反逾其原直者。余一族兄于余未生之时,鬻田于先大夫,至余当户,犹索尽不休,此真可笑事也。①

有人以为此俗在江苏起自海瑞任应天巡抚允许农民控告乡宦豪强兼并。"田产交易,昔年亦有卖价不敷之说,自海公以后,则加叹杜绝,遂为定例,有一产而加五六次者。初犹无赖小人为之,近年则士类效尤,腆然不顾名义矣。稍不如意,辄驾扛抢奸杀虚情,诬告纷纷,时有'种肥田不如告瘦状'之谣。"②

找价或加叹也由双方订立契约,称"找契"、"叹契"等,或于原卖契后粘连加写找价内容。如清乾隆元年(1736)福建永安邓九珠找价契约:

> 立找价约弟九珠,原有承父遗上受分谷田一段,坐落土名黄历车头,原计实收正租谷三石大,外小租谷四石大,于先年出卖与上玉兄为业,前已得契价足讫。今又托亲劝谕兄另找足尽契银壹拾九两,其银即日收讫明白,其田应兄子孙永远为业。自找之后,再不得生端异说。今来二家甘心意允,欲后有凭,立找尽价约存照。
>
> 乾隆元年二月　日　　　　立找尽约弟九珠③

清代法律禁止找价。乾隆十八年(1753)定例,凡典、卖田产文契"远在三十年以外,契内虽无绝卖字样,但未注明回赎者,即以绝产论,概不许找赎。如有混行争告者,均照不应重律治罪"。不应重律指"不应得为"律条,"笞四十,事理重者杖八十"。绝卖即不准找价。

---

① 〔明〕谢肇淛《五杂俎》卷四。
② 〔明〕范濂《云间据目抄》卷二"纪风俗"。
③ 《中国土地契约文书集》(金—清),第4页。

嘉庆六年(1801)条例又规定活卖、出典,"若卖主无力回赎,许凭中公估找贴一次,另立绝卖契纸。……倘已经卖绝,契载确凿,复行告找告赎,……俱照不应重律治罪"①。将找价限制于活卖加绝情况下才可允许,并且只准找价一次。

清代民间绝卖契约,卖方都必须向买方保证"永无找赎",或"永不言加言赎"②,"一卖千秋,永无找赎"③,为当时绝卖契约的惯用语。然而民间此俗仍然盛行。晚清光绪六年(1880),青浦县衙仍然立碑刻石严禁找价加叹:

> 查绝产加叹,最为地方恶习,本干例禁。本县访闻青邑,此风甚炽。……嗣后倘有已绝之产业,经将契投税者,遇有前项情事,许该业主,立即扭交该保介候,从严惩办。④

明清人口买卖也属于要式买卖。明代"岭南之市谓之虚,言满时少虚时多也;西蜀谓之亥,亥者痃也,痃者瘕也,言间日一作也;山东人谓之集,每集则百货俱陈,四远竞凑,大至骡马、牛羊、奴婢、妻子,小至斗粟尺布,必于其日聚焉,谓之赶集。岭南谓之趁虚,而岭南多妇人为市,又一奇也"⑤。清代北京,"顺承门内大街骡马市、牛市、羊市,又有人市,旗下妇女欲售者丛焉,牙人或引至其家递阅"⑥。

明清法律禁止庶民蓄奴,也禁止出卖家属,然而如此兴盛的人口市场说明法律形同具文。明代一般以"买养男、养女"为名立契,其契式如:

> 买养男契 厶里厶境厶人,有亲生男子,立名某,近年登几岁,为因家贫,日食无措(或云无银纳粮),托中引就某宅,得酬劳银若干,立契之日,一并交足。本男即听从银主抚养成人,与伊婚娶,终身使用,朝夕务要勤谨,不敢躲懒走闪。如有此色,出自某支当跟寻送还。倘若风水不虞,此系自己之命,与银主无干。本男的系亲生,并无重叠交加、来历不明等事,亦不干买主之事。今欲有凭,故立文契并本男手印,一并付银主为照。⑦

---

① 《皇朝政典类纂》卷三八〇《刑律十二·户律·田宅》。
② 《中国土地契约文书集》(金—清),第9页。
③ 《清代四川财政史料》上册,第165页"道光卖水田契"。
④ 《为禁绝产加叹告示碑》,《上海碑刻资料选辑》,上海人民出版社,1980年,第156页。
⑤ 〔明〕谢肇淛《五杂俎》卷三。
⑥ 〔清〕谈迁《北游录》卷下《纪闻》。
⑦ 《万书萃宝》卷一二《文契体式》。

"买养女契式"与之完全相同,只是"自愿托媒某人氏,引就某宅,卖为养女"①。都写明"终身使用",实际是卖子女为奴。这在法律上也是禁止的,《大明律·刑律·贼盗》"略人略卖人"条:"若假以乞养过房为名,买良家子女转卖者,罪亦如之(略卖良人罪,为奴婢者杖一百流三千里)。"然实际上并无效力。

清代法律改为有条件允许收买民人子女为家人、婢女。康熙年间定例:

> 价买家人婢女,例内分别旗、民赴该管佐领及本地方官钤盖图记印信。其情愿用白契价买者,从其便。遇有相犯,以红契、白契分别科断。红契所买按奴婢处断,白契所买之人按雇工人处断。

此条例实际与禁止庶民蓄奴律条相冲突,允许庶民以"红契"买良人为奴婢。清末"汉人之畜婢者,各省皆有,而畜奴者实已罕睹"②。

就人口买卖契约本身而言,与一般牲畜买卖无异,卖方还须作出占有担保及风险担保。契约形式要件上也要有第三人引见说合,男为"中人",女为"媒人",并且要有被卖人的掌印为凭证。

明清时动产买卖契约对于买卖标的的说明一般比较简便。比如牛马买卖契约,"其马好歹,买主自见"③。

(二) 土地房屋典当契约

唐宋以来典卖联称已成惯例,而由于宋代广泛推行"抵当"担保方式以及官办"抵当所"收受质押品放债的缘故,使得传统的表示转移担保财物的"质"和"典"的称呼,逐渐与"当"混用。在法律用语上,一般来说,单独使用"典"字或者与土地买卖一起规定的"典当",专指土地房屋之类不动产的转移,与土地房屋买卖契约行为一起加以规范。但在民间习惯上,只要是转移了财物占有的契约行为,无论动产、不动产,都可以混用"典"、"当"。

《大明律·户律·田宅》"典买田宅"条,除了规定出典田宅也必须税契、过割赋税,并禁止重叠典卖外,对于出典契约行为专有规定:

> 其所典田宅、园林、碾磨等物,年限已满,业主备价取赎,若典主托故

---

① 参见〔清〕沈家本《寄簃文存》卷一"禁革买卖人口、变通旧例议"。
② 以上引文参见〔清〕沈家本《寄簃文存》卷一"禁革买卖人口、变通旧例议"。
③ 《天下四民利用便观五车拔锦·契式》。

不肯放赎者,笞四十。限外递年所得花利,追征给主,依价取赎。其年限虽满,业主无力取赎者,不拘此律。

其立法原则是既保护出典人的赎回权,也保护典主的典权。然而对于契约约定的典期期限及限外的收赎年限都没有明确规定,仍沿"任依私契"旧例。

明代弘治年间曾对这一律条进行了修正。弘治十六年(1503)刑部等衙议奏:

> 今后军民告争典当田地,务照所约年限,听其业主备价取赎。其无力取赎者,算其花利,果足一本一利,此外听其再种二年。官府不许一概朦胧归断。奉圣旨:是。照律例行,钦此。

据此所定条例:

> 典当田地器物等项,不许违律起利,若限满备价赎取,或计所收花利已勾一本一利者,交还原主。损坏者陪(赔)还。其田地无力赎取,听便再种二年交还。①

这条条例实际上恢复了唐宋时期以田宅收益抵销债务本息的"倚当"制度,只要土地的收益达到原典价钱的"一本一利"(百分之二百),典主就必须交还土地。如果典限到期而原业主无力赎取,典主也只能再占有耕种两年,两年后就必须将土地交还业主。这样一来,出典就变成了倚当,典期内的土地收益被视为对原典价的清偿,历年的收益只要达到了原来典价的百分之二百,就应该归还产业。或者是在典期期满后,即便出典人无力回赎,典权人再耕种两年就必须归还产业(其立法逻辑如下:典期年限内的收益+两年收益=原典价的百分之二百)。宋元以来的立法及民间习惯是把倚当混同于出典,而弘治十六年的条例又把出典混同于倚当。

尽管明朝廷这一立法的原意是出于帮助民间债务人,抑制愈演愈烈的土地兼并,可是这和长期以来的立法及民间习惯不符,是很难切实实施的。所以在正德初年修订《问刑条例》时,司法部门即谓"私役军伴、立嗣择立贤能及所亲爱、典当田地已勾本利交还原主等项是起争端",其至称原修订《问刑条例》"诸臣刑名欠精,率多窒碍,徒为诲淫长奸之地"。但刑部在对条例文字稍加增

---

① 《明代律例汇编》卷五《户律二·田宅》。

润后仍坚持了原例①。然而正德十六年(1521)世宗即位大赦诏书宣布革除弘治十三年以后及正德朝的条例:"近年条例增添太繁,除弘治十三年三月初二日以前、曾经多官奉诏会议奏准通行条例照旧遵行外,以后新增者悉皆革去。"②该条条例终于在勉强实施十八年后被废除。

明代民间出典土地房屋契约与买卖契约大多相同,只是一般有"回赎"字样而已。当出典人无力取赎,又急需钱财货币时,往往另立"找价"、"加叹"契约,将田产房屋"找绝"给典主。法律对此并无明确规定。

清代再次试图对于土地房屋出典契约行为进行改革。清初沿袭明制,典、卖不分。但乾隆十八年(1753)定例:

> 嗣后民间置买产业,如系典契,务于契内注明回赎字样;如系卖契,亦于契内注明绝卖永不回赎字样。其自乾隆十八年定例以前典卖契载不明之产,如在三十年以内,契无绝卖字样者,听其照例分别找、赎;若远在三十年以外,契内虽无绝卖字样,但未注明回赎者,即以绝产论,概不许找、赎。如有混行争告者,均照不应重律治罪。③

要求契约明确区分典、卖。以后又规定:"凡民间活契典当田房,一概免其纳税,……其有先典后卖者,典契既不纳税,按照卖契银两实数纳税。"④典契不必再纳契税,也不必是"红契"。

清《户部则例》对于区分典、卖又有明确规定:

> 民人典当田房,契载年分统以十年为率,限满听赎。如原业力不能赎,听典主投税过割执业。倘于典契内多载年分者,一经发觉,追交税银,照例治罪。

> 十年以后,原业无力回赎,听典主执业、转典。⑤

约定典期超过十年即认定为卖契,要纳契税。至十年后出典人不能回赎,典主即可获得典业的所有权,有权处分典业。

---

① 〔明〕陈洪谟《治世余闻录》上篇卷四。
② 《皇明诏制》卷七正德十六年四月二十二日大赦诏书。
③ 《皇朝政典类纂》卷三八〇《刑十二·户律·田宅》。
④ 《皇朝政典类纂》卷三八〇《刑十二·户律·田宅》。
⑤ 《皇朝政典类纂》卷九四《榷征二·田房税契》。

清代区分典、卖的这些法律,其立法原则明显是为了保护典权人的利益,而与上述明代条例立法原则正好相反。典主不必纳契税,也不必因过割而承担赋税,而且"典押田产与质当衣物相同,值十之价往往不得其半,此各处通例也"①。典主以半价获得田产,又获十年之收益,如出典人无力赎取即可获所有权,实惠极大。另外,清代成案判例又有"典契改作卖契投税希冀杜绝,照冒认他人田宅虚钱实契,杖八十徒二年律,量减一等,杖七十徒一年半"②。

清代法律规定的典契不必纳契税、不必过割诸条,自然可能在民间得以实施。但所定十年为限、不能回赎即成绝卖的法条与民间惯例相差太大,很难在民间得到贯彻实施,并不能转变久已成俗的民间惯例。民间的"活卖"契约、"退约"等约定的回赎年限仍有超过十年的。如清道光十年(1830)徽州胡程氏典约就有"其田十二年之内不准取赎,十二年之外,听凭原价取赎"③。习惯上取赎权利时效几乎是无限的。流传至近代的俗谚"典田千年有分"、"一当千年在,卖字不回头"④等等,就是这种习惯的明证。

清代法律对于房屋出典契约的风险责任,也有明确的规定。乾隆十二年(1747)条例,详细规定了房屋出典后的风险责任及其处理办法:

> 凡典产延烧,其年限未满者,业主、典主各出一半合起房屋,加典三年,年限满足,业主仍将原价取赎。如年限未满,业主无力合起者,典主自为起造,加典三年,年限满足,业主照依原价加四取赎。如年限未满而典主无力合起者,业主照依原价减四取赎;如年限已满者,听业主照依原价减半取赎。如年限已满而业主不能取赎,典主自为起造,加典三年,年限满足,业主仍依原价加四取赎。活卖房屋与典产原无区别,如值火毁,一例办理。其或被火延烧,原(典)、业两主均无力起造,所有地基,公同售价,原(典)主将地价偿还业主三股之一。起造被焚典屋,其高宽丈尺、工料装修俱照原屋,以免争执。⑤

---

① 〔清〕董沛《汝东判语》卷二"吴仁发等呈词判"。
② 《皇朝政典类纂》卷三八〇《刑十二·户律·田宅》。
③ 转引自叶显恩《明清徽州农村社会与佃仆制》第65页。"退"是活卖的一种方式,参见同书第66页。
④ 见《俗谚》上册第170页,下册第333页。
⑤ 《大清律例刑案汇纂集成》卷九《户律·田宅》。

此条例中的"加四"、"减四"当为增加四成、减少四成之意。条文规定相当具体,设想了各种情况下的处理方法。其总的原则是追求简易、实用,便于官府裁决此类纠纷。

(三) 借贷契约

明律特立"钱债"一门,集中了有关种种债务的法条。然而关于借贷方面的法条仅"违禁取利"一条,包含了利率、欠债违约不偿等内容。清律沿袭,又各加小字注解。

值得注意的是,明清立法不再如同唐宋那般仔细区分计息、不计息借贷契约行为的不同性质,"借贷"成为所有借贷行为的总称,利息债权也受到法律同样的保护。

关于借贷利率,《大明律·户律·钱债》"违禁取利"条明确规定:

> 凡私放钱债及典当财物,每月取利并不得过三分,年月虽多,不过一本一利,违者笞四十。以余利计赃重者,坐赃论,罪止杖一百。……并追余利给主。

《大清律例·户律·钱债》沿袭此条,另附注:

> 如借银一两,按每月三分取利,积至三十三个月以外,则利钱已满一两,与本相等,是谓一本一利,虽年月之多,不得复照三分算利,即五年十年,亦止一本一息。此债当取利之限制也。

关于违约不偿,明律该条规定:

> 其负欠私债,违约不还者,五贯以上,违三月笞一十,每一月加一等,罪止笞四十;五十贯以上,违三月笞二十,每一月加一等,罪止笞五十;二百五十贯以上,违三月笞三十,每一月加一等,罪止杖六十,并追本利给主。

与前代统以违契不偿罪名处罚的规定相比,明律分别债负数额而定刑罚,并减轻了刑罚,显然具有保护债务人的含意。

关于债务的担保方式,明律没有具体的规定,但明确禁止以私债强夺债务人的财产:

> 若豪势之人,不告官司,以私债强夺去人孳畜、产业者,杖八十。若估

价过本利者，计多余之物，坐赃论，依数追还。若准折人妻妾子女者，杖一百；强夺者，加二等。因而奸占妇女者，绞。人口给亲，私债免追。

除了强夺之外，明清律仍然禁止以债务人的田地房屋准折债务。明清律的《户律·田宅》"盗卖旧宅"条专有"虚钱实契"的罪名，指"虚写价钱，实立文契"取人旧宅与盗卖田宅同样处罚。"田一亩、屋一间以下，笞五十；每田五亩、屋三间加一等，罪止杖八十，徒二年。"所谓"虚钱实契"即虽写有买卖契约，但实际上并不交付价金，而是以卖方（债务人）原欠债务准折抵充价金。

明清时期民间的债务担保方式主要也是以保人担保为主。一般买卖、典当契约都有"不系准折"的惯语；四川新都县档案一百九十六件清中晚期地契中，有一百六十六件写有"并无债务准折逼勒"的文句①。

一般而言，明清法律中的这些规定在民间还是通行的。保存至今的明清时的借贷契约一般月利都在三分以下，债务本利总计超过"一本一利"的也不多见（往往债权人逼迫债务人另立借契，将利息滚入本钱，因此从契约字面上看不出违法的内容）。然而如果以超过一本一利债务准折债务人财产，被认为是伤阴德的。如明代故事，万历年间"济南有蒋生者，贫而质子钱三十金，久之，遂鬻宅于子钱家，其价二百有奇，质钱者以百金当其息，第以百金予之。已而蒋生钱尽，大窘，怨恨，遂自经死"。照法律"一本一利"，"三十金"债务至多不过六十金，也不能以债务本息准折房产，子钱家明显为"违禁取利"行为。最后子钱家与"鬻宅驵侩（中人）"都暴死，临死自言在阴曹地府受审②。虽然这是一个带有神话色彩的传说，但可以从中看到当时民间对于"违禁取利"行为的鄙视。

当然，明清时豪强势要之家仍视法律为空文，放贷逼债，无所不用其极。高利贷"自一至百，自百至千，计其生业，不足酬其息利，则俄而其田见夺"③。债主往往私设公堂关押债务人。明代都御史盛颙致仕回乡（无锡），"至一室，见数人镝于内，令出而问之，皆邻人也。又问曰：'诸君何自如此？'告曰：'为负息钱。'"盛颙为此"急召子弟取息簿与券契，子弟少难之，公（盛颙）曰：'吾将自阅，以施于官。'遂捧至，悉取火于诸人之前，曰：'多谢诸君，幸无怪，烦传语乡

---

① 据《清代档案地契史料》统计。
② 〔明〕于慎行《谷山笔麈》卷一五《杂闻》。
③ 〔明〕韦骧《钱塘韦先生集》卷一八《议井田》。

里,自今更无索矣。'"① 可见乡宦之家仗势拘押债务人的情况。

清代康熙"盛世"时,江苏昆山乡宦徐乾学惯用"利债滚砌田房",同县秦旋有"肥田壹佰拾柒亩,栖房贰拾贰间",徐乾学借给秦旋米七十石,秦旋当年还米百石。不料两年后,徐乾学称秦旋前年尚欠利息四十石,两年来利息累计已达一百六十石,将秦旋"非刑拷逼三昼夜,挽腹亲沈悦公等圈写命田栖房二契,准折共价银贰佰零伍两,登时钉田封屋,立逐远迁"。年内计息一本一利,已属违法;两年后又利上滚利(每年翻倍)亦是违法;关押逼勒,"写就绝契,拷揿画押",更是犯法。然而直到二十年后徐乾学倒台失势,才准许控告②。

在民间实际经济活动中,因指定而非立即转移财产占有的债务担保方式,可以保留田宅的全部占有、使用、收益,具有相当的生命力,实际上是经常发生的交易。只是由于得不到法律的统一规范,这种交易就作为各地自生自灭的民间习惯,而生发出大量的地方特性,就连名称也是形形色色,各不相同。

明清时民间比较常见的是将设定以田宅担保债务的契约称之为"抵契"③,或"戤(deng)契"④。或仍然以借约为名,而在契约中明言所"抵"之田宅。如康熙四十二年(1703)徽州休宁县的一件契约:

> 立借约人项福生,今因缺少使用,今借到汪名下本纹银乙两整,其银每年加谷利四斗,其有来年八月交谷利清白。如迟,将窝下田乙丘二亩七分抵还不误。借约存照。
>
> 康熙四十二年十一月日
>
> 立借约人　项福生(押)
中见人　　毕君达(押)⑤

---

① 〔明〕王锜《寓圃杂记》卷四"盛都宪焚券"。
② 见《清代档案史料丛编》第五辑,中华书局,1980 年,第 36 页"康熙三十年八月刑档"。
③ 如《警世通言》卷二五"将薄产抵借李平章府中本银三百两",卷三一"将田产各处抵借银子";《醒世恒言》卷三四"先把来抵借了朱常银子";明末清初小说《梼杌闲评》第十一回提到写田土"抵约"顶赌债;《八洞天》卷一提到写房屋"抵契"借债;《无声戏》卷四以田地房产写"抵约"借贷;《醒梦骈言》卷四将田产"抵银二千两"等等。〔清〕姚廷遴《历年记》载:"(顺治十年)彼时我欲借债,承长卿云:将田五亩抵彼银十五两。"(见《清代日记摘抄》,上海人民出版社,1982 年,第 70 页)
④ 如《拍案惊奇》卷三一"将前面房子再去戤典他几两银子",《型世言》第十五回提到"把房屋作戤"。
⑤ 张传玺《中国历代契约会编考释》,北京大学出版社,1995 年,第 1569 页。

这项契约中,债务人借得一两纹银(契约中"乙"是数字"一"的防止涂改的写法,是传统契约中的习惯做法),约定债务人第二年八月偿还本银(契约中"谷利"应系"本利"之误),同时还要向债权人缴纳四斗谷子作为利息。同时又指定将债务人一块二亩七分的耕地作为债务的担保,如果到来年八月债务人未能按时清偿债务,就要用这块土地"抵还"。

又如乾隆二十五年(1760)贵州开泰县的一件借约:

> 立借约人毛来廷,今因生理缺少,银用无出,自己问到穆姓醮会上众人穆连生等,揭借过纹银四十八两整,入手领回应用。其银言定每月二分五厘行息,不得短少。如无银还,将曲尺田一丘作抵,约谷十石,任从耕种,不得异言。今恐无凭,立此借约为据。
>
> 乾隆二十五年七月二十五日亲笔立①

这项契约虽然以"借"为名,但明确为计算利息的"揭借",契约中提到的"生理"是指"营生",也就是谋生的途径。契约约定每月利息为二分五厘(百分之二点五),并指定将债务人的一块年产十石稻谷的不规则"曲尺田"作为担保。虽然契约里没有明确提到清偿的期限,但是债权人是"穆姓醮会"(约定在某个宗教节日起会),宗教节日一般都是一年的固定日期,因此这项契约的期限应该是一年。

有的时候民间也将此类交易命名为"当"②,如徽州一件清康熙二十七年(1688)的"当约":

> 立当约人朱国昌,今因缺用,自情愿央中,将承祖茶柯竹影园一片,坐落土名里边坞,央中出当与族叔名下,银壹两贰钱五分整。其银利二分申〔生〕息,一年无利,听从管业,并无一言。今恐无凭,立此当约存照。
>
> 康熙二十七年十二月日　　　　　　　立当约人　朱国昌(押)
> 　　　　　　　　　　　　　　　　　中见人　　项益先(押)③

这项契约名为"当约",似乎应该是约定债权人出资一两二钱五分银子,当

---

① 张传玺《中国历代契约会编考释》,第1571页。
② 明代小说《杜骗新书·第五类·伪交骗》"垒算友财倾其家"言应天府(今南京等地)民间交易,"尚欠四百余两,逼其写田宅为当"。
③ 转引自章有义《明清徽州土地关系研究》,中国社会科学出版社,1984年,第93页。

即占有所指定的"茶柯竹影园",但是契约中明言,只有当债务人没有偿还一年的利息(约定的利息是月利二分,合年利百分之二十四),债权人才能够"管业"此项"茶柯竹影园"。因此,实际上这也是一件"指抵"的交易。

也有的地方将这种交易称之为"胎借",如福建闽北地区民间多有这样的契约文书。如清乾隆五十四年(1789)福州郊区一件契约:

> 立借字人叔绍兴,有承祖厝地基一所,东至水圳为界,西到本宅通巷为界,北至菜园,南至路为界,坐本都土名土乾头。今因乏本生理,托中将承祖地基就与侄显哥边为胎借出康钱九万二千五百文。每月每千行利三十文。限至本年十二月,听备母利钱纳完,不敢少欠,如欠,将承祖地基听侄掌管,不敢异言。今欲有凭,立借字为照。
>
> 乾隆五十四年二月日　　　　　　　　立借字人　叔绍兴
> 　　　　　　　　　　　　　　　　　作中　　　侄文鉴
> 　　　　　　　　　　　　　　　　　代书　　　允大①

这项契约是亲属之间的借贷,债务的原本是九万二千五百铜钱(康钱就是康熙年号制钱)。在这件契约中按照"月息三分"计息,并指定了一件宅基地作为担保,如违约不偿,就由债权人接管田宅,明显是指抵行为。

虽然法律对于田房担保有息债务的态度暧昧,但事实上民间的指抵交易往往也会得到官府裁判的保护。如明代小说《醒世恒言》卷十七"张孝基陈留认舅",过善之子过迁嫖赌无度,"将田产央人四处抵借"。被父亲赶出家门后,债主纷纷上门向过善索债,告到官府。县官判令"照契偿还本银,利钱勿论"。这虽然是小说,但应当视为当时社会的普遍看法。

又如清人戴兆佳在其判语集《天台治略》卷三中,记载了自己在任天台县知县时的一件案件:胡名世向叶中观借银四十两,三年为期,债务的年息为八两(即年利20%),指定自己的四十石田(当为该项田产年平均收获量)为抵。三年后胡名世无法清偿,叶中观提起诉讼。戴兆佳判定应按原契约的约定,胡名世应将所指定的土地抵债,只是"准情酌理",以四十石田抵四十两债务太过分了,改判为二十二石田抵债,胡名世可以保留其余的十八石田,"庶几情理两平"。

---

① 转引自陈支平《清代福州郊区的乡村借贷》,见《清代区域社会经济研究》下册,中华书局,1992年,第823页。

然而相反的情况也存在。如《大清律例会通新纂·户律·钱债》引刑部成案：山西霍山县僧添梵，向当地百姓严宗寿借债，指抵庙屋及地基为担保。后因无法清偿，被严宗寿"勒令将庙屋、田地抵欠，毁庙毁像，开平基地"。刑部认为：

> 如将该犯照多取余利计赃问拟，止于杖罪，不足示惩。若照强占官民山场律拟以杖流，该犯究系利债滚折，并非白日强占，情罪尚觉有间。严宗寿应照强占官民山场律文量减一等，杖一百，徒三年。僧添梵拆庙毁像，实属空门败类，勒令还俗，杖一百，枷号一个月。

（四）"一田二主"契约

明清时租佃契约关系进一步趋于复杂，其最大的特点是形成了"一田二主"、"一田三主"的特殊类型的永佃权。与一般意义上永久占有、使用、收益的永佃权不同，明清时的永佃权人可以自由处分转让永佃权，而不必征得土地所有权人的同意。永佃权在当时称"田皮"、"田根"、"田面"等等，永佃权人称"皮主"，而与所有权人"（田）骨主"相对。皮主可以转让处分田皮，招佃收取皮租；骨主也可转让处分田骨，向政府缴纳赋税，收取定额地租（称骨租、老租等名目），但不能另行退佃、招佃，如要自耕或另行招佃，必须向皮主收买田皮，做到"皮骨归一"才行。这种"一田二主"的现象在福建、安徽、江苏、江西、浙江、广东、台湾等地比较普遍。

出现这种"一田二主"现象的原因比较复杂。首先永久占有耕种土地即一般意义上的永佃权在中国古代出现很早，诸如秦汉时以"假田"形式向农民出租公田，即允许农民永久占有公田，向政府缴纳"假税"可以看作是永佃权；北朝隋唐均田制下农民所受得的世业田、永业田，虽可继承，但并非正式获得所有权，也可看作是一种永佃权；南宋贾似道"公田法"，强买民田为公田，但并不改变土地的占有，只是将原田主作为政府的佃农，向其收取田租而已，田主仍可出租、买卖其土地，可说已是"一田二主"；如此等等，虽说只是国有土地的"永佃权"，但对于民间自然会发生影响。宋代地主之间买卖土地一般已不另行招佃，所买卖的土地仍由原佃农耕种。当佃农的人身依附关系进一步削弱后，逐渐就出现了自行转佃的现象，出现这种具有自由处分权利的特殊类型的永佃权。

其次，宋元明清时期赋役沉重，因此，土地所有人、自耕农往往为求逃避赋役而将土地贱价典卖于豪强势要之家，情愿为之输送一定数额的田租。当时称之为"诡寄"、"托庇"、"投献"等等，法律均予以严禁，然而并无实效。尤其宋以后各代法律不再"限田"，也不再强调土地买卖必须"离业"，这种现象更为普遍。这种租佃契约关系中的佃农往往保留了较大的自主权，仍可对其原有土地进行处分。

再次，很多地方的永佃权是农民开垦荒地、对土地进行了投资而形成的。尤其明清两代鼓励垦荒，垦荒者可获得土地所有权，于是官僚地主多从政府批得某处荒地后组织贫民垦种。农民通过辛勤劳作而开垦荒地为良田，从而获得一定的处分权。

另外，明清南方地区商品经济发展，农民以"顶首"、"押租费"、"粪土银"、"赔头银"、"流退钱"等名目向地主批耕，买得耕种权，地主退佃必须还清这些押租费用。佃权要用钱买，自然也可卖出换钱，逐渐形成田皮权。

最后，宋元明清时期，佃农起义相当频繁，以武装对抗地主，逐渐争得或使永佃权普及并巩固①。

明清时期这种"田皮"的处分权包括出租（转租）、买卖、典当等等，几乎与"田骨"没什么两样，因此称之为"主"。如清顺治二年（1645）福建闽清方继养卖田根（即田面、田皮）契：

> 立卖田根契，方继养承祖置有民田根叁号，坐产廿五都大箬地方，土名赤墓，受种陆斗，年载王衙租谷壹拾壹石。又枯垅枯垅枯细墩，受种五斗，年载郑衙租谷玖石。今因乏用，向到安仁溪刘镇西表兄处卖出田根价银共壹拾贰两正。水九叁色顶九五（指银两的成色）。即日收讫。其田根听买主前去管业收租。其根系己物业，与房下伯叔弟侄无干。如有来历不明，系（方继）养出头抵当，亦未曾重张典挂，自卖之后，不得言尽之理。倘有力之日，不拘年限，照契面赎回，不得执留。两家允愿，各无反悔。今欲有凭，立卖契壹纸为照。
>
> 顺治二年五月　吉　日　　　　立卖田根契方继养（押）
> 　　　　　　　　　　　　　　　代字叶子辉（押）②

---

① 以上参见傅衣凌《明清农村社会经济》第20页"明清时代永安农村的社会经济关系"，并可参见[日]仁井田陞《中国法制史研究·土地法·交易法》第四章"明清一田二主习惯及其产生"。
② 转引自傅衣凌《明清农村社会经济》第66页。

此件卖契为"活卖",卖方可"不拘年限照契面赎回",保证不向买方要求"尽价"(即找价,详见上文),保证买方占有该业不致有纠纷,保证不是重叠交易等等,这些契约内容与土地所有权的买卖并无两样。其特点是指明两处"田根"的"老租",王衙、郑衙租谷,实际上"老租"已与政府的田赋类似,买卖田根后,缴纳"老租"义务转移于买方。契中"前去管业收租",此租即为"皮租"。

有时永佃权的价格比土地所有权的价格还高。清乾隆十七年(1752)的一件刑部档案中,被告供词:"这桃枝坑的田,原是小的(被告谢帝伦)相上遗下,是黄世同祖上用银二十四两五钱顶去耕种,每年纳还小的租米九斗九升,已经年久了。因小的年老家贫,将这田卖与何祐,得银二十三两。原向何祐说明……若要自耕,须还世同顶耕原价二十四两五钱,才好起回耕作。"可见顶耕价超过了田价。此案中何祐不愿还顶耕银而强行夺佃,致伤人命①。

田皮也可以出典,如清代刑部档案的一件契约:

> 立佃约人范礼堂等,承父手遗有水田皮一段,坐落耷来堀安著,计业主租七把正。今因缺粮食用,将其田皮出佃约一纸,即是佃与本族礼资弟边,银一两正。其银收讫。其田皮言定递年完纳佃主租八把正,每年不敢欠少。如若皮租有欠,听凭佃主自己易佃耕种。日后办得原钱取赎,业主(当为佃主之误)不得执留。立佃约存照。
>
> 雍正八年(1730)六月初八日　　立佃约兄礼堂(押)②

此件契约名为佃约,实则为出典田皮,说明出典后原皮主范礼堂仍耕种此田,向"佃主"缴纳皮租。

"一田二主"这种特殊的永佃权,主要是一种民间惯例,地方性很强。各地的起因、名称都各不相同。明清时法律对此没有专门条文,仍沿传统"官不为理"的习惯,一般不加干涉。清代刑部档案中有不少因"一田二主"纠纷而发生的人命案件,刑部在审理中一般都避免对原有"一田二主"关系作出明确的裁决,采用顺从民间习惯的原则,就事论事地判决田亩归田主管业,并追交"批头银"、"押租"等给永佃权人,并不以原有永佃契约为违法③。但是清代一些地方

---

① 《清代地租剥削形态》下册,第381页。此案发生于福建归化县。
② 《清代地租剥削形态》下册,第569页。此案发生于浙江庆元县。
③ 参见《清代地租剥削形态》下册第376、381、386、493、503、514、548、568、577、591、662页等。

官府曾多次制订地方性法规禁止"一田二主"。

福建汀州府在清雍正八年(1730)曾发布告示禁止"一田二主":

> 田主收租而纳粮(国家赋税)者,谓之"田骨";田主之外,又有收租而无纳粮者,谓之"田皮"。是以民官田亩类皆一田两主。如系近水腴田,则田皮值价反贵于田骨,争相佃种,可享无赋之租。……谨照从前通革之例,凡属皮租尽行革除,不许民间私相买卖,一切讼争告找告赎,概不准理,并令刊刻告示晓谕:佃户只纳田主正租,不许另纳皮租。若逋欠正租,听凭田主召佃。①

福建其他州府也曾先后宣布禁止。至乾隆三十年(1765),福建省当局又定省例"严禁田皮田根之锢弊",在全省"或监立石碑,或刊刻木榜,一体示禁,务使家谕户晓",违者"即照依碑、榜内所定章程,按法分别惩究,不得少事姑息"②。

江西在清乾隆十六年(1751)也颁行告示,禁止"一田二主":

> 江省积习,向有分卖田皮田骨、大业小业、大买小买、大顶小顶、大根小根,以及批耕、顶耕、脱肩、顶头、小典等项名目,均系一田两主,以致强佃籍有田皮小业,霸佃抗租,田主每受其害。嗣后,凡民间买卖田地山塘,务令业、佃先行尽问,如业主佃户均属无力归并,方许将皮骨大小各业,一并售卖,眼同立契,赴县投税,地方官验明,粘尾盖印截给,永为执业。不许仍将皮骨等项名目分卖。如业主急迫欲卖,奸佃乘机捐勒,即令公同地邻人等,估值田亩时价,查明皮租原值,令业主按数将田分拨若干给佃,粮数照额分完。余田听业主将皮骨一并出售,一主为业。若田皮人等,急于售卖,而业主或有捐勒,亦照此例分拨。若业佃不先尽问,仍分卖皮骨大小业等项者,即照盗卖律,与受一并治罪。③

这一地方法规的特点是规定皮骨两主互有先买权,如双方议价不合,也必须以若干土地抵作代价,余地归并所有权、永佃权出卖。这些规定比较具体,比之福建省例"按法重究,追价入官,田归业主,另行招佃"更为明确。

---

① 《福建省例》卷一五《田宅例》。
② 《福建省例》卷一五《田宅例》。
③ 《西江政要》卷一《田宅》。

清道光年间江苏发生抗租风潮,道光七年(1827)江苏省定"规条",禁止"一田二主":

> 佃户揽种包租田地,向有取用顶首等名目钱文,名为田面。其有是田者,率多出资顶首,私相授受,由是佃户据为己有,业户不能自主。即欲退佃另招,而顶首不清,势将无人接种,往往竟自荒废,此佃户所恃抗租之根源也。……自应照苏属所议,每亩田面之价,即以每亩租额为定。……如通州之"顶首"、"告工",海门厅之"批价",江宁县之"肥土",江、甘、泰、宝四县之"粪系脚",如、泰二县之"田面"名目,概以一年额租为限。倘佃户逗刁抗欠,一年全不破白者,许业户将田收回另佃,即照田面之价抵偿所欠之租。……新招之佃,应令图总、佃户、同业三面写立承揽,勿许自向旧佃私相授受,……此后凡有前项等弊,业户鸣知地保,无论麦秋,随时驱逐。①

江苏的这项规条,强调业主的处分权,禁止私相转佃,并以一年租额定为田面价,欠租一年即以田面价抵折,底面合一。业主可收回另行出佃。

清代这些禁止"一田二主"的地方性法规,在民间并不发生效力,这种特殊的永佃权仍长期存在。直到民国时期,一田二主的惯例依旧在很多地区流行。这种惯例产生了一批"二地主",坐收皮租,脱离生产经营,"使直接生产者的佃农增加重大的负担,必须付出高额的佃租,造成不合理的租佃关系,而萎缩农村的生产力"②。

(五)雇佣契约

明清时雇佣关系已比较复杂,雇工与法律意义上的"雇工人"并非一回事。雇工人一般是指与主人有人身依附关系的家仆,而雇工与主人完全是契约关系,法律上也同凡人。明清时江南地区"农无田者,为人佣耕,曰长工。农月暂佣者曰忙工。田多而人少者,倩人为助,已而还之曰伴工"③。"以岁计曰长工,以月计曰忙工。"④法律对此没有直接规定,但雇佣期限一年已可称为长工,说明雇工期限普遍较短,不易于形成人身依附关系。

---

① 李程儒《江苏山阳收租全案》,载《清史资料》第二辑,中华书局,1981年。
② 傅衣凌《明清农村社会经济》,第59页。
③ 《古今图书集成·职方典》卷六九六《松江府部》。
④ 《古今图书集成·职方典》卷六七六《苏州府部》。

明清时农村雇工相当普遍,尤其在商品经济较为发达的江南地区。明代《沈氏农书》记载湖州地区已有很多雇工的谚语,如"善使长年(长工)恶使牛"、"当得穷,六月里骂长工",以及使用雇工的"旧规":

> 旧规:夏秋一日荤、两日素,今宜间之,重难生活两日荤。春冬一日荤、三日素,今间二日,重难生活多加荤。旧规:不论忙闲,三人共酒一杓,今宜论生活,起重难生活,每人酒一杓,中等生活,每人酒半杓,轻省及阴雨留家全无。……做工之法,旧规:每工种田一亩,锄荡芸每工二亩。当时人习攻苦,戴星出入,俗柔顺而主令尊,今人骄惰成风,非酒食不能劝,比百年前大不同矣。①

可见当时关于雇佣农耕的生活待遇方面已有种种民间习惯加以调节。

随着社会货币商品经济的发展,明清时雇佣契约的雇值绝大多数已经以白银计算。比如明代湖州地区的农耕雇工:

> 长年每一名,工银五两,吃米五石五斗,平价五两五钱;盘费一两;农具三钱;柴酒一两二钱;通计十三两。计管地四亩,包价值四两。②

而养蚕种桑工值更高:

> 凡桑地二十亩,每年雇长工三人,每人工银二两二钱,共银六两二钱。每人算饭米二升,每月该饭米乙(一)石八斗。逐月支放,不得预支。每季发银二两,以定下月,四季共发银八两。③

明清时雇佣契约的内容、形式均与前代相差不大,短工(忙工)往往只订立口头契约。

(六) 合伙契约

明清时商业发展,商业规模扩大,因而合伙关系比较常见,在一些尺牍、便通书籍中,存有合伙契约的契式。

> 同本合约格式
> 立合约人　　窃见财从伴生,事在人为,是以两同商议,合本求利。

---

① 〔明〕涟川《沈氏农书》。
② 《沈氏农书》。
③ 〔明〕庄元臣《曼衍斋草》。

凭中见，各出本银若干，同心揭胆，营谋生意。所得利钱，每年面算明白，量分家用。仍留资本，以为渊源不竭之计。至于私己用度，各人自备，不得支动店银，混乱帐目。故特歃血定盟，务宜苦乐均受，不得匿私肥己。如犯此议者，神人共殛。今欲有凭，立此合约一样两纸，存后照用。①

从这一合伙契约契式来看，当时民间合伙已有类似于公积金、利润分配等等惯例。成立合伙也有中人、见证人参与。值得注意的是，目前能够见到明清合伙契约文本中，往往都有关于分红比例的约定，但却几乎找不到关于合伙字号债务承担的约定。而明清法律中没有相应的法条规定合伙者的权利义务关系，仍采用"任依私契"的原则。

三、损害赔偿之债

明律虽说号称以唐律为宗，但其内容实际上受到了元代法律的很大影响，尤其是元代法律关于损害赔偿的很多内容都为明律所继承。

关于侵害人身的犯罪，元代法律规定在处刑同时并科对被害人赔偿财产，明律继承这一原则。《大明律·刑律·人命》"杀一家三人"条："凡杀一家非死罪三人及支解人者，凌迟处死，财产断付死者之家。"另条"采生折割人"："凡采生折割人者，凌迟处死，财产断付死者之家。"另条"屏去人服食"条："凡以他物置人耳鼻及孔窍中，若故屏去人服用饮食之物……令至笃疾者，杖一百，流三千里，将犯人财产一半给付笃疾之人养赡。"

以上这三条以财产赔偿被害人的性质近于附加刑，而"过失杀伤人"条的规定更具损害赔偿的性质："若过失杀伤人者，各准斗伤杀罪，依律收赎给付其家。"过失杀伤据律注："过失，谓耳目所不及，思虑所不到。如弹射禽兽，因事投掷砖瓦，不期而杀人者；或因升高险，足有蹉跌，累及同伴；或驾船使风，乘马惊走，驰车下坡，势不能止；或共举重物，力不能制，损及同举物者。凡初无害人之意，而偶致杀伤人者。"凡因这些行为造成人死伤的，不再处以刑罚，改用财产赎罪，而赎罪的财产给付被害人或其家属，与唐宋法律中"赎铜入受害之家"的规定相似，但是明确所有的过失杀伤都适用这一规定，并且明确"以为营

---

① 《新刻徽郡补释士民便读通考》，转引自谢国桢《明代社会经济史料选编》下册，第275页。

葬及医药之资",具有更鲜明的损害赔偿性质。

《大明律·刑律·斗殴》中也有大量类似的条文。如"斗殴"条:"瞎人两目,折人两肢,损人二事以上,及因旧患令致笃疾;若断人舌及毁败人阴阳者,并杖一百,流三千里。仍将犯人财产一半,断付被伤、笃疾之人养赡。""殴祖父母父母"条规定:祖父母、父母非理殴伤子孙之妇,或殴伤乞养异姓子孙,造成残疾,除处刑外,"子孙之妇追还嫁装,仍给养赡银一十两;乞养子孙拨付合得财产养赡。""斗殴"条所附《问刑条例》又有:"凡兄与伯叔谋夺弟侄财产、官职等项,故行杀害者,问罪。属军卫者发边卫充军,属有司者发口外为民。仍断给财产一半,与被杀家属养赡。"《大明律·刑律·诉讼》"诬告"条,诬告人徒流罪名,致使被诬告人配役、典卖田宅,除加等反坐其刑外,并要赔偿"用过路费"及"取赎田宅"。被诬告人家属因此而有致死者,诬告人处绞,"将犯人财产一半断付被诬之人"。

值得注意的是,明律与元代法律略有不同,对于上述这些严重侵犯人身的犯罪加害行为,并不按照被害人的损失来计算赔偿数额,而是以简单的办法将加害人的"全部家产"或"家产一半"作为赔偿数额,恰与近代民法中损害赔偿基本原则"填补原则"相反。

另外,明代又继承了元代法律"烧埋银"的规定。《大明令·刑令》规定:"应该偿命罪囚,遇蒙赦宥,俱追银二十两,给付被杀家属。如果十分贫难者,量追一半。"对于其他执行死刑的杀人犯也要征"埋葬银"十两。除死罪之外,过失杀人罪除收赎钱财给付被害人外,另追营葬银十二两四钱二分(原规定追钞,后多次折算改银)。于乡村野旷地驰骤伤人致死,猎户设置窝弓、陷阱未立标志致伤人命,威逼平民致死等等罪名,也在处刑之外另收埋葬银十两。这些规定都被清律沿袭。

明律在侵犯财产方面的赔偿规定,仍继承了唐律对赔偿额予以严格限制的原则。如对于杀伤畜产等仍严格计算"减价"。《大明律·刑律·杂犯》"失火"条,肇事者处刑后就无须赔偿,但是故意放火烧毁他人空闲房屋、田场积聚之物,除处以刑罚外,"并计所烧之物减价,尽犯人财产折劉(赔)偿"。可见明律仍以行为人有主观上的过错为损害赔偿的要件。

元代法律规定损害赔偿之债的债务担保可采用"役身折酬"方式。而明律则废除此条,确立就犯人财产对损害赔偿债务负责的原则。上述"犯人财产一半"及"尽犯人财产"的规定等,都表现了这一原则。

清律照录了明律中有关条文,在清代的不少条例中也有关于损害赔偿的规定。其中比较重要的是关于当铺、染坊失火、失窃情况下的赔偿规定。

清道光二十四年(1844)续订条例:

一、凡典商收当货物,自行失火烧毁者,以值十当五,照原典价值计算作为准数;邻火延烧者,酌减十分之二;按月扣除利息,照数赔偿。其米麦、豆石、棉花等粗重之物,典当一年为满者,统以贯三计算,照原典价值给还十分之三;邻火延烧者,减去原典价值二分,以减剩八分之数,给还十分之三,均不扣除利息。至染铺被焚,即著开单呈报地方官,逐一估计;如系自行失火者,饬令照估赔还十分之五;邻火延烧者,饬赔十分之三。均于一月内给主具领。

一、典铺被窃,无论衣服、米豆、丝棉、木器、书画以及金银珠玉、铜铁铅锡各货,概照当本银一两,再赔一两。如系被劫,照当本银一两,再赔五钱,均扣除失事日以前应得利息。如赔还之后,起获原赃,即给予典主领回变卖,不准原主再行取赎。染铺被窃,照地方官估报赃数,酌赔十分之五;如系被劫,酌赔十分之三。均令于一月内给主收领。如赔赃之后,起获原赃,给予该铺具领,由地方官出示晓谕,令原主归还所得赔赃之资,将原物领回,仍查明已染未染,分别给付染价。①

这两条条例续订于道光二十四年,则在这之前已有这方面的条例存在。从这两条来看,仍体现了明律中对于损害赔偿力求简单实用的立法原则。赔偿数额依典当铺主及染坊主在主观上是否存在过错而定,火烧时以原典价为赔偿基数;遇有劫盗则以原物价值为基数(当时一般是"值十当五",即典价为原价的二分之一,"当本银一两,再赔一两",即依典价加倍偿还,略等于原价);再依自失火、延烧及盗窃、抢劫等不同情况而加减之。自失火、被窃情况下,典铺、染铺主在主观上存在疏虞过错,因此赔偿数额以基数为准;而被延烧、被劫,主观上过错较小,因此赔偿数额酌减。如故意放火或引盗劫窃,则构成犯罪,除处刑外,并须赔偿原价。

---

① 《皇朝政典类纂》卷三八〇《刑律十二·户律·田宅》。

第四节 婚姻与亲属

一、家长的资格和权力
(一) 家长的资格

家庭是社会的基本单元,中国很早就形成家长制家庭。家庭由家长与家属组成,它既是宗族血缘关系中的基本亲属团体,又是社会经济关系中基本的生产和消费单位。国家的直接统治对象是家庭,家庭事务的主宰是家长。"齐家治国平天下",家庭秩序与社会秩序被视作一个整体,家长实际上是统治阶级在家庭中的代理人。在家庭内,家长处于至尊地位,对外代表家庭,对内统辖家政,《墨子·天志上》说:"恶有处家而得罪于家长而为可也",已反映出家长与家属的尊卑、主从关系。

与专制国家的统治结构相一致,天子——皇帝只能有一个,处于至尊地位的家长也只能有一个,传统礼制原则认为:"父者家之隆也,隆一而治,二而乱。"[①]"家无二主,尊无二上。"[②]

家长资格取决于血缘与辈分,由于家族是父系血缘系统联结起来的,家长一般由家庭中共同的男性直系尊亲属充当,譬如,在有父母子女两个世代的家庭中,父亲是家长,在祖孙三代组成的家庭中,则祖父是家长。这类家长就是所谓"父家长"。

家长一般由男性充任。但由于礼制有"夫妻一体"的原则,当丈夫亡故,家中又没有成年男子(男夫)时,寡妻往往可以接替丈夫的家长地位,这种家庭在唐代称为"女户"[③]。但她们并不是母系社会中的那种"母家长",其家长资格的取得必须以守志为前提,她们是亡夫的替身,本质上仍是父家长。所以,即使成年子辈继承亡父的"家长"地位,他的家长身份主要体现在对外代表家庭、对内统御晚辈方面。在家庭内部,相对于寡母,这个儿子仍然是"家属",并不获得父亲那样的家长权。这种情况到明清时期愈益突出,《红楼梦》中的专制家长贾政,对贾母也只能唯唯诺诺,想象一下,如果贾母已经改嫁,那么在血缘上她虽然

---

① 《荀子·致士》。
② 《礼记·坊记》。
③ 《唐律疏议》卷一二《户婚律》"脱漏户口增减年状"条。

仍然是贾政的母亲,但在贾家的尊崇地位就随着改嫁而消灭了。"三从四德"之一的"夫死从子",原本是指丧服等级的"从子",虽也有"一切服从儿子"的解释,但在同样是礼制要求并被确认为法制重要原则的"孝道"面前,"一切服从儿子"的解释显然不现实。因此,本节所述的家长都包括守寡的母亲、祖母。

中国古代有累世同居的大家庭,在这种大家庭中,共同的直系尊亲属早已去世,家长可能是旁系尊亲属,也可能是同辈的兄长,甚至有可能是晚辈,如明代广东南海《霍氏家训》规定:"凡立家长,惟视材贤,不拘年齿,若宗子贤,即立宗子为家长。宗子不贤,别立家长。"①就属此类。这类家长性质特殊,不在本节讨论范围。

(二) 家长的权力

家长在家庭内部全面掌有权力,包括教令权、财产权、主婚权等。

1. 教令权。所谓教令权,是家长教育、命令、约束、惩戒家属(尤其是子孙)的权力。从积极的方面看,是教育、命令,从消极的方面看,是约束、惩戒,后者是前者的保障。惩戒又有两方面的内容,一是家长直接的惩戒权,一是家长的送惩权。

所谓惩戒权,是父母对违犯教令的子孙施行肉体惩罚的权力。中国传统社会,治家如治国,国家掌握刑罚权,"刑罚不中,则民无所措手足"。家长掌握惩戒权,"笞怒废于家,则竖子之过立见"②。家长有权惩戒子孙,已成为常识,"家法"一词,甚至成了惩戒子孙的"刑具"的称呼。明清律规定:"若(子孙)违犯教令而(祖父母父母)依法决罚。"③家长的惩戒权得到法律的承认与保障。

所谓送惩权,是指百姓将违法者送交官府惩治的权力。子孙违犯教令是属于"十恶"的重大犯罪行为,但明清律却规定:"凡子孙违犯祖父母、父母教令,……杖一百(须祖父母、父母亲告乃坐)。"④国家对这一重大犯罪的惩罚与否,全系于家长告与不告的一念之间,也就是说,只有家长才掌握着对违犯教令子孙的送惩权。清代的送惩权,还包括特殊的"呈送充军"权。如清代法律规定:

> 凡呈告触犯之案,除子孙实犯殴詈,罪干重辟,及仅止违犯教令者,仍各依律例分别办理外,其有祖父母、父母呈首子孙,恳求发遣,及屡次违

---

① 〔明〕霍韬《霍氏家训》。
② 《颜氏家训》卷一《治家》。
③ 《明律》卷二〇《刑律·斗殴》,《清律·刑律·斗殴》同。
④ 《明律》卷二二《刑律·诉讼》,《清律·刑律·诉讼》同。

犯、触犯者,即将被呈之子孙实发烟瘴地方充军。①

经家长"恳求",官府可以把违犯教令的子孙发配云、贵、两广等烟瘴地方充军。违犯教令罪,家长不告,子孙可以不受刑罚处分(或只受家长的"依法决罚"),家长告诉官府,依律子孙处以"杖一百",家长"恳求发遣",子孙就要终身充军烟瘴地方。处罚轻重实际全掌握在家长手中。

2. 财产权。家长的财产权问题,即家庭财产的所有权问题,无论是传统礼制还是历代法律规定,都确认父母对家庭财产的全面所有权,子孙在实现继承以前,是没有家庭财产处分权的。关于家长的财产权,在以前各章的"继承"部分已多有论及,这里不再重复。

3. 主婚权。主婚权指决定是否缔结婚姻关系的权力。中国传统社会婚姻的意义在于"合二姓之好,上以事宗庙,而下以继后世"②。为了撮合两个家庭的姻亲联盟关系,为了祭祀祖先和延续家世,原本没有把结婚男女本人的意思考虑在内。既然结婚是两个家族(家庭)而不是两个个人的事,主婚权自然就归于家长。只要两个家庭的家长同意,经过一定的仪式,婚姻便告成立。也就是说,家长可以命令其子女与任何一定的人结婚。如果说,先秦的"取(娶)妻如之何,必告父母"③,娶妻之前一定要告诉父母,结婚的主动者似乎还是结婚者本人,秦汉以后社会与法律只是在事实上承认家长的主婚权,那么到明清则已由法律明确规定了父母的主婚权,"嫁娶皆由祖父母、父母主婚"④。如果婚姻本身违法,被追究法律责任的也是家长而不是结婚者本人,明清律规定:"凡嫁娶违律,若由祖父母、父母……主婚者,独坐主婚。"⑤

有些婚姻在一般情况下是违法的,但可因有父母、祖父母的主婚而转为合法,如明清律规定:

> 凡祖父母、父母犯死罪被囚禁,而子孙嫁娶者,杖八十,为妾者减二等。其奉祖父母、父母命而嫁女娶妻者,不坐。⑥

---

① 《大清律例》卷二二《刑律·诉讼》"子孙违犯教令"条,嘉庆十五年修改例。
② 《礼记·昏义》。
③ 《诗经·齐风·南山》。
④ 黄彰健《明代律例汇编》下册,第500页。
⑤ 《明律》卷六《户律·婚姻》,《清律·户律·婚姻》同。
⑥ 《明律》卷六《户律·婚姻》,《清律·户律·婚姻》同。

家长的主婚权实际上就是父母的包办婚姻权,中国的父母几千年来一直掌握着这个大权,到明清时期,则不管在法律条文上还是社会实践方面,都达到了登峰造极的地步。

二、三父八母

历代法律都将亲族分为"本宗九族"、"夫族"、"外亲族"、"妻亲"等亲类,并据此制作"服制图",以便于实施"准五服以制罪"[①]的原则。

因为妻妾制度、父亲再婚等原因,家庭中还存在着虽非生身母亲,却有"母"的名分,又难以直接归入以上亲类的成员,必须从法律上明确这些"母"的服制,所以《唐律疏议·名例律》规定:

> 其嫡、继、慈母,若养者,与亲同。疏议曰:嫡谓嫡母,《左传》注云:"元妃,始嫡夫人,庶子于之称嫡。"继母者,谓嫡母或亡或出,父再娶者为继母。慈母者,依《礼》:妾之无子者,妾子之无母者,父命为母子,是名慈母。……若养者,谓无儿,养同宗之子者。慈母以上,但论母;若养者,即并通父,故加"若"字以别之,并与亲同。

嫡母、继母、慈母、养母,服制与亲母相同,是亲母(生身母亲)以外的"四母","四母"等同于"本宗九族"中的亲母。但是客观存在着的"改嫁母"、"被出母",仍有"母"的名分和服制,亲母的后夫也有"父"的名分和服制,却难以简单归入以上各亲类的《服制图》。

于是后代就有人干脆把这些"父"、"母"与上述"四母"归并在一起,另立一个"亲类",称为"几父几母",并在服制图系列中增编"几父几母服图"。如宋代曾有"四父六母"之说。四父实际上是后世"三父"中的两类同居继父、两类不同居继父并列为四,不包括"三父"中的"从继母嫁继父",所以"四父"的范围反比"三父"小。"六母"为嫡母、继母、养母、慈母、庶母、乳母,不包括"八母"中的嫁母、出母。南宋《朱子家礼》已经开始将这些特殊的关系归结为图表,有《三父八母服图》。

元代也曾有"五父十母"之说。"五父"指亲父(谓生我身之父)、养父(谓继立我之父,遗抱者同)、继父(谓父亡母再醮者)、义父(谓受恩宠结拜之类)、师

---

① 参见本书第三章第四节。

父(谓受业之师也),其中义父、师父不是亲属。"十母"指亲母、出母、嫁母、庶母、嫡母、继母、慈母、养母、乳母、诸母,其中"亲母"是妻所生子称生母者,庶母是妾所生子称生母者(比"八母"中的庶母范围小),乳母未强调非父妾不可(比"八母"中的乳母范围大),诸母指"伯叔母之类通称"。

元代后期的法规汇编《元典章》中有《三父八母服图》,由此影响到明初的立法。明初开始把《三父八母服图》正式列入正律前的服制图系列"八礼图"中①。后来清代正律沿袭。《三父八母服图》的出现和收入正律,明确了上述难以与其他亲属简单类同的"父"、"母"们的法律地位,有利于执行"准五服以制罪"的原则。

以下介绍明清正律服制图中的"三父八母"。

"三父"是三种不同情况的继父。一是"同居继父",即生活在一起的继父,这种继父又分为"两有大功亲同居继父"与"两无大功亲同居继父"两类;二是"不同居继父",也分为两类,其一为"先曾与同居今不同居继父",其二为"自来不曾同居继父";三是"从继母嫁继父",指"父死",继母再嫁他人,"(继子)随去者"之继父(见表1"三父表")。

表1 三父表

称谓			相对人	服制	注释
1	同居继父	① 两无大功亲同居继父	继子	期年	继父无子,继子自己也没有伯叔兄弟
		② 两有大功亲同居继父	继子	齐衰三月	继父有子孙,继子自己也有伯叔兄弟之类
2	不同居继父	① 今不同居继父	继子	齐衰三月	以前曾经同居,现在已不同居
		② 不同居继父	继子	无服	从来未曾随母与继父同居过
3	从继母嫁继父		继子	齐衰杖期	父死,继母再嫁他人,继子随继母去后夫家者

(根据明清律《三父八母服图》编制)

---

① 《明史》卷九三《刑法志一》:"太祖谕太孙曰:'此书(指《大明律》)首列二刑图,次列八礼图者,重礼也。'"八礼图中最后一图即《三父八母服图》。

"八母"指养母、嫡母、继母、慈母、嫁母、出母、庶母、乳母。养母是"自幼过房与人"者的拟制母亲;嫡母"谓妾生子称父之正妻";继母是"父之后妻";慈母是"(妾生子)所生母死,父令别妾抚育者"的"别妾";嫁母是"因父死再嫁他人"的亲母;出母是被父亲所"出"的亲母;庶母是众子对父的"有子妾",包括妾所生子称所生母;乳母是曾经以乳哺育过自己的"父妾",即奶母(见表2"八母表")。

表2 八母表

	称谓	相对人	服制	注释
1	养母	养子	斩衰三年	自幼收养
2	嫡母	妾生子	斩衰三年	妾生子对父亲正妻之称
3	继母	继子	斩衰三年	父亲所娶后妻之称
4	慈母	妾生子	斩衰三年	妾生子死去生母,父亲指令别的妾抚育,被抚育的妾生子称该妾为"慈母"
5	嫁母	亲生子	齐衰杖期	亲母因父死,再嫁他人,称"嫁母"
6	出母	亲生子	齐衰杖期	亲母被父"出"(离婚),称"出母"
7	庶母	亲生子	斩衰三年	妾生子称生母为"庶母"
		诸子	齐衰杖期	嫡子、众子称父有子妾为"庶母"
8	乳母	被乳子	缌麻	谓父妾乳哺者,即奶母

(根据明清律《三父八母服图》编制)

清代还有"五父十三母"之说。"五父"指父、所后父、本生父、同居继父、不同居继父。"十三母"指母、嫡母、继母、所后母、本生母、慈母、生母、养母、庶母、嫁母、出母、从继母嫁为继母、乳母。这里的"父"、"母"相当于上述"亲父"、"亲母"。"生母"是妾生子对所生母的称呼,所后父、所后母,是"无子者,听养同宗于昭穆相当者"关系中的养父母①,本生父、本生母,则是这种关系中的养子的生父母,"养母"专指"遗弃小儿年三岁以下,虽异姓,听收养"关系中的养母②。但"五父十三母"之说没有进入法律,只是清代法官们处理案件时的学说依据之一。

---

① 参见本书第五章第五节之"拟制亲子的继承权"。
② 参见本书第五章第五节之"拟制亲子的继承权"。

三、嫡庶诸子

一夫多偶制下的配偶有妻妾之分。"子以母贵",母亲身份的区别,造成子女身份的区别。与妻妾之分相对应,中国古代家庭中的子女身份,也有嫡庶之分。狭义的嫡庶诸子,即指全体嫡子、庶子;广义的嫡庶诸子,还包括如奸生子等在内。

嫡子。唐代以前,"嫡妻之长子为嫡子"①,嫡子仅指正妻(即正室、嫡妻)所生的长子。如果嫡妻未生儿子,或嫡子因故丧失资格,就需要从其余儿子中选立一人充"嫡子",这就是所谓"立嫡"。由立嫡而设立的"嫡子",是拟制的嫡子,当然不是"嫡妻之长子"。"立嫡者本拟承袭",嫡子为承袭封爵而设立,所以嫡子只能有一人。唐代以后,凡妻所生之子,皆称为嫡子,嫡子不再是一人。原先的一人"嫡子",此时称为"嫡长子"。如果嫡妻未生儿子,或嫡长子因故丧失资格,也要立嫡设立拟制的嫡长子。嫡子尤其嫡长子在家庭中的地位高于其他儿子。

庶子。唐代以前,除了"嫡子"(嫡妻之长子)以外,其余的儿子不论是妻所生,还是妾所生,都称"庶"。唐代以后,只有妾所生的儿子才称庶子。在财产继承权方面,庶子与嫡子的权利基本上是平等的②,但在其他方面,诸如袭爵、婚姻等方面,庶子的地位明显低于嫡子。如婚姻方面,法律规定,在订立婚约时,应把是否庶子告知对方,否则对方可因此而悔约③。

奸生子。没有婚姻关系的男女之间发生两性关系,称为"奸",以强暴手段实施的即强奸,双方合意的称"和奸"。因"奸"而生之子即"奸生子",相当于现代所说"非婚生子"。唐宋法律以户籍登记为准,认定子息身份权利,"别居无籍,即明非子息"④,不承认奸生子的权利。金元两代,法律开始正视奸生子,"奸良人子"成为法定财产继承人之一,至明清,奸生子在继承份额方面又有提高⑤。

婢生子。婢生子指家长与家婢所生之子。婢生子并不属于奸生子,因为一般奸生子"别居无籍",既不与生父居住在一起,也未登记户籍,其身份的认定容易发生争执。而婢生子则多与生父同居,附于生父的户籍,其血缘关系比

---

① 《唐律疏议》卷一二《户婚律》"立嫡违法"条疏。
② 参见本书第四章第五节之"继承份额上的平均主义"。
③ 参见本书第六章第四节"法定婚书制度"。
④ 《宋刑统》卷一二《户婚律》"卑幼私用财"条所引唐天宝六载五月二十四日敕。
⑤ 参见本章第五节"奸生子(非婚生子)继承权的上升"。

较清楚。而且婢是一种特殊的家庭成员,家主与家婢虽然没有婚姻关系,但如果发生两性关系,其道德恶性远逊于一般的"奸",甚至被认为正常。如金元两代的法律,把非婚生子分为"奸良人子"和"幸婢子"①,一"奸"一"幸",道德评价完全不同。再有,据《唐律疏议》规定,"若婢有子,……听为妾"②,这一规定,对于婢女来说有可能上升为妾,对于婢生子来说,即意味着可以依法改变身份,成为庶子,而一般的奸生子在法律上没有这种机会。明清律虽然没有这项规定,但实际上已经把婢生子视同庶子,如在财产继承方面有一项规定:

> 其分析家财田产,不问妻妾婢生,止以子数均分。奸生之子,依子数量与半分。如别无子,立应继之人为嗣,与奸生子均分;无应继之人,方许承绍全分。③

婢生子不但与嫡庶诸子享有同等财产继承权,而且还有可能被立为嗣子。而一般奸生子却无此资格。所以,婢生子与奸生子是很不相同的。

嗣子。嗣子是"无子者,听养同宗于昭穆相当者",是中国古代特有的一种养子,关于嗣子,前面已有详细介绍④,不赘。

养子。除了嗣子以外,中国古代的养子还有"螟蛉子"、"收养弃儿"等,前已述及⑤,不赘。

四、父母子女的法律关系

在中国传统法制下的家庭中,家长处于统御地位,子女处于服从地位。家长的统御地位,上述"家长的权力"部分已论及,以下主要谈子女的服从地位。

子女的服从地位,在礼教和法律中都体现为一个"孝"字。《孝经》云:"五刑之属三千,而罪莫大于不孝。"秦汉法律对"孝"都有强制性要求⑥,自北齐律定下"重罪十条"以来,历代法律都将"不孝"列为"十恶"之一。明清律开列的

---

① 《元典章》卷一九《户部五·家财》所引金例。
② 《唐律疏议》卷一三《户婚律》"以妻为妾"条。
③ 黄彰健《明代律例汇编》卷四《户律一·户役》。
④ 参见本书第五章第五节"拟制亲子的继承权"。
⑤ 参见本书第五章第五节"拟制亲子的继承权"。
⑥ 《睡虎地秦墓竹简》第195页所载《秦简·法律答问》"免老告人以为不孝,……";《春秋公羊传·文公十六年》何休注。

"不孝"行为有：

> 告言咒骂祖父母、父母，夫之祖父母、父母；及祖父母、父母在，别籍异财，若奉养有阙。居父母丧，身自嫁娶，若作乐释服从吉；闻祖父母、父母丧，匿不举哀；诈称祖父母、父母死。①

也就是说，子孙在法律上有容隐父母的义务，有绝对恭谨尊重父母人格、遵守服从父母教令的义务，有与父母同居的义务，有把所得财产统归父母所有的义务，有侍奉赡养父母的义务，有为亡父亡母服丧示哀、苦行节欲的义务，还有为犯死罪而被囚禁的父母中止嫁娶的义务②，等等。容隐，即可以不向官府告发犯有一般罪行的亲属。孔子提倡的"父为子隐，子为父隐"③，本是父子间相互的权利义务。但秦代一方面规定："子告父母，……非公室告，勿听，……而行告，告者罪"④，儿子告父母，属于"非公室告"，依法不予受理，对告诉者还要治罪；另一方面又有父祖可以告子孙的规定⑤，父子间容隐的义务并不对等。以后历代法律对父子间容隐的规定，都遵循这一原则。如汉代，法律规定父子有互相容隐的权利⑥，但对父亲来讲，这只是一种权利而已，他并没有非容隐儿子不可的义务，而对儿子来讲，容隐父亲不但是权利，而且是义务，不履行这个义务而告发父亲者有重罪⑦。北魏、唐宋时期，告发父祖的子孙，都罪至处死⑧，而父祖告发子孙，即使是诬告，也不受处罚⑨。

明清律的规定在处刑方面与前代有所变化：

> 凡子孙告祖父母、父母……杖一百，徒三年，但诬告者绞。……（祖父母父母）诬告子孙（者），各勿论。⑩

子孙告祖，只有诬告者才处死，告实者只判处杖一百，徒三年，没有死刑了。但

---

① 《明律》卷一《名例律·十恶》"不孝"条注。
② 《明律》卷六《户律·婚姻》："凡祖父母、父母犯死罪被囚禁，而子孙嫁娶者，杖八十。"
③ 《论语·子路》。
④ 《睡虎地秦墓竹简》第196页所载《秦简·法律答问》。
⑤ 《睡虎地秦墓竹简》第195页所载《秦简·法律答问》。
⑥ 《汉书》卷八《宣帝纪》。
⑦ 如《史记》卷一一八《衡山王列传》所载衡山王太子爽坐告父不孝弃市事。
⑧ 《魏书》卷八八《良吏·窦瑗传》引律；《唐律疏议》、《宋刑统》卷二三《斗讼》"告祖父母父母"条。
⑨ 《唐律疏议》卷二四《斗讼》"告緦麻以上卑幼"条。
⑩ 《明律》卷二二《刑律·诉讼》"干名犯义"条。《清律》同。

改变的只是处刑轻重,儿子仍负有不可推卸的容隐父祖的义务。

前已述及,父祖享有对子孙的教令惩戒权,可以打骂子孙;子孙则相应地负有绝对恭谨尊重父母人格、遵守服从父母教令、绝对不准殴打咒骂父祖的义务。殴打父祖,是对父祖身体的直接侵犯,虽然也是广义的不孝行为,但因情节严重,所以不属"不孝"罪,而属性质更重的"恶逆"罪。咒骂包括咒和骂两方面的行为。咒是在背后的诅咒,不孝罪中的诅咒,是因对父母不满而作的一般诅咒,如果是以厌魅手段祈求父祖疾病死亡,则属对父祖身体的间接侵犯,是"恶逆"罪。骂是一般的詈骂。试看明清律下列条文中对普通人与子孙处刑轻重不同的规定:

> 凡斗殴,以手足殴人,不成伤者,笞三十。
> 凡子孙殴祖父母、父母,……皆斩;杀者,皆凌迟处死。①
> 凡骂人者,笞一十;互相骂者,各笞一十。
> 凡骂祖父母、父母,……并绞(须亲告乃坐)。②
> 若造魇魅符书咒诅,欲以杀人者,各以谋杀论;因而致死者,各依本杀法;欲令人疾苦者,减二等。其子孙于祖父母、父母,……各不减。③

同样的犯罪,刑罚却由于行为人是普通人或子孙而如此畸轻畸重。可见子孙服从父祖的义务的严峻性。

子孙有与父祖同居的义务,有把所得财产全归父祖所有的义务,未经父祖许可,子孙不得与父祖分户别居,对家庭财产没有所有权。这是古礼的基本原则之一,自曹魏、隋唐以来,也一直是古代国家的民法基本原则之一④。

子孙有侍奉赡养父祖的义务,如果有能力赡养父母而故意不赡养,就构成不孝罪:"凡子孙……奉养有缺者,杖一百(家道堪奉而故缺者,须祖父母、父母亲告乃坐)。"⑤"子孙奉养有缺"多发生在已实现生前继承⑥或父祖年老体弱的

---

① 《明律》卷二〇《刑律·斗殴》"斗殴"、"殴祖父母父母"条。《清律》同。
② 《明律》卷二一《刑律·骂詈》"骂人"、"骂祖父母父母"条。《清律》同。
③ 《明律》卷一九《刑律·人命》"造畜蛊毒杀人"条。《清律》同。
④ 参见本书第二章第五节之"'生前继承'的一般化"、第三章第五节之"'生前继承'法律地位的变化"。
⑤ 《明律》卷二二《刑律·诉讼》"子孙违犯教令"条。《清律》同。
⑥ 参见本书第二章第五节之"'生前继承'的一般化"、第三章第五节之"'生前继承'法律地位的变化"。

家庭。"子孙奉养有缺"罪在《唐律疏议》中原是判徒刑两年,自《大明律》起改为杖一百,减轻三等,把自由刑变成了身体刑,不使年老体弱的父祖因子孙服徒刑两年而陷于更加孤贫无依的境地。

子孙因父祖死亡而感到悲痛,本是人类正常的情感表现,日常饮食起居受到影响,是这种内心情感的外在表现,古人将此固定化、规范化,成为"礼"的重要内容之一。父祖死亡以后,子孙必须服丧示哀、苦行节欲:闻知父祖死亡,应立即进入服丧状态,在父母丧期内,子孙不得结婚,不得奏乐作乐,必须穿着特定的丧服,等等。服丧被看成与"孝道"密切相关的重要义务,所以狭义上的"孝子"又是正在服丧的儿子的特称。从正常的情感表现而来的服丧习惯走火入魔,发展成不近人情的丧期苦行节欲制度。如《唐律疏议》规定,在服丧期间生养子女者判一年徒刑,要求在三年丧期内夫妻分居。明清律虽然已没有这项内容,但其他的苦行节欲要求基本上与以前一样。与苦行节欲义务相关联,官员"孝子"还有"丁忧"义务,即在父母死亡以后,应辞去官职回家服丧,不履行这个义务,即有"冒哀求仕"罪①。

"孝"指导下的父母子女关系的特点,是双方权利义务关系的不平等,甚至有许多不近情理的内容。但也应注意到其中确有中华民族的优良传统,如奉养父祖的义务等。

第五节 继 承

一、"兼祧"的出现

传统继承法到明清时期早已基本定型。一个较大的发展,是"独子承祧"的出现。"独子承祧",即独子"以一人而为两家之后","既奉大宗之祀,又兼奉小宗之祀",俗称"兼祧"、"一子继两房"。

唐代以来的法律,都有"无子者,听养同宗于昭穆相当者"②一类规定,没有

---

① 《大明律》卷一二《礼律·仪制》"匿父母夫丧"条。清律同。
② 《唐律疏议》卷一二《户婚》"养子舍去"条疏文所引《户令》。《名公书判清明集》卷七《户婚门》"双立母命之子与同宗之子"条"仓司拟笔":"诸无子孙,听养同宗昭穆相当为子孙,此法也。"《元典章》卷一七《户部三·承继》"禁乞养异姓子":"旧例:诸人无子,听养同宗昭穆相当者为子。"《大清律例》卷八《户律·户役》"立嫡子违法"条例:"无子者,许令同宗昭穆相当之侄承继,先尽同父周亲,次及大功、小功、缌麻。如俱无,方许择立远房及同姓为嗣。若立嗣之后却生子,其家产与原立子均分。"

儿子的人，可以收养辈分合适的同宗侄辈为养子(嗣子)，以继承香火和家产。嗣子与收养人成立拟制的亲子关系后，与亲生父母的亲子关系必须转变为叔侄关系，"不可以一人而为两家之后"①，一个人不得同时成为两房的继承人。这样，如果大宗无子，而"同宗于昭穆相当者"都是独子时，由于"大宗者，尊之统也，大宗者，收族者也，不可以绝"②，就要让小宗独子出继大宗，以小宗之绝户来保全大宗的延续，此即"大宗不可绝，小宗可绝"。这种做法在感情上对小宗独子是一个很大的冲撞，所以，尽管"大宗不可绝"之说在历史上占主导地位，也仍然有"大宗可绝，小宗不可绝"③和"大宗、小宗皆不可绝"④的观点。

"不可以一人而为两家之后"的传统礼法观念，在明代嘉靖年间遭遇了一次严峻的挑战。明世宗朱厚熜由藩王入继皇位，按照传统礼法，他与生父的亲子关系应改变为叔侄关系，但他不愿这样做，从而引起了一场大争论，即明史上著名的"大礼之议"。不管这场争论的政治背景如何，从继承法角度看，"大礼之议"的实质是可否"一子两祧"之争。主张不可"一子两祧"的大臣们从"大宗不可绝，小宗可绝"的立场出发，认为"岂可既奉大宗之祀，又兼奉小宗之祀"⑤。而明世宗从"父子之情"的角度考虑，则认为"父母可更易若是耶"⑥。争论的最终结果是明世宗得胜，他既维持了与生父的亲子关系，称其已经去世的生父兴献王朱祐杬为"皇考"，不必为没有其他儿子的"皇考"另行立后⑦；同时又确认了与父辈老皇帝明孝宗朱祐樘之间的承继关系，称孝宗朱祐樘为"皇伯考"⑧。实现了"既奉大宗之祀，又兼奉小宗之祀"，开创了"以一人而为两家之后"的先例。但这毕竟是皇家特例，不能普遍适用。

---

① 《名公书判清明集》卷七《户婚门》有"不可以一人而为两家之后别行选立"判，文曰："登云以一身而跨有两位之产，又出何条令？"
② 《仪礼·丧服·子夏传》。
③ 《通典》卷九六："戴圣云：大宗不可绝，……族无庶子，则当绝父以后大宗。闻人通汉云：大宗有绝，子不绝其父。宣帝制曰：圣议是也。"
④ 《通典》卷九六："魏刘德问：以为人后者，支子可也，长子不以为；同宗无支子，唯有长子，长子不后人，则大宗绝后，则违礼，如之何？田琼答曰：以长子后大宗，则成宗子礼，诸父无后，祭于宗家，后以其庶子还承其父。"
⑤ 《明史》卷一九〇《蒋冕传》。
⑥ 《明史》卷一九一《毛澄传》。
⑦ 《明史》卷一一五《睿宗兴献皇帝传》："初，杨廷和等议封益王次子崇仁王厚炫为兴王，奉献帝祀。不允。兴国封除。献帝有长子厚熙，生五日而殇。"
⑧ 《明史》卷一七《世宗本纪一》。

满清入主中原之初，仍不允许一般的兼祧。乾隆前期，因太仆少卿鲁国华条奏，经部议准行"独子不准出继"的"独子之例"①，并贯彻于司法实践。如乾隆三十一年(1766)，平湖富室殳凤于夫妇身死无子，其兄也只有一个独子，因为独子"例难出继"。殳凤于的远房堂侄殳球便主张，按顺序应当立他为嗣子继承家业，从而引发了一起继承讼案。官府认为，"(殳球)既非凤于之所择，又非房族之所推，复无本生父之命"，所以不能立为殳凤于的嗣子。于是只能作绝户处理，"援无子祔食之例，立殳凤于祭户祔伊父名下，令其兄子永远奉祀"②。

不过，满清以武力夺得天下，对军人特别照顾，所以阵亡将士无子者，如其应继之人是独子，也允许该独子出继。后来又扩大适用范围，"军营病故乏嗣人员，请照阵亡之例，准以独子立嗣"③。在此基础上，最后将"独子承祧"确立为普遍适用的法规。

乾隆四十年(1775)闰十月，为制定《独子承祧例》而颁布上谕：

> 户部奏军营病故乏嗣人员，请照阵亡之例，准以独子立嗣一折。已依议行矣。独子不准出继，本非定例。前因太仆寺少卿鲁国华条奏，经部议准行。但立继一事，专为承祧奉养，固当案照昭穆之序，亦宜顺孀妇之心。所以例载"嗣子不得于所后之亲，准其另立"，实准乎情理之宜也。至独子虽宗支所系，但或其人已死，而其兄弟各有一子，岂忍视其无后？且见存者尚可生育，而死者应与续延。即或兄弟俱已无存，而以一人承两房宗祀，亦未始非从权以合经。又或死者有应袭之职，不幸无嗣，与其拘泥独子之例，求诸远族，何如先尽亲兄弟之子，不问是否独子，令其继袭之为愈乎？嗣后遇有孀妇应行立继之事，除照例案依昭穆伦次相当外，应听孀妇择其属意之人，并问之本房是否愿继，取有合族甘结，即独子亦准出继。庶穷嫠得以母子相安，而立嗣亦不致以成例阻格。该部即照此办理。著为令。④

确立了"独子亦准出继"、"以一人承两房宗祀"的原则。随后，又将这条上谕编

---

① 《大清高宗纯皇帝实录》卷九九五"乾隆四十年乙未闰十月"。
② 〔清〕汪辉祖《汪龙庄遗书·病榻梦痕录》卷上。
③ 《大清高宗纯皇帝实录》卷九九五"乾隆四十年乙未闰十月"。
④ 《大清高宗纯皇帝实录》卷九九五"乾隆四十年乙未闰十月"。

纂为《独子承祧例》：

> 无子立嗣，……如可继之人亦系独子，而情属同父周亲，两相情愿者，取具阖族甘结，亦准其承继两房宗祧。①

这就是"一子两祧，为国朝乾隆间特制之条，所谓王道本人情也"②说法的由来。由该条例可知，兼祧的要件是：一房无子，一房独子，两房为"同父周亲"即同父兄弟，双方同意，并通报族人书面见证。族人的同意与否，不影响兼祧的成立。

此例一出，独子便由"例难出继"而变为"例得出继"，百姓实行兼祧，官府判定兼祧，都有了法律依据。清代著名幕友汪辉祖曾经办过一个兼祧案：

> 〔乾隆五十三年（1788）〕寡妇郑宋氏无子，欲继亲侄郑观。族人谓："（郑）观无兄弟，且父死，不宜后他人。"宋诉县及州，越四年，诉本道，发余（汪辉祖）关讯，余先关卷核之曰："（郑）观宜嗣宋无疑，孀妇立继，听其自择昭穆相当，独子勿禁。传曰：'已孤不为人后'，谓不受命于所生父也。今例得出继，天子之命矣，又何讯焉？"……径援例议详，世公批允。③

该案中郑宋氏夫亡无子，郑观是独子，其父与宋氏之夫是同父兄弟，符合兼祧的法定条件，官府就排除族人阻挠，确认由郑观兼祧。

乾隆以后各朝，兼祧被普遍运用。如光绪年间，有个叫吕联珠的举人，"有从叔，其一贫，无子，请兼祧侍养。叔严急，事之尽礼；其一出远游，以废疾归，奉于家，丧葬婚嫁力任之"④。再如光绪帝死后，由溥仪入承大统为嗣皇帝，西太后颁诏说明其承继关系："前因穆宗毅皇帝（同治帝）未有储贰，曾于同治十三年十二月初五日降旨，大行皇帝（光绪帝）生有皇子，即承继穆宗毅皇帝为嗣。现在大行皇帝龙驭上宾，亦未有储贰，不得已以摄政王载沣之子溥仪承继穆宗毅皇帝为嗣，并兼承大行皇帝之祧。"⑤即溥仪以同治帝嗣子（也是一种独子）身份兼祧光绪帝，可见上至帝王、下至庶民都适用兼祧。

---

① 《大清律例·户律》"立嫡子违法"条例。
② 〔清〕俞樾《俞楼杂纂》卷一一《丧服私论·论独子兼祧之服》。
③ 〔清〕汪辉祖《汪龙庄遗书·病榻梦痕录》卷下。
④ 《清史稿》卷四九九《孝义传三·吕联珠》。
⑤ 《东方杂志》第五年第十一期（光绪三十四年十一月二十五日发行）。

兼祧制度和"户绝财产果无同宗应继之人,所有亲女承受"的规定一起,使"(绝户)无女者,听地方官详明上司,(财产)酌拨充公"①几成具文。兼祧子担负着为父亲(所生父)和无子的伯(叔)父(兼祧父)两个人延续香火的责任,同时继承所生父与兼祧父两房的财产,所以又称"一子两祧","两房合一子"。

实际生活中,兼祧子往往娶有两房妻子②,其中一个作为所生父的媳妇,另一个作为兼祧父的媳妇,她们所生的儿子,也相应地分别作为所生父与兼祧父的孙子。两房的孙子,只能继承各自房分的宗祧和财产。如:

> 余万全之父余笃生承继两门,各为娶妻。长门为其初娶张氏,继娶王氏,生子万全。二门为其初娶雷氏,无出,纳妾杜氏,生子万德。各承其嗣。③

因为兼祧子所继承的两房财产由各房的孙子分别继承,所以兼祧子不能把所继承的两房财产合而为一。这一现象反映了中国继承观念中的一个"传"字,即谚语所谓"好男不吃分时饭,好女不穿嫁时衣",他们所继承的财产不能在自己的手中消耗掉,而应一代一代往下"传"递。如果谁断送掉了祖"传"田宅,非但本人会痛心疾首,无地自容,感到上对不起祖宗,下对不起子孙,世人也会目之为"败家子"、"不孝之子"。这种观念也体现到了立法上,明初《大诰续编》谓:"父母已成之业毋消(人子承守父母产业者,必使常存,不至典卖及犯法而消废,则谓之孝)。"④明清时期还规定:"若无子之人家贫,听其卖产自赡。"⑤换言之,一般情况下是不允许人们"卖产自赡"的。

二、奸生子继承权的上升

奸生子,现代民法中称为非婚生子,俗称私生子。

前文曾经论证,唐代制定、宋代沿用的《应分条》规定:"应分田宅及财物者,兄弟均分";"兄弟俱亡,则诸子均分"。其中的"兄弟"、"诸子",包含嫡子与

---

① 此为清代法规,见《大清律例》卷八《户律·户役》"卑幼私擅用财"条例。明代律令除个别字句有不同外,实质内容完全相同,见黄彰健编著《明代律例汇编》卷四《户律一·户役》。
② 因兼祧而一人两妻的做法,违反了不准"有妻更娶妻"的禁则,背离了"礼无二嫡"的原则,实际上是不合法的。
③ 《大清律例会通新纂》卷九《户律·婚姻》附《刑案汇览》。
④ 《御制大诰续编·明孝第七》。
⑤ 《大明律·户律》"立嫡子违法"条例。《大清律例》卷八《户律·户役》"立嫡子违法"条例同。

庶子①,但是未提及是否包含奸生子。唐代天宝六载(747)有一条敕令:

> 百官、百姓身亡殁后,称是别宅异居男女及妻妾等,府县多有前件诉讼。身在纵不同居,亦合收编本籍,既别居无籍,即明非子息。及加推案,皆有端由,或其母先因奸私,或素是出妻弃妾,苟祈侥幸,利彼财产,遂使真伪难分,官吏惑听。其百官、百姓身亡之后,称是在外别生男女及妻妾,先不入户籍者,一切禁断。辄经府县陈诉,不须为理,仍量事科决,勒还本居。②

官民死亡后,有人自称是死者的不在同一住所居住的"子女"、"妻妾",官府经常遇到这类案件。按照当时的户籍法,父母在世时,子女即使与父母不在同一住所居住,其户籍也应归附于父母③。既然不在同一住所居住,又不隶属同一户籍,即表明其没有亲子关系。分析其案情,也都是事出有因。这些"子女"的母亲,或是曾经与死者通奸,或是死者的离婚妻妾,他们投诉的目的在于分享遗产,因为事出有因,以致真假难分,搅乱了官府的视听。为此特规定:官民死亡之后,如有自称是死者在外所生的子女以及妻妾,凡当时未曾录入死者户籍的,一律禁止向官府投诉。擅自投诉的,不予受理,并酌情处罚,勒令返回原居所。

"别宅异居男女"有的是因为其母曾与死者通奸提起诉讼,即以"奸生子"(非婚生子)身份提起诉讼,其主要目的在于继承一点遗产。上述敕令强调对此"一切禁断,辄经府县陈诉,不须为理,仍量事科决,勒还本居",应该是因为私生子在当时没有继承权。所以可以认为,《应分条》所谓"应分田宅及财物者,兄弟均分"、"兄弟俱亡,则诸子均分"中的"兄弟"、"诸子",不包括奸生子。

至金元两代,奸生子的继承地位有所改变,当时规定:"应争家财,妻之子各四分,妾之子各三分,奸良人及幸婢子各一分。"④令文所说"奸良人子",即奸生子,他们也成了法定继承人,虽然份额只是前者的四分之一或三分之一。明清更进一步明确、提高了奸生子的法定继承份额:

> 其分析家财田产,不问妻妾婢生,止以子数均分。奸生之子,依子量

---

① 参见本书第四章第五节"一、继承份额上的平均主义"。
② 《宋刑统》卷一二《户婚》"卑幼私用财"条所引唐令。
③ 参阅《唐律疏议》卷一二《户婚》"子孙别籍异财"律律文及疏。
④ 《元典章》卷一九《户部五·家财》"吴震告争家财"所引金例。

与半分,如别无子,立应继之人为嗣,与奸生子均分,无应继之人,方许承继全分。①

在一般情况下,奸生子可以与嫡庶诸子(包括婢生子)同时实现财产继承,但份额只有后者的二分之一。如果被继承人无嫡庶诸子而立"同宗昭穆相当者"为嗣子,奸生子就与嗣子有同等的财产继承权,适用"均分"原则。如果既无嫡庶诸子,又无"同宗昭穆相当者"可立为嗣子,奸生子就可以继承全部家产。

明代万历、天启年间,叶茂因为没有儿子,"曾典徐矮子妻胡氏为妾,以图生男",但因叶茂妻汪氏妒忌,"赁外宅以处胡氏",生有一子名叶礼。叶茂死后,叶茂的嫡侄叶超提起财产继承诉讼。如果叶礼是在叶茂本宅所生所育,就是名正言顺的"嫡庶诸子"中的"庶子",有完全的继承权,"虽积金如斗,谁敢垂涎?"但因为他是外宅所生,类似前引唐代敕令所称"在外别生男女",其"诸子"身份有疑,"为真为赝,俱未可定",于是官府以"兄弟之子犹子"为依据,判决叶茂的家产由叶礼、叶超"两股均分"②。看来官府处理此案的法律依据就是"如别无子,立应继之人为嗣,与奸生子均分"。

三、赘婿(养老女婿)继承权的巩固

如前所述,由于宗法观念的影响,赘婿继承家产的事实,长期得不到法律承认,《唐律疏议》与《宋刑统》甚至未提及赘婿。南宋绍兴三十一年(1161)的"均分给"法③,规定赘婿持有承产遗嘱时,应与立嗣子均分遗产,也就是说,赘婿承产必须以岳父遗嘱为前提。

元代分赘婿为养老女婿和舍居女婿两大类④。养老女婿要为岳父母养老送终,终身为女方家庭的正式成员,故独子不得出赘为养老女婿;舍居女婿则是婚前立定年限,期满得离开岳父母家(出舍)携妻归宗,故亦称年限出舍女婿,实为劳役婚女婿,不是严格意义上的作为女方家庭正式成员的赘婿。元代司法实践中,随年限女婿归宗的出嫁女,即使没有遗嘱,她对绝户娘家财产的

---

① 黄彰健《明代律例汇编》卷四《户律一·户役》。《大清律例》卷八《户律·户役》"卑幼私擅用财"条例。
② 〔清〕李清《折狱新语》卷二《承袭·醢嚼事》。
③ 参见本书第五章第五节。
④ 《通制条格》卷四《户令·亲属分财》。

继承份额可以优于其他出嫁女,亦即其中包含了舍居女婿的继承份额。但如果娘家已立有嗣子,她就和其他出嫁女一样,不能再回娘家继承遗产了。养老女婿的继承地位更优于舍居女婿,据元贞元年(1295)案例:

> 中书省礼部呈:卫辉路获嘉县人户贾拾得告,故伯父贾会首与拾得等全家祖庄住坐,后为天旱,他处趁熟;回还,有伯父召到养老女婿张威,将房舍地土昏赖,不令拾得为主。照勘得贾拾得不曾附籍。本部议得:张威虽于贾会首户下附籍,合将应有事产令侄贾拾得两停分张,同户当差。都省准拟。①

养老女婿张威的岳父贾会首去世,贾会首的侄子贾拾得视张威的承产为"昏赖",即不法占有,故要求由自己继承其伯父的全部遗产。礼部判决张威与贾拾得平分家产,并得到中书省批准。贾拾得须与张威"同户当差",实际是被礼部视作嗣子。如果贾会首生前留有遗嘱处分家产,礼部不会不提及,看来是没有遗嘱。被继承人的侄子贾拾得是此案原告人,虽然礼部处理此案的出发点是保护侄子(嗣子)的继承权,但也透露出即使没有遗嘱,养老女婿的继承权也已得到国家的承认。礼部没有提及其作出以上判决的法律依据,看来当时还没有制定出有关的法规。

养老女婿在岳父家的地位,恰似媳妇之在婆家,常有被"出"(驱逐、离婚)之虞,官府对此也有所控御,如:

> 至元十六年(1279)五月,中书省礼部呈:清平县樊裕告婿刘驴儿作贼,合无离异。本部议得:夫妇之道,人伦至重。若男弃妇,犹有"三不出"之义,女子从人,岂得反弃其夫?参详樊裕元召刘驴儿作养老女婿,已有所出,虽曾作贼经断,似难离异。都省准呈。②

养老女婿虽然曾经因作贼而被官府处理过,但他在岳父家已经生有子女,就不得随便离异。据此精神,后来又明确定:"诸有女纳婿,复逐婿,纳他人为婿者,杖六十七。后婿同其罪,女归前夫,娉财没官。"③

---

① 《通制条格》卷四《户令·亲属分财》。
② 《通制条格》卷四《户令·嫁娶》。
③ 《元史》卷一〇三《刑法志二·户婚》。

明代对元代法律既有沿袭,又有变革,它一方面仍惩罚逐婿嫁女行为:"凡逐婿嫁女,或再招婿者,杖一百,其女不坐。男家知而娶者同罪,不知者亦不坐。其女断付前夫,出居完聚。"[①]另一方面又规定:"招养老女婿者,仍立同宗应继者一人承奉祭祀,家产均分。"[②]清代沿袭这一规定[③]。仅凭其赘婿身份,便可与嗣子抗衡,继承岳父母的遗产,不再需要借助遗嘱的力量,赘婿(养老女婿)继承权得到空前巩固。

第六节 民 事 诉 讼

中国传统法律制度到唐代已经定型,但随着君主专制中央集权的加强,宋、元时代也有不少发展。到了明代,又对诸种变革加以整理、完善,所确立的法律制度完全为清代所承袭。因此,明清时代的法律制度可以视为中华法系的最后代表,民事诉讼法律制度也不例外。

一、司法审判组织

明清时代的中央司法审判机关主要是刑部、大理寺及都察院,号称"三法司",但职掌与唐不同。刑部总理天下刑名,已成为中央最高审判机关和司法行政机关;大理寺则专管复核,不再直接受理审判案件;都察院为御史台所改,仍职掌纠察百司,辨明冤枉。

明代地方司法审判机关随地方行政建制分以下三级(清代为四级):第一审级:县、州;第二审级:府、直隶州;第三审级:省。在明代,按察使司是地方最高司法机关,在清代则仅是一省的刑名总汇,为第三审级。清代地方最高审级则为总督、巡抚,只有他们才能对徒刑案件作出有法律效力的判决。中央对地方司法审判的控制加强了。

明清承前之制,刑案多依案件大小、罪刑轻重来确定法院的审级管辖。笞、杖罪案件,州县即可当堂断决,"杖枷发落",但徒罪以上案件,则必须定拟审转,经初审提出判决意见后转呈二审机关。民事案件习称"自理词讼",

---

① 《大明律》卷六《户律三·婚姻》"逐婿嫁女"。
② 黄彰健《明代律例汇编》卷六《户律三·婚姻》。
③ 见《大清律例》卷一〇《户律·婚姻》"男女婚姻"条例。

由州、县全权管辖。"各省户婚、田土及笞杖轻罪由州县完结,例称自理。"①范围主要包括户籍、差役、赋税、田租、土地、婚姻、继承、债务、水利等纠纷,以及斗殴、轻伤等案件。府和直隶州对其辖地的民事案件也可作为一审机关直接受理。

明清虽有审级的划分却无终审的规定,审级的确定主要是为了司法程序的便利与对下级的监督,形成一种良好的运行机制。因此,各有管辖权的衙门于理断不公或对冤抑不予审理时,诉讼可因之转移于上一级审判衙门直至中央。然而,如果原案未经结绝而转向上一级审判衙门陈告,则视为越诉而不予受理,以防滋事妨扰官府。另一方面,审判机关内部的司法监督机制也加强了。清制,州、县衙门审判户婚、田土等民事案件,必须"设立循环簿,将一月内事件填注簿内,开明已未结缘由。其有应行展限及覆审者,亦即于册内注明,于每月底送该管知府、直隶州知州查核,循环轮流注销"②。

明清时期,一审民事案件的管辖可分地区管辖与身份管辖两种。地区管辖一般采取被告居所地原则:

> 户婚、田土、钱债、斗殴、赌博等细事,即于事犯地方告理,不得于原告所住之州县呈告。原籍之官,亦不得滥准行关;彼处之官,亦不得据关拘发,违者分别议处。③

但若工商之人外出营业而发生钱债等纠纷,法律则明确规定采取被告营业地原则,不准向被告的户籍所在地司法机关起诉,致扰民生烦,以适应明清工商业发展的需要。明代《问刑条例》规定:

> 凡内外放债之家,不分文约远近,系在京住坐军匠人等揭借者,止许于原借之人名下索取,不许赴原籍逼扰。如有执当印信阅单勘合等项公文者,提问,原债不还。④

清代也规定:

---

① 《清史稿》卷一四四《刑法志三》。
② 《大清会典事例》卷八一七清律第334条附例。
③ 《大清会典事例》卷八一五清律第332条附例。
④ 《皇明制书》(校勘本)下册,社会科学文献出版社,2013年,第427页。

> 直省客商，在于各处买卖生理，若有负欠钱债等项事情，止许于所在官司陈告，提问发落。①

此外，各司法机关也可以承办上级交付的非其管辖地的上诉案件。如前代那样，虽然受理无管辖权的案件为非法，但司法官运用自己的智慧与法律空隙予以受理而平冤抑的，也不乏其人，如：

> 郭彭祥宏(弘)治间守眉州，问刑明决。邻封合州有兄弟二人，兄官别省，其赀每托弟携归置产，契券俱弟收掌。兄卒于官，嫂扶榇归，弟绝无所与，又无籍可稽。嫂诉于州，讯不复，乃越境诉于郭。郭即隐告者，取狱中贼指扳其弟为同伙，乃移文本州械致。诘曰："汝与某人为盗致富。"其弟泣曰："吾兄仕宦所得，未尝盗也。"固诘之，词甚详，一一录记。乃速其嫂语之，弟遂款服，还赀产。②

本案就是以审刑事案件之名而行审民事案件之实，利用刑事案件共犯系属中的追摄规定，迫使被告吐露真情而达到解决讼争的目的，又不违反法律对诉讼程序的规定。

至于身份管辖，明代因为实行世军制，军人自成诉讼系统，由各地驻军卫所自设"镇抚司"、"镇抚"处理军人之间的诉讼，省都指挥使司设"断事司"作为军人诉讼上诉申机关。军人与平民之间的诉讼，由管军衙门与州县衙门共同审理。军人控告民人的民事案件，由州县衙门自行审理。而由于政权的民族背景，清代的身份管辖比明代更复杂。除了军民互为诉讼体系外，还有旗人也自成诉讼审判体系。旗人相告的民事案件由旗员与该府专理旗人案件的佐贰官理事同知或理事通判共同审理。旗人、民人相争的民事案件，由州县衙门自理，如旗人败诉的，则须审解该府理事同知或理事通判发落③。另外，清代还规定，"化外人"、蒙古人、回人、苗人于所在民族地区发生的民事案件，依所属地区的单行律例处断④。

明清地方司法审判采取独任制，基层州县地方长官必须亲临讯讼。上级

---

① 《大清会典事例》卷八一五清律第 332 条附例。
② 〔明〕吴讷《棠阴比事补编·彭祥还赀》(点校本)，中华书局，1985 年，第 10 页。
③ 《大清会典事例》卷八一九清律第 341 条。
④ 《大清会典事例》卷一三九清律第 34 条。

的知州下设通判,知府下设推官,布政使设"理问所"专职辅佐司法审判。从明代后期开始,各级长官普遍礼聘"幕友",帮助解决繁杂庶务,尤其是专业性很强的司法审判事务。幕友中与司法相关者主要是"刑名"幕友,办理绝大部分司法审判事务。而帮助长官处理财政事务的"钱谷"幕友也负责一部分司法审判事务。据清代名幕王又槐称:

> 夫刑、钱之分,须视其告者来意为著何事。如意在争田房、索钱债、交易税契等类,内有一二语牵涉斗殴无伤、赌博无据以及别项不法之事,并干连坟山争继者,皆归钱谷。若告斗殴、奸伪、坟山、争继、婚姻及有关纲常名教一切重事,词内有钱债应追、田产不清等类,应归刑名。至驿站、钱粮、马匹、差使应付、解饷、运铜、采买估变、牙行客欠、行销茶盐、鼓铸制钱,一切有关钱粮水旱并修理工程之事,概归钱谷。其驿站公文迟延、勘合错失、引盐硝磺过境、递解人犯差员,及过往官员、患病监犯、军流口粮,并届限起解遣配人犯,内有应追钱债、应变房产,与夫官员到任履历谢禀、级纪参罚、丁忧、告病、病故、乡饮、请旌、诰封、荫袭、名宦乡贤、考试书籍、义学捐官、在籍绅衿事故、保甲烟户、庵观寺院、阴医僧道、书役门军、禁卒更夫,一切巡查防范、整饬风俗、宣施教化之事,统归刑名。①

由此可见,清代的民刑案件依旧没有严格的划分。民事案件一旦涉及纲常名教,就带上了刑事色彩。所以,原则上田宅、钱债等纯粹民事案件由钱谷幕友办理,而刑名幕友则除了办理叛逆、人命、盗贼、斗殴、奸情等刑事案件外,还负责坟山、争继、婚姻等民事案件。

幕友虽非正式官员,但因所务甚专,故州县官常倚为左右手,甚至"钱谷刑名一切咨之幕友,主人惟坐啸画诺而已"②。故幕友个人的品质对案件审理的公正与否至关重要。刑、钱幕友主要是通过以下两方面操纵具体司法审判事务。

第一,批答案牍。从州县到督抚,在民刑案件和其他司法行政公文上,以主官名义批写的判词、批语、札饬等全是幕友的代笔。州县一切民刑呈状,或直接"分送刑、钱幕友",或先送州县官过目,再"送刑、钱处",由幕友对案情进行初

---

① 〔清〕王又槐《刑钱必览》。
② 《皇朝经世文续编》卷二三"吏政八·幕友说"。

步分析，作出准理或不准理的批示。幕友一般只要将批答情况告之州县官即可①。至于府、道、司、督抚等上级机关审转的案件和公文，也由幕友代官批答。

第二，听讯拟律。刑名案件虽然由州县官亲临审断，但幕友可以在堂后听讯，并协助审讯案件，策划如何审理。而且，不论是州县官可以自理堂判的笞杖罪案件还是只能拟律审转的徒罪以上案件，实际上多由幕友代拟判决。

清代虽然有不少如汪辉祖之类才识兼优的良幕，但是，"其刑名、钱谷幕友中，劣多佳少，往往亦把持公事，串通差吏，挟制居停，作威作福之处，不可胜言"②。他们与被时人称作"衙蠹"的胥吏上下勾结，舞文弄法，敲诈勒索，给法制带来了极大的破坏。

明清地方政府胥吏分吏、户、礼、兵、刑、工六房。一般户房胥吏承办田土、房宅、钱债等案件，礼房胥吏承办婚姻、继承、坟山等案件。但各房胥吏职务划分并不严格。一旦涉及刑律，即使是因土地、债务引起的纠纷，也由刑房办理。从州县乃至中央部院，都有胥吏承揽衙门堂事、勘验、票稿、文牍、部务以及档案事务，由此成为司法审判活动的具体运作者。由于明清胥吏长期把持衙门，熟悉成案惯例和当地情况，所以他们对司法审判的影响往往最为直接。

二、告诉及其代理

明清民事诉讼大体准用刑事审判程序而较为简略粗疏。

明清承前代之制，民事诉讼只能在放告日（每月逢三、六、九日）提起，农忙期间（八月初一至次年三月三十日）停讼不理。呈控必须具备状词，清代分正副二状，正状详载原词，由州县官自存，副状只填注语，由衙门加批发示。状纸有一定的格式，清《福惠全书》载有样本③。

　　正状式
　告状人某告为某事
　　　　　　上告
　本州（县）正堂老爷　施行

---

① 蔡申之辑《清代州县故事》"门房·稿案签押"。
② 〔清〕郑观应《盛世危言》"书吏"。
③ 参见〔清〕黄六鸿《福惠全书》卷一一。

　　　　计开

　　　被告某住某村,离城若干里

　　　干证某　同前

　　　两邻　同前

　　　地方　同前

　　年　月　日告状人　年岁　某府某县某里某甲籍住某村离城若干里

　　　　抱告某人

　　　　代书某人

　　　副状式

告状人某告为某事

　　　被告某住某村,离城若干里

　　　干证某　同前

　　　两邻　同前

　　　地方　同前

　年　月　日告状人某

　　　　抱告

　　　　代书

状式全国并不统一,但一般应包括以下主要内容:

(1) 时间:写明确切的年、月、日。状内有关案情的时间更应明确,不能用去年、今年、前月、今月、当日、此日之类;

(2) 事实:所告之事不得称疑;

(3) 告诉人、抱告、代书:均应写清姓名、住址、籍贯;

(4) 画押:告诉人应签押[①]。

民事诉讼还必须注意:

(1) 不得于呈词内牵连无辜者;

(2) 不得呈控不干己之事;

(3) 遵守状式要求;

(4) 告田土须地邻,告债负须中保及粘连契据,告婚姻须媒证;

---

① 明《律法全书》卷一一。

(5) 争控坟穴山场,不得以毁冢灭骸盗发等词,架词装点,希图耸听①。

(6) 不得超过民事诉讼时效。"告争家财田产,但系五年之上,并虽未及五年,验有亲族写立分书已定,出卖文约是实者,断令照旧管业,不许重分再赎,告词立案不行。"②

违反上述规定,不仅告诉官府不予受理,而且触犯刑律的还要治罪。

明清承袭元代代理制度而又有发展。规定官吏、生监、妇女、老幼笃疾准令丁男近亲属或奴仆抱呈代告。"凡官吏有争论婚姻、钱债、田土等事,听令家人告官理对,不许公文行移。违者,笞四十。"官员身份并不限于现任,此项规定主要是防止官员挟势凌人,使枉直无从对理。又,"生监、妇女、老幼、废疾,无抱告者不准"③。这一诉讼代理制度除了为防止妇女及老幼废疾因犯罪俱可收赎而诬告害人外,更在于维护讲究礼义廉耻的礼教道德风化。士绅为民众所本,国之倚重,如果告状争控,屈膝公堂,则斯文扫地,轻蔑礼义,所以,士绅必须由家人奴仆抱告。州县官的传票中不许点士子姓名,士子到堂须待之以礼。对士子一般不得用刑,用刑必须先由学官革其功名,将其开除士绅行列,以维护士绅的名声和地位。清代,妇女不得出庭,州县官接到户婚田土案件后,"凡词讼牵连妇女者,于吏呈票稿内即除其名,勿勾到案。其有不待呼即至者,不许上堂,只讯男丁结案。……凡所以养其廉耻,亦维持风教之一端也"④。

明清不再设书铺,转由官府通过考试择取"代书",作为代写词状的合法途径。雍正七年(1729)定例:

> 内外刑名衙门,务择里民中之诚实识字者,考取代书;凡有呈状,皆令其照本人情词据实誊写,呈后登记代书姓名,该衙门验明,方许收受。无代书姓名,即严行查究。其有教唆增减者,照律治罪。⑤

代书人经官备案认可,号为"官代书",承接了大多数书写呈词事务。明清对官代书也多加防范,规定官代书必须依照法定程式,全面翔实地代写诉讼当事人

---

① 《大清会典事例》卷八一七清律第336条附例,及《大清律例会通新纂》引同治十二年通行条款。
② 明《律条疏议》卷二二引大明律第365条。
③ 《大清律例会通新纂》"越诉"条附例。
④ 〔清〕徐栋《牧令书》卷一七袁守定《听讼》。
⑤ 《大清会典事例》卷八一九清律第340条附例。

呈词,违者轻则斥责革退,重则依律治罪,以防官代书变成讼棍。

然而,由于政府将争讼视为恶习而多加限制,幕僚胥吏又往往百般刁难,勒索钱物;另一方面,胜诉争财之心人皆有之,因此,纷争一起,不少人便厚资请托与幕吏有染的讼师代打官司。讼师则趁机于幕后兴风作浪,颠倒黑白,搬弄是非,恐吓诈财,害民扰官。"偶遇小事小故,辄代驾虚词投官府,以疾病老死者为人命,以微债索逋者为劫夺,以产业交易、户婚干连者为强占、为悔赖。"①所以,明清承前之制,严格禁止和惩处讼师活动,"凡教唆词讼,及为人作词状,增减情罪诬告人者,与犯人同罪。"并对撰造刻印讼师秘本者罪拟满流②。

三、调解与审判

州县官收呈后,根据状词所述案情和律例作出批词,决定准理或不准理。官府审理民事案件一般必先考虑调处和解,一方面避免当事人涉入诉讼后遭受不必要的损失和困难,另一方面也为司法机关疏减讼源,还可淳厚风俗。州县官如认为所告之事细微而不必在堂上处理,就批令乡里亲族进行和解,或再加派差役协同乡保处理,调处后回禀衙门销案。

民事纠纷大多发生在亲友、乡邻之间,宗族、村邻所进行的民间调处易于尽得其情而息讼,所以历代统治者都非常重视民间调处在解决民事纠纷中所不可取代的作用。明初设申明亭及里甲老人和解纷争。户部《教民榜文》明定:

> 民间户婚、田土、斗殴、相争一切小事,不许辄便告官,务要经由本管里甲老人理断。若不经由者,不问虚实,先将告人杖断六十,仍发里甲老人理断。③

至清代,随着宗族势力的发展,民间调处的作用有了更明显的加强。民间调处依宗法和行政系统分为族长、亲友调处和乡保调处两种。

族长、亲友调处。族长拥有宗族内部的行政、司法、祭祀等权力,由于财产纠纷多发生在亲友之间,所以由族长、亲友中的尊长进行劝释,以顾全亲族情谊为出发点排难解纷,具有良好的效果。在官府的支持下,许多地方的宗族都

---

① 〔清〕徐栋《牧令书》卷一八王元曦《禁滥准词讼》。
② 《大清会典事例》卷八一七清律第340条及附例。
③ 《皇明制书》卷九《教民榜文》。

具有一级司法机构的作用。"凡劝道风化,以及户婚、田土争竞之事,其长(族长)与副先听之,而事之大者,方许之官。"①特别是立嗣、继承等关系宗族名分的民事案件,大清律明文规定要由族长负责处理:"妇人夫亡无子守志者,合承夫分,须凭族长择昭穆相当之人继嗣。"②族长为了维护族权和本族的声誉,往往对族人的诉权加以干涉,令其在本族内"私休",不许擅自告官,否则即予责罚。有的家族还把这点明文规定在家规、族规中。如彝陵陈氏《家范》规定:

> 凡同宗有衅,无论事之大小,皆当先请族正长来祠问明理处,万难解释,然后可白于官。倘未经评,率先控告,公同议罚。③

即使是官府已经受理的案件,只要族长声明已经由族内"责以家法",调处完毕,官府即可批准销案。

乡保调处。明清地方官经常把呈状批交乡保调处。乡保接到批示,应立即召集两造调处、裁决,然后向官府上呈说明情况及处理意见,请求销案,乡保必须对自己处理案件的后果负责,官府于此只是起审查批准的作用,这在当时已成为普遍的习惯。如果乡保调处不成,必须要禀复说明两造不愿私休,官府才下传票提讯一干人证。

民间调处便利易行,不致结怨,所以明清大多数的民事纷争都由此了结。如果当事人定要上诉官府,州县官也是将调处和解作为审理民事案件自然的出发点和重要手段而贯穿于诉讼过程的始终,因为当时审理民事案件所注重的并非法律程序,而是为了申明人情物理,体现礼教伦常的要求。

词讼呈告后,法官即传唤原告、被告与干证人到官理对。开始审讯,依原告、被告及干证人的顺序询问各自的姓名、年龄、籍贯、职业以及讼争标的,最后共同质对,以见真伪、曲直。

民事诉讼注重实证。告田园、房屋、坟墓、钱债、婚姻、继承、行账等事,必须粘连契券、绘图、注说、婚书、阄书或分数、行单等。事涉田土,州县官府还须实地勘丈,制图附卷。对民事案件的审讯,必须准情酌理,详细推鞫。清人王植对此有详尽的论述:

---

① 《皇朝经世文编》卷五八张海珊《聚民论》。
② 《大清律例》卷八《户律·户役》"立嫡子违法"条例。
③ 《义门陈氏大同宗谱·彝陵分谱·家范》。

户田之讼,惟查印册。丈量有册,垦报有册,过户有册,实征有册。数册互参,核其年月;册皆有据,察其后先;土田淆混,核其四至;四至相类,核其形图;形图不符,勘其现田,此其法也。坟山之讼,问其户税;有官有私,阅其形图;相近相远,质之山邻;何时殡葬,经祭何人;就供问证,以图核词;勘其形势,以地核图;聚族之葬,他姓莫参;众姓错葬,略分界址;穿心九步,以为成规;粤中人满,变通以济,此其法也。券约帐簿,真伪间杂,字有旧新,纸有今昔,蛀痕可验,长短可比;如其伪契,数张同缴,年月远隔,纸张一色,必有赝契;如其伪帐,数年完欠,一笔写成,字迹浓淡,亦恒相近,必有赝约;加以面试,当堂授笔,纵有伪捏,可辨笔姿,此其法也。非买言买,非借言借,非偿言偿,则当研审;立契何地,交银何色,成交何所,同见几人,隔别研讯,供必不符,再令同质,虚实难欺,此其法也。粤地婚媾,鲜用书启,庚帖所书,即云文定,媒证可问,爰问其详,隔别研讯,书帖何所,主婚何人,宴待何处,送礼何仆,如其伪者,必有参错,实情可得,罪有所归,此其法也。①

在收集与分析证据的审理程序终结,是非判明之后,法官即可堂断(堂谕)结案。依照《大明令》的规定,这一审结期限为:"小事五日程,中事七日程,大事十日程。"②清代延至二十日。但遇特殊情况可不受这一期限的约束。清制:"州县审理词讼,遇有两造俱属农民,关系丈量踏勘有妨耕作者,如在农忙期内,准其详明上司,照例展限,至八月再行审断。"③

民事判决均以口头宣告。审判官仅在呈状或当事人及其监护人、调解人出具的表示悔过、服输或和解的甘结、保状上作出批示。这种判词即为判决,主要留待上司查核而备案,一般无须公布及送达当事人。这种现象至清代最为突出。单纯的财产纠纷,大多只是理明曲直,确定归属或偿还,而不处刑罚。但如有"忤逆"、"有伤风化"、"妄控滋讼"及殴伤较重等情节,则要附带处以罚款,笞、杖或"枷号示众"等轻刑以示惩戒。刑罚的轻重完全由审判官随意断定,并不严格依律判决。田宅、钱债纠纷判决后,一般须当堂交付地契或钱物,

---

① 〔清〕徐栋《牧令书》卷一八王植《听断》。
② 《皇明制书》上引《大明令·吏令》。
③ 《大清会典事例》卷八一七清律第334条附例。

双方还要各自具呈交状、收状、领状存案，以免翻控。不能当堂交呈的，在具结中说明何时交付。判决后无专门的执行措施，如有"抗断不遵"，对方再告，官府即派差役协同乡保、里牌长前去催饬，限日执行禀复，否则"带案讯究"，处以笞、杖、监禁。

法官判决不当或不为审理，诉讼当事人可依法逐级上诉。然而，如何既通过上诉程序达到申理冤抑的目的，又避免不实之徒捏词翻告不休，紊烦官府，却一直是个难题，对此，清代的陈宏谋提出了一个有效办法：

> 赴上控告者，查系原未在县控告，即系越控，或予责处，或批赴县具告，已告而未审者，上司察核月报册内，如捏造已结，立即指名行提县承究处；如原告未完，即发签勒限十日内审结，于该月自理词讼内登覆每日完结字样通报。至于已审断结之事，如所告情事已无可疑，即可指明批驳不准，如尚有可疑，未甚平允，止批仰某县送卷查阅。该县止须将审后黏连之卷，即日送详。详文止须数句，不必录供叙案。上司查阅，断案平允者，将卷随详批发，并令将刁告之人提到责处，不须再审。如不平允，然后提审。赴司道以上具告者，将县卷发府提审改拟，知府审明，止将谳语叙入，连县卷连阅，不必叙供具详，以省繁牍。但不得仍发原审衙门，致滋回护冤累。如此分别办结，层层责成，官无滥准批查之烦，民难施捏词翻告之计矣。①

实际上是为上诉设计了一个严格的程序。当事人也可以直诉京控，但都察院收呈之后，通常发回本省复审，并不移交刑部②。

四、裁判依据

民事审判以"息讼"为原则，故以调处和息为上。确实调处不成而须判决的，也要求将天理、人情作为首先考虑的法律渊源，以使判决与道德民情相符而便于执行，不致缠讼不休影响社会安定。所以，民事审判一般不必具引律例条文，而是"准情酌理，判断自如"。

明清以八股取士，地方官员不习律例而疏于实务，在民事审判中往往采取和稀泥的方法，而不明确判明曲直。"问之识者多说是词讼作四六分问，方息

---

① 〔清〕徐栋《牧令书》卷一八陈宏谋《越告》。
② 《大清会典事例》卷八一七清律第332条附例。

得讼。谓与原告以六分理,亦必与被告以四分。与原告以六分罪,亦必与被告以四分。二人曲直不甚相远,可免忿激再讼。"①将双方各打四十大板了事。明代著名清官海瑞认为这种方法"虽止讼于一时,实动争讼于后",不能从根本上解决矛盾。"君子之于天下曲曲直直,自有正理。"②所谓的"正理"即是纲常礼教。"儒家既认为礼系节制约束之标准,为个人如何守分之标准,而又取事之所宜设为纲纪,此在名义上虽不称其为法,实际上则已为法矣。"③而且,纲常礼教在民事审判中发挥的作用比律例更为重要,律例反而往往成为具文。

从根本上说,司法审判的目的并不是单纯为了执行具体的法律条文,而是为了维护隐藏在法律条文背后的纲常礼教。因此,法官如果认为诉讼的提起有碍礼教,则首先以做人的道理劝释训斥,使双方停止争执,重归于好,而不关心案件的是非曲直。如乾隆年间兄弟三人争执遗产,于其父终七后依法投诉县署。知县袁枚见状大怒,谓:"父尸未寒,挥戈涉讼,何颜以对祖父于地下,何颜以对宗族于人间!"一鞫之后立下判词,先治三人以不孝罪,拘押听候详革。后兄弟托绅士向知县说情,具结不再争产始已④。

在涉及财产的民事诉讼中,审判注重的也是树立和推行"矜恤孤寡"、"温恤贫苦"等道德规范,而不是依法分清具体的财产归属,保护当事人合法的财产权益。如如清代著名循吏蒯德模在《吴中判牍》记录自己判决的一个案件:有七子之母死,长房将遗产独吞,余子告到官府。依律,应判七子均分。知府蒯德模将遗产一分为七,给长房七分之一,余下六份,又并为二,劝四、五、六、七房兄弟把这两份"义让"给二、三房寡嫂。这里,法律让位于情理,从而使审判超出了简单司法的范畴,而具备了更高层次的社会意义。

明清理学大行,要求社会具有更高的道德水准,民事审判的重点也由对违反礼教行为的惩处,转向对发扬"矜恤孤寡"、"温恤贫苦"等道德品行的褒赏,直接通过审判推行礼教。清代著名循吏樊增祥曾总结这类判决风气:

> 妇女无识,戚族教唆涉讼公庭,照例批饬调处。即经官断,往往无理者薄责而厚赉,有理者受累而折财。问官之自命循良者,于被讹之家,劝

---

① 《海瑞集》上册《淳安政事》"兴革条例"。
② 《海瑞集》上册《淳安政事》"兴革条例"。
③ 参见陈顾远《中国法制史概要》第三编第一章"礼刑合一"。
④ 襟霞阁主编《袁子才判牍·兄弟争产之妙批》。

令忍让,曰"全骨肉"也。于诬告之人,酌断财产,曰"恤贫寡"也。此等断法,几乎人人如是。①

当时司法官认为,简单惩处理曲方,于贫苦之家无补,反而容易生怨,不能息讼。相反,"被讹之家,劝令忍让",对其生计并无多大影响,又可作为美德旌扬乡里,贫苦之家亦得安身而息讼,双方各有所补而有助于教化的推行。所以,地方官员多乐取此道。如光绪年间诸暨村民毛望高强霸他人墓地,将毛浚明泥墙捣毁,知县倪望重认为他"情不能通,理不能遣,可恶之极"。然而,"唯族谊相关,困穷宜恤,谕令毛浚明再出洋钱十六元,缴给毛望高等收领"②。类似案件相当普遍。但是,这种"无理者薄责而厚赉,有理者受累而折财"的做法,能在多大程度上实现地方官员推行礼教、平息讼争的企图,则是值得怀疑的。

法官在审理疑难案件时,尤其注重依据伦常礼教的精神来处断。明代著名清官海瑞总结自己的裁判原则:

> 窃谓凡讼之可疑者,与其屈兄,宁屈其弟;与其屈叔伯,宁屈其侄;与其屈贫民,宁屈富民;与其屈愚直,宁屈刁顽。事在争产业,与其屈小民,宁屈乡宦,以救弊也(乡宦计夺小民田产债轴,假契侵界威逼,无所不为。为富不仁,比比有之。故曰救弊)。事在争言貌,与其屈乡宦,宁屈小民,以存体也(乡宦小民有贵贱之别,故曰存体。若乡宦擅作威福,打缚小民,又不可以存体论)。上官意向在此,民俗趋之。为风俗计,不可不慎也。③

这完全出于维护三纲五常礼教的要求。而且,伦常在解决疑难案件时,往往能起到法律条文所不能起到的作用。

清代吴冠贤为海南安定知县,有流丐男女二人争讼,年皆十六。男称女为童养媳,父母亡而欲别嫁;女称己为其胞妹,父母亡而男欲占为妻。经查,乡邻皆闻两人以兄妹称。然而,小家童养媳与夫例称兄妹,又不知其乡里何在。吴冠贤考虑到"是事如捉影捕风,杳无实证,又不可以刑求,断合断离皆难保不误。然断离而误,不过误破婚姻,其失小;断合而误,则误断人伦,其失大矣"。

---

① 〔清〕樊增祥《新编樊山判牍精华》卷三。
② 〔清〕倪望重《诸暨谕民纪要》卷三。
③ 《海瑞集》上册《淳安政事》"兴革条例"。

最后决定判离①。

明清基层法官在处理疑难案件时,甚至可以直接引经决讼,以儒家经典备律例之疏,平纷息讼。比如清代名幕汪辉祖在秀水县佐幕时曾办过一个著名的疑难案件:陶某出继叔父,生有五子。本生一房兄弟均已去世,且无后嗣。陶某死后,存世的有次子和三子。例应由次子继承叔父一房。但三子图谋由自己独自继承叔父一房,主张次子一房应归宗本生一房。三子继承论理欠缺,但如不让次子归宗,致使本宗有子孙而绝嗣,则于情又不顺。知县对此一时难以定夺。汪辉祖考虑再三,忽然想到《礼记》中的"殇与无后者,祔食于祖",据此判定仍由次子继承,并兼祀本宗祖父。此案大为上司所赏识,也平息了多年的讦讼②。

风俗人情也是民事裁判的一个重要法源。汪辉祖曾说:

> 人情俗尚,各处不同,入国问禁,为吏亦然。初到官时,不可师心判事,盖所判不协舆情,即滋议论。持之后,用力较难,每听一事,须于堂下稠人广众中,择传老成数人,体问风俗,然后折中剖断,自然情法兼到。一日解一事,百日可解百事,不数月诸事了然,不惟理事中肯,亦令下如流水矣。③

一般情况下,风俗人情协于礼教伦常又带有地方民间特色,但在某些方面也有与礼教相冲突之处。如果具体案情对礼法名分并无大碍或依法处置太重,审判时必须顾及风俗人情,以免伤民。例如,同姓不婚为礼法的一贯要求,明清法律都规定,凡同姓为婚者各杖六十,离异。然而民间已普遍不以同姓婚为嫌,因此,审判对之并不过问,更不用说强制离异了。清道光时周四居丧娶周氏一案,刑部说帖称:

> 律设大法而例本人情。居丧嫁娶虽律有明禁,而乡曲小民昧于礼法,违律而为婚者亦往往而有。若必令照律离异,转致妇女之名节因此而失。故例称揆于法制似为太重,或名分不甚有碍,听各衙门临时斟酌,于曲顺

---

① 伍承乔编《清代吏治丛谈》。
② 〔清〕汪辉祖《佐治药言·读书》。所引文见《礼记》中的《丧服小记》,原文为:"殇于无后者,从祖附食。"
③ 〔清〕汪辉祖《学治臆说》卷上"初任须体问风俗"。

人情之中仍不失维持礼法之意。凡承办此等案件,原可不拘律文,断令完娶。若夫妻本不和谐,则此等违律为婚,既有离异之条,自无强令完娶之理,所有该司审办周四居丧娶周氏为妻一案,自系临时斟酌,于律例并无不合,应请照办。①

同姓为婚已成事实的情况下,如果生硬套用法律规定,强制裁断离婚,涉事的妇女"名节"就会受损。刑部因此建议各地衙门在处理此类案件时不必拘泥于法律规定,主要依据夫妻是否"和谐",如果夫妻原本和谐,就没有必要强制断离。民事案件一般被认为是"细故",像这种礼法、人情兼顾的情况在民事审判实践中相当普遍。

由此可见,道德、风俗、习惯、情感等因素在明清民事审判中往往发挥着比律例条文更重要的作用,从而更加扩大了民事审判的随意性。审判所要求的并不在于是否保护了当事人的合法权益,而在于道德上是否公允,是否合乎人情。这又取决于法官个人的道德修养与能力。由于各人对儒学的修养和理解各不相同,同一案件的处理结果往往有异。胜任者可凭借自己的儒学造诣和机智平情息讼,而贪官污吏亦可因之上下勾结,营私枉法,索财害民。因此,在考察由此促成的无讼、少讼、息讼现象时,必须注意到所遮掩的矛盾对社会产生的不良影响。

总而言之,明清民事审判制度的设立及其实际运转,较之前代更热衷于推行传统儒家的"无讼"理论。提起诉讼的本身即被视为教化不行的一种具体表现。因此,对当事人的限制与要求更加严格。并且,法官往往惑于"无讼"、"少讼"、"息讼"的虚名,客观上又习于经籍而疏于律例,在民事审判实务中更注重调处息停,并将天理、人情作为比律例更高级的裁判依据。这样,当事人即使提起诉讼,往往不能使自己被损害的合法权益得到补偿,反而为讼所累,花费钱财时日,遭受师爷、胥吏敲诈欺凌。因此,明清两代的民事纷争大多是在宗族内部解决的。可以说,明清的民事审判制度强化了中国百姓对衙门的恐惧心理,人们更视诉讼为畏途,官民之间的关系更疏远了。

---

① 〔清〕周守赤辑《刑案汇编》卷七。

第八章　民国民法

近代中国从 19 世纪中叶开始，逐步丧失国家主权，沦为半殖民地社会，中华法系也随之解体。这一时期的民法，体现了西方近代民法体系与中国传统礼教相混杂的时代特色。因此，本章将清末法制变革后的民法与中华民国(1912—1949)的民法合并论述。尽管民事行为仍受到礼俗及民事习惯的调整，但由于西方法制的影响，至少在司法裁判中，民事法律已经成为最主要的法律渊源；特别是民法典的编纂使中国民法史迈进了一个新的历史时期。所以，本章撰写方式与以前各章稍有不同，侧重于对民事法律本身的评述，以期在有限的篇幅内，对这一时期民法的主要内容与发展作较全面的说明。

第一节　历史背景与法制概况

一、历史背景

鸦片战争以后，外国资本主义的入侵逐渐破坏了中国传统的社会经济结构，资本主义商品经济在中国开始发展。与此相适应，社会阶级关系也发生了新的变动，除了原有的地主阶级和农民阶级外，随着中国近现代工商业的发展，出现了资产阶级与无产阶级。这种社会经济结构、阶级结构自 19 世纪下半叶起一直延续至中华民国覆亡。

二、清末法制

鸦片战争及以后几次对外战争的失败，刺激了中国救亡图强运动的兴起。特别是 1894 年甲午战败，一些有识之士鉴于日本明治维新的成功，认为救亡图强不能仅靠引进西方技术，更重要的是必须实行政治、法律、经济、教育等方面的变革，于是先后发生了康有为、梁启超等领导的企图变君主专制为君主立宪的改良主义宪政运动和孙中山先生领导的资产阶级民主革命运动。另一方面,鸦片战争失败后,列强在中国取得领事裁判权,严重侵犯了中国的司法主权。光绪二十八年(1902),清廷派吕海寰、盛宣怀与英国续订《通商行船条约》,其中规定:"中国深欲整顿本国律例,以期与各西国律例改同一律,英国允愿尽力协助,以成此举。一俟查悉中国律例情形及其审断办法及一切相关事宜皆臻妥善,英国即允弃其治外法权。"①其后与美、日、葡等国订立的商约,也有类似规定。列强允诺放弃治外法权,以诱使清政府模仿西方法制实行法制变革,维护帝国主义在华利益。基于上述情形,为了取得帝国主义的支持,拉拢资产阶级立宪派,打击资产阶级民主革命运动,挽救岌岌可危的以满洲贵族为核心的朝廷统治,清政府于 20 世纪初实行法制变革,从而开始打破延续几千年的中华法系旧传统。

《辛丑条约》签订以后,光绪二十八年(1902)二月颁布上谕:

> 矿律、路律、商律等类,皆应受议专条,著各出使大臣,查取各国通行律例,咨送外务部。……开馆编纂,请旨审定颁发。总期切实平允,中外通行,用示通变宜民之至意。②

清廷决定引进现代法律体系,开始所谓的"变法新政"。同年四月,指派沈家本、伍廷芳为修律大臣,"将一切现行律例,按照交涉情形,参酌各国法律,悉心考订,妥为拟议,务期中外通行,有裨治理"③。次年,设立修订法律馆,专门从事法规编纂。

沈家本、伍廷芳出任修律大臣后,颇重刑律的修订。光绪三十年(1904)三月,奏准变通律例内的几项重法,废止凌迟、枭首、戮尸及缘坐、刺字刑。沈家本等又于光绪二十九年(1903)奏请将《大清律例》交刑部先行删修,订为《大清现行刑律》,于宣统元年(1909)九月正式颁行,作为过渡时期的刑法典。与此同时,光绪三十二年(1906),清廷聘请日本法学家冈田朝太郎协同起草《大清新刑律》,次年草案完成。但由于该草案基本按照现代资产阶级法律原则制定,招致张之洞、劳乃宣等"礼治"派的反对,认为它违背"因伦制礼,准理制刑"

---

① 《光绪朝东华录》光绪二十八年八月辛卯。
② 《光绪朝东华录》光绪二十八年二月癸巳。
③ 《光绪朝东华录》光绪二十八年四月丙申。

的立法原则,迫使沈家本同意在新刑律正文后增加反映伦理道德要求的五条《暂行章程》①,方于宣统元年十二月获准颁行。

清末法制变革实际上是以商事法规的编纂为先导,以图"设厂自救",通商惠工。光绪二十九年(1903)三月,清廷命载振、袁世凯、伍廷芳起草《大清商律》。同年,颁行《商人通例》、《公司律》。光绪三十二年(1906),颁行《破产律》。光绪三十四年(1908),聘日本法学家志田钾太郎起草《大清商律草案》,分为总则、商行为、公司法、海船法、票据法五种,但未及颁行,清朝已经覆灭。《大清民律草案》也于光绪三十三年(1907)开始编订,宣统三年(1911)完成。这是我国第一部民法典草案,其具体制定经过见下节。

光绪三十二年(1906)由伍廷芳起草的《大清刑事民事诉讼法》草案,采用了英美法系的公开审判制度、陪审制度和律师制度。但民、刑尚未完全分开,规定也不完备。宣统二年(1910)十二月,《刑事诉讼律草案》与《民事诉讼律草案》相继完成,于是民、刑诉讼法才告正式分立。

根据"大权统于朝廷,庶政公诸舆论"的立宪原则,光绪三十四年(1908),清廷颁布了《钦定宪法大纲》。宣统三年(1911)辛亥革命爆发,清政府又匆忙公布《宪法重大信条十九条》,但未及施行,清朝政府便被推翻。

三、民初法制

中华民国成立后,各省都督府代表会议于1911年12月通过《临时政府组织大纲》,确立了总统制共和政体。1912年2月,孙中山被迫辞去临时大总统职务。为了限制袁世凯的野心,肯定资产阶级民主革命的胜利成果,南京临时政府于同年3月11日公布了《中华民国临时约法》。这是中国历史上唯一的资产阶级宪法性文件。

1913年,国民党议员占相对多数的国会拟定了《中华民国宪法草案》(因在天坛起草,又称《天坛宪草》),企图以法律制袁,防止军阀干政,但很快宣告失败。为建立个人独裁统治,袁世凯于1914年授意炮制《中华民国约法》(即《袁记约法》),否定了《临时约法》,赋予总统以形同皇帝的大权。1923年,直系军

---

① 主要规定对危害乘舆、内乱、资敌、杀害尊亲属等罪适用斩刑;对发掘坟墓,尤其是发掘尊亲属坟墓可以加重处罚;无夫妇女与人和奸仍为犯罪;对尊亲属不得适用正当防卫等。

阀曹锟贿选当上大总统,匆忙拼凑《中华民国宪法》(即《贿选宪法》),以求实现中央与地方军阀势力的平衡,充分体现了军阀专制的实质。

民国初期的法典,大多沿袭清末之旧。1912年1月,孙中山先生发表对外宣言:"吾人当更张法律,改订民、刑、商法及采矿规则……"①但法典编纂非短期所能完成,故于同年3月公布《临时大总统宣告暂行援用前清法律及暂行新刑律令》:"现在民国法律未经议定颁布,所有从前施行之法律及新刑律,除与民国国体抵触各条应失效力外,余均暂行援用,以资遵守。"②据此,同年4月公布《附删修新刑律与国体抵触各章条》,将《暂行新刑律》中的"帝国"字样改为"中华民国","臣民"改为"人民","复奏"改为"奏准","恩赦"改为"赦免"等,先前附加的《暂行章程》则予撤销。

关于民事法规,大理院民国三年(1914)上字第304号判决称:

> 前清"现行律"关于民事各件,除与国体及嗣后颁行成文法相抵触之部分外,仍应认为继续有效。至前清"现行律"虽名为《现行刑律》,而除刑事部分外,关于民商事之规定,仍属不少,自不能以名称为刑律之故,即误会其已废。③

这里所谓"民事有效部分",包括"服制图"、"服制"、"名例"、"户役"、"田宅"、"婚姻"、"犯奸"、"斗殴"、"钱债"及《户部则例》中的"户口"、"田赋"等门类。

1912年7月设置法律编纂会,取代前清的修订法律馆,负责编纂民法、商法、民事诉讼法、刑事诉讼法及其附属法和其他各项法典。法律编纂会先后改名法律编查会、修订法律馆,但因军阀当政,局势不宁,仅着手起草民事诉讼法、刑事诉讼法,修正《暂行新刑律》、《公司律》等,而第二部民法草案直至1925年才完成。

四、南京国民政府法制

南京国民政府成立后,宣布"应以三民主义为最高立法原则",法律必须以全民为对象、整个社会为目标,以调和个人与社会的利益关系,并促进社会共

---

① 《中华民国史事纪要》"中华民国元年元月五日"。
② 《政府公报·临时大总统宣告暂行援用前清法律及暂行新刑律令》。
③ 北京司法部修订法律馆《法律草案汇编》(民法)。

同福利的发展。

1928年10月，国民党中央常务会议通过《训政纲领》，规定在训政时期由国民党中央执行国家政权。1931年5月，《训政时期约法》通过，规定实行"五院制"政体，以根本法的形式肯定了国民党的统治权。1936年5月5日，南京国民政府公布《中华民国宪法草案》(《五五宪草》)，但抗日战争的爆发搁置了立宪进程。1946年11月，蒋介石召开"国民大会"，通过了以《五五宪草》为蓝本制定的《中华民国宪法》。但随着国民党统治在大陆的终结，这部宪法相应成了一堆废纸。

南京国民政府的法律体系由成文法、解释例和判例组成，数量繁多，体系庞杂，固有法和继受法混合。其主要立法时期是在1928年至1935年，一些基本法典都在这一时期制定颁行，如1928年公布了第一部《中华民国刑法》；1929年至1930年，陆续制定公布了《中华民国民法》五编；1935年又公布了经过重新修订的第二部《中华民国刑法》，《中华民国民事诉讼法》与《中华民国刑事诉讼法》也于1935年分别公布。在此期间，南京国民政府还公布了《土地法》、《票据法》、《海商法》、《公司法》等大量单行法规。1935年以后，南京国民政府的立法重心转为制定特别法规与修正已有的基本法典和法律。

第二节　民法典的编纂

中国古代并无单行民事法典。清末法制变革引进西方法制，着手编纂民法典。由于政局动荡不安，中国民法典直至1929年才由南京国民政府制定公布。民法典的编纂是中国民法史的重大发展，故列专节予以叙述。

一、《大清民律草案》

光绪三十三年(1907)四月，民政部奏请速定民律。同年九月，清廷派沈家本、俞廉三、英端为修订法律大臣，参考各国成法，体察中国礼教民情，主持修订民律。沈家本于次年十月奏请聘用日本法学家志田钾太郎、松冈义正主编民律总则、债权、物权三编。亲属、继承二编因"关涉礼教"，由修订法律馆会同礼学馆编订；亲属法由章宗元、朱献文主编，继承法由高种和、陈篆主编。全稿于宣统三年(1911)八月完成，未及颁行，清朝已亡。这是中国第一部民法典草案。

《大清民律草案》的立法宗旨,据修律大臣俞廉三等原奏所称,主要有四点:

> 一、注重世界最普通之法则。……按国际私法,向据其人之本国法办理。如一遇相互之诉讼,彼执大同之成规,我守拘墟之旧习,利害相去,不可以道里计。是编为拯斯弊,凡能力之差异,买卖之规定,以及利率、时效等项,悉采用普通之制,以均彼我而保公平。二、原本后出最精确之法理。……是编关于法人及土地债务诸规定,采用各国新制,既原于精确之法理,自无凿枘之虞。三、求最适于中国民情之法则。……人事法缘于民情风俗而生,自不能强行规抚,致贻削趾就履之诮。是编凡亲属、婚姻、继承等事,除与立宪相背,酌量变通外,或本诸经义,或参诸道德,或取诸现行法制,务期整饬风纪,以维持数千年民彝于不敝。四、期于改进上最有利益之法则。……中国法制历史,大抵稗贩陈编,创制盖寡。即以私法而论,验之社交,非无事例,征之条教,反失定衡,改进无从,遑谋统一。是编有鉴于斯,特设债权、物权详细之区别,庶几循序渐进,冀收一道同风之益。

由此可见,《大清民律草案》的编纂者是在现代西方法制与传统礼教之间小心翼翼地寻求一个均衡点,争取清廷内部守旧派的支持,避免像《大清新刑律》草案那样,因引进西方法制的步子迈得太大,致被搁浅三年的命运。例如,当时对于同姓为婚,有赞成与反对二说,修订法律大臣乃于宣统二年(1910)一月折衷众说上奏:

> 折衷众说,当以同宗为断,凡受氏殊者不在禁限。拟请同姓为婚一条,仍照宪政编查馆之议删除。至原奏所称同姓莫辨各节,查后条本有娶同宗无服之律,毋庸过虑。惟律文简易,每易误会。拟于娶亲属妻妾律文"同宗无服之亲"句下,增注:"同宗谓同宗共姓,不论支派之远近、籍贯之同异皆是"二十一字,以示限制。①

这一折衷方案得到清廷批准。

在编订《大清民律草案》的过程中,修订法律馆还曾遴选馆员分赴各省采访民俗习惯,试图依据调查的资料参照各国法律,斟酌各省报告表册,撰拟草案,以期融合现代西方法制与传统礼教习俗为一体。然而《大清民律草案》并

---

① 《大清宣统政纪》卷三〇。

未能实现这一预期目标。该草案前三编以德国、日本、瑞士三国民法为楷模,强调现代法律精神,对中国传统法制、习俗大多未加注意。例如债权篇对当时通行的民间金融互助方式的"会",物权编对于"老佃"、"典"、"先买"等全无规定。亲属、继承二编虽然兼采旧例,但疏误仍多,"与社会情形悬隔天壤,适用极感困难,法曹类能言之;欲存旧制,适成恶法;改弦更张,又滋纷纠,何去何从,非斟酌尽善,不能遽断"①。

《大清民律草案》五编共计一千五百六十九条。第一编总则,分列八章:法例、人、法人、物、法律行为、期间及期日、时效、权利之行使及担保,计三百二十三条。第二编债权,分为八章:通则、契约、广告、发行指示证券、发行无名证券、管理事务、不当得利、侵权行为,计六百五十四条。第三编物权,分为七章:通则、所有权、地上权、永佃权、地役权、担保物权、占有,计三百三十九条。第四编亲属法,分为七章:总则、家制、婚姻、亲子、监护、亲属会、扶养之义务,计一百四十三条。第五编继承法,分为六章:总则、继承、遗嘱、特留财产、无人承认之继承、债权人或受遗人之权利,计一百一十条。

二、民初第二部民法典草案

中华民国成立后,民法典的修订工作进行缓慢。1922 年春,华盛顿会议召开,中国代表提出收回领事裁判权问题,大会议决由各国派员来华调查司法。北洋政府责成司法部加速进行司法改革,并饬修订法律馆积极编纂民、刑各法典。修订法律馆以《大清民律草案》为蓝本,调查各省民、商事习惯,并参考各国最新立法,于 1925 年赶在法权调查会议召开之前完成公布。

民国这部民法典草案,总则编由大理院院长余棨昌负责起草;债编由修订法律馆副总裁应时、总纂梁敬铮主稿;物权编由北京大学教授黄右昌起草;亲属、继承二编由修订法律馆总纂高种和起草。这是中国第二部民法典草案。由于当时北洋政府内部矛盾,国会解散,该民法草案未能完成立法程序而成为民法典,仅由北洋政府司法部于 1926 年 11 月通令各级法院在司法中作为法理加以引用。

第二部民法典草案由《大清民律草案》修订而成,主要变化如下:

---

① 江庸《五十年来中国之法制》。

总则编修改不多。省略原有的法例、法人、权利之行使及担保三章,将其内容合为"人"一章;第三章增加行为能力一节;第五章规定消灭时效,而原有的取得时效置于物权编占有章中。全编共二百二十三条,减少一百条。

债权编改称债编,表示兼顾保护债权人与债务人双方利益。采用瑞士债权法模式,改动稍多。省去原有的发行指示证券、发行无记名证券、不当得利、侵权行为四章。第一章增加债之发生一节,分契约、侵权行为、不当得利三款;第二章契约与前草案微有异同。全编共五百二十一条,较前少一百三十三条。

物权编改动之处较少。废除原有的担保物权一章,将抵押权、质权各立一章,并增加典权一章。全编共三百一十条,较前少二十九条。

亲属编曾于1915年经法律编查会(修订法律馆前身)修订第二次草案,除于第五章增加保佐专节外,内容与《大清民律草案》大致相同,共一百四十一条。此次再加改订,条目与《大清民律草案》及1915年第二次草案互有异同,多取材于《大清现行刑律》民事有效部分及历年大理院判例,条理比较清晰精密,但趋于保守。第一章仍设总则。第二章增家庭一节。第三章婚姻,第一节改为婚姻之成立。第四章增加亲子关系、养子二节。第五章第三节改为照管。其余与前大致相同。全编共二百四十三条,较《大清民律草案》多一百条,较1915年草案多一百零二条。

继承编将《大清民律草案·继承编》的文字与编排加以改动,又取材于《大清现行刑律》的民事有效部分及历年大理院判例。主要是将原有的继承一章分为宗祧继承(《大清民律草案》所无)、遗产继承、继承人未定及无人承认之继承三章。全编共二百二十五条,较前多一百一十五条。

三、《中华民国民法》
(一) 亲属法草案与继承法草案的编订

1927年6月,南京国民政府设立法制局,着手草拟各重要法典。因民法总则、债、物权各编暂时可以援用民间习惯及历年判例,而亲属、继承编的判例大多因袭旧有宗法制度,与世界潮流及现代社会要求相距过大,法制局决定先行起草民法亲属、继承二编,并于1928年10月完成草案。但因立法院尚未成立,草案被搁置未行。

亲属编草案由法制局秘书燕树棠主稿,编制时参考英美法系、大陆法系及苏联的有关法律,受旧有法制影响较少。主要立法原则是:初步承认男女平等,摒除一些明显的重男轻女习惯;注重种族健康,明确规定结婚的最低年龄,并限定女系方面在三亲等内的血亲不得通婚;奖励亲属互助而去其依赖性。全编分通则、婚姻、夫妻关系、父母与子女之关系、扶养、监护人、亲属会议七章,共八十二条。

继承法草案由罗鼎主稿,编订时不拘成例,多有创新。主要立法原则是:废除宗祧继承;男女在法律上的地位平等;除为遗族酌留生活费外,准许被继承人以遗嘱继承方式自由处置财产;继承人仅于所继承财产的限度内,对被继承人的债务负清偿责任;增加国家承受财产的机会,用以促进地方公益事业的发展;配偶继承遗产的次序,不后于直系血亲卑亲属。该编草案分通则、继承人、继承之效果、继承人之应继分、遗产之分割、无人承认之继承、遗嘱、特留分八章,共六十四条。

(二)《中华民国民法》的制定

1. 民法总则编。

1928年12月,南京国民政府成立立法院,国民党中央执行委员会政治会议委员胡汉民、林森、孙科拟具民法总则编立法原则草案,提经中央政治会议议决,指定戴传贤、王宠惠、蔡元培会同原提案人审查修正,并报经该会议第一百六十八次会议议决通过,函送立法院查照办理。此项原则共十九条。立法院于1929年1月29日议决指定立法委员傅秉常、史尚宽、焦易堂、林彬、郑毓秀(后由王用宾继任)组成民法起草委员会,并聘请司法院院长王宠惠、考试院院长戴传贤与法国人宝道为顾问,委任何崇为秘书,胡长清为纂修,遵照上述立法原则,于同年2月1日开始起草,同年4月完稿。4月20日立法院三读通过,国民政府于5月23日公布,并定自同年10月10日起施行。民法总则施行法十九条也于同年9月24日公布,与总则编同时施行。

总则编分七章:法例、人、物、法律行为、期日及期间、消灭时效、权利之行使,计一百五十二条。其立法原则,据原起草说明书,主要内容如下。

习惯适用的范围。"我国幅员辽阔,礼俗互殊,各地习惯,错综不齐,适合国情者固多,……违背潮流者亦复不少。……此编根据法治精神之原则,定为凡民事一切须依法律之规定,其未经规定者,始得沿用习惯,并以不背于公共秩序或善良风俗者为限。"

注重社会公益。"此编之所规定,辄孜孜致意于此点,如对于法人取干涉主义,对于禁治产之宣告①限制其范围,对于消灭时效缩短其期间等皆是。"

明文男女平等。"此编对于特别限制女子行为能力之处,一律删除;并以我国女子于个人财产有完全处分之权;复规定已结婚之妇人,关于其个人财产,有完全处分之能力。至其他权义之关系,亦不因男女而有轩轾。"

采用最新编制。"此编参酌暹罗(泰国)、苏俄等国民法及最新之法意共同民法草案,撷全编通用之法则,订为法例一章,弁诸编首。至自然人与法人则合并为一章,并减少其条文。契约则依其性质,分置债权及亲属等编。代理仅规定法定代理及意定代理共同适用之条文,而置其余于债编委任章中。时效只规定消灭时效一种,取得时效则于物权编所有权之通则中规定之。"②

2. 民法债编。

民法总则编公布后,1929年5月,立法院院长胡汉民、副院长林森认为:

> 查民、商分编,始于法皇拿破仑法典,维时阶级区分,迹象未泯,商人有特殊之地位,势不得不另定法典,另设法庭以适应之。……吾国商人本无特殊地位,强予划分,无有是处。此次订立法典,允宜考社会实际之状况,从现代立法之潮流,订为民商统一之法典。③

于是,胡、林二人向国民党中央政治会议提议编订民商统一法典,其不能合并者,则分别订立单行法规(如公司法、票据法等),以免法典条文糅杂。经中央政治会议议决,交胡汉民、戴传贤、王宠惠三委员审查,认为应订民商统一法典,并缕陈八项理由,提经该会第一百八十三次会议决议照审查意见通过,交立法院遵照编订。同时并议决胡汉民等提出的民法债编立法原则十五项。

立法院民法起草委员会遵照上述两项立法原则,于1929年着手起草民法债编,历时五个月,于同年11月完成。经立法院修正通过后,国民政府于同年11月22日公布,并于1930年5月5日施行。民法债编施行法十五条,也于同

---

① 禁治产之宣告,指对于精神耗弱或心神丧失的人,法院可以因其亲属申请,宣告其丧失行为能力。
② 《中华民国民法制定史料汇编》下册,转引自杨与龄《民法之制定与民法之评价》,载《中华学术与现代文化丛书·法学论集》。
③ 《中华民国民法制定史料汇编》下册,转引自杨与龄《民法之制定与民法之评价》,载《中华学术与现代文化丛书·法学论集》。

年2月10日公布,与债编同时施行。

民法债编分两章:通则与各种之债,共六百零四条。其立法理由,据原起草说明书主要列为:

> 个人本位之立法,害多利少,已极明显,故特置重社会公益,以资救济。
>
> 债务人虽非皆为弱者,然与债权人相较,其经济地位恒非优越,故于可能范围内,对债务人之利益特加保护。
>
> 诚实信用乃社会生活之基础,交易之安全发达胥赖于此。故明定行使债权,履行债务,应依诚实及信用之方法为之。①

3. 民法物权编。

起草民法债编的同时,起草委员会遵照国民党中央政治会议第二百零二次会议决议通过的由胡汉民提出的民法物权编立法原则十五条,于1929年8月21日开始起草民法物权编。同年11月完成,11月19日经立法院通过,国民政府于11月30日公布,以1930年5月5日为施行期。物权编施行法十六条也于1930年2月10日公布,与物权编同时施行。

民法物权编分十章:通则、所有权、地上权、永佃权、地役权、抵押权、质权、典权、留置权、占有,共二百一十条。物权编中的典权,来源于中国传统法制与习俗,其他大多结合大陆法系的规定制定而成。其主要立法原则是:

> 物权,除于本法或其他法律有规定外,不得创设。
>
> 不动产物权,依法律行为取得、设定、丧失及变更者,非经登记,不生效力。
>
> 所有人于法令所限制之范围内,得自由使用收益处分其所有物,并排除他人干涉。
>
> 支付典价,占有他人之不动产,而为使用收益者,为典权人。②

4. 民法亲属编。

1930年7月,南京国民政府立法院院长胡汉民、副院长林森认为,亲属、继

---

① 《中华民国民法制定史料汇编》下册,转引自杨与龄《民法之制定与民法之评价》,载《中华学术与现代文化丛书·法学论集》。
② 1929年国民党中央政治会议第202次会议决"民法物权编立法原则"。

承二编与社会组织的基础及各地习惯关系甚大，非详加审慎，恐多有扞格。特地就立法上最有争议的各点，计亲属编、继承编各九点，提请国民党中央政治会议先行决定。经中央政治会议第二百三十六次会议议决亲属、继承编立法原则，于7月26日函交立法院遵照起草。

立法院民法起草委员会为慎重起见，先商同院统计处制定多种调查表，发交各地征求习惯；其后，又将北洋政府司法部的习惯调查报告妥为整理；同时，将亲属、继承的各种重要问题分别交付该会各委员、顾问、秘书、编修等，比较各国法制，详加研究。1930年初秋着手起草，并于同年冬先后完成。亲属、继承二编皆于同年12月3日经立法院通过后，国民政府于同年12月26日公布，定于1931年5月5日施行。亲属编施行法十五条、继承编施行法十一条，也同于1931年1月24日公布，与亲属编、继承编同时施行。

民法亲属编分七章：通则、婚姻、父母子女、监护、扶养、家、亲属会议。共一百七十一条。据《亲属法先决各点审查意见书》[①]，其立法原则主要是：

改进亲属分类。"我国旧律，分宗亲、外亲、妻亲三类，系渊源于宗法制度。揆诸现在情形，有根本改革之必要。查亲属之发生，或基于血统，或基于婚姻，故亲属之分类，应定为配偶、血亲、姻亲三类。而于血亲、姻亲更分直系、旁系。如此分类，不独出于自然，且与世界法制相合。"男女平等。注重种族健康。如确定结婚最低年龄，限制亲属结婚范围。确定夫妻财产制，分为法定财产制与约定财产制两大类。废除嫡子、庶子、嗣子及私生子等名义。规定家制。"家制之规定，应以共同生活为本位，置重于家长之义务。"

5. 民法继承编。

民法继承编与亲属编一起公布实施。全编共分三章：遗产继承人、遗产之继承、遗嘱。共八十八条。

根据《继承法先决各点审查意见书》[②]，其立法原则主要是：废除宗祧继承。"遗产继承不以宗祧继承为前提"。明确赋予女子继承权。规定继承人的范围、顺序及应继分。明确规定配偶有相互继承遗产的权利及其应继分。采取特留财产制度，并明确规定其范围。

---

① 1930年国民党中央政治会议第202次会议议决《亲属法先决各点审查意见书》。
② 1930年国民党中央政治会议第236次会议议决《继承法先决各点审查意见书》。

民法继承编也残留有宗法制度的影响。例如，规定私生子女（包括妾于脱离结合后所生子女）必须经抚育或认领后，才能视同婚生子女享有继承权。

总之，这部民法是参照大陆法系的民法典订立的。参加当时立法工作的吴经熊指出："就新民法从第一条到第一二二五条仔细研究一遍，再和德意志民法及瑞士民法和债编逐条对校一下，倒有百分之九十五是有来历的，不是照帐誊录，便是改头换面。"①民国著名民法学家梅仲协也说："现行民法采德国立法例者，十之六七；瑞士立法例者，十之三四；而法、日、苏联之成规，亦尝撷取一二。"②这自然有利于中国法制的现代化，但也产生了与中国国情相脱节的弊病。传统中华法系中的伦理色彩虽有所冲淡，但仍明显残留。另一方面，大陆法系的法律虽然严谨精密，但不易为民众所了解，非法律专家不能知晓条文的内在含义；民国民法采用的不文不白的文体，也加深了民众接受的难度。许多民间民事行为，仍然是按照民事习惯进行。因此这部民法对社会影响的产生甚为缓慢。

第三节　中华民国民法的主要内容

民国民法的法律渊源除民法典及其关系法规外，还有判例、解释例，内容繁多，较古代民法有很大差别。限于篇幅，只能择其最主要的一些内容，以民法典为主要依据，辅以单行法规、判例、解释例，简要评析其精神及演变。

一、总则
（一）法律渊源

本书上文多次提及，中国古代民事行为大多依照礼俗进行，在很大程度上法律只处于辅助地位。清末改制后，中国引进了西方法制，法律的地位日益上升，中华民国民法（以下称民国民法）沿用《大清民律草案》（以下称清民律草案），明文规定："民事，法律所未规定者，依习惯；无习惯者，依法理。"将法律置为首要的法律渊源。至于民事习惯，由于中国幅员辽阔，礼俗互殊，习惯不一，

---

① 吴经熊《法律哲学研究》"新民法和民族主义"。
② 梅仲协《民法要义序》。

与资产阶级法治精神相抵触。因此,习惯的适用范围受到了限制,只有在法律没有规定的情况下才得沿用,并不得违背公共秩序或善良风俗。例如,养子可以继承宗祧的习惯,因法律已经废止,自然不能认为有效。

所谓法理,指法律的原理,主要可以表现为以下方面:一是条理,即自然法;二是判例(但用以解释法规的判例属于法律,适用顺序在习惯之前);三是外国法律;四是宗教及伦理上的观念与原则,例如"事亲以孝"等伦理规范,及被视为应当遵守的社会生活准则。法理这一概念虽然引自西方,但其意旨颇近于中国古代将天理、人情作为民事法律渊源的传统[①]。

民国民法典的总则部分,也有一些采取了传统习惯的内容。比如第三条规定:按照法律规定应该使用文字作为意思表示的,可以由他人代为书写,但当事人必须亲自签名,也可以使用印章代替签名,"如以指印、十字或其他符号代签名者,在文件上,经二人签名证明,亦与签名生同等之效力"。显然,这里就是吸收了长久以来民间"画押"的习惯。

(二)自然人的权利能力与行为能力

中国古代为家族本位,对个人的权利能力与行为能力并没有统一而明确的规定。《大清民律草案》首次对权利能力与行为能力予以明文规定。民国民法对此有了发展,规定人的权利能力始于出生,终于死亡。并且废除旧律对妇女行为能力的限制。

民国民法规定自然人的行为能力分为三类:已成年,满二十周岁,或虽未成年而已结婚,并有独立处理自己事务的判断力及认识力,即具备完全行为能力(第12、13条)。已满七岁而精神健全的未成年人,属于限制行为能力者。未满七岁的未成年人,为无行为能力者。已成年人因为"心神丧失或精神耗弱至不能处理自己事务者",可以因本人、配偶或二人以上近亲属向法院提出申请,由法院宣告为"禁治产人"。禁治产人无行为能力(第14、15条)。至此,传统法制中因君臣、士庶、良贱、尊卑、长幼、嫡庶、男女等差别所造成的权利能力与行为能力的限制在法律上算是被摒除了。

民国民法规定无行为能力人的意思表示无效,必须由法定代理人代行关于财产的一切法律行为。限制行为能力人的单独行为、处分财产行为与独立

[①] 参见李宝森《民法概论·总则编》第一节。

营业行为,必须先经法定代理人的允许,才能生效;但属于纯粹法律上利益或依其年龄、身份、日常生活所必需的行为不受此限。完全行为能力人处于无意识或精神错乱状态,如酒醉、睡眠、因疾病偶失知觉时,其意思表示也不能成立。

(三) 法人

法人是指自然人以外能够成为权利义务主体的组织。中国古代法律中没有完整的明确的法人概念,但承认寺院、宗族可以成为获得财产、独立承担权利义务的团体。民国民法的法人规定,主要参照了德国及瑞士民法中有关法人的内容。规定法人应该根据法律成立,经向主管官署登记才具有法人身份。

民国民法将法人分为社团法人、财团法人两大类。社团法人是指对于人的团体赋予权利能力的法人,财团法人是指为特定与持续目的使用财产之集合而成立的法人。而社团法人又可以分为营利事业社团法人、公益事业社团法人两类。以营利为目的成立的社团法人要依照特别法的规定加以设立,以社团成员的总会为最高权力机关,设董事,事务执行以过董事半数之同意。公益社团法人,是指以社会公益诸如宗教、慈善、学术、技艺等为目的而设立的法人。

财团法人一般由设立人捐助成立,可以生前捐助,也可以遗嘱捐助。应有捐助章程进行登记,设置董事及监察人进行日常的管理。财团法人可以分为公共财团法人、私益财团法人两类,既能适应基金会等新型社会团体财产设置运行的需要,也能够涵盖传统的寺院寺产以及宗族团体的族产。按照民法施行法的规定,在民法总则编实施后的半年内,原有的寺院及宗族族产"祠堂"视为具有法人资格,但应该按照民法总则编的规定进行登记。以赡养家属为目的独立财产"养庄"之类,如果按照民法总则编的规定进行登记,也可以获得私益财团法人的身份。

(四) 消灭时效

消灭时效是指导致请求权消灭的、因不行使权利所形成的无权利状态持续的期间。实际上即诉讼时效。中国古代消灭时效因不同时期、不同的法律事实而不等,由于古语中将三十年称为"一世"①,因此法律时有三十年为限的规定,如前述《宋刑统》规定将契约灭失、真伪难辨的出典纠纷以三十年为限,

---

① 〔汉〕王充《论衡·宣汉》:"且孔子所谓一世,三十年也。"

不予受理。清民律草案也因之定为三十年。

鉴于消灭时效期间过长，则社会经济处于不确定状态，不利于发展，因此民国民法将长期消灭时效缩短为十五年。此外，民国民法另定有短期消灭时效：利息、红利、租金、赡养费、退职金及其他一年或不及一年的定期给付债权，消灭时效为五年；旅店、医院、商店等服务业于日常业务中所生的报酬、垫款等债权，消灭时效为二年。

二、债

民国民法典的债编仅由两章构成。第一章通则，分为债之发生、债之标的、债之效力、多数债务人及债权人、债之移转、债之消灭六节。第二章各种之债，分为买卖、互易、交互计算、赠与、租赁、借贷、雇佣、承揽、出版、委任、经理人及代办商、居间、行纪、寄托、仓库、运送营业、承揽运送、合伙、隐名合伙、指示证券、无记名证券、终身定期金、和解、保证二十四节。内容丰富，这里只能挑选几项较主要的内容加以简要介绍。

（一）债的发生

中国古代民法关于债的发生原因并无统一规定，就涉及债的关系的律文而言，偏重于契约行为。《大清民律草案》仿照德国民法，将债的发生原因分为契约、广告、发行指示证券、发行无记名证券、管理事务、不当得利及侵权行为七种。民初第二次民法草案则采用瑞士债务法编制，将契约、侵权行为及不当得利作为债的发生原因。民国民法参照泰国民法，以契约、无因管理、不当得利及侵权行为、代理权授与作为债的发生原因，于债编第一章第一节之下，各编为一款。

1. 契约。

民国民法规定，契约必须经双方当事人意思表示一致才能成立；契约的成立不得违背禁止或强制的法律规定，或违背公共秩序及善良风俗（第153条）。这一限制是基于20世纪以来西方契约自由原则由绝对转向相对趋势的影响。

当事人可以在订立契约时授受定金，表示契约已经成立。除当事人另有约定外，契约履行时，定金应返还或作为给付的组成部分；契约因可归责于付定金的当事人的事由而不能履行时，定金不得请求返还；契约因可归责于定金收受方的事由致不能履行时，该当事人应加倍返还定金；契约因不可归责于双方当事人的事由而不能履行时,应返还定金。可见,定金具有预付、担保、强制契约履行的性质(第249条)。

此外,当事人还可以约定债务人不履行或不适当履行债务时,向债权人支付违约金。违约金的性质可以是损害赔偿的预定,也可以是债务履行的担保。因此,违约金的条件发生时,债权人只能在请求履行并支付违约金或请求赔偿不履行的损害两种方法中选择其一。并且,约定的违约金数额如果超出损害赔偿总额,法院可以减去相当数额予以救济,以保护债务人利益。违约金已不再有中国古代违约罚的制裁性质(第250条)。

2. 代理权授与。

有关代理权的授与,在中国古代法律无规定,但民间一般认为与一般契约无异。而民国民法受大陆法系影响,将其从契约中抽出,单独列为债之发生原因之一。规定了代理权的授与应该以法律行为作出明确表示代理授权的意思。并且规定了共同代理、表见代理、无权代理等内容。

3. 无因管理。

无法律上的义务,并未受委托而为他人管理事务,民国民法称之为无因管理。管理人为事务受到善意管理的本人支出必要或有益费用、负担债务,或受损害时,可以请求本人偿还费用及其利息,清偿债务,以及赔偿损害。中国古代在儒家思想影响下,循礼相助的事例多有所见,但一般并不因之导致债的发生。民国民法关于无因管理的规定,基本上是引进的西方法制的产物。

4. 不当得利。

无法律上的原因,使他人受到损害而获得的利益,是为不当得利。不当得利的受损人有请求返还利益的权利,受领人有返还利益的义务。中国古代的"坐赃"罪名与恶意受领不当得利有点相似,但是利益受领人必须要受到刑事制裁。而民国时期民、刑已经分立,恶意的受领人只要返还所得利益及其利息,并赔偿损害即可。

5. 侵权行为。

民国时期,侵权行为的赔偿范围由中国古代的生命、身体、财产的损害扩展到精神、名誉、自由等无形损失。损害赔偿的尺度也不再像古代那样,对生命、身体的侵权行为赔偿额与刑罚紧密相连,而是任何侵权行为的损害赔偿,除法律另有规定或契约另有约定外,一律以填补受害人所受损害及所失利益为限。所失利益包括依通常情形，或依已定计划设施，或其他特别情况可以得到的预期利益。可见，这一规定加重了侵权行为人的民事责任，这在一定程度上反映了现代社会经济发展的要求。并且规定了侵权行为的消灭时效一般为两年。

（二）债之消灭

中国传统法律及民间习惯中，债的消灭只有债务人清偿或债权人免除两种。商业习惯上，以双方之间互有债权或互负债务进行抵销的习惯也很常见。民国民法则从大陆法系引进了提存制度。因为债权人受领迟延或者不知道确切的债权人，以至于清偿人无法给付的情况下，清偿人可以将给付物为债权人进行提存，将给付物交付给各地的提存所，并通知债权人（第226、227条）。提存所尚未专门设立地区可以在当地法院提存。债权人可以随时至提存所受领。超过十年债权人未予受领的提存物由提存所拍卖后现金转入国库（第330条）。

（三）各种之债

民国民法典债编的第二章虽然名称为"各种之债"，实际上主要是契约之债的内容，排列了二十四种主要由契约形成之债。而为了贯彻所谓"民商合一"的立法原则，在这二十四种有名契约中，交互计算、经理人及代办商、运送营业、承揽运送、指示证券、无记名证券等实际上属于商事契约。而互易、赠与、出版、隐名合伙、终身定期金等是中国传统法律毫无规定，而民间交易习惯中也极其罕见，完全照搬了大陆法系国家的法律内容。因此以下只能就买卖、租赁、借贷、雇佣、承揽、委任、居间、行纪、寄托、仓库、合伙、和解、保证这些与中国传统民法内容有所交集的内容加以简要介绍。

1. 买卖。

买卖是最主要的契约表现形式，可以作为有偿契约的标准，如互易、租赁、承揽等有偿契约均可准用买卖的规定，民国民法采用民商合一原则，规定比较具体，包括了商事买卖的内容。从民法典的第345条至第397条，分为通则、效力、买回、特种买卖四款，一共五十三条。

买卖的双方当事人就标的物及其价金互相表示意思一致时，买卖契约即告成立，双方当事人因之承担相应义务。出卖人负有转移权利或交付标的物给买受人的义务。

出卖人对买卖标的物或权利的瑕疵负担保责任。即出卖人必须担保买卖标的物所应具有的价值、效用、品质，在交付转移当时不存在缺陷；必须担保第三人就买卖标的物不得向买受人主张任何权利；必须担保作为标的物的债权或其他权利确实存在，并无缺陷。可见，买卖的瑕疵担保责任比古代法律更为详密。至于瑕疵担保责任的转移，自交付时起由买受人负担，出卖人不再负责。但是，买受人在契约成立时，如果知道标的物有灭失或减少价值及效用的缺陷，该瑕疵由买受人负责，出卖人不负担保责任。买受人因重大过失而不知标的物有上述瑕疵，出卖人又未保证其无瑕疵，该瑕疵也由买受人负责。买受人在买卖契约成立后，即取得该标的物的权利，负有交付约定价金及受领标的物的义务。买受人因标的物瑕疵而提出解除及减少价金的请求权，在标的物交付六个月后消灭。

为了与传统的活卖习惯相适应，在"买回"一款中规定，只要出卖人在契约中表明保留买回权利的，"得返还其所受领之价金而买回其标的物"。与传统习惯中"钱还地还"的原则相同，特意规定："原价金之利息，与买受人就标的物所得之利益，视为互相抵销。"但与传统不同的是，第380条明确规定了买回的期限不得超过五年，"如约定之期限较长者，缩短为五年"。并且明确规定买受人对于标的物所做的改良、所支出的费用"及其他有益费用"，增加了标的物价值的，出卖人要买回应该另外支付，"以现存之增价额为限"。

在买卖方面，还引进了传统法律没有规定的诸如分期买卖、拍卖等买卖行为的规范，对于分期买卖和拍卖契约行为作出了规定。

2. 租赁。

中国传统法律以及民间习惯上，一般将耕地租赁专称为"佃"、"佃种"，而将房屋、船只、车辆、牲畜的租赁等混称"赁"或"庸"。清末起草民律草案时，受德、瑞民法影响，将"租赁"作为统称，又分为使用与用益两种，沿及民初的民法草案。但是南京国民政府最后制定的民国民法，则采用日本民法体例，不再作使用及用益租赁的区分。

民国民法债编第二章"各种之债"第五节"租赁"，从第421条至463条，一共四十二条。仅为租赁的一般性规定，至于耕地租赁，则主要由土地法加以规范。

按照民国民法，租赁可以设立约定期限与不定期限。前者不得超过二十年，以免因社会变化过大，当事人拘于契约而利益受损。不动产租赁契约，约定期限超过一年的,必须订立字据,否则视为不定期租赁。租赁期限届满后,承租人继续使用、收益租赁物,而出租人如未立即表示反对,则视为以不定期限继续契约。当事人可以随时终止不定期契约,但如有利于承租人的习惯,根据习惯处理。

民国民法规定承租人如不能按期支付租金,出租人在催告后,可以终止契约。不动产的出租人,还可以在租赁所产生的损害赔偿或未交付租金的限度内,对承租人置于该不动产内的物行使留置权。出租人应将合于约定使用收益目的的租赁物交付承租人,保证租赁物在契约存续期均处于该种状态,并负有修缮义务。但承租人在租赁物的使用收益过程中,因不能免责的事由导致租赁物毁损灭失时,承租人也应负损害赔偿责任。出租人就租赁物为第三人设定物权时,应保证不妨碍承租人的使用收益。另一方面,承租人非经出租人承诺,不得将租赁物转租第三人。但中国民间有将房屋转租的习惯,因而规定,除非房屋租赁契约预先订明不准转租,承租人可以将房屋的一部分转租。

民国民法对于耕作地的租赁只有一些原则性的规定。承租人享有先买、先典、先租的权利。在承租人死亡无继承人、承租人自愿放弃、出租人收回自耕、耕地依法变更、承租人毁损耕地、承租人灭失土地附有农具牲畜及其他附属物、承租人转租土地、积欠地租达二年总额等八种情况下,出租人可以终止租约。

根据孙中山先生"平均地权"的思想,广州国民政府就已规定,要制订专门的土地法。关于耕地租赁的地租,早在1926年10月,当时的国民党省区联席会议就曾通过实施"二五减租"(减轻现有地租百分之二十五)的决议,但未实施。1930年公布《中华民国土地法》作为土地方面的基本法典,至1936年3月1日宣布开始施行。以此为根据,确定地租最高额不得超过耕地正产物收获总额的千分之三百七十五(中国传统地租率一般都是百分之五十,减去原租额的百分之二十五,即地租率为千分之三百七十五)。1946年修正的土地法虽然将地租最高额改为不得超过土地价格的百分之八,但因计算不便,1947年3月20日又依南京政府国防最高委员会议改回按耕地正产物收获总额千分之三百七十五计算[①]。

耕地的出租人不得预收地租。1930年土地法还规定禁止收取押租,1946

---

① 参见史尚宽《债法各论》上册第五章第六节"特殊租赁"。

年土地法则顺应民间习惯,予以部分放宽,如果当地有以现金担保(押金)租用耕地的习惯,允许出租人预收金额不超过一年应缴租额四分之一的押金。此外,承租人不能按期支付全部应交地租而以一部分支付时,出租人不得拒绝收受。而且,承租人因不可抗力致使收益减少或全无时,还可以请求减免地租。此项减免请求权不得预先抛弃。

中国民间向来有转租耕作地的习惯。民国民法也允许耕地承租人经出租人承诺同意后转租耕作地。但在1946年土地法颁行后,转租被视为中间剥削而被禁止。在此之前发生的转租,由现耕作人、承租人分别与出租人换订租约,承租人不再享受土地法的利益。

3. 借贷。

借贷契约是最古老的契约种类之一。民国民法债编第二章"各种之债"的第六节"借贷",从第464条至481条,一共十八条,分为"使用借贷"、"消费借贷"两款。

民国民法没有依照中国古代将借贷分为计息、不计息两大类的传统,而是依照大陆法系的传统,将借贷契约分为使用借贷和消费借贷两种。使用借贷指当事人约定一方以物无偿贷与他方使用,他方于使用后返还其物之契约。消费借贷指当事人约定,一方移转金钱或其他代替物之所有权于他方,而他方以种类、品质、数量相同之物返还之契约。

"借贷"一节主要特点是比较原则性地规定了贷与人、借用人因借贷形成的一般权利义务关系。有关借贷债务的担保在通则章"债之效力"一节以及物权编的有关章节加以规定,借贷利息的计算与限制也在通则章以及由特别法进行规定。

民国初年利率依民事行为、商事行为而不同。民事利率沿袭古代对利率的限定:凡利率无约定者,以当地通行利率为准;约定利率不得超过月利三分;利息总额不得超过一本一利;法律禁止将利息滚入原本再生利息。商事利率则依商事习惯,不受限制。1927年8月1日,南京国民政府首次规定年利率不得超过百分之二十。也不能将利作本滚算,超过一本一利的数额应予限制。

民国民法债编的通则章规定:利率未经约定,法律也无特别规定的,年利率定为百分之五。约定利率年利率超过百分之十二的,不论该债务有无期限,经过一年后,债务人可以随时清偿原本,但必须在一个月以前预先通知债权人。这一权利不能以契约方式排除或限制。约定利率年利率超过百分之二十的,债权人仅就年利率百分之二十的限度内有请求权。禁止利滚利的复利。但允许当事人通过书面方式约定,利息迟付一年后经催告而不偿还时,债权人可以将迟付利息滚入原本。如果商业上对滚利有特别习惯,依习惯而不受法律限制,但平时计算仍不能超过年利率百分之二十。换言之,民国民法以年利百分之二十为限制利率。

尽管民国民法的立法者这些规定,与传统法律"月利三分"(合年利百分之三十六)的限制利率相比,具有一定的保护处于经济弱势的债务人利益,防止有产者重利盘剥的立法企图,但其立法和传统法律并不一样,不直接将违反限制利率的放贷行为视为犯罪行为处罚。例如,年利率超出百分之二十的部分不受法律保护,是否构成刑法上的"重利盘剥"罪?债务人是否可以基于不当得利的规定,请求返还已经给付的超过年利率百分之二十部分的利息?实际上,民国民法并不认定超过部分的利息无效,仅仅认为债权人对之无请求权,法律并不干涉债务人"自愿"交付。这种"保护"对于穷苦百姓而言不啻为一纸空文。南京国民政府司法行政部也承认:"查各法院报部之民事债权判决,对于利息部分依法酌定者固多,任意判断者亦复不少。例如当事人原无约定利息,而判给者竟超过法定利率;或当事人有约定利率超过最高额限制,而裁判时亦不予核减。……凡此错误之点,因不上诉而确定者无从纠正。"①

4. 雇佣。

中国古代民间契约习惯,只要一方为另一方提供服务,处理事务,都混称雇、佣、赁。清末制订民律草案时,开始将其区分为雇佣、承揽、委任三项契约行为。雇佣专指当事人约定一方在一定或不定的期间内,为他方服劳务,他方给付报酬的契约。委任契约指当事人约定一方委任他方处理事务,他方允许代为处理的契约。委任与雇佣主要差别在于雇佣是受雇人处于雇佣人监督之下服劳务;而委任契约的受任人,在处理一定目的的事务时,具有相当的独立自主能力。委任与承揽的主要区别,则在于给付内容不同。承揽是完成一定工作,而委任是处理一定事务。委任不以支付报酬为要件,可以有偿,也可以

---

① 南京国民政府司法行政部 1932 年 8 月 1 日训令训字第 1774 号,载吴经熊《六法理由、判解汇编》1935 年版。

无偿。委任人的权限应当依委任契约或委任事务的性质来确定。

民国民法债编第二章"各种之债"的第七节"雇佣",从第482条至489条,一共八条,较为简单。这是因为早在1924年国民党第一次全国代表大会通过的政纲中,已规定要制订专门的劳动法典,民法雇佣契约的规定只是一些简要的原则。

从对雇佣契约的定义就可以看到,民国民法典将雇主给付报酬视为雇主最重要的义务,"如依情形,非受报酬即不服劳务者,视为允与报酬"(第483条)。但是受雇人也承担劳务专属性义务,非经雇主同意,不得使第三人代为服劳务。

雇佣一节过于简要,以至于没有对受雇人服劳务时,雇用人应该承担预防对劳务者有生命、身体、健康危险发生的义务。也没有规定受雇人在服劳务时非因可归责于自己之事由而遭遇损害,对于雇用人赔偿的请求权。立法预设此类问题归劳动法处理。

1923年北洋政府曾经公布过《暂行工厂规则》,可视为近代中国最早的劳动法规。广州国民政府也在1924年公布《工会条例》。南京国民政府成立后,1928年公布了《劳动争议处理法》,1929年公布了《工会法》和《工厂法》,1930年公布了《团体协约法》等一些劳动法规,从理论上而言,建立起了与20世纪30年代欧美国家相当的劳动法体系。但大多形同具文,没有能够起到真正改善劳工待遇的社会作用。

5. 承揽。

民国民法规定的承揽,是指当事人约定一方为他方完成一定的工作,他方待工作完成后给付报酬的契约。与雇佣的主要区别在于:雇佣是受雇人对于雇用人以提供劳务本身为目的的契约。即使受雇人所提供的劳务不能达到雇用人的要求,雇用人仍应当给付相等的报酬。承揽则是以完成一定工作为目的的契约,提供劳务仅仅是手段。因此,即使承揽人已经提供劳务,但如未能完成预定的工作,仍然不能请求支付报酬,可见雇佣契约由雇用人承担风险,承揽契约由承揽人承担风险。

民国民法债编第二章"各种之债"的第八节"承揽",从第490条至514条,一共十五条。承揽人的获得报酬的权利较为突出,如第二条(第491条)即规定"如依情形,非受报酬即不为完成其工作者,视为允与报酬"。另一方面,也注重承揽人完成工作的义务,对于未能达到约定的品质及数量要承担瑕疵担保责任。承担方式包括了修补、减少报酬、解约、损害赔偿等。为了表示对于承揽人利益的保护,也有限制瑕疵担保义务的内容,比如对于瑕疵担保的期限给予了较为细致的规定:一般的劳作为一年,建筑物及地上工作物为五年。并且第494条特别规定如果瑕疵非重要或者建筑物及地上工作物在完工前发现有瑕疵,定作人不得解约。

6. 委任。

中国传统法律并不详细区分委托他人处理事务的契约行为,在民间习惯上常与雇佣混同。民国民法债编第二章"各种之债"的第十节"委任",从第528条至552条,一共二十五条。第528条对于委任的定义是:"谓当事人约定,一方委托他方处理事务,他方允为处理之契约。"

与雇佣和承揽不同,委任契约突出的是处理事务,并非以受任人获取报酬为成立要件。因此第529条作为一条总括性的规定:"关于劳务给付之契约,不属于法律所定其他契约之种类者,适用关于委任之规定。"如果受任人处理的是法律事务,必须要做出书面的明确授权(第531条)。第534条则明确受任人应有明确授权行为才能处理的事务,包括不动产之出卖或设定负担,不动产之租赁其期限逾二年者,赠与,和解,起诉,提付仲裁。委任行为具有专属性,受任人未经委任人同意,不得使第三人代为处理。受任人允诺处理事务中因自己的过失或逾越授权而所生损害,负有损害赔偿责任。

7. 居间。

中国传统社会一直有居间行为,民间交易无论买卖、借贷等,都有中间斡旋者角色参与,号为"市侩"、"互郎"、"牙人"、"中人"、"牙行"等等。但是法律并没有给予普遍的明确的定位,仅仅出于政府管理及社会治安的需要,设定交易第三方的一些连带法律责任。民国民法则依据欧洲大陆法系的原则,对此进行了定位:凡是在交易者之间仅仅承担报告订约机会或在双方之间担任中介的,定为"居间";而以自己名义为他人计算买卖动产、商业交易的,定为"行纪"。居间与行纪的主要区别在于,居间以媒介行为为限,除非有特别授权,居间人并不代理订立契约;而行纪则为他人利益考虑,以自己的名义订立契约。

债编第二章"各种之债"的第十二节"居间",从第565条至575条,一共十一条。其立法设定的"居间"行为,与传统"中人"角色相近,以报告交易机会、促成交易双方定约为宗旨。可以获取报酬,"如依情形,非受报酬即不能报告订约机会或媒介者,视为允与报酬"(第566条)。居间的报酬如无事先的约定或没有习惯可循,"由契约当事人平均负担"(第570条)。

民国民法明确居间人具有诚实报告、妥为媒介义务。"居间人关于订约事项,应就其所知,据实报告于各当事人。对于显无支付能力之人,或其无订立该约能力之人,不得为其媒介。"(第567条)

值得注意的是,民国民法将传统的媒妁也纳入居间契约行为一并规范,但却又明文禁止媒妁索取报酬。第573条规定:"因婚姻居间而约定报酬者,其约定无效。"

8. 行纪。

债编第二章"各种之债"的第十三节"行纪",从第576条至588条,一共十三条。明确定义:"称行纪者,谓以自己之名义为他人之计算,为动产之买卖或其他商业上之交易,而受报酬之营业。"(第576条)可见行纪被定义为一种商事营业行为。其特征是以自己名义而为他人的经营服务,因此规定行纪除了本节有规定的之外,"适用关于委任之规定"(第577条)。

与明清时期对牙行主要从治安及行政管理连带责任角度立法完全不同,民国民法有关行纪的规定,都是基于保障当事人之间交易的安全与迅捷。比如规定行纪具有直接履行义务,除非与委托人约定或有习惯外,他方当事人如有不履行契约时,行纪人负直接履行义务(第579条)。当委托人拒绝受领行纪人按照其指示买入之物,或者行纪人受委托人指示卖出之物未能卖出、委托人于"相当期间"未取回或指示处分的情况下,行纪人有权将物拍卖并提存。

在行纪的报酬方面,规定行纪人可以根据约定、习惯请求报酬,以及为交易支出的保管、运输等费用,但是"行纪人以高于委托人所指定之价额卖出,或以低于委托人所指定之价额买入者,其利益均归属于委托人"(第581条)。相应的是,如果因此产生的差价也"对于委托人发生效力"(第580条)。具有否认传统牙行按照交易额抽头以及能够直接获取差额盈利的习惯。

9. 寄托。

中国传统民法及习惯,一直将所有存放物品的行为统称为寄附、寄存、寄托,其保管物品责任也适用于当铺、染坊。而民国民法按照大陆法系的原则,将其细分为"寄托"与"仓库"。

债编第二章"各种之债"的第十四节"寄托",从第589条至612条,一共二十三条。与传统相仿,立法注重于受托人的注意义务与保管责任。"受寄人保管寄托物,应与处理自己事务为同一之注意。其受有报酬者,应以善良管理人之注意为之。"(第590条)受寄人不得使用受寄物,未经寄托人同意不得转由第三人保管。对寄托物的损害承担赔偿责任,"受寄人因寄托物之性质或瑕疵所受之损害,寄托人应负赔偿责任"(第596条)。

也与传统法律及习惯有些相似之处的是,受寄人的报酬并非寄托契约的成立要件。"受寄人除契约另有订定,或依情形非受报酬即不为保管者外,不得请求报酬。"(第589条)该节也明文规定,旅馆、饭店、浴室之类场所的主人,也相应的对客人所携带物品承担保管责任。但金钱、有价证券、珠宝之类的贵重物品未提交保管的,可以免责。

传统法律及习惯对于寄存物的孳息一直没有明确的规定。民国民法则明文规定"受寄人返还寄托物时,应将该物之孳息一并返还"(第599条)。另一个传统法律与习惯都未予以明确的是,当寄托物为金钱时,受寄人是否有返还原金钱的义务。该节则也明确规定:"推定受寄人无返还原物之义务,但须返还同一数额。"(第603条)

10. 仓库。

债编第二章"各种之债"的第十五节"仓库",从第613条至621条,一共九条。其规定主要参考了大陆法系国家的已有法律规定。明确仓库定义为"谓以受报酬而为他人堆藏及保管物品为营业"。规定除本节有规定以外,准用寄托契约的规定。

仓库是营业行为,寄托人寄托物品时,仓库营业人应该填发仓单。仓单内容应包括寄托人姓名、地址、仓库场所、受寄物种类品质数量、填发地点及时间、保管期限、保管费、保险费等项内容。仓单可以通过背书转让,经仓库管理人签字后具有所存物品所有权转移效力。保管期满后寄托人不取回物品,仓库营业人可定相当期限要求移除,逾期不移去者,仓库营业人可以拍卖物品,扣除保管及拍卖费用后,"应以其余额交付于应得之人"(第621条)。

11. 合伙。

中国传统法律中没有关于合伙的规定。而传统习惯中,合伙契约的内容也相当简单,尤其是一般都缺乏对于合伙事业债务清偿的约定。民国民法主要依据大陆法系国家的法律,将合伙分为"合伙"与"隐名合伙"两大类,分为两节。

债编第二章"各种之债"的第十八节"合伙",从第 667 条至 699 条,一共三十三条。关于合伙的定义,第 667 条规定为"二人以上互约出资以经营共同事业之契约"。"出资"包括金钱及"他物"、劳务。明确合伙财产为合伙人全体公同共有。第 670 条规定合伙契约与事业未经合伙人全体同意不得变更;第 671 条规定合伙事业的执行事务可以约定由数人执行,但任何合伙事业执行人都有否决并停止单个执行人的执行;第 683 条规定合伙人未经全体同意不得转让各自的股份;第 691 条规定新加入合伙必须经过全体合伙人同意;等等,都显示出合伙契约与事业的全体一致的刚性原则。合伙根据约定,对于一般事务取过半数决定,有表决权的合伙人"无论其出资的多寡,推定每人仅有一表决权"(第 673 条)。

和传统合伙习惯不同,民国民法明文规定:"分配损益之成熟数,未经约定者,按照各合伙人出资额之比例定之。"(第 677 条)对于合伙事业的债务,合伙人均需承担连带责任。

12. 和解。

中国传统法律并没有对当事人之间就所发生纠纷达成和解的方式及效力做出规范,但在司法实践上,各地官府对于民间各类纠纷,总是倡导和解,即使诉讼过程中也可以退回到宗族之类的民间组织进行调节,或者直接以官府的权势主导当事人之间"和息"。民间也有悠久的通过长老、乡邻和平解决纠纷的传统。

民国民法将和解视为契约之一种,在债编第二章"各种之债"的第二十三节专门规定了"和解"一节,从第 736 条至 738 条,一共三条。第 736 条对和解做出明确定义:"谓当事人约定,互相让步,以终止争执或防止争执发生之契约。"和解契约成立后,具有消灭当事人抛弃之权利、使当事人取得和解契约所订明之权利的效力。第 738 条规定了和解后不得以错误为理由撤销,除非以下原因:(1)和解依据之文件在事后发现为伪造或变造;(2)事件经法院确定判决;(3)对于他方当事人之资格或对于重要之争点有错误而为和解者。

13. 保证。

中国传统法律规定交易要设立保人,债务人未能清偿的债务"保人代偿"。但是对于保人角色本身的定义以及责任范围从无明确规定。民间长期沿袭

"父债子还"的债务担保方式,在契约上署名的保人一般并不对契约主债务承担连带清偿责任,俗谚所谓"保人不还钱"。对此,民国民法引进了德、日法律,明确将"保证"视为契约之一种,具有契约效力。债编第二章"各种之债"的第二十四节专门规定了"保证"一节,从第739条至756条,一共十八条。

第739条在定义中明确了保证人的连带责任:"称保证者,谓当事人约定,一方于他方之债务人不履行债务时,由其代负履行责任之契约。"还进一步明确,除另有约定外,保证债务还包含了主债务的利息、违约金、损害赔偿"及其他从属于主债务之负担"(第740条)。保证人具有先诉抗辩权、代位权,保证人受主债务人委任而担任保证人的,在主债务人财产明显减少、主债务人住所变更致行使请求权发生困难、主债务人履行迟延、债权人依确定的判决令保证人清偿的情况下,可向主债务人请求免除保证责任。

三、物权

中国古代法律以及民间民事习惯中,并没有完整、明确的物权概念。因此,民国民法的物权编总体框架、原则来自大陆法系的直接引进。

根据大陆法系的民法原则,民国民法的物权编第一章"通则"中首先明确了所谓的"物权法定及习定主义",第757条:"物权,除依法律或习惯外,不得创设。"并且明确所谓的"物权登记主义"和"物权契约要式主义"。第758条规定不动产物权"非经登记,不生效力";第759条:"非经登记,不得处分其物权。"第760条:"不动产物权之移转或设定,应以书面为之。"因此物权编与债编不同,明文开列了各项物权,对物权的种类及内容加以严格限制,除非民法或其他特别法有规定,不得依契约或习惯随意创设物权,不可如同债编列举的有名契约外可以双方自由订立创设契约之债。

(一) 所有权

所有权概念在传统法律中有相当多规定,在民间习惯中也有丰富内容。清末法制改革,编写的民律草案中,已经仿照大陆法系体例,将所有权分为不动产所有权与动产所有权。民国沿之未改。民国民法典的物权编第二章所有权分为通则、不动产所有权、动产所有权、共有,一共四节;第757条至831条,一共七十五条。

在所有权章的通则一节里,明确了"取得时效"的概念。第768条规定:

"以所有之意思,五年间和平公然占有他人之动产者,取得其所有权。"第769条规定:"以所有之意思,二十年间和平继续占有他人未经登记之不动产者,得请求登记为所有人。"如果占有他人不动产"始为善意并无过失者",取得时效为十年。以后的司法实践中,在1936年施行《土地法》规定的土地总登记之前,凡是不动产曾经清丈,及推收过割其号址、亩分、粮赋等,业主姓名登入官厅文册并继续完税纳粮的,即视为与不动产登记有同等效力。

不动产所有权作为排他性的使用、收益及处分权,不得分割。但是,行使不动产所有权受到法律及不动产所有权内在利益的限制,不得妨碍社会公益。例如,对于自然流水上下游土地使用权人的利用、邻地所有权人的通行等,都要求土地所有权人给予注意。一般情况下禁止他人进入其土地,但如果有通行权以及"依地方习惯,任他人入其未设围障之田地、牧场、山林刈取杂草,采取枯枝枯干,或采集野生物,或放牧牲畜者",土地所有权人应予以容忍(第790条)。这种限制源于西方法律20世纪以来对个人所有权绝对观念的修正,但也符合中国传统社会的伦理要求。基于同样原因,法律对相邻关系予以特别规定,使相邻不动产的所有权受到一定限制或扩大,以避免土地所有权人行使其权利时损害邻地所有权人的利益。这在中国古代主要是通过道德习俗予以调整,而民国民法结合大陆法系的有关内容在法律上做了规范。

在不动产所有权方面另一个比较突出的特点,是引进了大陆法系的"区分所有权"概念,"数人区分一建筑物而各有其一部者,该建筑物及其附属物之共同部分,推定为各所有人之公有,其修缮费及其他负担,由各所有人按其所有部分之价值分担之"(第799条)。同时也结合中国传统习惯,特意规定在有必要的情况下,区分所有权人可以利用"他人正中宅门",除非有特约或另有习惯(第800条)。

民国民法规定不动产所有权的发生、变更与消灭属于要式行为,必须以书面方式进行,经过登记,方为有效,以明确不动产的权利状态。而动产的取得方式有原始取得与继受取得。前者如取得时效、天然孳息分离、善意受让、先占无主物、拾得遗失物、发现埋藏物、添附(附合、混合、加工)等;后者如买卖、赠与、继承、遗赠等,以交付为动产所有权让与的法律要件。

拾得遗失物的处理,在中国民法史上有过几次大的转折。民国的立法者参酌国外已有立法以及明清以来的法律,规定拾得遗失物者,应通知其所有人,或招领揭示,或报告警署、自治机关(指乡镇、县级政府)。在六个月内,所有人认领者,拾得人可请求该物价值十分之三的报酬。如无人认领,拾得人即取得遗失物的所有权(第803—807条)。同时又引进大陆法系制度,在遗失物有腐败性质或保管费用过于巨大的情况下,警署和自治机关可以先行拍卖,保存价金归还失主(第806条)。第810条特意规定了打捞漂流物、沉没物适用拾得遗失物的规定。

发现埋藏物的处理,在中国民法史上同样也有过转折。民国民法规定,发现埋藏物而占有者,取得其所有权。但埋藏物在他人所有的动产或不动产中发现者,该动产或不动产所有人与发现人,各取得埋藏物的一半。如果埋藏物有学术、艺术考古或历史价值,则属国家所有,发现人仅得相当奖金(第808—809条)。此项规定恰与中国唐宋时期的法律规定大致相同。

中国传统法律对于共有财产没有明确的规定。清民律草案制订后,中国才开始采用大陆法系分别共有与公同共有的制度。分别共有指数人对于一物,按其应有部分而共有同一所有权。如因买卖或赠与,共同取得所有权。各共有人按其应有部分,对于全部共有物有使用、收益权。应有部分不明时,推定其为均等。共有物的处分、变更及设定负担,应经全体共有人同意,但各共有人可自由处分其应有部分。公同共有,指依法律规定或依契约成一共同关系的数人(如家产的有份人、合股的股东)基于公同关系而共有一物。公同共有人的权利义务,依其公同关系所由规定的法律或契约确定。除前项法律或契约另有规定外,各公同共有人的权利,及于公同共有物的全部;公同共有物的处分及其他权利的行使,应得公同共有人全体同意,以保护公同共有人全体利益。公同关系存续中,各公同共有人不得请求分割其公同共有物。祀产、祠堂、学田、祖坟山地、合伙等,自民初起即被视为公同共有。但它们与一般的公同共有不同,应依族中规约、特约、惯例管理、使用及收益,而不必受共有人多数意见的拘束。并且,这种公同财产是为一定目的而设置,所以非因达到其目的的必要,并经共有人全体同意,不得废止、分割。

(二) 地上权

地上权是以在他人土地上建造建筑物或其他工作物,或种植竹木为目的,而使用其土地的权利。地上权在中国古代法律上并无规定,在司法实践及民间习惯上视同于租赁。直至清民律草案制订后,才引进了大陆法系的地上权制度,设定为一项独立的物权。

民国民法典物权编第三章地上权,从第832条至841条,一共十条。按照民国民法规定,地上权与租赁权及永佃权不同,不以支付地租为要素。地上权的设立以登记为法律要件。立法者以地上权人所获利益为长期利益为理由,规定约定支付地租的地上权人,即使因不可抗力造成使用收益受损,仍然不得按租赁权或永佃权的法条,要求减免地租。在地上权的存续期间,地上权人享有在设定行为所定目的的范围内,完全使用土地的权利;除另有习惯或约定外,地上权人可以将其权利出租、让与或担保,而不受土地所有权及其变更的影响。地上权消灭时,地上权人可以取回其工作物或竹木,但必须恢复土地原状。土地所有权人则具有以时价购买其工作物或竹木的先买权。如果该工作物是建筑物而无法收回,地上权人只能请求土地所有人按照建筑物的时价予以补偿。土地所有人如果无力补偿或不愿补偿,可以请求地上权人延长地上权期间。地上权人拒绝延长,则不得请求补偿。

(三) 永佃权

自宋元以后,淮河以南地区普遍出现"一田二主"式的永佃现象,延及民国初年。虽然法律上并无规定,但习惯上永佃权人不仅可以永久租佃他人土地,还可以将土地再行出租,形成大小租权;还可以自由出卖、出典这项收取"小租"的权利。清代曾有不少地方政府下达告示,禁止这项习惯,但毫无实效。民初大理院判例则承认其效力[1]。

《大清民律草案》的物权编首设"永佃权"专章,民国民法因之在物权编设立专章,列为第四章,第842条至第850条,一共九条。该章实际上几乎全盘引进大陆法系的永佃权制度,与民间传统习惯并无直接的联系。

第842条定义,永佃权是支付佃租所取得的在他人土地上耕作或畜牧的权利。包括对他人土地的占有、使用、收益权,而以支付佃租为要素。与地上权不同。永佃权绝对不许附以期限,否则将被视为租赁。与中国古代"一田二主"的永佃权不同,永佃权人在不变更权利内容的范围内,可以就永佃权为让与、遗赠或设定担保,但不得出租,也不得设定地上权。如果永佃权人出租或积欠地租达两年,土地所有权人可以撤佃(第845、846条)。

---

[1] 1915年大理院上字第402号判例。

中国古代，永佃权习惯上不许升租。民初大理院认为当事人协定租额后，地主在经济状况变动时，可以请求佃户增租①，以维护处于急剧变动的中国社会经济状态中的地主阶级利益。民国民法施行后，解释例认为以实物付租的永佃权不生增租问题；以金钱付租的，如因非约定佃租时所能预料到的情况产生剧烈的经济变动，致使依原定租额支付显失公平，土地所有人可依情事变更原则，请求增加给付②。

永佃权与耕地租用相同，除存续期间不受限制外，可以准用前引《土地法》及其施行法关于优先承买承典、禁止转租、限制地租押租、荒歉减免等规定③。

（四）地役权

地役权是一种以他人土地（供役地）增加自己土地（需役地）经济效用的权利。地役权的内容，是相邻关系的扩张或限制，从而依当事人的意思，对相邻土地间的利益作较大的调节。如通行、用水等即属于地役权的形态。地役权源于大陆法系。在中国古代，法律并无规定，其内容多依礼俗调整，也有部分属于租、佃的范畴。因此可以说也是一项引进的物权制度。

民国民法典物权编的第五章为地役权专章，从第851条至859条，一共九条。做出的都是原则性的规定，并没有逐一列举各类地役权，而是将通行、流水等地役权放在不动产所有权专节之中，作为土地所有权人应容忍、应注意的义务。

该章认定地役权属于为需役地提供便利而存在的从物权，具有不可分性。因此，民国民法规定供役地或需役地的分割，不影响地役权的存续。地役权也不能从需役地分离而让与，或成为其他权利的标的。地役权的存续期间，原则上以需役地的需要为准，如果需役地无此需要，供役地所有人可以申请法院宣告地役权消灭。

（五）抵押权

中国古代已有"悬券"或"指质"之类契约，以指定而非立即转移占有的财产作为债务的担保。自宋代开始，逐步禁止债权人通过指定财产担保而以计息债务兼并债务人土地的契约行为，禁止以土地房屋抵销债务的"准折"以及

---

① 1916年大理院上字第501号判例。
② 1941年司法院第2267号解释例。
③ 参见本节关于耕作地租赁的内容。

债权人以"虚钱实契"获取债务人土地房屋,均视为无效交易,并作为犯罪行为予以惩罚。这样号称"抑兼并"的法律并无法切实得到施行,只不过是将此类交易打入"地下状态",民间依然很广泛地采用指定不动产作为债务担保。

清末民律草案物权编已经设立抵押权专章,民国民法典物权编将之列为第六章,从第860条至第883条,一共二十四条。其主要内容基本都来自大陆法系国家的既有法律。

第860条给抵押权明确了定义:"谓对于债务人或第三人不转移占有而供担保之不动产,得就其卖得价金受清偿之权。"由此设定抵押权作为担保物权,具有两种特性:一是从属性。抵押权从属于债权,不得由债权分离而让与,或作为其他债权的担保。二是不可分性。抵押物分属于数人时,抵押权人仍然可以就抵押物的任何部分实行抵押权,其他抵押权人不得主张按比例分别实行。

与中国传统社会将土地房屋设"抵"完全是民间自发行为不同,民国民法将抵押权视为不动产物权,非经登记不生效力。不动产所有权人在设定抵押权后,仍然可以在同一不动产上设定地上权及其他权利,或将不动产让与他人。但抵押权并不受其影响。地上权、永佃权、典权,都可以成为抵押权的标的物。

与中国民间长期传统不同,民国民法禁止在债务清偿期届满后,抵押权人直接获取抵押的不动产,而必须通过申请法院拍卖其抵押物,就其价金优先于普通债权人而受清偿,"约定于债权已届清偿期而未为清偿时,抵押物之所有权移转于抵押权人者,其约定为无效"(第873条)。

同一不动产有数种抵押权时,先登记的抵押权人,优先受清偿。在不妨害其他抵押权人的利益范围内,抵押权人与抵押人也可以订立契约,由抵押权人取得抵押物的所有权。抵押权的担保范围,包括原本、利息、迟延利息及实行抵押权的费用。

(六) 质权

中国古代很早就有质押财物担保债权的契约,称之为"质",唐代开始典、质混称,宋元以后又混称典、当,民间也往往称"解"称"押"。清末开始起草民律草案时定名为"质权",并模仿德国民法,设动产质权与不动产质权。民初第二次民法草案又转而受日本民法影响,增设权利质权。而因不动产质权易与典权混淆,仅设动产质权与权利质权。民国民法因之,物权编第七章为质权,分为动产质权、权利质权两节,自第884条至第910条,总共二十七条。

第884条定义:"称动产质权者,谓因担保债权,占有由债务人或第三人移交之动产,并就其卖得价金受清偿之权。"显然与传统质押契约中届期质押权人就可以将质物"下架"直接归属自己的习惯不同,强调要经过拍卖或标价出卖后,就所得的价金作为原债务的清偿。

该节规定动产质权以质权人占有质物为成立要件,出质人不得代为占有。质权的担保范围与抵押权相同,而且,原则上由质权人收取质物的孳息,依序抵充收取孳息的费用、债权的利息及债权;质权人还可以向第三人转质质物。质权人如果丧失对质物的占有并不能向第三人请求返还,或将质物返还出质人,则质权消灭。

权利质权的标的物是动产之外其他可让与的权利。以债权为标的物的质权,称为债权质权,应通过书面方式设定。如果债权有证书,出质人必须同时将该证书交于质权人,以维护社会交易安全。

(七)典权

土地房屋的出典交易在宋以后得到法律的正式确认,成为中国传统法律中为数不多的一种民事规范。清末起草民律草案时,误将典权视为担保物权,认为典相当于日本的不动产质而不予专门的规定。民初大理院的见解也与此相同,直至1915年大理院上字第448号判例才修正了这种错误看法。

由于典与活卖类似,民间往往因契载不明发生纠纷,北洋政府司法部于是拟定《清理不动产典当办法》十条,于1915年10月颁行。该办法很少涉及典的具体内容,主要为处理以前典的积案而对回赎权与典期作了限制,将多年以前契载不明的典产,按年代远近,或作绝卖,或立限放赎。并规定自该办法施行时起,典当期限以不超过十年为限,契约内必须载明回赎年限,届限不赎,听凭典主过户投税。期限不满十年的典当,不得附加到期不赎听凭作绝的条款。这一办法与视出典后的回赎期长达千年的传统法律以及习惯明显不符,很难得到民间的遵守与施行。

至民初第二次民法草案,才将典权正式纳入物权编,并列为专章,以纠正前清民律草案的谬误与缺漏,但仍在典权外承认不动产质权为一种担保物权。民国民法关于典权的规定,基本上取材于第二次民法草案物权编典权章、《清理不动产典当办法》、《大清律例·户律·典卖田宅门》以及《户部则例》(置产投税、旗民交产)而加以修正。立法者认为：

> 我国习惯无不动产质而有典,二者性质不同。盖不动产质为担保债权,出质人对原债务仍负责任,苟质物价格低减不足清偿,出质人仍负清偿之责。而典则否。质权既为担保债权,则于出质人不为清偿时,只能将质物拍卖,就其卖得金额而为清偿之计算,无取得其物所有权的权利。典则用找贴方法便可取得所有权。二者比较,典之习惯实远胜于不动产质。因(一)出典人多为经济上之弱者,使其于典物价格低减时抛弃其回赎权,即免负担;于典物价格高涨时,有找贴之权利,诚我国道德济弱观念之优点。(二)拍卖手续既繁,而典权人既均多年占有典物予以找贴即取得所有权,亦系最便利之方法。①

因此,在设立典权的同时,不再承认不动产质权。但在民国民法施行前依民初大理院判例成立的不动产质权,仍属有效。由于典权具有用益物权与担保物权的双重性,因而在物权编中列于抵押权及质权之后、留置权之前,作为第八章,自第911条至第927条,总共十七条。

第911条为典权设定了定义："称典权者,谓支付典价,占有他人之不动产而为使用收益之权。"设定典权必须以书面方式进行,非经登记,不生效力。典的期限可分为典期与回赎期。民初《清理不动产典当办法》沿袭清朝的规定,将典期定为十年;回赎期由双方当事人自行约定。民国民法放宽典期至三十年,超出三十年的缩短为三十年。约定典期不满十五年的,不得附加到期不赎即作绝卖的条款,以免典权人利用该条款取得一般高于典价价值的典物所有权,损害出典人利益。并增设了回赎期的规定,出典人在约定典期届满后,可以在两年内随时以原典价回赎典物。超过两年,典权人即取得典物所有权。典权未设典期的,出典人可以随时以原典价回赎典物。但出典后经过三十年不回赎的,典权人即取得典物所有权。民国民法明确限定回赎期,是以避免所有权长期处于不稳定状态,适应现代社会经济发展的需要为借口的。然而,这一仅仅两年回赎期的限定与传统的"一典千年有份"的习惯相差太远,也往往使经济困境不可能得到改善的贫苦百姓失去了赖以生存的最后一笔家产,而

---

① 1929年国民党中央政治会议第202次会议议决"民法物权编立法原则"。

作为典权人的有产者则可以用低廉的代价掠取财物。

出典人设定典权,只不过使典物的使用、收益权受到限制,所有权仍属于自己。因此,出典人可以将典物的所有权让与他人,典权人的典权并不因此而受影响。此外,习惯上出典人在典权关系存续期间,表示将典物所有权让与典权人时,典权人必须按时价给予找贴。民国民法沿用了这一习惯,但规定找贴以一次为限,以免因多次找贴使典权关系更趋复杂而产生纠纷。典权存续期间,典物因不可抗力致全部或部分灭失时,就其灭失部分,典权及回赎权同归消灭。即出典人负担其典物灭失部分损失,典权人负担不能收回其典价的损失,这与古代习惯相同。但我国习惯上出典人在上述情形回赎典物存余部分时,仍必须以原典价回赎;而民国民法规定出典人可以从原典价中扣减典物灭失部分灭失时价值的半数,但以扣尽原典价为限。由双方共同负担危险,较为合理。

典权人对典物有占有、使用、收益的权利。在典权存续期中,除非契约另有订定或另有习惯,可以将典物转典或出租给他人。与传统习惯相同,转典期或出租期不得超出原典期,转典价不得超过原典价,以维护原出典人利益。出典人将典物所有权让与他人时,如果典权人声明提出同一价格留买,出典人除非有正当理由,不得拒绝。另一方面,典权人可以不经出典人同意而将典权让与他人(即习惯所称的"退典")。受让人对于出典人,则取得与出典人相同的权利。

(八) 留置权

中国传统法律中并无留置权相应的规定,只是在民间有一些权利人得以留置、扣押债务人财物的习惯,往往也能得到司法裁判的支持。清末的民律草案对留置权并未作出规定。民初第二次民法草案才仿效德国民法,将留置权视为双务契约的效力,称为"给付之拒绝"。乃至民国民法,才按日本、瑞士民法确认留置权的物权效力而予专章设立。

民国民法物权编第九章为留置权,自第928条至第939条,总共十二条。该章起始并没有对留置权做出一般性的定义,第928条只是规定了留置权的发生要件:留置权不得以契约设定,必须具备以下法定要件:债权人已占有债务人的动产;债权已届满清偿期;债权的发生与留置的动产有牵连关系,如商人之间因商业关系而占有的动产;并非因侵权行为而占有;不得违反公共秩序与善良风俗;不得与债权人所承担的义务,或与债务人在动产交付前或交付时所作的指示相抵触。

该章规定留置权人在行使留置权时也要承担留置物的保管义务,应以"善良管理人之注意"来进行保管(第933条)。留置物的孳息可用于抵销债务。

(九) 占有

占有是控制管理物的事实状态。民国民法的立法者认为占有并非权利,而是法律保护行使权利的事实,所以不称占有权。

民国民法物权编第十章"占有"自940条至966条,总共二十七条。规定占有人对于妨害或侵夺其占有的行为,可以自行防御或取回占有物。并且,占有人就占有物所行使的权利应推定为合法;真正权利人主张其权利时,必须负举证责任。

四、亲属

(一) 亲属与亲等

亲属指自然人相互间因血缘、婚姻或收养所发生的身份关系。清末民初民法亲属编三次草案均依照旧有宗法制度将亲属分为宗亲、外亲及妻亲。民国民法对此作了根本变革,将亲属分为血亲(内分直系血亲、旁系血亲)、姻亲、配偶三种,在一定程度上体现了男女平等的原则。但亲属的范围不如习惯上广,如姻亲仅限于血亲之配偶、配偶之血亲、配偶血亲之配偶三种(第970条)。而血亲配偶的血亲,如儿女亲家之间,即不存在姻亲关系。这与中国的传统习惯不符,颇受批评。

从清末开始的民法典起草,亲属编三次草案,均采用寺院法(西方教会法)的亲等计算法①,因为传统宗亲服制图所定的五等服制以内宗亲,可以用寺院法的四亲等相对应。但是,寺院法不完全按亲疏比例计算亲等,如两系辈数不同,从其多者确定亲等,则辈数较少的系往往不分尊卑,属同一亲等于理不合;而且,亲属分类改分血亲、姻亲、配偶后,已与传统的服制图无关。因此,民国民法选用了世界多数国家采用的罗马法亲等计算法,即直系血亲从己身上下

---

① 英国所采用的是亲等计算法。直系亲属从己身上下数,以一辈为一亲等,与罗马法相同;旁系亲属分别计算从己身或从计算亲等的血亲上数到同源的直系血亲的辈数,二者相等时,以一方的辈数定亲等,二者不相等时,从其多者定亲等。如叔侄之间的亲等,从侄至祖父母为二代,从叔数至祖父母(即叔之父母)为一代,从其多者定叔侄为二亲等的旁系血亲。

数,以一辈为一亲等;旁系血亲从己身上数至同源之人,由同源之人下数至所指亲属,以其总辈数为亲等之数。例如侄子即为三等亲,较为方便而直观(第968条)。

(二) 婚姻

清末民律草案亲属编模仿日本民法,对婚约无特别规定。民初第二、三次草案依据中国习惯及德国、瑞士民法,设专节规定婚约(订婚)。民国民法也有专节规定,但将婚约视为非要式行为,并不得请求强迫履行。婚约可因下列情形解除:订婚后再与他人订婚或结婚;故意违反期约;生死不明已满一年;有重大不治之病;有性病或其他恶疾;婚约订定后残废;婚约订定后与人通奸;婚约订定后被处徒刑;其他重大事由(第976条)。可见,与传统习惯相比,民国民法不拘泥于礼教的要求,将性病、精神病等重大疾病明确列为解除婚约的原因,在一定程度上有利于增进种族健康。

关于结婚的必备条件,三次草案均模仿日本民法采取法律婚主义,即婚姻必须经过登记才能成立。民国民法则依据中国习惯采取仪式婚主义,规定结婚应有公开仪式及两名以上证人(第982条)。规定结婚最低年龄男为十八岁,女为十六岁,禁止早婚(第980条)。男女虽已达到结婚最低年龄,但未满二十岁(成年期)而结婚,由于属限制行为能力人,必须经过法定代理人同意(第981条)。

亲属编前三次草案均沿袭旧律对亲属结婚的限制,规定宗亲、外亲或妻亲(辈分相同的旁系外亲、妻亲除外)不得结婚,体现了浓厚的礼教伦常色彩。民国民法虽然依新的亲属分类缩小了禁止亲属结婚的范围,但仍因礼教伦常的影响而嫌过广:直系血亲、直系姻亲、八亲等以内的旁系血亲、五亲等以内不同辈分的旁亲姻亲不得结婚,而六亲等及八亲等之表兄妹不在此限(第983条)。

民国民法虽然不再将妻子定为限制行为能力人,但并未真正实现男女平等原则。其立法者以"男女平等似应注重实际,如经济平等、政权平等及私权平等,不必徒务虚名,若关于姓氏必使铢两悉称,殊属难能"[①]为理由,规定结婚后,除当事人另有约定外,妻应冠以夫姓,赘夫应冠以妻姓(第1000条),体现了宗法制度的影响。

---

① 1930年国民党中央政治会议第236次会议议决的《亲属法先决各点审查意见书》。

关于夫妻财产制。清民律草案只规定家产而无夫妻财产制的规定。民初第二次民法草案从日本民法增入了夫妻财产制的内容。民国民法则根据瑞士民法予以详细规定，将夫妻财产制定为法定财产制与约定财产制两种。前者属于联合财产制，包括结婚时属于夫妻的财产及婚姻关系存续中夫妻所取得的财产；后者又分为共同财产制、统一财产制、分别财产制。夫妻可以通过契约选定一种约定财产制；未作约定的，适用联合财产制。这种夫妻财产制过于复杂，并不适合中国国情，而且体现出浓厚的夫权意识。例如，规定由丈夫负责管理联合财产、共同财产、统一财产；夫对妻的原有财产，有使用收益权；联合财产中由妻的原有财产所生的孳息，其所有权归属于夫，等等。这些规定都反映了立法者违背所言的实行男女完全平等的原则。

离婚有协议离婚与判决离婚两种。前者不须具备任何理由，只要经夫妻双方合意，订立书面协议，并有两人以上证人签名，即可解除婚约（第1049条）。但未成年人离婚必须经法定代理人同意。后者必须具备以下法定离婚条件之一：重婚；通奸；夫妻的一方受他方虐待而不堪同居；妻虐待夫的直系尊亲属，或受其虐待，而无法共同生活；夫妻的一方以恶意遗弃他方；夫妻的一方企图杀害他方；夫妻的一方有不能治愈的精神病或其他恶疾；生死不明已满三年；被处三年以上有期徒刑，或因犯不名誉罪行而被处徒刑（第1052条）。同前三次亲属编草案相比，尽管民国民法修改了如"妻与人通奸"、"妻虐待夫之直系尊亲属或重大污辱者"①之类明显宽于夫而严于妻的法定离婚条件，但仍未摆脱男尊女卑的影响，如将妻虐待夫的直系亲属作为法定离婚条件，而无夫虐待妻的直系亲属准予离婚的对应规定等。

从民国时期的离婚案分析，大多是因女方不堪夫权压迫而被迫提出离婚。如1933年南京地区离婚案件共八十六件，由男方主动提出离婚的计二十五件，由女方主动提出离婚的达六十件，双方同意离婚的仅一件。其离婚理由：对方经济压迫十五件，对方遗弃十四件，对方不道德行为七件，双方意见不合三十五件，对方侮辱七件，对方疾病四件，对方被处徒刑四件②。在旧中国，经济压迫与遗弃显然是男方所为，因此提出离婚的案件就占离婚案件的百分之

---

① 民初第二次民法草案亲属编第1151条，转引自潘维和《中国近代民法史》。
② 《首都地区离婚案件统计》，《中华法学杂志》1934年第5卷第1、2合号。

三十三点七。对方侮辱、对方不道德行为及双方意见不合,也大多事由男方。可见,民国民法亲属编并未能有效地保护妇女的合法权益,改善妇女社会地位低下的状况。

(三) 家庭关系

家是以永久共同生活为目的而同居的亲属团体(第1122条)。前三次亲属编草案都受宗法制度的影响,对家制作了详细规定,并赋予家长极大的权力。民国民法对家的规定比较简单,注重家长的义务,而家长的权力较过去有所削弱,并以夫妻财产制取代了关于家产的规定。

民国民法规定,家设家长,由亲属团体中推选产生;无推选时,以家中最尊者担任家长。担任家长无性别限制。同居的亲属,除家长外均为亲属。即使不是亲属,以永久共同生活为目的而同居一家的人也视为家属。实际上这主要指妾和童养媳。

妾在民初被视为依契约成立的准配偶关系。南京国民政府对妾持暧昧态度,虽然声称"妾之制度亟应废止,虽事实上尚有存在者,而法律不容承认其存在,其地位如何无庸以法典及单行法特为规定"①。但实际上不作明确禁止,就是为纳妾开方便之门。而判例与解释例更公开承认纳妾的法律效力,将其视为类似夫妻的结合②。在这种情况下,有产者仍然可以纳妾,而妾的地位更趋低下。民国民法规定,妾所生子女必须经过认领后,才能视为婚生子女。妾在脱离结合关系后所生的子女,在男方认领前,与男方不发生父与子女的关系。男方死亡时,妾无继承权,只能由亲属会议③依其所受扶养程度与其他关系,酌给遗产。可见,不但妾的地位与财产权无法得到相应保护,妾的子女的法律地位也得不到应有的承认。

至于童养媳问题,南京国民政府也是采取法律不予规定更不予禁止的手法,而由判例、解释例承认其效力,将其视为家属。这实际上等于承认童婚。

家庭关系以父母子女关系为核心。前三次亲属编草案都沿袭旧有的宗法

---

① 1930年国民党中央政治会议第236次会议议决《亲属法先决各点审查意见书》。
② 司法院1939年第1935号解释例。另据司法院1932年第770号解释例:"惟在(民法亲属编)施行前业已成立之纳妾契约,或在施行后妻之明认或默认而为纳妾之行为,其妻即不得据为离婚之请求",等于公然表明法律对纳妾不予干涉。
③ 亲属会议是民国民法所规定的由亲属组成,保护亲属利益,调整亲属纠纷的组织。

制度,将子女分为嫡子、庶子、嗣子、养子及私生子。民国民法不再有嫡子、庶子与私生子的区别,仅以因婚姻关系受胎而生的子女为婚生子女,否则即称为非婚生子女。并废除因宗祧继承所产生的嗣子,仅设立养子。父母对未成年子女有保护、教育及管理子女特有财产的权利义务,但不得滥用其权利,否则,其最近尊亲属或亲属会议可以纠正。纠正无效时,可以请求法院宣告停止其全部或部分权利。

收养问题早见于中国古代民法,民国民法作了较为详细的规定。收养关系的成立必须具备以下要件:收养者的年龄应比被收养者大二十岁以上;收养者或被收养者有配偶时,应征得其配偶的同意(第1073条)。收养成立后,养子女与养父母的关系,除法律另有规定外,与婚生子女相同。收养关系可由双方协商终止,或因下列情形而请求法院宣告终止:一方对他方有虐待或重大侮辱行为;一方受他方恶意遗弃;养子女被处两年徒刑以上刑罚;养子女浪费财产;及其他重大事由(第1081条)。收养关系终止后,无过失一方因而陷于生活困难时,可以请求他方给予相当的生活救济。

对未成年人与禁治产人实行监护制度。前三次亲属编草案都仿照德国民法设有监督监护人的规定,并允许检察官以国家强制力干涉监护人的不法行为。民国民法不再设监督监护人的规定,而将监督监护权置于亲属会议(第1106条),避免国家干涉。未成年人的监护应由父母负责。但未成年人无父母或父母不能负担未成年子女的权利义务时,应依其后死的父母以遗嘱方式指定监护人,或依下列顺序确定监护人:与未成年人同居的祖父母;家长;不与未成年人同居的祖父母;伯父或叔父;由亲属会议选定的人(第1094条)。对禁治产人依下列顺序确定监护人:配偶;父母;同居的祖父母、家长;后死的父母遗嘱所指定的人。如果不能依上述顺序确定监护人时,由法院征求亲属会议的意见指定。

亲属间有互负扶养的义务。负扶养义务者有多人时,依下列顺序确定先后:直系血亲卑亲属;直系血亲尊亲属;家长;兄弟姐妹;家属;媳妇女婿;夫妻的父母(第1114条)。同属直系尊亲属或直系卑亲属者,以亲等近者负扶养义务。同亲等的扶养义务有多人时,依其经济能力分担义务。扶养的程度,依受扶养人的需要及负扶养义务人的经济能力与身份确定之。

民国民法典亲属编专门设置第七章,规定"亲属会议",自第1129条至第

1137条,共九条。规定亲属会议由当事人、法定代理人或其他利害关系人召集,由五人组成(第1130条)。亲属会议就未成年人、禁治产人的监护抚养、被继承人遗嘱等问题做出决定时,参与会议的亲属顺序为:直系血亲尊亲属、三亲等旁系血亲尊亲属、四亲等内的旁系同辈血亲(第1131条)。以三人以上出席、过半数以上表决为有效要件。最后一条设定对于亲属会议的救济方式,有召集权之人如不服亲属会议的决议,可以在三个月内向法院申诉。

五、继承

中国古代的宗祧继承制度,着眼于祭祀祖先权利的传递。而清末民律草案受西方影响,已未明确规定宗祧继承制度,但仍隐含宗祧继承与遗产继承的区别,如将含有宗祧继承性质的财产继承人称为继承人,将只是继承死者遗产的人称为承受人。北洋政府立法大兴复旧之风,在第二次民法草案继承编设专章规定宗祧继承与遗产继承,对宗祧继承的规定尤其详细。民国民法的立法者认为宗祧继承属于传统时代的遗物,过于重男轻女,与法治精神及现代潮流不能相容,因而不再规定宗祧继承,将继承限定于遗产继承的范围内①。

(一) 法定继承

民国民法继承编的第二章"遗产之继承",分为效力、限定之继承、遗产之分割、继承之抛弃、无人承认之继承,共五节,自第1147条至1185条,共三十九条。以法定继承为主,规定了继承的主要规则。规定遗产继承人有法定继承人与指定继承人两种。前者是法律规定应当继承的人,后者是被继承人无直系血亲卑亲属时,以遗嘱指定的继承人。民法摒除了旧律对女儿及配偶继承遗产的限制,将法定继承人顺序确定如下:直系血亲卑亲属(包括养子女在内),以亲等近者为先;生父母;同胞兄弟姐妹;祖父母、外祖父母。此外,配偶有相互继承权(第1138条)。

同一顺序继承人的遗产应继分,按人数平均继承(第1141条)。但养子女的应继分,为婚生子女的二分之一;养父母如无直系血亲卑亲属为继承人,养子女才能享受与婚生子女相同的继承权利。非婚生子女只有经认领后,才能享受与婚生子女相同的继承权利,这实际上仍是宗法观念的反映。至于配偶

---

① 1930年国民党中央政治会议第236次会议决议《继承法先决各点审查意见书》。

的应继分,当配偶与第一顺序继承人同为继承人时,与其他继承人平分遗产;与第二、三顺序继承人同为继承人时,得二分之一的遗产;与第四顺序继承人同为继承人时,得三分之二的遗产(第 1144 条)。被继承人的直系血亲卑亲属,在继承开始前死亡或丧失继承权时,由其直系血亲代位继承其应继分。继承人对被继承人有重大不良行为或妨碍继承时,丧失继承权。

较有特色的是,在继承开始时间上,虽然依照大陆法系规定"继承,因被继承人死亡而开始"(第 1147 条),但同时也承认长久以来民间"生前继承"的传统习惯,明确规定法定继承人在继承开始前,因结婚分家或营业等原因,已从被继承人处获得财产赠与,在继承开始时,应将其受赠财产并入遗产计算,以示公平(第 1173 条)。但被继承人在赠与时曾表示不必并入遗产计算,则尊重被继承人的意见,不予并入。

另外一个规定则与传统的"父债子还"习惯大不相同的是,明确规定继承人对被继承人债务所负的责任,以因继承所得的财产为限(第 1154 条)。称之为"限定继承"。为保障债权人权利,同时也规定,为限定继承的继承人应该在继承开始后的三个月内将遗产清单申报法院,由法院公示催告债权人在一定期限内申报债权,公示期间继承人不得先行对个别债权人清偿债务以及支付遗赠。公示期满后债权人即不能对继承人主张债权(第 1155 条至 1160 条)。

(二) 遗嘱继承

自元代以后,中国传统法律中就没有了关于遗嘱继承的明确规定。清末的民律草案从大陆法系引进了遗嘱继承制度,并且开始确立遗嘱继承优先原则。以后两次民法典草案延续了这一制度。民国民法典因之,但在立法上继受法国民法典、德国民法典对于遗嘱继承加以一定限制的原则。

继承编的第三章"遗嘱",分为通则、方式、效力、执行、撤销、特留分六节,自第 1186 条至 1225 条,共四十条。规定无行为能力人与十六岁以下的限制行为能力人不得立遗嘱。遗嘱人可以用明示或默示的方法,撤销其全部或部分遗嘱。

清末民律草案对遗嘱的方式规定比较简单。民初第二次民法草案模仿日本民法,将其定为自立、公立、代笔和口授四种。民国民法典继承编第三章"遗嘱"专门设立第二节,规定遗嘱的方式。开列了遗嘱的五种方式:自书遗嘱、公证遗嘱、密封遗嘱、代笔遗嘱、口头遗嘱。其中公证遗嘱,需要两人以上见证,立遗嘱人向公证员表达意思,公证员笔记后宣读,确认意思表达无误,书写成文后由立遗嘱人和公证员签字,如立遗嘱人不能签字的,要公证员记明,立遗嘱人按指印(第1191条)。密封遗嘱,是由立遗嘱人自书或由他人代笔书写并签名后,在两人以上见证下向公证人说明为亲笔或谁人书写的遗嘱,公证人在封面上载明立遗嘱人的说明及日期,公证人、立遗嘱人及见证人签名(第1192条)。代笔遗嘱由三人以上见证人之一代笔,立遗嘱人表示意思并由代笔人书写遗嘱,立遗嘱人及见证人签名(第1194条)。

遗嘱继承中比较有特色的是特留分制度。特留分指被继承人就除去债务额的遗产,不得以遗嘱自由处分,而应为法定继承人保留的部分。民国民法采用德国民法特留分制度,计算标准依应继分而定:直系血亲卑亲属、父母、配偶的特留分,为其应继分的二分之一;兄弟姐妹及祖父母、外祖父母的特留分,为其应继分的三分之一(第1123条)。遗赠不得侵及特留分。如果因被继承人遗赠导致侵害特留分时,其不足部分,可以从遗赠财产中扣减补充。特留分制度的建立在一定程度上维护了被继承人亲属的利益。

第四节 民事诉讼

一、民事诉讼法规沿革

清末法制变革以前,民刑不分,民事诉讼基本参照刑事诉讼的规定进行。光绪三十二年(1906),修律大臣沈家本、伍廷芳提出仿照欧陆制度,开始起草《民事诉讼律草案》。同时对原来行政司法不分的政治制度实行改革,次年十月廿九日,颁行高等审判厅以下《各级审判厅试办章程》,开始有关于民事诉讼管辖及审判的有关规定。至宣统二年(1910)十二月廿七日,《民事诉讼律草案》完成,但该草案因清朝灭亡并未颁布施行,仅其中关于管辖各章及"回避、拒却引避"一章在民国成立后曾经北洋政府司法部于1912年5月及1919年4月先后呈准援用。

中华民国成立后,于1912年3月28日,北洋政府颁行《各县帮审员办事暂行章程》,试图在基层政府层面一定程度上实行审判事务分离,但旋即废止。1914年4月5日又颁行《县知事审理诉讼暂行章程》,高等以下各级审判厅及兼理司法的县知事公署审理民事诉讼始有定章可循。此后,北洋政府又命修订法律馆起草《民事诉讼法》，并于 1921 年 7 月 22 日公布该法草案。同年 11 月 14 日改称《民事诉讼条例》，于 1922 年 7 月 1 日施行于所属各省。未设审判厅的县，仍适用《县知事审理诉讼暂行章程》。

南京国民政府建立后，曾由司法部提经国民政府第三十九次委员会议决议民事诉讼暂仍照旧，除最高法院适用《民事诉讼律》外，高等以下法院原适用《民事诉讼律》或《民事诉讼条例》者，仍照旧适用。1928 年司法部起草《民事诉讼法》，经立法院审议修正通过，于 1930 年 12 月 26 日先行公布第一编至第五编第三章，其第五编第四章人事诉讼程序部分继民法亲属、继承两编制定后于 1931 年 2 月 13 日续行公布。1932 年 1 月 29 日，又公布《民事诉讼法施行法》，与《民事诉讼法》并于同年 5 月 20 日施行。民事诉讼法的适用，至此始告统一。1934 年底，立法院又对《民事诉讼法》进行修正，改称《中华民国民事诉讼法》，于 1935 年 2 月 1 日公布。同年 5 月 10 日公布新的《民事诉讼法施行法》，与《中华民国民事诉讼法》于同年 7 月 1 日施行。1945 年 12 月 26 日，又将《中华民国民事诉讼法》略加修正，公布施行。

《中华民国民事诉讼法》（以下简称民国民诉法）共六百四十条，分九编，即总则、第一审程序、上诉审程序、抗告程序、再审程序、督促程序、保全程序、公示催告程序、人事诉讼程序。其主要关系法规，有 1945 年的《民事诉讼费用法》、1940 年的《强制执行法》、1943 年的《公证法》、1937 年的《提存法》，等等。

二、司法审判组织的沿革

清末开始对司法机关进行调整，意图改变中国传统的行政、司法合一的司法体制。其主要内容是：第一，改刑部为法部，掌管全国司法行政事务，不再具有审判职能；第二，改大理寺为大理院，为全国最高审判机关，并有权解释法律，监督各级地方审判活动。在地方州县设初级审判厅，府（直隶州）设地方审判厅，省设高等审判厅，设推事负责审理案件，地方及高等审判厅设民、刑等审判庭。实行四级三审制；第三，实行审检分署。与各级审判衙门平行相应设置初级检察厅、地方检察厅、高等检察厅及总检察厅，对刑事案件进行侦查，提起公诉，实行审判监督，充当民事案件的诉讼当事人或公益代表人。

民初继承清末的司法体制，少有变动。南京临时政府仅以大理院改称中央审判所,法部改称司法部。北洋政府恢复大理院旧称,并在未设初级审判厅的各县设立兼理司法法院,由县知事兼理民、刑审判。

南京国民政府建立后,为了适应实行五院制政体,于1928年11月改革司法体制,设司法院为最高司法机关,下属:(1)司法行政部(1943年1月改属行政院);(2)最高法院;(3)行政法院;(4)公务员惩戒委员会。1948年7月,司法院改组,增设大法官会议,行使解释宪法并解释法律命令的职权。

南京国民政府的普通法院分地方法院、高等法院和最高法院三级,内设刑事庭和民事庭。实行三级三审制。由高等法院一审的案件,二审即为终审。第三审仅为法律审,限于审理以判决违反法律法令为理由的上诉案件。

三、南京国民政府民事诉讼制度的主要特点

南京国民政府的民事诉讼大多采用现代各国通行的立法原则,如公开审判、言词直接审理、不干涉主义、自由心证、律师辩护等。其中的不干涉主义、自由心证、律师辩护尤其反映了西方现代法制对中国的影响。

(一) 不干涉主义

即民事诉讼程序的开始、进行、终止以及诉讼资料的提出,均依当事人的意思,法院不作职权的干涉。中国古代法官往往主动参与民事诉讼的各项程序,并收集、调查证据,当事人的意思对审判仅起参考作用,颇似所谓的干涉主义。

清末改制后,民事诉讼开始采用西方的不干涉主义。民国民诉法进而规定:"原告于判决确定前得撤回诉之全部或一部"(第262条);"言词辩论以当事人声明应受裁判之事项为始"(第192条);"法院不得就当事人未声明之事项为判决"(第388条)等。然而,不干涉主义并不适合中国国情。由于不干涉主义加重了诉讼当事人及其代理人在诉讼过程中的法律责任,而旧中国一般民众又不具备应有的法律素质,尤其是贫苦百姓,不懂得也无力通过相应的法律手段来维护自己的合法权益,富人却可以凭借其经济优势,通过律师操纵诉讼朝有利自己的方向进行,因此,很难产生公平、合理的判决。

(二) 自由心证

即关于证据的调查取舍,以及证据方法及其证明力,完全由法院推事自由判断决定。这一原则虽然引自西方,但与中国古代没有严格的法定证据要求,法官多依情理裁定、判决案件的意旨暗合。

(三) 律师代理

中国古代讼师属于地下行业，只能替人起草诉状，提供诉讼策略，但不能代理出庭，并无现代意义的律师代理辩护制度。清末开始建立律师制度。1912年，北洋政府司法部公布《律师暂行章程》，规定了律师资格的取得方法。1927年，南京国民政府又公布了《律师章程》。律师的主要职务是受当事人的委托，依法院的命令，代理诉讼，并办理其他法律文件。设立律师制度的目的，本在于使其运用掌握的法律专门知识，减轻所代理的当事人的负担，并帮助法院作出合理判决。

但民国时期有的律师往往将金钱置于道德与职责之上，素质颇劣。1934年南京国民政府司法部通令中指出：

> 乃查近来各地律师，漠视职责与德义者，往往有之。如受当事人委托后，于该案所有事实上资料，不预详细询明。比至开庭，辄瞠然不知所对，以致惟有延期辩论。此其一也。于该案件应适用之法律，并不切实研究，每每强词夺理，为冗长陈述。法院阅其书状，听其辩论，虚耗劳力时间，无益于事。此其二也。因见案件形势于委托人不利，遂托故声请变更期日，或提出不必要之攻击防御方法，以为拖延诉讼之计。此其三也。其嗜利之辈，甚至有挑唆诉讼及阻止当事人和息情事。此其四也。以此之故，律师不免为世人所诟病。①

四、诉讼程序

(一) 第一审程序

1. 普通诉讼程序。

民国民诉法规定，当事人依法律规定的程序，可以请求法院就其主张的私权或其他事项予以判决。这种请求就是起诉。被告也可以对原告提起反诉。关于起诉的条件多达十二项，如：诉讼事件应属普通法院受理的权限；应属于受诉法院管辖；原告及被告均有当事人能力，如无诉讼能力，须有法定代理人合法代理；起诉应合于程式，以书状表明，等等。如果不符合条件，经法院指明补正，而逾期不补正或无从补正的，法院可以径行裁定驳回。此外，民国民诉

---

① 《1934年司法部整饬律师风纪通令》，《中华法学杂志》1934年第5卷第3号。

法还对起诉作了其他一些限制,如于同一事件不得再行起诉等。

当事人起诉后,法院得从程序和实体两个方面对该项起诉进行审查,以确定是否受理。程序方面的审查主要是起诉是否符合前述要求,实体方面的审查主要是起诉是否属于"显无理由"。

如果原告之诉并非显无理由,又符合程序方面的要求,法院即应受理,审判长应确定言词辩论的期日,并由书记官将诉状副本与言词辩论期日通知书一并送达被告人。送达时至言词辩论期日至少应为十日,但急迫情形除外。原告在判决确定之前,可以撤回诉的一部或全部。但被告已参与本案言词辩论的,原告撤诉应征得其同意。

民事审判的辩论采用言词辩论主义。当事人首先必须将自己在言词辩论中的陈述以及对于对方的声明,以书状形式向法院提出,由法院送达有关当事人。被告则应于未逾就审期间二分之一以前提出书面答辩。

法院在辩论之前,应先进行准备程序,指定受命推事讯问当事人,阐明诉讼关系,并调查证据。在准备程序正常终结以后,言词辩论开始之前,法院如认为有必要,仍然可命令当事人或法定代理人到场应付询问,提供文书、物件,或进行勘验、鉴定、调查证据等。

在言词辩论期日,当事人双方及诉讼关系人均应到庭,在审判长主持下,就争讼事项进行辩论。辩论过程中,当事人首先须分别向审判长声明诉讼请求,然后陈述有关法律事实,并出示证据;对他方所提的事实提出反驳或承认,也可对他方违背诉讼程序规定的行为提出异议。审判长则负责组织法庭人员,开闭法庭,并指挥辩论的进行。

法院在诉讼过程中,如果认为当事人双方有和解互相让步的可能,可以试行和解。和解成立,应作成笔录,于十日内以正本送达当事人。和解与判决有同等效力。当事人不得在和解成立后就该法律关系再行起诉,法院也不得任意撤销或变更。如果当事人不自动履行,经一方当事人请求,法院可以凭和解笔录作为强制执行的依据。

民国民诉法关于和解的规定完全抄自日本民法,与中国传统意义上的调解息讼不同,具有实体法和程序法上的要求。如和解的当事人必须有相互让步以终止争执的合意,和解内容不得违反公共秩序、善良风俗和法律规定;和解必须于诉讼程序开始后,在受诉法院进行。民国时期法官经常试图以和解解决民事争讼,参与民国民法总则编立法的法国人宝道曾指出:"(中国法官)常设法妥协事件,及以和平之方法调解抵触之请求,甚至置现行立法上强性严格之规定于不顾,平时每试行其一己所觉为合乎人道及正义者,而不严格遵守法律之文义。"认为这种不顾法律限定而热衷和解的行为,源于中国传统的、将法律仅视为解决问题的一种方法而非目的的法律观①。

诉讼和解如不能成立或根据法律不能和解,法院、审判长、受命推事、受托推事,应于言词辩论后一定期日内对案件进行裁判。裁判依其方式分为裁定与判决两种。裁定指法院或审判长、受命推事、受托推事就非实体上的争点所作的意思表示;判决则是就实体上的争点所作的意思表示。后者较前者在审判中具有更重要的意义。

民国民诉法规定,判决必须符合一定的要件。在形式要件方面,首先应本于当事人的辩论,未经言词辩论,不能判决。其次,参与判决的推事,应听过辩论。在实质要件方面,则应"斟酌全部辩论意旨及调查证据的结果,依自由心证判断事实之真伪",心证的理由,应在判决中载明(第222条)。

2. 调解程序。

法院依当事人的申请,在受诉前可以进行调解,劝谕争讼双方息争止讼,以合意的方式避免诉讼,以减轻讼累。调解成立与和解成立的结果虽均与确定判决有同等效力,但调解是起诉前的程序,和解是起诉后的程序,性质并不相同。

当事人如愿调解,必须以书状形式申请调解,并表明关于调解标的的法律关系与争议的情况。调解的申请如不合法,法院即以裁定径行驳回;申请合法有理的,由法院确定调解期日,命当事人到庭,批准与调解事件有利害关系的第三人参加调解,选任或由双方当事人推举调解人。调解以不公开方式在法院进行。调解推事、书记官及调解人对于所经办的调解事件,应为当事人保守秘密。调解开始时,调解推事暂时退席,嘱咐调解人先行劝解。调解人将劝解结果报告推事后,再由推事出席调解。调解经双方当事人合意即告成立。关于财产权的争议,当事人如不能完全合意,但已甚为接近,调解推事得征询调解人的意见,斟酌情形,在不违反双方当事人的主要意见范围内依职权作出适

---

① 宝道《关于诉讼法改良之意见》,载《中华法学杂志》1933年第4卷第5、6合号。

当裁定。

3. 简易诉讼程序。

对于较为轻微简单的诉讼事件,法院可以适用简易诉讼程序,以易于诉讼的进行与终结。简易诉讼程序仅适用于第一审,具体范围也有明文限定。它与普通程序的不同之处,主要是起诉及其他期日之外的声明或陈述可以口头表述,就审期间较短,等等。

(二) 第二审程序

民国民诉法采取续审主义,即第二审续行第一审的程序。所以除法律有特别规定外,仍然准用第一审程序。

上诉的范围仅限于对第一审的终局判决,或与终局判决的判断有紧密关系的中间判决及裁定表示不服者。上诉应以上诉状的形式,于第一审判决送达后二十日内,向原一审法院提出。一审法院在收到上诉状后,认为其上诉不合法,可以裁定驳回上诉。对于上诉合法的,一审法院在上诉期满后即应将卷宗连同上诉状送交第二审受诉法院。

经第二审法院审查,上诉不合法的,二审法院得以裁定驳回上诉。对合法的上诉但无理由的,以判决驳回。第二审法院认为上诉合法又有理由的,即应于上诉声明的范围之内,作出变更原判决的判决。但法院调查上诉有无理由时,不以当事人上诉声明为限。第二审需变更原判决时,若原审诉讼程序无误,二审法院可以作出判决;若第一审诉讼程序有重要错误,则应将案件发回原审法院,令其再予判决,原审判决废弃。在废弃原审判决时,第二审不需言词辩论的程序。若不废弃原审判决,则需要进行言词辩论,但言词辩论须在上诉声明的范围内进行。二审法院作出终局判决后,应将判决正本随卷宗交第一审法院转达当事人,第二审程序终结。

(三) 第三审程序

民国民诉法虽然规定了三级三审制,但同时又对上诉第三审法院的案件作了严格限制,所以经过第三审的案件极少。对于第二审终局判决,法律明文规定不准上诉的有下列几种情形:(1) 对于第一审判决或其一部未向第二审法院上诉的当事人,对于维持该判决的第二审判决,不得上诉;(2) 因财产权向第二审法院上诉的案件,如因上诉所得受利益不超过十万元(司法院可因具体情况以指令增为十五万元或减为五万元)则不得向第三审法院上诉;(3) 对于第二审法院关于假执行的判决不得上诉;(4)第二审法院如适用法律无误,即使认定事实错误,也不准上诉(第 465—469 条)。亦即第三审仅为法律审查。

向第三审法院上诉,须以书面形式向第二审法院提出。上诉状内须说明上诉理由,或附理由书,否则即由第二审法院直接驳回。上诉状提出后,二审法院将其送达于被上诉人并命其撰写答辩状,再在一定期限内将上诉状、答辩状及二审卷宗送交第三审法院。第三审法院审理时无言词辩论程序,而仅审查原判决有无违背法令。至于第二审认定事实是否有错则不加过问。第三审法院经审查,认为上诉无理由或原判决依上诉人之理由虽属不当,但依其他理由又属正当的,以及原判决违背法令但并不影响判决结果的,均得驳回上诉。而认为上诉有理由的,即部分或全部废弃原判决,或将其发回原审法院重审,或由第三审法院径行改判,也可发交其他与第二审法院同级之法院重审。第三审程序除别有规定以外,均与二审程序相同。

(四) 抗告程序

民国民诉法规定,当事人或其他诉讼关系人如果不服未确定的裁定,可以就法律限定的范围,向上级法院声明不服,并提出抗告,要求废弃或变更原裁定。抗告一般应于送达裁定后十日内,向作裁定的法院或原审判长所属的法院提出抗告状。对于当事人所提出的抗告,原法院或审判长如认为抗告有理由,应更正裁定。如已逾抗告期间或对于不得抗告的裁定进行抗告,则予以驳回。如果既不更正原裁定又不驳回抗告,则应将抗告事件交送受理抗告的上级法院受理。上级法院审查,如认为抗告不合法或无理由,则以裁定驳回其抗告;如认为抗告有理由,则废弃原裁定而自作裁定。必要时亦可命原审法院及审判长更作裁定。抗告程序未结束前,当事人所提之抗告可以撤回。如果当事人不服抗告法院之裁定,亦可再向其上一级法院提起抗告。抗告一经提出,原裁定之效力即行中止。但属于执行的裁定,抗告不能阻断执行的效力。

(五) 人事诉讼程序

民国民诉法规定,有关自然人身份、能力以及其他有关人事事件的诉讼,适用人事诉讼程序。该程序又包括婚姻事件程序、亲子关系事件程序、禁治产事件程序和宣告死亡事件程序。人事诉讼程序与通常的民事诉讼程序有若干不同,如人事诉讼程序均为专属管辖,不容当事人以合意变更;诉讼能力范围有所扩大,如未成年人无诉讼能力,但在亲子关系事件程序中,可有诉讼能力,等等。

除上述主要民事审判程序外,民国民诉法还规定了一些其他程序,如再审程序、督促程序、保全程序、公示催告程序等。

五、强制执行法

中国古代法律很少有民事强制执行的规定,出于"抑兼并"的考虑,国家政权避免介入民事财产纠纷。这种态度影响到清末民国时代,强制执行法的立法相较于民法、民事诉讼法滞后很多,一直到1940年1月,民法典全部公布实施将近十年以后,才公布强制执行法,并在1945年5月再次修正公布实施。

1945年的强制执行法分为总则、对于动产之执行、对于不动产之执行、对于其他财产权之执行、关于物之交付请求权之执行、关于行为及不行为请求权之执行、假扣押假处分之执行、附则,一共八章,一百四十二条。

该法规定法院应设立强制执行处,设置专职的推事及书记官、执达员。强制执行依照确定终局判决、法院发出的有关保全的强制执行的裁定或判决、依照民诉法达成的和解和调解协议、公证书等。

强制执行法赋予法院强制执行处很强的约束力,比如强制执行处可以拘提拒不到庭的债务人(第21条),对于故意不履行债务的债务人、有逃匿以及隐匿转移被执行财产可能性的债务人、对于执行处推事及书记官调查讯问拒绝陈述者,以及"故纵"债务人逃匿的担保人,可以实施"拘提管收"(第22、23条)。管收为期三个月,还可以再行管收一次。"债务人履行债务之义务,不因管收而免除。"(第25条)

对于动产的强制执行,可以查封、拍卖或变卖方式进行。对于不动产的强制执行可以查封、拍卖、强制管理方式进行。强制管理是由执行处指定管理人接收不动产,实行强制管理,收取收益扣除管理费用及必要支出后全部"速交"债权人(第110条)。对船舶强制执行参照不动产执行方式进行。关于行为的强制执行,法院可以债务人的费用命令第三人代为履行(第127条),如果行为非他人可代替,可以按照债务履行期间及逾期不履行应赔偿损害数额,向债务人宣示,或并处债务人一万元以下的"过怠金"(第128条)。同样对于债务人应容忍他人行为、禁止债务人为一定行为的强制执行,也可以拘提管收,并处一万元以下"过怠金"(第129条)。

有关诉前、诉中的保全措施,民国民法称之为"假扣押"、"假处分"①。强制执行法规定,假扣押、假处分的裁定送达立即开始强制执行程序(第132条)。假扣押获得的金钱应予以提存。假扣押的动产难以保存或有减值可能时,执行处有权定期拍卖,所得金钱提存。假处分裁定应设定管理人时,应使管理人占有争议物。

南京国民政府模仿大陆法系所建立的民事诉讼制度,尽管引进了一些现代诉讼原则与制度,但从总体上说,并不适合中国的国情。其烦琐的诉讼程序,甚至连司法人员也难以准确把握。南京国民政府司法部不得不承认:

> 查各法院办理民事案件,对于现行民事诉讼法及其附属法令,每有适用不当或竟不知适用者。核阅所送民事判决及各视察司法专员报告,各该法院推事书记官等,于极浅显之诉讼程序,亦多违误。对于现行法令上防止诉讼迟延各规定,尤少注意。虽极简单之案件,往往有阅时数月尚不能终结者。②

司法人员尚且如此,一般的诉讼当事人更是无所适从。狡黠者乘机拖延,善良者久受讼累。加以所谓的不干涉主义、自由心证等原则,更适于豪绅、律师、法官利用所掌握的金钱、法律专门技能和权势相勾结,舞文弄法,鱼肉百姓。而平民百姓极少能支付高额的律师费,从正直的律师获得有益的法律帮助,更无力承受冗长的诉讼程序所造成的沉重经济负担。讼端一兴,倾家荡产者多有所见,合法权益得不到有效的保障。处于封闭、落后状态农村中的广大农民,更是视讼争为畏途,大多求助于本乡宗族予以调和,委曲求全,换得最低限度的生活水准与片刻安宁。可见,民国时期的民事诉讼法与民国民法相似,很大程度上只是建筑在沙滩上的法制大厦,虽表面看上去巍峨堂皇,但实际上并没能真正在中国社会中生根,近似于"书面法律",最终以倾覆倒塌而告终。

---

① 名称来自日文汉字"仮扣押"、"仮处分"、"仮执行","仮"是指先行、暂行的意思。
② 司法部1933年训令,转引自《中华法学杂志》1933年第4卷第5、6合号。

本书征引和参考书目

原 始 文 献

一、诸家经典

《十三经注疏》(影印本),中华书局,1980年。
《周易》,杨天才、张善文译注,中华书局,2011年。
《尚书正读》,曾运乾著,中华书局,1964年。
《诗经》,王秀梅译注,中华书局,2015年。
《周礼正义》,孙诒让正义,中华书局,1987年。
《仪礼》,彭林译注,中华书局,2012年。
《礼记》,胡平生、张萌译注,中华书局,2017年。
《春秋左传注》,杨伯峻编著,中华书局,1981年。
《春秋公羊传译注》,刘尚慈译注,中华书局,2010年。
《春秋穀梁传》,徐正英、邹皓译注,中华书局,2018年。
《论语》,中华书局,2006年。
《孝经郑注疏》,皮锡瑞撰,中华书局,2016年。
《孟子译注》,杨伯峻译注,中华书局,2008年。
《管子校正》,戴望校正,上海书店,1986年。
《墨子》,方勇译注,中华书局,2011年。
《荀子》,方勇、李波译注,中华书局,2011年。
《商君书》,石磊译注,中华书局,2011年。
《韩非子集解》,王先谦集解,上海书店,1986年。
《吕氏春秋》,陆玖译注,中华书局,2011年。
《新书》,贾谊撰,方向东译注,中华书局,2012年。

《春秋繁露》,董仲舒撰,张世亮等注,中华书局,2012年。
《淮南子》,顾迁注,中华书局,2009年。
《盐铁论》,桓宽撰,上海书店,1986年。
《白虎通》,班固撰,中华书局,1985年。
《论衡》,王充撰,上海人民出版社,1974年。
《潜夫论笺校正》,王符撰,彭铎校正,中华书局,1985年。
《抱朴子内外篇校注》,葛洪撰,金毅校注,上海古籍出版社,2018年。
《世说新语》,刘义庆撰,沈海波译注,中华书局,2007年。
《二程全书六种》,程颢、程颐撰,河南人民出版社,2018年。
《二程语录》,朱熹编,中华书局,1985年。
《四书章句集注》,朱熹撰,中华书局,2012年。
《朱文公文集》,朱熹撰,国家图书馆出版社,2006年。
《朱子大全》,朱熹撰,广陵书社影印本,2018年。
《朱子语类》,黎靖德编,中华书局,1986年。

二、史书

《逸周书汇校集注》,黄怀信等集注,上海古籍出版社,2007年。
《逸周书集训校释》,朱右曾校释,世界书局股份有限公司,2009年。
《国语》,陈桐生译注,中华书局,2016年。
《战国策》,缪文远译注,中华书局,2006年。
《史记》,中华书局,1957年。
《汉书》,中华书局,1962年。
《后汉书》,中华书局,2005年。
《三国志》,中华书局,2006年。
《晋书》,中华书局,1996年。
《南史》,中华书局,1975年。
《北史》,中华书局,2011年。
《宋书》,中华书局,2018年。
《南齐书》,中华书局,1996年。
《梁书》,中华书局,1973年。

《陈书》,中华书局,2011年。

《魏书》,中华书局,2018年。

《北齐书》,中华书局,2011年。

《周书》,中华书局,1971年。

《周书斠补》,孙诒让斠补,艺文印书馆,1957年。

《隋书》,中华书局,2018年。

《群书治要译注》,中国书店,2012年。

《通典》,杜佑撰,中华书局,1988年。

《旧唐书》,中华书局,1975年。

《新唐书》,中华书局,1975年。

《唐会要》,上海古籍出版社,2012年。

《旧五代史》,中华书局,2015年。

《五代会要》,王溥等撰,中华书局,1998年。

《资治通鉴》,司马光撰,中华书局,2011年。

《续资治通鉴长编》,李焘撰,中华书局,2004年。

《三朝北盟会编》,徐梦莘撰,上海古籍出版社,2008年。

《建炎以来系年要录》,李心传撰,中华书局,2013年。

《建炎以来朝野杂记》,李心传撰,中华书局,2000年。

《皇宋中兴两朝圣政辑校》,中华书局,2019年。

《文献通考》,马端临撰,中华书局,2011年。

《宋会要辑稿》,上海古籍出版社,2014年。

《宋史》,中华书局,1985年。

《辽史》,中华书局,1974年。

《金史》,中华书局,2020年。

《大金国志校证》,宇文懋昭撰,崔文印校证,中华书局,1986年。

《元史》,中华书局,1976年。

《新元史》,上海古籍出版社,2017年。

《明史》,中华书局,1974年。

《明实录》(影印本),上海书店出版社,2015年。

《国史唯疑》,黄景昉撰,上海古籍出版社,2002年。

《清实录》,中华书局,2008 年。

《光绪朝东华录》(影印本),朱寿朋撰,中华书局,1960 年。

《熙朝纪政》,王庆云撰,光绪二十八年(1902)石印本。

《清朝通典》,商务印书馆,1935 年。

《清朝文献通考》,浙江古籍出版社,1988 年。

《清史稿》,中华书局,1998 年。

三、法律、官箴、案例

《疑狱集 折狱龟鉴校释》,和凝、和㠓撰,杨奉琨校释,复旦大学出版社,1988 年。

《唐大诏令集》,中华书局,2008 年。

《唐律疏议》,中华书局,1983 年。

《唐六典》,中华书局,2014 年。

《宋刑统》,中华书局,1984 年。

《庆元条法事类》(影印本),中国书店,1990 年。

《折狱龟鉴译注》,郑克撰,刘俊文译注,上海古籍出版社,1988 年。

《名公书判清明集》,中华书局,1987 年。

《棠阴比事》,桂万荣撰,浙江古籍出版社,2018 年。

《大元圣政国朝典章》,天津古籍出版社、中华书局,2011 年。

《通制条格校注》,方龄贵校注,中华书局,2001 年。

《吏学指南》,徐元瑞撰,浙江古籍出版社,1988 年。

《大明律》,法律出版社,1999 年。

《大诰续编》,上海古籍出版社,2002 年。

《大明会典》,文海出版社,2003 年。

《律法全书》,明万历安正堂刻本。

《皇明制书》,社会科学文献出版社,2013 年。

《皇明诏制》,齐鲁书社,1996 年。

《棠阴比事补编》,吴讷撰,中华书局,1985 年。

《律条疏议》,张楷撰,黑龙江人民出版社,2004 年。

《大清律例》,法律出版社,1999 年。

《大清会典》,乾隆二十九年(1764)刻本。

《清会典事例》,中华书局,1991年。

《大清律例通考校注》,吴坛撰,马建石等校注,中国政法大学出版社,1992年。

《大清律例统纂集成》,浙江五三舍堂刻本,1883年。

《大清律例增修统纂集成》,光绪八年(1882)刻本。

《大清律例会通新纂》,姚雨芗撰,文海出版社,1987年。

《西江政要》(影印本),文听阁图书有限公司,2011年。

《牧令书》,江苏广陵古籍刻印社刻本,1990年。

《福建省例》,台湾大通书局,1984年。

《刑案汇览全编》,法律出版社,2007年。

《新辑刑案汇编》,周守赤撰,光绪二十三年(1897)铅印本。

《汝东判语》,董沛撰,光绪九年(1883)刻本。

《诸暨谕民纪要》,倪望重撰,载《历代判例判牍》,中国社会科学出版社,2005年。

《福惠全书》,黄六鸿撰,广陵书社,2018年。

《清代吏治丛谈》,伍承乔撰,文海出版社,1973年。

《刑钱必览》(影印本),王又槐撰,《四库未收书辑刊》第4辑,第19册,北京出版社,2000年。

《汪龙庄先生遗书》,汪辉祖撰,山东书局光绪八年(1882)刻本。

《学治臆说》,汪辉祖撰,商务印书馆刻本,1936年。

《佐治药言》(影印本),汪辉祖撰,中华书局,1985年。

《新编樊山批判牍精华》,樊增祥撰,文华书局,1919年。

《唐明律合编》,薛允升撰,法律出版社,1999年。

《皇朝政典类纂》,席裕福撰,图书集成局光绪二十九年(1903)铅印本。

《法令·谕旨》,载《东方杂志》,商务印书馆光绪三十四年(1908)第5卷第11期。

《司法部1933年训令》,载《中华法学杂志》1933年第4卷第5、6合号。

《司法部整饬律师风纪通令》,载《中华法学杂志》1934年第5卷第3号。

四、类书

《艺文类聚》,汪绍楹校,上海古籍出版社,1998年。

《太平广记》,中华书局,2013年。

《太平御览》(影印本),中华书局,1960年。

《册府元龟》(影印本),中华书局,1960年。

《玉海》(影印本),王应麟撰,广陵书社,2003年。

《事林广记》,陈元靓撰,中华书局,1999年。

《博物典汇》(影印本),黄道周撰,海南出版社,2001年。

《万书萃宝》,载黄志清主编《明代通俗日用类书集刊》,西南师范大学出版社,2011年。

《新编事文类聚启札青钱》(影印本),国家图书馆出版社,2013年。

《天下四民利用便观五车拔锦》,载《中国日用类书集成》(第二卷),酒井忠夫编,汲古书院,1999年。

《杜骗新书》(影印本),张应俞撰,上海古籍出版社,1993年。

《沈氏农书》,马一龙撰,钱尔复订正,中华书局,1985年。

《农政全书校注》,徐光启撰,石声汉校注,上海古籍出版社,1979年。

《古今图书集成·职方典》(影印本),中华书局、巴蜀书社,1986年。

五、文集、笔记、小说

应劭撰、吴树平校释《风俗通义校释》,天津人民出版社,1980年。

干宝《搜神记》,马银琴译注,中华书局,2012年。

陶潜《搜神后记》,中华书局,1981年。

慧皎《高僧传》,中华书局,1992年。

严可均辑《全晋文》,商务印书馆,1999年。

僧祐《弘明集》,刘立夫、魏建中、胡勇译注,中华书局,2013年。

萧统《文选》(影印本),中华书局,1977年。

《全唐诗》,中华书局,2008年。

《全唐文》,中华书局,1983年。

释道宣《续高僧传》,中华书局,2014年。

释道宣《广弘明集》(影印本),国家图书馆出版社,2018年。

李白《李太白全集》,中华书局,1977年。

杜甫《杜工部草堂诗笺》,华东师范大学出版社,2017年。

张鷟《朝野佥载》,上海古籍出版社,2012年。

《中国印度见闻录》,穆根来等译,中华书局,2001年。

李昉等《文苑英华》(影印本),中华书局,1966年。
曾慥《类说》(影印本),台湾商务印书馆,1986年。
范仲淹《范文正公集》(影印本),国家图书馆出版社,2017年。
司马光《涑水纪闻》,上海书店出版社,1990年。
范镇《东斋记事》,中华书局,1980年。
韦骧《议井田》,载王国平主编《杭州文献集成》(第14册),杭州出版社,2014年。
叶梦得《石林避暑录话》,上海书店出版社,1990年。
胡寅《斐然集》,中华书局,1993年。
张邦基《墨庄漫录》,中华书局,2002年。
洪迈《容斋续笔》,商务印书馆,2019年。
孟元老《东京梦华录》(影印本),中国书店,2019年。
吴曾《能改斋漫录》,商务印书馆刻本,1941年。
黄榦《勉斋先生黄文肃公文集》(影印本),书目文献出版社,1988年。
王栐《燕翼诒谋录》,上海古籍出版社,2012年。
李元弼《作邑自箴》(影印本),上海书店出版社,2018年。
刘克庄《后村先生大全集》,四川大学出版社,2008年。
灌园耐得翁《都城纪胜》,上海古籍出版社,1993年。
高斯得《耻堂存稿》,中华书局,1985年。
黄震《黄氏日抄》,中华书局,1985年。
陈淳《北溪字义》,熊国祯译注,中华书局,1983年。
陆游《老学庵笔记》,中华书局,2019年。
俞文豹《吹剑录》,中华书局,1991年。
吴自牧《梦粱录》(影印本),中华书局,1985年。
胡宏《五峰集》,中华书局,1987年。
黄溍《黄溍全集》,天津古籍出版社,2008年。
苏天爵《元文类》(影印本),上海古籍出版社,1993年。
《元人杂剧全集》,上海杂志公司,1936年。
《窦娥冤:关汉卿杂剧集》,浙江古籍出版社,2000年。
姚燧《牧庵集》,载杨讷《元史研究资料汇编》,中华书局,2014年。
陶宗仪《南村辍耕录》,中华书局,1959年。

胡祗遹《紫山大全集》(影印本),台湾商务印书馆,1986年。
邱濬《大学衍义补》(影印本),台湾商务印书馆,1986年。
王锜《寓圃杂记》,中华书局,1997年。
李东阳《李东阳集》,岳麓书社,2008年。
陈洪谟《治世余闻》(影印本),中华书局,1985年。
陆深《俨山集》,上海古籍出版社,1993年。
《梼杌闲评》,中华书局,2005年。
郎瑛《七修类稿》,上海书店出版社,2009年。
海瑞《海瑞集》,中华书局,2018年。
沈榜《宛署杂记》,北京古籍出版社,1980年。
于慎行《谷山笔麈》(影印本),齐鲁书社,1995年。
谢肇淛《五杂俎》(影印本),中华书局,1959年。
冯梦龙《警世通言》,中华书局,2014年。
冯梦龙《醒世恒言》,上海古籍出版社,1992年。
刘宗周《人谱类记》(影印本),文物出版社,2018年。
凌濛初《拍案惊奇》,上海古籍出版社,1982年。
罗懋登《三宝太监西洋记通俗演义》,上海古籍出版社,1985年。
范濂《云间据目抄》,载《笔记小说大观》(影印本),广陵书社,2007年。
顾炎武《顾亭林文集》,三民书局,2000年。
顾炎武《日知录集释》,上海古籍出版社,2006年。
顾炎武《天下郡国利病书》,上海古籍出版社,2012年。
陆人龙《型世言》,浙江古籍出版社,2017年。
梁清远《雕丘杂录》(影印本),齐鲁书社,1995年。
菊畦子辑《醒梦骈言》,中华书局,2000年。
《皇朝经世文编》,岳麓书社,2004年。
盛康辑《皇朝经世文续编》,光绪二十三年(1897)刻本。
谈迁《北游录》(影印本),中华书局,1997年。
谈迁《枣林杂俎·智集》,中华书局,2006年。
姚廷遴《历年记》,载《清代日记摘抄》,上海人民出版社,1982年。
李渔《无声戏》,浙江古籍出版社,2018年。

五色石主人《八洞天》,书目文献出版社,1985年。
袁枚《袁子才判牍菁华》,载《袁枚全集新编》,浙江古籍出版社,2015年。
戴震《戴东原集》,商务印书馆刻本,1923年。
赵翼《廿二史劄记》(影印本),中华书局,1963年。
赵翼《陔余丛考》,中华书局,2019年。
钱泳《履园丛话》,上海古籍出版社,2012年。
俞樾《俞楼杂纂》,浙江古籍出版社,2017年。
郑观应《盛世危言》,中华书局,2013年。
端方《陶斋藏石记》(影印本),朝华出版社,2019年。
吴趼人《二十年目睹之怪现状》,华文出版社,2018年。
章太炎《检论》,载《章太炎全集》,上海人民出版社,2014年。
《论改良法律所应注意之事》,载《东方杂志》1906年第12期。
宝道《关于诉讼法改良之意见》,载《中华法学杂志》1933年第4卷第5、6合号。
《首都地区离婚案件统计》,载《中华法学杂志》1934年第5卷第1、2合号。

六、考古、史料汇编

《殷周金文集成释文》,香港大学中国文化研究所,2001年。
《睡虎地秦墓竹简》,文物出版社,1978年。
《建武三年十二月候粟君所责寇恩事》,载《居延新简》,文物出版社,1990年。
《张家山汉墓竹简》,文物出版社,2001年。
《疏勒河流域出土汉简》,林梅村、李均明编,文物出版社,1984年。
《敦煌资料》(第一辑),中华书局,1961年。
《敦煌契约文书辑校》,沙知辑校,江苏古籍出版社,1998年。
《吐鲁番出土文书》(第一至十辑),文物出版社,1981—1991年。
《元代法律资料辑存》,浙江古籍出版社,1988年。
《清史资料》(第2辑),中华书局,1981年。
《清代档案史料丛编》(第5辑),中华书局,1980年。
《清代四川财政史料》,四川社会科学院出版社,1988年。
《清代地契档案史料》,熊敬笃编,新都县档案馆藏。
《中国土地契约文书集》(金—清),东洋文库,1975年。

《上海碑刻资料选辑》,上海人民出版社,1980 年。
《俗谚》,中国民间文艺出版社,1983 年。
《中国谚语资料》,上海文艺出版社,1961 年。

七、家训、家谱

颜之推《颜氏家训》,中华书局,2007 年。
司马光《司马温公家范》,上海古籍出版社,1992 年。
刘清之《戒子通录》(影印本),团结出版社,1997 年。
袁采《袁氏世范》,上海人民出版社,2017 年。
霍韬《霍氏家训》,载《佛山历史文化丛书》(第 1 辑),广东人民出版社,2016 年。
张英《恒产琐言》,笃素堂铅印本。
陈雪涛《义门陈氏大同宗谱》,北平大华印局,1940 年。

八、字书、工具书

《尔雅 广雅 方言 释名》(影印本),上海古籍出版社,1989 年。
《法学词典》,上海辞书出版社,1989 年。
《释名》,刘熙撰,中华书局,2016 年。
《说文解字》,许慎撰,中华书局,2018 年。
《说文通训定声》,朱骏声撰,中华书局,1984 年。
《康熙字典》,中华书局,2001 年。
《四库全书总目》,中华书局,2003 年。
《中国大百科全书(法学)》,中国大百科全书出版社,2006 年。

研究类文献

艾永明、郭寅枫《〈唐律〉别籍异财之禁探析》,载《法学研究》2010 年第 5 期。
伯尔曼《法律与革命》,贺卫方等译,法律出版社,2018 年。
蔡申之《清代州县故事》,龙门书店,1968 年。
蔡枢衡《中国刑法史》,中国法制出版社,2005 年。
蔡晓荣《中国近代民法史研究的可能进路:兼及方法与资料》,载《比较法研究》2011 年第 5 期。

曹树基、陈支平编《客家珍稀文书丛刊》(第 1 辑),广东人民出版社,2019 年。

曹树基、刘诗古《传统中国地权结构及其演变》,上海交通大学出版社,2015 年。

陈炳应《黑城新出土的一批元代文书》,载《考古与文物》1983 年第 1 期。

陈顾远《中国法制史概要》,商务印书馆,2011 年。

陈顾远《中国婚姻史》,上海书店出版社,1992 年。

陈景良、王天一《典卖与倚当：宋代法律的逻辑与生活原理——以会要体文献为中心》,载《法律科学》2018 年第 3 期。

陈鹏《中国婚姻史稿》,中华书局,2005 年。

陈秋云《宋代自由地权法制的历史意义与当代启示》,载《法商研究》2011 年第 2 期。

陈胜强《中人对清代土地绝卖契约的影响及其借鉴意义》,载《法学评论》2010 年第 3 期。

陈文石《清代满人政治参与》,载《中研院历史语言研究所集刊》1977 年第 48 本第 4 分册。

陈云朝《近代"一田两主"习惯转型研究——以徽州六县为中心》,中国书籍出版社,2018 年。

陈支平《清代福州郊区的乡村借贷》,载叶显恩编《清代区域社会经济研究》,中华书局,1992 年。

程树德《九朝律考》,商务印书馆,2017 年。

初仕宾等《居延汉代遗址的发掘和新出土的简册文物》,载《文物》1978 年第 1 期。

春杨《明清时期田土买卖中的找价回赎纠纷及其解决》,载《法学研究》2011 年第 3 期。

茨威格特、克茨《比较法总论》,潘汉典等译,法律出版社,2003 年。

崔兰琴《中国古代婚变中的妇女保障及其司法特点》,载《政法论坛》2013 年第 6 期。

大庭脩《秦汉法制史研究》,徐世虹等译,中西书局,2017 年。

《大汶口：新石器时代墓葬发掘报告》,文物出版社,1974 年。

戴炎辉《中国法制史》,三民书局,1979 年。

定宜庄《满族的妇女生活与婚姻制度研究》,北京大学出版社,1999年。
杜正贞《近代山区社会的习惯、契约和权利——龙泉司法档案的社会史研究》,中华书局,2018年。
杜正贞《明清时期东南山场的界址与山界争讼》,载《史学月刊》2021年第2期。
段晓彦《〈大清现行刑律〉与民初民事法源——大理院对"现行律民事有效部分"的适用》,载《法学研究》2013年第5期。
《敦煌吐鲁番文书初探》,唐长孺编,武汉大学出版社,1990年。
《法学总论》,查士丁尼著,张企泰译,商务印书馆,1989年。
范依畴《中国古代的"和离"不是完全自由的两愿离婚》,载《政法论坛》2011年第1期。
冯学伟《明清契约中的"吉祥语"和吉祥文化》,载《法制与社会发展》2010年第4期。
冯学伟《契约文书之于古人生活的意义》,载《法制与社会发展》2011年第1期。
夫马进主编《中国诉讼社会史研究》,范愉、赵晶等译,浙江大学出版社,2019年。
傅衣凌《明清农村社会经济》,中华书局,2007年。
高其才、罗昶《传承与变异：浙江慈溪蒋村的订婚习惯法》,载《法制与社会发展》2012年第3期。
龚汝富《乡土之谊：民国时期共有财产诉讼的另类解读——以景德镇苏湖书院产业侵占案为例》,载《比较法研究》2011年第6期。
顾元《论清代的先占制度——以"盗田野谷麦"律为中心》,载《政法论坛》2020年第5期。
郭建等《中国民事传统观念略论》,载《华东政法学院学报》1999年第2期。
郭建《抵当、倚当考》,载杨一凡主编《中国法制史考证》甲编第五卷,中国社会科学出版社,2003年。
郭建《典权制度源流考》,社会科学文献出版社,2009年。
郭建《中国财产法史稿》,中国政法大学出版社,2005年。
郭沫若《两周金文辞大系图录考释》,上海书店出版社,1999年。
郭沫若《奴隶制时代》,中国人民大学出版社,2005年。
郭沫若《殷契粹编》,科学出版社,1965年。
郭沫若《〈矢簋〉铭考释》,载《考古学报》1956年第1期。

郭沫若《中国古代社会研究》，商务印书馆，2011年。

郭沫若主编《中国史稿》，人民出版社，1976—1987年。

韩国磐《北朝隋唐的均田制度》，上海人民出版社，1984年。

何莉萍《民国时期永佃权研究》，商务印书馆，2015年。

黑光《西安市郊发现秦国杜虎符》，载《文物》1979年第9期。

洪煜、韩瑞韬《话语与秩序：1928年湖社处理寿圣庵地产纠纷案》，载《史学月刊》2017年第11期。

黄今言《汉代田税征课中若干问题的考察》，载《中国史研究》1981年第2期。

黄士斌《河南偃师县发现汉代买田约束石券》，载《文物》1982年第12期。

黄源盛纂辑《晚清民国民法史料辑注》(全四册)，梨斋社，2014年。

黄彰健《明代律例汇编》，中研院历史语言研究所，1994年。

黄彰健《明洪武永乐朝的榜文峻令》，载《明清史研究丛稿》，台湾商务印书馆，1977年。

黄宗智《法典、习俗与司法实践：清代与民国的比较》，上海书店出版社，2007年。

黄宗智《清代的法律、社会与文化：民法的表达与实践》，上海书店出版社，2001年。

加藤繁《中国经济史考证》，吴杰译，中华书局，2012年。

翦伯赞《中国史纲要》，北京大学出版社，2006年。

江太新《略论清代前期土地买卖中宗法关系的松弛及其社会意义》，载《中国经济史研究》1990年第3期。

江头广《姓考：周代之家族制度》，风间书房，1970年。

江庸《五十年来中国之法制》，载史良才编《最近五十年：申报馆五十周年纪念特刊(1872—1922)》，上海书店出版社，2015年。

姜守鹏《明清社会经济结构》，东北师范大学出版社，1992年。

金眉《唐宋养子制度变动研究——以异姓男的收养为考察对象》，载《法制与社会发展》2011年第4期。

经君健《清代社会的贱民等级》，浙江人民出版社，1993年。

《居延汉简释文合校》，谢桂华、李均明编，文物出版社，1987年。

瞿同祖《中国法律与中国社会》，商务印书馆，2010年。

孔庆明等《中国民法史》，吉林人民出版社，1996年。

赖骏楠《清代民间地权习惯与基层财税困局——以闽台地区一田多主制为例》，载《法学家》2019年第2期。

劳榦《居延汉简考证》，载《中研院历史语言研究所集刊》1959年第30本上册。

李宝森《民法概论》，李宝森律师事务所，1948年。

李德英《国家法令与民间习惯：民国时期成都平原租佃制度新探》，中国社会科学出版社，2006年。

李贵连《沈家本传》，广西师范大学出版社，2017年。

李剑农《先秦两汉经济史稿》，生活·读书·新知三联书店，1957年。

李力《秦汉律所见"质钱"考辨》，载《法学研究》2015年第2期。

李青《清代民事诉讼意识的萌发——以清代档案为视角》，载《政法论坛》2013年第4期。

李昭和等《青川县出土秦更修田律木牍——四川青川县战国墓发掘简报》，载《文物》1982年第1期。

里赞《晚清州县诉讼中的审断问题：侧重四川南部县的实践》，法律出版社，2010年。

镰田茂雄《简明中国佛教史》，郑彭年译，中国书店，2010年。

梁方仲《中国历代户口、田地、田赋统计》，中华书局，2008年。

梁治平《"事律"与"民法"之间——中国"民法史"研究再思考》，载《政法论坛》2017年第6期。

《列宁全集》，人民出版社，1985年。

林榕年等《外国法律制度史》，中国人民公安大学出版社，1992年。

刘俊文《敦煌吐鲁番唐代法制文书考释》，中华书局，1989年。

刘俊文《唐律疏议笺解》，中华书局，1996年。

刘庆柱《陕西长武县出土太和元年地券》，载《文物》1983年第8期。

柳立言《宋代同居制度下的所谓"共财"》，《中研院历史语言研究所集刊》1994年第65册第2分册。

龙登高《地权市场与资源配置》，福建人民出版社，2012年。

龙登高《中国传统地权制度及其变迁》，中国社会科学出版社，2018年。

吕思勉《吕思勉读史札记》，上海古籍出版社，2005年。

《马克思恩格斯全集》，人民出版社，2016年。

马克思、恩格斯《资本论》,人民出版社,2004年。

毛汉光《两晋南北朝主要文官士族成分的统计与比较》,载《中研院历史语言研究所集刊》1965年第36本下册。

毛汉光《五代之政治延续与政权转移》,载《中研院历史语言研究所集刊》1980年第51本第2分册。

毛汉光《中国中古社会史略论稿》,载《中研院历史语言研究所集刊》1976年第47本第3分册。

梅因《古代法》,沈景一译,商务印书馆,1959年。

梅仲协《民法要义》,中国政法大学出版社,2004年。

苗鸣宇《民事习惯与民法典的互动——近代民事习惯调查研究》,中国人民公安大学出版社,2008年。

《明代社会经济史料选编》,谢国桢编,福建人民出版社,1981年。

《明清时代的农业资本主义萌芽问题》,李文治等编,中国社会科学出版社,1983年。

聂卫锋《中国民商立法体例历史考——从晚清到民国的立法政策与学说争论》,载《政法论坛》2014年第1期。

潘维和《中国近代民法史》,台湾汉林出版社,1982年。

潘维和《中国民事法史》,台湾汉林出版社,1982年。

彭梵得《罗马法教科书》,黄风译,中国政法大学出版社,2005年。

彭信威《中国货币史》,上海人民出版社,2015年。

珀金斯《中国农业的发展(1368—1968年)》,宋海文等译,上海译文出版社,1984年。

秦晖《汉代的古典借贷关系》,载《中国经济史研究》1990年第3期。

《清代地租剥削形态》,中华书局,1982年。

清水正光《中国族产制度考》,宋念慈译,台北中华文化出版事业委员会,1956年。

仁井田陞《唐令拾遗》,王占通译,长春出版社,1989年版。

仁井田陞《唐宋法律文书の研究》,东京大学出版会,1983年。

仁井田陞《中国法制史》,牟发松译,上海古籍出版社,2011年。

仁井田陞《中国法制史研究》,东京大学出版会,1991年。

仁井田陞《中国身份法史》,东京大学出版会,1983年。

任燕《论宋代的版权保护》,载《法学评论》2011年第5期。

森田成满《清代中国土地法研究》,牛杰译,法律出版社,2012年。

森田成满《清代土地所有權法研究》,劲草书房,1984年。

《商周青铜器铭文选》,文物出版社,1986年。

邵方《略论西夏法典对契约的规制》,载《法学评论》2013年第6期。

沈家本《历代刑法考》,中华书局,1985年。

沈家本《沈寄簃先生遗书》,中国书店,1990年。

施一揆《元代地契》,载《历史研究》1957年第9期。

《石仓契约》(全五辑),曹树基等编,浙江大学出版社,2018年。

石怡、罗冬阳《利民沙案与清代江苏沙田民事法秩序之构建》,载《史学月刊》2016年第6期。

史尚宽《债法各论》,中国政法大学出版社,2000年。

束世澂《中国古代及中世纪史》,华东师范大学校内铅印教材。

宋昌斌《中国古代户籍制度史稿》,三秦出版社,2016年。

眭鸿明《清末民初民商事习惯调查之研究》,法律出版社,2005年。

眭鸿明《清末民初民俗习惯的社会角色及法律地位》,载《法律科学》2011年第4期。

穗积陈重《法窗夜话》,曾玉婷、魏磊杰译,法律出版社,2015年。

孙玉荣《秦及汉初简牍中的"外妻"》,载《史学月刊》2020年第3期。

唐兰《陕西省岐山县董家村新出西周重要铜器铭辞的译文和注释》,载《文物》1976年第5期。

唐兰《用青铜器铭文来研究西周史》,载《文物》1976年第6期。

唐仕春《北洋时期基层社会的缠讼:李希明与荣坤等地亩互控案》,载《史学月刊》2014年第11期。

《外国法制史参考资料汇编》,由嵘等编,北京大学出版社,2004年。

王国维《观堂集林》,中华书局,2004年。

王仁湘《新石器时代葬猪的宗教意义》,载《文物》1981年第2期。

王帅一《明清时代的"中人"与契约秩序》,载《政法论坛》2016年第2期。

王帅一《明清时代官方对于契约的干预:通过"税契"方式的介入》,载《中外法学》2012年第6期。

王旭《中国传统契约唐宋跃变初论:形式定型与精神转换》,载《法学》2019年第 8 期。

王志强《民国时期的司法与民间习惯》,载《比较法研究》2000 年第 4 期。

王志强《清代的丧娶、收继及其法律实践》,载《中国社会科学》2000 年第 6 期。

王志强《试析晚清至民初房地交易契约的概念》,载《北大法律评论》2001 年第 4 卷第 1 辑,法律出版社,2001 年。

望月礼二郎《英美法》,郭建、王仲涛译,商务印书馆,2005 年。

韦庆远等《清代奴婢制度》,中国人民大学出版社,1982 年。

韦庆远《明代黄册制度》,中华书局,1961 年。

魏顺光《清代地权变动中的"卖地留坟"问题研究——侧重于巴县档案的考察》,载《河北法学》2013 年第 9 期。

魏文超《典卖制度研究》,法律出版社,2015 年。

吴存浩《中国婚俗》,山东人民出版社,1986 年。

吴经熊《法律哲学研究》,清华大学出版社,2005 年。

吴经熊《六法理由、判解汇编》,会文堂新记书局刻本,1948 年。

吴佩林《清代县域民事纠纷与法律秩序考察》,中华书局,2013 年。

吴天颖《汉代买地券考》,载《考古学报》1982 年第 1 期。

吴铮强《传统与现代的互嵌:龙泉司法档案民事状词叙述模式的演变(1908—1934)》,载《史学月刊》2020 年第 12 期。

武航宇《论中国古代契约中"沽酒"条款的功用》,载《法制与社会发展》2017 年第 6 期。

《戊戌变法》,神州国光社,1953 年。

夏扬《上海道契特殊法律地位的形成》,载《法学家》2015 年第 1 期。

谢舒晔《从"道不拾遗"到"道可拾遗"看中国古代私权的发展》,载《法学》2014 年第 10 期。

邢照华《20 世纪前期广州社会纠纷调控考察》,载《史学月刊》2014 年第 8 期。

徐静莉《民初寡妇立嗣权的变化——以大理院立嗣判解为视角》,载《政法论坛》2011 年第 2 期。

许倬云《西周史》,生活·读书·新知三联书店,2018 年。

亚当·斯密《国民财富的性质和原因的研究》,郭大力、王亚南译,商务印书馆,2017 年。

严耕望《中国地方行政制度史》,上海古籍出版社,2007年。

杨国桢《明清土地契约文书研究》,人民出版社,1988年。

杨鸿烈《中国法律发达史》,上海书店出版社,1990年。

杨鸿烈《中国法律思想史》,上海书店出版社,1984年。

杨宽《战国史》,上海人民出版社,2019年。

杨联陞《中国文化中"报"、"保"、"包"之意义》,香港中文大学出版社,1987年。

杨一凡《明大诰研究》,江苏人民出版社,1988年。

杨与龄《民法之制定与民法之评价》,载潘维和主编《中华学术与现代文化丛书·法学论集》,中国文化大学出版部,1983年。

叶显恩《明清徽州农村社会与佃仆制》,安徽人民出版社,1983年。

叶孝信《试论孔子法律思想的核心》,载《孔子法律思想研究》,山东人民出版社,1986年。

伊藤道治《裘卫诸器考》,载《东洋史研究》1979年37卷1号。

尤陈俊《明清中国房地买卖俗例中的习惯权利——以"叹契"为中心的考察》,载《法学家》2012年第4期。

尤陈俊《清代讼师贪利形象的多重建构》,载《法学研究》2015年第5期。

尤陈俊《"厌讼"幻象之下的"健讼"实相?重思明清中国的诉讼与社会》,载《中外法学》2012年第4期。

于豪亮《释青川秦墓木牍》,载《文物》1982年第1期。

于明《晚清西方视角中的中国家庭法——以哲美森译〈刑案汇览〉为中心》,载《法学研究》2019年第3期。

余英时《士与中国文化》,上海人民出版社,1987年。

俞江《关于"古代中国有无民法"问题的再思考》,载《现代法学》2001年第6期。

俞江《继承领域内冲突格局的形成——近代中国的分家习惯与继承法移植》,载《中国社会科学》2005年第5期。

俞江《近代中国民法学中的私权理论》,北京大学出版社,2003年。

俞江《论分家习惯与家的整体性——对滋贺秀三〈中国家族法原理〉的批评》,载《政法论坛》2006年第1期。

俞江《论清代"细事"类案件的投鸣与乡里调处——以新出徽州投状文书为线索》,载《法学》2013年第6期。

俞江《"契约"与"合同"之辨——以清代契约文书为出发点》,载《中国社会科学》2003年第6期。

俞江《清代的立继规则与州县审理——以宝坻县刑房档为线索》,载《政法论坛》2007年5期。

俞江《清末民法学的输入与传播》,载《法学研究》2000年第6期。

俞如先《清至民国闽西乡村民间借贷研究》,天津古籍出版社,2010年。

原美林《明清家族司法探析》,载《法学研究》2012年第3期。

张本顺《宋代妇女奁产所有权探析及其意义》,载《法制与社会发展》2011年第5期。

张传玺《中国古代契约形式的源和流》,载《文史》1982年第16辑。

张传玺《中国历代契约会编考释》,北京大学出版社,1995年。

张国华、饶鑫贤主编《中国法律思想史纲》,甘肃人民出版社,1984年。

张晋藩主编《中国法制史》,群众出版社,1989年。

张敏、许光县《清代人身典权的法律规制——以白契制度为中心的考察》,载《政法论坛》2013年第5期。

张姗姗《中国古代契约的互惠性与互助性及其文化解读》,载《法制与社会发展》2011年第3期。

张燕蕊《简牍所见秦汉时期债务偿还问题刍议》,载《史学月刊》2018年第6期。

张仲礼《中国绅士研究》,上海人民出版社,2019年。

章有义《明清徽州土地关系研究》,中国社会科学院出版社,1984年。

赵俪生《中国土地制度史》,武汉大学出版社,2013年。

郑秦《清代司法审判制度研究》,湖南教育出版社,1988年。

郑小春《从徽州讼费账单看清代基层司法的陋规与潜规则》,载《法商研究》2010年第2期。

《中国史稿》(第1—7册),人民出版社,1976—1995年。

《中华民国史事纪要》,中华民国史料研究中心,1979年。

仲伟民、王正华《契约文书对中国历史研究的重要意义——从契约文书看中国文化的统一性与多样性》,载《史学月刊》2018年第5期。

周绍泉《田宅交易中的契尾试探》,载《中国史研究》1987年第1期。

周瑗《矩伯、裘卫两家族的消长与周礼的崩坏》,载《文物》1976年第6期。

朱塞佩·格罗索《罗马法史》,黄风译,中国政法大学出版社,2009年。

朱勇《清代宗族法研究》,湖南教育出版社,1987年。

诸桥辙次《大汉和辞典》,大修馆书店,1987年。

滋贺秀三《清代诉讼制度之民事法源的概括性考察》,载王亚新等编《明清时期的民事审判与民间契约》,法律出版社,1998年。

邹亚莎《清末民国时期典权制度研究》,法律出版社,2013年。

Allee, Mark A., *Law and Local Society in Late Imperial China*, Stanford: Stanford University Press, 1994.

Bernhardt, Kathryn, and Philip C.C. Huang eds. *Civil law in Qing and Republican China*, Stanford University Press, 1994.

Ebrey, Patricia Buckley, *Family and Property in Sung China*, Princeton University Press, 2014.

Myers, Ramon and Fu-mei Chang Ch'en, "Customary Laws and the Economic Growth During the Ch'ing Period," 3 *Ch'ing-shih Wen-ti* (1976).

Sommer, Mathew H., "The Uses of Chastity: Sex, Law, and the Property of Widows in Qing China," 17 *Late Imperial China* (1996).

Sommer, Matthew H., *Polyandry and Wife-selling in Qing dynasty China*, University of California Press, 2015.

Zelin, Madeliene. 1986. "The Rights of Tenants in Mid-Qing Sichuan: A Study of Land-related Lawsuits in the Baxian Archives," 45 *Journal of Asian Studies* (1986).

Zhang, Taisu, *The Laws and Economics of Confucianism: Kinship and Property in Pre-industrial China and England*, Cambridge University Press, 2017.

原版后记

本书列入国家教委"七五"重点项目。力图以马克思主义为指导,按历史顺序,从实体法和程序法两个方面,系统地勾勒中国民法发展的概貌。

流光飞驰,"七五"期间,编者中或东渡深造,或迭遭变故,或公务繁剧,或因这因那,未能以主力投入。多承上海人民出版社大力支持,再次约定务于1992年年内杀青,于是奋起直追,部分章节在盛夏持续高温下挥汗撰写、改写、定稿,方才竣事。

然而,全书的纲目框架、资料积累以及疑难商榷等等,则历经好几个春秋的艰辛。如大纲,原拟取"条条式":绪论以后,继之概述所有权、债、婚姻亲属、继承、诉讼审判,各为一章,据此分工编写,并已草成部分初稿。这样写来比较顺手,中国民法史上不少基本未变的内容也易于处理,不致重复。其后,接受上海人民出版社陈敬山同志的建议,为了便于非法律工作者阅读,改为依朝代先后次序,并增补民国民法一章,以存一代之制。但由此在实际操作中带来许多棘手的难题。"条条"改"块块",并非资料排列组合的简单更动,在谋篇布局和取材调整上便费了好些周折。民国民法十分庞杂,以一章篇幅涵盖,诚所谓挂一漏万,顾此失彼,动辄掣肘。虽经三易其稿,仍难称意。

付梓之际,回顾全书,不乏可以改进补充之处,但脱稿匆迫,不容再延,倘有可能,期待重版修订。疏失不当,敬请学界同仁和读者批评指正。

本书编写全过程中,深得陈敬山同志热情关注并鼎力相助,谨此表示由衷谢忱。

叶孝信
1992年立秋于复旦大学法律系

修订版后记

《中国民法史》1993年出版后,于1995年获得了全国高校首届人文社会科学研究一等奖,为法学学科八个获得一等奖的项目中唯一一个法律史研究成果,也是作者服务的复旦大学所获得的八个一等奖项目之一。然而基于种种原因,在首次印刷的两千册售罄后,《中国民法史》一直没有能够重印。虽然有过几次修订的动议,但最终都没有能够实现。

经过二十多年时间,法律史学界出现了很多中国民法史研究成果,尤其是发现了大量的新史料,而我们在自己的教学研究工作中也积累了更多的新体会。2019年,复旦大学出版社有意再版《中国民法史》,我们决定乘着这次重新改版的机会,对本书进行修订。

鉴于原来参加《中国民法史》项目研究及编写的作者中有的工作单位、研究方向已有较大变化,而《中国民法史》的增订工作需要集中进行,承主编叶孝信教授信任,委任我来负责这次修订工作,并请复旦大学法学院王志强教授协助参与。复旦大学法学院赖俊楠副教授、上海对外经贸大学杨立民博士,为本次修订提供了相关的资料。复旦大学法学院2020级法律史专业硕士研究生方怀瑾帮助编辑了本书征引和参考书目。

考虑到《中国民法史》已有的广泛影响,本次修订保留了原书的基本结构、章节标题以及基本体例。在保持原书基本面貌的基础上,对于已发现的观点、文字、编校等方面的瑕疵进行了订正,并补充了不少资料和内容,新增加了大约十余万字。

《中国民法史》(修订版)能够问世,要感谢复旦大学出版社张永彬先生的再三鼓励,以及复旦大学出版社、复旦大学法学院的领导的大力支持,在此特表谢意!

永无休止的探索,是学术研究的根本精神。我们衷心希望能够有更多的中国法律史爱好者加入到中国民法史研究的领域中,为科学总结中华民族传统文化遗产作出贡献,并能为当代的法治进程有所服务。

郭　建

2021年春分于复旦大学法学院

图书在版编目(CIP)数据

中国民法史：修订版/叶孝信主编. —新1版. —上海：复旦大学出版社，2021.8(2025.4 重印)
ISBN 978-7-309-15672-0

Ⅰ.①中… Ⅱ.①叶… Ⅲ.①民法-法制史-研究-中国 Ⅳ.①D923.02

中国版本图书馆 CIP 数据核字(2021)第 085267 号

中国民法史(修订版)
叶孝信　主编
出 品 人/严　峰
责任编辑/张永彬　宋文涛

复旦大学出版社有限公司出版发行
上海市国权路 579 号　邮编：200433
网址：fupnet@fudanpress.com　http://www.fudanpress.com
门市零售：86-21-65102580　　团体订购：86-21-65104505
出版部电话：86-21-65642845
上海盛通时代印刷有限公司

开本 787 毫米×1092 毫米　1/16　印张 39.25　字数 622 千字
2025 年 4 月第 1 版第 2 次印刷

ISBN 978-7-309-15672-0/D・1090
定价：168.00 元

如有印装质量问题，请向复旦大学出版社有限公司出版部调换。
版权所有　　侵权必究